研究&方法

R軟體在 決策樹 的實務應用

吳明隆、張毓仁 合著

五南圖書出版公司 印行

序言

《R軟體在決策樹的實務應用》為R軟體統計分析系列叢書之三,其內容接續《R軟體統計應用分析實務》、《R軟體統計進階分析實務》二本專書內容。由於「R軟體」(R語言) 可以下載開放原始碼與免費,已成為量化統計分析的主流軟體之一,R軟體安裝簡易,軟體安裝字型可以選取適合研究者專屬的語言類型,外掛套件之函數功能幾乎包括所有統計學介紹的內涵。R軟體強大的統計分析功能、可以進行各種函數運算、有多元的繪圖功能,同時具備計算與繪圖環境的語言,有立即互動模式視窗、也有可以編寫一系列語法指令的「R編輯器」視窗。R軟體結合繪圖、數理統計、計算等特性,研究者除可直接使用內定函數進行統計分析與繪製圖形外,也可以自行撰寫語法指令列進行快速的分析程序。

本書從使用者觀點出發,從實務的角度論述,聚焦於預測分類程序方法的統計應用。資料探勘 (data mining) 數據分析中,一個重要的統計法為「決策樹」(decision tree),根據反應變數屬性的不同,決策樹模型又分為「迴歸樹」(regression tree) 與「分類樹」(classification),決策樹主要功能在於預測分類,各章節的實務論述中,也介紹R軟體相關函數的應用與語法功能。

本書內容詳細介紹R軟體各種套件函數在決策樹的應用分析,完整說明對應函數預測分類的使用語法指令,決策樹圖形繪製函數的解析與應用,如何分割資料檔以訓練樣本建構決策樹模型,如何以建構決策樹模型對測試樣本進行預測分類之效度檢定,各種決策樹模型的效度檢驗法等。此外,為讓讀者對數據資料的預測分類有進一步的瞭解,最後以範例解說複迴歸分析與迴歸樹的綜合應用、邏輯斯迴歸與分類樹的綜合應用、區別分析與分類樹的綜合應用等。

本書得以順利出版，要感謝五南圖書公司的鼎力支持與協助，尤其是侯家嵐主編與劉祐融責編的行政支援與幫忙。作者於本書的撰寫期間雖然十分投入用心，但恐有能力不及或論述未周詳之處，這些疏漏或錯誤的內容，盼請讀者、各方先進或專家學者不吝斧正。

吳明隆、張毓仁 謹識
2017 年 2 月

目錄

Chapter 01

決策樹概論

分類 (classification) 為資料探勘 (data miniing) 領域的一個範疇，與區別分析、邏輯斯 (logistic) 迴歸分析的功能類似。預測分類的統計程序常見的方法有集群分析、迴歸分析、區別分析、邏輯斯迴歸、決策樹 (decision tree) 等。決策樹的功能在於分類與預測，演算程序從總樣本觀察值中，找到一個最佳的分割變數，將觀察值進行分組，次則從分組後的子資料集中，再找出最佳的分割變數將子資料集分成小資料集。此種程序的演算程序類似樹的成長，分割的次數愈多，樹的成長愈繁雜，樹的起始處稱為根節點 (root node)、樹的結束處稱為葉節點 (leaf node) 或終點節點 (terminal node)。

分類中的決策樹 (decision tree) 依效標變數 (依變數/反應變數) 變數尺度不同，分成迴歸樹 (regression tree) 與分類樹 (classification tree)。效標變數 (反應變數) 如為等距變數或比率變數 (計量變數)，決策樹稱為迴歸樹，預測分類的結果為觀察值在效標變數的平均數；效標變數如為名義變數或次序變數 (間斷變數)，決策樹稱為分類樹，預測分類的結果為觀察值在效標變數的水準群組或類別。書籍中的決策樹的依變數多以「反應變數」(response variable) 表示，預測變數以「解釋變數」(explanatory variables) 表示，依變數如為計量變數，則稱為「連續反應變數」(continuous-response variable)，反應變數為二個水準群組的因子變數，稱為「二元反應變數」(binary response variable)。與複迴歸程序相同，決策樹程序中的解釋變數如為間斷變數要轉換化為虛擬變數 (dummy variable)。

不同反應變數之變數屬性對應的預測分類統計程序如下表：

反應變數	解釋變數	統計程序	決策樹程序
連續反應變數	連續變數	複迴歸分析法	迴歸樹
二元反應變數	連續變數	邏輯斯迴歸法	分類樹
三元反應變數	連續變數	區別分析法	分類樹

常見的決策樹演算法有二種，卡方自動交互偵測法 (Chi-square Automatic Interaction Detection; [CHAID])、分類迴歸樹法 (Classification and Regression Tree; [CART]/[CRT])，其他決策樹演算法還有 AID 法、FACT 法、QUEST 法、C4.5 法、Ctree 法等。SPSS 統計軟體之決策樹成長方法主要為 CHAID 法、CRT (CART) 法、QUEST 法等幾種。R 軟體決策樹演算法多數採用 CART 法，CART 是一種二元分類法，父節點分支為二個子節點，分割準則為左節點與右節點二個子節點 (child node) 的差異值最大，而子節點內樣本觀察值差異性最小 (相似性

最大)，分割前與分割後的不純度 (impurity) 量測值為最大，起始節點稱為根節點 (root node)、結束節點稱為葉節點，根節點與葉節點間的節點稱為子節點 (child node) 或分支節點，子節點負責連結根節點 (樹根) 與葉節點 (樹葉)，又稱為分割點 (branching point)，根節點與分支節點在決策樹模型中皆稱為內部節點。

　　CART 決策樹 (classification and regression tree) 其實是一種二元樹狀結構 (binary tree structured classifiers)，分支條件的變數為解釋變數中的最重要變數 (或最具預測力的變數)，從分支條件的變數可以看出那一個解釋變數對反應變數有顯著的預測分類力。CART 分類演算法主要包括分類準則與不純度量測值 (impurity measure)，分類準則與集群分析相同，分割的左子節點與右子節點間的異質性最大 (左子節點與右子節點間的同質性最小)，各子節點內觀察值的異質性最小 (同質性最高)；反應變數若為類別變數，不純度量測值常見的方法為 Gini 指標法，反應變數為計量變數，不純度量測值為最小平方誤差法 (least squares deviation)，一般判別指標值為離均差平方和 (sum of square of deviation from the mean; [SS])。至於解釋變數的重要性，可以從主要分割變數之改進值 (improvement measure)(或稱改善值) 進行評定。

　　分類迴歸樹法基本的演算程序稱為「貪婪演算法」(greedy algorithm)，節點純度的指標值常見者為 Gini 指標值 (Gini Index)，至於 ID3、C4.5 法程序則採用「資訊獲利」(Information Gain) 值作為屬性選擇指標，CHAID 法程序採用卡方獨立性檢定統計量作為分割條件指標。Gini 指標值是在數值屬性的變數值域中找到一個適切的分割點如 s，進而將樣本分割成小於 s 與大於等於 s 二個子集合 (D1、D2)，二個子集合的觀察值個數分別為 N1、N2。若樣本集合 D 包含 n 類樣本，則 Gini 指標值的定義為：$Gini(D) = 1 - \sum_{j=1}^{n} p_j^2$，$p_j$ 為屬於類別 j 的樣本在集合 D 中出現的機率。假設集合 D 有 100 位觀察值，通過甲證照考試的觀察值有 50 位、未通過者有 50 位，Gini 指標值 $= 1 - \sum_{j=1}^{n} p_j^2 = 1 - (0.5^2 + 0.5^2) = 0.50$ (就 ID3 資訊獲利準則而言，二個水準群組的數量一樣，熵 (entropy) 值為 1，節點的凌亂程度最大)；若是通過甲證照考試的觀察值有 20 位、未通過者有 80 位，則 Gini 指標值 $= 1 - \sum_{j=1}^{n} p_j^2 = 1 - (0.2^2 + 0.8^2) = 0.32$；若是通過甲證照考試的觀察值有 10 位、未通過者有 90 位，則 Gini 指標值 $= 1 - \sum_{j=1}^{n} p_j^2 = 1 - (0.1^2 + 0.9^2) = 0.18$。可見，樣本群組分布愈平均，Gini 指標值愈大，集合檔中的群組類別樣本數差異愈大，Gini 指標值愈小，Gini 指標值愈小表示純度愈高 (廖述賢、溫志皓，2014)。因而決策樹的分割屬性準則會挑選 Gini 指標值最小的分支或具有最大純度值的分支作為分割條件。

集合 D 依分割節點分支為 D1 (觀察值個數為 N1)、D2 (觀察值個數為 N2) 後的 Gini 指標值定義為：$\text{Gini}(D) = \frac{N_1}{N}\text{Gini}(D_1) + \frac{N_2}{N}\text{Gini}(D_2)$，由於決策樹模型的建構程序主要是希望儘可能將資料分成單一類別的子集合 (子集合觀察值屬性有高度同質性)，因而決定屬性值域的分割點時，會挑選分割後 Gini 指標值最小的數值。節點分割子集合的 Gini 指標值範例如有 16 位觀察值參加甲證照考試，以家庭文化資本分數為分割變數，「家庭文化資本 < 40」左邊子節點中，有六位觀察值，其中一個樣本通過、五個樣本未通過，左邊子節點的 Gini 指標值為：

$$\text{Gini}\,(家庭文化資本 < 40) = 1 - \sum_{j=1}^{n} p_j^2 = 1 - \left((1/6)^2 + (5/6)^2\right) = 0.278$$

右邊子節點十位觀察值，通過甲證照考試樣本有八個、未通過證照考試樣本有二個，右邊子節點的 Gini 指標值為：$\text{Gini}\,(家庭文化資本 \geq 40) = 1 - \sum_{j=1}^{n} p_j^2 = 1 - \left((8/10)^2 + (2/10)^2\right) = 0.320$。以「家庭文化資本 = 40」為分割節點，分割後的 Gini 指標值為：

$$\text{Gini}\,(家庭文化資本 < 40) = \frac{N_1}{N}\text{Gini}(D_1) + \frac{N_2}{N}\text{Gini}(D_2) = \frac{6}{16} \times 0.278 + \frac{10}{16}$$
$$\times\, 0.320 = 0.304 \;(曾憲雄等，2015)$$

反應變數為計量變數的迴歸樹，無法估算純度值與不純度值，一般會採用類似迴歸的預測殘值。迴歸分析模型預測殘差值 $e_i = y_i - \hat{y}_i$，i = 1,2,...n。其中 y_i 為第 i 位觀察值在反應變數真實測量值、$\hat{y}_i$ 為根據迴歸模型預測第 i 位觀察值在反應變數的測量值。預測的標準誤 (standard error of prediction; [SEP]) 為殘差值的標準差：

$$\text{SEP} = \sqrt{\frac{1}{n-1}\sum_{i=1}^{n}(e_i - \overline{e})^2}$$，其中 $\overline{e}$ 為殘差值 (或偏誤值) 的算術平均數。標準差的強韌測量值為四分位距 (interquartile range) 或中位數絕對差異量，四分位距為殘差值第三個四分位數與第一個四分位數的差異值：$S_{IQR} = Q_3 - Q_1$，殘差中位數絕對差異的中位數為：$S_{MAD} = median_i \left|e_i - median_j(e_i)\right|$。殘差平方和平均數為預測平方誤差平均值 (the mean squared error of prediction; [MSEP])：

$$M_{SEP} = \frac{1}{n}\sum_{i=1}^{n} e_i^2$$，由於 $SEP^2 = MSEP - \overline{e}^2$，如果偏誤值 $\overline{e}^2$ 接近 0，則 SEP^2 與 MSEP 二個量數十分接近，在迴歸模型預測中，偏誤值 $\overline{e}^2$ 會幾乎等於 0，MSEP 的平方根：$RMSEP = \sqrt{\frac{1}{n}\sum_{i=1}^{n} e_i^2}$ 與 SEP 量數值是相等的。另一個重要的

量測值為預測殘差值的均方和 (predicted residual error sum of squares; [PRESS])：$PRESS = \sum_{i=1}^{n} e_i^2 = n \times MSE$，殘差均方和可作為判別迴歸係數的最小化與訓練/測試子集合的選取 (Garcia & Filzmoser, 2015)。

　　成長完成的決策樹形狀如果過於龐雜，可以進行修剪 (pruning)，R 軟體中的決策樹修剪方法可以更改複雜度參數 (cp)、限定樹的深度、限定分支節點的最小樣本觀察值個數 (父節點最少觀察值個數)、限定葉節點的最小樣本觀察值個數等。複雜度的參數值愈大，決策樹的深度愈小；樹深度的參數愈小，決策樹的形狀愈簡化；分割節點設定的參數值愈大，決策樹的深度愈小；葉節點設定的參數值愈大，決策樹的形狀愈簡化。除了採用上述四個參數限定決策樹的成長外，R 軟體也可直接使用互動式的決策樹圖形修剪界面，對決策樹進行修剪，以簡化決策樹圖。

　　簡易 CART 分類圖如下：

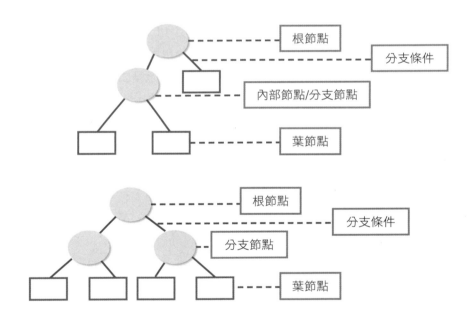

　　常見 CART 建構的決策樹模型效度評估有以下幾種：一為訓練測試法 (training-and-testing)，二為 k 疊交互效度驗證法 (k-fold cross validation)。訓練測試法適合於大樣本，當樣本數夠大時，將資料檔隨機分成二個子資料檔：訓練樣本 (training samples)、測試樣本 (testing samples)。訓練樣本數可為原資料檔的二分之一或三分之二，以訓練樣本為標的資料檔建構決策樹模型，再以建構的決策樹模型對測試樣本進行預測分類，以求出決策樹模型對測試樣本資料預測分類的

準確度 (預測分類正確的百分比)，準確度愈高表示決策樹模型愈佳。如原始資料檔樣本觀察值有 450 個，隨機抽取其中三分之二 (n=300) 作為訓練樣本，訓練樣本觀察值為 300，其餘 150 個作為測試樣本，由於訓練樣本數夠大，不會造成決策樹模型建構的偏誤。決策樹複核效度的檢定上，也可採用類似 SEM 程序，隨機將資料檔分成二個觀察值大致相等的子資料檔，其中一個子資料檔作為決策樹模型建構的標的資料檔 (訓練樣本)、另一個子資料檔作為建構後之決策樹模型的測試資料檔，驗證決策樹模型分類效度 (精確度) 的評估。

　　k 疊交互效度驗證法適用於中小型態樣本的資料檔，它是將資料檔分成 k個子資料檔，依序將 k－1 個子資料檔樣本觀察值作為訓練樣本，剩餘一個子資料檔作為測試樣本，重複進行 k 次，最後挑選準確度最高的模型。如原始資料檔樣本觀察值有 100 個，隨機將樣本分割為 5 個子資料檔，先用前四個子資料檔 (k1、k2、k3、k4) 作為訓練樣本，k5 子資料檔作為測試樣本，其次以 k1、k2、k3、k5 作為訓練樣本，k4 子資料檔作為測試樣本，重複進行運算程序，會得到不同的決策樹模型與預測分類效度，再從其中挑選一個最佳的決策樹模型。訓練樣本的準確度為訓練樣本正確分類的個數 (RN) 除以訓練樣本的總個數 (N)、測試樣本的準確度為測試樣本正確分類的個數 (RN) 除以測試樣本的總個數 (N)。至於葉節點的純度為葉節點內分類最多樣本群組個數除以節點內的觀察值總數，不純度為葉節點內分類不是最多樣本群組個數除以節點內的觀察值總數，葉節點的不純度值愈大，表示分類準確度愈差；不純度值為 0.00%，表示葉節點分類正確的準確度最佳。如根據決策樹模型預測分類的葉節點為資訊能力檢定「通過」群組，群組內 20 位觀察值，實際通過資訊能力檢定樣本有 18 位、沒有通過資訊能力檢定樣本有 2 位，葉節點的純度值為 90.0% (=18/20)，不純度值為 10.0% (=2/20)。

　　在模型評估方面，R 軟體可以採用隨機抽取樣本觀察值方法，將資料框架物件分成訓練樣本、測試樣本，以訓練樣本建構決策樹模型，再以決策樹模型對測試樣本進行預測分類準確度的檢核，配合迴圈函數反覆進行上述檢核程序，如此可以快速求出平均的預測分類百分比。CART 統計應用的反應變數同時適用於計量變數與間斷變數，資料結構不需符合母數統計法分析的假定，模型建構可以將複雜分支條件以視覺化圖形 (迴歸樹圖/分類樹圖) 表示，因而在社會科學或醫護領域也廣為研究者使用。

　　一次抽取樣本觀察值之決策樹分析流程圖簡化如下，研究者可從原資料檔中隨機抽取二分之一至三分之二的觀察值為訓練樣本，未被抽取的觀察值為測試樣本；也可以從原資料檔中隨機抽取三分之一至二分之一的觀察值為測試樣本，未被抽取的樣本為測試樣本。

　　一次抽取樣本觀察值之決策樹分析流程圖簡化如下：

　　二次抽取樣本觀察值之決策樹分析流程圖簡化如下：

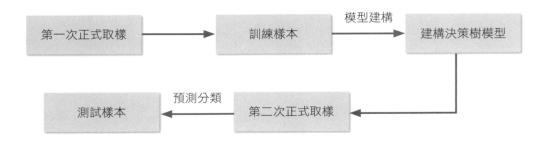

參考文獻

曾憲雄、蔡秀滿、蘇東興、曾秋蓉、王慶堯 (2015)。資料探勘。臺北市：旗標。

廖述賢、溫志皓 (2014)。資料探勘與理論應用。新北市：博碩。

Garcia, H., & Filzmoser, P. (2015). *Multivariate statistical analysis using the R package chemometrics.* R package chemometrics 說明文件。

Chapter 02

套件 {rpart} 函數 rpart ( )

決策樹模型建構與預測分類最常使用的套件為 **{rpart}**。

壹、rpart ( ) 函數

套件 **{rpart}** 的函數 **rpart ( )** 語法如下：

rpart (formula, data, weights, subset, na.action = na.rpart, method, model = FALSE, x = FALSE, y = TRUE, parms, control, cost)

引數 formula 為分類方程式 (沒有交互作用項)，基本方程式為「y ~ x1 + x2 + x3」(三個預測變數)。

引數 data 為資料框架名稱，資料框架中要包含解釋變數與效標變數。

引數 weights 為案例加權值。

引數 subset 界定分析的子資料集 (多少列的資料檔)。

引數 na.action 界定遺漏值的刪除方法，內定選項中的依變數若為遺漏值，則排除分析的樣本資料列。

引數 method 界定決策樹的類型，四個選項為 "anova"、"poisson"、"class"、"exp"，依變數為計量變數時選項為 "anova" (迴歸樹)、依變數為間斷變數時選項設定為 "class" (分類樹)，依變數為存活物件 (survival object) 時設定選項為 "exp" (指數)，如果沒有界定方法選項，R 軟體會自動進行判別選取。

引數 model 界定資料框架是否複製在輸出結果中，內定邏輯選項為假。引數 x 界定是否複製自變數矩陣在輸出結果中。引數 y 界定依變數是否在輸出結果，內定選項為真。

引數 parms 界定分割 (分枝) 函數的參數，anova 分割不必界定參數、poisson 分割有單一參數，參數值為比率事前分配之變異係數，內定參數值為 1；指數 exponential 分割參數與 poisson 分割參數相同；分類分割參數為列表，列表包含事前機率、向量、遺失矩陣或分割指標值，事前機率的數值必須為正值且總和等於 1，遺失矩陣的對角線數值為 0、非對角線元素為正數，分割指標值可以為 gini 指標或資訊指標，內定的事前機率為資料次數的百分比值、分割指標值為 gini 指標值。

引數 control 界定 rpart 演算法的參數，相關的引數設定參見 **rpart.control ( )** 函數。

引數 cost 界定非負數成本向量，內定選項為模型中一個變數對所有變數的成本估計，進行分割時，cost 值之範圍會納入考量，因此，變數分割的改善，會以其 cost 值被分支情況的量數，作為決定分割的參考。

貳、函數 rpart.control ( )

函數 **rpart.control ( )** 基本語法如下：

rpart.control (minsplit = 20, minbucket = round (minsplit/3), cp = 0.01, maxcompete = 4, maxsurrogate = 5, usesurrogate = 2, xval = 10, surrogatestyle = 0, maxdepth = 30)

引數 minsplit 界定節點 (分割節點) 中最小的樣本觀察值個數，大於參數值的節點才能進行分支，內定參數值為 20，表示內部節點觀察值需大於等於 20 個以上，節點才會進行分支，因而 minsplit 設定的參數值愈大，決策樹的分支情況會較少，樹的成長不致於過度複雜。

引數 minbucket 界定每個葉節點中包含的最小樣本觀察值個數，預設值為引數 minsplit 界定參數值的三分之一 (引數 minsplit 參數值為引數 minbucket 參數值的三倍)，內定語法為 minbucket = round (minsplit/3)，如語法函數界定「minsplit = 60」，沒有界定 minbucket 引數參數值，則內定的葉節點最少樣本觀察值個數為 20；相對的，語法函數界定引數 minbucket 的參數值為 30，省略 minsplit 引數，表示 minsplit 引數的參數值為 90，決策樹分支時，分割節點內最少觀察值要大於等於 90 個、分支後的葉節點內觀察值要大於等於 30 個，沒有符合這二個條件，決策樹內部節點不進行分支。語法函數中的引數 minsplit 與 minbucket 可以分開設定，前者參數值不能小於後者的參數值。

引數 cp (complexity parameter) 為複雜度參數，內定選項參數值 = 0.01，決策樹的分類過程，整體適配度的保留準則為大於 cp 值參數值的節點。以變異數的分支為例，表示每一步驟整體 R 平方值必須隨著 cp 值的變動而增加，複雜度參數的主要功能在於藉由分支剪裁無明顯統計價值之節點，以節省電腦的計算時間。引數 cp 參數值愈小，決策樹節點的分支點愈多，決策樹會較複雜，若要簡化決策樹成長，可將引數 cp 參數值設成大一點。

引數 maxcompete 參數界定輸出結果被保留之競爭者分支，參數值的設定不僅可以知道選擇的分支，也可以知道下一個被選取的預測變數，內定的參數值為

4。

引數 maxsurrogate 界定輸出結果被保留的代理分支 (surrogate splits) 的個數，內定的參數值為 5，若該數值被設定為 0，則統計運算程式之計算時間將會減少，原因在於約有一半的計算時間 (排除安裝時間) 被用來尋找替代分支。

引數 usesurrogate 界定分支歷程中如何使用替代值。參數值為 0 僅單純呈現分支結果，根據主要分支準則有遺漏值的觀察值將不會被置放於迴歸樹的下方，參數值 0 對應的是迴歸樹的功能。參數值等於 1 表示使用代理分支，以分類有遺漏值的主要變數，若是所有的代理分支均為遺漏值，該樣本觀察值不會被分支。內定參數值為 2，表示所有代理分支有遺漏值資料時，觀察值會被放於主要分支方向中。

引數 xval 界定交叉驗證的個數，內定的參數值為 10。

引數 surrogatestyle 控制最佳代理的選項，內定參數值為 0，表示運算程式會使用具有潛力之代理變數 (surrogate variable) 的總正確分類個數進行運算；參數值設定為 1，則程式改使用正確分類百分比進行非遺漏數值代理分支的運算。

引數 maxdepth 設定迴歸樹節點層次的最大深度 (高度)，根節點的高度為 0，內定的參數值為 30，表示迴歸樹節點層次的最大深度為 30 層。

引數 parms 界定分支函數的選擇性參數。變異數分析分支 (anova) 沒有任何參數值；卜瓦松 (Poisson) 分支僅有單一參數值，參數值為比率之先驗分配的變異係數值，參數值預設為 1；指數 (Exponential) 分支與卜瓦松分支的參數值界定相同。

為了進行分類分割，該清單會包含以下任一項目：先驗概率之向量 (先驗組件)、損失矩陣 (遺失組件) 或是分裂指標 (分裂組件)。先驗值 (priors) 必須為正數且總合為 1。損失矩陣在對角線及正方向之非對角線元素中，必須包含零數值。分割指數 (splitting index) 可以為 gini 值或資訊 (information) 值，預設先驗值是資料次數的比例值；損失預設值為 1、分割預設值為 gini 值。

參、輸出函數

函數 **print ( )** 可以輸出適配 rpart 物件分支情況。

函數 **print ( )** 基本語法為：

print (object, minlength = 0, spaces = 2, cp, digits = getOption("digits"))

引數 object 為函數 **rpart ( )** 建構之適配決策樹模型物件。

引數 minlength 控制因子變數或文字變數標記的縮寫，內定參數值為 0，表示不使用縮寫；參數值為 1，表示使用第一個英文字母取代。引數 spaces 界定決策樹深度增加時節點縮排的空格位數，內定參數值為 2。引數 cp 的參數值若有設定，則節點 cp 值小於設定的參數值不會被輸出 (有剪裁的效果)。引數 digits 界定參數值的小數位數。

函數 **summary ( )** 可以輸出完整適配 rpart 物件內容。

函數 **summary ( )** 基本語法為：

summary (object, cp = 0, digits = getOption ("digits"))

引數 object 為函數 **rpart ( )** 建構之適配決策樹模型物件。引數 digits 界定輸出參數估計值的位數。引數 cp 值界定小於複雜度參數值之節點進行修剪準則。

函數 **prune ( )** 功能在於對迴歸樹進行修剪，函數基本語法為：

prune (tree, cp)

引數 object 為函數 **rpart ( )** 建構之適配決策樹模型物件。引數 cp (複雜度參數) 界定物件修剪之參數值，估計值小於界定之 cp 值進行修剪。

函數 **printcp ( )** 可以輸出適配 rpart 物件複雜度參數值 (cp 值)。

函數 **printcp ( )** 基本語法為：

printcp (object, digits = getOption ("digits") – 2)

引數 digits 設定輸出參數值的小數位數，內定為原直欄小數位數個數少二位，如設定為「digits = getOption("digits") – 4」，表示輸出參數值為原直欄小數位數個數少四位。

函數 **path.rpart ( )** 輸出從根節點至界定節點的所有路徑 (path)，函數對於分類規則的判別更為簡易明確。函數 **path.rpart ( )** 基本語法為：

path.rpart (tree, nodes, pretty = 0, print.it = TRUE)

引數 tree 為適配決策樹模型 rpart 物件。

引數 nodes 為整數型態之數值向量 (節點編號)，如果省略，表示輸出所有適配模型的節點 (子節點與葉節點)。

引數 pretty 內定選項參數值為 0，表示不使用分割標記之因子水準的英文縮

寫，界定其他整數值，會以對應的英文縮寫表示。引數 print.it 為邏輯選項，內
定選項為真，表示界定的節點數值編號如不在適配模型中，只會呈現其他在適配
模型中節點編號的分支路徑，引數界定為假，設定的節點數值向量編號如沒有在
適配迴歸樹模型中，即使部分節點編號在適配模型之中，這些節點分支路徑也不
呈現。

肆、資料框架物件

　　使用 **read.csv ( )** 函數匯入試算表資料檔「test0.csv」，資料框架物件名稱為
temp，IQ、INVO、TACT、SCORE、RANKA、RANKB 六個變數名稱依序為受
試者智力 (受試者智力商數)、投入 (投入程度)、策略 (讀書策略)、成績 (證照考
試成績)、證照 A (證照 A 考試成績等第)、證照 B (證照 B 考試成績等第)。證照
A 考試成績等第為三分類別變數，水準數值 1 為 A 等、水準數值 2 為 B 等、水
準數值 3 為 C 等，證照 B 考試成績等第為二分類別變數，水準數值 1 為通過、
水準數值 2 為未通過。

　　使用文字向量將資料框架物件之變數名稱修改為智力 (受試者智力商數)、
投入 (投入程度)、策略 (讀書策略)、成績 (證照考試成績)、證照 A (三分類別變
數)、證照 B (二分類別變數)，使用 **as.factor ( )** 函數將 RANKA、RANKB 二個變
數屬性設為因子變數 (間斷變數)，使用 **ifelse ( )** 函數更改水準數值為文字標記：

```
> temp=read.csv("test0.csv",header=T)
> tail(temp)
        IQ    INVO   TACT   SCORE   RANKA   RANKB
37      110    50     23     90      1       1
38      110    50     24     91      1       1
39      110    52     25     92      1       1
40      110    52     26     93      1       1
41      108    53     24     91      1       1
42      115    32     28     90      1       1
> temp$RANKA = as.factor (temp$RANKA)
> temp$RANKA = ifelse (temp$RANKA == 1, "A 等", ifelse (temp$ RANKA ==2, "B
    等", "C 等"))
> temp$RANKB = as.factor(temp$RANKB)
> temp$RANKB = ifelse(temp$RANKB == 1, "通過", "未通過")
> names (temp) = c ("智力","投入","策略","成績","證照 A","證照 B")
```

```
> tail (temp)
```

	智力	投入	策略	成績	證照A	證照 B
37	110	50	23	90	A 等	通過
38	110	50	24	91	A 等	通過
39	110	52	25	92	A 等	通過
40	110	52	26	93	A 等	通過
41	108	53	24	91	A 等	通過
42	115	32	28	90	A 等	通過

　　R 主控台讀取試算表檔案時，要先界定試算表資料檔存放的位置，範例假定試算表資料檔存在 D 磁碟機資料夾「rdata」之中，執行功能表列「檔案」/「變更現行目錄」程序，點選 D 磁碟機「rdata」資料夾，按「確定」鈕：

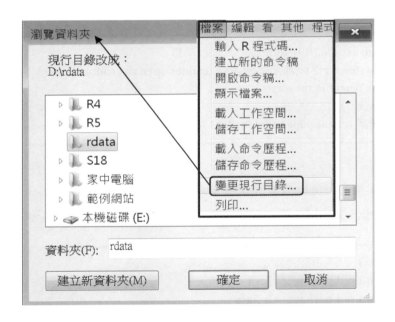

　　如果研究者沒有先執行功能表列「檔案」/「變更現行目錄」程序，使用函數 **read.csv( )** 或 **read.xlsx( )** 讀取試算表資料檔時，要同時界定資料檔存放的路徑，函數語法改為：

```
> temp=read.csv("d:/rdata/test0.csv",header=T)
```

　　函數語法也可使用「\\」符號取代「/」：

```
> temp=read.csv("d:\\rdata\\test0.csv",header=T)
```

R 軟體資料檔讀取目錄為「/」或「\\」，「\\」符號不能簡化為「\」符號，否則會出現錯誤訊息：

```
> temp=read.csv("d:\rdata\test0.csv",header=T)
Error: '\R' is an unrecognized escape in character string starting ""d:\R"
[說明]：錯誤訊息表示 "d:\R" 文字串起始字元在 R 軟體中是無法辨識的語法。
```

若是鍵入試算表存放路徑錯誤，執行函數 read.csv ( ) 指令後會出現資料檔檔案或路徑無法開啟的錯誤訊息：

```
> temp = read.csv ("d:/R01/test0.csv",header = T)
Error in file (file, "rt") : 無法開啟連結 (cannot open the connection)
In addition: Warning message:
In file (file, "rt") :
無法開啟檔案 (cannot open file) 'd:/R01/test0.csv': No such file or directory
```

如果資料檔為原始試算表「*. xlsx」檔案類型，可以使用套件 {xlsx} 函數 **read.xlsx ( )** 讀取，範例試算表之檔案名稱為「test0.xlsx」，資料建檔在活頁簿的第一個工作表中，第一列為變數名稱，第一欄增列樣本觀察值編號 (NUM)：

```
> library(xlsx)
Loading required package: rJava
Loading required package: xlsxjars
> edata = read.xlsx ("test0.xlsx", 1)
> tail (edata, 3)
```

	NUM	IQ	INVO	TACT	SCORE	RANKA	RANKB
40	s40	110	52	26	93	1	1
41	s41	108	53	24	91	1	1
42	s42	115	32	28	90	1	1

沒有指定資料檔工作目錄時，函數列「> edata = read.xlsx ("test0.xlsx", 1)」更改為：

```
> edata = read.xlsx ("d:/rdata/test0.xlsx",1)
```

如要將變數名稱標記為中文，使用文字向量取代，變數標記為中文後，使用 **head ( )** 函數查看前二筆樣本觀察值資料：

```
> names (edata) = c ("編號","智力","投入","策略","成績","證照 A","證照 B")
> head (edata,2)
     編號    智力    投入    策略    成績   證照 A  證照 B
1    s01    130    17      10      78      2       2
2    s02    131    18      11      76      2       2
```

以函數 **cor ( )** 求出三個解釋變數與反應變數「成績」間之相關矩陣：

```
> round (cor(temp[,1:4,6]),3)
         智力      投入      策略      成績
智力     1.000    -0.013    0.206    0.311
投入    -0.013    1.000     0.582    0.813
策略     0.206    0.582     1.000    0.779
成績     0.311    0.813     0.779    1.000
```
[說明]：三個解釋變數智力、投入、策略與反應變數成績間的積差相關係數分別為 **0.311**、**0.813**、**0.779**。

以基本套件函數 **cor.test ( )** 求出相關係數是否顯著等於 0 檢定統計量對應的顯著性機率值 p，套件函數 **cor.test ( )** 物件之顯著性 p 值的元素名稱為 $p.value：

```
> round (cor.test (~ 智力 + 成績, data = temp) $p.value,3)
[1] 0.045
> round (cor.test (~ 投入 + 成績, data = temp) $p.value,3)
[1] 0
> round (cor.test (~ 策略 + 成績, data = temp) $p.value,3)
[1] 0
```
[說明]：三個解釋變數智力、投入、策略與反應變數成績間積差相關係數顯著性機率值 **p** 分別為 **0.045**、**0.000**、**0.000**，皆達統計顯著水準 (**p < .05**)，表示三個相關係數均顯著不等於 **0**。

套件 **{wCorr}** 函數 **weightedCorr ( )** 可以使用加權或未加權方法求出二個

變數間之積差相關、等級相關、四分相關 (tetrachoric correlation) 或多系列相關 (polyserial correlation) 係數。函數 **weightedCorr ( )** 基本語法為：

> **weightedCorr (x, y, method = c("Pearson", "Spearman", "Polyserial",**
> **"Polychoric"), weights = rep(1, length (x)), ML = FALSE)**

引數 x、y 為數值向量或因子向量，引數 weights 界定加權值的數值向量，內定選項的加權值為數值向量元素均為 1 (估計值為未加權相關係數)。引數 ML 為邏輯選項，內定選項為假，若界定為真，表示使用完全最大概似法計算四分相關或多系列相關係數值。

範例使用函數 **weightedCorr ( )** 計算解釋變數與反應變數之積差相關係數值：

```
> library (wCorr)
> round (weightedCorr (temp [,1], temp [,4], method = "Pearson"), 3)
[1] 0.311
> round (weightedCorr (temp [,2], temp [,4], method = "Pearson"), 3)
[1] 0.813
> round (weightedCor r(temp [,3], temp [,4], method = "Pearson"), 3)
[1] 0.779
[說明]：三個解釋變數智力、投入、策略與反應變數成績間的積差相關係數分別
為 0.311、0.813、0.779。
```

迴歸樹分析程序中，如果解釋變數與反應變數間的相關不高，表示預測變數對效標變數的解釋變異量 (決定係數) 很小，以訓練樣本建構之決策樹模型的葉節點，節點誤差值平方和 (error sum of squares; [ESS]) 會較大，對應的節點也有較大的標準差或變異數。

以證照 A 變數為因子變數 (三分類別變數)，智力、策略、投入三個解釋變數為依變數進行二個水準群組平均數的差異檢定，範例使用 **aov ( )** 函數進行單因子變異數分析：

```
> summary (aov (智力 ~ 證照 A, data = temp))
```

	Df	Sum Sq	Mean Sq	F value	Pr (> F)
證照 A	2	345.3	172.67	4.533	0.017 *
Residuals		1485.6	38.09		

Signif. codes: 0 '*' 0.001 '**' 0.01 '*' 0.05 '.' 0.1 ' ' 1**

> summary (aov (投入 ~ 證照 A, data = temp))

	Df	Sum Sq	Mean Sq	F value	Pr (> F)
證照 A	2	5918	2959	55.79	3.62e-12 ***
Residuals	39	2068	53		

Signif. codes: 0   '*'   0.001   '**'   0.01   '*'   0.05   '.'   0.1   ' '   1**

> summary (aov (策略 ~ 證照 A, data = temp))

	Df	Sum Sq	Mean Sq	F value	Pr(> F)
證照 A	2	6382	3191	28.48	2.38e-08 ***
Residuals	39	4370	112		

Signif. codes: 0   '*'   0.001   '**'   0.01   '*'   0.05   '.'   0.1   ' '   1**

[說明]:「證照 A」因子變數三個水準群組在智力、策略、投入三個解釋變數平均數差異檢定之整體考驗的 F 值統計量均達統計顯著水準,表示三個水準群組的平均數分別在三個計量變數中至少有一配對群組的平均數差異顯著不等於 0。

以證照 B 變數為因子變數 (二分類別變數),智力、策略、投入三個解釋變數為依變數進行二個水準群組平均數的差異檢定,範例使用 **aov ( )** 函數進行單因子變異數分析 (由於證照 B 變數為二分類別變數,水準群組在解釋變數平均數的差異檢定也可以採用 t 檢定統計程序):

> summary (aov (智力 ~ 證照 B, data = temp))

	Df	Sum Sq	Mean Sq	F value	Pr (> F)
證照 B	1	25	25.02	0.554	0.461
Residuals	40	1806	45.15		

> **summary (aov (投入 ~ 證照 B, data = temp))**

	Df	Sum Sq	Mean Sq	F value	Pr (> F)
證照 B	1	4841	4841	61.55	1.28e-09 ***
Residuals	40	3146	79		

Signif. codes: 0 '*' 0.001 '**' 0.01 '*' 0.05 '.' 0.1 ' ' 1**

> summary (aov (策略 ~ 證照 B, data = temp))

	Df	Sum Sq	Mean Sq	F value	Pr (> F)
證照 B	1	4939	4939	33.99	8.2e-07 ***
Residuals	40	5813	145		

Signif. codes: 0 '*' 0.001 '**' 0.01 '*' 0.05 '.' 0.1 ' ' 1**

[說明]:「證照 B」因子變數二個水準群組在策略、投入二個解釋變數平均數差異

檢定之整體考驗的 **F** 值統計量達到統計顯著水準，表示二個水準群組的平均數分別在這二個計量變數中至少有一配對群組的平均數差異顯著不等於 **0**。

　　範例語法使用套件 **{ggplot2}** 函數 **geom_boxplot ( )** 繪製盒形圖，使用函數 **ggplot ( )** 界定資料框架物件、橫軸因子變數的名稱 (證照 A)、 軸計量變數 (成績變數)，函數 **geom_boxplot ( )** 引數 colour 界定盒形圖線條顏色、引數 fill 界定盒形圖內部顏色，增列函數 **geom_jitter ( )** 呈現觀察值的分數點分布：

```
> library (ggplot2)
> p.m = ggplot (data = temp, aes (x = 證照 A, y = 成績))
> p.m + geom_boxplot (colour = "blue", fill = "gray") + geom_jitter (width = 0.4)
```
三種水準群組等第在證照 A 考試之「成績」盒形圖如下：

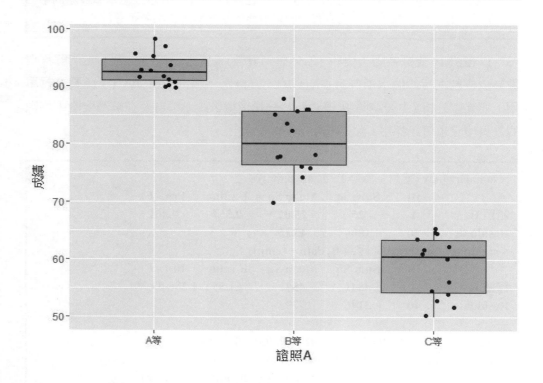

　　範例語法函數繪製「證照 **B**」因子變數二個水準群組在學習策略計量變數的盒形圖，增列函數 **coord_flip ( )** 表示盒形圖形狀為水平：

```
> p.m = ggplot (data = temp,aes (x = 證照 B, y = 投入))
> p.m + geom_boxplot (colour = "blue", fill = "green", size = 1) + geom_jitter (size =
  2,shape = 1) + coord_flip ()
```

水平盒形圖如下，二個水準群的盒形圖的中位數位置有顯著不同：

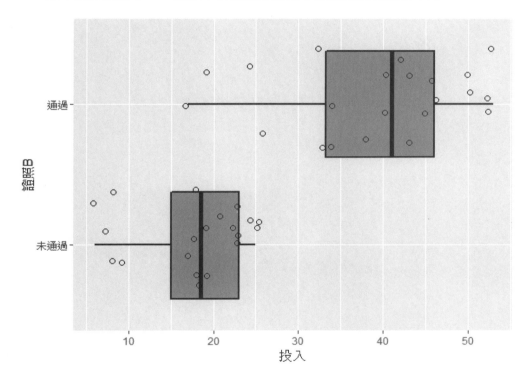

Chapter 03

迴歸樹

反應變數為連續變數的決策樹稱為迴歸樹 (Regression Tree)，迴歸樹分割的準則不是 Gini 指標值或是對數概似函數 (log-likelihood function)，引數 method 選項 anova 法的分割準則是 $SS_T - (SS_L + SS_R)$，其中 $SS_T = \Sigma(y_i - \bar{y})^2$，參數值為節點的均方和；$SS_L$、$SS_R$ 為左、右子節點的均方和，此準則與在簡單變異數分析中選擇分割以得到最大組間均方和的演算程序相同。摘要統計量或向量為節點的平均值 (分類樹為水準群組類別的分類機率值)，節點的誤差值為反應變數 y 的變異數或離均差平方和 (分類樹為預測分類的遺失值)，節點新觀察值的預測誤差值為 $(y_{new} - \bar{y})$。

壹、迴歸樹模型建構

一、函數 rpart ( )——建構迴歸樹模型

使用函數 **library ( )** 載入套件 **{rpart}**，以套件函數 **rpart ( )** 進行迴歸樹模型建構，由於依變數為計量變數，分類方法引數 method 選項界定「= anova」，內定之節點最小樣本數 n = 20，cp 值 = 0.01，沒有界定葉節點引數表示葉節點最少觀察值個數為分割節點的三分之一 (參數值為 7)，內定引數 minsplit = 20、minbucket = 7：

```
> round (20/3,0)
[1] 7
```

範例設定迴歸樹模型物件名稱為 regt1：

```
> library (rpart)
> regt1 = rpart (成績~智力 + 投入 + 策略, data = temp, method = "anova")
```

使用 **print ( )** 函數輸出 **rpart ( )** 函數物件：

```
> print (regt1)
n = 42
node), split, n, deviance, yval
     * denotes terminal node
```
[說明]：樣本總數 N = 42 位，節點資訊欄位分別為節點、分割變數、個數、差異

量數、效標變數平均值。節點增列*(星號) 者表示為終點節點 (葉節點)。

1) root	42	9212.40500	77.45238
2) 策略 < 19	20	1557.20000	63.80000
4) 智力 < 118.5	10	404.90000	58.10000 *
5) 智力 >= 118.5	10	502.50000	69.50000 *
3) 策略 >= 19	22	538.59090	89.86364
6) 投入 < 39	9	96.00000	85.00000 *
7) 投入 >= 39	13	82.30769	93.23077 *

[說明]：

節點 [1] (根節點) 樣本數有 42 位、證照考試成績總平均數 = 77.45。

節點 [1] 的分支變數為「策略」，二個節點分別為節點 [2]、節點 [3]。節點 [2] 為「策略」變數測量值小於 19，符合此條件的觀察值有 20 位、樣本在「成績」依變數的平均數 = 63.80。節點 3 為「策略」變數測量值大於或等於 19，符合此條件的觀察值有 22 位、樣本在「成績」依變數的平均數 = 89.86。

節點 [2] (父節點) 的分支變數為「智力」，二個分支節點分別為節點 [4] (子節點)、節點 [5] (子節點)。節點 [4] 為「策略」變數測量值小於 19 且「智力」分數小於 118.5 分，符合此條件的觀察值有 10 位、樣本在「成績」依變數的平均數 = 58.10；節點 5 為「策略」變數測量值小於 19 且「智力」分數 ≥ 118.5 分者，符合此條件的觀察值有 10 位、樣本在「成績」依變數的平均數 = 69.50，節點 [4]、節點 [5] 均為葉節點，不再分支。

節點 [3] 的分支變數為「投入」，二個節點分別為節點 [6]、節點 [7]。節點 [6] 為「策略」變數測量值 ≥ 19 且「投入」分數小於 39 分者，符合此條件的觀察值有 9 位、樣本在「成績」依變數的平均數 = 85；節點 [7] 為「策略」變數測量值 ≥ 19 且「投入」分數 ≥ 39 分者，符合此條件的觀察值有 13 位、樣本在「成績」依變數的平均數 = 93.23，節點 [6]、節點 [7] 均為葉節點，不再分支。

使用函數 **summary ( )** 輸出迴歸樹物件結果：

```
> summary (regt1)
```
Call:
rpart (formula = 成績 ~ 智力 + 投入 + 策略, data = temp, method = "anova")
  n = 42

	cp	nsplit	rel error	xerror	xstd
1	0.77250338	0	1.0000000	1.0373653	0.13764327
2	0.07053533	1	0.2274966	0.2536157	0.04780578
3	0.03910849	2	0.1569613	0.2536157	0.04780578
4	0.01000000	3	0.1178528	0.2337287	0.04784133

[說明]：**cp** 欄值為分支後的複雜度參數，**nsplit** 欄的整數值為節點分割數，迴歸樹的葉節點總數為分割數加 **1**。**rel error** 欄為相對誤差值 (relative error)，類似於線性迴歸中的 $1 - R^2$ 值；**xerror** 欄的屬性類似於 **PRESS** 統計量。

根節點 (分割點 0) 的 **cp** 值 = **0.77**,相對誤差值 (錯誤率) 為 **1.00**、校正錯誤值 (**xerror** 欄數值) 為 **1.04**、校正錯誤估計值標準差 (**xstd** 欄數值) 為 **0.14**;分割點 **[1]** 之 **cp** 值 = **0.07**,相對誤差值為 **0.23**;分割點 **[2]** 之 **cp** 值 = **0.04**,相對誤差值為 **0.16**;分割點 **[3]** 之 **cp** 值 = **0.01**,相對誤差值為 **0.12**,由於界定的參數 **cp** 值改變 要大於 **0.01**,因而分割點 **4** 不再進行節點分支。

Variable importance
策略　　投入　　智力
 46　　**39**　　**15**
[說明]:分類變數重要性依序為「策略」、「投入」、「智力」。
Node number 1: 42 observations, complexity param = 0.7725034
mean = 77.45238, MSE = 219.343
left son = 2 (20 obs) right son = 3 (22 obs)
[說明]:
根節點 (節點 **[1]**) 有 **42** 位觀察值、複雜度參數值 = **0.773**,證照考試成績總平均數 = **77.453**,平均數估計標準誤 = **219.343**,左邊子節點 (節點 **[2]**) 有 **20** 位觀察值、 右邊子節點 (節點 **[3]**) 有 **22** 位觀察值。

Primary splits:[主要分割]
策略 < **19**　　**to the left, improve = 0.7725034, (0 missing)**
投入 < **29**　　**to the left, improve = 0.6588341, (0 missing)**
智力 < **119.5 to the left, improve = 0.1964012, (0 missing)**
[說明]:主要分割變數與分類準則,受試者在「策略」變數測量值小於 **19** 分者 被分割至節點的左側,改善值參數 = **0.773**,遺失的樣本數 **0** 個;節點分割變數 為「投入」,受試者在「投入」變數測量值小於 **29** 分者被分割至節點的左側, 改善值參數 = **0.659**,遺失的樣本數 **0** 個;節點分割變數為「智力」,受試者在 「智力」變數測量值小於 **119.5** 者被分割至節點的左側,改善值參數 = **0.196**,遺 失的樣本數 **0** 個。改善值 (改進值) 是不純度指標變化的 n 倍值,因而改善值參數 愈大,表示解釋變數對反應變數的相對影響愈重要。策略節點分支、投入節點分 支、智力節點分支的改進值分別為 **0.773**、**0.659**、**0.196**,對反應變數預測分類重 要性程度之解釋變數依序為策略、投入、智力。

Surrogate splits:[代理分割/替代分支]
投入 < **29**　　**to the left, agree = 0.905, adj = 0.80, (0 split)**
智力 < **123.5 to the right, agree = 0.643, adj = 0.25, (0 split)**
[說明]:代理分割的子節點中,受試者在「投入」變數測量值小於 **29** 分者被分割 至節點的左側,一致性參數 = **0.905**,調整後一致性參數 = **0.80**;子節點分割中, 受試者在「智力」變數測量值小於 **123.5** 分者被分割至節點的右側,一致性參數 = **0.643**,調整後一致性參數 = **0.25**。
Node number 2: 20 observations, complexity param = 0.07053533
mean = 63.8, MSE = 77.86
left son = 4 (10 obs) right son = 5 (10 obs)
[說明]:

子節點 [2] 的觀察值有 **20** 位，複雜度參數值 = **0.071**，證照考試成績總平均數 = **63.8**，左邊子節點 (節點 [4]) 有 **10** 位觀察值、右邊子節點 (節點 [5]) 有 **10** 位觀察值。

Primary splits:[主要分割]

智力 < **118.5**　　to the left, improve = **0.41728740, (0 missing)**
策略 < **11.5**　　to the right, improve = **0.08027228, (0 missing)**
投入 < **20**　　　to the right, improve = **0.02615936, (0 missing)**

[說明]：主要分割中「智力 < 118.5」被分類至左邊子節點的分割準則，模型的改進值為 **0.417**，以「策略 < 11.5」為分支條件，模型的改進值為 **0.080**，以「投入 < 20」為分支條件，模型的改進值為 **0.026**，在三個分支條件中，以「智力 < 118.5」的改進值最大，因而以智力變數作為分割解釋變數，左邊子節點的分割條件為「智力 < 118.5」、右邊子節點的分割條件為「智力 ≥ 118.5」。

Surrogate splits:[代理分割]

投入 < **13**　　　to the left, agree = **0.75, adj = 0.5, (0 split)**
策略 < **10.5**　　to the right, agree = **0.70, adj = 0.4, (0 split)**

[說明]：代理分割選取中，受試者在「投入」變數測量值小於 13 分者被分割至節點的左側，一致性參數 = **0.75**，調整後一致性參數 = **0.50**；受試者在「策略」變數測量值小於 10.5 分者被分割至節點的右側，一致性參數 = **0.70**，調整後一致性參數 = **0.40**。

Node number 3: 22 observations,   complexity param = 0.03910849
mean = 89.86364, MSE = 24.4814
left son = 6 (9 obs) right son = 7 (13 obs)

[說明]：
子節點 [3] 的觀察值有 **22** 位，複雜度參數值 = **0.039**，證照考試成績總平均數 = **89.86**，左邊子節點 (節點 [6]) 有 **9** 位觀察值、右邊子節點 (節點 [7]) 有 **13** 位觀察值。

Primary splits:[主要分割]

投入 < **39**　　　to the left, improve = **0.6689367, (0 missing)**
策略 < **45**　　　to the left, improve = **0.4750521, (0 missing)**
智力 < **117.5**　　to the left, improve = **0.1560469, (0 missing)**

[說明]：內部節點主要分割變數與分類準則，節點分割變數為「投入」，受試者在「投入」變數測量值小於 39 分者被分割至節點的左側，改進值參數 = **0.669**，遺失的樣本數 0 個；受試者在「策略」變數測量值小於 45 分者被分割在節點的左側，改進值參數 = **0.475**，遺失的樣本數 0 個；節點分割變數為「智力」，受試者在「智力」變數測量值小於 117.5 者被分割至節點的左側，改進值參數 = **0.156**，遺失的樣本數 0 個。由於「投入」解釋變數對迴歸樹模型的改進值最大，因而以策略變數作為節點分割條件，左子節點樣本觀察值的分割準則為「投入 < 39」、右子節點樣本觀察值的分割準則為「投入 ≥ 39」。

Surrogate splits:[代理分割]

策略 < 45　　　**to the left, agree = 0.773, adj = 0.444, (0 split)**

智力 < 111.5　**to the right, agree = 0.636, adj = 0.111, (0 split)**

[說明]：代理分割的二個解釋變數為策略與智力，分支條件為「策略 < **45**」分類至左邊子節點，一致性參數 = **0.773**，調整後一致性參數 = **0.444**，「智力 < **111.5**」分類至右邊子節點，一致性參數 = **0.636**，調整後一致性參數 = **0.111**。

Node number 4: 10 observations

mean = 58.1, MSE = 40.49

[說明]：

子節點 [4] 的觀察值有 **10** 位，證照考試成績總平均數 = **58.1**，平均數標準誤 = **40.49**。

Node number 5: 10 observations

mean = 69.5, MSE = 50.25

[說明]：

子節點 [5] 的觀察值有 **10** 位，證照考試成績總平均數 = **69.5**，平均數標準誤 = **50.25**。

Node number 6: 9 observations

mean = 85, MSE = 10.66667

[說明]：

子節點 [6] 的觀察值有 **9** 位，證照考試成績總平均數 = **85**，平均數標準誤 = **10.67**。

Node number 7: 13 observations

mean = 93.23077, MSE = 6.331361

[說明]：

子節點 [7] 的觀察值有 **13** 位，證照考試成績總平均數 = **93.23**，平均數標準誤 = **6.33**。

　　上述迴歸樹語法函數中內定引數 control 選項的設定中，主要分割最大競爭解釋變數的個數為 4 個、最大代理分割解釋變數的個數為 5 個、使用代理分割變數的個數為 2 個，複雜度參數值為 0.01，範例函數語法為增列引數 control，選項採用內定參數：

```
> regt1 = rpart (成績~智力 + 投入 + 策略, data = temp, method = "anova", control =
  rpart.control (maxcompete = 4, maxsurrogate = 5, usesurrogate = 2, cp = 0.01))
> print (regt1)
n = 42
node), split, n, deviance, yval
    * denotes terminal node
1) root                42        9212.40500        77.45238
```

2) 策略 < 19	20	1557.20000	63.80000
4) 智力 < 118.5	10	404.90000	58.10000 *
5) 智力 >= 118.5	10	502.50000	69.50000 *
3) 策略 >= 19	22	538.59090	89.86364
6) 投入 < 39	9	96.00000	85.00000 *
7) 投入 >= 39	13	82.30769	93.23077 *

[說明]：迴歸樹的葉節點有 4 個：節點 [4]、節點 [5]、節點 [6]、節點 [7]。

範例 **rpart ( )** 函數語法中的引數 maxcompete、maxsurrogate、usesurrogate 的參數值均設定為 0，表示最大競爭變數個數 0 個、最大代理分割個數為 0 個、使用代理分割個數為 0 個：

```
> regt1.1 = rpart (成績~智力 + 投入 + 策略, data = temp, method = "anova", control =
    rpart.control (maxcompete = 0, maxsurrogate = 0, usesurrogate = 0, cp = 0.01))
> print (regt1.1)
n = 42
node), split, n, deviance, yval
    * denotes terminal node
```

1) root	42	9212.40500	77.45238
2) 策略 < 19	20	1557.20000	63.80000
4) 智力 < 118.5	10	404.90000	58.10000 *
5) 智力 >= 118.5	10	502.50000	69.50000 *
3) 策略 >= 19	22	538.59090	89.86364
6) 投入 < 39	9	96.00000	85.00000 *
7) 投入 >= 39	13	82.30769	93.23077 *

[說明]：葉節點中 (節點最後有星號*列者為終點節點) 分割變數條後的第一個參數值為觀察值個數、第二個參數值為離均差平方和 (SS)、第三個參數值為平均數。以節點 [4] 為例：

4) 智力 < 118.5	10	404.90000	58.10000 *

節點 [4] 為葉節點，節點內觀察值個數有 10 個、SS 值 = 404.90、平均數 = 58.10。迴歸樹的葉節點有 4 個：節點 [4]、節點 [5]、節點 [6]、節點 [7]。

上述迴歸樹四個葉節點分類準則如下：

節點 [4]：IF「策略 < 19 & 智力 < 118.5」THEN「M = 58.10」

節點 [5]：IF「策略 < 19 & 智力 ≥ 118.5」THEN「M = 69.50」

節點 [6]：IF「策略 ≥ 19 & 投入 < 39」THEN「M = 85.00」

節點 [7]：IF「策略 ≥ 19 & 投入 ≥ 39」THEN「M = 93.23」

二、葉節點參數估計值

依照節點分割條件，4 個葉節點的樣本觀察值之子資料集物件函數語法為：

```
> node4 = with (temp, temp [which (策略 < 19 & 智力 < 118.5),])
> node5 = with (temp, temp [which (策略 < 19 & 智力 >= 118.5),])
> node6 = with (temp, temp [which (策略 >= 19 & 投入 < 39),])
> node7 = with (temp, temp [which (策略 >= 19 & 投入 >= 39),])
```

葉節點離均差平方和函數語法為：

```
> with (node4, {sum ((成績-mean (成績))^2)})
[1] 404.9
> with (node5, {sum ((成績-mean (成績))^2)})
[1] 502.5
> with (node6, {sum ((成績-mean (成績))^2)})
[1] 96
> with (node7, {sum ((成績-mean (成績))^2)})
[1] 82.30769
```
[說明]：離均差平方和的數值愈小，對應的標準差或變異數參數值愈小，葉節點觀察值的同質性愈高。四個葉節點的離均差平方和參數值分別為 **404.9**、**502.5**、**96.0**、**82.3**。

使用 **cat ( )** 函數輸出參數說明文字與參數值，以 **with ( )** 函數指定標的子資料集 (葉節點資料框架物件)：

```
> with (node4,{cat ("葉節點 [4]:平均數 = ", mean (成績)," --樣本觀察值個數= ",
  length (成績), "\n")})
葉節點 [4]:平均數 = 58.1 --樣本觀察值個數 = 10
> with (node5, {cat ("葉節點 [5]:平均數 =", mean(成績), " --樣本觀察值個數 = ",
  length (成績), "\n")})
葉節點 [5]:平均數= 69.5 --樣本觀察值個數 = 10
> with (node6,{cat ("葉節點 [6]:平均數 =", mean (成績), "--樣本觀察值個數 =",
  length (成績), "\n")})
葉節點 [6]:平均數 = 85 --樣本觀察值個數 = 9
> with (node7, {cat ("葉節點 [7]:平均數 =", mean (成績),"--樣本觀察值個數 = ",
  length (成績), "\n")})
葉節點 [7]:平均數 = 93.23077 --樣本觀察值個數 = 13
```

　　增列四個葉節點的水準數值編碼，變數名稱為 node，葉節點 [4] 因子變數 node 的水準數值設定為 4、葉節點 [5] 因子變數 node 的水準數值設定為 5、葉節點 [6] 因子變數 node 的水準數值設定為 6、葉節點 [7] 因子變數 node 的水準數值設定為 7，由於四個節點資料框架變數名稱均相同 (直行數相同)，使用 **rbind ( )** 函數將四個資料框架物件合併，合併的物件名稱設定為 nodeall，新資料框架物件 nodedata 先將第 5 個直行變數 (證照 A 變數)、第 6 個直行變數先行排除 (證照 B 變數)：

```
> node4$node = 4
> node5$node = 5
> node6$node = 6
> node7$node = 7
> nodeall = rbind (node4, node5, node6, node7)
> nodedata = nodeall [,c (1:4,7)]
```

　　使用函數 **sample ( )** 隨機呈現六個橫列觀察值資料，資料框架物件第 7 個變數為「node」，「node」變數為四分類別變數，編碼的水準數值為 4、5、6、7：

```
> nodedata [sample (1:42,6),]
      智力    投入    策略    成績    node
14    120     46      56      98      7
8     123     18      40      86      6
19    120     22      7       60      5
16    122     46      52      90      7
27    107     7       14      53      4
38    110     50      24      91      7
```

　　以基本套件函數 **aov ( )** 與 **summary ( )** 建構獨立樣本單因子變異數分析模型：

```
> aov.m = aov (成績 ~ factor (node), data = nodedata)
> anova.m = summary (aov.m)
> anova.m
           Df    Sum Sq    Mean Sq    F value    Pr (> F)
node       1     8039      8039       274.2      <2e-16 ***
```

```
Residuals       40        1173            29
---
Signif. codes:  0 '***' 0.001 '**' 0.01 '*' 0.05 '.' 0.1 ' ' 1
```

[說明]：四個水準群組平均數差異檢定整體考驗的 **F** 值統計量 = **274.2**，顯著性機率值 **p** < **.001**，達到統計顯著水準，表示四個水準群組 (四個葉節點) 中至少有一配對群組的平均數間的差異值顯著不等於 **0**。

以基本套件函數 **TukeyHSD ( )** 進行事後比較：

```
> TukeyHSD (aov.m)
 Tukey multiple comparisons of means
   95% family-wise confidence level
Fit: aov (formula = 成績 ~ factor (node), data = nodedata)
$`factor (node)`
```

	diff	lwr	upr	p adj
5-4	11.400000	4.978115	17.82188	0.0001548
6-4	26.900000	20.302141	33.49786	0.0000000
7-4	35.130769	29.090730	41.17081	0.0000000
6-5	15.500000	8.902141	22.09786	0.0000012
7-5	23.730769	17.690730	29.77081	0.0000000
7-6	8.230769	2.003955	14.45758	0.0055178

[說明]：從事後比較中可以發現：葉節點 [5]、葉節點 [6]、葉節點 [7] 樣本觀察值的平均數均顯著高於葉節點 [4] 樣本觀察值的平均數；葉節點 [6]、葉節點 [7] 樣本觀察值的平均數均顯著高於葉節點 [5]；葉節點 [7] 樣本觀察值的平均數又顯著高於葉節點 [6] 樣本觀察值的平均數，事後比較結果：葉節點 [7] (M = 93.23) > 葉節點 [6] (M = 85.00) > 葉節點 [5] (M = 69.50) > 葉節點 [4] (M = 58.10)，迴歸樹分類結果四個葉節點觀察值在「成績」反應變數的平均數有顯著不同。

使用套件 **{ggplot2}** 函數 **geom_boxplot ( )** 繪製四個葉節點觀察值在「成績」變數的盒形圖：

```
> library (ggplot2)
> p.m = ggplot (data = nodedata, aes (x = factor(node), y = 成績))
> p.m + geom_boxplot (colour = "blue", fill = "gray") + geom_jitter (size = 3, shape = 1)
```

盒形圖中增列的空心圓「○」為觀察值在成績的分數點：

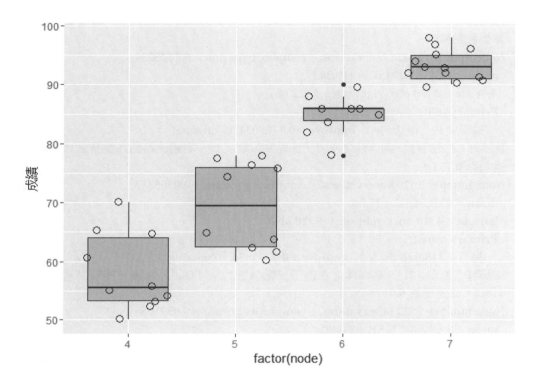

使用 **summary ( )** 函數輸出迴歸樹的模型摘要，與之前輸出結果的差異處在於沒有出現代理分割變數的參數估計值與簡化主要分割的變數個數：

```
> summary (regt1.1)
Call:
rpart (formula = 成績 ~ 智力 + 投入 + 策略, data = temp, method = "anova",
    control = rpart.control(maxcompete = 0, maxsurrogate = 0,
        usesurrogate = 0, CP = 0.01))
 n = 42
```

	CP	nsplit	rel error	xerror	xstd
1	0.77250338	0	1.0000000	1.076770	0.14100168
2	0.07053533	1	0.2274966	0.281270	0.05518585
3	0.03910849	2	0.1569613	0.281270	0.05518585
4	0.01000000	3	0.1178528	0.277672	0.05556419

[說明]：三個分割節點，葉節點的個數為 3 + 1 = 4 個，第三個分割點的 cp 值 = 0.01。

Variable importance

策略	智力	投入
88	**8**	**4**

[說明]：分類變數的重要性依序為「策略」、「智力」、「投入」，最重要的分類變數為策略。

Node number 1: 42 observations,   complexity param = 0.7725034

  mean = 77.45238, MSE = 219.343

   left son = 2 (20 obs) right son = 3 (22 obs)

  Primary splits:

    策略 $<$ 19   to the left, improve = 0.7725034, (0 missing)

[說明]：節點 [1] 分割條件之左邊子節點為策略 $<$ 19、右邊子節點為策略 $\geq$ 19，改進值為 0.773。

Node number 2: 20 observations,   complexity param = 0.07053533

  mean = 63.8, MSE = 77.86

  left son = 4 (10 obs) right son = 5 (10 obs)

  Primary splits:

    智力 $<$ 118.5 to the left, improve = 0.4172874, (0 missing)

[說明]：節點 [2] 分割條件之左邊子節點為智力 $<$ 118.5、右邊子節點為智力 $\geq$ 118.5，改進值為 0.417。

Node number 3: 22 observations,   complexity param = 0.03910849

  mean = 89.86364, MSE = 24.4814

  left son = 6 (9 obs) right son = 7 (13 obs)

  Primary splits:

    投入 $<$ 39   to the left, improve = 0.6689367, (0 missing)

[說明]：節點 [3] 分割條件之左邊子節點為投入 $<$ 39、右邊子節點為投入 $\geq$ 39，改進值為 0.669。

Node number 4: 10 observations

  mean = 58.1, MSE = 40.49

[說明]：節點 [4] 為葉節點，觀察值個數有 10 個、節點內平均數為 58.10、平均數估計值標準誤 = 40.49。

Node number 5: 10 observations

  mean = 69.5, MSE = 50.25

[說明]：節點 [5] 為葉節點，觀察值個數有 10 個、節點內平均數為 69.5、平均數標準誤 = 50.25。

Node number 6: 9 observations

  mean = 85, MSE = 10.66667

[說明]：節點 [6] 為葉節點，觀察值個數有 9 個、節點內平均數為 85.00、平均數標準誤 = 10.67。

Node number 7: 13 observations

  mean = 93.23077, MSE = 6.331361

[說明]：節點 [7] 為葉節點，觀察值個數有 13 個、節點內平均數為 93.23、平均數標準誤 = 6.33。

使用套件 **psych** 函數 **describe ( )** 輸出節點內樣本觀察值的描述性統計量，

包括變數、個數、平均數、標準差、最小值、最大值、全距、平均數標準誤，節點分割條件以函數 **which ( )** 界定：

```
> library (psych)
> with (temp, {describe (成績, skew = FALSE)})
      vars    n    mean     sd    min    max   range    se
X1     1     42   77.45   14.99   50     98     48     2.31
> describe (temp$ 成績 [which (temp$ 策略 < 19)], skew = FALSE)
      vars    n    mean     sd    min    max   range    se
X1     1     20   63.8    9.05    50     78     28     2.02
> describe (temp$ 成績 [which (temp$ 策略 >= 19)], skew = FALSE)
      vars    n    mean     sd    min    max   range    se
X1     1     22   89.86   5.06    78     98     20     1.08
> describe (temp$ 成績 [which (temp$ 策略 >= 19 & temp$ 投入 >= 39)], skew =
   FALSE)
      vars    n    mean     sd    min    max   range    se
X1     1     13   93.23   2.62    90     98      8     0.73
> describe (temp$ 成績 [which (temp$ 策略 >= 19 & temp$ 投入 < 39)], skew =
   FALSE)
      vars    n    mean     sd    min    max   range    se
X1     1      9   85      3.46    78     90     12     1.15
> describe (temp$ 成績 [which (temp$ 策略 < 19 & temp$ 智力 >= 118.5)], skew =
   FALSE)
      vars    n    mean     sd    min    max   range    se
X1     1     10   69.5    7.47    60     78     18     2.36
> describe (temp$ 成績 [which (temp$ 策略 < 19 & temp$ 智力 < 118.5)], skew =
   FALSE)
      vars    n    mean     sd    min    max   range    se
X1     1     10   58.1    6.71    50     70     20     2.12
```

使用套件 **rpart** 函數 **predict ( )** 對原始資料框架物件進行預測分類，預測之反應變數的變數名稱增列為 pres：

```
> temp$pres = round (predict (regt1, temp), 2)
> temp
       智力    投入    策略    成績    證照 A    證照 B    pres
1      130     17      10      78     B 等     未通過    69.50
2      131     18      11      76     B 等     未通過    69.50
3      112     19      11      70     B 等     未通過    58.10
```

<略>							
39	110	52	25	92	A 等	通過	93.23
40	110	52	26	93	A 等	通過	93.23
41	108	53	24	91	A 等	通過	93.23
42	115	32	28	90	A 等	通過	85.00

　　迴歸樹預測分類之節點內樣本觀察值的描述性統計量在 R 編輯器語法指令如下，其中函數 **describe ( )** 引數 skew 設定為假「= FALSE」，表示不輸出偏態、峰度等參數估計值：

[1] library (psych)
[2] with (temp, {describe (pres,skew = FALSE)})
[3] describe (temp$pres [which (temp$ 策略< 19)], skew = FALSE)
[4] describe (temp$pres [which (temp$ 策略> = 19)], skew = FALSE)
[5] describe (temp$pres [which (temp$ 策略> = 19 & temp$ 投入 >= 39)], skew = FALSE)
[6] describe (temp$pres [which (temp$ 策略 >= 19 & temp$ 投入 < 39)], skew = FALSE)
[7] describe (temp$pres [which (temp$ 策略 <19 & temp$ 智力 >= 118.5)], skew = FALSE)
[8] describe (temp$pre s[which (temp$ 策略 <19 & temp$ 智力 < 118.5)], skew = FALSE)

　　語法指令各列前面的 [X] 在原 R 編輯器視窗中不用鍵入，範例在於說明：
[1] 列使用函數 **library ( )** 載入套件 **{psych}** 至 R 主控台視窗中。
[2] 列為根節點所有樣本觀察值在預測變數 pres 的描述性統計量。
[3] 列為節點 [2]20 位樣本觀察值在預測變數 pres 的描述性統計量。
[4] 列為節點 [3]22 位樣本觀察值在預測變數 pres 的描述性統計量。
[5] 列為節點 [7]13 位樣本觀察值在預測變數 pres 的描述性統計量。
[6] 列為節點 [6]9 位樣本觀察值在預測變數 pres 的描述性統計量。
[7] 列為節點 [5]10 位樣本觀察值在預測變數 pres 的描述性統計量。
[8] 列為節點 [4]10 位樣本觀察值在預測變數 pres 的描述性統計量。
R 主控台執行 R 編輯器語法指令結果為：

```
> with (temp, {describe (pres, skew = FALSE)})
        vars    n     mean     sd     min     max    range     se
X1       1     42    77.45   14.08   58.1   93.23   35.13    2.17
> describe (temp$pres [which (temp$ 策略 < 19)], skew = FALSE)
        vars    n     mean     sd     min     max    range     se
X1       1     20    63.8    5.85    58.1   69.5    11.4     1.31
> describe (temp$pres [which (temp$ 策略 >= 19)], skew = FALSE)
        vars    n     mean     sd     min     max    range     se
X1       1     22    89.86   4.14    85     93.23   8.23     0.88
> describe (temp$pres [which (temp$ 策略 >= 19 & temp$ 投入 >= 39)], skew =
    FALSE)
        vars    n     mean     sd     min     max    range     se
X1       1     13    93.23   0       93.23  93.23   0        0
> describe (temp$pres [which (temp$ 策略 >= 19 & temp$ 投入 < 39)], skew = FALSE)
        vars    n     mean     sd     min     max    range     se
X1       1     9     85      0       85     85      0        0
> describe (temp$pres [which (temp$ 策略 < 19 & temp$ 智力 >= 118.5)], skew =
    FALSE)
        vars    n     mean     sd     min     max    range     se
X1       1     10    69.5    0       69.5   69.5    0        0
> describe (temp$pres [which (temp$ 策略 < 19 & temp$ 智力 < 118.5)], skew =
    FALSE)
        vars    n     mean     sd     min     max    range     se
X1       1     10    58.1    0       58.1   58.1    0        0
```

迴歸樹預測結果摘要表整理如下：

節點	真實平均數	真實標準差	個數	百分比	預測平均數	預測標準差	主要的自變數		
							變數	改進值	分割條件
1	77.45	14.99	42	100.0%	77.45	14.08			
2(1)	63.80	9.05	20	47.6%	63.80	5.85	策略	0.773	< 19.0
3(1)	89.86	5.06	22	52.4%	89.86	4.14	策略	0.773	≥ 19.0
6*(3)	85.00	3.46	9	21.4%	85.00	0.00	投入	0.669	< 39.0
7*(3)	93.23	2.62	13	31.0%	93.23	0.93	投入	0.669	≥ 39.0
4*(2)	58.10	6.71	10	23.8%	58.10	0.69	智力	0.417	< 118.5
5*(2)	69.50	7.47	10	23.8%	69.50	0.58	智力	0.417	≥ 118.5

註：成長方法：CRT；依變數：成績；*為葉節點；( ) 內的數值為父節點

　　根據迴歸樹模型對原始資料檔進行預測分類結果，節點內預測分類的平均數與真實平均數相同，樣本觀察值的離散程度變小，表示節點內樣本觀察值同質性高，迴歸樹模型的效度良好。

三、函數 printcp ( )──輸出複雜度參數

　　使用 **printcp ( )** 函數可以輸出適配 rpart 物件的 cp 摘要表，範例之引數 digits 界定為「getOption ("digits") – 5」，表示輸出的位數比原始位數少五位：

```
> printcp (regt1,digits = getOption ("digits") - 5)
Regression tree:
rpart (formula = 成績 ~ 智力 + 投入 + 策略, data = temp, method = "anova")
Variables actually used in tree construction:
[1] 投入 智力 策略
Root node error: 9212/42 = 219
n = 42
        CP      nsplit    rel error    xerror    xstd
1    0.773      0         1.00         1.05      0.137
2    0.071      1         0.23         0.24      0.046
3    0.039      2         0.16         0.24      0.046
4    0.010      3         0.12         0.23      0.047
```

　　套件 rpart 函數 **plotcp ( )** 可以繪製決策樹物件複雜度參數表之圖形，也可以呈現 rpart 物件之跨效度結果的視覺化圖形，函數 **plotcp ( )** 基本語法為：

plotcp (x, = TRUE, lty = 3, col = 1, upper = c ("size", "splits", "none"))

　　引數 x 為分類 rpart 適配物件。引數 minline 是否在曲線最小值以上一個標準誤處繪製一條水平線，內定選項為真 (= TRUE)。引數 lty 界定線性的樣式。引數 col 界定線條顏色。引數 upper 界定在最頂端軸線繪製類型：樹的大小 (葉節點的個數)、分支的個數、空白。範例 minline、upper 引數使用內定選項，引數 lty 參數值設為 5 (虛線)、col 參數值設為 6 (紫色)：

```
> plotcp ( regt1, minline = TRUE, lty = 5, col = 6)
```

不同 cp 值情況下，對應相對誤差值的折線圖如下：

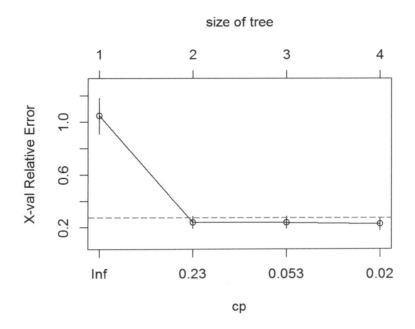

函數 **plotcp ( )** 引數 upper 界定「= "splits"」，圖的上端為分割數，引數 col 的參數值設定為 2，表示分割線為紅色，

```
> plotcp ( regt1, minline = TRUE, upper = "splits", lty = 2, col = 2)
```

不同 cp 值情況下，對應相對誤差值的折線圖如下：

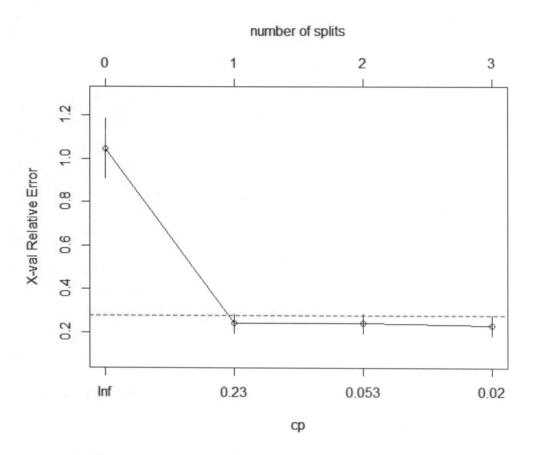

使用 **xpred.rpart ( )** 函數求出跨效度預測值 (回傳一系列複雜度參數下，跨效度之預測估計值)，內定跨效度群組個數為 10 (xval = 10)，函數 **xpred.rpart ( )** 基本語法為：

xpred.rpart (fit, xval = 10, cp, return.all = FALSE)

引數 fit 為適配 rpart 分類模型物件。引數 xval 界定跨效度群組的個數，內定的數值為 10，cp 為複雜度參數值，引數沒有界定採用原先適配決策樹模型建構的 cp 值。引數 return.all 內定選項為假，表示只回傳預測的第一個元素。在回傳的矩陣參數值中，一個橫列為一位觀察值資料、每個直欄為複雜度數值，若是引數 return.all 界定為真 (TRUE)，每個節點的預測值是一個向量，所有預測結果會以陣列表示；如果反應變數為類別變數，葉節點分類機率值可使用 [1,,]、[2,,] 語法求出。

```
> xmat = xpred.rpart (regt1)
> round (xmat, 2)
        0.88625169   0.23342832   0.05252171   0.01977587
1       77.51        63.18        63.18        63.18
2       77.97        63.29        63.29        63.29
3       77.97        63.29        63.29        63.29
<略>
41      78.18        89.81        89.81        93.42
42      77.97        89.86        89.86        84.38
跨效度誤差估計值的求法範例：
> xerr = (xmat - temp$ 成績)^2
> apply (xerr, 2, sum)
        0.88625169   0.23342832   0.05252171   0.01977587
        9745.872     2206.592     2206.592     2177.121
```

由於跨效度群組 (10 個群組) 中之樣本觀察值每次是隨機抽取分組，因而回傳參數值每次都會有稍許的差異：

```
> xpred.rpart (regt1, xval = 10)
        0.88625169   0.23342832   0.05252171   0.01977587
1       78.81579     63.62500     63.62500     63.62500
2       76.23684     63.15789     63.15789     63.15789
3       76.54054     63.47368     63.47368     63.47368
<略>
41      76.42105     89.78947     89.78947     89.78947
42      76.94737     89.89474     89.89474     89.89474
```

以 summary ( ) 函數求出跨效度預測值的描述性統計量：

```
> summary (xmat)
  0.88625169          0.23342832          0.05252171          0.01977587
Min.    :76.21      Min.    :62.82      Min.    :62.82      Min.    :62.82
1st Qu. :77.08      1st Qu. :64.07      1st Qu. :64.07      1st Qu. :64.07
Median :77.35       Median :89.40       Median :89.40       Median :87.41
Mean   :77.44       Mean   :77.46       Mean   :77.46       Mean   :77.93
3rd Qu. :78.18      3rd Qu. :90.00      3rd Qu. :90.00      3rd Qu. :90.22
Max.    :79.08      Max.    :90.45      Max.    :90.45      Max.    :93.82
```
[說明]：四個不同複雜度參數值之跨效度預測值的平均數分別為 77.44、77.46、

77.46、77.93，與真實平均數 77.45 十分接近 (各直行的參數值依序為複雜度參數、預測值最小值、第一個四分位數、中位數、平均數、第三個四分位數、最大值)。

四、函數 post ( )——繪製迴歸樹圖形

使用套件 {rpart.plot} 函數 prp ( ) 輸出迴歸樹圖形 (有關函數 prp ( ) 語法說明與應用在後面章節有詳細說明)：

```
> prp (regt1, type = 4, extra = 1, box.col = 5, digits = 4)
```

迴歸樹圖如下，節點中的第一個參數值為依變數的平均數，第二個參數為觀察值的個數：

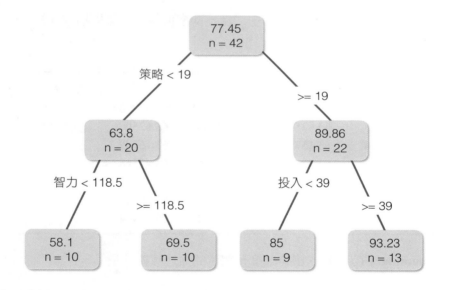

直接使用 {rpart} 套件之繪圖函數 plot (regt1)、文字增列函數 text (regt1) 雖然也可以繪製迴歸樹圖形，但文字與圖形會重疊、部分節點分割變數無法完整顯示。{rpart} 套件中的函數 post ( ) 也可以繪製決策樹圖形，引數 file 設定為「= ""」可以直接將決策樹圖形顯示在圖形裝置視窗中，引數 filename 內定的選項為「= paste (deparse (substitute (tree)), ".ps", sep = "")」，功能可將決策樹圖形以副檔名「.ps」的 ASCII 檔案型態輸出，rpart ( ) 函數物件名稱為 regt1，輸出至標的資料檔的檔案名稱為「regt1.ps」：

```
> post (regt1, file = "", digits = 4)
```

函數 **post ( )** 繪製的迴歸樹圖形為：

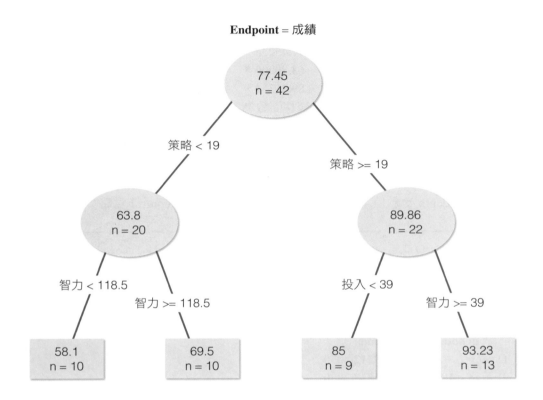

Endpoint = 成績

五、函數 **rpart ( )** 引數參數的範例

初始迴歸樹模型建構的函數語法，內定的引數 maxdepth = 30，增列迴歸樹深度引數的完整函數語法為：

```
> regt1 = (成績~智力 + 投入 + 策略,data = temp, method = "anova", control = rpart.
  control (maxdepth = 30))
```

迴歸樹成長結果若是太龐雜，可以設定迴歸樹的深度，以進行迴歸樹的剪裁，範例增列引數 maxdepth，引數參數設定為 1，表示迴歸樹的深度為 1 (從根節點算起，只成長一次)，使用引數 control 界定 maxdepth 參數值：

```
> maxd0 = rpart (成績~智力 + 投入 + 策略, data = temp, method = "anova", control =
  rpart.control (maxdepth = 1))
> print (maxd0)
n = 42
node), split, n, deviance, yval
    * denotes terminal node
1) root          42     9212.4050     77.45238
2) 策略 < 19     20     1557.2000     63.80000 *
3) 策略 >= 19    22      538.5909     89.86364 *
```

[說明]：從上部根節點開始，分割條件變數為「策略」，左邊子節點的分割條件為「策略 < 19」，樣本觀察值有 **20** 個、節點離均差平方和 = **1557.20**、平均數 = **63.80**；右邊子節點的分割條件為「策略 ≥ 19」，樣本觀察值有 **22** 個，節點離均差平方和 = **538.59**、平均數 = **89.86**。

將 maxdepth 參數值等於 1 直接設定於模型中，引數 control 省略：

```
> maxd1 = rpart (成績~智力 + 投入 + 策略, data = temp, method = "anova", maxdepth
  = 1)
> prin t(maxd1)
n = 42
node), split, n, deviance, yval
    * denotes terminal node
1) root          42     9212.4050     77.45238
2) 策略 < 19     20     1557.2000     63.80000 *
3) 策略 >= 19    22      538.5909     89.86364 *
```

以套件 {rpart.plot} 函數 prp ( ) 繪製迴歸樹圖形：

```
> prp (maxd1, type = 4, extra = 1, box.col = 5, digits = 4)
```

迴歸樹圖形如下 (排除根節點層，樹只成長一個層)：

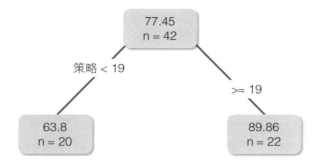

範例迴歸樹建構模型使用 **rpart ( )** 函數，引數 minbucket 參數界定為 20，表示葉節點的樣本觀察值個數最少為 20 個。函數中未界定引數 minsplit 參數，內定 minsplit 引數參數值為引數 minbucket 參數的三倍，表示分割節點最小樣本觀察值 n = 60，由於根節點的樣本觀察值 N = 42，小於設定節點分割標準，因而沒有進行節點的分割：

```
> leafn.m1 = rpart (成績~智力 + 投入 + 策略, data = temp, method = "anova",
  minbucket = 20)
> leafn.m1
n = 42
node), split, n, deviance, yval
    * denotes terminal node
1) root          42      9212.405       77.45238 *
```
[說明]：分割節點的樣本數最少為 **60**，範例有效樣本數 N = 42，根節點樣本數小於 **60**，無法進行節點分割，決策樹不進行分割，因而只有根節點的數據，根節點有效樣本數 N = 42、離均差平方和參數 = 9212.41、平均數 = 77.45。

省略葉節點引數 minbucket，只設定分割節點的參數值 (= 60)，則葉節點引數 minbucket 的參數值為分割節點的三分之一，與模型中界定 minbucket = 20 的結果相同：

```
> leafn.m2 = rpart (成績~智力 + 投入 + 策略, data = temp, method = "anova", minsplit
  = 60)
> print (leafn.m2)
n = 42
node), split, n, deviance, yval
    * denotes terminal node
```

```
1) root            42       9212.405        77.45238 *
```
[說明]：分割節點的樣本數最少為 **60**，範例有效樣本數 N = **42**，根節點樣本數小於 **60**，無法進行節點分割，決策樹不進行分割，因而只有根節點的數據，根節點有效樣本數 N = **42**、離均差平方和參數 = **9212.41**、平均數 = **77.45**。

決策樹模型建構中，若要使用套件 **{rpart}** 函數 **rpart ( )**，最好同時設定父節點 (分割節點) 的觀察值最少個數與葉節點最少觀察值個數，如：

「control = rpart.control (minsplit = 60, minbucket = 30, cp = 0.01)」，如此可以分別設定分割節點與葉節點的最少觀察值個數 (內定複雜度參數值為 0.01，決策樹的修剪可以將複雜度參數值設定大一些，如 0.03、0.05 等)。

範例迴歸樹建構模型使用 **rpart ( )** 函數，引數 minbucket 參數界定為 20，表示葉節點的樣本觀察值個數最少為 20 個、引數 minsplit 參數值也界定為 20，表示分割節點樣本觀察值的個數最少為 20。子節點 n 若大於等於 20，有符合分割條件的變數，節點會進行分割，由於葉節點的樣本觀察值限定大於等於 20，因而從根節點開始，只進行一次分割，二個葉節點的樣本觀察值個數分別為 20、22。

```
> leafn.m2 = rpart (成績~智力 + 投入 + 策略, data = temp, method = "anova", minsplit
  = 20, minbucket = 20)
> leafn.m2
n = 42
node), split, n, deviance, yval
    * denotes terminal node
1) root          42      9212.4050      77.45238
2) 策略 < 19      20      1557.2000      63.80000 *
3) 策略 >= 19     22       538.5909      89.86364 *
```

範例迴歸樹建構模型使用 **rpart ( )** 函數、引數 minsplit 參數值界定為 30，分割節點樣本觀察值的個數最少為 30。引數 minbucket 參數未加以界定，表示葉節點的樣本觀察值個數採用內部準則，最少樣本觀察值為引數 minsplit 參數值的三分之一 (與設定 minbucket = 10 相同)，若是父節點分割後的左、右子節點的樣本觀察值個數有一個子節點小於 10，則父節點不再進行分割：

```
> leafn.m3 = rpart (成績~智力 + 投入 + 策略, data = temp, method = "anova", minsplit
  = 30)
```

```
> leafn.m3
n = 42
node), split, n, deviance, yval
      * denotes terminal node
1) root              42      9212.4050       77.45238
2) 策略 < 19         20      1557.2000       63.80000 *
3) 策略 >= 19        22       538.5909       89.86364 *
```

六、函數 labels ( ) 與函數 path.rpart ( ) 的應用

套件 {rpart} 函數 labels ( ) 可以輸出決策樹分支的標記，函數 labels ( ) 基本語法為：labels (object, digits = 4, minlength = 1L, collapse = TRUE)

引數 minlength 為文字或因子變數的最小簡寫長度。引數 collapse 為邏輯選項，內定選項為真，表示回傳的參數值是節點分支的標記向量，根節點以 "root" 表示；選項界定為假，回傳的數值節點左、右分支的二直行矩陣，結束節點 (葉節點) 以 "leaf" 表示分支標記。

使用內定選項輸出節點分支標記：

```
> labels (regt1, digits = 4)
[1] "root"     "策略 < 19"  "智力 < 118.5"   "智力 >= 118.5" "策略 >= 19"
[6] "投入 < 39"   "投入 >= 39"
[說明]：輸出標記為節點分割條件或分支標準與變數名稱。
```

函數 labels ( ) 之引數 collapse 界定為假 (= FALSE)：

```
> labels (regt1, digits = 4, collapse = FALSE)
      ltemp        rtemp
[1,] "< 19"       ">= 19"
[2,] "< 118.5"    ">= 118.5"
[3,] "<leaf>"     "<leaf>"
[4,] "<leaf>"     "<leaf>"
[5,] "< 39"       ">= 39"
[6,] "<leaf>"     "<leaf>"
[7,] "<leaf>"     "<leaf>"
[說明]：節點左右分支時，左分支的分割的準則出現在 ltemp 直行，右分支的分割的準則出現在 rtemp 直行，<leaf> 標記為葉節點，矩陣橫列 1、2、5 為分支節點，矩陣橫列 3、4、6、7 為葉節點。
```

使用 **path.rpart ( )** 函數可以求出每個節點從根節點至該節點的路徑，範例為輸出節點 [1] 至節點 [7] 的路徑，引數 nodes 的數值向量為 c (1:7)：

```
> path.rpart (regt1, nodes = c(1:7))
 node number: 1
   root
 node number: 2
   root
   策略 < 19
 node number: 3
   root
   策略 >= 19
 node number: 4
   root
   策略 < 19
   智力 < 118.5
```

[說明]：節點 [1] 為根節點；節點 [2] 的分割路徑為：根節點→「策略 < 19」；節點 [3] 的分割路徑為：根節點→「策略 ≥ 19」；節點 [4] 的分割路徑為：根節點→「策略 < 19」→「智力 < 118.5」。

```
 node number: 5
   root
   策略 < 19
   智力 >= 118.5
```

[說明]：節點 [5] 的分割路徑為：根節點→「策略 < 19」→「智力 ≥ 118.5」。

```
 node number: 6
   root
   策略 >= 19
   投入 < 39
```

[說明]：節點 [6] 的分割路徑為：根節點→「策略 ≥ 19」→「投入 < 39」。

```
 node number: 7
   root
   策略 >= 19
   投入 >= 39
```

[說明]：節點 [7] 的路徑為：根節點→「策略 ≥ 19」→「投入 ≥ 39」，樣本符合分割條件會被預測分類為節點 [7] 的觀察值。

範例為只呈現節點 [5] 的分支條件：

```
> path.rpart (regt1, nodes = 5)
node number: 5
  root
  策略 < 19
  智力 >= 118.5
```

函數 **path.rpart ( )** 內定為真，引數 nodes 的節點數值向量為 7、8、9，其中節點 [8]、節點 [9] 二個節點編號沒有在適配迴歸樹模型中出現：

```
> path.rpart (regt1, nodes = c(7:9), print.it = TRUE)
node number: 7
  root
  策略 >= 19
  投入 >= 39
Warning message:
In node.match (nodes, node) : supplied nodes 8,9 are not in this tree
```
[說明]：結果出現節點 [7] 的路徑，警告訊息回應：「提供的節點 **8、9** 並不在決策樹模型中。」
```
> path.rpart (regt1, nodes = c(7:9), print.it = FALSE)
Warning message:
In node.match (nodes, node) : supplied nodes 8,9 are not in this tree
```
[說明]：節點 [7] 的路徑沒有輸出，警告訊息回應：「提供的節點 **8、9** 並不在決策樹模型中。」

七、函數 rsq.rpart ( )──繪製差異分支漸進 R 平方圖

使用 **rsq.rpart ( )** 函數可以繪製差異分支漸進 R 平方圖，第一個圖為 R 平方量數與分支個數的關係；第二個圖形為跨效度相對誤差正負 1－標準誤與分支個數的關係。

```
> par (mfrow = (c(1,2)))
> rsq.rpart (regt1)
Regression tree:
rpart (formula = 成績 ~ 智力 + 投入 + 策略, data = temp, method = "anova")
Variables actually used in tree construction:
[1] 投入 智力 策略
Root node error: 9212.4/42 = 219.34
```

n = 42

	CP	nsplit	rel error	xerror	xstd
1	0.772503	0	1.00000	1.07285	0.139250
2	0.070535	1	0.22750	0.24652	0.046569
3	0.039108	2	0.15696	0.24652	0.046569
4	0.010000	3	0.11785	0.24186	0.046540

[說明]：函數語法 **par (mfrow = (c (1,2)))** 設定繪圖視窗分割成一列二欄界面，二個子視窗可以同時輸出二個圖形。

　　函數 **rsq.rpart ( )** 繪製的圖形如下，第一個圖的縱軸為 R 平方值、第二個圖的縱軸為 xerror 欄數據，橫軸為 nsplit 欄數據。從左圖中可以看出第一個分割點提供最多的解釋變異量資訊，第二個分割點與第三個分割點提供的資訊差不多；右邊的圖檔提供迴歸樹過於龐雜時剪裁的參考，分割點 2、分割點 3 對模式適配度的改善值較少，函數 **rsq.rpart ( )** 繪製的二種圖形可相互對照。

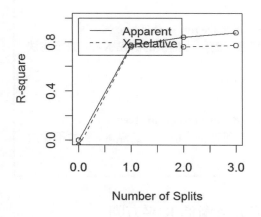 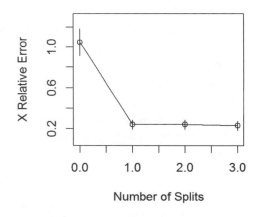

貳、適配迴歸樹模型殘差

　　適配 **{rpart}** 物件的殘差函數為 **residuals.rpart ( )** 或 **residuals ( )**。函數基本語法為：

residuals (object, type = c ("usual", "pearson", "deviance"))

　　引數 object 為 **rpart ( )** 函數建構的適配決策樹物件。

　　引數 type 界定殘差的型態，如果是迴歸樹或 anova 樹模型，三種殘差參數定義為實際 y 值與適配 y 值的差異量；若是分類樹，usual 殘差值為錯誤分類遺失值：L (實際值，預測值)，L 為遺失矩陣，內定遺失殘差是 0/1 (正確/不正確分類)，pearson 殘差值為 (1－適配值)/平方根 (適配值 (1－適配值))，deviance 殘差值為 1－適配值減二倍適配對數值的平方根。poisson 與 exp (or survival) 樹，殘差值為事件觀察個數與期望個數的差異值。

使用 **residuals ( )** 函數求出適配迴歸樹的殘差值，引數 type 型態界定為 "usual"，配合 **round ( )** 函數輸出至小數第二位：

```
> round ((residuals (regt1, type = "usual")), 2)
    1     2     3     4     5     6     7     8     9    10    11    12
 8.50  6.50 11.90  4.50  8.50  6.50  0.00  1.00 -1.00  1.77  0.77  2.77
   13    14    15    16    17    18    19    20    21    22    23    24
-0.23  4.77  3.77 -3.23 -1.23 -7.50 -9.50  2.90 -5.50  6.90 -7.50 -4.50
   25    26    27    28    29    30    31    32    33    34    35    36
-8.10 -6.10 -5.10 -4.10 -3.10  1.00  3.00  1.00 -3.00 -7.00 -2.10  6.90
   37    38    39    40    41    42
-3.23 -2.23 -1.23 -0.23 -2.23  5.00
```
[說明]：殘差值為觀察值真實成績與預測成績的差異值，殘差值為正表示真實成績大於預測成績，殘差值為負表示真實成績小於預測成績，殘差值為 0 表示觀察值的真實成績與預測成績相等。

使用 **summary ( )** 函數求出殘差值的描述性統計量：

```
> summary ((residuals (regt1, type = "usual")))
   Min.  1st Qu.  Median    Mean  3rd Qu.    Max.
-9.5000  -3.2310 -0.2308  0.0000   3.5770 11.9000
```
[說明]：適配迴歸樹之殘差值介於 -9.50 至 11.90 中間，第一個四分位數為 -3.23、第三個四分位數為 3.58、中位數為 -0.23、平均數為 0.00。

殘差值參數之 type 引數分別設定為「"pearson"」、「"deviance"」，殘差值的描述性統計量摘要與選項設定為「"usual"」相同：

```
> summary ((residuals (regt1, type = "pearson")))
   Min.  1st Qu.  Median    Mean  3rd Qu.    Max.
-9.5000  -3.2310 -0.2308  0.0000   3.5770 11.9000
> summary ((residuals (regt1, type = "deviance")))
   Min.  1st Qu.  Median    Mean  3rd Qu.    Max.
-9.5000  -3.2310 -0.2308  0.0000   3.5770 11.9000
```

使用 **predict ( )** 函數可以根據迴歸樹模型對資料框架物件觀察值進行預測，預測結果回傳的參數為樣本觀察值「成績」分數 (預測分數)：

```
> round (predict (regt1), 2)
    1     2     3     4     5     6     7     8     9    10    11    12
69.50 69.50 58.10 69.50 69.50 69.50 85.00 85.00 85.00 93.23 93.23 93.23
   13    14    15    16    17    18    19    20    21    22    23    24
93.23 93.23 93.23 93.23 93.23 69.50 69.50 58.10 69.50 58.10 69.50 69.50
   25    26    27    28    29    30    31    32    33    34    35    36
58.10 58.10 58.10 58.10 58.10 85.00 85.00 85.00 85.00 85.00 58.10 58.10
   37    38    39    40    41    42
93.23 93.23 93.23 93.23 93.23 85.00
```
[說明]：參數值為根據適配迴歸樹模型對測試樣本 (範例測試樣本為原資料框架) 進行預測的測量值。

使用「資料框架物件 $ 變數名稱」或「資料框架物件 [,變數索引]」，可以求出樣本觀察值在「成績」(SCORE) 變數的真實分數：

```
> temp$ 成績
 [1]  78 76 70 74 78 76 85 86 84 95 94 96 93 98 97 90 92 62 60 61 64 65 62 65
[25]  50 52 53 54 55 86 88 86 82 78 56 65 90 91 92 93 91 90
> temp [,4]
 [1]  78 76 70 74 78 76 85 86 84 95 94 96 93 98 97 90 92 62 60 61 64 65 62 65
[25]  50 52 53 54 55 86 88 86 82 78 56 65 90 91 92 93 91 90
```

樣本觀察值在成績變數的真實分數 (實際測得的分數) 與預測分數 (迴歸樹模型預測的分數) 間的差異值為殘差值量數：

```
> temp [,4]-round (predict (regt1), 2)
    1     2      3     4     5     6     7     8     9    10    11    12
 8.50  6.50  11.90  4.50  8.50  6.50  0.00  1.00 -1.00  1.77  0.77  2.77
   13    14     15    16    17    18    19    20    21    22    23    24
-0.23  4.77   3.77 -3.23 -1.23 -7.50 -9.50  2.90 -5.50  6.90 -7.50 -4.50
   25    26     27    28    29    30    31    32    33    34    35    36
-8.10 -6.10  -5.10 -4.10 -3.10  1.00  3.00  1.00 -3.00 -7.00 -2.10  6.90
   37    38     39    40    41    42
-3.23 -2.23  -1.23 -0.23 -2.23  5.00
```

使用 **summary ( )** 函數求出樣本觀察值殘差值描述性統計量，輸出結果與直接使用 **residuals ( )** 函數求出結果相同：

```
> summary (temp [,4]-round (predict (regt1), 2))
     Min.       1st Qu.      Median       Mean      3rd Qu.       Max.
 -9.500000   -3.230000   -0.230000   0.000238   3.577000   11.900000
```

使用 **plot ( )** 函數繪製預測迴歸樹模型量數與殘差值量數的圖形：

```
> plot (predict (regt1), residuals (regt1), lwd = 2, col = 4)
```

函數 **plot ( )** 繪製圖形如下：

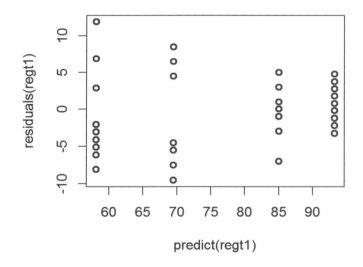

二種殘差值求法的函數語法以數值向量表示：

```
> error1 = round (residuals (regt1, type = "usual"), 2)
> error2 = temp [,4]-round (predict (regt1,data = temp), 2)
```

以套件 **{psych}** 函數 **describe ( )** 求出數值向量變數的描述性統計量：

```
> library
> describe (error1, skew = F)
```

	vars	n	mean	sd	min	max	range	se
X1	1	42	0	5.15	-9.5	11.9	21.4	0.79

> describe (error2, skew = F)

	vars	n	mean	sd	min	max	range	se
X1	1	42	0	5.15	-9.5	11.9	21.4	0.79

[說明]：迴歸樹殘差值的平均值等於 0。

套件 {rpart} 函數 meanvar ( ) 可以繪製迴歸樹模型之平均數——變異數對應關係圖形，函數 meanvar ( ) 基本語法為：

meanvar (tree, xlab = "ave (y)", ylab = "ave (deviance)")

引數 tree 為 rpart 建構的適配模型，引數 xlab 為圖形 X 軸標記 (葉節點平均數參數)、引數 ylab 為圖形 Y 軸標記 (節異差異值與節點觀察值個數的比值)：

> meanva r(regt1, xlab = "ave (成績)")

函數 **meanvar ( )** 繪製迴歸樹平均數——變異數圖形如下，圖中的數值為葉節點編號：

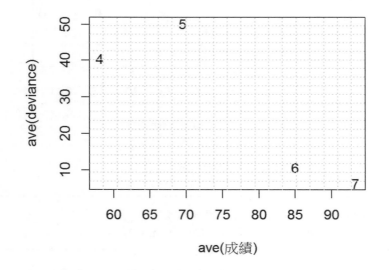

配合 **print ( )** 函數輸出 **meanvar ( )** 函數的回傳量數：

> print (meanvar (regt1), digits = 4)
$x

[1] 58.10 69.50 85.00 93.23
[說明]：參數 $x 為節點內樣本觀察值在「成績」變數的平均數。
$y
[1] 40.490 50.250 10.667　6.331
[說明]：參數 $y 為節點內樣本觀察值在「成績」變數的差異值與樣本觀察值個數的比值。
$label
[1] "4" "5" "6" "7"
[說明]：參數 $label 為葉節點編號，迴歸樹四個葉節點 (終點節點) 為節點 [4]、節點 [5]、節點 [6]、節點 [7]。

直接使用 **meanvar ( )** 函數回傳參數之元素繪製平均數──變異數散佈圖：

```
> par = meanvar (regt1, xlab = "ave (成績)")
> names (par)
[1] "x"     "y"     "label"
> plot (par$x ,par$y, cex = 3, pch = 0)
> text (par$x, par$y, par$label, cex = 1.5)
> text (par$x-3, par$y, round (par$x, 1))
> grid (10, 10)
```

使用基本套件 **plot ( )** 函數繪製平均數──變異數散佈圖，圖中方形框中的數值為葉節點編號：

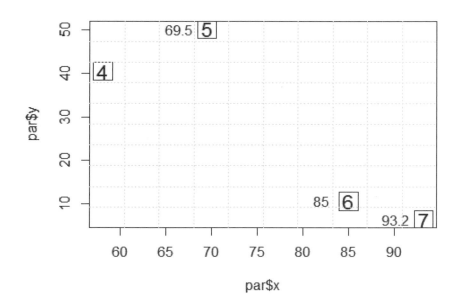

　　函數 **rpart ( )** 增列引數 parms 可以設定分支採用的演算法，範例函數語法「**parms = list (split = "gini")**」表示採用 Gini 指標法進行節點的分支：

```
> gini.m = rpart (成績~智力 + 投入 + 策略, data = temp, method = "anova", parms =
   list (split ="gini"))
> gini.m
n = 42
node), split, n, deviance, yval
    * denotes terminal node
1) root            42      9212.40500       77.45238
2) 策略 < 19        20      1557.20000       63.80000
4) 智力 < 118.5     10       404.90000       58.10000 *
<略>
```

　　範例函數語法「**parms = list (split = "information")**」表示採用資訊獲利 (information gain) 分割準則演算法進行節點的分支：

```
> info.m = rpart (成績~智力 + 投入 + 策略, data = temp, method = "anova", parms =
   list (split = "information"))
> info.m
n = 42
node), split, n, deviance, yval
    * denotes terminal node
1) root            42      9212.40500       77.45238
2) 策略 < 19        20      1557.20000       63.80000
4) 智力 < 118.5     10       404.90000       58.10000 *
<略>
```

　　函數 **rpart ( )** 建構的決策樹模型物件可以使用套件 **{partykit}** 函數 **as.party** **( )** 轉換為 constparty 物件，轉換後物件直接使用 **plot ( )** 函數繪製的圖形會較美觀：

```
> library (partykit)
> party.regt1 = as.party (regt1)
> print (party.regt1)
Model formula:
成績 ~ 智力 + 投入 + 策略
Fitted party:
```

```
[1] root
|   [2] 策略 < 19
|   |   [3] 智力 < 118.5: 58.100 (n = 10, err = 404.9)
|   |   [4] 智力 >= 118.5: 69.500 (n = 10, err = 502.5)
|   [5] 策略 >= 19
|   |   [6] 投入 < 39: 85.000 (n = 9, err = 96.0)
|   |   [7] 投入 >= 39: 93.231 (n = 13, err = 82.3)
Number of inner nodes:   3
Number of terminal nodes: 4
```
[說明]：**party.regt1** 物件的內部節點有 **3** 個、葉節點有 **4** 個。適配 **party** 物件輸出的迴歸樹參數值與之前 **rpart ( )** 函數相同，但排序型態不同。

以套件 **{partykit}** 函數 **plot ( )** 繪製迴歸樹圖形，引數 type 選項界定為「=
"simple"」：

```
> plot (party.regt1, type = "simple")
```

迴歸樹圖形如下，葉節點中的參數為平均數、觀察值個數、離均差平方和：

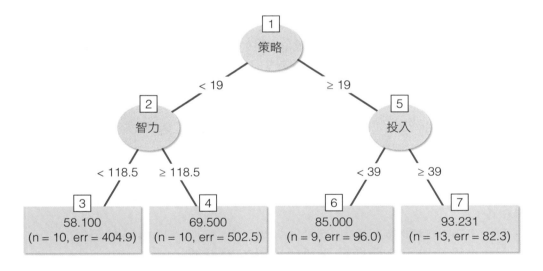

參、套件 {ggplot2} 函數 ggplot ( ) 的繪圖應用

範例 R 軟體語法函數中，引數 minsplit 參數值界定為「= 20」、引數
minbucket 參數值界定為「= 5」，cp 值設定為 0.01 (SPSS 統計軟體之決策樹分

析程序中，要同時界定父節點/分割節點最少觀察值個數與葉節點最少觀察值個數)：

```
> regt.spss = rpart (成績~智力 + 投入 + 策略, data = temp, method = "anova", control
= rpart.control (maxcompete = 0, maxsurrogate = 0, usesurrogate = 0, minsplit = 20,
minbucket = 5, cp = 0.01))
> print (regt.spss)
n = 42
node), split, n, deviance, yval
    * denotes terminal node
1) root            42    9212.40500    77.45238
2) 策略 < 19       20    1557.20000    63.80000
4) 智力 < 122      15     487.60000    59.60000 *
5) 智力 >= 122      5      11.20000    76.40000 *
3) 策略 >= 19      22     538.59090    89.86364
6) 投入 < 39        9      96.00000    85.00000 *
7) 投入 >= 39      13      82.30769    93.23077 *
```

[說明]：節點 [4]、節點 [5] 為葉節點，葉節點 [4] 有 15 位觀察值，節點平均數為 59.60；葉節點 [5] 有 5 位觀察值，節點平均數為 76.40。葉節點 [4] 的分支條件為「策略 < 19 且智力 < 122」，葉節點 [5] 的分支條件為「策略 < 19 且智力 ≥ 122」。

節點 [6]、節點 [7] 為葉節點，葉節點 [6] 有 9 位觀察值，節點平均數為 85.00；葉節點 [7] 有 13 位觀察值，節點平均數為 93.23。葉節點 [6] 的分支條件為「策略 ≥ 19 且投入 < 39」，葉節點 [7] 的分支條件為「策略 ≥ 19 且投入 ≥ 39」。

擷取資料框架物件中的成績變數，以數值向量變數 tsc 表示，適配迴歸樹模型預測的測量值以變數 psc 增列於資料框架物件 temp 中：

```
> tsc = temp$ 成績
> tsc
[1]   78 76 70 74 78 76 85 86 84 95 94 96 93 98 97 90 92 62 60 61 64 65 62 65
[25] 50 52 53 54 55 86 88 86 82 78 56 65 90 91 92 93 91 90
> temp$psc = round (predict (regt.spss, data = temp, type = "vector"), 1)
> temp$psc
   1    2    3    4    5    6    7    8    9   10   11   12   13   14   15
76.4 76.459.6 76.4  76.4 76.4 85.0 85.0 85.0 93.2 93.2 93.2 93.2 93.2 93.2
  16   17   18   19   20   21   22   23   24   25   26   27   28   29   30
93.2 93.2 59.6 59.6 59.6 59.6 59.6 59.6 59.6 59.6 59.6 59.6 59.6 59.6 85.0
```

> 31   32   33   34   35   36   37   38   39   40   41   42
> 85.0 85.0 85.0 85.0 59.6 59.6 93.2 93.2 93.2 93.2 93.2 85.0
> **> temp\$num = c (1:42)**
> **[說明]**：增列觀察值排序編號變數，編號為 **1** 至 **42**。

使用套件 **{ggplot2}** 函數 **ggplot ( )** 繪製觀察值真實考試成績與迴歸樹模型預測成績的散佈圖，真實考試成績圖例為圓形，顏色參數值為 4 (藍色)；預測分類的成績圖例為 ⊠，顏色為紅色，函數 **ggplot ( )** 與次函數 **geom_point ( )** 間要以「加號 (+)」串連，引數 aes 界定 X 軸與 Y 軸的變數，範例 X 軸為觀察值的編號變數 (num)：

> library (ggplot2)
> ggplot (data = temp, aes (x = num, y = 成績)) + geom_point (size = 3, colour = 4) +
> geom_point (aes (x = num, y = psc), shape = 7, colour = "red", size = 3)

觀察值真實成績分數與預測分數的散佈圖如下：

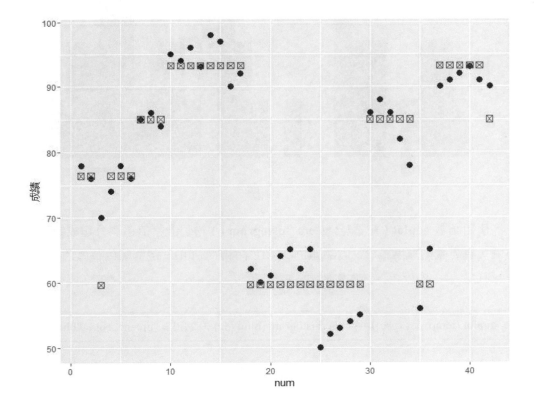

使用函數 **ggplot ( )**，配合 **geom_histogram ( )** 繪製觀察值真實成績的直方圖，直方圖的寬度為 2、內部顏色為灰色 (引數為 fill)、邊框顏色為藍色 (引數為 col)：

```
> ggplot (temp, aes (成績)) + geom_histogram (binwidth = 2, fill = "gray40", col =
  "blue")
```

觀察值真實成績 (原始成績) 的直方圖如下：

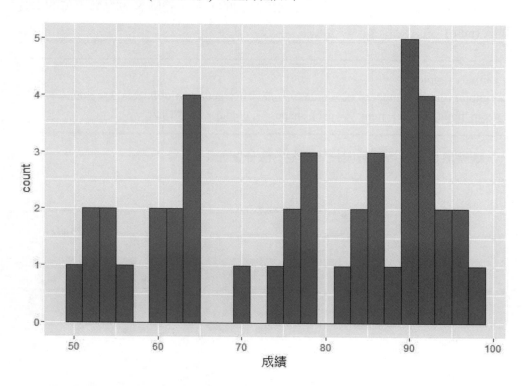

使用函數 **ggplot ( )**，配合 **geom_histogram ( )** 繪製觀察值預測分類成績的直方圖，直方圖的寬度為 2、內部顏色為綠色 (引數為 fill)、邊框顏色為藍色 (引數為 col)：

```
> ggplot (temp, aes (psc)) + geom_histogram (binwidth = 2, fill = "green", col = "blue")
```

觀察值預測分類成績的直方圖如下：

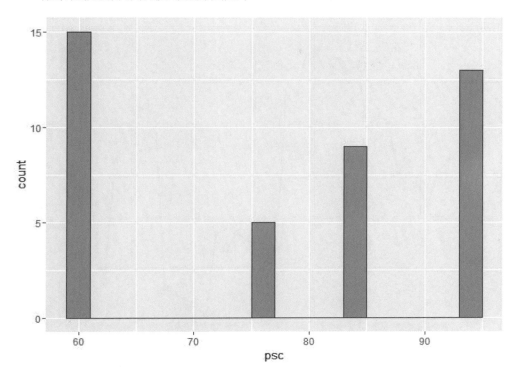

資料框架物件 temp 之觀察值序位變數以中文變數「編號」增列，R 主控台函數語法為：「> temp$ 編號 = c (1:42)」。以 **ggplot ( )** 函數繪製每位樣本觀察值在反應變數「成績」的折線圖，函數 **geom_point ( )** 引數 shape 設定分布點的形狀，引數 size 設定分布點的大小，函數 **geom_line ( )** 引數 colour 設定線條顏色、引數 size 設定線條的寬度、引數 linetype 設定線條的樣本，參數值 1 為實線：

```
> ggplot (temp, aes (編號, 成績)) + geom_point (shape = 15, size = 2) + geom_line
  (colour ="red", size = 1, linetype = 1)
```

樣本觀察值在反應變數「成績」的折線圖如下：

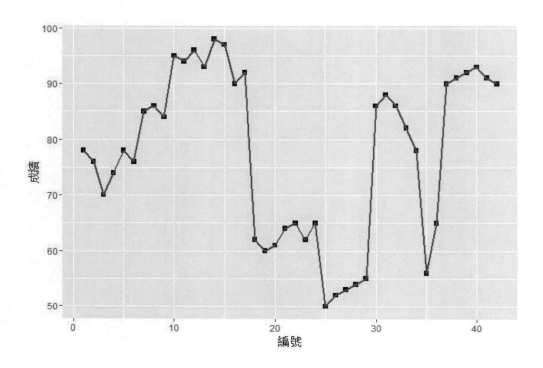

根據決策樹模型對訓練樣本進行預測分類，樣本觀察值被預測分類的測量值折線圖如下：

```
> ggplot (temp, aes (編號, psc)) + geom_point (shape = 1, size = 4) + geom_line (colour
 = "blue", size = 1)
```

折線圖縱軸變數為預測分數變數 (psc)：

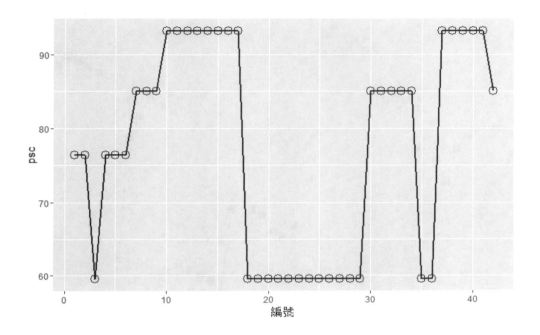

範例函數繪製樣本觀察值在反應變數「成績」的折線圖，增列樣本觀察值被預測的分數值點：

```
> ggplot (data = temp, aes (x = 編號, y = 成績)) + geom_point (shape = 15, size = 4) +
  geom_line ( ) + geom_point (aes (x = 編號, y = psc), shape = 1, size = 4)
```

圖示中樣本觀察值被預測分數點沒有以線條串聯：

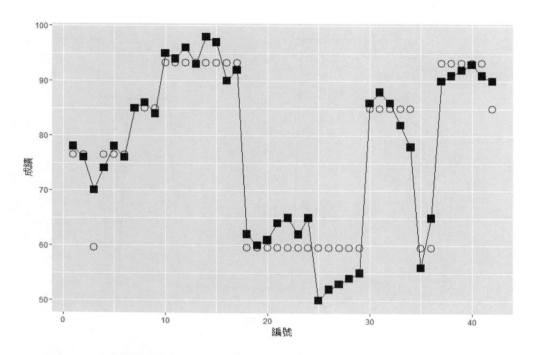

範例函數繪製樣本觀察值預測分數值的折線圖，增列樣本觀察值在反應變數「成績」的測量值點：

```
> ggplot (data = temp,aes (x = 編號, y = 成績)) + geom_point (shape = 15, size = 4) +
  geom_point (aes (x = 編號, y = psc), shape = 1, size = 4) + geom_line (aes (x = 編號,
  y = psc))
```

圖示中樣本觀察值在反應變數「成績」的分數點沒有以線條串聯：

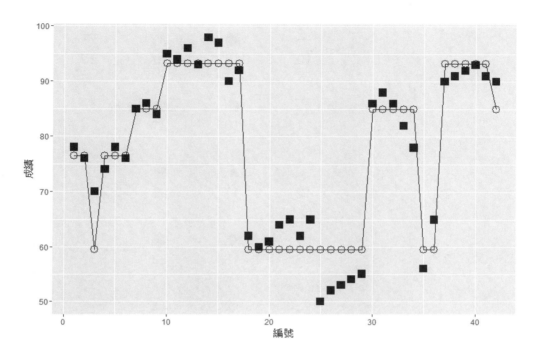

求出函數 **ggplot ( )** 引數 shape 參數值對應的圖例符號語法指令如下 (修改自 Wickham, 2016)：

```
shape.model <- data.frame (
  shapenum = c (0:25),
  x = 0:25 %/% 5,
  y = -(0:25 %% 5)
)
ggplot (shape.model, aes (x, y)) +
  geom_point (aes (shape = shapenum), size = 7, fill = "blue") +
  geom_text (aes (label = shapenum), vjust = 1, nudge_y = -0.20, size = 6) +
  scale_shape_identity ( ) + expand_limits (x = 4.1) +
  scale_x_continuous (NULL, breaks = NULL) +
  scale_y_continuous (NULL, breaks = NULL)
```

函數 **ggplot ( )** 引數 shape 參數值為 0 至 25，參數值與對應圖例如下圖：

R 編輯器語法指令為輸出基本繪圖套件 **{graphics}** 函數 **points ( )** 圖例符號與其對應的參數值 (語法指令修改自韓偉，2015，頁 5-10)：

```
plot (0, 0, xlim = c (6, 6), ylim = c (6, 6), xaxt = "n", yaxt = "n", xlab = "", ylab =
"")
for (i in 1:5) for (j in 1:5) {
 shapenum = (i-1)*5 + j
 points (i + 3, j + 3, pch = shapenum, col = shapenum, cex = 4, lwd = 2)
 text (i + 3, j + 3.4, shapenum, cex = 1.5)
}
```

圖例符號顏色隨其參數值而改變，原圖中為彩色，參數值 1 為黑色、參數值 2 為紅色、參數值 3 為綠色、參數值 4 為藍色、參數值 5 為青色，引數為 col。基本繪圖套件 **{graphics}** 函數 **points ( )** 圖例符號與其對應的參數值與函數 **ggplot ( )** 大致相同：

肆、迴歸樹的修剪

範例之節點分割最小樣本數個數由內定 20 界定為 5，引數為「minsplit = 5」，沒有界定葉節點的引數，決策樹模型建構程序內定之葉節點的最少觀察值個數為 5 ÷ 3 = 1.67 ≒ 2，複雜度參數 cp 值採用內定選項 0.01：

```
> regt2 = rpart (成績~智力 + 投入 + 策略, data = temp, method = "anova", minsplit = 5)
```

使用 **print ( )** 函數輸出 **rpart ( )** 函數物件：

```
> print (regt2)
n = 42
node), split, n, deviance, yval
    * denotes terminal node
1) root          42    9212.40500    77.45238
2) 策略 < 19      20    1557.20000    63.80000
4) 智力 < 122     15     487.60000    59.60000
8) 智力 < 110      5      14.80000    52.80000 *
9) 智力 >= 110    10     126.00000    63.00000 *
5) 智力 >= 122     5      11.20000    76.40000 *
3) 策略 >= 19      22     538.59090    89.86364
6) 投入 < 39        9      96.00000    85.00000 *
7) 投入 >= 39      13      82.30769    93.23077 *
```

[說明]：迴歸樹有四個內部節點、五個葉節點。根節點 [1] 根據「策略」變數分支為節點 [2] (策略變數測量值 < 19)、節點 [3] (策略變數測量值 ≥ 19)，節點 [2] 根據「智力」變數分支為節點 [4]、葉節點 [5]，節點 [4] 根據「智力」變數再分支為葉節點 [8] (智力變數測量值 < 100)、葉節點 [9] (智力變數測量值 ≥ 110)，節點 [3] 根據「投入」變數分支為葉節點 [6] (投入變數測量值 < 39)、葉節點 [7] (投入變數測量值 ≥ 39)。

使用 **prp ( )** 函數輸出迴歸樹圖形：

> prp (regt2, type = 4, extra = 1, box.col = 5, digits = 4)

迴歸樹圖如下，節點中的第一個參數值為依變數的平均數，第二個參數為觀察值的個數，迴歸樹的葉節點個數有 5 個：

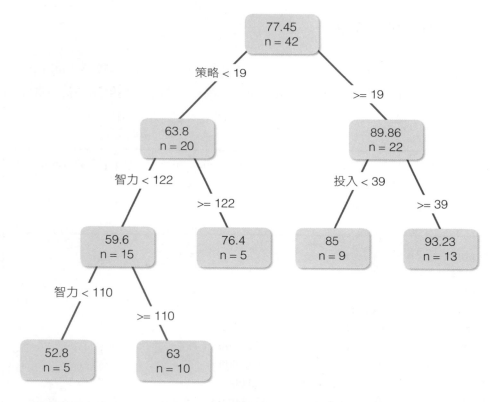

決策樹中有五個葉節點，從左側至右側，葉節點 [8] 的觀察值有 5 位、平均數為 52.80、葉節點 [9] 的觀察值有 10 位、平均數為 63.00，葉節點 [5] 的觀察值有 5 位、平均數為 76.40，葉節點 [6] 的觀察值有 9 位、平均數為 85.00，葉節點

[7] 的觀察值有 13 位、平均數為 93.23。

使用函數 **path ( )** 求出五個葉節點 (節點 [5] 至節點 [9]) 的分割路徑：

```
> path.rpart (regt2, nodes = c (5:9))
node number: 5
  root
  策略 < 19
  智力 >= 122
 node number: 6
  root
  策略 >= 19
  投入 < 39
 node number: 7
  root
  策略 >= 19
  投入 >= 39
 node number: 8
  root
  策略 < 19
  智力 < 122
  智力 < 110
 node number: 9
  root
  策略 < 19
  智力 < 122
  智力 >= 110
```
[說明]：節點編號 **5、6、7、8、9** 均為終點節點 (葉節點)。

使用 **summary ( )** 函數求出殘差值的描述性統計量：

```
> summary ((residuals (regt2, type = "usual")))
   Min.    1st Qu.   Median    Mean    3rd Qu.    Max.
 -7.0000   -1.8080   -0.1154   0.0000   1.7270    7.0000
```
[說明]：適配迴歸樹之殘差值介於 **-7.00** 至 **7.00** 中間，第一個四分位數為 **-1.81**、第三個四分位數為 **1.73**、中位數為 **-0.12**、平均數為 **0.00**。
與之前迴歸樹模型 **regt1** 相較之下 (適配迴歸樹之殘差值介於 **-9.50** 至 **11.90** 中間，第一個四分位數為 **-3.23**、第三個四分位數為 **3.58**、中位數為 **-0.23**、平均數為 **0.00**)，迴歸樹模型 **regt2** 的預測的殘差值較小，表示預測的精準度較佳。

使用 **meanvar ( )** 函數繪製迴歸樹模型之平均數——變異數圖形：

```
> print (meanvar (regt2), digits = 4)
$x
[1] 52.80  63.00  76.40  85.00  93.23
$y
[1]2.960  12.600  2.240  10.667  6.331
[說明]：引數元素 $x 的參數值為葉節點的平均數、元素 $y 為葉節點的變異數，
變異數求法為 SS ÷ n，如葉節點 [8]、葉節點 [7] 的變異數分別為：
> 14.8/5
[1] 2.96
> 82.30769/13
[1] 6.331361
$label
[1] "8" "9" "5" "6" "7"
[說明]：葉節點 (終點節點) 數有 5 個，節點 [8]、節點 [9]、節點 [5]、節點[6]、節
點 [7]，葉節點在「成績」依變數平均數最高者為節點 [7] (M = 93.23)、最低者為
節點 [8] ( M = 52.80)。
> grid (nx = 20, ny = 20)  ## 增列繪製格線
```

迴歸樹物件之平均數——變異數對應關係圖如下：

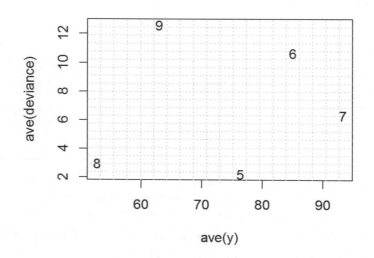

範例函數語法之 cp 引數參數不採用內定參數值 0.01，改設定為 0.05，如此，可進行迴歸樹的修剪 (cp 值愈大，表示節點分割時改進值也愈大，改進值太小的分支條件或解釋變數會被排除)：

```
> prun1 = rpart (成績~智力 + 投入 + 策略, data = temp, method = "anova", minsplit = 5,
  cp = 0.05)
> prun1
n = 42
node), split, n, deviance, yval
    * denotes terminal node
1) root              42      9212.4050      77.45238
2) 策略 < 19         20      1557.2000      63.80000
4) 智力 < 122        15       487.6000      59.60000 *
5) 智力 >= 122        5        11.2000      76.40000 *
3) 策略 >= 19         22       538.5909      89.86364 *
```

[說明]：葉節點 [4] 的分割條件為「策略 < 19 且 智力 < 122」，葉節點 [5] 的分割條件為「策略 < 19 且 智力 ≥ 122」，葉節點 [3] 的分割條件為「策略 ≥ 19」。

```
> printcp (prun1)
Regression tree:
rpart (formula = 成績 ~ 智力 + 投入 + 策略, data = temp, method = "anova",
  minsplit = 5, cp = 0.05)
Variables actually used in tree construction:
[1] 智力 策略
Root node error: 9212.4/42 = 219.34
n = 42
```

	CP	nsplit	rel error	xerror	xstd
1	0.77250	0	1.00000	1.03103	0.136445
2	0.11489	1	0.22750	0.25442	0.049106
3	0.05000	2	0.11261	0.12306	0.023769

[說明]：cp 臨界值設為 0.05 時，迴歸樹的節點分割次數為 2，表示只有三個葉節點。

使用 prp ( ) 函數繪製迴歸樹圖形：

```
> prp (prun1, type = 4, extra = 1, box.col = 5, digits = 4)
```

迴歸樹的節點分割次數為 2，三個葉節點的圖形如下：

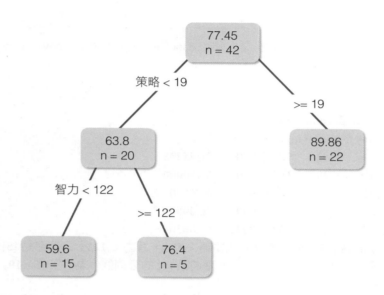

範例函數語法增列界定迴歸樹的深度，引數 maxdepth 的參數設定為「=2」，表示迴歸樹只有二個層次，限定 maxdepth 的參數值也可以對迴歸樹進行修剪：

```
> prun2 = rpart (成績~智力 + 投入 + 策略, data = temp, method = "anova", minsplit = 5,
    maxdepth = 2)
> printcp (prun2)
```

Regression tree:

rpart (formula = 成績 ~ 智力 + 投入 + 策略, data = temp, method = "anova",
minsplit = 5, maxdepth = 2)

Variables actually used in tree construction:

[1] 投入 智力 策略

Root node error: 9212.4/42 = 219.34

n = 42

	CP	nsplit	rel error	xerror	xstd
1	0.772503	0	1.00000	1.09008	0.141450
2	0.114889	1	0.22750	0.25072	0.048804
3	0.039108	2	0.11261	0.13048	0.024932
4	0.010000	3	0.07350	0.10617	0.023548

[說明]：迴歸樹總共進行三次節點分支，葉節點的個數為 3 + 1 = 4 個。

```
> prp (prun2, type = 4, extra = 1, box.col = 5, digits = 4)
> prun2
```

n = 42

node), split, n, deviance, yval

```
   * denotes terminal node
1) root            42    9212.40500    77.45238
2) 策略 < 19       20    1557.20000    63.80000
4) 智力 < 122      15     487.60000    59.60000 *
5) 智力 >= 122      5      11.20000    76.40000 *
3) 策略 >= 19      22     538.59090    89.86364
6) 投入 < 39        9      96.00000    85.00000 *
7) 投入 >= 39      13      82.30769    93.23077 *
```
[說明]：排除根節點，第一層子節點為從根節點分支，第二層子節點 (葉節點) 為從第一層子節點分支，此種迴歸樹的深度參數為 2。

使用 **prune ( )** 函數進行迴歸樹修剪，cp 值門檻值設定為 0.1：

```
> prun3 = prune (regt 2, 0.1)
> prun3
n = 42
node), split, n, deviance, yval
   * denotes terminal node
1) root            42    9212.4050    77.45238
2) 策略 < 19       20    1557.2000    63.80000
4) 智力 < 122      15     487.6000    59.60000 *
5) 智力 >= 122      5      11.2000    76.40000 *
3) 策略 >= 19      22     538.5909    89.86364 *
```
[說明]：葉節點的個數有 3 個。

上述迴歸樹 (4 個葉節點的適配模型) 分類結果摘要表統整如下：

	規則 1	規則 2	規則 3	規則 4
分割條件	策略 < 19 且 智力 < 122	策略 < 19 且 智力 ≥ 122	策略 ≥ 19 且 投入 < 39	策略 ≥ 19 且 投入 ≥ 39
觀察值個數	15	5	9	13
離均差平方和	487.60	11.20	96.00	82.31
平均數	59.60	76.40	85.00	93.23

使用 **prp ( )** 函數繪製迴歸樹圖形：

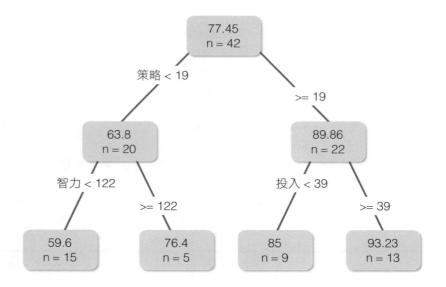

伍、解釋變數為因子變數

範例解釋變數之學校規模 (scale) 為三分類別變數，為受試者服務的學校類型，水準數值 1 為小型學校、水準數值 2 為中型學校、水準數值 3 為大型學校；受試者職務 (job) 為受試者 (教師) 在服務學校擔任的職務，水準數值 1 為主任、水準數值 2 為組長、水準數值 3 為科任、水準數值 4 為級任，反應變數為受試者感受的工作壓力 (press)，分數值愈高表示受試者知覺的工作壓力愈大。建檔資料檔為試算表 .csv 檔案，檔案名稱為「press.csv」，工作表第一列為變數名稱，以函數 **read.csv ( )** 匯入檔案時，引數 header 設定為「真」，資料框架物件名稱設定為 pressd：

```
> pressd = read.csv ("press.csv", header = T)
> pressd$scale = with (pressd, {factor (scale, levels = 1:3, labels = c ("小型學校", "中型
   學校", "大型學校"))})
> pressd$job = with (pressd, {factor (job, levels = 1:4, labels = c ("主任", "組長", "科任
   ", "級任"))})
> names (pressd) = c ("學校規模", "職務", "工作壓力")
> pressd$ 學校規模 = as.factor (pressd$ 學校規模)
> pressd$ 職務 = as.factor (pressd$ 職務)
> table (pressd$ 學校規模)
```

```
 小型學校       中型學校       大型學校
   39            54            51
> table (pressd$ 職務)
   主任         組長        科任        級任
   33          39          42          30
```

使用圖形基本套件 **{graphics}** 繪製長條圖 (條形圖)，以函數 **barplot ( )** 繪製學校規模因子變數的長條圖，以 **text ( )** 函數增列各水準群組的次數數值，數值文字的 Y 軸位置位於長條圖的中間，以 **grid ( )** 函數增列格線，以 **abline ( )** 函數增列長條圖 X 軸的線條：

```
> xgroup = with (pressd, {table (學校規模)})
> barplot (xgroup, ylim = c (0,65), col = c ("lightblue", "mistyrose", "lightcyan"))
> text (x = c (0.7,2,3.2), y = xgroup/2,labels = xgroup, cex = 3)
> grid (lwd = 2)
> abline (0:4, 0:0)
```

學校規模因子變數的長條圖如下，由於函數 **barplot ( )** 中增列各條形的顏色引數 col，三個水準群組的長條顏色不一樣：

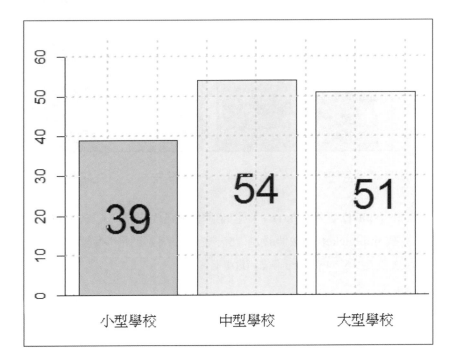

使用圖形基本套件 {graphics} 繪製長條圖 (條形圖)，以函數 **barplot ( )** 繪製教師職務因子變數的長條圖，引數 col 界定各條形內部顏色的數值，以 **text ( )** 函數增列各水準群組的次數數值，數值文字的 Y 軸位置位於長條圖的中間，以 **grid ( )** 函數增列格線，以 **abline ( )** 函數增列長條圖 X 軸的線條：

```
> xgroup = with (pressd, {table (職務)})
> barplot (xgroup, ylim = c (0,50),col = c (2:3,5:6))
> text (x = c (0.7,2,3.2,4.3),y = xgroup/2,labels = xgroup, cex = 3)
> grid (lwd = 2)
> abline (0:4,0:0, lwd = 3)
```

教師職務因子變數的長條圖如下：

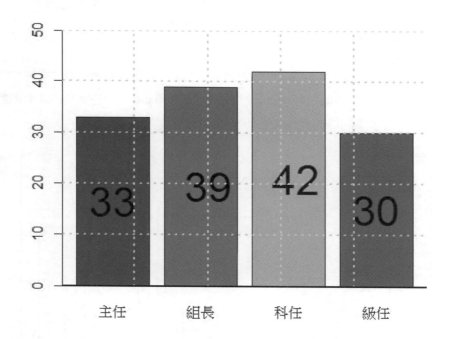

使用套件 {rpart} 函數 **rpart ( )** 建構適配迴歸樹模型，引數 minsplit 參數值設為 30、引數 minbucket 參數值設為 15，表示分割節點最少觀察值為 30 位、葉節點最少觀察值為 15，內定 cp 值為 0.01：

```
> library(rpart)
> library(rpart.plot)
> reg.m = rpart (工作壓力~學校規模 + 職務, data = pressd, method = "anova", minsplit
```

```
   = 30, minbucket = 15)
> print (reg.m)
```

n = 144

node), split, n, deviance, yval

** * denotes terminal node**

1) root	144	5262.9380	20.31250
2) 職務 = 組長, 科任	81	1676.0000	16.55556
4) 職務 = 科任	42	1186.5000	14.50000
8) 學校規模 = 中型學校	24	77.6250	12.37500 *
9) 學校規模 = 小型學校, 大型學校	18	856.0000	17.33333 *
5) 職務 = 組長	39	120.9231	18.76923 *
3) 職務 = 主任, 級任	63	973.7143	25.14286
6) 職務 = 級任	30	92.7000	24.10000 *
7) 職務 = 主任	33	818.7273	26.09091 *

[說明]：適配迴歸樹模型的葉節點有 **5** 個，內部節點有 **4** 個，根節點依「職務」因子變數分支成二個節點 [2]、節點 [3] 二個子節點，節點 [2] 的分支條件為「職務 = 組長, 科任」、節點 [3] 的分支條件為「職務 = 主任，級任」，表示受試者職務為「組長」或「科任」者，被分類為節點 [2] 的觀察值；受試者職務為「主任」或「級任」樣本，被分類為節點 [3] 的觀察值。職務四個水準群組在根節點分支的二個群組為 {組長，科任}、{主任，級任}。

節點 [4]、節點 [5] 的父節點為節點 [2]，節點 [2] 中的觀察值群組為 {組長，科任}，分支的子節點為節點 [4]、節點 [5]，節點 [4] 分支條件為「職務 = 科任」、節點 [5] 分支條件為「職務 = 組長」，節點 [5] 為葉節點不再進行分支；節點 [4] 均為「科任」受試者群組，依服務學校類型分支為節點 [8]、節點 [9]，節點 [8] 分支條件為「學校規模 = 中型學校」群組，節點 [9] 分支條件為「學校規模 = 小型學校，大型學校」群組，節點 [8]、節點 [9] 為葉節點不再進行分支。受試者服務學校類型三個水準群在節點 [4] 被分割成二大群組：{中型學校}、{小型學校，大型學校}。

節點 [3] 的觀察值為 {主任，級任} 二個職務群組，依二個職務群組分支為節點 [6]、節點 [7]，節點 [6] 分支條件為「職務 = 級任」，[節點 7] 分支條件為「職務 = 主任」。

使用套件 {rpart} 函數 **printcp ( )** 求複雜度參數與相關誤差值：

```
> printcp (reg.m)
```
Regression tree:
rpart (formula = 工作壓力 ~ 學校規模 + 職務, data = pressd, method = "anova",
minsplit = 30, minbucket = 15)
Variables actually used in tree construction:
[1] 學校規模 職務

Root node error: 5262.9/144 = 36.548

n = 144

	CP	nsplit	rel error	xerror	xstd
1	0.496533	0	1.00000	1.01461	0.071291
2	0.070033	1	0.50347	0.51924	0.082171
3	0.048048	2	0.43343	0.47868	0.098086
4	0.011835	3	0.38539	0.44126	0.087386
5	0.010000	4	0.37355	0.45642	0.095598

[說明]：4 個分支點，葉節點個數為分支節點數 + 1 = 5。

使用套件 {rpart.plot} 函數 prp ( ) 繪製迴歸樹圖形：

```
> prp (reg.m, type = 4, extra = 1, box.col = 5, digits = 4, faclen = 4, shadow.col =
  "gray40")
```

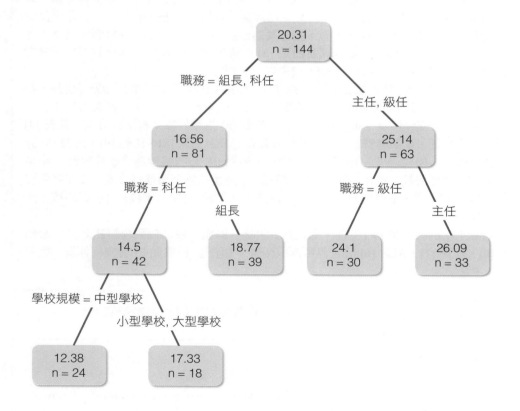

【備註】：SPSS 迴歸樹程序操作

適配迴歸樹模型以 regt.spss 為例，R 主控台中的語法指令為：

> regt.spss = rpart (成績~智力 + 投入 + 策略, data = temp, method = "anova", control = rpart.control (maxcompete = 0, maxsurrogate = 0, usesurrogate = 0, minsplit = 20, minbucket = 5, cp = 0.01))

　　SPSS 統計軟體中，執行功能表列「分析」/「分類」/「樹」程序，開啟「決策樹狀結構」對話視窗。「決策樹狀結構」對話視窗中，將效標變數「成績」選入「依變數」提示語下方框中，將預測變數「智力」、「投入」、「策略」選入右邊「自變數」下方框中，「成長式方法」下拉式選單中選取「CRT」(內定選項為 CHAID 法)，按「輸出」鈕，開啟「決策樹狀結構：輸出」次對話視窗。

　　「決策樹狀結構：輸出」次對話視窗中，「樹」子視窗之決策樹「顯示」方向盒內定選項為「◉由上而下」、「◉表格 (B)」「◉自動 (縮減大樹的尺度) (O)」、「☑自變數統計量 (S)」、「☑節點定義 (N)」等五個，範例增列勾選最下方「☑表格格式的樹 (F)」選項。

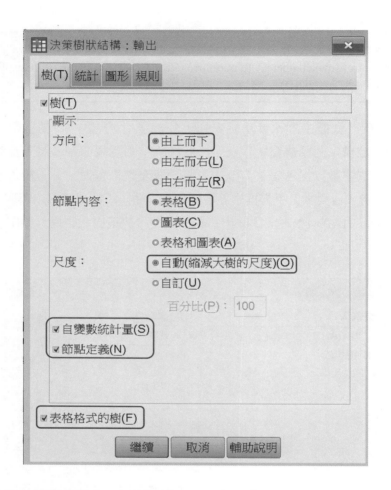

　　「統計」選項子視窗，包括「模式」方盒、「節點效能」方盒與「自變數」方盒，「模式」方盒內定勾選的選項為「☑摘要 (S)」、「☑風險 (R)」,「節點效能」方盒內定勾選的選項為「☑摘要 (S)」,「自變數」方盒中增列勾選「☑對模式的重要性 (I)」選項，按「繼續」鈕，回到「決策樹狀結構」對話視窗

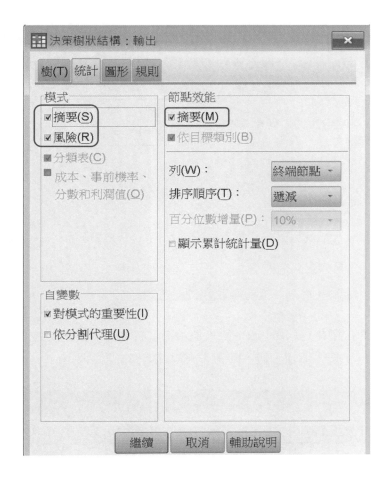

　　在「決策樹狀結構」主對話視窗，按「條件」鈕，開啟「決策樹狀結構：條件」次對話視窗，按「成長限制」選項，右邊「最小觀察值個數」方盒中，「父節點 (P)」的數值更改為 20 (內定參數值為 100)，「子節點 (H)」的數值更改為 5 (內定參數值為 50)。「最小觀察值個數」方盒之「父節點 (P)」、「子節點 (H)」右邊數值的設定，分別表示分割節點最小觀察值個數、葉節點最小觀察值個數，在 **rpart ( )** 函數中，二個對應的引數分別為 minsplit、minbucket。

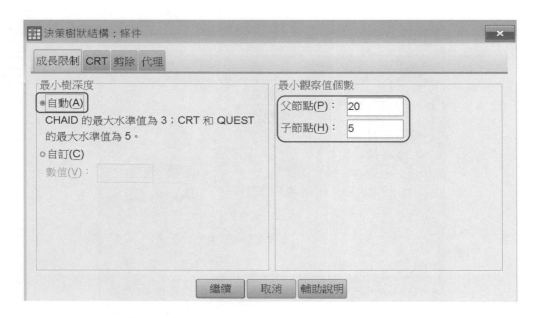

按「CRT」選項，「最小改進變更值 (M)」右邊的參數更改為 0.01 (內定參數值 = 0.0001)，按「繼續」鈕，回到「決策樹結構」對話視窗。

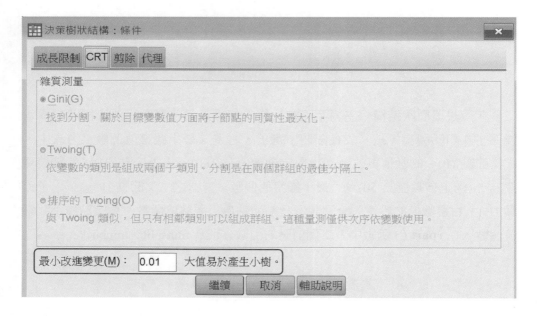

迴歸樹執行結果如下：

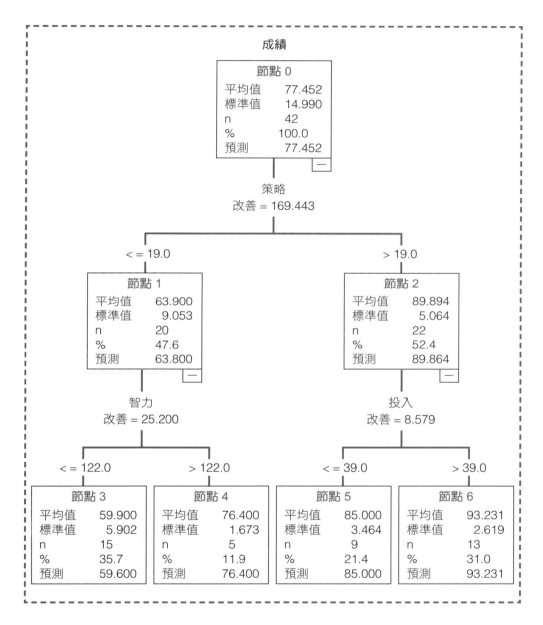

成績

節點 0

平均值	77.452
標準值	14.990
n	42
%	100.0
預測	77.452

策略
改善 = 169.443

< = 19.0　　　　> 19.0

節點 1

平均值	63.900
標準值	9.053
n	20
%	47.6
預測	63.800

節點 2

平均值	89.894
標準值	5.064
n	22
%	52.4
預測	89.864

智力
改善 = 25.200

投入
改善 = 8.579

< = 122.0　　> 122.0　　　　< = 39.0　　> 39.0

節點 3

平均值	59.900
標準值	5.902
n	15
%	35.7
預測	59.600

節點 4

平均值	76.400
標準值	1.673
n	5
%	11.9
預測	76.400

節點 5

平均值	85.000
標準值	3.464
n	9
%	21.4
預測	85.000

節點 6

平均值	93.231
標準值	2.619
n	13
%	31.0
預測	93.231

　　節點 [0] 為根節點，節點 [0] 依據「策略」變數分支為節點 [1] (策略 ≤ 19)、節點 [2] (策略 > 19)；節點 [1] 再根據「智力」變數分支為葉節點 [3] (智力 ≤ 122)、葉節點 [4] (智力 > 122)；節點 [2] 再依據投入變數分支為葉節點 [5] (投入 ≤ 39)、葉節點 [6] (投入 > 39)，迴歸樹內部節點個數有三個、葉節點個數有四個。

樹狀結構表格

節點	平均數	標準離差	個數	百分比	預測的平均數	父節點	主要的自變數		
							變數	改進	分割值
0	77.45	14.990	42	100.0%	77.45				
1	63.80	9.053	20	47.6%	63.80	0	策略	169.443	≤ 19.0
2	89.86	5.064	22	52.4%	89.86	0	策略	169.443	> 19.0
3	59.60	5.902	15	35.7%	59.60	1	智力	25.200	≤ 122.0
4	76.40	1.673	5	11.9%	76.40	1	智力	25.200	> 122.0
5	85.00	3.464	9	21.4%	85.00	2	投入	8.578	≤ 39.0
6	93.23	2.619	13	31.0%	93.23	2	投入	8.578	> 39.0

成長方法: CRT　依變數: 成績

樹狀結構表格為迴歸樹圖的表格化:

節點 [0] 為根節點，節點內的觀察值個數有 42 位，在「成績」依變數的平均數為 77.45、標準差為 14.99。

根節點 [0] 依據「策略」變數分支為節點 1 (策略 ≤ 19)、節點 2 (策略 > 19)，改善值 (改進值) 為 169.443 (改善值愈大，表示自變數預測性愈大或愈重要變數)，節點 [1] 的觀察值有 20 位、佔全部觀察值的比值為 47.6%、真實平均數為 63.80、標準差為 9.05、預測平均數為 63.80；節點 [2] 的觀察值有 22 位、佔全部觀察值的比值為 52.4%、真實平均數為 89.86、標準差為 5.06、預測平均數為 89.86。

節點 [1] 再根據「智力」變數分支為葉節點 [3] (策略 ≤ 19 且 智力 ≤ 122)、葉節點 [4] (策略 ≤ 19 且 智力 > 122)，改進值為 25.20，葉節點 [3] 的觀察值有 15 位 (佔全部樣本的 35.7%)，真實平均數為 59.60、預測平均數為 59.60；葉節點 [4] 的觀察值有 5 位 (佔全部樣本的 11.9%)，真實平均數為 76.40、預測平均數為 76.40。

節點 [2] 再依據投入變數分支為葉節點 [5] (策略 > 19 且 投入 ≤ 39)、葉節點 [6] (策略 > 19 且投入 > 39)，分支改進值為 8.58，葉節點 [5] 的觀察值有 9 位 (佔全部樣本的 21.4%)，真實平均數為 85.00、預測平均數為 85.00；葉節點 [6] 的觀察值有 13 位 (佔全部樣本的 31.0%)，真實平均數為 93.23、預測平均數為 93.23，節點 [5]、節點 [6] 的父節點為節點 [2]。

　　上述以 SPSS 統計軟體進行迴歸樹分析結果與使用 R 軟體進行迴歸樹分析的結果大致相同，分割變數與條件、葉節點內的觀察值與平均數均相同，其中唯一的差別為左、右子節點分支條件「等號」(=) 的包含，R 軟體 **rpart ( )** 函數物件父節點分支的左子節點未包含等號、但 SPSS 父節點分支的左子節點則包含等號。

節點增益摘要

節點	個數	百分比	平均數
6	13	31.0%	93.23
5	9	21.4%	85.00
4	5	11.9%	76.40
3	15	35.7%	59.60

成長方法:CRT 依變數: 成績

　　表格為葉節點的節點編號與節點內觀察值的個數、節點內觀察值個數佔全部觀察值 (N = 42) 的百分比、節點內觀察值在反應變數「成績」的平均數。

自變數的重要性

自變數		重要性	正規化重要性
dimension0	策略	175.535	100.0%
	投入	153.089	87.2%
	智力	25.713	14.6%

成長方法:CRT 依變數: 成績

　　三個預測變數的重要性參數值，依參數值排序，預測變數的重要性分別為策略、投入、智力。

參考文獻

韓偉 (2015)。巨量資料的第一步 R 語言與商業應用。臺北市：上奇資訊。

Wickham, H. (2016). Aesthetic specpifications。套件 {ggplot2} 線上文件。

Chapter 04

分類樹

決策樹的反應變數如為間斷變數，預測分類的成長樹稱為分類樹 (classification tree)。

壹、反應變數為三分類別變數

範例反應變數（依變數）為三分類別變數，變數名稱為「證照 A」 (RANKA)，預測變數為受試者智力商數、投入程度與學習策略三個，由於效標變數為間斷變數，**rpart ( )** 函數中的引數 method 類型界定為「= "class"」，分割節點最小觀察值個數限定為 5：

一、建構分類樹模型

```
> regt3 = rpart (證照 A ~ 智力 + 投入 + 策略, data = temp, method = "class", minsplit = 5)
> print (regt3)
n = 42

node), split, n, loss, yval, (yprob)
    * denotes terminal node
```

[說明]：橫列的參數分別表示為節點編號、分割條件、節點樣本數、遺失樣本數、效標變數預測分類的等第，括號內為各水準群組等第的百分比，各橫列最後有「*」符號者，表示為葉節點，葉節點中括號內百分比最大值為節點內的純度值 (葉節點內樣本群組個數的最大值除以節點內的觀察值總數)。

1) root 42 28 A 等 (0.33333333 0.33333333 0.33333333)
2) 投入 >= 39 13 0 A 等 (1.00000000 0.00000000 0.00000000) *
3) 投入 < 39 29 15 B 等 (0.03448276 0.48275862 0.48275862)
6) 策略 >= 19 9 1 B 等 (0.11111111 0.88888889 0.00000000) *
7) 策略 < 19 20 6 C 等 (0.00000000 0.30000000 0.70000000)
14) 智力 >= 122 5 0 B 等 (0.00000000 1.00000000 0.00000000) *
15) 智力 < 122 15 1 C 等 (0.00000000 0.06666667 0.93333333) *

[說明]：各節點括號內的數值為三個等第類別觀察值佔節點總樣本數的百分比。根節點以等第「A 等」為基準，B 等與 C 等二個群組觀察值共有 **28** 位，A 等群組觀察值的個數 = **42 – 28 = 14**，三個成績等第群組的百分比分別為 **33.3%**、**33.3%**、**33.3%**。

節點 **[2]** 為「投入」變數測量值 ≥ **39** 分者，樣本被分類為 A 等第的機率最大 **(100.0%**，觀察值有 **13** 位)，數值「**13 0 A 等**」，表示節點 2 的觀察值共有 **13** 位、節點被分類為「**A 等第**」，樣本遺失的個數 **0** 個 (B 等第或 C 等第的樣本觀察值 **0** 位)，葉節點 **[2]** 的純度 = **13 ÷ 13 = 100.0%**。

節點 [3] 為「投入」變數測量值小於 39 分者，樣本為 B 等第機率最高 (48.3%，觀察值有 14 位)，「29 15 B 等」，表示節點 [3] 的觀察值共有 29 位，觀察值被分類為 B 等第時，遺失值的個數有 15 位 (其中 A 等第的觀察值有 1 位、C 等第的觀察值有 14 位)，B 等第的觀察值個數 = 29 – 15 = 14。

節點 [6] 為「投入」變數測量值小於 39 分且「策略」變數測量值 ≥ 19 分者，結果變數分類為「B 等第」，正確百分比為 88.9%，節點內 9 位觀察值，分類遺失的觀察值有 1 位 (A 等第)，葉節點 [6] 的純度 = 8 ÷ 9 = 88.89%。節點 [7] 為「投入」變數測量值小於 39 分且「策略」變數測量值小於 19 分者，成績等第被分類為 C 等第 (百分比為 70.0%)，節點內 20 位觀察值，依條件準則分類後，遺失的觀察值有 6 位，分類正確的觀察值有 14 位。

節點 [14] 當「投入」變數測量值小於 39 分、「策略」變數測量值小於 19 分且智力變數分數 ≥ 122 者，成績等第被分類為 B 等第，節點內 5 位樣本觀察值分類時遺失的個數 0 位，葉節點 [14] 的純度為 100.0%。節點 [15] 為「投入」變數測量值小於 39 分、「策略」變數測量值小於 19 分，且「智力」變數分數小於 122 者，成績等第被分類為 C 等第，節點內 15 位樣本觀察值分類時遺失的個數有 1 位，葉節點 [15] 的純度 = 14 ÷ 15 = 93.33%。

　　使用 **prp ( )** 函數繪製分類樹的圖形：

```
> prp (regt3, typ e= 4, extra = 1, box.col = 5)
```

　　分類樹圖形中，各節點的數值為節點內觀察值個數，依序為 A 等、B 等、C 等群組的人數，根節點的水準群組預設為第一個水準群組 A 等，三個等第的樣本觀察值分別為 14、14、14。第一個分割點預測分類的二個子節點，左節點預測分類為 A 等第群組，節點內的樣本觀察值均為 A 等第 (n = 13)(節點數值參數順序為 13、0、0)、右節點預測分類暫時分類 B 等第群組，節點內 B 等第的觀察值有 14 位、A 等第的觀察值有 1 位、C 等第的觀察值有 14 位 (節點數值參數順序為 1、14、14)，右邊子節點是內部節點並非葉節點，節點繼續進行分割，最後成長完成之分類樹的葉節點個數有四個。

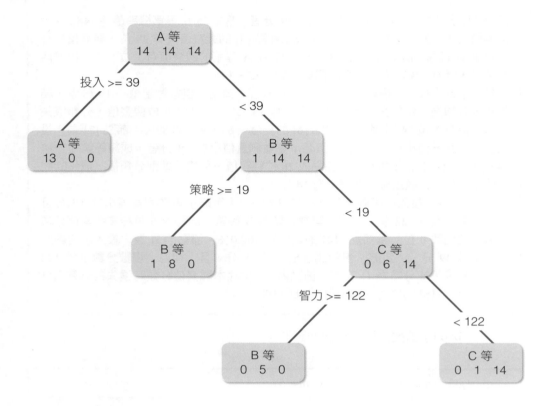

　　根據解釋變數「智力商數」、「投入程度」與「學習策略」對於觀察值在「證照 A」反應變數建構的分類樹模型之分類規則摘要表如下：

	規則 1	規則 2	規則 3	規則 4
分類純度	100.0%	88.89%	100.0%	93.33%
節點觀察值個數	13	9	5	15
證照 A 考試等第	A 等	B 等	B 等	C 等
分類條件	投入 ≥ 39	投入 < 39 且 策略 ≥ 19	投入 < 39　且 策略 < 19　且 智力 ≥ 122	投入 < 39　且 策略 < 19　且 智力 < 122
分類變數	學習投入	學習投入 學習策略	學習投入 學習策略 智力商數	學習投入 學習策略 智力商數

【備註】

SPSS 執行分類樹之樹狀結構表格如下，父節點之參數值設為 5、子節點參數值設為 2：

節點	A等		B等		C等		總數		預測的類別	父節點	主要的自變數		
	百分比	個數	百分比	個數	百分比	個數	個數	百分比			變數	改進	分割值
0	33.3%	14	33.3%	14	33.3%	14	42	100.0%	B 等				
1	3.4%	1	48.3%	14	48.3%	14	29	69.0%	B 等	0	投入	.299	<= 39.0
2	100.0%	13	.0%	0	.0%	0	13	31.0%	A 等	0	投入	.299	> 39.0
3	.0%	0	30.0%	6	70.0%	14	20	47.6%	C 等	1	策略	.125	<= 19.0
4	11.1%	1	88.9%	8	.0%	0	9	21.4%	B 等	1	策略	.125	> 19.0
5	.0%	0	6.7%	1	93.3%	14	15	35.7%	C 等	3	智力	.156	<= 122.0
6	.0%	0	100.0%	5	.0%	0	5	11.9%	B 等	3	智力	.156	> 122.0

成長方法：CRT；依變數：證照 A

表中有四個葉節點：

葉節點 [2] 分類為 A 等、觀察值個數 13 (13、0、0)(投入 > 39)。

葉節點 [4] 分類為 B 等、觀察值個數 9 (1、8、0)(投入 ≤ 39 且 策略 > 19)。

葉節點 [5] 分類為 C 等、觀察值個數 15 (0、1、14)(投入 ≤ 39 且 策略 ≤ 19 且 智力 ≤ 122)。

葉節點 [6] 分類為 B 等、觀察值個數 5 (0、5、0) (投入 ≤ 39 且 策略 ≤ 19 且 智力 > 122)。決策樹成長情形與 **rpart ( )** 函數建構的決策樹相同。

分類樹圖形如下：

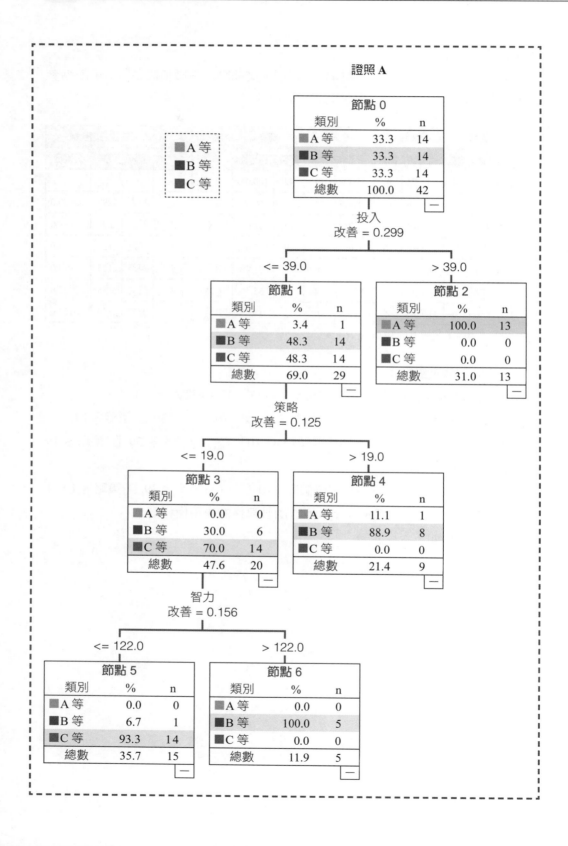

以訓練樣本為標的資料檔，分類樹預測分類結果的正確百分比為 95.2%。

觀察次數	預測次數			
	A 等	B 等	C 等	百分比
A 等	13	1	0	92.9%
B 等	0	13	1	92.9%
C 等	0	0	14	100.0%
概要百分比				95.2%

成長方法：CRT；依變數：證照 A

二、繪製分類樹圖形

以套件 **{rpart}** 函數 **post ( )** 呈現分類樹圖至圖形裝置視窗中，引數設定「file = ""」，表示決策樹直接輸出於繪圖視窗中，如設定為 file = "test.ps" (副檔名類型為 ".ps")，會將決策樹圖以 ASCII 檔案類型存在原先標的資料夾中：

```
> post (regt3, file = "", digits = 4)
```

分類樹圖形中，分割節點以橢圓形框繪製、葉節點以矩形框表示，葉節點中的文字部分會與矩形框重疊：

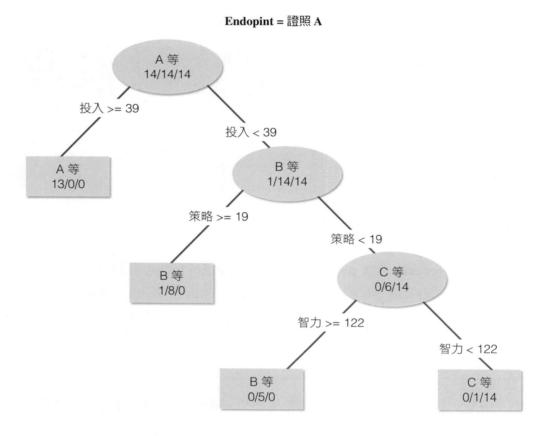

Endopint = 證照 A

使用套件 **{rpart.plot}** 函數 **prp ( )** 繪製分類樹的圖形：

```
> prp (regt3, type = 4, extra = 9, box.col = 5)
```

　　分類樹圖形中，各節點內的數值為節點內觀察值個數佔總樣本數 (N = 42) 的百分比值。根節點中三個等第觀察值人數為 14、14、14，百分比分別為 0.33、0.33、0.33，投入變數分支節點中，左子節點中三個等第觀察值人數分別為 13、0、0，百分比分別為 0.31(13/42)、0.00(0/42)、0.00(0/42)；右子節點中三個等第觀察值人數分別為 1、14、14，百分比分別為 0.02(1/42)、0.33(14/42)、0.33(14/42)。葉節點中各水準群組的比值分母為有效樣本觀察值個數 N，葉節點中所有水準群組百分比加總值為 100.0%。

```
> .31 + .02 + .19 + .12 + .02 + .33
[1] 0.99
```

[說明]：**R** 主控台之加總結果值為 **0.99**，而非 **1.00**，小數點第二位的差異值為原先各水準群組比值小數位數四捨五入的誤差值。

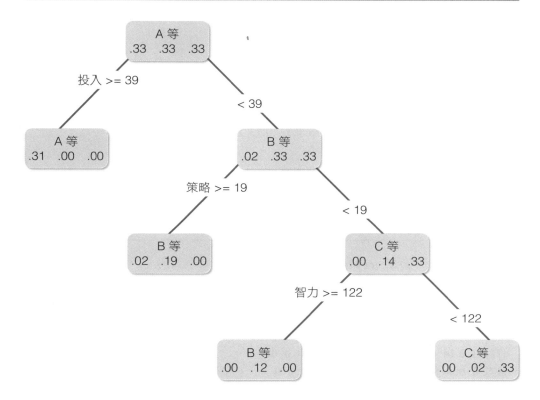

三、分類樹的殘差值

使用殘差函數 **residuals ( )** 求出分類樹模型預測樣本觀察值在證照 A 考試等第的殘差值：

```
> round ((residuals (regt3, type = "usual")), 2)
 [1] 0 0 1 0 0 0 0 0 0 0 0 0 0 0 0 0 0 0 0 0 0 0 0 0 0 0 0 0 0 0 0 0 0 0 0 0
[37] 0 0 0 0 0 1
```
[說明]：回傳值為 **0** 表示預測分類結果之水準等第與實際結果水準等第相同 (預測正確)，回傳值為 **1** 表示預測分類結果之水準等第與實際結果水準等第不相同 (預測錯誤)。
```
> table ((residuals (regt3, type = "usual")))

 0  1
40  2
```
[說明]：預測正確的樣本觀察值有 **40** 位、預測錯誤的樣本觀察值有 **2** 位。

　　範例殘差值函數 **residuals ( )** 的引數型態分別設為「"pearson"」、「"deviance"」的結果，如果四捨五入至整數位，預測正確觀察值的誤差值為 0，預測錯誤觀察值誤差值為大於 1 的整數值，語法配合 **round ( )** 函數四捨五入至小數第二位：

```
> round ((residuals (regt3, type = "pearson")), 2)
 [1] 0.00 0.00 14.00 0.00 0.00 0.00 0.13 0.13 0.13 0.00 0.00 0.00
[13] 0.00 0.00 0.00 0.00 0.00 0.07 0.07 0.07 0.07 0.07 0.07 0.07
[25] 0.07 0.07 0.07 0.07 0.07 0.13 0.13 0.13 0.13 0.13 0.07 0.07
[37] 0.00 0.00 0.00 0.00 0.00 8.00
> round ((residuals (regt3, type = "deviance")), 2)
 [1] 0.00 0.00 5.42 0.00 0.00 0.00 0.24 0.24 0.24 0.00 0.00 0.00 0.00 0.00
[15] 0.00 0.00 0.00 0.14 0.14 0.14 0.14 0.14 0.14 0.14 0.14 0.14 0.14 0.14
[29] 0.14 0.24 0.24 0.24 0.24 0.24 0.14 0.14 0.00 0.00 0.00 0.00 0.00 4.39
```

　　範例殘差值函數 **residuals ( )** 的引數型態分別設為「"pearson"」、「"deviance"」，語法配合 **round ( )** 函數四捨五入至整數位：

```
> round ((residuals (regt3, type = "pearson")), 0)
 [1] 0 0 14 0 0 0 0 0 0 0 0 0 0 0 0 0
[17] 0 0 0 0 0 0 0 0 0 0 0 0 0 0 0 0
[33] 0 0 0 0 0 0 0 0 8
> round ((residuals (regt3, type = "deviance")), 0)
 [1] 0 0 5 0 0 0 0 0 0 0 0 0 0 0 0 0 0 0 0 0 0 0 0 0
[25] 0 0 0 0 0 0 0 0 0 0 0 0 0 0 0 0 0 4
```
[說明]：第 3 筆與第 42 筆觀察值四捨五入至整數位後，二筆樣本觀察值的殘差統計量大於 1，表示第 3 筆與第 42 筆觀察值在實際 A 證照考試等第與根據分類樹模型預測分類等第不相同。

　　使用 **summary ( )** 函數求出引數 type 選項分別為「"pearson"」、「"deviance"」的描述性統計量：

```
> summary (residuals (regt3, type = "pearson"))
   Min.    1st Qu.   Median     Mean    3rd Qu.     Max.
0.00000    0.00000   0.07143  0.57140   0.07143  14.00000
> summary (residuals (regt3, type = "deviance"))
   Min.    1st Qu.   Median     Mean    3rd Qu.     Max.
 0.0000    0.0000    0.1380   0.3244    0.1380    5.4160
```

[說明]：殘差值函數回傳的參數值分別為最小值、第一個四分位數、中位數、平均數、第三個四分位數、最大值。

四、分類樹的分類路徑

使用 **path.rpart ( )** 函數求出節點 [1] 至節點 [7] 的分割路徑：

```
> path.rpart (regt3, nodes = c (1:15))
 node number: 1
  root
 node number: 2
  root
  投入 >= 39
```
[說明]：節點編號 **1** 為根節點，節點編號 **2** 的分割路徑為「根節點→投入 >= **39**」。
```
 node number: 3
  root
  投入 < 39
 node number: 6
  root
  投入 < 39
  策略 >= 19
```
[說明]：節點編號 **6** 的分割路徑為「根節點→投入 < **39**→策略 >= **19**」。
```
 node number: 7
  root
  投入 < 39
  策略 < 19
 node number: 14
  root
  投入 < 39
  策略 < 19
  智力 >= 122
```
[說明]：節點編號 **14** 的分割路徑為「根節點→投入 < **39**→策略 < **19**→智力>= **122**」。
```
 node number: 15
  root
  投入 < 39
  策略 < 19
  智力 < 122
```
[說明]：節點編號 **15** 的分割路徑為「根節點→投入 < **39**→策略 < **19**→智力<

```
122」。
Warning message:
In node.match (nodes, node) :
  supplied nodes 4, 5, 8,9, 10, 11, 12, 13 are not in this tree
```

[說明]：適配分類樹模型之節點編號為 **1** (根節點)、**2** (葉節點)、**3** (分割節點)、**6** (葉節點)、**7** (分割節點)、**14** (葉節點)、**15** (葉節點)，分類樹分割的編號中沒有下列列舉的節點編號數值：**4、5、8、9、10、11、12、13**。

範例函數 **path.rpart ( )** 的節點引數只界定葉節點的編號，輸出的路徑為葉節點的分割路徑 (這樣的輸出結果對於規則之分割變數的整理比較方便)：

```
> path.rpart (regt3, nodes = c (2, 6, 14, 15))
 node number: 2
   root
   投入 >= 39
 node number: 6
   root
   投入 < 39
   策略 >= 19
 node number: 14
   root
   投入 < 39
   策略 < 19
   智力 >= 122
 node number: 15
   root
   投入 < 39
   策略 < 19
   智力 < 122
```

[說明]：節點編號 **2、6、14、15** 為適配分類樹模型的終點節點。

五、分類樹的剪裁

函數 **prune ( )** 可以以複雜度參數值 (cp) 作為門檻值，進行決策樹的剪裁，範例分類樹模型之 cp 值分別設定為 0.5、0.3、0.2：

```
> prune (regt3, cp = 0.5)
n = 42
```

node), split, n, loss, yval, (yprob)
    * denotes terminal node
1) root 42 28 A 等 (0.3333333 0.3333333 0.3333333) *
[說明]：複雜度參數門檻值為 **0.5** 時，分類樹的葉節點有 **1** 個。
> prune (regt3, cp = 0.3)
n = 42
node), split, n, loss, yval, (yprob)
    * denotes terminal node
1) root 42 28 A 等 (0.33333333 0.33333333 0.33333333)
2) 投入 >= 39 13 0 A 等 (1.00000000 0.00000000 0.00000000) *
3) 投入 < 39 29 15 B 等 (0.03448276 0.48275862 0.48275862) *
[說明]：複雜度參數門檻值為 **0.3** 時，分類樹的葉節點有 **2** 個。
> prune (regt3, cp = 0.2)
n = 42
node), split, n, loss, yval, (yprob)
    * denotes terminal node
1) root 42 28 A 等 (0.33333333 0.33333333 0.33333333)
2) 投入 >= 39 13 0 A 等 (1.00000000 0.00000000 0.00000000) *
3) 投入 < 39 29 15 B 等 (0.03448276 0.48275862 0.48275862)
6) 策略 >= 19 9 1 B 等 (0.11111111 0.88888889 0.00000000) *
7) 策略 < 19 20 6 C 等 (0.00000000 0.30000000 0.70000000) *
[說明]：複雜度參數門檻值為 **0.2** 時，分類樹的葉節點有 **3** 個。
函數 **prune ( )** 引數 **cp** 值為決策樹的門檻參數值，原節點分割處的 **cp** 值必須大於設定的參數值才會進行節點的再分割，**cp** 值參數愈大，表示樹的深度愈小。範例分類樹模型中，**cp** 值設為 **0.1** 的決策樹有四個葉節點 (內定的分類樹模型引數設定)、**cp** 值設為 **0.2** 的決策樹有三個葉節點，**cp** 值設為 **0.3** 的決策樹有二個葉節點，**cp** 值設為 **0.5** 的決策樹有一個葉節點 (沒有進行節點的分割，表示過度剪裁，分類樹太小)，不同 **cp** 值剪裁結果之分類樹的成長深度也不相同。

六、分類樹的預測

套件 **{rpart}** 之函數 **predict ( )** 可以根據分類樹模型物件對資料檔進行預測分類，預測分類的回傳值可以為觀察值之水準群組的機率值、水準群組的數值、水準群組的類別、矩陣參數等，函數中如沒有界定新的資料檔 (測試樣本)，表示以原始資料檔 (訓練樣本) 進行預測分類：

```
> round (predict (regt3, type = "prob"), 2)
     A 等   B 等   C 等
1   0.00   1.00   0.00
```

```
2    0.00    1.00    0.00
3    0.00    0.07    0.93
<略>
40   1.00    0.00    0.00
41   1.00    0.00    0.00
42   0.11    0.89    0.00
```

[說明]：引數 **type** 選項界定為機率，各水準群組回傳的參數為機率值，機率值最大的水準群組觀察值便被分類為該群組。觀察值 1 在三個水準群組的機率值為 0.00、1.00、0.00，以分類為 B 等第類別的機率最大，觀察值 1 預測分類為 B 等第 (原水準數值編碼為 2)；觀察值 41 在三個水準群組的機率值為 1.00、0.00、0.00，以分類為 A 等第類別的機率最大，觀察值 41 預測分類為 A 等第 (原水準數值編碼為 1)。

```
> predict (regt3, type = "vector")
 1  2  3  4  5  6  7  8  9 10 11 12 13 14 15 16 17 18 19 20 21 22 23 24 25
 2  2  3  2  2  2  2  2  1  1  1  1  1  1  1  1  1  3  3  3  3  3  3  3  3
26 27 28 29 30 31 32 33 34 35 36 37 38 39 40 41 42
 3  3  3  3  2  2  2  2  2  3  3  1  1  1  1  1  2
```

[說明]：引數 **type** 選項界定「= "vector"」，回傳的參數值為根據適配分類樹模型預測觀察值在反應變數的水準數值 (水準數值 1 為 A 等、水準數值 2 為 B 等、水準數值 3 為 C 等)。觀察值編號 1 對應的水準數值為 2 (預測分類為 B 等)、觀察值編號 18 對應的水準數值為 3 (預測分類為 C 等)、觀察值編號 41 對應的水準數值為 1 (預測分類為 A 等)。

```
> predict (regt3, type = "class")
  1   2   3   4   5   6   7   8   9  10  11  12  13
 B等 B等 C等 B等 B等 B等 B等 B等 B等 A等 A等 A等 A等
 14  15  16  17  18  19  20  21  22  23  24  25  26
 A等 A等 A等 A等 C等 C等 C等 C等 C等 C等 C等 C等 C等
 27  28  29  30  31  32  33  34  35  36  37  38  39
 C等 C等 C等 B等 B等 B等 B等 B等 C等 C等 A等 A等 A等
 40  41  42
 A等 A等 B等
Levels: A等 B等 C等
```

[說明]：引數 **type** 選項界定「= "class"」，回傳的參數值為根據適配分類樹模型預測觀察值在反應變數的水準群組等第 (證照 A 考試結果為 A 等或 B 等或 C 等)，水準群組為類別變數之水準數值標記群組名稱。

```
> round (predict (regt3, type = "matrix"), 2)
   [,1] [,2] [,3] [,4] [,5] [,6] [,7] [,8]
1   2    0    5    0   0.00 1.00 0.00 0.12
2   2    0    5    0   0.00 1.00 0.00 0.12
3   3    0    1   14   0.00 0.07 0.93 0.36
<略>
```

40	1	13	0	0	1.00	0.00	0.00	0.31
41	1	13	0	0	1.00	0.00	0.00	0.31
42	2	1	8	0	0.11	0.89	0.00	0.21

[說明]：型態引數界定為 "= matrix"，會以矩陣方式回傳預測結果。

以建構的分類樹模型預測分類原始資料框架物件資料檔，預測分類變數名稱為「預測證照 A」，使用套件 {ggplot2} 函數 ggplot ( ) 繪製觀察值對應的原始等第與預測分類等第，引數 aes 設定散佈圖的橫軸 (觀察值編號 num) 與縱軸變數 (等第)，geom_point ( ) 次函數界定圖例的大小與顏色，geom_point ( ) 函數間以「加號 (+)」串連：

```
> temp$ 預測證照 A = predict (regt3, data = temp, type = "class")
> library (ggplot2)
> ggplot (temp, aes (x = num, y = 證照 A)) + geom_point (size = 3, colour = "black") +
  geom_point (aes (x = num, y = 預測證照 A), shape = 1, size = 5, colour = "blue")
```

散佈圖 X 軸為增列的觀察值編號 (N = 42)，黑色圓形圖為觀察值原始在證照 A 考試的等第、黑色圓形框為預測分類的考試等第，黑色圓形圖加上黑色圓形框的圖例表示真正考試等第與預測分類等第相同 (預測分類正確)，單獨的藍色圓形框圖例為預測錯誤的觀察值，圖示中預測錯誤的觀察值有二位。

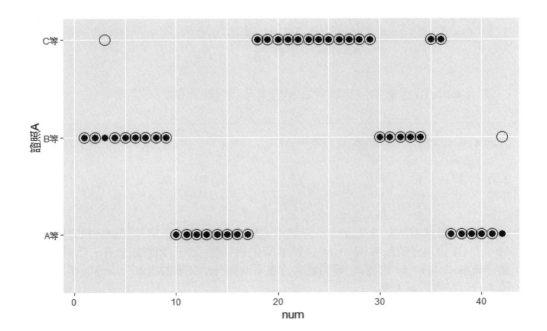

　　散佈圖的橫軸為增列的觀察值序位變數「編號」(N = 42)，□圖為觀察值原始在證照 A 考試的等第、X 圖為預測分類的考試等第，□圖加上紅色 X 圖框的圖例表示真正考試等第與預測分類等第相同 (預測分類正確)，單獨的□圖例或紅色 X 圖圖例為預測錯誤的觀察值，圖示中預測錯誤的觀察值有二位。

```
> temp$ 編號 = c (1:42)
> ggplot (temp, aes (x = 編號, y = 證照 A)) + geom_point (size = 5, shape = 0,) + geom_
  point (aes (x = 編號, y = 預測證照 A), shape = 4, size = 5, colour = "red")
```

　　分類樹模型預測分類之散布圖如下 (測試樣本為原始資料框架物件)：

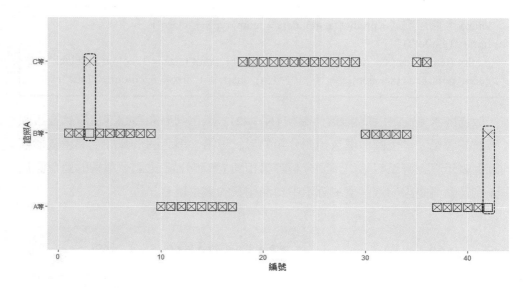

　　使用 **table ( )** 函數輸出實際考試等第與預測分類等第的交叉表：

```
> table (temp$ 證照 A, temp$ 預測證照 A)
        A 等   B 等   C 等
A 等    13     1      0
B 等    0      13     1
C 等    0      0      14
```
[說明]：真實樣本觀察值在證照 A 考試中，**14** 位獲 A 等的觀察值預測分類錯誤者有一位 (被預測分類為 B 等)，**14** 位獲 B 等的觀察值預測分類錯誤者有一位 (被預測分類為 C 等)，**14** 位獲 C 等的觀察值沒有預測分類錯誤的樣本，以分類樹模型預測分類結果均為 C 等。

貳、反應變數為二分類別變數

　　函數語法範例之依變數為二分類別變數，變數名稱為「證照 B」
(RANKB)，預測變數為受試者智力商數、投入程度與學習策略三個，由於效標
變數為間斷變數，**rpart ( )** 函數中的引數 method 類型界定為「= "class"」，引數
minsplit 參數值界定為 5，表示分割節點最少樣本觀察值為 5 位 (對應的葉節點引
數參數值為 2)：

一、分類樹模型建構

```
> regt4 = rpart (證照 B~智力 + 投入 + 策略, data = temp, method = "class", minsplit = 5)
> print (regt4)
n = 42
node), split, n, loss, yval, (yprob)
      * denotes terminal node
1) root             42     20     通過       (0.4761905 0.5238095)
2) 投入    < 25.5   23      3     未通過     (0.8695652 0.1304348)
4) 策略    < 33     20      1     未通過     (0.9500000 0.0500000) *
5) 策略    >= 33     3      1     通過       (0.3333333 0.6666667) *
3) 投入    >= 25.5  19      0     通過       (0.0000000 1.0000000) *
```

[說明]：根節點的觀察值有42位、未通過證照考試者有 **20** 位、通過證照考試者有
22 位 (= 42 – 20)，預設值被分類為「通過」，未通過證照考試與通過證照考試的
百分比分別為 **47.6%**、**52.4%**。節點 [2] 為「投入」變數測量值小於 **25.5** 分者，
觀察值共有 **23** 位，被分為「未通過」，其中 **3** 位為「通過」，未通過證照考試
者有 **20** 位 (= 23 – 3)，未通過證照考試與通過證照考試的百分比分別為 **87.0%**、
13.%。
節點 [3] 為「投入」變數測量值大於等於 **25.5** 分者，觀察值共有 **19** 位，被分類為
「通過」，未通過證照考試者有 **0** 位，未通過證照考試與通過證照考試的百分比
分別為 **0.0%**、**100.0%**。節點 [3] 列的最後面增列一個*符號，表示節點 [3] 為葉節
點：「3) 投入 >= **25.5 19 0 通過 (0.0000000 1.0000000)**」，節點列對應的參數值分
別為節點編號、分割條件、節點樣本觀察值個數、遺失值、分類結果 (未通過觀察
值佔節點樣本數的百分比、通過觀察值佔節點樣本數的百分比)。
節點 [4] 為「投入」變數測量值小於 **25.5** 分且「策略」變數小於 **33** 分者，觀察值
共有 **20** 位，被歸類為「未通過」，其中未通過證照考試者有 **19** 位 (= **20 – 1**)，通
過證照考試者有 **1** 位，未通過證照考試與通過證照考試的百分比分別為 **95.0%**、
5.0%。
節點 [5] 為「投入」變數測量值小於 **25.5** 分且「策略」變數大於等於 **33** 分者，

觀察值共有 **3** 位，被分類為為「通過」，其中未通過證照考試者有 **1** 位，通過證照考試者有 **2** 位 (= **3 − 1**)，未通過證照考試與通過證照考試的百分比分別為 **33.3%**、**66.7%**。

二、分類樹分割路徑

使用 **{rpart}** 套件之 **path.rpart ( )** 函數輸出節點 [2] 至節點 [5] 的分割路徑：

```
> path.rpart (regt4, nodes = c (2:5))
 node number: 2
   root
    投入 < 25.5
 node number: 3
   root
    投入 >= 25.5
 node number: 4
   root
    投入 < 25.5
    策略 < 33
 node number: 5
   root
    投入 < 25.5
    策略 >= 33
```
[說明]：節點編號 **2** 為內部節點 (分割節點)、節點編號 **3**、**4**、**5** 均為終點節點。節點 **[5]** 的分割路徑為根節點→投入 < **25.5**→策略 >= **33**。

使用 **{rpart}** 套件之 **labels ( )** 函數輸出分割標記：

```
> labels (regt4, digits = 4)
[1] "root"     "投入 < 25.5" "策略 < 33"  "策略 >= 33"  "投入 >= 25.5"
```
[說明]：分支條件標記有五個：根節點、「投入 < **25.5**」、「策略 < **33**」、「策略 ≥ **33**」、「投入 ≥ **25.5**」，五個節點中有四條分支線。
```
> labels (regt4, digits = 4, collapse = FALSE)
         ltemp      rtemp
[1,]  "< 25.5"   ">= 25.5"
[2,]   "< 33"     ">= 33"
[3,]  "<leaf>"   "< leaf>"
[4,]  "<leaf>"   "< leaf>"
[5,]  "<leaf>"   "< leaf>"
```

[說明]：節點 [1] (根節點或分節點) 左分支的條件為「投入 < 25.5」，右分支的條件為「投入 ≥ 25.5」；左分支子節點之次左分支條件為「策略 < 33」，左分支子節點之次右分支的條件為「策略 ≥ 33」。

三、分類樹圖形

使用套件 **{rpart.plot}** 函數 **prp ( )** 繪製分類樹的圖形：

```
> prp (regt4, type = 4, extra = 101, box.col = 5, digits = 3)
```

分類樹圖形中，各節點的數值為節點內觀察值個數，依序為未通過、通過群組的人數，以根節點為例：「20 22」表示未通過 B 類證照考試與通過 B 類證照考試的觀察值分別為 20、22 位，節點內百分比為節點內觀察值個數除以有效樣本總數 (N = 42) 的數值，葉節點百分比的總和為 1.0 (100.0%)。

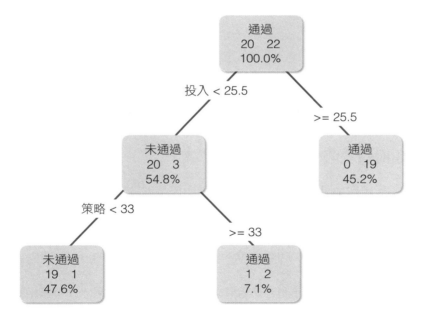

使用函數 **prp ( )** 繪製分類樹圖：

```
> prp (regt4, type = 4, extra = 9, box.col = 5, digits = 3)
```

分類樹圖形中，各節點內的數值為節點內觀察值個數佔總樣本數 (N = 42) 的百分比值，二個群組排序為未通過、通過。以左邊葉節點而言，預測分類結果為「未通過」，未通過 B 證照考試的觀察值有 19 位、通過 B 證照考試的觀察值有 1 位，有效樣本總數 N = 42，二個水準群組個數佔總樣本數的百分比分別為 19/42 = 0.452、1/42 = 0.024，三個葉節點觀察值佔總樣本數的百分比分別為 47.6% (= .452 + .024)、7.2% (= .024 + .048)、45.2% (= .000 + .452)。

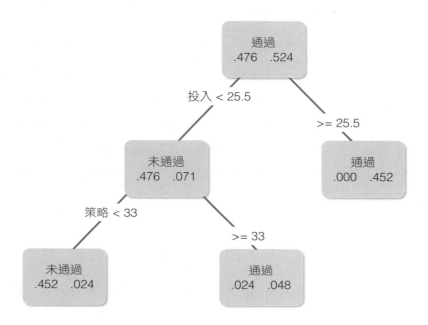

四、分類樹殘差值

使用殘差函數 **residuals ( )** 求出以分類樹模型對觀察值預測分類結果：

```
> residuals (regt4, type = "usual")
 [1] 0 0 0 0 0 0 0 1 0 0 0 0 0 0 0 0 0 0 0 0 0 0 0 0 0 0 0 0 0 0 0 0 0 0 0 1 0
[37] 0 0 0 0 0 0
```
[說明]：回傳值為 **0** 表示預測分類結果之水準等第與實際結果水準等第相同 (預測正確)，回傳值為 **1** 表示預測分類結果之水準等第與實際結果水準等第不相同 (預測錯誤)。
```
> table ((residuals (regt4, type = "usual")))
 0  1
40  2
```
[說明]：預測正確的樣本觀察值有 **40** 位、預測分類錯誤的樣本觀察值有 **2** 位，預測分類正確預測百分比 = 40 ÷ 42 = **95.2%**。

以建構的分類樹模型預測分類原始資料框架物件資料檔，預測分類變數名稱為「預測證照 B」，使用套件 **{ggplot2}** 函數 **ggplot ( )** 繪製觀察值對應的原始等第與預測分類等第：

```
> temp$ 預測證照 B = predict (regt4, data = temp, type = "class")
> ggplot (temp, aes (x = num, y = 證照 B)) + geom_point (size = 4, colour = "red",
  shape = 0) + geom_point (aes (x = num, y = 預測證照 B), shape = 16, size = 3, colour
  = "blue")
```

散佈圖的 X 軸為增列的觀察值編號 (N = 42)，紅色方形框 (引數 shape 參數值為 0) 為觀察值原始在證照 B 考試的結果、藍色實心圓形圖例 (引數 shape 參數值為 16) 為預測分類的考試結果，紅色方形框內包含藍色實心圓形圖例者表示真正考試結果與預測分類結果相同 (預測分類正確)，單獨的藍色圓形圖例為預測錯誤的觀察值，圖示中預測分類錯誤的觀察值有二位。

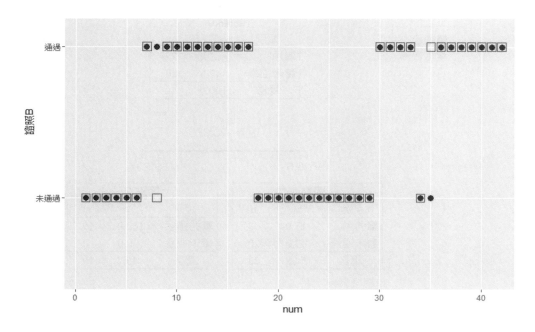

使用 **table ( )** 函數求出觀察值在證照 B 考試的真實結果與預測分類結果的交叉表：

```
> table (temp$ 證照 B, temp$ 預測證照 B)
         未通過    通過
未通過     19       1
通過        1       21
```

【備註】：

　　SPSS 統計軟體中，執行功能表列「分析」/「分類」/「樹」程序，開啟「決策樹狀結構」對話視窗，「成長式方法」下拉式選單中選取 CRT 選項；按「條件」鈕，開啟「決策樹結構：條件」次對話視窗，在「成長限制」方盒中，右邊「最小觀察值」個數之「父節點」的數值更改為 20 (內定參數值為 100)，「子節點」的數值更改為 3 (內定參數值為 50)，在「CRT」方盒中，「最小改進變更值」的參數更改為 0.01 (內定參數值 = 0.0001)，分類樹執行結果如下：

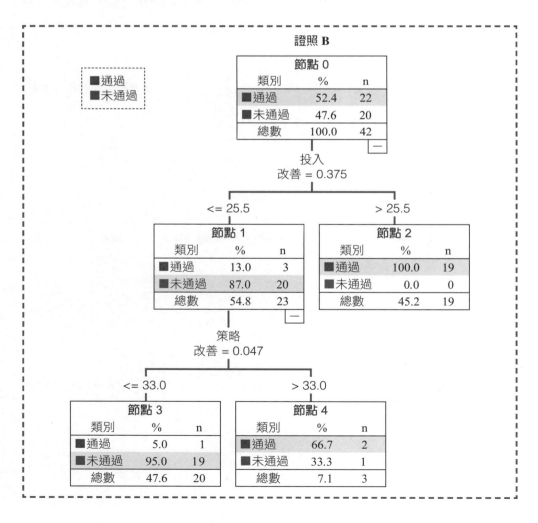

樹狀結構表格

節點	通過		未通過		總數		預測的類別	父節點	主要的自變數		
	百分比	個數	百分比	個數	個數	百分比			變數	改進	分割值
0	52.4%	22	47.6%	20	42	100.0%	通過				
1	13.0%	3	87.0%	20	23	54.8%	未通過	0	投入	.375	<= 25.5
2	100.0%	19	.0%	0	19	45.2%	通過	0	投入	.375	> 25.5
3	5.0%	1	95.0%	19	20	47.6%	未通過	1	策略	.047	<= 33.0
4	66.7%	2	33.3%	1	3	7.1%	通過	1	策略	.047	> 33.0

成長方法：CRT　依變數：證照 B

　　根節點中通過證照 B 考試的觀察值有 22 位、未通過證照 B 考試的觀察值有 20 位。

　　節點 [1] 的預測變數為「投入」，條件為「投入 ≤ 25.5」，預測類別為「未通過」，預測正確的樣本數有 20 位、預測錯誤的樣本數有 3 位，改進值 (improvement) 為 0.375 (節點上分類之預測變數對效標變數的貢獻程度)；節點 [2] 的預測變數為「投入」，條件為「投入 > 25.5」，預測類別為「通過」，預測正確的樣本數有 19 位、預測錯誤的樣本數有 0 位，改進值 (improvement) 為 0.375。

　　節點 [3] 的預測變數為「投入 + 策略」，條件為「投入 ≤ 25.5 且 策略 ≤ 33.0」，預測類別為「未通過」，預測正確的樣本數有 19 位、預測錯誤的樣本數有 1 位，改進值為 0.047；節點 [4] 的預測變數為「投入 + 策略」，條件為「投入 ≤ 25.5 且 策略 > 33.0」，預測類別為「通過」，預測正確的樣本數有 2 位、預測錯誤的樣本數有 1 位，改進值為 0.047。

分類

觀察次數	預測次數		
	通過	未通過	百分比
通過	21	1	95.5%
未通過	1	19	95.0%
預測百分比			95.2%

成長方法：CRT；依變數：證照 B

　　依分類樹之分類準則，實際通過證照 B 考試的 22 位觀察值，被分類預測正確的觀察值有 21 位、錯誤者有 1 位；實際未通過證照 B 考試的 20 位觀察值，被分類預測正確的觀察值有 19 位、錯誤者有 1 位，分類預測正確的總百分比為 95.2%。

五、不同引數界定的分類樹

範例 R 軟體主控台函數 **rpart ( )** 同時界定父節點、葉節點引數的個數，引數 minsplit 的參數值設定為 20、引數 minbucket 的參數值設為 3；此外，主要分割之最大競爭解釋變數值設為 0，不使用代理分割，複雜度參數值採用內定選項值 0.01：

```
> regt4.spss = rpart (證照 B~智力 + 投入+策略, data = temp, method = "class", minsplit
= 20, maxcompete = 0, minbucket = 3, maxsurrogate = 0)
> print (regt4.spss)
n = 42
node), split, n, loss, yval, (yprob)
    * denotes terminal node
1) root            42    20    通過    (0.4761905 0.5238095)
2) 投入 < 25.5      23    3     未通過   (0.8695652 0.1304348)
4) 策略 < 33        20    1     未通過   (0.9500000 0.0500000) *
5) 策略 >= 33       3     1     通過    (0.3333333 0.6666667) *
3) 投入 >= 25.5     19    0     通過    (0.0000000 1.0000000) *
```
[說明]：節點 [4]、節點 [5]、節點 [3] 為葉節點，節點 [4] 分類為「未通過」、節點 [5]、節點 [3] 分類為「通過」。

使用 **summary ( )** 函數輸出詳細的參數值：

```
> summary (regt4.spss)
Call:
rpart (formula = 證照 B ~ 智力 + 投入 + 策略, data = temp, method = "class",
    minsplit = 20, maxcompete = 0, minbucket = 3, maxsurrogate = 0)
 n = 42
```

	CP	nsplit	rel error	xerror	xstd
1	0.85	0	1.00	1.30	0.15735916
2	0.05	1	0.15	0.20	0.09511897
3	0.01	2	0.10	0.25	0.10493762

[說明]：主要分割的次數為 2 次，葉節點的個數為 2 + 1 = 3 個。

Variable importance

投入　策略
　89　　11

[說明]：解釋變數對證照 B 反應變數分類重要性程度依序為投入、策略。

Node number 1: 42 observations,　complexity param = 0.85

　predicted class = 通過　expected loss = 0.4761905　P(node) = 1

　　class counts:　20　　22

　probabilities: 0.476　0.524

　left son = 2 (23 obs) right son = 3 (19 obs)

　Primary splits:

　　投入 < 25.5 to the left, improve = 15.73499, (0 missing)

[說明]：節點 [1] 的參數值，由於總樣本觀察值中通過證照 B 考試的百分比大於未通過的百分比，根節點分類為「通過」，分割條件為「投入 < 25.5」之樣本觀察值歸類到左邊子節點，「投入 ≥ 25.5」之樣本觀察值歸類到右邊子節點，子節點 [2] 的觀察值有 23 位、子節點 [3] 的觀察值有 19 位。

Node number 2: 23 observations,　complexity param = 0.05

　predicted class = 未通過　expected loss = 0.1304348　P (node) = 0.547619

　　class counts:　20　　3

　probabilities: 0.870 0.130

　left son = 4 (20 obs) right son = 5 (3 obs)

　Primary splits:

　　策略 < 33　to the left, improve = 1.984058, (0 missing)

[說明]：節點 [2] 分類為「未通過」，主要分割條件為「策略 < 33」，改進值為 1.98，左邊子節點 (節點 [4]) 的觀察值有 20 位、右邊子節點 (節點 [5]) 的觀察值有 3 位。

Node number 3: 19 observations

　predicted class = 通過　expected loss = 0　P (node) = 0.452381

　　class counts:　0　　19

　probabilities: 0.000 1.000

[說明]：節點 [3] 為葉節點，節點分類為「通過」，節點觀察值有 19 位，分類的純度值為 100.0%。

Node number 4: 20 observations

　predicted class = 未通過　expected loss = 0.05　P (node) = 0.4761905

　　class counts:　19　　1

　probabilities: 0.950 0.050

[說明]：節點 [4] 為葉節點，節點分類為「未通過」，節點觀察值有 20 位，分類的純度值為 95.0%、分類的不純度值為 5.0%。

Node number 5: 3 observations

　predicted class = 通過　expected loss = 0.3333333　P (node) = 0.07142857

　　class counts:　1　　2

　probabilities: 0.333 0.667

[說明]：節點 [5] 為葉節點，節點分類為「通過」，節點觀察值有 3 位，分類的純度值為 66.7%、分類的不純度值為 33.3%。

【備註】：SPSS 統計軟體 CHAID 程序

「決策樹狀結構」主視窗中，「成長式方法 (W)」下拉式選單中選取內定選項 CHAID。分類樹分類結果如下：

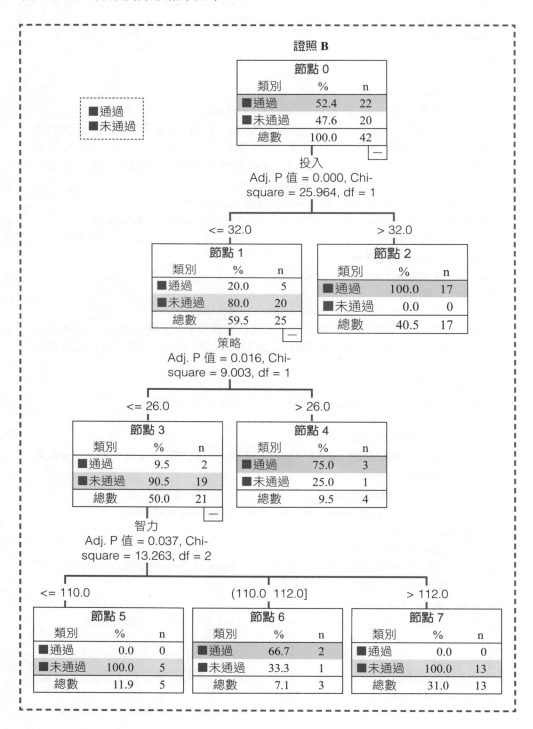

樹狀結構表格

節點	通過		未通過		總數		預測的類別	父節點	主要的自變數				
	百分比	個數	百分比	個數	個數	百分比			變數	顯著性ª	卡方統計量	df	分割值
0	52.4%	22	47.6%	20	42	100.0%	通過						
1	20.0%	5	80.0%	20	25	59.5%	未通過	0	投入	.000	25.964	1	<= 32.0
2	100.0%	17	.0%	0	17	40.5%	通過	0	投入	.000	25.964	1	> 32.0
3	9.5%	2	90.5%	19	21	50.0%	未通過	1	策略	.016	9.003	1	<= 26.0
4	75.0%	3	25.0%	1	4	9.5%	通過	1	策略	.016	9.003	1	> 26.0
5	.0%	0	100.0%	5	5	11.9%	未通過	3	智力	.037	13.263	2	<= 110.0
6	66.7%	2	33.3%	1	3	7.1%	通過	3	智力	.037	13.263	2	(110.0, 112.0]
7	.0%	0	100.0%	13	13	31.0%	未通過	3	智力	.037	13.263	2	> 112.0

成長方法：CHAID；依變數：證照 B；a. Bonferroni 法已調整

根節點中通過證照 B 考試的觀察值有 22 位、未通過證照 B 考試的觀察值有 20位。

節點 [1] 的預測變數為「投入」，條件為「投入 ≤ 32」，預測類別為「未通過」，預測正確的樣本數有 20 位、預測錯誤的樣本數有 5 位，卡方統計量 = 25.964 (p < 0.05)；節點 [2] 的預測變數為「投入」，條件為「投入 > 32」，預測類別為「通過」，預測正確的樣本數有 17 位、預測錯誤的樣本數有 0 位，節點 [2] 為葉節點。

節點 [3] 的預測變數為「投入 + 策略」，條件為「投入 ≤ 32 且 策略 ≤ 26」，預測類別為「未通過」，預測正確的樣本數有 19 位、預測錯誤的樣本數有 2 位，卡方統計量 = 9.003 (p < 0.05)；節點 [4] 的預測變數為「投入 + 策略」，條件為「投入 ≤ 32 且 策略 > 26」，預測類別為「通過」，預測正確的樣本數有 3 位、預測錯誤的樣本數有 1 位，節點 [4] 為葉節點。

節點 [5] 的預測變數為「投入 + 策略 + 智力」，條件為「投入 ≤ 32 且 策略 ≤ 26 且智力 ≤ 110.0」，預測類別為「未通過」，預測正確的樣本數有 5 位、預測錯誤的樣本數有 0 位，卡方統計量 = 13.263 (p < 0.05)。節點 [6] 的預測變數為「投入 + 策略 + 智力」，條件為「投入 ≤ 32 且 策略 ≤ 26 且智力分數介於 110.0 (不含) 至 112.0 (含)」，預測類別為「通過」，預測正確的樣本數有 2 位、預測

錯誤的樣本數有 1 位。節點 [7] 的預測變數為「投入 + 策略 + 智力」，條件為「投入 ≤ 32 且 策略 ≤ 26 且智力 > 112.0」，預測類別為「未通過」，預測正確的樣本數有 13 位、預測錯誤的樣本數有 0 位，節點 [5]、節點 [6]、節點 [7] 均為葉節點。

分類

觀察次數	預測次數		
	通過	未通過	百分比
通過	22	0	100.0%
未通過	2	18	90.0%
預測百分比			95.2%

成長方法：CHAID；依變數：證照 B

　　依分類樹之分類準則，實際通過證照 B 考試的 22 位觀察值，被分類預測正確的觀察值有 22 位、錯誤者有 0 位；實際未通過證照 B 考試的 20 位觀察值，被分類預測正確的觀察值有 18 位、錯誤者有 2 位，分類預測正確的總百分比為 95.2%。

Chapter 05

決策樹的圖形繪製

套件 {rpart.plot} 中的繪圖函數可以繪製 rpart ( ) 函數建構之決策樹物件圖
形，二個函數為 rpart.plot ( ) 與 prp ( )。套件 {rpart} 函數 plot ( ) 也可以
繪製決策樹圖形，但標記文字時，圖會與文字重疊，造成圖形不美觀。R 主控台
簡易函數指令為：

```
> plot (適配決策樹模型物件, branch = 1/0)
> text (適配決策樹模型物件)
```

繪製 rpart 物件圖形，函數 plot ( ) 基本語法為：

**plot (x, uniform = FALSE, branch = 1, compress = FALSE, nspace,
margin = 0, minbranch = 0.3)**

引數 x 為適配分類 rpart ( ) 函數建構決策樹模型物件名稱 (包含分類樹、迴
歸樹或比率樹)。引數 uniform 為邏輯選項，若界定為真 (TRUE) 表示節點有一致
的垂直間隙，內定選項為假，界定使用非一致性的誤差空隙比值。引數 branch
控制父節點到子節點分枝的形狀，數值為 0 或 1，數值 1 為方形分支，數值 0 為
倒 V 字形分支狀。引數 compress 為邏輯選項，內定選項為假，界定葉節點垂直
軸的大小 (1：葉節點個數)，選項為真時，樹形狀會較緊密。引數 nspace 界定子
節點與節點間額外空間的大小，內定選為分支個數的數值。引數 margin 界定環
繞樹之葉節點的白色空間大小，內定參數值為 0。引數 minbranch 界定平均分支
的最小長度，內定參數值為 0.3。

壹、函數 rpart.plot ( )

函數 **rpart.plot ( )** 基本語法為：

**rpart.plot (x, type = 0, extra = 0, clip.right.labs = TRUE,
fallen.leaves = FALSE, branch = if (fallen.leaves) 1 else .2,
uniform = TRUE, digits = 2, varlen = -8, faclen = 3,
cex = NULL, tweak = 1, compress = TRUE, ycompress = uniform, snip =
FALSE)**

引數 x 為適配 rpart 模型物件。引數 type 界定迴歸樹圖的形狀，內定的參數

值為 0，每個分割點呈現分割標記，葉節點呈現節點標記；參數值界定為 1 時，所有節點與葉節點均增列標記；參數值界定等於 2 時與參數值界定為 1 時類似，但分割標記在節點標記的下方 (與 一般 CART 書籍繪製的圖形相似)；參數值界定等於 3 時，分支左邊與分支右邊的分割標記分開呈現；參數值界定為 4 時，與參數值界定等於 3 時類似，但所有節點與葉節點的標記均呈現。

引數 extra 界定額外資訊，參數值必須為正數，內定參數值為 0，表示不增列額外訊息。參數值設定為 1，表示增列節點觀察值的分類個數。

參數值等於 2 為分類模型：增列節點正確分類的比率值，比率值為節點內正確分類個數與節點內觀察值總個數的比值。

參數值等於 3 為分類模型：增列節點錯誤分類的比率值，比率值為節點內錯誤分類個數與節點內觀察值總個數的比值。

參數值等於 4 為分類模型：增列節點中分類觀察值各群組的比率值，節點內的比率值總和等於 1。

參數值等於 5 為分類模型：與參數值界定為 4 時類似，但不顯示適配的類別群組。

參數值等於 6 為分類模型：只顯示第二個類別群組的比率值 (適用於效標變數為二分間斷變數)。

參數值等於 7 為分類模型：與參數值界定為 6 時類似，但沒有顯示適配群組標記。

參數值等於 8 為分類模型：顯示適配類別 (預測分類類別群組) 的比率值。

參數值等於 9 為分類模型：顯示節點內類別群組觀察值的比例值，所有葉節點的比率值為 1，節點內的分母為全部觀察值。

參數值加上 100，除顯示原先參數值設定的功能外，增列顯示節點內觀察值的百分比值，如 extra = 101 表示顯示節點內觀察值的個數與百分比。

引數 clip.right.labs 內定選項為真「= TRUE」，表示修剪右邊分割標記 (只有引數 type 選項參數界定 = 3 或 4 時才有效)。

引數 fallen.leaves 為邏輯選項，內定選項為假，如選項界定為真，表示將葉節點全部顯示在迴歸樹圖的下方。

引數 branch 控制分支線的形狀，參數值為 0 表示分支為倒 V 字形的形狀；參數值設定為 1，分支形狀為方形輪廓。

引數 uniform 為邏輯選項，內定選項為真 (= TRUE)，表示節點的垂直空隙間距是相同的，選項界定為假，節點垂直空隙隨著適配迴歸樹大小進行自動調整。

引數 digits 界定節點觀察值個數的數值位數，內定參數值為 2，數值界定值在 0.001 至 9999 之間 (參數值不能為指數型參數)。

引數 varlen 界定分割變數名稱長度與節點標記的分類預測變數名稱之長度，內定參數值為 -8，表示第八個字元以後的變數名稱會被刪除，參數值界定 = 0，保留完整變數名稱；參數值 > 0 以變數縮寫代替。

引數 faclen 界定分支因子水準名稱長度，內定的參數值 = 3，表示以三個文字串的縮寫表示 (三個文字)，參數值 = 1，分類類別水準以 a、b、c 等表示。引數 cex 內定選項為 NULL，表示自動計算文字輸出的大小。

引數 tweak 自動調動文字的大小 (cex 引數)，內定參數值為 1，不進行文字大小的調整，參數值 = 1.2，文字大小為原先估算值的 1.2 倍。

引數 compress 為邏輯選項，內定選項為真 (= TRUE)，當圖形有空間可以使用時，會垂直改變節點大小，以進行空隙間距調整。

引數 ycompress 內定選項為 uniform (引數 uniform 內定選項為真)，表示圖形尚有空間可以利用時，會自動調整垂直標記的大小，讓圖形有較多空隙。

引數 ycompress 選項界定為假 (= FALSE) 情況下，如果決策樹圖太雜亂，引數 type 選項改界定為 1、2 或 3 時，可自動調整較佳的圖形。

引數 snip 內定選項為假 (= FALSE)，若是設定為真 (= TRUE) 表示可以使用滑鼠操作之互動式界面進行決策樹圖修剪。

貳、函數 prp ( )

函數 **prp ( )** 基本語法如下：

prp (x, type = 0, extra = 0, under = FALSE, clip.right.labs = TRUE,
nn = FALSE, ni = FALSE, yesno = TRUE,
fallen.leaves = FALSE, branch = if (fallen.leaves) 1 else .2,
uniform = TRUE, left = TRUE, xflip = FALSE, yflip = FALSE,
Margin = 0, space = 1, gap = NULL, digits =2, varlen= -8, faclen =3, cex = NULL, tweak = 1,
compress = TRUE, ycompress = uniform, trace = FALSE, snip = FALSE, snip.fun = NULL,

box.col = 0, border.col = col, round = NULL, leaf.round = NULL,

shadow.col = 0, xsep = NULL, under.font = font, under.col = 1, under.cex = .8,

split.cex = 1, split.font = 2, split.family = family, split.col = 1, split.box.col = 0,

split.border.col = 0, split.lty = 1, split.lwd = NULL, split.round = 0,

split.shadow.col = 0, facsep = ",", eq = " = ", lt = " < ", ge =" >= ",

branch.col = if (identical (branch.type, 0)) 1 else "gray",

branch.lty =1, branch.lwd = NULL, branch.type = 0, branch.tweak = 1,

min.branch.width = .002, branch.fill = branch.col,

nn.cex = NULL, nn.font =3, nn.family = "", nn.col = 1,

nn.box.col = 0, nn.border.col = nn.col, nn.lty = 1, nn.lwd = NULL, nn.round = .3)

一、繪製圖形基本引數

引數 x 為 rpart 適配決策樹模型物件，引數為函數唯一必要的參數。

引數 type 界定決策樹圖的類型，有以下五種型態：

數值 0 為預設值，指在每一分割點上呈現分割點標記並在每一葉節點上，畫一節點標記。

數值 1 為標記所有節點，而不只是只標記葉節點，參數值設定等於 1 與引數 text.rpart's all 設定為真 (TRUE) 的功能相似 (text.rpart's all = TRUE)。

數值 2 與數值 1 相似，差異在於節點標記下增列分割點標記，圖形與在 CART 書中之平面圖概念相似。

數值 3 於左右兩方向上分別增列分割點標記。

數值 4 與數值 3 相似，差異在於標記所有的節點，不僅只有葉節點。

引數 extra 顯示節點額外的資訊，參數值必須為正數，其他參數值設定與函數 **rpart.plot ( )** 相同 (參數值 1 至 9 均為分類樹模型，參數值加上 100，除顯示原先參數值設定的功能外，增列顯示節點內觀察值的百分比值)。

引數 clip.right.labs 內定選項為真「= TRUE」，表示修剪右邊分割標記 (只有引數 type 選項參數界定 = 3 或 4 時才有效)。

引數 under 僅適用於 extra 大於 0 時，預設值為假 (= FALSE)，表示將額外的文字置於方框 (box) 中，選項改為真 (= TRUE)，表示將文字置於方框之下。

引數 clip.right.labs 為邏輯選項，預設值為真 (TRUE)，表示「修剪」右邊的分割點標記，該功能僅適用於類型 (type) 引數界定為 3 或 4。

引數 nn 界定顯示節點之個數，預設值為 FALSE，將引數 nn 選項改為真 (= TRUE)，可以呈現節點個數。

引數 ni 界定顯示節點索引，例如：在物件框架上之直行節點的數量，其預設值為假 (FALSE)。

引數 yesno 預設值為 TRUE，表示增列「yes」與「no」在頂端分割點 (top split) 的旁邊。若是類型 (type) 引數設定為 3 與 4，可忽略此參數 (使用者可使用 nn.col 及其他 nn 參數，以改變 yesno 文字的顏色或其他文字)。

引數 fallen.leaves 內定選項為假 (FALSE)，選項設定為真，表示顯示葉節點在圖的底部。

引數 branch 為控制樹分支的形狀，參數值 0 為倒 V 字形分支樹、參數值 1 為闊肩形分支樹。

引數 uniform 內定選項為真 (TRUE)，表示節點之垂直間距為均勻一致的。若其值為假 (FALSE)，節點間空間間隔呈適當比例分布 (間隔值為節點間之差異量與其二個子節點差異量總和間的差異值)。範圍較小的垂直間隔會被程式自動調整以容納標記的範圍，當 uniform 參數值為 FALSE 且搭配 cex = NULL (預設值) 時，有時會造成字體變得非常小的狀況。

引數 left 的預設值為 TRUE，表示若分割點分布情況是正確真實的，那麼分割點左側將是使用者可採用的可行路徑。

引數 xflip 預設值為 FALSE，如果邏輯選項界定為 TRUE，表示樹圖形為水平置放。

引數 yflip 預設值為 FALSE，若其值為 TRUE，表示決策樹的圖形為垂直置放，此種圖形，樹根會置於底部 (此種決策樹圖形視覺效果較差，筆者不建議採用)。

引數 Margin 界定樹周圍之額外空白處，可作為圖形寬度的分數值，其預設參數值為 0，表示樹的周圍無額外空間。若使用者欲在樹的周圍預留 10% 的空間，可設定 Margin = 0.1，此引數設定參數為 **plot.rpart ( )** 函數的邊界參數值。

引數 gap 界定在字元寬度下方框間 (可能無法觀察的) 之最小水平間隙，預設值為 NULL，表示其會自動擇取一適當數值 (正常值為 1，但當圖表內容過度繁雜，此值將會被設定為 0，以容許方框能觸碰到文字，以允許更大的 cex)。

引數 digits 界定在所有顯示的數值中，重要數值的個數，預設值為 2，當其數值為 0 時，使用者可使用 getOption ("digits") 語法，參數值範圍從 0.001 到 9999 皆可以，但不可以設定指數的形式數值，若位數超過設定範圍數值時，會以帶有「工程」(engineering) 指數的形式呈現。

引數 varlen 界定分割點中以文字呈現之變數名稱的長度 (包含節點標記中的類別)，變數長度預設值為 -8，表示將變數名稱縮減為八個字元 (四個中文字)。參數值大小與呈現方式如下：參數值為 0，表示使用完整的變數名稱；參數值大於 0，表示使用變數名稱之簡寫形式；參數值小於 0，表示裁剪變數名稱以簡化變數名稱長度，但會保留變數名稱的唯一性。

引數 faclen 為分割點之因素水準名稱的長度，預設值為 3，表示該水準數值名稱縮寫為三個字元。參數值 1 帶有特殊含義，表示以字母順序排序表示因素的水準數值 (a 為第一個水準數值；b 為第二個水準數值，以此類推)。

引數 cex 預設值為 NULL，表示自動計算文字呈現的大小值。

引數 tweak 界定調整 cex 值大小 (內定參數值套裝程式會自動計算)，預設值為 1，表示不必要進行調整，若使用者界定 tweak = 1.2，則文字大小將比原先大 20%。因為字體大小是分開的，研究者界定的 cex 參數值文字大小可能與期待大小有落差。較小的 tweak 值也未必會使文字大小有所變動或是調整至使用者真正所需要的。

當 compress 值為真 (TRUE)(預設值) 時，表示尚有可用空間的情況下，程式會將節點作水平移動，以增加更多可利用空間，使用者在使用此功能時，可配合界定稍大一點的字體大小，以得到最佳效果。

引數 ycompress 為邏輯選項，預設值為真 (= TRUE)(對應的設定，引數 uniform 不能設為假)，表示在還有使用空間的情況下，程式會自動將標記進行垂直移動，以增加更多可利用空間。自動調整功能必須是引數 cex 之初始值小於 0.7 時才有用，當使用者對呈現結果感到雜亂時，可使用 ycompress = FALSE 的設定。

引數 trace 預設值為假 (FALSE)，邏輯選項若界定為真 (TRUE)，表示程式會自動計算 cex、xlim、ylim 之參數值而繪製圖形。使用者亦可使用大於 1 的整數值，以獲得更多詳細的引數資料。

引數 snip 預設值為 FALSE，邏輯選項若界定為真 (TRUE)，表示可直接使用滑鼠進行決策樹的修剪。

當引數 snip 界定為真 (= TRUE)，且使用者使用滑鼠點擊過後，snip.fun 之函數便啟動，參數預設值為 NULL，表示無任何函數值。若不使用預設值，使用者須在 snip.fun 引數中自行設定帶有原型函數 (修剪過後的樹) 之函數值 (範例可參見套件 **{vignette}**)。

二、節點標記調整的引數

引數 box.col 界定圍繞文字之方框顏色，預設值為 0，表示直接使用背景顏色。

引數 border.col 界定圍繞文字之方框邊界的顏色，預設值為 col，表示在方框中之文字顏色。參數值界定為 0，表示沒有邊框。

引數 round 界定調控節點方框角落的圓滑度 (rounding)，預設值為 NULL，表示方角參數由程式自動計算。當節點方框角落為銳邊時，參數值界定為 0；當其為圓邊時，參數值界定為大於 0。參數值越大節點方框角落越趨近圓邊，當該參數值大於方框大小時，程式將自動降低該參數值。

引數 lead.round 界定調整葉節點方框角落的圓滑度，預設值為 NULL，表示葉節點方框角落為圓形。當葉節點方框角落為其他形狀時，可將參數值界定為大於 0 或是等於 0 的數值。

引數 shadow.col 界定方框下的陰影顏色，預設值為 0，表示沒有陰影。一般常界定為「灰色」("gray") 或「深灰色」("darkgray")(註：重疊的陰影在有支援 alpha 通道的裝置上，視覺效果更佳)。當使用者收到「警告：半透明狀態不被支援」的訊息，表示裝置可能不支援 alpha 通道。

引數 xsep 表示當 extra 參數大於 0 時，字串可分隔節點標記的個別計數與機率值，預設值為 NULL，表示為自動選取，其常見形式為「" "」(兩個空白鍵)，要以 "/" 表示比率值，可使用 xsep = "/" 設定，以便與文字相容。

引數 under.font 界定在方盒(框)下的文字字體，預設值為 font。

引數 under.col 界定在方框下的文字顏色，預設值為 1。

引數 under.cex 界定相對於方框內文字之方框下的文字大小，預設值為 .8，表示方框下文字大小小於方框內的文字大小。

三、控制分支標記的引數

引數 split.cex 預設值為 1，參數值界定與 cex 有關之分割點文字的大小 (內定方法為自動計算大小)。

引數 split.font 界定分割點標記的字體，預設值為 2，表示粗體，使用者也可使用 font，以變更節點標記的文字。

引數 split.family 界定分割點標記的各種字體 (字體家族)，預設值為 ""，或使用者可使用像是 split.family = "serif" 設定，以使用此功能。

引數 split.col 界定分割點標記文字的顏色，預設值為 1 (註：使用者可使用 col，以變更節點標記的文字顏色)。

引數 split.box.col 界定分割點方框之顏色，預設值為 0，表示直接使用背景顏色。

引數 split.border.col 界定分割點方框邊界之顏色，預設值為 0，表示顏色框為隱藏狀態 (決策樹圖看不見)。

引數 split.lty 界定分割點方框邊界之線條類型，預設值為 1，此時邊界線為隱藏的，除非使用者將預設值更改為 split.border.col，才會使邊界線顯現 (註：使用者可使用引數 lty，以變更節點方框之邊界)。

引數 split.lwd 界定與 cex 有關之分割點方框邊界的線條寬度 (內定值為自動計算 cex 參數值)，內定的邊框線條寬度是看不見的。

引數 split.round 界定分割點方框角落的圓滑度 (rounding)，預設值為 0，表示方框為銳角。當分割點方框角落為其他形狀時，參數值設定為大於 0 或是等於 0。

引數 split.shadow.col 界定分割點方框下之陰影顏色，預設值為 0，表示在分割點方框下沒有陰影。

引數 facesp 預設值為 ","，表示以字串「，」區隔分割點標記上之因子水準群組，如「學校規模 = 小型學校, 大型學校」。

引數 eq 之預設值為 " = "，表示以字串 (即 " = ") 分割點標記中因素名稱與水準群組。

引數 lt 的預設值為 " < "，表示在分割點標記中，該字串 (即 " < ") 代表「少於」的意思。

引數 ge 之預設值為 " >= "，表示在分割點標記中，該字串 (即 " >= ") 代表「大於或等於」的意思。

四、調整樹分支線的引數

引數 branch.col 界定樹分支線的顏色，預設值為 1，但當 branch.type 為 nonzero (非零狀態) 時，使用者須將之設定為「gray」。

引數 brance.lty 為樹分支線的類型，預設值為 1。

引數 branch.lwd 界定與 cex 有關之樹分支線的線條寬度 (若使用者不另設他

值時，程式會自動計算 cex 值)，當 nonzero 在非零狀態下，branch.lwd 無法控制「茂密樹分支」的寬度。

引數 branch.type 之預設值為 0。若在 nonzero (非零值) 之下繪製之「茂密樹分支」，其樹分支寬度比例之設定參數如下：

參數 0 為預設值，樹分支線以照常規的方式繪製而成。

數值 1 表示差異值 (deviance)。

數值 2 表示差異量平方根值。

數值 3 表示差異量／觀察值個數。

數值 4 表示 (差異量／觀察值個數) 的平方根 (標準差界定為 method = "anova" 之狀態下)。

數值 5 表示權重 (frame$wt)，除了先前在 **rpart ( )** 函數中設定權重參數，否則該值為節點觀察值的個數。

數值 6 為複雜度參數。

數值 7 表示預測值的絕對值。

數值 8 表示預測值減最小預測值。

數值 9 表示常數 (用以檢驗樹分支相對寬度之圖形知覺的程度)。

註：一個 nonzero (非零值) 的 branch.type 引數，樹分支的參數將由程式自動變更至 1 (當 branch 值大於 .5 時) 或 0 (當 branch 值小於 .5 時)。

引數 branch.tweak 之預設值為 1，引數功能僅適用於當 branch.type 設定為非零值 (nonzero) 時才有作用。使用者可使用此引數，以變更樹分支的寬度，如當 branch.tweak = .5 時，表示將樹分支的寬度減半 (在不另設他值的情況下，prp 函數會將樹分支的寬度正常化，最茂密的樹分支，大約會是平面圖寬度的五分之一大)。

引數 min.branch.width 之預設值為 0.002，引數功能僅適用於當 branch.type 設定為非零值 (nonzero) 時才有作用。樹分支的最小寬度，將作為該頁面寬度的分數值，樹分支的寬度較 min.branch.width 引數設定的較細。使用者若發現在顯示結果上，最細樹分支過於纖細的狀況，可增加 min.branch.width 引數設定的參數值。

引數 branch.fill 界定填補茂密樹分支線條的顏色，該功能僅適用於當 branch.trpe 為 nonzero (非零值) 時。

引數 nn.cex 之預設值為 NULL，表示程式會自動計算節點數量的 cex 值。該功能與下述介紹的參數值，皆僅適用於當 nn = TRUE 的情況下 (設定為真)。

引數 nn.font 界定節點個數的字體，預設值為 3，表示字體為斜體。

引數 nn.family 界定節點個數之各種字體，預設值為 ""，採內定字體 。

引數 non.col界定節點個數的字體顏色，預設值為 1。

引數 nn.box.col 界定有節點個數圍繞的方框顏色，預設值為 0，表示使用背景顏色。

引數 nn.border.col 界定有節點個數圍繞之方框邊界的顏色，預設值為 nn.col。

引數 nn.lty 界定節點個數方框邊界之線條型態，預設值為 1。

引數 nn.lwd 為與 cex 有關之節點數量方框邊界的線條寬度 (當使用者不另設他值時，程式會自動計算 cex 值)，預設值為 NULL，表示程式將自動使用 lwd 設定。

引數 nn.round 界定控制節點數方框角落之圓滑度，預設值為 .3，表示方角為小角落形狀，若節點數方框角落為其他形狀時，可將參數值界定為大於 0 或是等於 0。(引數說明引註 R 軟體套件 {rpart.plot} 相關函數說明)

參、繪圖函數應用

使用函數 **prart.plot ( )** 繪製迴歸樹，以函數 **library ( )** 載入套件 **{rpart.plot}**，函數引數 branch 界定參數為 1，迴歸樹圖為濶狀形 (方形)，數值位數設定為 4 位，引數 type 的參數值設為 1：

```
>library (rpart.plot)
> rpart.plot (regt1, type = 1, extra = 1, branch = 1, digits = 4)
```

迴歸樹圖形如下 (節點分割形狀為ㄇ字形)，節點中的第一個參數值為節點內觀察值在反應變數的平均數、第二個參數值為節點內樣本觀察值個數，根節點的樣本觀察值有 42 位，在反應變數的總平均數為 77.45，四個葉節點的樣本觀察值個數分別為 10、10、9、13，觀察值在反應變數「成績」的平均數分別為 58.10、69.50、85.00、93.23，圖形分割條件在節點上面，左邊分支條件為小於 (<)、右邊分支條件為大於等於 (>=)，以根節點為例，左邊子節點分支條件為「策略 < 19」、右邊子節點分支條件為「策略 >= 19」：

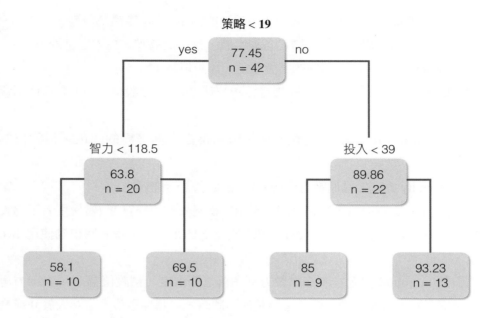

範例引數 type 參數界定等於 4、引數 extra 參數界定等於 1：

```
> rpart.plot (regt1, type = 4, extra = 1, branch = 1, digits = 4)
```

迴歸樹圖形如下(節點分割形狀為ㄇ字形)：

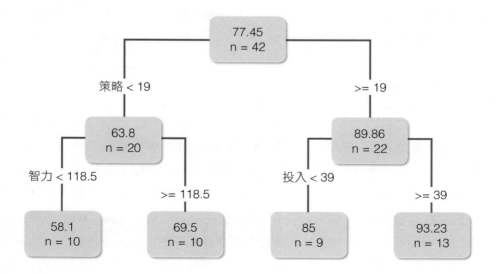

　　範例函數之引數 type 參數界定等於 1、引數 extra 參數界定等於 1、引數 branch 參數界定「＝0」，迴歸樹圖為倒 V 字形分支：

> rpart.plot (regt1, type = 1, extra = 1, branch = 0, digits = 4)

　　迴歸樹圖如下，由於引數 branch 界定為 0，迴歸樹的圖形為倒 V 字形的分支形狀：

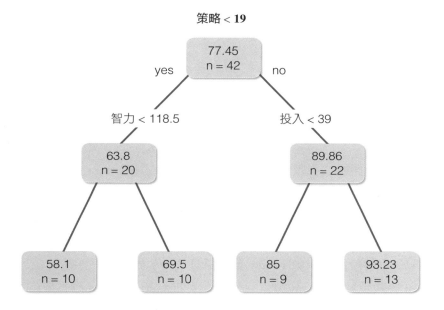

　　範例函數之引數 type 參數界定等於 4、引數 extra 參數界定等於 1、引數 branch 參數界定「= 0」，迴歸樹圖為倒 V 字形分支：

> rpart.plot (regt1,t ype = 4, extra = 1,branch = 0, digits = 4)

　　迴歸樹圖如下：

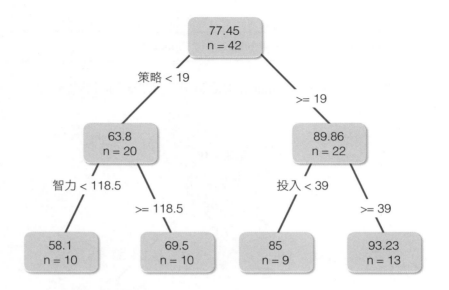

　　範例 **prp ( )** 函數之引數 type 參數界定等於 4，引數 extra 參數界定等於 1，引數 branch 參數界定「= 1」，迴歸樹圖為寬闊形，引數 branch.lwd 界定分支線的寬度，範例參數值設為 2 (數值愈大分支線愈粗)。引數 box.col 界定節點方框內的顏色，參數值等於 7 為黃色。引數 border.col 界定節點方框邊界的顏色，參數值等於 4 為藍色。引數 round 參數值設為 0，表示節點形狀為矩形，引數 shadow.col 參數設為「= "gray20"」，表示增列節點矩形框的陰影為灰色：

```
> > prp (regt1, type = 4, extra = 1, digits = 4, branch = 1, branch.lwd = 2, box.col = 7,
       border.col = 4, round = 0, shadow.col = "gray20")
```

迴歸樹圖如下 (決策樹節點內顏色為黃色、節點框線為藍色)：

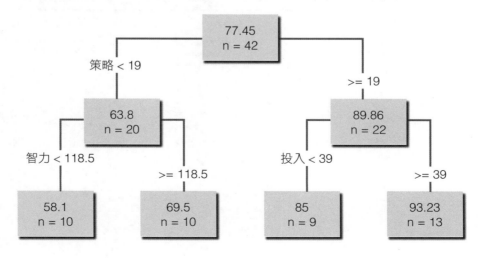

範例 **prp ( )** 函數之引數 type 參數界定等於 2、引數 extra 參數界定等於 1、引數 branch 參數界定「= 0」，迴歸樹圖為倒 V 字形分支。引數 branch.lwd 界定分支線的寬度，參數值設定等於 2、引數 box.col 界定方框內的顏色為黃色。引數 round 參數值設定節點 (含內部節點與葉節點) 形狀的圓弧角度，參數值愈大節點形狀的圓弧度愈大：

```
> prp (regt1, type = 2, extra = 1, digits = 4, branch = 0, branch.lwd = 2, box.col =
    "yellow", round = 15, shadow.col = "blue")
```

迴歸樹圖如下(節點分支形狀類似為 ∧ 形)：

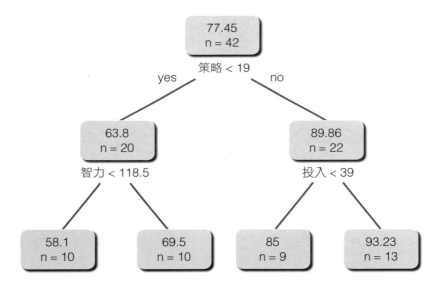

範例 **prp ( )** 函數之引數 type 參數界定等於 2、引數 extra 參數界定等於 2、引數 branch 參數界定「= 0」，分類樹圖為倒 V 字形。引數 branch.type 界定分支線的型態，參數值設定等於 5、引數 box.col 界定方框內的顏色，參數值等於 7 為黃色。引數 fallen.leaves 界定葉節點是否全部置於底部，內定選項為假，引數 shadow.col 設定節點陰影的顏色為黑色：

```
> prp (regt4, type  =2, extra = 2, digits = 4, branch = 0, fallen.leaves = FALSE, box.col =
    7, round = 0, shadow.col = "black", branch.type = 5)
```

分類樹圖如下 (節點分支形狀類似為 ∧ 形)，根節點內呈現的參數值 22/42，參數值分別為觀察值通過證照 B 考試的樣本數、節點內的樣本觀察值總數 (N =

42)。分割節點中的第一個參數值為節點分類水準群組的觀察值個數 (分類正確的樣本數)、第二個參數值為節點內所有樣本觀察值個數 (符合分割條件的樣本觀察值，包含分類正確的樣本數與分類錯誤的樣本數)。左邊葉節點分類為「未通過」群體，節點內觀察值個數 n1 = 20，分類正確樣本數有 19 個，預測分類正確百分比 (純度值) = 19/20 = 0.95；中邊葉節點分類為「通過」群體，節點內觀察值個數 n2 = 3，分類正確樣本數有 2 個，預測分類正確百分比 (純度值) = 2/3 = 0.667；右邊葉節點分類為「通過」群體，節點內觀察值個數 n3 = 19，分類正確樣本數有 19 個，預測分類正確百分比 (純度值) = 19/19 = 1.00。

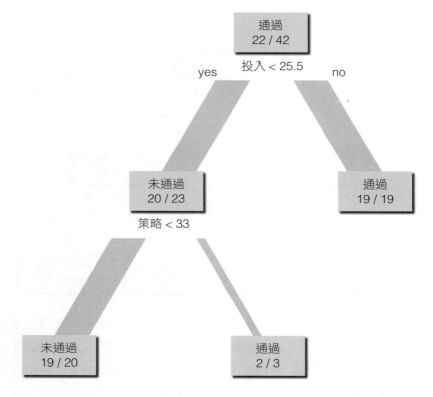

　　範例 **prp ( )** 函數之引數 type 參數界定等於 4、引數 extra 參數界定等於 9、引數 branch 參數界定「= 0」，分類樹圖為倒 V 字形。引數 box.col 界定方框內的顏色，參數值等於 7 為黃色，引數 fallen.leaves 界定葉節點是否全部置於底部，選項界定為真。引數 branch.lwd 設定分支線條的粗細，參數值愈大分支線愈粗；引數 leaf.round 設定葉節點的節點形狀圓滑度，參數值為 0，表示葉節點形為矩形；引數 split.cex 設定分支條件文字的大小，參數值愈大，文字愈大：

> prp (regt4, type = 4, extra = 9, digits = 2, branch = 0, fallen.leaves = TRUE, box.col = 7, branch.lwd = 4, leaf.round = 0, split.cex = 1.5)

分類樹圖如下，第一個參數為「未通過」水準群組觀察值佔節點樣本數的百分比、第二個參數為「通過」水準群組觀察值佔節點樣本數的百分比，節點內二個群組百分比總和為 100.0%，以左邊葉節點為例，節點預測分類為觀察值在證照 B 考試「未通過」群組，節點內有 20 位樣本觀察值，「未通過」觀察值與「通過」觀察值的個數分別為 19、1，觀察值佔節點樣本總數的百分比分別為 0.95 (= 19/20)、0.05 (= 1/20)。

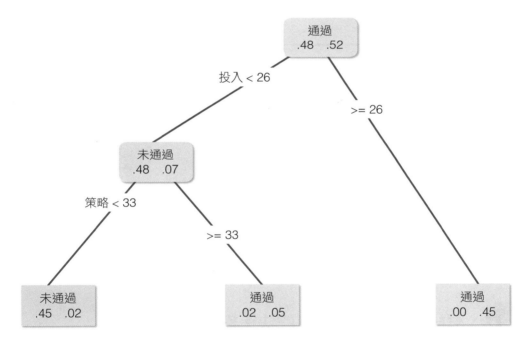

範例 **prp ( )** 函數之引數 type 參數界定等於 4、引數 extra 參數界定等於 9、引數 branch 參數界定「= 1」，分類樹圖為寬濶形，引數 branch.type 界定分支線的型態，參數值設定等於 0、引數 box.col 界定方框內的顏色，參數值等於 7 為黃色，引數 shadow.col 界定節點方框的陰影，顏色參數值界定為 8 (灰色)：

> prp (regt4, type = 4, extra = 9, digits = 2, branch = 1, branch.type = 0, box.col = 7, shadow.col = 8)

　　分類樹圖如下，根節點內呈現的參數值為百分比，第一個參數值 .48 為觀察值未通過證照 B 考試的百分比 (= 20/42)、第二個參數值 .52 為觀察值通過證照 B 考試的百分比 (= 22/42)，節點中的水準標記為分類的群體、標記群體下方第一個參數為預測分類正確樣本數佔所有樣本觀察值個數的比值，分母為 N (= 42)，葉節點中所有參數比值的總和為 1.00 (100.0)：

> 0.45 + 0.02 + 0.02 + 0.05 + 0.00 + 0.45
[1] 0.99
[說明]：相加總和為 **0.99** 而非 **1.00**，小數點差異為原先節點中參數值四捨五入造成的誤差。

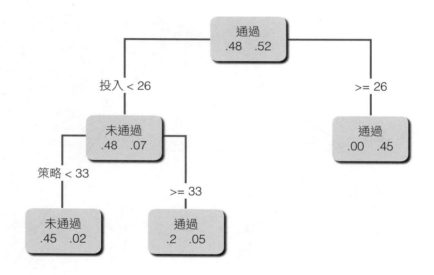

肆、解釋變數為因子變數的決策樹圖形繪製

　　套件 {xlsx} 函數 **read.xlsx ( )** 可以直接匯入試算表原始資料檔，但套件 {xlsx} 的載入需要安裝相關的 Java，若是沒有安裝 Java 程式，使用函數 **library ( )** 載入套件 {xlsx} 時，會出現以下錯誤訊息：

> library (xlsx)
Loading required package: rJava
Error : .onLoad failed in loadNamespace ( ) for 'rJava', details:

```
call: fun (libname, pkgname)
error: JAVA_HOME cannot be determined from the Registry
Error: package 'rJava' could not be loaded
```

　　R 軟體主控台在載入套件 {xlsx} 時，如出現上述錯誤訊息，研究者可查詢相關 Java 下載網頁，安裝 Windows 系統的 Java 程式。

　　安裝完 Java 程式後，順利載入套件 {xlsx} 的訊息為：

```
> library (xlsx)
Loading required package: rJava
Loading required package: xlsxjars
```

　　使用套件 {xlsx} 的函數 read.xlsx ( ) 讀入試算表資料檔，函數引數中第一個文字串為試算表的檔名，第二個引數索引數值為試算表資料檔存放在第幾個工作表，範例為存放在第一個工作表中，反應變數為「甄選結果」(pass)，變數屬性為二分類別變數，二個水準群組為「錄取」、「未錄取」：

```
> head (exam)
   culp  home  time  pass
1   1     1     11    1
2   1     1     10    0
3   1     1      8    1
4   1     1     10    1
5   1     1     12    1
6   1     1     10    1
```

　　完整 R 編輯器語法函數如下：

```
[1] library (rpart)
[2] library (rpart.plot)
[3] library (xlsx)
[4] exam = read.xlsx ("exam.xlsx", 1)
[5] temp = exam
[6] temp$culp = ifelse (temp$culp == 1, "豐富", "不足")
[7] temp$home = ifelse (temp$home == 1, "完整", "單親")
[8] temp$pass = ifelse (temp$pass == 1, "錄取", "未錄取")
[9] names (temp) = c ("文化資本", "家庭型態", "投入時間", "甄選結果")
```

```
[10] temp$ 甄選結果 = as.factor (temp$ 甄選結果)
[11] temp$ 文化資本 = as.factor (temp$ 文化資本)
[12] temp$ 家庭型態 = as.factor (temp$ 家庭型態)
[13] fit = rpart (甄選結果~文化資本 + 家庭型態 + 投入時間, data = temp, method =
"class", minsplit = 30, minbucket = 15, cp = 0.01)
[14 ]print (fit)
```

語法函數列說明如下：

[1] 列使用 **library ( )** 函數載入套件 **{rpart}**，以建構決策樹模型物件。

[2] 列使用 **library ( )** 函數載入套件 **{rpart.plot}**，以繪製決策樹模型物件圖形。

[3] 列使用 **library ( )** 函數載入套件 **{xlsx}**，以直接讀取試算表建檔的資料檔。

[4] 使用套件 **{xlsx}** 函數 **read.xlsx ( )** 讀取資料檔「exam.xlsx」，資料檔鍵入在第一個工作表中，匯入的資料框架物件設定為 exam。

[5] 列複製一個資料框架物件，物件名稱設為 temp。

[6] 列將 temp 資料框架物件變數 culp 的水準數值標記為群體名稱，水準數值 1 為家庭文化資本「豐富」群組，水準數值 0 為「不足」群組。

[7] 列將 temp 資料框架物件變數 home 的水準數值標記為群體名稱，水準數值 1 為「完整家庭」群組，水準數值 0 為「單親家庭」群組。

[8] 列將 temp 資料框架物件變數 pass 的水準數值標記為群體名稱，水準數值 1 為「錄取」群組，水準數值 0 為「未錄取」群組。

[9] 使用文字向量將 temp 資料框架物件變數標記為中文，四個變數依序標記為「文化資本」、「家庭型態」、「投入時間」、「甄選結果」。

[10] 列將 temp 資料框架物件變數「甄選結果」界定為因子變數。

[11] 列將 temp 資料框架物件變數「文化資本」界定為因子變數。

[12] 列將 temp 資料框架物件變數「家庭型態」界定為因子變數。

[13] 列使用套件 **{rpart}** 函數 **rpart ( )** 建構分類樹模型，反應變數為「甄選結果」，解釋變數為「文化資本」+「家庭型態」+「投入時間」。

[14] 列使用 **print ( )** 函數輸出分類樹模型的分割情形。

主控台中以「文化資本」(二分因子變數)、「家庭型態」(二分因子變數)、「投入時間」(計量變數) 變數為解釋變數，「甄選結果」為反應變數建立分類樹模型，以 **prp ( )** 函數繪製分類圖時出現警告訊息：

```
> print (fit)
n = 220
node), split, n, loss, yval, (yprob)
    * denotes terminal node
1) root                220    102    錄取      (0.46363636 0.53636364)
2) 文化資本 = 不足     168     68    未錄取    (0.59523810 0.40476190)
4) 投入時間 < 19       140     40    未錄取    (0.71428571 0.28571429)
8) 家庭型態 = 單親      84      4    未錄取    (0.95238095 0.04761905) *
9) 家庭型態 = 完整      56     20    錄取      (0.35714286 0.64285714) *
5) 投入時間 >= 19       28      0    錄取      (0.00000000 1.00000000) *
3) 文化資本 = 豐富      52      2    錄取      (0.03846154 0.96153846) *
> prp (fit, type = 4, extra = 1, box.col = 5, branch.lwd = 2, digits = 4, branch = 1)
There were 50 or more warnings (use warnings ( ) to see the first 50)
> warnings ( )
Warning messages:
Warning messages:
1: In abbreviate(names, minlen) : abbreviate used with non-ASCII chars
2: In abbreviate(names, minlen) : abbreviate used with non-ASCII chars
3: In strsplit(labs, "\n\n") : input string 1 is invalid in this locale
4: In strsplit(labs, "\n\n") : input string 3 is invalid in this locale
<略>
```

[說明]：使用函數 warnings ( ) 查看警告訊息內容，水準樣本群組的簡稱無法使用，因為 prp ( ) 內定的水準樣本群組簡稱為三個英文字元，因子水準分割的長度為 3，引數 faclen 預設參數值「= 3」，因而無法對中文水準群組進行分割，解決方法為將引數 faclen 的參數值設為偶數，並以樣本群組中文字元數的最大字元個數作為參數值。範例二個水準類別解釋變數，其水準群組名稱分別為「豐富」、「不足」；「完整」、「單親」，字元位數為 4，引數 faclen 可以設為 4 或 4 以上的偶數值，否則分類樹圖無法呈現水準群組條件(R 軟體 3.3.1 之後的版本採用引數 faclen 內定參數值 3 可以直接繪製分類樹圖，數值 3 為三個中文字)。

　　函數 prp ( ) 之引數 faclen 採用內定選項參數值 3，無法擷取樣本群組的中文字元，節點分支線無法呈現分割的條件：

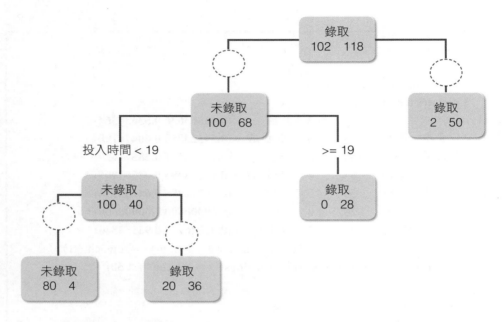

增列引數 faclen 的設定值，參數「= 6」：

```
> prp (fit, type = 4, extra = 1, box.col = 5, branch.lwd = 2, digits = 4, branch = 1, faclen = 6)
```

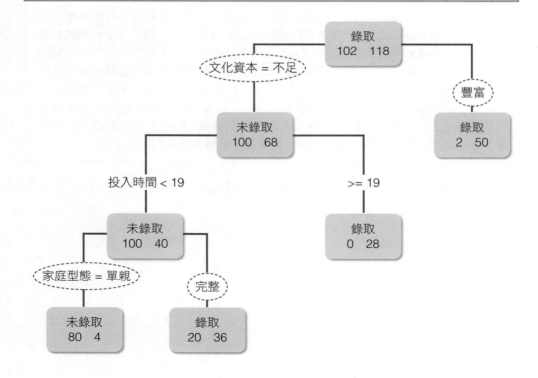

函數 **prp ( )** 引數 faclen 的參數值設定為 1，分支條件的因子變數之水準數值群組以 a、b 表示，「文化資本」因子變數分支條件中的 a、b 分別為「不足」、「豐富」群組，「家庭型態」因子變數分支條件中的 a、b 分別為「完整」、「單親」群組；引數 split.border.col 設定分支條件邊框的顏色，參數值 2 為紅色：

```
> (fit, type = 4, extra = 101, box.col = 5, branch.lwd = 2, digits = 4, branch = 1, faclen = 1,
  split.border.co l = 2)
```

分類樹圖如下，其中節點內的百分比為節點內觀察值佔總樣本數 (N = 220) 的百分比：

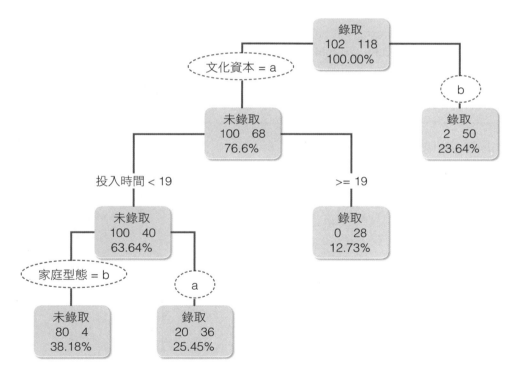

更改因子變數水準數值的群組標記文字與變數字元長度：

```
> exam = read.xlsx ("exam.xlsx", 1)
> exam$culp = ifelse (exam$culp == 1, "豐富家庭", "不足家庭")
> exam$home = ifelse (exam$home == 1, "完整家庭", "單親家庭")
> exam$pass = ifelse (exam$pass == 1, "錄取", "未錄取")
```

```
> names (exam) = c ("家庭文化資本", "家庭型態類型", "學生投入時間", "甄選結果")
> exam$ 甄選結果 = as.factor (exam$ 甄選結果)
> exam$ 家庭文化資本 = as.factor (exam$ 家庭文化資本)
> exam$ 家庭型態類型 = as.factor (exam$ 家庭型態類型)
> fit1 = rpart (甄選結果~家庭文化資本 + 家庭型態類型 + 學生投入時間, data =
  exam, method = "class", minsplit = 30, minbucket = 15, cp = 0.01)
```

　　R 軟體 3.3.1 之後版本，引數 faclen 內定參數值 3 表示分支條件的因子變數取前三個中文字元，當因子變數的水準群組標記超過 4 個中文字時，會出現警告訊息，決策樹圖分支條件只呈現水準群組前三個中文字，引數 split.border.col 參數值為分支邊框的顏色、引數 split.lty 為分支邊框線條的樣式、引數 split.box.col 參數值為分支邊框內的顏色，參數值 8 為灰色：

```
> prp (fit1, type = 4, extra = 1, box.col = 5, branch.lwd = 2, digits = 4, branch = 1, split.
  border.col = 2, split.lty = 2, split.box.col = 8)
Warning messages:
1: In abbreviate (names, minlen) : abbreviate used with non-ASCII chars
2: In abbreviate (names, minlen) : abbreviate used with non-ASCII chars
```

　　分類樹圖如下：

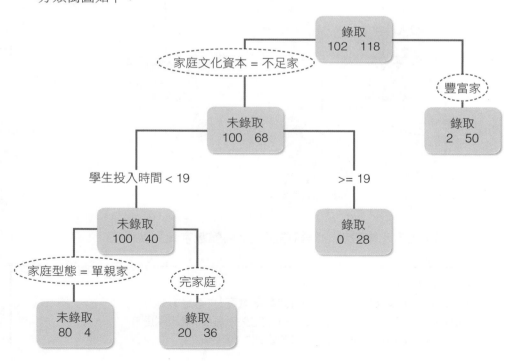

增列引數 faclen，參數值設定為 4，表示因子變數水準群組取前四個中文字元：

> prp (fit1, type = 4, extra = 1, box.col = 5, branch.lwd = 2, digits = 4, branch = 1, split.
border.col = 1, split.lty = 5, split.box.col = "yellow", faclen = 4)

呈現完整因子水準群組標記名稱的分類樹圖如下：

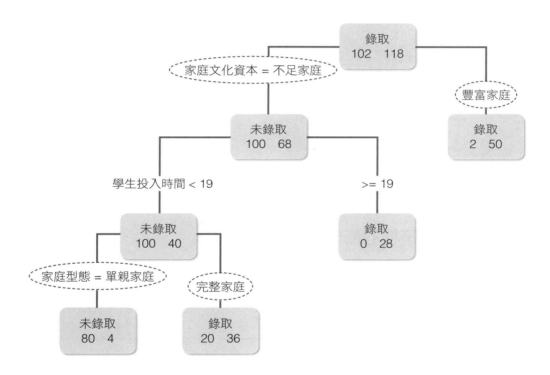

決策樹圖分支條件的變數名稱若是太長，繪圖函數可使用引數 varlen 簡化變數名稱的輸出，範例參數值設為 4 ，表示變數名稱簡化為四個中文字元：

> prp (fit1, type = 4, extra = 1, box.col = 5, branch.lwd = 2, digits = 4, branch = 1, split.
border.col = 2, split.lty = 5, faclen = 4, varlen = 4)
Warning message:
In abbreviate (names, minlen) : abbreviate used with non-ASCII chars

簡化變數名稱的分類樹圖如下：

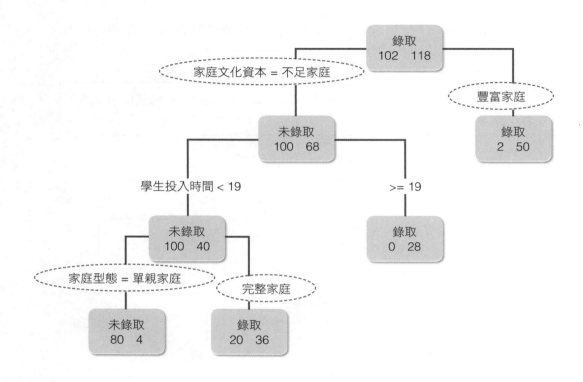

伍、圖形決策樹的修剪

在決策樹的修剪方面，研究者也可以直接使用滑鼠對迴歸樹或分類樹圖形進行節點的修剪，**prp ( )** 函數中增列 snip 引數，並將引數界定為真「= TRUE」：

```
> newtree = prp (fit, type = 4, extra = 1, box.col = 5, branch.lwd = 2, branch = 1, faclen
  = 4, snip = TRUE) $obj
Click to snip ...
Delete node 4     家庭型態 = 單親
       var        n         wt       dev yval    complexity    ncompete      nsurrogate
    yval2.V1 yval2.V2  yval2.V3    yval2.V4       yval2.V5 yval2.nodeprob
  4 家庭型態   140       140        40           1          0.16            1
        0      1.00    100.00     40.00         0.71        0.29           0.64

Quit
```

決策樹修剪時，將「十」字形狀的滑鼠鈕移動至分割節點上面，按一下滑鼠左鍵，分割節點的二個葉節點會出現淡紫色線 (表示節點為刪除分支狀態)，再於

分割節點上面按一下滑鼠左鍵，分割節點的二個葉節點分支線會還原成原來顏色
(表示節點為保留分支狀態)，點選分割節點並按一下滑鼠左鍵後，R 主控台會出
現刪除節點的編號，範例為「Delete node 4 家庭型態 = 單親」，要離開修剪決
策樹視窗，按一下繪圖視窗中的「QUIT」鈕，「QUIT」鈕會變成灰色：

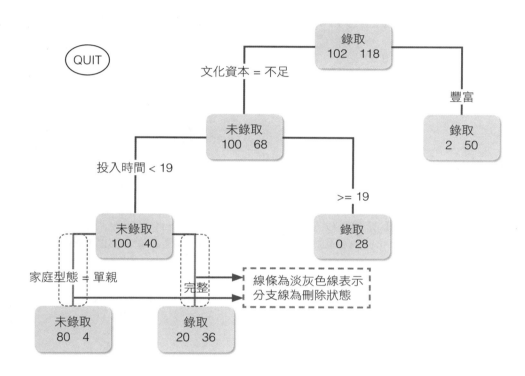

以 **prp ( )** 函數繪製修剪後的分類樹：

```
> prp (newtree, type = 4, extra = 1, box.col = 5, branch.lwd = 2, branch = 1, faclen = 4)
```

修剪後的分類樹如下：

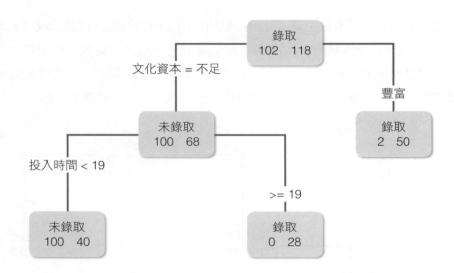

範例迴歸樹的修剪模型為 regt1 物件:

```
> regt1 = rpart (成績~智力 + 投入 + 策略, data = temp, method = "anova")
> newregt1 = prp (regt1, type = 3, branch.lwd = 3, digits = 4, snip = TRUE) $obj
Click to snip ...
Delete node 2    智力 < 118.5
    var    n    wt    dev    yval  complexity  ncompete  nsurrogate
2  智力   20    20   1557   63.8    0.07054        2          2

Delete node 3    投入 < 39
    var    n    wt    dev    yval  complexity  ncompete  nsurrogate
3  投入   22    22   538.6  89.86   0.03911        2          2

Undelete node 3   投入 < 39
    var    n    wt    dev    yval  complexity  ncompete  nsurrogate
3  投入   22    22   538.6  89.86   0.03911        2          2

Quit
```

上述 R 主控台訊息對應的模型修剪操作程序為:

1. 在分割節點「智力」變數的水平線上按一下滑鼠左鍵 (分支線顏色變為淡紫色),主控台出現:「Delete node 2 智力 < 118.5」訊息。

2. 在分割節點「投入」變數的水平線上按一下滑鼠左鍵 (分支線顏色變為淡紫色),主控台出現「Delete node 3 投入 < 39」訊息。

3. 在分割節點「投入」變數的水平線上按一下滑鼠左鍵 (分支線顏色變回黑色)，主控台出現「Undelete node 3　投入 < 39」訊息。

4. 在「QUIT」鈕上按一下滑鼠左鍵 (圖示變為灰色)，主控台出現「Quit」提示語。

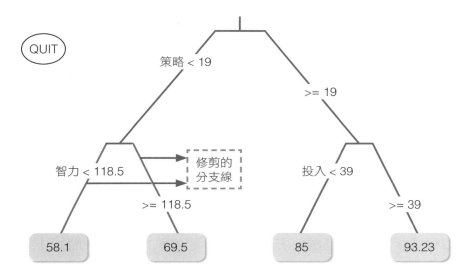

使用函數 **prp ( )** 繪製修剪後的迴歸樹圖：

```
> prp (newregt1, type = 3, branch.lwd = 3, digits = 4)
```

修剪後的迴歸樹圖如下：

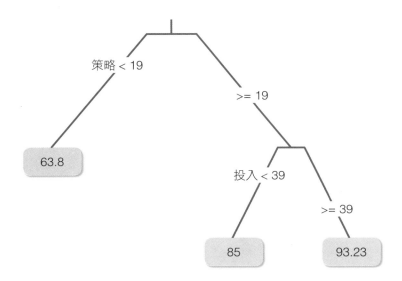

範例決策樹圖的修剪以適配分類樹模型 regt3 為例，繪製建構的分類樹模型中以滑鼠刪除節點 [7]：

```
> regt3 = rpart (證照 A~智力 + 投入 + 策略, data = temp, method = "class", minsplit = 5)
> newregt3 = prp (regt3, type = 4, extra = 1, branch = 1, branch.lwd = 3, cex = 1.2, snip
   = TRUE) $obj
Click to snip ...
Delete node 7     智力 >= 122
     var            n           wt         dev         yval      complexity  ncompete
   nsurrogate     yval2.V1    yval2.V2   yval2.V3   yval2.V4     yval2.V5    yval2.V6
   yval2.V7   yval2.nodeprob
7 智力            20           20          6           3          0.18          2
      0          3.00         0.00       6.00        14.00        0.00         0.30
      0.70      0.48


Quit
```

互動式操作界面中，滑鼠在右下角「C 等 (0 6 14)」分割節點上按一下左鍵，下方左右兩條分支線會變為淡灰色 (淡紫色)，左上角出現「Delete node 7」(刪除節點 [7] 表示將節點 [7] 父節點下方的子節點刪除) 對應訊息 (根節點的文字會被部分遮掩住)，再按「QUIT」鈕，離開繪圖編輯視窗。在原編輯視窗中，研究者如果按葉節點，則左上角出現的訊息為「Leaf node X」，葉節點無法刪除，若要刪除葉節點要按葉節點上方的父節點。

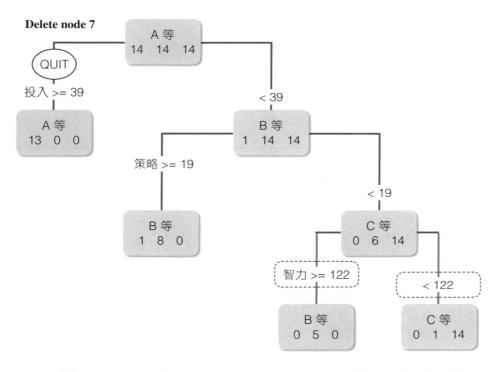

以函數 **prp ( )** 重新繪製修剪後的分類樹圖，節點內字體大小之參數值設為 1.5，節點內的顏色為綠色：

```
> prp (newregt3, type = 4, extra = 1, branch = 1, branch.lwd = 3, cex = 1.5, box.co l =
  "green")
```

修剪後的分類樹圖如下：

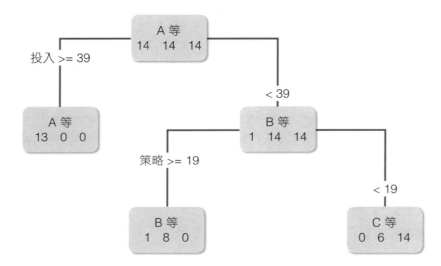

陸、套件 {plotmo} 函數 plotmo ( ) 的應用

類似於函數 **predict.rpart ( )** 決策樹預測函數的功能，套件 **{plotmo}** 函數 **plotmo ( )** 可以繪製迴歸樹表面的圖形：

```
> library (plotmo)
> regt2 = rpart (成績~智力 + 投入 + 策略, data = temp, method = "anova", minsplit = 5)
> plotmo (regt2)
grid:      智力    投入    策略
          118.5   24.5    22.5
```

二個預測變數組合的迴歸樹表面圖如下：

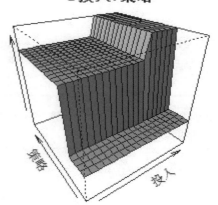

範例的反應變數為二分類別變數，預測型態引數設定為機率 "prob"，引數 nresponse 指定反應變數的一個水準群組作為預測情形：

```
> regt4 = rpart (證照 B~智力 + 投入 + 策略, data = temp, method = "class", minsplit = 5)
> plotmo (regt4, type = "prob", nresponse = "通過")
grid:      智力    投入    策略
          118.5   24.5    22.5
```

預測機率表圖示如下：

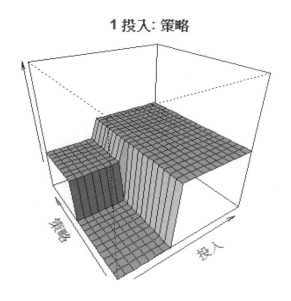

1 投入: 策略

函數 **plotmo ( )** 引數 nresponse 界定的樣本群組為「未通過」，繪製證照 B
未通過的機率分類樹圖：

```
> plotmo (regt4, type = "prob", nresponse = "未通過")
 grid:    智力    投入    策略
          118.5   24.5    22.5
```

預測機率表圖示如下：

1 投入: 策略

反應變數為三分類別變數建構的分類樹模型物件 regt3，繪製的預測分類機率圖，預測水準群組設定為 C 等：

```
> plotmo (regt3, type = "prob", nresponse = "C 等")
 plotmo grid:  智力      投入      策略
               118.5     24.5      22.5
```

預測機率表圖示如下：

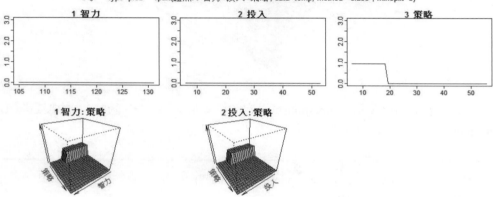

預測水準群組設定為 B 等：

```
> plotmo (regt3, type = "prob", nresponse = "B 等")
 plotmo grid:  智力      投入      策略
               118.     24.5      22.5
```

預測機率表圖示如下：

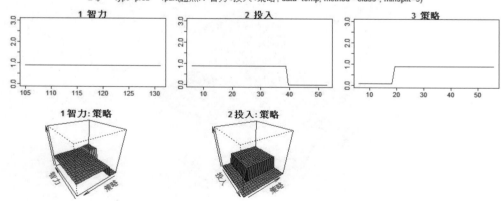

預測水準群組設定為 A 等：

```
> plotmo (regt3, type = "prob", nresponse = "A 等")
plotmo grid:   智力      投入      策略
               118.5     24.5      22.5
```

預測機率表圖示如下：

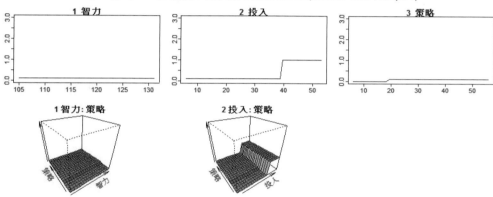

Chapter 06

複核效度驗證

決策樹的分析程序分為二個階段，第一個階段為決策樹模型的建構，建構模型的資料檔稱為訓練樣本 (training samples) 或建模樣本；第二個階段為決策樹模型預測分類效度的檢定，檢定的資料檔稱為測試樣本 (testing samples) 或效度樣本。如果資料檔夠大，可以直接將資料檔切割成二個子資料檔，第一個子資料檔作為訓練樣本、第二個子資料檔作為測試樣本，探究決策樹模型對測試樣本預測分類的精確度 (殘差值參數的大小或預測分類正確百分比)，此種分類模型準確度的評估方法稱為「訓練測試法」(training-and-testing)。資料檔切割時，可以採用 50% 為分割值，資料檔的 50% 觀察值為訓練樣本，另 50% 觀察值為測試樣本，此種資料檔分割程序與 SEM 複核效度檢定類似；另一種切割為以原始資料檔的三分之二觀察值為訓練樣本，另三分之一觀察值為測試樣本。為建構穩定的決策樹模型，訓練樣本數最少在 200 個以上，此種樣本數的檢核與 SEM 相似。

壹、預測分類函數

套件 **{rpart}** 函數 **predict.rpart ( )**、**predict ( )** 可以預測適配 **rpart ( )** 函數建構的模型物件。**predict.rpart ( )** 函數基本語法為：

predict (object, newdata, type = c ("vector", "prob", "class", "matrix")

引數 object 為分類 rpart 適配模型物件 (迴歸樹模型物件或分類樹模型物件)。

引數 newdata 為新資料框架物件，資料框架物件必須包含之前公式運算的變數名稱，一般預測分類的資料框架物件為測試樣本，若是省略標的資料框架物件，預測分類的資料檔為原始的訓練樣本。

引數 type 為文字串，預測回傳數值型式，如果 rpart 物件是分類樹 (classification tree)，內定回傳的參數為機率預測值 (probability predictions)，否則回傳參數值為向量。

引數 type 四種文字選項界定：

1. type = "vector"：預測反應的向量，若是迴歸樹向量值回傳的參數為節點平均值，帕松樹／布瓦松樹 (Poisson trees) 回傳參數為估計反應比率值、分類樹回傳參數為預測類別。

2. type = "prob"：分類樹回傳參數為分類機率矩陣。

3. type = "matrix"：決策樹回傳參數值為完全反應矩陣，迴歸樹為平均值、帕松樹／布瓦松樹為反應比率值與適配樹節點中的事件個數、分類樹為預測類別或適配樹節點分類次數與分類機率。

4. type = "class"：回傳反應變數之分類樹的分類因子群組，如果沒有界定水準的標記，則回傳水準數值。

貳、資料檔的分割預測

資料檔決策樹模型的建構與預測分類效度的檢定方面，常會將資料檔切割為訓練資料集 (training dataset) 與測試資料集 (testing dataset) 二個子資料檔；前者作為決策樹模型建構的標的樣本 (訓練樣本)，後者作為模型效度檢驗的標的樣本 (測試樣本)。如果原資料檔的有效樣本觀察值不夠多，則測試樣本資料最好進行第二次施測，以第一次施測的有效樣本作為訓練樣本、第二次施測的有效樣本作為測試樣本。

一、系統抽樣切割資料檔

範例資料檔為試算表檔案，副檔名為「.xlsx」，使用套件 {readxl} 函數 **read_excel ( )** 匯入試算表工作表資料檔，原資料檔中有七個變數，第一個變數「NUM」為觀察值編號，資料框架物件 temp 暫時將第一個變數「NUM」排除，只保留六個變數，二個類別變數 RANKA、RANKB 分別以 **factor ( )** 函數界定因子變數，引數 labels 以向量標記水準數值的群組名稱：

```
> library (readxl)
> tempdata = read_excel ("test0.xlsx", 1)
> names (tempdata)
[1] "NUM"  "IQ"   "INVO" "TACT" "SCORE" "RANKA" "RANKB"
> temp = tempdata [,-1]
> names (temp)
[1] "IQ"   "INVO" "TACT" "SCORE" "RANKA" "RANKB"
> temp$RANKA = factor (temp$RANKA, levels = 1:3, labels = c ("A 等", "B 等", "C 等"))
> temp$RANKB = factor (temp$RANKB, levels = 1:2,labels = c ("通過", "未通過"))
```

```
> names (temp) = c ("智力", "投入", "策略", "成績","證照 A", "證照 B")
> str (temp)
Classes 'tbl_df', 'tbl' and 'data.frame':      42 obs. of  6 variables:
$ 智力 : num   130   131   112   124    129    125    120   123   122   121 ...
$ 投入 : num    17    18    19    18     19     18     17    18    19    40 ...
$ 策略 : num    10    11    11    12     13     14     40    40    40    50 ...
$ 成績 : num    78    76    70    74     78     76     85    86    84    95 ...
$ 證照 A: Factor w/ 3 levels "A 等", "B 等", "C 等": 2 2 2 2 2 2 2 2 2 1 ...
$ 證照 B: Factor w/ 2 levels "通過", "未通過": 2 2 2 2 2 2 1 2 1 1 ...
```
[說明]：以 **str ( )** 函數查看變數屬性，智力、投入、策略、成績四個變數為數值變數，證照 A、證照 B 為因子變數，「證照 A」因子變數有三個水準、「證照 B」因子變數有二個水準。

　　使用陣列函數 **dim ( )** 查看資料框架維度，第一個參數為橫列資料數 (樣本觀察值 N)、第二個參數為變數的個數：

```
> dim (temp)
[1] 42  6
> nrow (temp)
[1] 42
> ncol (temp)
[1] 6
```
[說明]：資料框架物件中有 **42** 個橫列 **6** 個直行，表示資料檔有 **42** 筆樣本觀察值、**6** 個變數。

　　以數值向量作為直行變數，可以查看第幾筆觀察值資料，函數語法為「資料框架物件 [數值向量,]」：

```
> temp [4,]
        智力    投入    策略    成績    證照 A    證照 B
  4     124     18      12      74      B 等      未通過
```
[說明]：單一數值向量 **4** 呈現第四筆觀察值資料。
```
> temp [c (2, 4, 6),]
        智力    投入    策略    成績    證照 A    證照 B
  2     131     18      11      76      B 等      未通過
  4     124     18      12      74      B 等      未通過
  6     125     18      14      76      B 等      未通過
```
[說明]：**c (2, 4, 6)** 作為直行數值向量，表示子資料檔中包含的觀察值為編號 **2**、**4**、**6** 的樣本。

(一) 分類樹之效度檢定

範例的訓練樣本為奇數編號的樣本觀察值、測試樣本 (檢定樣本) 為偶數編號的樣本觀察值，R 編輯器語法如下：

```
[1] subnum = seq (1, 42, 2)
[2] subnum
[3] traindata = temp [subnum,]
[4] testdata = temp [-subnum,]
[5] print.data.frame (traindata)
[6] print.data.frame (testdata)
[7] regt.m = rpart (證照 B~智力 + 投入 + 策略, data = traindata, method = "class",
minsplit = 5)
[8] print (regt.m)
[9] prp (regt.m, type = 4, extra = 9, box.col = 5, digits = 2)
[10] testdata$ 預測分類 = predict (regt.m, testdata, type = "class")
[11] print.data.frame (testdata)
[12] tab.m = with (testdata, {table (證照 B, 預測分類)})
[13] print (tab.m)
[14] rate = round (100*sum (diag (tab.m))/sum (tab.m), 1)
[15] cat ("[檢定結果]：測試樣本總數=",sum(tab.m),"--預測分類正確樣本數=",
sum (diag (tab.m)), "\n")
[16] cat ("[預測分類]：預測分類正確百分比 = ",rate,"%--預測分類錯誤百分比 =
", 100-rate, "%\n")
```

上述語法函數的說明如下：

[1] 列以 **seq ( )** 函數建立系列的奇數號索引。

[2] 列輸出奇數號索引數值，其作用在於檢核，此列可以省略。

[3] 列以正數值向量擷取觀察值，資料框架名稱為 traindata (訓練樣本)。

[4] 列以負數值向量擷取觀察值，資料框架名稱為 testdata (測試樣本)。

[5]、[6] 列使用函數 **print.data.frame ( )** 輸出訓練樣本與測試樣本的資料，函數功能在於資料檔檢核，二列語法可以省略。

[7] 列使用函數 **rpart ( )** 建立分類樹模型，反應變數為證照 B，訓練樣本資料框架物件名稱為 traindata。

[8] 列以 **print ( )** 函數輸出分類樹的摘要結果。

[9] 列以 **prp ( )** 函數繪製分類樹圖，若不要輸出分類樹圖，語法列可以省略。

[10] 列使用 **predict ( )** 函數進行預測分類程序，以建構的分類樹模型對測試樣本進行預測，標的資料框架物件為 **testdata**，將預測分類結果以變數名稱「預測分類」增列於測試樣本資料框架物件中。

[11] 列使用函數 **print.data.frame ( )** 輸出測試樣本的資料，列指令在於檢核測試樣本資料框架內容，預測分類程序可以省略。

[12] 列使用 **table ( )** 函數求出資料框架物件 **testdata** 中的「證照 B」(觀察值在 B 證照考試真實的結果)、「預測分類」(以分類樹模型預測觀察值在 B 證照考試的結果) 二個類別變數的交叉表。

[13] 列輸出交叉表的分類結果。

[14] 列計算交叉表對角線的個數佔交叉表總數的比例，比例值為預測分類的百分比，百分比值呈現至小數第一位。

[15] 列與 [16] 列使用 **cat ( )** 函數輸出預測分類的結果，函數後面增列引數「"\n"」，表示進行換列。

上述分類樹模型建構與根據建構分類樹模型對測試樣本進行預測分類結果的架構圖如下：

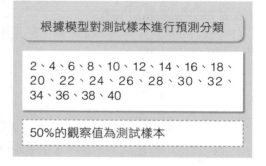

訓練樣本建構分類樹模型	根據模型對測試樣本進行預測分類
1、3、4、7、9、11、13、15、17、19、21、23、25、27、29、31、33、35、37、39、41	2、4、6、8、10、12、14、16、18、20、22、24、26、28、30、32、34、36、38、40
50%的觀察值為訓練樣本	50%的觀察值為測試樣本

執行 R 編輯器語法指令的操作方法為：切換到「R 編輯器」視窗 (R Editor)，選取語法指令列，執行功能表列「編輯」(Edit)／「執行程式列或選擇項」(Run line or selection) 程序，對應的函數指令列與結果會出現於 R 主控台視窗中。

R 主控台執行 R 編輯器語法的結果與解釋如下：

```
> subnum = seq (1, 42, 2)
> subnum
 [1]  1  3  5  7  9 11 13 15 17 19 21 23 25 27 29 31 33 35 37 39 41
```

[說明]：以函數 **seq ( )** 建立奇數編號的樣本觀察值。

> traindata = temp [subnum,]

> testdata = temp [-subnum,]

[說明]：資料框架物件 **traindata** 為奇數編號樣本觀察值組成的資料檔 (建立分類樹模型的樣本資料檔)，資料框架物件 **testdata** 為偶數編號樣本觀察值組成的資料檔 (以分類樹模型驗證的資料檔)。

> print.data.frame (traindata)

	智力	投入	策略	成績	證照 A	證照 B
1	130	17	10	78	B 等	未通過
3	112	19	11	70	B 等	未通過
<略>						
39	110	52	25	92	A 等	通過
41	108	53	24	91	A 等	通過

[說明]：訓練樣本資料框架物件 **traindata** 的內容，訓練樣本在原資料框架物件的位置均為奇數號。

> print.data.frame (testdata)

	智力	投入	策略	成績	證照 A	證照 B
2	131	18	11	76	B 等	未通過
4	124	18	12	74	B 等	未通過
<略>						
40	110	52	26	93	A 等	通過
42	115	32	28	90	A 等	通過

[說明]：測試樣本資料框架物件 **testdata** 的內容，測試樣本在原資料框架物件的位置均為偶數號。

> regt.m = rpart (證照 B~智力 + 投入 + 策略, data = traindata, method = "class", minsplit = 5)

> print (regt.m)

n = 21

node), split, n, loss, yval, (yprob)

   * denotes terminal node

1) root   21   9   通過 (0.5714286 0.4285714)
2) 策略 >= 19.5   11   0   通過 (1.0000000 0.0000000) *
3) 策略 < 19.5   10   1   未通過 (0.1000000 0.9000000) *

[說明]：分類樹的模型，效標變數為「證照 **B**」，預測變數為「智力」、「投入」、「策略」，分類樹模型物件為 **regt.m**，訓練樣本有效觀察值 n = 21，分類樹有二個葉節點。

> prp (regt.m, type = 4, extra = 9, box.col = 5, digits = 2)

[說明]：使用 **prp ( )** 函數繪製分類樹圖。

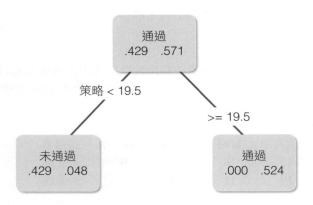

> testdata$ 預測分類 = predict (regt.m, testdata, type = "class")

[說明]：使用 **predict ( )** 函數進行效度檢定，根據訓練樣本建立的分類樹模型，對測試樣本資料進行預測分類，將預測分類結果之水準群組以「預測分類」變數增列於測試樣本資料框架物件中，語法為「資料框架物件 $ 變數名稱」。

> print.data.frame (testdata)

	智力	投入	策略	成績	證照 A	證照 B	預測分類	
2	131	18	11	76	B 等	未通過	未通過	
4	124	18	12	74	B 等	未通過	未通過	
6	125	18	14	76	B 等	未通過	未通過	
8	123	18	40	86	B 等	未通過	通過	[預測分類錯誤]
10	121	40	50	95	A 等	通過	通過	
12	120	42	51	96	A 等	通過	通過	
14	120	46	56	98	A 等	通過	通過	
16	122	46	52	90	A 等	通過	通過	
18	119	21	6	62	C 等	未通過	未通過	
20	118	23	8	61	C 等	未通過	未通過	
22	118	24	8	65	C 等	未通過	未通過	
24	119	23	9	65	C 等	未通過	未通過	
26	106	8	13	52	C 等	未通過	未通過	
28	105	9	15	54	C 等	未通過	未通過	
30	115	34	22	86	B 等	通過	通過	
32	114	34	24	86	B 等	通過	通過	
34	113	25	26	78	B 等	未通過	通過	[預測分類錯誤]
36	112	26	12	65	C 等	通過	未通過	[預測分類錯誤]
38	110	50	24	91	A 等	通過	通過	
40	110	52	26	93	A 等	通過	通過	
42	115	32	28	90	A 等	通過	通過	

[說明]：「證照 B」變數為樣本參加證照 B 考試真實結果，因子變數為二分類別變數，「預測分類」變數為根據分類樹模型預測樣本觀察值的結果，其中編號 **8、34、36** 樣本觀察值之真實情況與預測情況不同，預測錯誤的個數有 **3** 個。

```
> tab.m = with (testdata, {table (證照 B, 預測分類)})
> print (tab.m)
              預測分類
  證照 B      通過      未通過
  通過          9          1
  未通過        2          9
```

[說明]：使用 **table ( )** 函數求出「證照 B」(觀察值在 B 證照考試的實際情況)、「預測分類」變數 (觀察值在 B 證照考試的預測情況)的 交叉表，**11** 位未通過證照 **B** 考試的樣本觀察值，根據分類樹模型預測為未通過者有 **9** 位 (預測正確)、預測為通過者有 **2** 位 (預測錯誤)；**10** 位通過證照 B 考試的樣本觀察值，根據分類樹模型預測為通過者有 **9** 位 (預測正確)、預測為未通過者有 **1** 位 (預測錯誤)。

```
> rate = round (100*sum (diag (tab.m))/sum (tab.m), 1)
```

[說明]：使用 **diag ( )** 函數與 **sum ( )** 函數求出交叉表對角線樣本數佔交叉表總樣本數的百分比。

```
> cat ("[檢定結果]：測試樣本總數 = ", sum (tab.m),"--預測分類正確樣本數 = ", sum
  (diag (tab.m)), "\n")
```

[檢定結果]：測試樣本總數 = **21** --預測分類正確樣本數 = **18**

```
> cat ("[預測分類]：預測分類正確百分比 = ", rate,"%--預測分類錯誤百分比 = ",
  100-rate, "%\n")
```

[預測分類]：預測分類正確百分比 = **85.7%**--預測分類錯誤百分比 = **14.3 %**

[說明]：使用 **cat ( )** 函數輸出預測分類的結果，分類樹模型預測分類正確的百分比為 **85.7%**，**21** 位測試樣本觀察值中，根據分類樹模型預測其在 B 證照考試結果，預測分類正確的觀察值有 **18** 位，預測分類錯誤的觀察值有 **3** 位，預測分類錯誤百分比 = **14.3 %**。

使用基本套件 **table ( )** 函數查看測試樣本「預測分類」因子變數的次數分配：

```
> with (testdata, {table (預測分類)})
    預測分類
  通過    未通過
   11      10
```

[說明]：測試樣本 **21** 位觀察值中，在證照 B 考試結果被預測分類為「通過」觀察值有 **11** 位、被預測分類為「未通過」觀察值有 **10** 位，其中有三位預測分類錯誤。

使用套件 **{rpart}** 函數 **residuals ( )** 求出分類樹模型對訓練樣本預測分類結果 (標的資料檔為訓練樣本而非測試樣本)：

```
> residuals (regt.m, type = "usual")
 [1] 0 0 0 0 0 0 0 0 0 0 0 0 0 0 0 0 0 1 0 0 0
```
[說明]：回傳的參數值 **0** 表示預測分類正確的觀察值、回傳的參數值 **1** 表示預測分類錯誤的觀察值，就訓練樣本而言，分類樹模型預測分類的正確個數為 **20**、預測正確的百分比為 **95.2%** (**= 20/21**)。

　　函數 **predict ( )** 不同型態引數設定的輸出結果，引數標的資料框架為測試樣本 testdata：

```
> predict (regt.m, testdata, type = "class")
     2      4      6      8     10     12     14     16     18     20     22
  未通過 未通過 未通過  通過  通過  通過  通過  通過 未通過 未通過 未通過
    24     26     28     30     32     34     36     38     40     42
  未通過 未通過 未通過  通過  通過  通過 未通過  通過  通過  通過
Levels: 未通過 通過
```
[說明]：引數 **type** 選項設為「**= "class"**」，預測分類回傳的參數為觀察值在反應變數之水準群組名稱 (水準群組標記)，如測試樣本之編號觀察值 **2**，根據先前建構的分類樹模型預測在證照 **B** 考試結果為「未通過」。

```
> predict (regt.m, testdata, type = "prob")
      通過   未通過
2     0.1      0.9
4     0.1      0.9
6     0.1      0.9
<略>
38    1.0      0.0
40    1.0      0.0
42    1.0      0.0
```
[說明]：參數值為機率值，機率值較大的群組預測分類時會被歸於該水準群組，以編號 **2** 的觀察值為例，根據分類樹模型預測結果，在 **B** 證照考試結果「未通過」的機率值為 **0.9**、「通過」的機率值只有 **0.1**，預測分類結果歸類為「未通過」水準群組。

```
> predict (regt.m, testdata, type = "vector")
 2  4  6  8 10 12 14 16 18 20 22 24 26 28 30 32 34 36 38 40 42
 2  2  2  1  1  1  1  1  2  2  2  2  2  2  1  1  1  2  1  1  1
```
[說明]：引數 **type** 界定為「**= "vector"**」，輸出的參數值為 **1**、**2**，**1** 表示為「通過」的水準群組、**2** 表示為「未通過」的水準群組。

```
> table (predict (regt.m, testdata, type = "vector"))

 1  2
11 10
```

> [說明]：以 **table ( )** 函數求出預測水準數值二個群組的次數分配，預測分類為 **1** 者有 **11** 位 (通過)、預測分類為 **2** 者有 **10** 位 (未通過)。
>
> ```
> > predict (regt.m, testdata, type = "matrix")
>      [,1]  [,2]  [,3]  [,4]  [,5]      [,6]
> 2    2     1     9     0.1   0.9    0.4761905
> 4    2     1     9     0.1   0.9    0.4761905
> <略>
> 40   1     11    0     1.0   0.0    0.5238095
> 42   1     11    0     1.0   0.0    0.5238095
> ```
>
> [說明]：矩陣第一直欄 **[,1]** 為預測分類的水準數值群組 **[,4]**、**[,5]** 直欄為預測分類的機率值。

(二) 迴歸樹之效度檢定

相同的方法用於迴歸樹模型的效度檢定，R 編輯器語法指令如下：

```
[1] sub = seq (1, 42, 2)
[2] traindata = temp [sub,]
[3] testdata = temp [-sub,]
[4] reg.fit = rpart (成績~智力 + 投入 + 策略, data = traindata, method = "anova",
minsplit = 10)
[5] print (reg.fit)
[6] prp (reg.fit, type = 1, extra = 1, box.col = 5, digits = 2)
[7] testdata$ 預測成績 = round (predict (reg.fit, testdata, type = "vector"), 2)
[8] testdata$ 成績殘差 = with(testdata, {成績-預測成績})
[9] print.data.frame (testdata)
[10] summary (testdata$ 成績殘差)
```

語法函數中的 [1] 列為偶數號數值向量，[2] 列以正索引建構訓練樣本，[3] 列以負索引建構測試樣本，[7] 列根據迴歸樹模型對測試樣本進行預測，預測結果以變數「預測成績」增列於測試樣本中，[8] 列為測試樣本之觀察值在原始「成績」變數的測量值與預測結果分數間的差異值，二者差異值以「成績殘差」變數增列於測試樣本資料框架。

R 主控台執行 R 編輯器語法指令結果如下：

```
> sub = seq (1, 42, 2)
> traindata = temp [sub,]
> testdata = temp [-sub,]
```

```
> reg.fit = rpart (成績~智力 + 投入 + 策略, data = traindata, method = "anova", minsplit
  = 10)
> print (reg.fit)
n = 21
node), split, n, deviance, yval
     * denotes terminal node
1) root               21    4982.57100      76.85714
2) 策略 <  19.5        10     890.40000      62.60000
4) 智力 <  110          3      12.66667      52.66667 *
5) 智力 >= 110          7     454.85710      66.85714 *
3) 策略 >= 19.5        11     211.63640      89.81818
6) 投入 <  39           4      18.75000      84.75000 *
7) 投入 >= 39           7      31.42857      92.71429 *
> prp (reg.fit, type = 1, extra = 1, box.col = 5, digits = 2)
> testdata$ 預測成績 = round (predict (reg.fit, testdata, type = "vector"), 2)
> testdata$ 成績殘差 = with (testdata, {成績-預測成績})
> print.data.frame (testdata)
     智力  投入  策略  成績  證照 A  證照 B   預測成績   成績殘差
2    131   18    11    76   B 等   未通過    66.86       9.14
4    124   18    12    74   B 等   未通過    66.86       7.14
<略>
40   110   52    26    93   A 等    通過     92.71       0.29
42   115   32    28    90   A 等    通過     84.75       5.25
> summary (testdata$ 成績殘差)
   Min.    1st Qu.   Median   Mean    3rd Qu.    Max.
 -6.7500   -1.8600   1.2500   0.8938   3.2900    9.1400
```
[說明]：預測殘差值的平均數為 0.8938、全距為 [-6.7500、9.1400]，以標準差函數
sd ( ) 求出標準差為 **4.49**。
```
> round (sd (testdata$ 成績殘差), 2)
[1] 4.49
```
[說明]：預測殘差值的標準差為 **4.49**。

使用套件 **{rpart}** 函數 **residuals ( )** 求出迴歸樹模型對訓練樣本預測分類結果 (標的資料檔為訓練樣本而非測試樣本)：

```
> round (residuals (reg.fit), 2)
     1       3       5       7       9      11      13      15      17      19      21
  11.14    3.14   11.14    0.25   -0.75    1.29    0.29    4.29   -0.71   -6.86   -2.86
    23      25      27      29      31      33      35      37      39      41
  -4.86   -2.67    0.33    2.33    3.25   -2.75  -10.86   -2.71   -0.71   -1.71
```

```
> summary (round (residuals (reg.fit), 2))
   Min.    1st Qu.   Median    Mean    3rd Qu.    Max.
 -10.86    -2.71     -0.71     0.00     2.33      11.14
> round (sd (residuals (reg.fit)), 2)
[1] 5.09
```
[說明]：迴歸樹模型對訓練樣本預測分類之殘差值的平均數為 **0.00**、標準差為 **5.09**。

二、隨機抽樣切割資料檔

資料框架 temp 物件有 42 位樣本觀察值，以「證照 B」為效標變數，智力、投入、策略等三個計量變數為預測分類變數，使用 **sample ( )** 函數隨機抽取資料檔的 21 位樣本為「訓練樣本」，建立分類樹模型，之後根據分類樹模型對其餘 21 樣本觀察值進行分類模型的評估驗證，分類模型評估驗證的樣本稱為「測試樣本」。隨機抽取的架構圖範例如下：

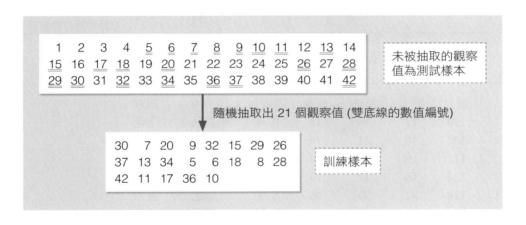

從編號 1 到編號 42 位觀察值中隨機抽取 21 位樣本的函數語法為「c (sample (1:42, 21))」，由於是採用隨機抽取函數，每次被抽取出的 21個 觀察值均不會相同。R 主控台函數語法與執行結果為：

```
> sub = c (sample (1:42, 21))
> sub
[1] 30 7 20 9 32 15 29 26 37 13 34 5 6 18 8 28 42 11 17 36 10
```
[說明]：使用 **sample ( )** 函數隨機抽取的樣本觀察值編號，被抽取的樣本觀察值作為分類樹的訓練樣本，未被抽取的樣本編號觀察值為測試樣本。

> it = rpart (證照 B~智力 + 投入 + 策略, data = temp, subset = sub, method = "class", minsplit = 5)
> predict (fit, temp [-sub,], type = "class")

1	2	3	4	12	14	16	19	21	22	23
未通過	未通過	未通過	未通過	通過	通過	通過	未通過	未通過	未通過	未通過

24	25	27	31	33	35	38	39	40	41
未通過	未通過	未通過	通過	通過	未通過	通過	通過	通過	通過

Levels: 未通過 通過

[說明]：使用 **predict ( )** 函數對測試樣本之效標變數證照 B 進行預測分類，引數 **type** 界定為 = **"class"**，表示呈現預測分類的因子水準群組名稱。

> table (predict (fit, temp [-sub,], type = "class"), temp[-sub, "證照 B"])

	未通過	通過
未通過	11	1
通過	0	9

[說明]：使用 **table ( )** 函數輸出預測分類交叉表的次數分配，交叉表橫列數值為預測分類參數值、直行數值為樣本觀察值實際群組數值 (未通過者有 **11** 位、通過者有 10 位)。**11** 位觀察值在原先證照 B 考試「未通過」的樣本中，預測分類均為「未通過」；**10** 位在證照 B 考試為「通過」的樣本中，預測分類為「未通過」者有 **1** 位 (編號 **35**)、預測分類為「通過」者有 **9** 位 (預測分類正確)。

測試樣本預測分類結果如下：

	智力	投入	策略	成績	證照A	證照B	預測	
1	130	17	10	78	B 等	未通過	未通過	
2	131	18	11	76	B 等	未通過	未通過	
3	112	19	11	70	B 等	未通過	未通過	
4	124	18	12	74	B 等	未通過	未通過	
12	120	42	51	96	A 等	通過	通過	
14	120	46	56	98	A 等	通過	通過	
16	122	46	52	90	A 等	通過	通過	
19	120	22	7	60	C 等	未通過	未通過	
21	119	23	9	64	C 等	未通過	未通過	
22	118	24	8	65	C 等	未通過	未通過	
23	119	25	9	62	C 等	未通過	未通過	
24	119	23	9	65	C 等	未通過	未通過	
25	105	6	12	50	C 等	未通過	未通過	
27	107	7	14	53	C 等	未通過	未通過	
31	114	33	23	88	B 等	通過	通過	
33	113	38	25	82	B 等	通過	通過	
35	112	24	12	56	C 等	通過	未通過	[預測分類錯誤]

38	110	50	24	91	A 等	通過	通過
39	110	52	25	92	A 等	通過	通過
40	110	52	26	93	A 等	通過	通過
41	108	53	24	91	A 等	通過	通過

三、分層隨機抽樣切割資料檔

範例為採用「分層隨機抽樣」方法選取訓練樣本，先以 order ( ) 函數對資料框架物件 temp 進行排序，函數 order ( ) 內定引數 decreasing (遞減) 設定為假 (= FALSE)，表示排序時根據標的變數進行遞增排列。排序變數為「證照 B」，資料框架物件排序後 (物件名稱為 newtemp) 前 20 位觀察值為「未通過」證照 B 考試樣本，第 21 位以後觀察值為「通過」證照 B 考試樣本，從前 20 位觀察值群組中隨機抽取 10 位樣本、後 22 位觀察值群組中隨機抽取 11 位樣本，被抽取的 21 位樣本觀察值為訓練樣本、餘 21 位樣本觀察值為測試樣本。上述分層隨機抽樣的程序摘要表統整如下：

水準群組	編號	訓練樣本	測試樣本
未通過	編號 1-20	隨機抽取 10 個觀察值	未被抽取的 10 位觀察值
通過	編號 21-42	隨機抽取 11 個觀察值	未被抽取的 11 位觀察值
總數	42	21	21

完整 R 編輯器語法指令如下：

```
[1] newtemp = temp [order (temp$ 證照 B, decreasing = TRUE),]
[2] table (newtemp [,6])
[3] sub = c (sample (1:20, 10), sample (21:42, 11))
[4] temp1 = newtemp [sub,]
[5] temp2 = newtemp [-sub,]
[6] print.data.frame (temp1)
[7] print.data.frame (temp2)
[8] regt.m = rpart (證照 B~智力 + 投入 + 策略, data = temp1, method = "class", minsplit = 5)
[9] print (regt.m)
[10] prp (regt.m, type = 4, extra = 9, box.col = 5)
[11] class.p = predict (regt.m, temp2, type = "class")
```

```
[12] temp2$ 預測分類 = class.p
[13] print.data.frame (temp2)
[14] tab.m = with (temp2, {table (證照 B, 預測分類)})
[15] tab.m
[16] rate = round (100*sum (diag (tab.m))/sum (tab.m), 1)
[17] cat ("測試樣本總數 = ",sum(tab.m),"--預測分類正確樣本數 =" , sum (diag
(tab.m)), "\n")
[18] cat ("預測分類正確百分比 = ",rate,"%\n")
```

上述語法函數的說明如下：

[1] 列語法使用函數 **order ( )** 對原始資料檔進行排序，排序的變數為「證照 B」，由於證照 B 是二分類別變數，水準數值增列標記群組名稱，排序時會根據群組名稱進行遞增排序(文字依照筆畫或字母排列)，排序後的資料框架物件設定為 newtemp，二個水準標記分別為「未通過」、「通過」，進行遞減排序時，三個字元的水準群組排序在前面，前 20 筆樣本為「未通過」群組觀察值、序號第 21 至 42 樣本為「通過」群組觀察值。

[2] 列使用 table 函數查看資料框架物件第六個變數索引「證照 B」的次數分配表，函數語法也可使用「table (temp$ 證照 B)」。

[3] 列使用 **sample ( )** 函數進行抽取，資料檔二個層級為未通過 (N1 = 20) (排序編號 1 至 20)、通過 (N2 = 22) (排序編號 21 至 42)，函數 **sample (1:20, 10)**，表示從未通過的 20 位觀察值中隨機抽取 10 位，函數 **sample (21:42, 11)**，表示從通過的 22 位觀察值中隨機抽取 11 位。

[4]列以正數值向量擷取觀察值，資料框架名稱為 temp1 (訓練樣本)。

[5]列以負數值向量擷取觀察值，資料框架名稱為 temp2 (測試樣本)。

[6]列使用函數 **print.data.frame ( )** 輸出訓練樣本的資料。

[7] 列使用函數 **print.data.frame ( )** 輸出測試樣本的資料。

[8] 列使用函數 **rpart ( )** 建立分類樹模型，反應變數為證照 B，訓練樣本資料框架物件名稱為 temp1。

[9] 列以 **print ( )** 函數輸出分類樹的結果。

[10] 列以 **prp ( )** 函數繪製分類樹圖。

[11] 列使用 **predict ( )** 函數進行預測分類程序，以建構的分類樹模型對測試樣本進行預測，標的資料框架物件為 temp2。

[12] 列將預測分類結果以變數名稱「預測分類」增列於測試樣本資料框架物

件 temp2 中。

　　[13] 列使用函數 **print.data.frame ( )** 輸出測試樣本的資料。

　　[14] 列使用 **table ( )** 函數求出資料框架物件 temp2 中的「證照 B」(觀察值在 B 證照考試真實的結果)、「預測分類」(以分類樹模型預測觀察值在 B 證照考試 的結果) 二個類別變數的交叉表。

　　[15] 列查看交叉表的結果。

　　[16] 列計算交叉表對角線的個數佔交叉表總數的比例。

　　[17] 列、[18] 列使用 **cat ( )** 函數輸出預測分類的結果。

　　R 主控台執行 R 編輯器語法結果如下：

```
> newtemp = temp [order (temp$ 證照 B, decreasing = TRUE),]
> table (newtemp [,6])
 通過 未通過
  22   20
```
[說明]：原始資料檔 **42** 位觀察值中未通過 **B** 證照考試的樣本有 **20** 位、通過 **B** 證照考試的樣本有 **22** 位，排序時水準數值「未通過」群組排序在前、「通過」 群組排序在後。語法指令如改為「> **temp[order (temp$ 證照 B, decreasing = FALSE),]**」，則資料框架中「通過」水準標記的觀察值排序在前，「未通過」水 準標記的觀察值排序在後。
```
> sub = c (sample (1:20,10), sample (21:42, 11))
> temp1 = newtemp [sub,]
> temp2 = newtemp [-sub,]
> print.data.frame (temp1)
```

	智力	投入	策略	成績	證照A	證照B
24	119	23	9	65	C 等	未通過
4	124	18	12	74	B 等	未通過
<略>						
11	120	40	52	94	A 等	通過
35	112	24	12	56	C 等	通過

[說明]：資料框架物件 **temp1** 為訓練樣本，「證照 B」因子變數中，水準群組為 「未通過」者有 **10** 位、「通過」者有 **11** 位，訓練樣本觀察值根據「證照 B」變 數水準群組分層排列。
```
> print.data.frame (temp2)
```

	智力	投入	策略	成績	證照A	證照B
1	130	17	10	78	B 等	未通過
3	112	19	11	70	B 等	未通過
<略>						

| 40 | 110 | 52 | 26 | 93 | A 等 | 通過 |
| 41 | 108 | 53 | 24 | 91 | A 等 | 通過 |

[說明]：資料框架物件 **temp2** 為測試樣本，「證照 **B**」因子變數中，水準群組為「未通過」者有 **10** 位、「通過」者有 **11** 位，測試樣本觀察值根據「證照B」變數水準群組分層排列。

> regt.m = rpart (證照 B~智力 + 投入 + 策略, data = temp1, method = "class", minsplit = 5)

> prin t(regt.m)

n = 21

node), split, n, loss, yval, (yprob)

　　　* denotes terminal node

```
 1) root           21   10   通過     (0.4761905 0.5238095)
 2) 投入 < 25.5     12    2   未通過   (0.8333333 0.1666667)
 4) 投入 < 18.5      6    0   未通過   (1.0000000 0.0000000) *
 5) 投入 >= 18.5     6    2   未通過   (0.6666667 0.3333333)
10) 策略 < 10.5      4    0   未通過   (1.0000000 0.0000000) *
11) 策略 >= 10.5     2    0   通過     (0.0000000 1.0000000) *
 3) 投入 >= 25.5     9    0   通過     (0.0000000 1.0000000) *
```

[說明]：使用 **rpart ( )** 函數建構分類樹模型，以 **print ( )** 函數輸出分類樹的參數值，分類樹的葉節點有四個，內部節點有三個。

> prp (regt.m, type = 4, extra = 9, box.col = 5)

[說明]：使用 **prp ( )** 函數輸出分類樹圖 (略)。

> class.p = predict (regt.m, temp2, type = "class")

> temp2$ 預測分類 = class.p

> print.data.frame (temp2)

	智力	投入	策略	成績	證照 A	證照 B	預測分類	
1	130	17	10	78	B 等	未通過	未通過	
3	112	19	11	70	B 等	未通過	通過	[預測分類錯誤]
5	129	19	13	78	B 等	未通過	通過	[預測分類錯誤]
19	120	22	7	60	C 等	未通過	未通過	
20	118	23	8	61	C 等	未通過	未通過	
22	118	24	8	65	C 等	未通過	未通過	
27	107	7	14	53	C 等	未通過	未通過	
28	105	9	15	54	C 等	未通過	未通過	
29	108	8	16	55	C 等	未通過	未通過	
34	113	25	26	78	B 等	未通過	通過	[預測分類錯誤]
7	120	17	40	85	B 等	通過	未通過	[預測分類錯誤]
12	120	42	51	96	A 等	通過	通過	
13	121	43	53	93	A 等	通過	通過	
14	120	46	56	98	A 等	通過	通過	
15	121	45	54	97	A 等	通過	通過	

17	121	43	51	92	A 等	通過	通過
31	114	33	23	88	B 等	通過	通過
33	113	38	25	82	B 等	通過	通過
37	110	50	23	90	A 等	通過	通過
40	110	52	26	93	A 等	通過	通過
41	108	53	24	91	A 等	通過	通過

[說明]：測試樣本之資料框架物件增列「預測分類」變數之完整資料檔，根據訓練樣本建構的分類樹模型對測試樣本進行預測分類結果，預測分類錯誤的樣本觀察值有 4 位，樣本在原資料框架物件的排序編號為 3、5、34、7 之觀察值。

> tab.m = with (temp2 ,{table (證照 B, 預測分類)})
> tab.m

	預測分類	
證照 B	未通過	通過
未通過	7	3
通過	1	10

[說明]：就測試樣本資料框架 21 位觀察值而言，10 位在證照 B 考試實際未通過的觀察值，根據分類樹模型預測分類結果，有 3 位被預測為「通過」(預測分類錯誤的樣本)；11 位在證照 B 考試實際通過的觀察值，根據分類樹模型預測分類結果，有 1 位被預測為「未通過」(預測分類錯誤的樣本)，預測分類結果與樣本真實考試情況符合的觀察值共有 17 位 (7 + 10 = 17)。

> rate = round (100*sum (diag (tab.m))/sum (tab.m), 1)
> cat ("測試樣本總數 = ", sum (tab.m),"--預測分類正確樣本數 = ",sum (diag (tab.m)), "\n")

測試樣本總數 = 21 --預測分類正確樣本數 = 17

> cat ("預測分類正確百分比 = ",rate, "%\n")

預測分類正確百分比 = 81 %

[說明]：根據訓練樣本建構的分類樹模型對測試樣本之預測分類結果，預測分類錯誤的樣本觀察值有 4 位、預測分類正確的樣本觀察值有 17 位，預測分類正確百分比為 81%。

參、反應變數為三分類別變數

　　範例目標變數為「證照 A」，「證照 A」為三分類別變數，三個等第水準群組名稱為 A 等、B 等、C 等，「訓練資料」為從三個等第中各隨機抽取約三分之二的樣本觀察值，餘三分之一樣本觀察值為「測試資料」。原始觀察值在證照 A 考試結果，被評定為 A 等、B 等、C 等的樣本數各為 14、14、14，各群組的三分之二樣本數為 9，分層隨機抽取時各從三個等第群組中抽取 9 位觀察值，訓練樣本的樣本觀察值個數為 27 位、測試樣本的觀察值為 15 位。

一、單一效度檢定

單一決策樹效度檢定程序為一般常見的訓練測試法，決策樹模型建構的標的樣本為訓練樣本、根據建構的決策樹模型對測試樣本進行預測分類。

R 編輯器語法指令為：

---

[1] newtemp = temp [order (temp$ 證照 A),] ## 以證照 A 變數進行水準群組排序

[2] table (newtemp [,5]) ## 使用 table ( ) 函數查看證照 A 的水準群組的個數

[3] print.data.frame(newtemp) ## 查看排序後之資料框架物件 newtemp 的內容

[4] sub = c (sample (1:14,9), sample (15:28, 9), sample (29:42,9)) ## 根據證照 A 三個水準群組隨機抽取樣本，由於三個等第群組的樣本數各為 14 位，各隨機抽取 9 位 (約三分之二) 樣本觀察值

[4] temp1 = newtemp [sub,] ## 以正向數值之索引擷取觀察值建立訓練樣本資料檔

[5] temp2 = newtemp [-sub,] ## 以負向數值之索引擷取觀察值建立測試樣本資料檔

[6] print.data.frame (temp1) ## 輸出資料框架物件 temp1 內容 (訓練樣本)

[7] print.data.frame (temp2) ## 輸出資料框架物件 temp2 內容 (測試樣本)

[8] regt.m = rpart (證照 A~智力 + 投入 + 策略, data = temp1, method = "class", minsplit = 5) ## 建立分類樹模型物件，效標變數為三分類別變數「證照 A」

[8] print (regt.m) ## 輸出分類樹模型的分類準則

[9] prp (regt.m, type = 4, extra = 9, box.col = 5) ## 繪製分類樹的圖形

[10] class.p = predict (regt.m, temp2, type = "class") ## 使用分類樹模型預測檢定樣本 temp2，引數界定為「="class"」，表示直接預測樣本觀察值的水準群組 (等第)

[11] temp2$ 預測分類 = class.p ## 將預測分類結果的因子水準群組增列於資料框架物件 temp2 中，預測分類變數界定為「預測分類」

[12] print.data.frame (temp2) ## 輸出 temp2 資料框架物件內容

[13] tab.m = with (temp2, {table (證照 A, 預測分類)}) ## 求出證照 A、預測分類因子變數的交叉表，使用 with ( ) 函數界定標的資料框架物件為 temp2

[14] tab.m ## 輸出交叉表物件 tab.m 的內容

[15] rate = round (100*sum (diag (tab.m))/sum (tab.m), 1) ## 求出預測正確分類樣本數佔總樣本數的百分比，百分比值呈現至小數第一位

[16] cat ("測試樣本總數 =", sum (tab.m),"--預測分類正確樣本數 = ", sum (diag (tab.m)), "\n")

[17] cat ("預測分類正確百分比 = ", rate, "%\n") ##使用 cat ( ) 函數呈現樣本總數、預測分類正確的樣本數、預測分類正確的百分比參數

R 主控台視窗執行 R 編輯器語法結果如下：

```
> newtemp = temp [order (temp$ 證照 A),]
> table (newtemp [,5])
     A 等      B 等      C 等
      14        14        14
```

[說明]：排序後的資料框架物件名稱為 **newtemp**，「證照 A」因子變數三個水準群組觀察值各有 **14** 位，函數語法也可使用 **table (newtemp$ 證照 A)**。

```
> print.data.frame (newtemp)
```

	智力	投入	策略	成績	證照 A	證照 B
10	121	40	50	95	A 等	通過
11	120	40	52	94	A 等	通過
<略>						
41	108	53	24	91	A 等	通過
42	115	32	28	90	A 等	通過
1	130	17	10	78	B 等	未通過
2	131	18	11	76	B等	未通過
<略>						
33	113	38	25	82	B 等	通過
34	113	25	26	78	B 等	未通過
18	119	21	6	62	C 等	未通過
19	120	22	7	60	C 等	未通過
<略>						
35	112	24	12	56	C 等	通過
36	112	26	12	65	C 等	通過

[說明]：資料框架物件 **newtemp** 依「證照 A」因子變數的水準群組排序，排序後「**A 等第**」觀察值的序號為 **1** 至 **14**、「**B 等第**」觀察值的序號為 **15** 至 **28**、「**C 等第**」觀察值的序號為 **29** 至 **42** (資料框架物件第一直行編號為樣本在原始資料檔未排序前的原始位置編號)。如果增列語法函數「**> newtemp$ 排序後編號 = c (1:42)**」，表示在資料框架物件 **newtemp** 中增列一個變數，變數名稱為「排序後編號」，以 **head ( )** 函數與 **tail ( )** 函數查看前 **14** 筆 (證照A 變數等第群組均為 A 等)、後 **14** 筆觀察值的資料 (證照 A 等第群組均為 C 等)。

```
> head (newtemp, 14)
```

	智力	投入	策略	成績	證照 A	證照 B	排序後編號
10	121	40	50	95	A 等	通過	1
11	120	40	52	94	A 等	通過	2
<略>							
41	108	53	24	91	A 等	通過	13
42	115	32	28	90	A 等	通過	14

```
> tail (newtemp, 14)
```

	智力	投入	策略	成績	證照 A	證照 B	排序後編號
18	119	21	6	62	C 等	未通過	29
19	120	22	7	60	C 等	未通過	30
<略>							
35	112	24	12	56	C 等	通過	41
36	112	26	12	65	C 等	通過	42

```
> sub = c (sample (1:14,9), sample (15:28, 9), sample (29:42,9))
```

[說明]：採用數值向量方式，配合 **sample ( )** 函數從三個等第水準群組中各隨機抽取 **9** 位觀察值，隨機抽取的觀察值為訓練樣本，「排序後編號」**1** 至 **14** 的觀察值在 **A** 類型證照考試結果均為 **A** 等者、「排序後編號」**29** 至 **42** 的觀察值在 **A** 類型證照考試結果均為 **C** 等者、「排序後編號」**15** 至 **28** 的觀察值在 **A** 類型證照考試結果均為 **B** 等者。

```
> temp1 = newtemp [sub,]
> temp2 = newtemp [-sub,]
```

[說明]：依觀察值索引數值向量將原資料框架資料切割成二個子資料檔，第一個子資料檔之資料框架物件名稱界定為 **temp1** (訓練樣本)、第二個子資料檔之資料框架物件名稱界定為 **temp2** (測試樣本)。

```
> print.data.frame (temp1)
```

	智力	投入	策略	成績	證照 A	證照 B	
16	122	46	52	90	A 等	通過	
10	121	40	50	95	A 等	通過	
11	120	40	52	94	A 等	通過	
38	110	50	24	91	A 等	通過	
14	120	46	56	98	A 等	通過	A 等第群組被抽取的樣本
13	121	43	53	93	A 等	通過	
42	115	32	28	90	A 等	通過	
37	110	50	23	90	A 等	通過	
39	110	52	25	92	A 等	通過	
32	114	34	24	86	B 等	通過	
7	120	17	40	85	B 等	通過	
2	131	18	11	76	B 等	未通過	
30	115	34	22	86	B 等	通過	
33	113	38	25	82	B 等	通過	B 等第群組被抽取的樣本
34	113	25	26	78	B 等	未通過	
5	129	19	13	78	B 等	未通過	
6	125	18	14	76	B 等	未通過	
8	123	18	40	86	B 等	未通過	

29	108	8	16	55	C 等	未通過
18	119	21	6	62	C 等	未通過
27	107	7	14	53	C 等	未通過
35	112	24	12	56	C 等	通過
20	118	23	8	61	C 等	未通過
28	105	9	15	54	C 等	未通過
19	120	22	7	60	C 等	未通過
24	119	23	9	65	C 等	未通過
26	106	8	13	52	C 等	未通過

C 等第群組被抽取的樣本

[說明]：第一個子資料檔之資料框架物件名稱 **temp1** (訓練樣本) 的樣本觀察值，樣本觀察值共有 **27** 位 (= **9 × 3 = 27**)。

```
> print.data.frame (temp2)
```

	智力	投入	策略	成績	證照 A	證照 B
12	120	42	51	96	A 等	通過
15	121	45	54	97	A 等	通過
17	121	43	51	92	A 等	通過
40	110	52	26	93	A 等	通過
41	108	53	24	91	A 等	通過
1	130	17	10	78	B 等	未通過
3	112	19	11	70	B 等	未通過
4	124	18	12	74	B 等	未通過
9	122	19	40	84	B 等	通過
31	114	33	23	88	B 等	通過
21	119	23	9	64	C 等	未通過
22	118	24	8	65	C 等	未通過
23	119	25	9	62	C 等	未通過
25	105	6	12	50	C 等	未通過
36	112	26	12	65	C 等	通過

A 等第群組未被抽取的樣本

B 等第群組未被抽取的樣本

C 等第群組未被抽取的樣本

[說明]：第二個子資料檔之資料框架物件內容，樣本觀察值共有 **15** 位，以負數值向量作為資料框架物件橫列編號，負數值向量表示的樣本為未被抽取的觀察值，此子資料檔為效度檢定的測試樣本。

```
> regt.m = rpart (證照 A~智力 + 投入 + 策略, data = temp1, method = "class", minsplit = 5)
> print (regt.m)
n = 27

node), split, n, loss, yval, (yprob)
    * denotes terminal node

1) root        27   18   A 等   (0.33333333 0.33333333 0.33333333)
2) 投入 >= 39   8    0   A 等   (1.00000000 0.00000000 0.00000000) *
3) 投入 < 39   19   10   B 等   (0.05263158 0.47368421 0.47368421)
6) 策略 >= 19   7    1   B 等   (0.14285714 0.85714286 0.00000000) *
```

7) 策略 < 19　　　12　　3　　C 等　　(0.00000000 0.25000000 0.75000000)
14) 智力 >= 122.5　3　　0　　B 等　　(0.00000000 1.00000000 0.00000000) *
15) 智力 < 122.5　9　　0　　C 等　　(0.00000000 0.00000000 1.00000000) *

[說明]：以訓練樣本之資料檔變數「證照 A」為目標變數 (反應變數)，「智力」、「投入」、「策略」為預測變數 (解釋變數) 建立的分類樹模型與參數，分類樹的內部節點有三個，葉節點有四個。

> prp (regt.m, type = 4, extra = 9, box.col = 5)

[說明]：以 **prp ( )** 函數繪製分類樹圖 (略)。

> class.p = predict (regt.m, temp2, type = "class")
> temp2$ 預測分類 = class.p

[說明]：根據訓練樣本建立的分類樹模型預測「測試樣本」資料檔的水準群組，函數 **predict ( )** 引數 **type** 界定為「= "class"」，直接預測樣本觀察值在證照 A 因子變數的水準等第標記，將預測水準等第標記增列於測試樣本資料框架物件 **temp2** 中，因子變數名稱為「預測分類」。

> print.data.frame (temp2)

	智力	投入	策略	成績	證照 A	證照 B	預測分類	
12	120	42	51	96	A 等	通過	A 等	
15	121	45	54	97	A 等	通過	A 等	
17	121	43	51	92	A 等	通過	A 等	
40	110	52	26	93	A 等	通過	A 等	
41	108	53	24	91	A 等	通過	A 等	
1	130	17	10	78	B 等	未通過	B 等	
3	112	19	11	70	B 等	未通過	C 等	[預測分類錯誤]
4	124	18	12	74	B 等	未通過	B 等	
9	122	19	40	84	B 等	通過	B 等	
31	114	33	23	88	B 等	通過	B 等	
21	119	23	9	64	C 等	未通過	C 等	
22	118	24	8	65	C 等	未通過	C 等	
23	119	25	9	62	C 等	未通過	C 等	
25	105	6	12	50	C 等	未通過	C 等	
36	112	26	12	65	C 等	通過	C 等	

[說明]：測試樣本之資料框架物件的「證照 A」因子變數為真實的等第、「預測分類」因子變數為根據分類樹模型預測分類的等第。測試樣本中編號3的觀察值在證照 A 考試的結果實際評定為「B 等」，以分類樹模型預測分類結果為「C 等」，為測試樣本中唯一預測分類錯誤的樣本觀察值。

> tab.m = with (temp2, {table (證照 A, 預測分類)})
> tab.m

	預測分類		
證照 A	A 等	B 等	C 等
A 等	5	0	0
B 等	0	4	1

```
     C 等        0        0        5
```
[說明]：交叉表中的對角線數值為預測分類正確的觀察值，15 位樣本觀察值中，預測分類正確者有 14 位、預測分類錯誤者有 1 位。
> rate = round (100*sum (diag (tab.m))/sum (tab.m), 1)
> cat ("測試樣本總數 = ",sum(tab.m),"--預測分類正確樣本數 = ",sum (diag (tab.m)), "\n")
測試樣本總數 = 15 --預測分類正確樣本數 = 14
> cat ("預測分類正確百分比 = ",rate,"%\n")
預測分類正確百分比 = 93.3 %
[說明]：正確預測分類的百分比為 93.3%。

二、平均效度檢定

　　R 軟體可以設定迴圈，求出多次分類樹模型對測試樣本預測分類比值的平均值，此平均值表示的效度參數值在分類樹模型效度檢定上更具合理性。

　　範例為隨機抽取原始資料框架物件三分之二樣本觀察值為訓練樣本、未被抽取的三分之一樣本觀察值為測試樣本，重複進行十次，以求預測分類正確率的平均值。

　　隨機抽取樣本、建立分類樹模型與求出平均正確預測分類百分比的語法指令如下 (R 編輯器視窗的語法指令)：

```
newtemp = temp [order (temp$ 證照 A),]
averate = 0   ## 界定起始平均正確率變數參數值為 0
for (i in 1:10)   ## 以迴圈界定重複進行 10 次
{      ## 迴圈內運算式的起始
  sub = c (sample (1:14,9), sample (15:28,9),s ample (29:42,9))
  traindata = newtemp [sub,]
  testdata = newtemp [-sub,]
  regt.m = rpart (證照 A~智力 + 投入 + 策略, data = traindata, method ="class", minsplit = 5)
  class.p = predict (regt.m, testdata, type = "class")
  testdata$ 預測分類 = class.p
  tab.m = with (testdata, {table (證照 A, 預測分類)})
  rate = round (100*sum (diag (tab.m))/sum (tab.m),1)
  cat (" ＊測試樣本總數 = ",sum (tab.m),"--預測分類正確樣本數 =", sum (diag (tab.m)) ,"\n")
  cat ("第 ",i," 次預測分類正確百分比 = ",rate,"%\n")
  averate = averate + rate ## 計算正確率參數值的總和，總和除以次數為平均值
```

```
}  ## 迴圈內運算式的結束
cat ("平均預測分類正確百分比 = ",averate/i ,"%\n")
```

　　R 主控台視窗執行 R 編輯器語法指令結果如下：

```
> averate = 0
> for (i in 1:10)
+ {
<略>
+ }
＊測試樣本總數 = 15 --預測分類正確樣本數 = 14
第 1 次預測分類正確百分比 = 93.3 %
＊測試樣本總數 = 15 --預測分類正確樣本數 = 15
第 2 次預測分類正確百分比= 100 %
＊測試樣本總數 = 15 --預測分類正確樣本數 = 10
第 3 次預測分類正確百分比 = 66.7 %
＊測試樣本總數 = 15 --預測分類正確樣本數 = 14
第 4 次預測分類正確百分比 = 93.3 %
＊測試樣本總數 = 15 --預測分類正確樣本數 = 12
第 5 次預測分類正確百分比 = 80 %
＊測試樣本總數 = 15 --預測分類正確樣本數 = 14
第 6 次預測分類正確百分比 = 93.3 %
＊測試樣本總數 = 15 --預測分類正確樣本數 = 13
第 7 次預測分類正確百分比 = 86.7 %
＊測試樣本總數 = 15 --預測分類正確樣本數 = 14
第 8 次預測分類正確百分比 = 93.3 %
＊測試樣本總數 = 15 --預測分類正確樣本數 = 13
第 9 次預測分類正確百分比 = 86.7 %
＊測試樣本總數 = 15 --預測分類正確樣本數 = 13
第 10 次預測分類正確百分比 = 86.7 %
> cat ("平均預測分類正確百分比 = ",averate/i, "%\n")
平均預測分類正確百分比 = 88 %
```
[說明]：由於採用隨機抽樣方式，因而每次抽取的訓練樣本與測試樣本之子資料檔內容不會完全相同，以訓練樣本建構的分類樹模型預測分類測試樣本的預測百分比參數也會有所差異，若是重複進行的次數愈多，則平均值的效度愈可靠，範例重複進行十次的平均預測分類正確百分比為 88.0 %。

　　範例決策樹的效標變數為「證照 B」，二個水準群組各抽取三分之二樣本觀察值為訓練樣本、未被抽取的三分之一樣本為測試樣本，訓練樣本共有 28 位觀察值、測試樣本有 14 位觀察值，R 編輯器語法指令如下：

```
newtemp = temp [order (temp$ 證照 B),] ## 資料框架物件根據證照 B 排序
averate = 0
for (i in 1:10)    ## 使用 for ( ) 函數進行迴圈程序
{  ## 迴圈內運算式的起始列
   sub = c (sample (1:20,13), sample (21:42,15)) ## 證照 B 未通過群組隨機抽取 13
位、通過群組隨機抽取 15 位，隨機抽取函數為 sample ( )
   traindata = newtemp [sub,]
   testdata = newtemp [-sub,]
   regt.m = rpart (證照 B~智力 + 投入 + 策略, data = traindata, method = "class",
minsplit = 5)
   class.p = predict (regt.m, testdata, type = "class")
   testdata$ 預測分類 = class.p
   tab.m = with (testdata,{table (證照 B, 預測分類)})
   rate = round (100*sum (diag (tab.m))/sum (tab.m), 1)
   cat (" ＊測試樣本總數 =",sum (tab.m),"--預測分類正確樣本數 =", sum (diag
(tab.m)), "\n")
   cat ("第 ",i," 次預測分類正確百分比 = ",rate,"%\n")
   averate = averate + rate
} ## 迴圈內運算式的結束列
cat ("平均預測分類正確百分比 = ",averate/i,"%\n")
```

R 主控台視窗執行 R 編輯器語法指令結果如下：

```
<略>
＊測試樣本總數 = 14 --預測分類正確樣本數 = 14
第 1 次預測分類正確百分比 = 100 %
＊測試樣本總數 = 14 --預測分類正確樣本數 = 12
第 2 次預測分類正確百分比 = 85.7 %
＊測試樣本總數 = 14 --預測分類正確樣本數 = 11
第 3 次預測分類正確百分比 = 78.6 %
＊測試樣本總數 = 14 --預測分類正確樣本數 = 12
第 4 次預測分類正確百分比 = 85.7 %
＊測試樣本總數 = 14 --預測分類正確樣本數 = 13
第 5 次預測分類正確百分比 = 92.9 %
＊測試樣本總數 = 14 --預測分類正確樣本數 = 11
第 6 次預測分類正確百分比 = 78.6 %
＊測試樣本總數 = 14 --預測分類正確樣本數 = 12
第 7 次預測分類正確百分比 = 85.7 %
```

＊測試樣本總數 = **14** --預測分類正確樣本數 = **13**
第 **8** 次預測分類正確百分比 = **92.9 %**
＊測試樣本總數 = **14** --預測分類正確樣本數 = **13**
第 **9** 次預測分類正確百分比 = **92.9 %**
＊測試樣本總數 = **14** --預測分類正確樣本數 = **12**
第 **10** 次預測分類正確百分比 = **85.7 %**
> cat ("平均預測分類正確百分比 = ",averate/i,"%\n")
平均預測分類正確百分比 = **87.87 %**
[說明]：隨機進行十次決策樹預測分類，平均正確預測百分比為 **87.87 %**。

　　範例資料檔案分割採用隨機抽樣，從資料框架物件 temp (原始資料檔) 隨機抽取三分之二樣本 (n = 28) 為訓練樣本、未被抽取的樣本觀察值 (n = 14) 為測試樣本，以訓練樣本建立分類樹模型，根據模型預測分類測試樣本，程序執行十次，計算十次的預測分類正確率平均值，R 編輯器語法指令如下：

```
newtemp = data.frame (temp)
averate = 0
for (i in 1:10)    ## 使用 for ( ) 函數進行迴圈程序
{   ## 迴圈內運算式的起始列
   sub = c (sample (1:42, 28))
<略>
} ## 迴圈內運算式的結束列
cat ("[平均預測值]：平均預測分類正確百分比 = ",averate/i,"%\n")
```

　　R 主控台視窗執行 R 編輯器語法指令的部分結果如下：

<略>
＊測試樣本總數 = **14** --預測分類正確樣本數 = **11**
　第 **1** 次預測分類正確百分比 = **78.6 %**
<略>
＊測試樣本總數 = **14** --預測分類正確樣本數 = **14**
　第 **10** 次預測分類正確百分比= **100 %**
> cat ("平均預測分類正確百分比 =",averate/i,"%\n")
平均預測分類正確百分比 = **90.73 %**
[說明：以隨機抽取方法將原始資料檔分割為訓練樣本與測試樣本，根據訓練樣本建構的分類樹模型對測試樣本進行預測分類，十個程序之平均預測分類正確百分比值為 **90.73 %**。

當原始資料檔有效樣本觀察值 (N) 夠大，根據訓練樣本建構的分類樹模型對測試樣本進行預測分類的多次平均值會十分接近。

肆、分層隨機抽樣函數

套件 {sampling} 函數 **strata ( )** 使用均等／不均等機率進行分層抽樣，(stratified sampling)，使用函數 **strata ( )** 前要以分層變數為標的變數對資料框架進行遞增排序。函數 **strata ( )** 基本語法為：

strata (data, stratanames = NULL, size, method = c ("srswor", "srswr", "poisson", "systematic"), pik,description = FALSE)

引數 data 為資料框架或資料矩陣 (橫列的個數為樣本觀察值 N)。引數 stratanames 為分層變數的文字向量，單一變數直接界定分層變數的變數名稱 (資料檔進行分層時要依據的因子變數)。引數 size 界定分層抽樣大小的數值向量，數值向量要對應分層遞增排序的水準群組。引數 method 界定觀察值抽取的方法，選項 srswor 為沒有置回的簡單隨機抽樣法、選項 srswr 為有置回的簡單隨機抽樣法 (單一樣本抽取後可以再重複抽取)、選項 poisson 為帕松抽樣法 (Poisson sampling)、選項 systematic 為系統抽樣，引數內定選項為 "= srswor"。引數 pik 界定各分層中觀察值被抽取的機率，此引數只適用於非均等機率抽樣 (unequal probability sampling)，方法選項設定為 poisson 與 systematic)。引數 description 為邏輯選項，表示是否輸出母群中樣本個數與被選取的樣本數等資訊，內定選項為假 (FALSE)。

範例的資料檔為試算表檔案「test0.xlsx」，使用套件 {readxl} 函數 **read_excel ( )** 匯入至主控台視窗，利用 **factor ( )** 函數標記因子變數 RANKA 的水準群組為「A等」、「B 等」「C 等」，標記因子變數 RANKB 的水準群組為「通過」、「未通過」，使用 **names ( )** 函數將資料框架物件英文變數標記為中文變數，新資料框架物件根據因子變數 RANKA 進行遞增排序，排序後的資料框架增列觀察值排序後的編號變數。

```
> library (readxl)
> testdata = read_excel ("test0.xlsx", 1)
> testdata$RANKA = factor (testdata$RANKA, levels = 1:3, labels = c ("A 等", "B 等",
  "C 等"))
```

```
> testdata$RANKB = factor (testdata$RANKB, levels = 1:2, labels = c ("通過", "未通
  過"))
> names (testdata) = c ("原始編號", "智力", "投入", "策略", "成績", "證照 A", "證照
  B")
> newdata = testdata [order (testdata$ 證照 A),]
> newdata$ 排序後編號 = c (1:42)
> head (newdata)
```

	原始編號	智力	投入	策略	成績	證照 A	證照 B	排序後編號
10	s10	121	40	50	95	A 等	通過	1
11	s11	120	40	52	94	A 等	通過	2
12	s12	120	42	51	96	A 等	通過	3
13	s13	121	43	53	93	A 等	通過	4
14	s14	120	46	56	98	A 等	通過	5
15	s15	121	45	54	97	A 等	通過	6

[說明]：資料框架物件 **newdata** 第一直行變數「原始編號」為觀察值排序前的橫列序號，第八直行變數「排序後編號」為觀察值排序後的橫列序號，根據「證照 A」因子變數排序後，第一筆資料為原編號 **s10** 的觀察值、第二筆資料為原編號 **s10** 的觀察值。

使用套件 **{sampling}** 函數 **strata ( )** 對分層變數「證照 A」(RANKA) 進行分層隨機抽樣，三個層次等第各抽取 9 位樣本觀察值，抽取方法引數 method 設定為「= "srswor"」，表示抽取過程中，被抽取的樣本不被置回 (不能重複抽取)：

```
> library (sampling)
> subnum = strata (newdata, stratanames = "證照 A", method = "srswor", size = c (9, 9,
  9))
> subnum
```

	證照 A	ID_unit	Prob	Stratum
2	A 等	2	0.6428571	1
3	A 等	3	0.6428571	1
4	A 等	4	0.6428571	1
<略>				
38	C 等	38	0.6428571	3
40	C 等	40	0.6428571	3
42	C 等	42	0.6428571	3

[說明]：函數 **strata ( )** 物件的內容有四直欄，第一欄「證照 A」為分層變數的水準群組標記、第二欄「**ID_unit**」為樣本觀察值所在的橫列位置數值 (樣本觀察值在資料框架物件中的序位)，第三欄「**Prob**」為各層中樣本觀察值被抽取的機率，同一個水準群組中的機率值均相同，第四欄「**Stratum**」為樣本觀察值在分層變數中的水準數值。

以函數 **getdata ( )** 輸出函數 **strata ( )** 抽取的樣本觀察值資料檔：

```
> trainda = getdata (newdata, subnum)
> print (trainda)
```

	原始編號	智力	投入	策略	成績	證照 B	排序後編號	證照 A	ID_unit	Prob	Stratum
11	s11	120	40	52	94	通過	2	A 等	2	0.6428571	1
12	s12	120	42	51	96	通過	3	A 等	3	0.6428571	1
13	s13	121	43	53	93	通過	4	A 等	4	0.6428571	1
<略>											
27	s27	107	7	14	53	未通過	38	C 等	38	0.6428571	3
29	s29	108	8	16	55	未通過	40	C 等	40	0.6428571	3
36	s36	112	26	12	65	通過	42	C 等	42	0.6428571	3

[說明]：「**ID_unit**」變數直行的數值與「排序後編號」變數的數值完全相同。

函數 **getdata ( )** 元素 $ID_unit 為橫列觀察值的數值向量，只取出函數 **getdata ( )** 物件 (subnum) 元素 $ID_unit 的數值，這些數值為訓練樣本觀察值的編號索引：

```
> subn = subnum$ID_unit
> subn
 [1]  2  3  4  6  8 11 12 13 14 17 18 19 20 23 24 25 26 28 30 31 32 34 35 37
[25] 38 40 42
```

[說明]：函數 **getdata ( )** 元素 **$ID_unit** 的數值向量為「排序後編號」中的樣本觀察值序位號碼。

```
> traindata = newdata [subn,]
> testdata = newdata [-subn,]
```

[說明]：訓練樣本為正數值向量索引，測試樣本為負數值向量索引，二個樣本觀察值沒有重複的序號。

查看訓練樣本資料檔內容：

```
> print (traindata)
```

	原始編號	智力	投入	策略	成績	證照 A	證照 B	排序後編號
11	s11	120	40	52	94	A 等	通過	2
12	s12	120	42	51	96	A 等	通過	3
<略>								
29	s29	108	8	16	55	C 等	未通過	40
36	s36	112	26	12	65	C 等	通過	42

```
> print (testdata)
```

	原始編號	智力	投入	策略	成績	證照 A	證照 B	排序後編號
10	s10	121	40	50	95	A 等	通過	1
14	s14	120	46	56	98	A 等	通過	5
16	s16	122	46	52	90	A 等	通過	7
37	s37	110	50	23	90	A 等	通過	9
38	s38	110	50	24	91	A 等	通過	10
1	s01	130	17	10	78	B 等	未通過	15
2	s02	131	18	11	76	B 等	未通過	16
7	s07	120	17	40	85	B 等	通過	21
8	s08	123	18	40	86	B 等	未通過	22
33	s33	113	38	25	82	B 等	通過	27
18	s18	119	21	6	62	C 等	未通過	29
22	s22	118	24	8	65	C 等	未通過	33
25	s25	105	6	12	50	C 等	未通過	36
28	s28	105	9	15	54	C 等	未通過	39
35	s35	112	24	12	56	C 等	通過	41

[說明]：測試樣本在「排序後編號」的序位數值均沒有包含在函數 getdata ( ) 元素 $ID_unit 的數值向量內容之中。

範例分層抽樣的標的變數為「證照 B」(RANKB)，排序後「通過」、「未通過」水準群組次數分別為 22、10，分層隨機抽樣各抽取群組二分之一的樣本觀察值，二個水準群組抽取的樣本數大小為 11、10，被抽取的觀察值作為訓練樣本、未被抽取的觀察值作為測試樣本，R 主控台函數語法為：

```
> newdata = testdata [order (testdata$ 證照 B, decreasing = FALSE),]
> newdata$ 排序後編號 = c (1:42)
> table (newdata$ 證照 B)
 通過  未通過
  22      20
> library (sampling)
> subnum = strata (newdata, stratanames = "證照 B", method = "srswor", size = c (11,
   10))
> trainda = getdata (newdata, subnum)
> subn = subnum$ID_unit
> print (subn)
 [1]  1  2  7  8  9 10 11 14 17 18 22 23 25 26 31 33 34 35 36 38 39
```
[說明]：以正索引之數值向量作為觀察值序號，數值向量為觀察值排序後的橫列序號，觀察值組成的樣本為訓練樣本。

```
> traindata = newdata [subn,]
> testdata = newdata [-subn,]
```

查看原始資料框架物件、訓練樣本、測試樣本的資料內容：

```
> print (newdata)
      原始編號   智力   投入   策略   成績   證照 A   證照 B   排序後編號
7     s07    120    17    40    85    B 等    通過      1
9     s09    122    19    40    84    B 等    通過      2
10    s10    121    40    50    95    A 等    通過      3
<略>
28    s28    105    9     15    54    C 等    未通過     40
29    s29    108    8     16    55    C 等    未通過     41
34    s34    113    25    26    78    B 等    未通過     42
> print (traindata)
      原始編號   智力   投入   策略   成績   證照 A   證照 B   排序後編號
7     s07    120    17    40    85    B 等    通過      1
9     s09    122    19    40    84    B 等    通過      2
14    s14    120    46    56    98    A 等    通過      7
<略>
24    s24    119    23    9     65    C 等    未通過     36
26    s26    106    8     13    52    C 等    未通過     38
27    s27    107    7     14    53    C 等    未通過     39
```
[說明]：資料框架物件 **traindata** 為訓練樣本。
```
> print (testdata)
      原始編號   智力   投入   策略   成績   證照 A   證照 B   排序後編號
10    s10    121    40    50    95    A 等    通過      3
11    s11    120    40    52    94    A 等    通過      4
<略>
29    s29    108    8     16    55    C 等    未通過     41
34    s34    113    25    26    78    B 等    未通過     42
```

只擷取觀察值「排序後編號」變數的內容，訓練樣本觀察值橫列序號與
subnum$ID_unit 輸出的數值向量完全相同：

```
> traindata$ 排序後編號
 [1]  1  2  7  8  9 10 11 14 17 18 22 23 25 26 31 33 34 35 36 38 39
> testdata$ 排序後編號
 [1]  3  4  5  6 12 13 15 16 19 20 21 24 27 28 29 30 32 37 40 41 42
```

使用分層隨機函數 **strata ( )** 建構訓練樣本、測試樣本，配合 **rpart ( )** 函數建構決策樹模型，根據訓練樣本建構的決策樹模型對測試樣本進行效度檢定，完整的 R 編輯器語法指令如下，其中使用的套件包括 **{readxl}** (直接匯入試算表檔案套件)、**{sampling}** (分層抽樣程序套件)、**{rpart}** (決策樹模型建構套件)、**{rpart.plot}** (決策樹圖形的繪製套件，預測分類效度檢定中不繪製決策樹模型圖形，套件可以不用載入)。範例決策樹的反應變數為「證照 A」(三分類別變數)：

```
[ 1] library (rpart)
[ 2] library (rpart.plot)
[ 3] library (sampling)
[ 4] library (readxl)
[ 5] testdata = read_excel ("test0.xlsx", 1)
[ 6] testdata$RANKA = factor (testdata$RANKA, levels = 1:3, labels = c ("A 等", "B 等", "C 等"))
[ 7] testdata$RANKB = factor (testdata$RANKB,l evels = 1:2, labels = c ("通過", "未通過"))
[ 8] names (testdata) = c ("原始編號", "智力", "投入", "策略", "成績", "證照 A", "證照 B")
[ 9] newdata = testdata [order (testdata$ 證照 A),]  # 根據證照 A 排序
[10] newdata$ 排序後編號 = c (1:42)
[11] subnum = strata (newdata, stratanames = "證照 A", method = "srswor", size = c (9, 9, 9))
[12] trainda = getdata (newdata, subnum)
[13] subn = subnum$ID_unit
[14] traindata = newdata [subn,] # 訓練樣本
[15] testdata = newdata [-subn,] # 測試樣本
[16] regt.m = rpart (證照 A~智力 + 投入 + 策略, data = traindata, method = "class", minsplit = 5)
[17] print (regt.m)
[18] class.p = predict (regt.m, testdata, type = "class") # 預測分類模型物件
[19] testdata$ 預測證照 A = class.p # 預測分類結果增列變數儲存於測試樣本中
[20] table.m = with (testdata, {table (證照 A, 預測證照 A)}) # 預測分類交叉表
[21] print (table.m)
[22] rate = round (100*sum (diag (table.m))/sum (table.m),1)
[23] cat("@@ 測試樣本總數 =",sum (table.m),"--預測分類正確樣本數 =", sum (diag (table.m)),"\n")
[24] cat ("@@ 預測分類正確百分比 =",rate,"%","--預測分類錯誤百分比 =",100-rate,"%\n")
[25] print (testdata)
```

R 主控台執行 R 編輯器語法指令部分輸出結果如下：

```
> print (regt.m)
n = 27
node), split, n, loss, yval, (yprob)
    * denotes terminal node
1) root            27    18    A 等    (0.33333333 0.33333333 0.33333333)
2) 投入 >= 39        8     0    A 等    (1.00000000 0.00000000 0.00000000) *
3) 投入 < 39        19    10    B 等    (0.05263158 0.47368421 0.47368421)
6) 策略 >= 19.5      7     1    B 等    (0.14285714 0.85714286 0.00000000) *
7) 策略 < 19.5      12     3    C 等    (0.00000000 0.25000000 0.75000000)
14) 智力 >= 121.5    3     0    B 等    (0.00000000 1.00000000 0.00000000) *
15) 智力 < 121.5     9     0    C 等    (0.00000000 0.00000000 1.00000000) *
```

[說明]：分類樹模型建構之標的資料檔 (訓練樣本) 為 **traindata**，樣本觀察值 N = **27**，分類樹圖中有三個內部節點、四個葉節點。

```
> print (table.m)
                  預測證照 A
   證照 A     A 等    B 等    C 等
    A 等       5      0      0
    B 等       0      4      1
    C 等       0      0      5
> rate = round (100*sum (diag(table.m))/sum(table.m),1)
> cat ("@@ 測試樣本總數 = ", sum (table.m),"--預測分類正確樣本數 = ", sum (diag
  (table.m)), "\n")
@@ 測試樣本總數 = 15 --預測分類正確樣本數 = 14
> cat ("@@ 預測分類正確百分比 = ",rate,"%","--預測分類錯誤百分比 = ",100-
  rate,"%\n")
@@ 預測分類正確百分比 = 93.3 % --預測分類錯誤百分比 = 6.7 %
```

範例預測分類之反應變數為證照 B，二個分層樣本約選取三分之二觀察值作為訓練樣本，其餘未被選的三分之一觀察值為測試樣本：

```
> table (temp [,6])
  通過  未通過
   22    20
> round (22*2/3, 0)
[1] 15
> round (20*2/3, 0)
[1] 13
```

　　22 位「通過」群組樣本選取 15 位、20 位「未通過」群組觀察值選取 13 位，訓練樣本與測試樣本資料框架物件隨機分割的 R 主控台函數指令為：

```
> newdata = temp[order (temp$ 證照 B),]# 根據證照 B 排序
> newdata$ 排序後編號 = c (901:942)
> subnum = strata (newdata, stratanames = "證照 B", method = "srswor", size = c
  (15,13))
> trainda = getdata (newdata,subnum)
> subn = subnum$ID_unit
> traindata = newdat a[subn,]  #訓練樣本
> testdata = newdata [-subn,]  #測試樣本
> traindata [,7] ## 輸出訓練樣本第七個變數「排序後編號」觀察值的數值
 [1] 902 903 905 906 907 909 910 911 914 916 917 918 920 921 922 924 925 927
[19] 928 930 931 932 933 934 936 937 938 939
> testdata [,7]  ## 輸出測試樣本第七個變數「排序後編號」觀察值的數值
 [1] 901 904 908 912 913 915 919 923 926 929 935 940 941 942
```

　　以排序後的資料框架物件為標的資料檔，使用 **table ( )** 函數建構的次數分配物件元素分別求出「通過」、「未通過」二個群組三分之二的觀察值個數：

```
> bgroup = table (newdata$ 證照 B)
> round (bgroup [1]*2/3, 0)
通過
 15
> round (bgroup [2]*2/3, 0)
未通過
  13
```

　　函數 **strata ( )** 引數 size 直接使用次數分配表格元素物件作為數值向量的數值大小：

```
> passn = round (bgroup [1]*2/3, 0)
> nopassn = round (bgroup [2]*2/3, 0)
> subnum = strata (newdata, stratanames = "證照 B", method = "srswor", size = c (passn,
  nopassn))
```

　　原 R 主控台語法函數指令：

「> **subnum = strata (newdata, stratanames = "證照 B", method = "srswor", size = c (15, 13))**」

引數改為「size = c (passn, nopassn)」，在實際應用上較有彈性。

Chapter 07

k 疊交互驗證法

k 疊交互驗證法一般將資料檔分成十個樣本群組，稱為 10 疊交互驗證法，範例由於觀察值只有 42 位，樣本群組只分為六個群組，每個樣本群組各有七位觀察值，k 疊交互驗證法 (k = 6) 的架構圖如下，圖中灰色樣本群組為為訓練樣本，每次的訓練樣本群組有 k－1 (= 6－1 = 5) 個，另一個白色樣本群組為測試樣本：

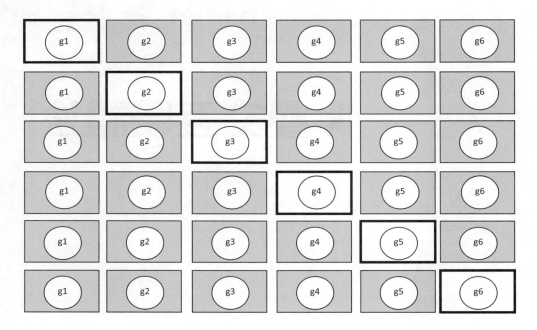

採用 sample ( ) 函數將資料檔隨機分割成六個樣本群組，六個樣本群組的物件名稱分別 g1、g2、g3、g4、g5、g6，六個樣本群組的觀察值各有七位，複核效度檢定時，測試樣本的群組名稱依序為 g1、g2、g3、g4、g5、g6，以第一次執行程序為例，訓練樣本的觀察值為 {g2 + g3 + g4 + g5 + g6} 群組，測試樣本的觀察值為 g1 群組；以第二次執行程序為例，訓練樣本的觀察值為 {g1 + g3 + g4 + g5 + g6} 群組，測試樣本的觀察值為 g2 群組；第三次執行程序為例，訓練樣本的觀察值為 {g1 + g2 + g4 + g5 + g6} 群組，測試樣本的觀察值為 g3 群組，第六次執行程序為例，訓練樣本的觀察值為 {g1 + g2 + g3 + g4 + g5} 群組，測試樣本的觀察值為 g6 群組。

壹、六疊效度驗證法

一、採用系統抽樣法

範例六個組別的分類採用系統抽樣本法,建立六列七行的陣列,元素內容為 1 至 42:

```
> x = array (1:42, dim = c (6,7))
> x
      [,1]  [,2]  [,3]  [,4]  [,5]  [,6]  [,7]
[1,]   1    7    13    19    25    31    37
[2,]   2    8    14    20    26    32    38
[3,]   3    9    15    21    27    33    39
[4,]   4    10   16    22    28    34    40
[5,]   5    11   17    23    29    35    41
[6,]   6    12   18    24    30    36    42
> g1 = x [1,]
> g2= x [2,]
> g3= x [3,]
> g4 = x [4,]
> g5 = x [5,]
> g6 = x [6,]
> g1
[1]    1    7    13    19    25    31    37
> g2
[1]    2    8    14    20    26    32    38
> g3
[1]    3    9    15    21    27    33    39
> g4
[1]    4    10   16    22    28    34    40
> g5
[1]    5    11   17    23    29    35    41
> g6
[1]    6    12   18    24    30    36    42
```

組別的劃分為陣列的各列,以各列的數值作為觀察值的索引編號,標的組別為測試樣本 (正索引數值)、其餘五個組別為訓練樣本 (負索引數值)。

六次疊代交互驗證法之 R 編輯器語法指令為：

```
[1] for (i in 1:6)   {
[2] if (i==1)      {sub = g1
[3]  } else if (i==2) {sub = g2
[4]  } else if (i==3) {sub = g3
[5]  } else if (i==4) {sub = g4
[6]  } else if (i==5) {sub = g5
[7]  } else if (i==6) {sub = g6
[8] }
[9] trad = temp [-sub,]
[10] tesd = temp [sub,]
[11] regt.m = rpart (證照 B~智力 + 投入 + 策略, data = trad, method =  "class",
minsplit = 5, maxsurrogate = 0, usesurrogate = 0)
[12] prin t(regt.m)
[13] class.p = predict (regt.m, tesd, type = "class")
[14] tesd$ 預測分類 = class.p
[15] print.data.frame (tesd)
[16] tab.m = with (tesd, {table (證照 B, 預測分類)})
[17] tab.m
[18] rate = round (100*sum (diag (tab.m))/sum (tab.m), 1)
[19] cat ("測試樣本群組：第 ",i," 組", "\n")
[20] cat ("測試樣本總數 = ",sum (tab.m),"--預測分類正確樣本數 = ", sum (diag
(tab.m)), "\n")
[21] cat ("預測分類正確百分比 = ",rate,"%","--預測分類錯誤百分比 = ",100-rate,
"%\n")
[22]}
```

[1] 列設定六次交互驗證迴圈的起始處。

[2] 列至 [8] 列邏輯判別，指定 i 值對應的測試樣本群組，當 i 值為 1 時，測試樣本為 g1，當 i 值為 2 時，測試樣本為 g2，當 i 值為 6 時，測試樣本為 g6。

[9] 列以負數值索引界定訓練樣本 (測試樣本群組之外的五個樣本群組)。

[10] 列以正數值索引界定測試樣本。

[11] 列使用 **rpart ( )** 函數建構分類樹模型。

[12] 列輸出分類樹模型分割準則。

[13] 列為分類樹模型對測試樣本群組進行預測分類。

[14] 列將預測分類結果水準群組增列於測試樣本中，變數名稱為「預測分類」。

[15] 列輸出測試樣本資料框架物件內容。

[16] 列求出「證照 B」二分變數與「預測分類」二分變數的交叉表。

[17] 列輸出預測分類交叉分類結果。

[18] 列計算交叉表對角線次數佔總次數的百分比。

[19] 列至 [21] 列使用 **cat ( )** 函數輸出預測分類的標記說明與參數估計值。

[22] 列六次交互驗證迴圈的設定結束。

R 主控台執行 R 編輯器語法指令視窗結果如下：

```
> for (i in 1:6){
+ if (i==1)       {sub=g1
+ } else if (i==2) {sub=g2
+ } else if (i==3) {sub=g3
+ } else if (i==4) {sub=g4
+ } else if (i==5) {sub=g5
+ } else if (i==6) {sub=g6
+ }
<略>
+ }
n = 35
node), split, n, loss, yval, (yprob)
    * denotes terminal node
1) root            35    17     通過  (0.4857143 0.5142857)
2) 投入 < 25.5   19     2     未通過 (0.8947368 0.1052632) *
3) 投入 >= 25.5  16     0     通過  (0.0000000 1.0000000) *
```

	智力	投入	策略	成績	證照 A	證照 B	預測分類
1	130	17	10	78	B 等	未通過	未通過
7	120	17	40	85	B 等	通過	未通過
13	121	43	53	93	A 等	通過	通過
19	120	22	7	60	C 等	未通過	未通過
25	105	6	12	50	C 等	未通過	未通過
31	114	33	23	88	B 等	通過	通過
37	110	50	23	90	A 等	通過	通過

測試樣本群組：第 1 組
測試樣本總數 = 7 --預測分類正確樣本數 = 6
預測分類正確百分比 = 85.7% --預測分類錯誤百分比 = 14.3%
[說明]：以第一組 (g1) 為測試樣本 (n = 7)，第二組、第三組、第四組、第五組、第六組的觀察值為訓練樣本 (n = 35)，根據訓練樣本建構分類樹模型，再以建構的

分類樹模型對測試樣本進行效度檢定，預測分類的正確百分比為 **85.7%**、預測分類的錯誤百分比 = **14.3%**。

n = 35

node), split, n, loss, yval, (yprob)

   * denotes terminal node

1) root   35   16   通過   (0.45714286 0.54285714)
2) 投入 < 25.5   19   3   未通過   (0.84210526 0.15789474)
4) 策略 < 33   17   1   未通過   (0.94117647 0.05882353) *
5) 策略 >= 33   2   0   通過   (0.00000000 1.00000000) *
3) 投入 >= 25.5   16   0   通過   (0.00000000 1.00000000) *

	智力	投入	策略	成績	證照A	證照B	預測分類
2	131	18	11	76	B 等	未通過	未通過
8	123	18	40	86	B 等	未通過	通過
14	120	46	56	98	A 等	通過	通過
20	118	23	8	61	C 等	未通過	未通過
26	106	8	13	52	C 等	未通過	未通過
32	114	34	24	86	B 等	通過	通過
38	110	50	24	91	A 等	通過	通過

測試樣本群組：第 2 組

測試樣本總數 = 7 --預測分類正確樣本數 = 6

預測分類正確百分比 = **85.7%** --預測分類錯誤百分比 = **14.3%**

[說明]：以第二組 **(g2)** 為測試樣本 **(n = 7)**，第一組、第三組、第四組、第五組、第六組的觀察值為訓練樣本 **(n = 35)**，根據訓練樣本建構分類樹模型，再以建構的分類樹模型對測試樣本進行效度檢定，預測分類的正確百分比為 **85.7%**、預測分類的錯誤百分比為 **14.3%**。

n = 35

node), split, n, loss, yval, (yprob)

   * denotes terminal node

1) root   35   17   通過   (0.4857143 0.5142857)
2) 投入 < 25.5   19   2   未通過   (0.8947368 0.1052632) *
3) 投入 >= 25.5   16   0   通過   (0.0000000 1.0000000) *

	智力	投入	策略	成績	證照A	證照B	預測分類
3	112	19	11	70	B 等	未通過	未通過
9	122	19	40	84	B 等	通過	未通過
15	121	45	54	97	A 等	通過	通過
21	119	23	9	64	C 等	未通過	未通過
27	107	7	14	53	C 等	未通過	未通過
33	113	38	25	82	B 等	通過	通過
39	110	52	25	92	A 等	通過	通過

測試樣本群組：第 3 組

測試樣本總數 = 7 --預測分類正確樣本數 = 6

預測分類正確百分比 = **85.7%** --預測分類錯誤百分比 = **14.3%**

[說明]：以第三組 **(g3)** 為測試樣本 **(n = 7)**，第一組、第二組、第四組、第五組、第六組的觀察值為訓練樣本 **(n = 35)**，根據訓練樣本建構分類樹模型，再以建構的分類樹模型對測試樣本進行效度檢定，預測分類的正確百分比為 **85.7%**、預測分類的錯誤百分比 = **14.3%**。

n = 35

node), split, n, loss, yval, (yprob)

    * denotes terminal node

1) root   **35**   **16**   通過   **(0.4571429 0.5428571)**

2) 投入 < 25.5   **19**   **3**   未通過   **(0.8421053 0.1578947)**

4) 策略 < 28   **16**   **1**   未通過   **(0.9375000 0.0625000)** *

5) 策略 >= 28   **3**   **1**   通過   **(0.3333333 0.6666667)** *

3) 投入 >= 25.5   **16**   **0**   通過   **(0.0000000 1.0000000)** *

	智力	投入	策略	成績	證照A	證照B	預測分類
4	**124**	**18**	**12**	**74**	B 等	未通過	未通過
10	**121**	**40**	**50**	**95**	A 等	通過	通過
16	**122**	**46**	**52**	**90**	A 等	通過	通過
22	**118**	**24**	**8**	**65**	C 等	未通過	未通過
28	**105**	**9**	**15**	**54**	C 等	未通過	未通過
34	**113**	**25**	**26**	**78**	B 等	未通過	未通過
40	**110**	**52**	**26**	**93**	A 等	通過	通過

測試樣本群組：第 **4** 組

測試樣本總數 = **7** --預測分類正確樣本數 = **7**

預測分類正確百分比 = **100%** --預測分類錯誤百分比 = **0%**

[說明]：六個分類樹模型比較之下，以第四組 **(g4)** 為測試樣本 **(n = 7)**，以第一組、第二組、第三組、第五組、第六組的觀察值為訓練樣本 **(n = 35)** 建構的分類樹模型最佳，分類樹模型對測試樣本預測分類正確的百分比為 **100.0%**，對分類樹模型具有顯著影響的解釋變數為投入、策略。葉節點 **[4]** 的分割條件為「投入 < 25.5 且 策略 < 28」(分類為未通過)、葉節點 **[5]** 的分割條件為「投入 < 25.5 且 策略 >= 28」(分類為通過)、葉節點 **[3]** 的分割條件為「投入 >= 25.5」(分類為通過)。分類樹的分割準則為：

準則 1：IF 「投入 < 25.5 且 策略 < 28」 THEN 「未通過」(純度值 = **93.8%**)

準則 2：IF 「投入 < 25.5 且 策略 >= 28」 THEN 「通過」(純度值 = **66.7%**)

準則 3：IF 「投入 >= 25.5 」) THEN「通過」(純度值 = **100.0%**)

n= 35

node), split, n, loss, yval, (yprob)

    * denotes terminal node

1) root   **35**   **17**   通過   **(0.4857143 0.5142857)**

2) 投入 < 25.5   **19**   **2**   未通過   **(0.8947368 0.1052632)**

4) 策略 < 33   **16**   **0**   未通過   **(1.0000000 0.0000000)** *

```
5) 策略 >= 33      3    1      通過    (0.3333333 0.6666667) *
3) 投入 >= 25.5   16    0      通過    (0.0000000 1.0000000) *
```

	智力	投入	策略	成績	證照A	證照B	預測分類
5	129	19	13	78	B 等	未通過	未通過
11	120	40	52	94	A 等	通過	通過
17	121	43	51	92	A 等	通過	通過
23	119	25	9	62	C 等	未通過	未通過
29	108	8	16	55	C 等	未通過	未通過
35	112	24	12	56	C 等	通過	未通過
41	108	53	24	91	A 等	通過	通過

測試樣本群組：第 5 組

測試樣本總數 = 7 --預測分類正確樣本數 = 6

預測分類正確百分比 = **85.7%** --預測分類錯誤百分比 = **14.3%**

[說明]：以第五組 (g5) 為測試樣本 (n = 7)，第一組、第二組、第三組、第四組、第六組的觀察值為訓練樣本 (n = 35)，根據訓練樣本建構分類樹模型，再以建構的分類樹模型對測試樣本進行效度檢定，預測分類的正確百分比為 **85.7%**、預測分類的錯誤百分比 = **14.3%**。

n = 35

node), split, n, loss, yval, (yprob)

    * denotes terminal node

```
1) root            35    17    通過     (0.48571429 0.51428571)
2) 投入 < 29       20     3    未通過   (0.85000000 0.15000000)
4) 策略 < 33       17     1    未通過   (0.94117647 0.05882353) *
5) 策略 >=33        3     1    通過     (0.33333333 0.66666667) *
3) 投入 >=29       15     0    通過     (0.00000000 1.00000000) *
```

	智力	投入	策略	成績	證照A	證照B	預測分類
6	125	18	14	76	B 等	未通過	未通過
12	120	42	51	96	A 等	通過	通過
18	119	21	6	62	C 等	未通過	未通過
24	119	23	9	65	C 等	未通過	未通過
30	115	34	22	86	B 等	通過	通過
36	112	26	12	65	C 等	通過	未通過
42	115	32	28	90	A 等	通過	通過

測試樣本群組：第 6 組

測試樣本總數 = 7 --預測分類正確樣本數 = 6

預測分類正確百分比 = **85.7%** --預測分類錯誤百分比 = **14.3%**

[說明]：以第六組 (g3) 為測試樣本 (n = 7)，第一組、第二組、第三組、第四組、第五組的觀察值為訓練樣本 (n = 35)，根據訓練樣本建構分類樹模型，再以建構的分類樹模型對測試樣本進行效度檢定，預測分類的正確百分比為 **85.7%**、預測分類的錯誤百分比 = **14.3%**。

二、採用隨機抽樣法

上述的分組採用的是系統分組，依照觀察值編號按固定間距排列，如果陣列的元素要採用隨機分派方式，陣列元素的取得增列 **sample (1:42, 42, replace = F)** 函數。

以編號 1 至編號 21 的觀察值為例，採用隨機取樣函數 **sample ( )** 從 1 至 21 數值中隨機取出 21 個數值，內定引數 replace 設定為假 (= FALSE)，表示被抽取出的數值不能再重複抽取，以數值向量作為資料，使用 **array ( )** 函數將數值向量轉化為 3 列 7 行的陣列，數值向量的排列為直行再橫列：

```
> numx = sample (1:21, 21, replace = FALSE)
> numx
 [1] 10  1  2 17  9  8 13 16 21 15  6 19 14 11 12  4  5 18  3 20  7
> array (numx, dim = c (3,7))
        [,1]    [,2]    [,3]    [,4]    [,5]    [,6]    [,7]
[1,]     10      17      13      15      14       4       3
[2,]      1       9      16       6      11       5      20
[3,]      2       8      21      19      12      18       7
```

相同的數值向量也可以使用 **matrix ( )** 函數轉換為 3 列 7 行的二維矩陣，引數 byrow 內定選項為假，表示數值向量排列先直行後橫列，如果要改為先橫列後直行排列，引數 byrow 要設定為真：

```
> matrix (numx, nrow = 3, ncol = 7, byrow = FALSE)
        [,1]    [,2]    [,3]    [,4]    [,5]    [,6]    [,7]
[1,]     10      17      13      15      14       4       3
[2,]      1       9      16       6      11       5      20
[3,]      2       8      21      19      12      18       7
> matrix (numx, nrow = 3, ncol = 7, byrow = TRUE)
        [,1]    [,2]    [,3]    [,4]    [,5]    [,6]    [,7]
[1,]     10       1       2      17       9       8      13
[2,]     16      21      15       6      19      14      11
[3,]     12       4       5      18       3      20       7
```

使用陣列函數 **array ( )** 從 1 至 42 數值中隨機抽取排列，抽取的數值向量轉換為 6 列 7 行的陣列，每一個橫列為測試樣本 (組別) 的觀察值編號索引：

```
> x = array (sample (1:42, 42, replace = F), dim = c (6, 7))
> x
        [,1]    [,2]    [,3]    [,4]    [,5]    [,6]    [,7]
[1,]     34      4      24      41       8      23       1
[2,]     22     19      32       5      40      10      15
[3,]     17     31      35      27      26      28      21
[4,]     36     25      33       9      29      12      14
[5,]      6     18      16      42      30       3      37
[6,]     39     38      11      13       7       2      20
[說明]：陣列中的元素為數值 1 至 42，元素中沒有重複出現的數值。
```

設定陣列的每列元素向量為一個樣本群組，陣列形態為 6 × 7 (六列七行)，六個群組的元素如下：

```
> rg1 =  x[1,]
> rg2 = x [2,]
> rg3 = x [3,]
> rg4 = x [4,]
> rg5 = x [5,]
> rg6 = x [6,]
> rg1
[1]     34      4      24      41       8      23       1
> rg2
[1]     22     19      32       5      40      10      15
> rg3
[1]     17     31      35      27      26      28      21
> rg4
[1]     36     25      33       9      29      12      14
> rg5
[1]      6     18      16      42      30       3      37
> rg6
[1]     39     38      11      13       7       2      20
```

由於採用隨機種子抽取，每執行一次 **sample ( )** 函數，數值向量元素排列內容都會不一樣，對應的陣列或矩陣橫列的觀察值數值編號也不會完全相同，範例執行第二次 **sample ( )** 函數程序，數值向量出現的次序與第一次完全不同，橫列元素數值也不一樣：

```
> subnum = sample (1:42, 42, replace = FALSE)
> print (subnum)
 [1] 23  7 32 24 25 34 22 16 31  6 35 12  8 20 37 27 26 13 18 11  9 39 14 10
[25] 41  4  3 30 36 15 42 38  2 21 19 33 29  1 40 17  5 28
> submat = matrix (subnum, nrow = 6, ncol = 7, byrow = FALSE)
> print (submat)
```

	[,1]	[,2]	[,3]	[,4]	[,5]	[,6]	[,7]
[1,]	23	22	8	18	41	42	29
[2,]	7	16	20	11	4	38	1
[3,]	32	31	37	9	3	2	40
[4,]	24	6	27	39	30	21	17
[5,]	25	35	26	14	36	19	5
[6,]	34	12	13	10	15	33	28

```
> subarr = array(subnum, dim = c (6,7))
> print (subarr)
```

	[,1]	[,2]	[,3]	[,4]	[,5]	[,6]	[,7]
[1,]	23	22	8	18	41	42	29
[2,]	7	16	20	11	4	38	1
[3,]	32	31	37	9	3	2	40
[4,]	24	6	27	39	30	21	17
[5,]	25	35	26	14	36	19	5
[6,]	34	12	13	10	15	33	28

　　從陣列或矩陣元素中擷取橫列的數值元素，語法為「陣列或矩陣物件 [橫列數值 ,]」，擷取直行的數值元素，語法為「陣列或矩陣物件 [, 直行數值]」。

　　以隨機方式抽取樣本，進行六疊交互驗證 (6-fold cross validation) 程序，由於是隨機抽取樣本，每執行一次程序，六個群組的樣本觀察值均會不同。R 編輯器完整的語法函數為：

```
x = array (sample (1:42, 42, replace = F), dim = c (6, 7))
g1 = x [1,]
g2 = x [2,]
g3 = x [3,]
g4 = x [4,]
g5 = x [5,]
g6 = x [6,]
for (i in 1:6){
 if (i==1)      {sub = g1
```

```
} else if (i==2) {sub = g2
} else if (i==3) {sub = g3
} else if (i==4) {sub = g4
} else if (i==5) {sub = g5
} else if (i==6) {sub = g6
}
trad = temp [-sub,]
tesd = temp [sub,]
regt.m = rpart (證照 B~智力 + 投入 + 策略, data = trad, method = "class", minsplit
= 5
,maxsurrogate = 0, usesurrogate = 0)
print (regt.m)
class.p = predict (regt.m, tesd, type = "class")
tesd$ 預測分類 = class.p
print.data.frame (tesd)
tab.m = with (tesd, {table(證照 B, 預測分類)})
tab.m
rate = round (100*sum (diag (tab.m))/sum (tab.m), 1)
cat ("@測試樣本群組：第 ",i," 組", "\n")
cat ("@測試樣本總數 =",sum(tab.m),"--預測分類正確樣本數 = ",sum (diag (tab.
m)), "\n")
cat ("@預測分類正確百分比 =",rate,"%","--預測分類錯誤百分比 = ",100-rate,
"%\n")
}
```

R 主控台執行 R 編輯器語法指令結果如下：

```
n = 35
node), split, n, loss, yval, (yprob)
   * denotes terminal node
1) root            35    16    通過    (0.4571429 0.5428571)
  2) 投入 < 25.5   18    2    未通過   (0.8888889 0.1111111) *
  3) 投入 >=25.5   17    0    通過    (0.0000000 1.0000000) *
```

	智力	投入	策略	成績	證照A	證照B	預測分類
1	130	17	10	78	B 等	未通過	未通過
21	119	23	9	64	C 等	未通過	未通過
19	120	22	7	60	C 等	未通過	未通過
2	131	18	11	76	B 等	未通過	未通過
33	113	38	25	82	B 等	通過	通過
7	120	17	40	85	B 等	通過	未通過

31	114	33	23	88	B 等	通過	通過

@測試樣本群組:第 1 組

@測試樣本總數 = 7 --預測分類正確樣本數 = 6

@預測分類正確百分比 = **85.7%** --預測分類錯誤百分比 = **14.3%**

[說明]:第一組 **(g1)** 為測試樣本 **(n = 7)**,「**g2 + g3 + g4 + g5 + g6**」等五組的觀察值為訓練樣本 **(n = 35)**,根據訓練樣本建構分類樹模型 (有二個葉節點),再以建構的分類樹模型對測試樣本進行效度檢定,預測分類的正確百分比為 **85.7%**、預測分類的錯誤百分比 = **14.3%**。

n = 35

node), split, n, loss, yval, (yprob)

    * denotes terminal node

1) root		35	15	通過	(0.42857143 0.57142857)
2) 投入 < 25.5		18	3	未通過	(0.83333333 0.16666667)
4) 策略 < 33		15	1	未通過	(0.93333333 0.06666667) *
5) 策略 >= 33		3	1	通過	(0.33333333 0.66666667) *
3) 投入 >= 25.5		17	0	通過	(0.00000000 1.00000000) *

	智力	投入	策略	成績	證照 A	證照 B	預測分類
4	124	18	12	74	B 等	未通過	未通過
25	105	6	12	50	C 等	未通過	未通過
6	125	18	14	76	B 等	未通過	未通過
30	115	34	22	86	B 等	通過	通過
22	118	24	8	65	C 等	未通過	未通過
13	121	43	53	93	A 等	通過	通過
18	119	21	6	62	C 等	未通過	未通過

@測試樣本群組:第 2 組

@測試樣本總數 = 7 --預測分類正確樣本數 = 7

@預測分類正確百分比 = **100%** --預測分類錯誤百分比 = **0%**

[說明]:第二組 **(g2)** 為測試樣本 **(n = 7)**,「**g1 + g3 + g4 + g5 + g6**」等五組的觀察值為訓練樣本 **(n = 35)**,根據訓練樣本建構分類樹模型 (有三個葉節點),再以建構的分類樹模型對測試樣本進行效度檢定,預測分類的正確百分比為 **100.0%**、預測分類的錯誤百分比 = **0.0%**。分類樹成長分割條件為:

葉節點 **[4]**:**IF**「投入 < 25.5 且 策略 < 33」**THEN**「未通過」(純度值 = **93.3%**)。

葉節點 **[5]**:**IF**「投入 < 25.5 且 策略 >= 33」**THEN**「通過」(純度值 = **66.7%**)。

葉節點 **[3]**:**IF**「投入 >= 25.5」**THEN**「通過」(純度值 = **100.0%**)。

n= 35

node), split, n, loss, yval, (yprob)

    * denotes terminal node

1) root		35	17	通過	(0.48571429 0.51428571)
2) 投入 < 28.5		20	3	未通過	(0.85000000 0.15000000)
4) 策略 < 33		17	1	未通過	(0.94117647 0.05882353) *

5) 策略 >= 33   3   1   通過   (0.33333333 0.66666667) *

3) 投入 >= 28.5   15   0   通過   (0.00000000 1.00000000) *

	智力	投入	策略	成績	證照A	證照B	預測分類
36	112	26	12	65	C 等	通過	未通過
28	105	9	15	54	C 等	未通過	未通過
15	121	45	54	97	A 等	通過	通過
24	119	23	9	65	C 等	未通過	未通過
16	122	46	52	90	A 等	通過	通過
14	120	46	56	98	A 等	通過	通過
27	107	7	14	53	C 等	未通過	未通過

@測試樣本群組：第 3 組

@測試樣本總數 = 7 --預測分類正確樣本數 = 6

@預測分類正確百分比 = 85.7% --預測分類錯誤百分比 = 14.3%

[說明]：第三組 (g3) 為測試樣本 (n = 7)，「g1 + g2 + g4 + g5 + g6」等五組的觀察值為訓練樣本 (n = 35)，根據訓練樣本建構分類樹模型，再以建構的分類樹模型對測試樣本進行效度檢定，預測分類的正確百分比為 85.7%、預測分類的錯誤百分比 = 14.3%。

n = 35

node), split, n, loss, yval, (yprob)

     * denotes terminal node

1) root   35   15   通過   (0.42857143 0.57142857)

2) 投入 < 25.5   18   3   未通過   (0.83333333 0.16666667)

4) 策略 < 33   15   1   未通過   (0.93333333 0.06666667) *

5) 策略 >= 33   3   1   通過   (0.33333333 0.66666667) *

3) 投入 >= 25.5   17   0   通過   (0.00000000 1.00000000) *

	智力	投入	策略	成績	證照A	證照B	預測分類
20	118	23	8	61	C 等	未通過	未通過
38	110	50	24	91	A 等	通過	通過
23	119	25	9	62	C 等	未通過	未通過
29	108	8	16	55	C 等	未通過	未通過
12	120	42	51	96	A 等	通過	通過
3	112	19	11	70	B 等	未通過	未通過
26	106	8	13	52	C 等	未通過	未通過

@測試樣本群組：第 4 組

@測試樣本總數 = 7 --預測分類正確樣本數 = 7

@預測分類正確百分比 = 100% --預測分類錯誤百分比 = 0%

[說明]：第四組 (g4) 為測試樣本 (n = 7)，「g1 + g2 + g3 + g5 + g6」等五組的觀察值為訓練樣本 (n = 35)，根據訓練樣本建構分類樹模型，再以建構的分類樹模型對測試樣本進行效度檢定，預測分類的正確百分比為 100.0%、預測分類的錯誤百分比 = 0.0%。分類樹成長分割條件為：

葉節點 [4]：IF「投入 < 25.5 且 策略 < 33」THEN「未通過」(純度值= 93.3%)。

葉節點 [5]：IF「投入 < 25.5 且 策略 >= 33」THEN「通過」(純度值 = 66.7%)。
葉節點 [3]：IF「投入 >= 25.5」THEN「通過」(純度值 = 100.0%)。

n= 35
node), split, n, loss, yval, (yprob)
　　　* denotes terminal node

1) root 　　　　　35　16　未通過　(0.5428571 0.4571429)
2) 投入 < 25.5　　21　2　未通過　(0.9047619 0.0952381)
4) 策略 < 33　　　19　0　未通過　(1.0000000 0.0000000) *
5) 策略 >= 33　　　2　0　　通過　(0.0000000 1.0000000) *
3) 投入 >= 25.5　　14　0　　通過　(0.0000000 1.0000000) *

	智力	投入	策略	成績	證照 A	證照 B	預測分類
17	121	43	51	92	A 等	通過	通過
41	108	53	24	91	A 等	通過	通過
39	110	52	25	92	A 等	通過	通過
42	115	32	28	90	A 等	通過	通過
8	123	18	40	86	B 等	未通過	通過
35	112	24	12	56	C 等	通過	未通過
11	120	40	52	94	A 等	通過	通過

@測試樣本群組：第 5 組
@測試樣本總數 = 7 --預測分類正確樣本數 = 5
@預測分類正確百分比 = 71.4% --預測分類錯誤百分比 = 28.6%
[說明]：第五組 (g5) 為測試樣本 (n = 7)，「g1 + g2 + g3 + g4 + g6」等五組的觀察值為訓練樣本 (n = 35)，以訓練樣本建構分類樹模型，再以建構的分類樹模型對測試樣本進行效度檢定，預測分類的正確百分比為 71.4%、預測分類的錯誤百分比 = 28.6%。

n= 35
node), split, n, loss, yval, (yprob)
　　　* denotes terminal node

1) root 　　　　　35　17　未通過　(0.5142857 0.4857143)
2) 投入 < 25.5　　20　2　未通過　(0.9000000 0.1000000) *
3) 投入 >= 25.5　　15　0　　通過　(0.0000000 1.0000000) *

	智力	投入	策略	成績	證照 A	證照 B	預測分類
32	114	34	24	86	B 等	通過	通過
34	113	25	26	78	B 等	未通過	未通過
40	110	52	26	93	A 等	通過	通過
5	129	19	13	78	B 等	未通過	未通過
37	110	50	23	90	A 等	通過	通過
9	122	19	40	84	B 等	通過	未通過
10	121	40	50	95	A 等	通過	通過

> @測試樣本群組：第 6 組
> @測試樣本總數 = 7 --預測分類正確樣本數 = 6
> @預測分類正確百分比 = **85.7%** --預測分類錯誤百分比 = **14.3%**
> [說明]：第六組 **(g6)** 為測試樣本 **(n = 7)**，「**g1 + g2 + g3 + g4 + g5**」等五組的觀察
> 值為訓練樣本 **(n = 35)**，根據訓練樣本建構分類樹模型，再以建構的分類樹模型對
> 測試樣本進行效度檢定，預測分類的正確百分比為 **85.7%**、預測分類的錯誤百分
> 比 = **14.3%**。

貳、連續變數之分類樹的應用

原始資料框架物件之反應變數名稱為 acad (變數索引位置為 7)，學習成就為
計量變數 (連續變數)，直接以學習成就為反應變數 (依變數)、其餘變數為解釋變
數 (自變數)，建立的決策樹模型為迴歸樹。統計分析程序也可以將反應變數學習
成就依絕對分組或相對分組將其轉換為次序變數，將轉換後的次序變數作為反應
變數納入決策樹模型中，此時建立的決策樹模型為分類樹：

```
> temp = read.csv ("regt1.csv", header = T)
> names (temp)
[1] "sex"  "atte"  "time"  "moti"  "hcc"  "tact"  "acad"
```

使用基本套件 **mean ( )**、**sd ( )** 函數界定學習成就變數的平均數、標準差。
評定等第準則為觀察值學習成就分數低於「平均數－0.5 個標準差」(50.247) 者
為「待加強」、高於「平均數＋0.5 個標準差」(66.070) 者為「精熟」、介於二
者之間為「基礎」。範例資料檔觀察值在學習成就測量值的平均數為 58.158、標
準差為 15.823，分組臨界點為低於 50.247 者為「待加強」群組、高於 66.070 者
為「精熟」組、介於二者之間的樣本觀察值為「基礎」組：

```
> mepa = mean (temp [,7])
> sdpa = sd (temp [,7])
> mepa
[1] 58.15833
> sdpa
[1] 15.8225
> mepa-0.5*sdpa
[1] 50.24709
```

```
> mepa + 0.5*sdpa
[1] 66.06958
```

觀察值學習成就評定等第轉換的圖示如下：

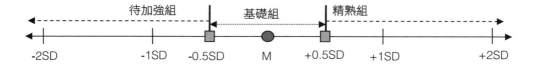

範例使用套件 {car} 函數 recode ( ) 進行分組，分組變數增列於資料框架物件中，變數名稱為 rank，配合 names ( ) 函數將資料框架物件變數名稱標記為中文：

```
[1] library (car)
[2] mepa = mean (temp [,7])
[3] sdpa = sd (temp [,7])
[4] temp$rank = with (temp, {recode (acad,"0:(mepa-0.5*sdpa) = '待加強'; (mepa-0.5*sdpa):(mepa + 0.5*sdpa) = '基礎'; else = '精熟' ")})
[5] temp$sex = ifelse (temp$sex==1,"女生","男生")
[6] names (temp) = c ("性別", "課堂專注", "讀書時間", "學習動機", "家庭資本", "學習策略", "學習成就", "等第")
```

[1] 列載入 car 套件。

[2] 列求出學習成就的平均數，函數語法也可使用 mepa = mean (temp$acad)。

[3] 列求出學習成就的標準差，函數語法也可使用 mepa = sd (temp$acad)。

[4] 列以 recode ( ) 函數依觀察值在學習成就變數測量值的分數高低 ，分為三個群組：平均數以下 0.5 個標準差為「待加強」組、平均數以上 0.5 個標準差為「精熟」組、介於二者之間為「基礎」組。

[6] 列使用 names ( ) 函數將資料框架物件之變數標記為中文。

使用 as.factor ( ) 函數將「等第」變數的屬性由文字改為因子：

```
> temp$ 等第 = as.factor (temp$ 等第)
> class (temp$ 等第)
[1] "factor"
```

使用 **sample ( )** 函數隨機抽取十位樣本觀察值，查看學習成就與等第資料：

```
> n10 = sample (1:240, 10, replace = FALSE)
> temp [n10,]
        性別 課堂專注 讀書時間 學習動機 家庭資本 學習策略 學習成就   等第
25   女生    13       8       18       8       12      46    待加強
209  女生    14      17       28      15       15      71    精熟
150  女生    13      14       22      11       11      50    待加強
43   男生    15      14       25      11       15      48    待加強
121  女生    10      11       10      13        9      23    待加強
201  男生    15      17       27      18       18      67    精熟
179  女生    14      18       27      14       13      55    基礎
188  女生    14      14       22      16       13      58    基礎
13   男生     7       8       10       9        4      40    待加強
183  女生    15      16       30      15       12      57    基礎
```

一、分類樹模型建構

範例分類樹模型建構中，節點分割最少觀察值 n 為 30、葉節點最少樣本觀察值人數 n = 15，複雜度參數 cp 設定為 0.02，反應變數為三分類別變數「等第」：

```
> fit = rpart (等第~性別 + 課堂專注 + 讀書時間 + 學習動機 + 家庭資本 + 學習策略,
  data = temp, method = "class", minsplit = 30, minbucket = 15, cp = 0.02)
> print (fit)
n = 240
node), split, n, loss, yval, (yprob)
   * denotes terminal node
1) root             240  154  待加強  (0.35833333 0.32500000 0.31666667)
2) 家庭資本 < 11.5    80   13  待加強  (0.83750000 0.15000000 0.01250000) *
3) 家庭資本 >=11.5   160   85  精熟   (0.11875000 0.41250000 0.46875000)
6) 家庭資本 < 14.5    63   22  基礎   (0.22222222 0.65079365 0.12698413)
12) 學習動機 < 18.5   18    6  待加強  (0.66666667 0.22222222 0.11111111) *
13) 學習動機 >= 18.5  45    8  基礎   (0.04444444 0.82222222 0.13333333) *
7) 家庭資本 >= 14.5   97   30  精熟   (0.05154639 0.25773196 0.69072165) *
[說明]：分類樹的葉節點有四個，內部節點有三個 (包含根節點)。
```

使用套件 **{rpart.plot}** 函數 **prp ( )** 繪製分類樹圖形：

> prp (fit, type = 4, extra = 1, box.col = 5, branch.lwd = 2, digits = 4, branch = 1)

函數 **prp ( )** 繪製之分類樹圖形如下：

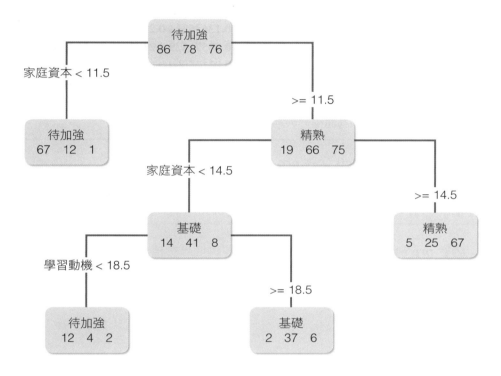

範例分類樹模型建構中，節點分割最少觀察值 n 為 30、葉節點最少樣本觀察值人數 n = 15，複雜度參數 cp 設定為 0.01，反應變數為三分類別變數「等第」：

```
> fit1 = rpart (等第~性別 + 課堂專注 + 讀書時間 + 學習動機 + 家庭資本 + 學習策略,
data = temp, method = "class", minsplit = 30, minbucket = 15, cp = 0.01)
> print (fit1)
n = 240
node), split, n, loss, yval, (yprob)
    * denotes terminal node
1) root                 240    154    待加強  (0.35833333 0.32500000 0.31666667)
2) 家庭資本 < 11.5       80     13    待加強  (0.83750000 0.15000000 0.01250000) *
3) 家庭資本 >= 11.5     160     85    精熟    (0.11875000 0.41250000 0.46875000)
6) 家庭資本 < 14.5       63     22    基礎    (0.22222222 0.65079365 0.12698413)
```

12) 學習動機 < 18.5	18	6	待加強	(0.66666667 0.22222222 0.11111111) *
13) 學習動機 >= 18.5	45	8	基礎	(0.04444444 0.82222222 0.13333333) *
7) 家庭資本 >= 14.5	97	30	精熟	(0.05154639 0.25773196 0.69072165)
14) 家庭資本 < 17.5	65	28	精熟	(0.06153846 0.36923077 0.56923077)
28) 學習策略 < 12.5	37	19	基礎	(0.08108108 0.48648649 0.43243243)
56) 學習動機 >= 22.5	15	3	基礎	(0.00000000 0.80000000 0.20000000) *
57) 學習動機 < 22.5	22	9	精熟	(0.13636364 0.27272727 0.59090909) *
29) 學習策略 >= 12.5	28	7	精熟	(0.03571429 0.21428571 0.75000000) *
15) 家庭資本 >= 17.5	32	2	精熟	(0.03125000 0.03125000 0.93750000) *

[說明]：分類樹的葉節點有七個，內部節點有六個 (包含根節點)。決策樹分類結果不是節點愈多愈好，要考量到決策樹的大小，葉節點太多，表示決策樹成長較為龐雜，分割準則較多，分類之葉節點較難解釋。

使用套件 {rpart.plot} 函數 prp ( ) 繪製分類樹圖形：

```
> prp (fit1, type = 4, extra = 1, box.col = 5, branch.lwd = 2, digits = 4, branch = 1)
```

函數 prp ( ) 繪製之分類樹圖形如下。複雜度參數值 cp 設定 0.01 時，分類樹成長情況較複雜度參數值 cp 設定 0.02 時還大，節點分割數較多。複雜度參數值 cp 設定為 0.02 時，葉節點的個數為 4；複雜度參數值 cp 設定為 0.01 時，葉節點的個數為 7。

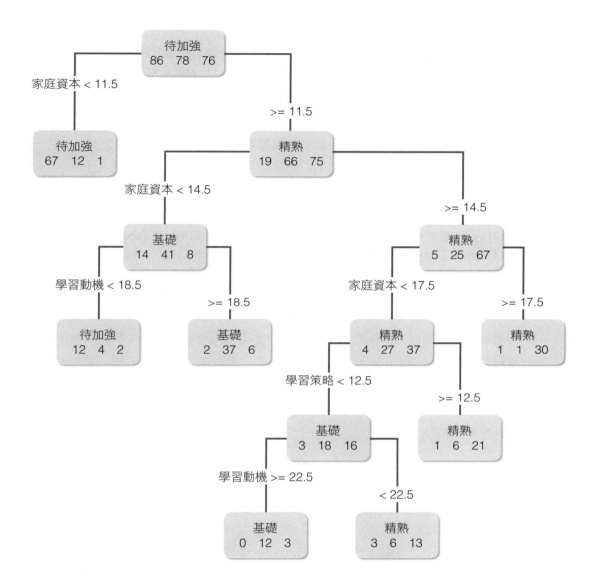

二、分類樹模型效度檢定

範例語法函數為隨機抽取三分之二樣本觀察值為訓練樣本、以訓練樣本建構分類樹模型,再以建構的分類樹模型對其餘三分之一樣本觀察值 (測試樣本) 進行預測分類效度的檢定,R 編輯器語法指令如下:

```
[1] sub = c (sample (1:240, 160))
[2] sub
[3] temp1 = temp [sub,]
```

```
[4] temp2 = temp [-sub,]
[5] regt.m = rpart (等第~性別 + 課堂專注 + 讀書時間 + 學習動機 + 家庭資本 + 學
習策略, data = temp1, method = "class", minsplit = 30, minbucket = 15, cp = 0.02)
[6] prp (regt.m, type = 4, extra = 9, box.col = 5)
[7] class.p = predict (regt.m, temp2, type="class")
[8] temp2$ 預測等第 = class.p
[9] tab.m = with (temp2, {table (等第, 預測等第)})
[10] tab.m
[11] rate = round (100*sum (diag (tab.m))/sum (tab.m), 1)
[12] cat ("測試樣本總數 = ",sum(tab.m),"--預測分類正確樣本數 = ", sum (diag
(tab.m)), "\n")
[13] cat ("預測分類正確百分比 = ",rate,"%--預測錯誤百分比", 100-rate, "%\n")
[14] temp2 [2:9][which (temp2$ 等第==temp2$ 預測等第),]
[15] temp2 [2:9][which (temp2$ 等第 != temp2$ 預測等第),]
```

語法函數列：sub = c (sample (1:240, 160))，使用 **sample ( )** 函數從 1 至 240 的數值中隨機抽取 160 個數值，被抽取的數值為原資料框架物件的編號索引，子資料檔為訓練樣本 (n1 = 160)；以負數值索引擷取第二個子資料檔，第二個子資料檔為測試樣本 (n2 = 80)。

分類樹模型建構中，cp 值界定為 0.02、標的資料框架物件為訓練樣本 (標的資料框架名稱為 temp1)：

regt.m = rpart (等第~性別 + 課堂專注 + 讀書時間 + 學習動機 + 家庭資本 + 學習策略, **data = temp1, method = "class", minsplit = 30, minbucket = 15, cp = 0.02)**

語法函數列：temp2 [2:9][which (temp2$ 等第==temp2$ 預測等第),]，使用 **which ( )** 函數界定觀察值真實等第與預測等第相同的樣本(預測分類正確的觀察值)，輸出變數索引 2 至變數索引 9 的變數資料內容。

語法函數列：temp2 [2:9][which (temp2$ 等第 != temp2$ 預測等第),]，使用 **which ( )** 函數界定觀察值真實等第與預測等第不相同的樣本 (預測分類錯誤的觀察值)，輸出變數索引 2 至變數索引 9 的變數資料內容。

R 編輯器語法指令列前面 [X] 符號在於標記各列與說明，在 R 編輯器視窗中不用鍵入。

R 主控台執行 R 編輯器函數語法結果為：

```
> sub = c (sample (1:240, 160))
> sub
 [1]   2  21 212 117 105 199 131 167 190 118  24 200 144  41 116 192 172 180
[19] 13 175  15  62   8  52 204  20 213 171 109  59 107  71 162  60 139  88
<略>
[145] 34   9 198   6 193  49 146 181 112 225 215 135 223  61  48 237
```

[說明]：訓練樣本之觀察值在原資料框架中的編號，由於採用隨機抽取，每執行「**sub = c (sample (1:240, 160))**」列之語法函數，數值編號都不會完全相同，**sub** 數值向量為訓練樣本的觀察值編號。

```
> temp1 = temp [sub,]
> temp2 = temp [-sub,]
> regt.m = rpart (等第~性別 + 課堂專注 + 讀書時間 + 學習動機 + 家庭資本 + 學習
   策略, data = temp1, method = "class", minsplit = 30, minbucket = 15, cp = 0.02)
> prp (regt.m, type = 4, extra = 9, box.col = 5)  ## 分類樹圖略
> class.p = predict (regt.m, temp2, type = "class")
> temp2$ 預測等第 = class.p
> tab.m = with (temp2, {table (等第, 預測等第)})
> tab.m
```

		預測等第	
等第	待加強	基礎	精熟
待加強	22	6	1
基礎	5	17	9
精熟	0	3	17

[說明]：對角線為預測分類正確的觀察值，表示觀察值學習成就的實際評定等第與預測分類評定等第相同 (22 + 17 + 17 = 56)，交叉表對角線以外的參數值為預測分類錯誤的觀察值，樣本觀察值學習成就的實際評定等第與預測分類評定等第不相同 (6 + 1 + 5 + 9 + 3 = 24)。

```
> rate = round (100*sum (diag (tab.m))/sum (tab.m),1)
> cat ("測試樣本總數 = ",sum (tab.m),"--預測分類正確樣本數 = ",sum (diag (tab.m)),
   "\n")
測試樣本總數 = 80 --預測分類正確樣本數 = 56
  > cat ("預測分類正確百分比 = ",rate,"%--預測錯誤百分比", 100-rate, "%\n")
預測分類正確百分比 = 70 %--預測錯誤百分比 30%
> temp2 [2:9][which (temp2$ 等第==temp2$ 預測等第),]
```

	課堂專注	讀書時間	學習動機	家庭資本	學習策略	學習成就	等第	預測等第
1	7	8	7	10	6	20	待加強	待加強
5	5	13	7	5	14	29	待加強	待加強
7	6	5	9	7	5	36	待加強	待加強

<略>

63	12	13	27	12	9	54	基礎	基礎
64	13	15	28	12	16	54	基礎	基礎
65	10	14	22	12	9	54	基礎	基礎
<略>								
103	11	17	21	15	11	72	精熟	精熟
234	17	21	29	18	17	95	精熟	精熟
236	23	19	28	18	21	98	精熟	精熟

[說明]：測試樣本中預測分類正確的觀察值，第一直行之數值號碼為觀察值在原資料檔中的次序編號，將預測分類正確的觀察值以資料框架物件暫存，使用 **length ( )** 函數求出「預測等第」變數的樣本數：

> rd = temp2 [2:9] [which (temp2$ 等第==temp2$ 預測等第),]
> length (rd$ 預測等第)

[1] 56

[說明]：以分類樹模型對測試樣本進行預測分類，預測正確的樣本觀察值個數有 **56** 個，語法可直接使用資料框架物件，函數語法為「**nrow (rd)**」。

> temp2 [2:9][which (temp2$ 等第 != temp2$ 預測等第),]

	課堂專注	讀書時間	學習動機	家庭資本	學習策略	學習成就	等第	預測等第
4	5	14	8	12	4	29	待加強	基礎
46	7	14	20	12	9	49	待加強	基礎
56	9	15	17	10	10	52	基礎	待加強
<略>								
195	14	14	24	17	12	66	基礎	精熟
196	16	16	23	17	11	66	基礎	精熟
240	20	38	35	13	22	101	精熟	基礎

[說明]：測試樣本中預測分類錯誤的觀察值，輸出的樣本觀察值在「等第」因子變數的水準群組與在「預測等第」因子變數的水準群組不相同，前者的等第為觀察值實際測得的等第，後者的等第為根據分類樹模型預測分類的等第。

　　若是資料框架物件根據反應變數進行排序，訓練樣本採用「分層隨機抽樣法」較為適切，語法函數新資料框架物件為根據「等第」變數的水準群組進行排序，使用函數 **table ( )** 求出反應變數「等第」水準群組的類別與觀察值人數：

> sortd = temp [order (temp$ 等第),]
> table (sortd$ 等第)
待加強　　基礎　　精熟
　86　　　78　　　76

[說明]：使用 **order ( )** 函數可以對資料框架物件進行排序，範例排序的標的變數為等第，排序的三個群組觀察值順序為「待加強」、「基礎」、「精熟」，三個等第水準群組類別為「待加強」、「基礎」、「精熟」，樣本觀察值人數分別為 **86**、**78**、**76**。

R 編輯器語法函數中的第一列為根據反應變數「等第」排序，第二列為分別從三個樣本群組中各抽取三分之二的觀察值，抽取樣本數大小為樣本群組數乘以三分之二：

```
sortd = temp [order (temp$ 等第),]
sub = c (sample (1:86, 86*2/3), sample (87:164, 78*2/3), sample (165:240, 76*2/3))
temp1 = sortd [sub,]
temp2 = sortd [-sub,]
regt.m = rpart (等第~性別 + 課堂專注 + 讀書時間 + 學習動機 + 家庭資本 + 學習策略,
data = temp1, method = "class", minsplit = 30, minbucket = 15, cp = 0.02)
prp (regt.m, type = 4, extra = 9, box.col = 5)
class.p = predict (regt.m, temp2, type = "class")
temp2$ 預測等第 = class.p
tab.m = with (temp2, {table (等第, 預測等第)})
tab.m
rate = round (100*sum (diag (tab.m))/sum (tab.m),1)
cat ("測試樣本總數 =", sum (tab.m),"--預測分類正確樣本數 = ",sum (diag (tab.m)), "\n")
cat ("預測分類正確百分比 = ",rate,"%--預測錯誤百分比", 100-rate, "%\n")
temp2 [2:9][which (temp2$ 等第==temp2$ 預測等第),]
temp2 [2:9][which (temp2$ 等第 != temp2$ 預測等第),]
```

R 主控台執行 R 編輯器語法指令主要結果如下：

```
> sortd = temp[order(temp$ 等第),]
> sub = c (sample (1:86, 86*2/3), sample (87:164, 78*2/3), sample (165:240, 76*2/3))
<略>
> tab.m
              預測等第
等第      待加強    基礎    精熟
待加強      27        2       0
  基礎       5       18       3
  精熟       3        7      16
```

[說明]：交叉表對角線的數值總和 = 27 + 18 + 16 = 61，預測錯誤的觀察值個數 = 5 + 3 + 2 + 7 + 3 = 20。

```
> rate = round (100*sum (diag (tab.m))/sum (tab.m), 1)
> cat ("測試樣本總數 = ", sum (tab.m),"--預測分類正確樣本數 = ",sum (diag (tab.m)),
  "\n")
```

測試樣本總數 = **81** --預測分類正確樣本數 = **61**
> cat ("預測分類正確百分比 = ",rate,"%--預測錯誤百分比", 100-rate, "%\n")
預測分類正確百分比 = **75.3%**--預測錯誤百分比 **24.7 %**
> temp2 [2:9][which (temp2$ 等第==temp2$ 預測等第),]

	課堂專注	讀書時間	學習動機	家庭資本	學習策略	學習成就	等第	預測等第
1	7	8	7	10	6	20	待加強	待加強
2	6	10	11	11	4	20	待加強	待加強
3	9	10	7	12	13	27	待加強	待加強
<略>								
67	15	13	24	13	7	55	基礎	基礎
72	9	8	16	14	4	62	基礎	基礎
73	11	12	19	14	8	62	基礎	基礎
<略>								
97	11	16	19	16	9	71	精熟	精熟
114	14	18	26	15	14	92	精熟	精熟
117	14	16	27	15	19	94	精熟	精熟

[說明]：上述資料檔為測試樣本中預測分類正確的觀察值。
> temp2 [2:9][which (temp2$ 等第 != temp2$ 預測等第),]

	課堂專注	讀書時間	學習動機	家庭資本	學習策略	學習成就	等第	預測等第
135	13	14	13	13	13	43	待加強	基礎
137	16	14	27	13	15	44	待加強	基礎
52	7	11	21	10	9	51	基礎	待加強
<略>								
217	14	19	22	19	12	74	精熟	基礎
219	15	19	25	20	11	74	精熟	基礎
224	27	13	25	18	10	75	精熟	基礎

[說明]：預測錯誤的觀察值有 **20** 個，測試樣本之實際「等第」變數水準群組與「預測等第」水準群組不相同。

範例訓練樣本為資料框架物件編號 1 至 160 之觀察值、樣本編號 161 至 240 之觀察值為測試樣本，分類樹模型建構中，複雜度參數值 cp 界定為 0.01，葉節點最少樣本觀察值個數為 15、分割節點最少樣本觀察值個數為 30：

```
sub = c (1:160)
temp1 = temp [sub,]
temp2 = temp [-sub,]
regt.m = rpart (等第~性別 + 課堂專注 + 讀書時間 + 學習動機 + 家庭資本 + 學習策略, data = temp1, method = "class", minsplit = 30, minbucket = 15, cp = 0.01)
```

訓練樣本與測試樣本在「等第」變數的次數分配表：

```
> table (temp1$ 等第)
待加強  基礎  精熟
  86    41   33
> table (temp2$ 等第)
待加強  基礎  精熟
   0    37   43
```
[說明]：訓練樣本中「待加強」群組的人數為 86、測試樣本「待加強」群組的人數為 0。

R 主控台執行 R 編輯器語法指令主要結果如下：

```
> sub = c (1:160)
<略>
> tab.m
              預測等第
  等第    待加強   基礎   精熟
  待加強     0      0      0
   基礎      1     17     19
   精熟      1      1     41
```
[說明]：由於未採用隨機抽樣方法，在訓練樣本或測試樣本的抽取上可能發生某個類別或樣本群組的觀察值人數與其他類別或樣本群組的觀察值人數差距太大的情況，範例之測試樣本中均沒有「待加強」的樣本群組，表示訓練樣本中「待加強」的樣本群組觀察值偏多，此種訓練樣本與測試樣本分割方法，容易造成建構的決策樹模型不佳，或預測分類的效度很低。
```
> rate = round (100*sum (diag (tab.m))/sum (tab.m), 1)
> cat ("測試樣本總數 = ",sum (tab.m),"--預測分類正確樣本數 = ", sum (diag (tab.m)),
   "\n")
```
測試樣本總數 = 80 --預測分類正確樣本數 = 58
```
> cat ("預測分類正確百分比 = ",rate,"%--預測錯誤百分比 ",100-rate, "%\n")
```
預測分類正確百分比 = 72.5%--預測錯誤百分比 27.5%
```
> temp2 [2:9][which(temp2$ 等第==temp2$ 預測等第),]
```

	課堂專注	讀書時間	學習動機	家庭資本	學習策略	學習成就	等第	預測等第
162	19	17	26	14	16	51	基礎	基礎
163	18	17	28	14	18	51	基礎	基礎
164	14	17	27	14	12	52	基礎	基礎
<略>
237	17	19	30	18	22	97	精熟	精熟
238	17	38	30	18	22	99	精熟	精熟

| 239 | 19 | 30 | 33 | 19 | 21 | 99 | 精熟 | 精熟 |

[說明]：上述觀察值為實際學習成就等第與採用分類樹模型預測等第相同的樣本。

> temp2 [2:9][which (temp2$ 等第 != temp2$ 預測等第),]

	課堂專注	讀書時間	學習動機	家庭資本	學習策略	學習成就	等第	預測等第
161	8	17	14	13	12	51	基礎	待加強
166	10	17	23	15	12	52	基礎	精熟
<略>								
230	26	17	31	18	15	61	基礎	精熟
240	20	38	35	13	22	101	精熟	基礎

[說明]：上述觀察值為實際學習成就等第與採用分類樹模型預測等第不相同的樣本。

參、十疊交互驗證法

分類樹 k 疊交互效度驗證法之 R 編輯器語法指令函數如下，樣本觀察值總數 N = 120 (為簡化操作界面，只取原資料檔的前 120 位樣本作為資料檔說明)，分為十個樣本群組，每個群組觀察值人數為 12 人。

第 1 次效度檢定時，測試樣本為 G1 (n2 = 12)，訓練樣本為「G2 + G3 + G4 + G5 + G6 + G7 + G8 + G9 + G10」(n1 = 108)；第 5 次效度檢定時，測試樣本為 G5 (n2 = 12)，訓練樣本為「G1 + G2 + G3 + G4 + G6 + G7 + G8 + G9 + G10」(n1 = 108)；第 10 次效度檢定時，測試樣本為 G10 (n2 = 12)，訓練樣本為「G1 + G2 + G3 + G4 + G5 + G6 + G7 + G8 + G9」(n1 = 108)。10 疊交互驗證法的簡易圖示如下：

第 1 次	G1	G2	G3	G4	G5	G6	G7	G8	G9	G10
第 2 次	G1	G2	G3	G4	G5	G6	G7	G8	G9	G10
第 3 次	G1	G2	G3	G4	G5	G6	G7	G8	G9	G10
第 4 次	G1	G2	G3	G4	G5	G6	G7	G8	G9	G10
第 5 次	G1	G2	G3	G4	G5	G6	G7	G8	G9	G10
第 6 次	G1	G2	G3	G4	G5	G6	G7	G8	G9	G10
第 7 次	G1	G2	G3	G4	G5	G6	G7	G8	G9	G10
第 8 次	G1	G2	G3	G4	G5	G6	G7	G8	G9	G10
第 9 次	G1	G2	G3	G4	G5	G6	G7	G8	G9	G10
第 10 次	G1	G2	G3	G4	G5	G6	G7	G8	G9	G10

　　陣列使用隨機函數 **sample ( )** 從數值向量 1 至 120 中隨機抽取，被抽取出的數值編號不再重複抽取，陣列大小為 10 列 12 行 (10 × 12)，取出各列的數值向量作為組別的編號：

```
temp = temp [1:120]
numx = array (sample (1:120, 120, replace = F), dim = c (10, 12))
g1 = numx [1,]
g2 = numx [2,]
g3 = numx [3,]
g4 = numx [4,]
g5 = numx [5,]
g6 = numx [6,]
g7 = numx [7,]
g8 = numx [8,]
g9 = numx [9,]
g10 = numx [10,]
```

　　陣列物件 numx 的元素內容與部分組別數值編號如下：

```
> numx
       [,1]   [,2]   [,3]   [,4]   [,5]   [,6]   [,7]   [,8]   [,9]   [,10]  [,11]  [,12]
 [1,]  117    24     74     37     19     35     93     100    41     110    118    86
 [2,]  114    14     63     53     90     17     104    107    30     112    105    89
 [3,]  56     111    20     2      109    52     50     47     33     3      13     57
 [4,]  72     60     116    59     27     22     108    36     73     98     78     83
 [5,]  5      64     31     18     115    102    23     51     26     92     106    62
 [6,]  48     21     25     81     119    43     29     7      94     68     39     67
 [7,]  9      34     71     87     38     66     46     97     10     75     91     11
 [8,]  6      85     77     61     69     95     103    65     45     4      44     1
 [9,]  55     88     15     84     8      70     99     42     113    79     96     32
[10,]  40     58     16     49     82     76     12     54     101    120    28     80
> g1
 [1]   117    24     74     37     19     35     93     100    41     110    118    86
> g5
 [1]   5      64     31     18     115    102    23     51     26     92     106    62
> g10
 [1]   40     58     16     49     82     76     12     54     101    120    28     80
```

　　執行 k 疊交互驗證法程序如下，其中 k = 10：

```
for (i in 1:10) {          ## 十次交互驗證迴圈的設定起始處
 if (i==1)    {sub = g1   ## 邏輯判別，指定 i 值對應的測試樣本群組
  } else if (i==2) {sub = g2
  } else if (i==3) {sub = g3
  } else if (i==4) {sub = g4
  } else if (i==5) {sub = g5
  } else if (i==6) {sub = g6
  } else if (i==7) {sub = g7
  } else if (i==8) {sub = g8
  } else if (i==9) {sub = g9
  } else if (i==10){sub = g10
 }
trad = temp [-sub,]  ## 負數值索引界定訓練樣本 (測試樣本群組之外的九個樣本群
組)
tesd = temp [sub,]   ## 正數值索引界定測試樣本
regt.m = rpart (等第~性別 + 課堂專注 + 讀書時間 + 學習動機 + 家庭資本 + 學
習策略, data = temp, method = "class", minsplit=30, minbucket = 15, cp = 0.02,
maxsurrogate = 0, usesurrogate = 0)
print (regt.m)   ## 輸出分類樹模型分割參數
class.p = predict (regt.m, tesd, type = "class")  ## 分類樹模型對測試樣本群組進行
分類
tesd$ 預測等第 = class.p     ## 將預測分類結果水準群組增列於測試樣本中
print.data.frame (tesd)   ## 輸出測試樣本資料框架物件內容
tab.m = with (tesd, {table (等第, 預測等第)})
tab.m           ## 輸出預測分類交叉分類
rate = round (100*sum (diag (tab.m))/sum (tab.m), 1)  ## 計算交叉表對角線次數百
分比
cat ("測試樣本群組：第 ",i," 組--測試樣本觀察值編號：", sub, "\n")
cat ("測試樣本總數 = ",sum(tab.m),"--預測分類正確樣本數 = ",sum (diag (tab.m)),
"\n")
cat ("預測分類正確百分比 = ",rate," %","--預測分類錯誤百分比 = ",100-rate, "%\
n")
}     ## 十次交互驗證迴圈的設定結束
```

　　R 主控台執行 R 編輯器語法指令結果為：

```
> for (i in 1:10){          ## 十次交互驗證迴圈的設定起始
+ if (i==1)    {sub = g1  ## 邏輯判別，指定 i 值對應的測試樣本群組
<略>
```

+ }　　## 十次交互驗證迴圈的設定結束

n = 120

node), split, n, loss, yval, (yprob)

　　* denotes terminal node

1) root　　　　　　　　　120　　69　　待加強　　(0.42500000 0.30000000 0.27500000)

2) 家庭資本 < 11.5　　　55　　10　　待加強　　(0.81818182 0.16363636 0.01818182) *

3) 家庭資本 >= 11.5　　65　　33　　精熟　　(0.09230769 0.41538462 0.49230769)

6) 家庭資本 < 14.5　　　33　　12　　基礎　　(0.15151515 0.63636364 0.21212121) *

7) 家庭資本 >= 14.5　　32　　7　　精熟　　(0.03125000 0.18750000 0.78125000) *

	性別	課堂專注	讀書時間	學習動機	家庭資本	學習策略	學習成就	等第	預測等第
117	男生	14	16	27	15	19	94	精熟	精熟
24	女生	13	10	21	8	14	46	待加強	待加強
74	男生	9	10	21	14	8	63	基礎	基礎
37	女生	9	11	21	8	8	48	待加強	待加強
19	女生	12	11	15	6	7	44	待加強	待加強
35	女生	11	11	15	8	16	47	待加強	待加強
93	男生	12	13	26	16	11	70	精熟	精熟
100	男生	10	16	12	15	9	71	精熟	精熟
41	女生	5	14	11	10	9	48	待加強	待加強
110	男生	23	14	28	15	12	58	基礎	精熟
118	男生	14	35	27	15	19	96	精熟	精熟
86	女生	9	11	16	13	12	68	精熟	基礎

測試樣本群組：第 1 組--測試樣本觀察值編號：117 24 74 37 19 35 93 100 41 110 118 86

測試樣本總數 = 12 --預測分類正確樣本數 = 10

預測分類正確百分比 = 83.3% --預測分類錯誤百分比 = 16.7%

[說明]：以第一組 12 位觀察值為測試樣本，其餘九組 (g2 + g3 + g4 + g5 + g6 + g7 + g8 + g9 + g10) 為訓練樣本之複核效度檢定結果，預測分類正確百分比為 83.3%。

<略>

n = 120

node), split, n, loss, yval, (yprob)

　　* denotes terminal node

1) root　　　　　　　　　120　　69　　待加強　　(0.42500000 0.30000000 0.27500000)

2) 家庭資本 < 11.5　　　55　　10　　待加強　　(0.81818182 0.16363636 0.01818182) *

3) 家庭資本 >= 11.5　　65　　33　　精熟　　(0.09230769 0.41538462 0.49230769)

6) 家庭資本 < 14.5　　　33　　12　　基礎　　(0.15151515 0.63636364 0.21212121) *

7) 家庭資本 >= 14.5　　32　　7　　精熟　　(0.03125000 0.18750000 0.78125000) *

	性別	課堂專注	讀書時間	學習動機	家庭資本	學習策略	學習成就	等第	預測等第
5	女生	5	13	7	5	14	29	待加強	待加強
64	女生	13	15	28	12	16	54	基礎	基礎

	性別	課堂專注	讀書時間	學習動機	家庭資本	學習策略	學習成就	等第	預測等第
31	女生	7	7	20	8	4	47	待加強	待加強
18	女生	11	11	10	10	4	42	待加強	待加強
115	男生	11	13	25	14	18	94	精熟	基礎
102	男生	16	16	19	15	11	72	精熟	精熟
23	女生	17	16	15	15	7	46	待加強	精熟
51	男生	13	15	24	10	13	50	待加強	待加強
26	女生	14	16	18	8	14	46	待加強	待加強
92	男生	11	14	22	16	13	70	精熟	精熟
106	女生	24	11	17	15	10	73	精熟	精熟
62	女生	15	14	19	12	7	52	基礎	基礎

測試樣本群組：第 5 組--測試樣本觀察值編號：5 64 31 18 115 102 23 51 26 92 106 62

測試樣本總數 = 12 --預測分類正確樣本數 = 10

預測分類正確百分比 = **83.3%** --預測分類錯誤百分比 = **16.7%**

[說明]：以第五組 12 位觀察值為測試樣本，其餘九組為訓練樣本之複核效度檢定結果，預測分類正確百分比為**83.3%**。

<略>

n = 120

node), split, n, loss, yval, (yprob)

　　　* denotes terminal node

1) root　　　　　　　　　120　　69　　待加強　(0.42500000 0.30000000 0.27500000)

2) 家庭資本 < 11.5　　　55　　10　　待加強　(0.81818182 0.16363636 0.01818182) *

3) 家庭資本 >= 11.5　　65　　33　　精熟　　(0.09230769 0.41538462 0.49230769)

6) 家庭資本 < 14.5　　33　　12　　基礎　　(0.15151515 0.63636364 0.21212121) *

7) 家庭資本 >= 14.5　　32　　7　　精熟　　(0.03125000 0.18750000 0.78125000) *

	性別	課堂專注	讀書時間	學習動機	家庭資本	學習策略	學習成就	等第	預測等第
40	女生	12	12	24	10	9	48	待加強	待加強
58	女生	12	16	22	11	9	52	基礎	待加強
16	男生	11	11	10	10	16	40	待加強	待加強
49	男生	11	11	22	10	11	50	待加強	待加強
82	男生	12	12	26	15	12	65	基礎	精熟
76	男生	13	13	20	14	8	63	基礎	基礎
12	男生	7	4	13	7	4	38	待加強	待加強
54	女生	17	15	22	10	13	51	基礎	待加強
101	男生	11	16	22	15	12	71	精熟	精熟
120	男生	17	35	32	10	19	98	精熟	待加強
28	女生	10	9	16	8	11	47	待加強	待加強
80	男生	10	12	18	15	11	64	基礎	精熟

測試樣本群組：第 10 組--測試樣本觀察值編號：40 58 16 49 82 76 12 54 101 120 28 80

測試樣本總數 = 12 --預測分類正確樣本數 = 7

預測分類正確百分比 = **58.3%** --預測分類錯誤百分比 = **41.7%**

[說明]：以第十組 **12** 位觀察值為測試樣本，其餘九組為訓練樣本之複核效度檢定結果，預測分類正確百分比為 **58.3%**。

Chapter 08

套件 {evtree}
的函數應用

套件 {evtree} 之函數 evtree ( ) 可進行漸進演算法 (evolutionary algorithms) 之最佳化分類樹與迴歸樹程序。

● 壹、函數 evtree ( ) 語法

函數 evtree ( ) 基本語法為：

evtree (formula, data, subset,control = evtree.control (...))

引數 formula 界定適配模型的公式符號，公式中不能有交互作用項。引數 data 為標的資料檔的資料框架物件。引數 subset 界定子資料集之資料框架物件。

函數 **evtree.control ( )** 界定 **evtree ( )** 函數適配模型的相關參數，基本語法為：

evtree.control (minbucket = 7L, minsplit = 20L, maxdepth = 9L,
  niterations = 10000L, ntrees = 100L, alpha = 1,
  operatorprob = list (pmutatemajor = 0.2, pmutateminor = 0.2,
    pcrossover = 0.2, psplit = 0.2, pprune = 0.2))

引數 minbucket 界定葉節點最小權重總和值 (葉節點中最小觀察值的個數)，內定參數值為 7 (語法中的參數為 7L，表示七個觀察值，參數界定時英文字母 L 可以省略)。

引數 minsplit 界定節點中最小權重總和值，目的在於控制分割大小 (內部節點中最小觀察值的個數)，內定參數值為 20。

引數 maxdepth 界定樹的最大長度 (最大樹的深度)，內定參數值為 9。

引數 niterations 界定疊代運算的最大次數，內定疊代次數為 10000。

引數 ntrees 界定群體中樹的個數，內定的參數值為 100。

引數 alpha 為調節效益函數之部分複雜度，參數值愈大，樹的大小愈小，內定參數值為 1。

引數 operatorprob 為選取之差異運算者的機率值列表或向量，列表參數值總和為 100%。

貳、函數應用

一、迴歸樹

決策樹模型的反應變數為計量變數成績 SCORE。

(一) 決策樹模型建構

使用套件 {evtree} 之函數 evtree ( ) 進行迴歸樹模型建立,引數 minbucket 參數值界定為 10,表示葉節點 (結束節點) 最小的樣本觀察值有 10 位;引數 minsplit 參數值界定為 20,表示內部節點 (分割節點) 最小的樣本觀察值有 20 位,R 編輯器語法指令如下:

```
temp = read.csv ("test0.csv", header = T)     ## 載入試算表 .csv 檔案
etemp = data.frame (temp) ## 複製一個資料框架物件 (物件名稱設定為 etemp)
library (evtree) ## 使用 library ( ) 函數載 入evtree 套件至主控台中
regt1 = evtree (SCORE ~ IQ + INVO + TACT, data = etemp, minbucket = 10,
minsplit = 20)
print (regt1) ## 使用 print ( ) 函數輸出迴歸樹參數
plot (regt1) ## 使用 plot ( ) 函數繪製迴歸樹圖形
```

決策樹模型建構語法函數列:

「regt1 = evtree (SCORE ~ IQ + INVO + TACT, data = etemp, minbucket = 10, minsplit = 20)」之引數個數參數可改為下列語法指令:

```
> evt.fit = evtree (SCORE ~ IQ + INVO + TACT, data = etemp, minbucket = 10L,
  minsplit = 20L)
```

引數 minbucket 界定葉節點最少觀察值的個數、引數 minsplit 界定分割節點最少觀察值的個數,反應變數為 SCORE (學習成就或成績)、解釋變數為 IQ (學生智力商數)、INVO (學習投入)、TACT (學習策略)。

R 主控台執行 R 編輯器語法指令的結果如下 (R 軟體中資料框架物件變數名稱大小寫是不同的變數,函數大小寫也不能混合使用):

```
> regt1 = evtree (SCORE ~ IQ + INVO + TACT, data = etemp, minbucket = 10, minsplit
  = 20)
> print (regt1)
Model formula:
SCORE ~ IQ + INVO + TACT
Fitted party:
[1] root
|   [2] TACT < 22
|   |   [3] IQ < 119: 58.100 (n = 10, err = 404.9)
|   |   [4] IQ >= 119: 69.500 (n = 10, err = 502.5)
|   [5] TACT >= 22: 89.864 (n = 22, err = 538.6)
```

[說明]：節點 [2]、[5] 分支的預測變數為策略 (TACT)，節點 [5]：「**TACT >= 22: 89.864 (n = 22, err = 538.6)**」列的參數中，第一個參數為分支條件 (策略變數分數大於等於 22)、第二個參數為效標變數 (成績) 的平均數、括號內的第一個參數為觀察值的個數，第二個參數為誤差變異量 (離均差平方和)，節點 [5] 有 22 位樣本觀察值，成績變數 (SCORE) 的平均值為 **89.864**，誤差變異為 **538.6**。
子節點 [2] 的父節點為根節點，節點根據預測變數智力 (IQ) 分支為節點 [3]、節點 [4]，節點 [3] 的條件為「**TACT < 22 且 IQ < 119**」，樣本觀察值有 10 位、成績 (SCORE) 的平均值為 **58.100**；節點 [4] 的條件為「**TACT < 22 且 IQ >= 119**」，樣本觀察值有 10 位、成績 (SCORE) 平均值為 **69.5**，誤差變異為 **502.5**。

Number of inner nodes: 2
Number of terminal nodes: 3

[說明]：內部節點有二個 (根節點與節點 [2])、葉節點有三個 (節點 [3]、節點 [4]、節點 [5])。

使用函數 **plot ( )** 繪製決策樹圖形，引數 type 選項設定為「= "simple"」：

```
> plot (regt1, type = "simple")
```

迴歸樹圖形中，葉節點中的參數值為平均數，節點後括號內的 n 為樣本觀察值個數、err 為節點內離均差平方和 (SS)，內部節點為節點 [1] (根節點)、節點 [2]；葉節點的節點編號為節點 [3]、節點 [4]、節點 [5]：

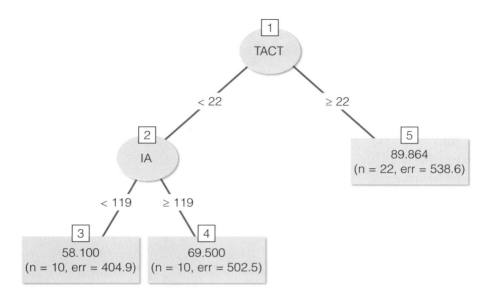

範例引數 minbucket 參數值界定為 5，表示葉節點 (終點節點) 最小的樣本觀察值要大於等於 5 位；引數 minsplit 參數值界定為 10，表示內部分割節點最小的樣本觀察值至少要有 10 位，R 主控台語法函數與執行結果如下：

```
> regt2 = evtree (SCORE ~ IQ + INVO + TACT, data = etemp, minbucket = 5L, minsplit
  = 10L)
> print (regt2)
```
Model formula:
SCORE ~ IQ + INVO + TACT
Fitted party:
[1] root
| [2] TACT < 22
| | [3] IQ < 110: 52.800 (n = 5, err = 14.8)
| | [4] IQ >= 110
| | | [5] INVO < 21: 75.333 (n = 6, err = 45.3)
| | | [6] INVO >= 21: 62.222 (n = 9, err = 71.6)
| [7] TACT >= 22
| | [8] INVO < 40: 85.000 (n = 9, err = 96.0)
| | [9] INVO >= 40: 93.231 (n = 13, err = 82.3)
Number of inner nodes: 4
Number of terminal nodes: 5

[說明]：內部節點有四個、葉節點有五個。成長的決策樹圖中，節點 [1] 為根節點，節點 [1]、節點 [2]、節點 [4]、節點 [7] 為內部節點 (分割節點)，節點 [3]、節點 [5]、節點 [6]、節點 [8]、節點 [9] 為葉節點。

　　以函數 **evtree ( )** 執行決策樹模型建構，不同執行程序時，模型分類準則有時不會相同，但分類葉節點的參數值 (平均數、觀察值個數、誤差值) 是相同的 (此種結果可能是範例的引數設定太小的緣故)：

```
> evt.fit = evtree (SCORE ~ IQ + INVO+TACT, data = etemp, minbucket = 5L, minsplit
  = 10L)
> print (evt.fit)
```
Model formula:
SCORE ~ IQ + INVO + TACT
Fitted party:
[1] root
|　[2] INVO < 40
|　|　[3] IQ < 112: 52.800 (n = 5, err = 14.8)
|　|　[4] IQ >= 112
|　|　|　[5] TACT < 15
|　|　|　|　[6] INVO < 21: 75.333 (n = 6, err = 45.3)
|　|　|　|　[7] INVO >= 21: 62.222 (n = 9, err = 71.6)
|　|　|　[8] TACT >= 15: 85.000 (n = 9, err = 96.0)
|　[9] INVO >= 40: 93.231 (n = 13, err = 82.3)
Number of inner nodes:　4
Number of terminal nodes: 5
[說明]：決策樹模型中內部節點有四個、終點節點有五個，節點 **[1]**、節點**[2]**、節點 **[4]**、節點 **[5]** 為內部節點 (分割節點)，節點 **[3]**、節點 **[6]**、節點 **[7]**、節點 **[8]**、節點 **[9]** 為葉節點。

　　範例 R 主控台函數直接匯入試算表「*.xlsx」原始檔案，使用套件 **{xlsx}** 函數 **read.xlsx ( )**，匯入至 R 主控台中資料檔的資料框架物件名稱界定為 edata，三分類別變數 RANKA 與二分類別變數 RANKB 使用 **ifelse ( )** 函數將水準數值標記為群組名稱，配合 **with ( )** 函數直接指定標的資料框物件 edata，最後以 **as.factor ( )** 函數將二個類別變數之變數屬性設為因子變數：

```
> library (xlsx)
> edata = read.xlsx ("test0.xlsx", 1)
> edata$RANKA = with (edata, {ifelse(RANKA ==1, "A 等", ifelse (RANKA ==2, "B
  等", "C 等"))})
> edata$RANKB = with(edata,{ifelse(RANKB==1, "通過", "未通過")})
> edata$RANKA = with(edata,{as.factor(RANKA)})
> edata$RANKB = with(edata,{as.factor(RANKB)})
```

使用文字向量將複製之資料框架物件 cdata 的變數名稱標記為中文：

```
> cdata = data.frame (edata)
> names (cdata) = c ("編號", "智力", "投入", "策略", "成績", "證照 A","證照 B")
```

[註]：R 編輯器語法指令各橫列之前不能有「>」符號，符號「>」為 R 主控台視窗的執行指令起始字元，當執行 R 編輯器語法指令列後，在 R 主控台視窗中會在各指令列前後增列「>」符號或「+」(R 編輯器語法指令列以二列以上敘寫)。

使用函數 **tail ( )** 輸出二個資料框架物件最後三筆資料，資料框架物件 edata 的變數名稱為英文、資料框架物件 cdata 的變數名稱為中文，二個資料框架物件唯一的差異於變數的命名：

```
> tail (edata,3)
        NUM     IQ     INVO    TACT    SCORE    RANKA    RANKB
40      s40     110    52      26      93       A 等      未通過
41      s41     108    53      24      91       A 等      未通過
42      s42     115    32      28      90       A 等      未通過
> tail (cdata, 3)
        編號    智力    投入    策略    成績     證照 A    證照 B
40      s40     110    52      26      93       A 等      未通過
41      s41     108    53      24      91       A 等      未通過
42      s42     115    32      28      90       A 等      未通過
```

迴歸樹的資料框架物件為 edata (變數名稱為英文)、引數 minbucket 參數值設為 7 (葉節點最少觀察值個數為 7 個)、引數 minsplit 參數值設為 14 (分割節點最少觀察值個數為 14 個)：

```
> library (evtree)
> e_reg = evtree (SCORE ~ IQ + INVO + TACT, data = edata, minbucket = 7, minsplit
  = 14)
> print (e_reg)
Model formula:
SCORE ~ IQ + INVO + TACT
Fitted party:
[1] root
```

```
|   [2] INVO < 40
|   |   [3] IQ < 121
|   |   |   [4] TACT < 22
|   |   |   |   [5] TACT < 12: 63.625 (n = 8, err = 69.9)
|   |   |   |   [6] TACT >= 12: 55.000 (n = 7, err = 140.0)
|   |   |   [7] TACT >= 22: 85.000 (n = 7, err = 94.0)
|   |   [8] IQ >= 121: 78.857 (n = 7, err = 118.9)
|   [9] INVO >= 40: 93.231 (n = 13, err = 82.3)
Number of inner nodes:    4
Number of terminal nodes: 5
```
[說明]：內部節點的個數有 4 個、葉節點的個數有 5 個。

迴歸樹的資料框架物件為 cdata (變數名稱為中文)、引數 minbucket 參數值設為 7 (葉節點最少觀察值個數為 7 個)、引數 minsplit 參數值設為 14 (分割節點最少觀察值個數為 14 個)：

```
> c_reg = evtree (成績 ~ 智力 + 投入 + 策略, data = cdata, minbucket = 7, minsplit =
   14)
> print (c_reg)
Model formula:
成績 ~ 智力 + 投入 + 策略
Fitted party:
[1] root
|   [2] 投入 < 40
|   |   [3] 智力 < 122
|   |   |   [4] 策略 < 22
|   |   |   |   [5] 策略 < 12: 63.625 (n = 8, err = 69.9)
|   |   |   |   [6] 策略 >= 12: 55.000 (n = 7, err = 140.0)
|   |   |   [7] 策略 >= 22: 85.000 (n = 7, err = 94.0)
|   |   [8] 智力 >= 122: 78.857 (n = 7, err = 118.9)
|   [9] 投入 >= 40: 93.231 (n = 13, err = 82.3)
Number of inner nodes:    4
Number of terminal nodes: 5
```
[說明]：內部節點的個數有 4 個、葉節點的個數有 5 個。資料框架物件之變數名稱使用中文、英文建構的決策樹模型相同，若是決策樹模型中有因子變數要加以界定，否則會將因子變數的水準數值視為量測值或將水準群組視為文字，建構錯誤的模型。

函數 evtree ( ) 之引數設定中，分割節點引數的參數值必須是葉節點觀察值

的二倍以上，否則會出現警告訊息。範例引數 minbucket 參數值設為 10 (葉節點
最少觀察值個數為 10 個)、引數 minsplit 參數值設為 14 (分割節點最少觀察值個
數為 14 個)：

```
> ce_reg = evtree (成績 ~ 智力 + 投入 + 策略, data= cdata, minbucket = 10, minsplit =
   14)
Warning message:
In evtree.control (...) :
  parameter "minsplit" must be at least twice as large as "minbucket", changed
[說明]：警告訊息顯示：函數 evtree.control (...) 之引數 minsplit 的參數值至少要
為引數 minbucket 參數值的 2 倍以上。
```

使用函數 evtree ( ) 建構決策樹模型時，引數 minbucket 的參數值必須小於有
效觀察值 N 的一半，範例訓練樣本的有效觀察值 N = 42，引數 minbucket 的參數
值不能大於 21，若界定參數值大於 21，執行程序會出現錯誤：

```
> error.fit = evtree (SCORE ~ IQ + INVO + TACT, data = etemp, minbucket = 25L,
   minsplit = 30L)
Error in evtree (SCORE ~ IQ + INVO + TACT, data = etemp, minbucket = 25L, :
 no split could be found
 "minbucket" must be smaller than half the weighted number of observations in
the training data
In addition: Warning message:
In evtree.control (...) :
  parameter "minsplit" must be at least twice as large as "minbucket", changed
[說明]：錯誤訊息：分割程序無法進行，引數 "minbucket" 界定的參數值必須小
於訓練樣本 (訓練資料檔) 觀察值加權個數的一半；此外，引數 "minsplit" (分割節
點) 的參數值必須為引數 "minbucket" (葉節點) 的二倍以上。
```

迴歸樹建構的準則有五個：

準則 1 (節點 [5])：IF「投入 < 40 & 智力 < 122 & 策略 <22 & 策略 < 12」
THEN「M = 63.63 (n = 8)」

準則 2 (節點 [6])：IF「投入 < 40 & 智力 < 122 & 策略 <22 & 策略 >= 12」
THEN「M = 55.00 (n = 7)」

準則 3 (節點 [7])：IF「投入 < 40 & 智力 < 122 & 策略 >= 22」THEN「M =
85.00 (n = 7)」

準則 4 (節點 [8])：IF「投入 < 40 & 智力 >= 122」THEN「M = 78.86 (n = 7)」。

準則 5 (節點 [9])：IF「投入 >= 40」THEN「M = 93.23 (n = 13)」。

(二) 葉節點參數

根據迴歸樹建構的模型，以 **which ( )** 函數設定分割條件求出各節點樣本觀察值：

```
> node5 = with (cdata, cdata [which (投入< 40 & 智力 < 122 & 策略 < 22 & 策略 < 12),])
> node6 = with (cdata, cdata [which (投入< 40 & 智力 < 122 & 策略 < 22 & 策略 >= 12),])
> node7 = with (cdata, cdata [which (投入< 40 & 智力 < 122 & 策略 >= 22),])
> node8 = with (cdata, cdata [which (投入< 40 & 智力 >= 122),])
> node9 = with (cdata, cdata [which (投入 >= 40),])
```

查看葉節點 [5] 樣本觀察值的內容：

```
> node5
     編號    智力    投入    策略    成績    證照 A    證照 B
3    s03    112    19     11     70     B 等     未通過
18   s18    119    21     6      62     C 等     未通過
19   s19    120    22     7      60     C 等     未通過
20   s20    118    23     8      61     C 等     未通過
21   s21    119    23     9      64     C 等     未通過
22   s22    118    24     8      65     C 等     未通過
23   s23    119    25     9      62     C 等     未通過
24   s24    119    23     9      65     C 等     未通過
[說明]：葉節點 [5] 的觀察值個數共有 8 位。
```

以葉節點資料框架物件為標的資料檔，求出各葉節點的離均差平方和 (SS)，離均差平方和的求法為：$\sum(X_i - \bar{X})^2$，離均差平方和除以樣本觀察值 (N) 為「變異數」量數 (均方值)：$\dfrac{\sum(X_i - \bar{X})^2}{N}$，以樣本變異數推論母群體變異數時，分母改除以 N – 1：$\dfrac{\sum(X_i - \bar{X})^2}{N-1}$，變異數開根號為標準差 (均方根值)。如果離均差平方和量數愈大，表示群體的變異數 (標準差) 數值也愈大，群體的異質性愈高。一個適配良好的迴歸樹模型，其葉節點的 SS 參數值愈小愈好 (對應的群組內標準差也愈小)。

葉節點的離均差平方和參數值為：

```
> with (node5, {sum ((成績-mean (成績))^2)})
[1] 69.875
> with (node6, {sum ((成績-mean (成績))^2)})
[1] 140
> with (node7, {sum ((成績-mean (成績))^2)})
[1] 94
> with (node8, {sum ((成績-mean (成績))^2)})
[1] 118.8571
> with (node9, {sum ((成績-mean (成績))^2)})
[1] 82.30769
```
[說明]：迴歸樹模型摘要表中，葉節點列的「err」參數值為離均差平方和數值，如葉節點 [5]：
| | | | [5] 策略 < 12: 63.625 (n = 8, err = 69.9)
第一個「|」符號為根節點，第二個至第四個「|」符號為分割節點，葉節點 [5] 有 **8** 位觀察值、「成績」變數的平均數為 **63.625**、離均差平方和量數為 **69.9**。

以 **cat ( )** 函數輸出葉節點的節點編號、節點的平均數、標準差：

```
> cat ("node5：M = ", round (mean (node5 [,5]), 3),"—SD =", round (sd (node5 [,5]), 2),
  "\n")
```
node5：M = 63.625 –SD = 3.16
```
> cat ("node6：M = ", round (mean (node6 [,5]), 3),"—SD = ", round (sd (node6 [,5]),
  2), "\n")
```
node6：M= 55 –SD= 4.83
```
> cat ("node7：M =", round (mean (node7 [,5]), 3),"—SD =", round (sd (node7 [,5]), 2),
  "\n")
```
node7：M= 85 –SD= 3.96
```
> cat ("node8：M = ", round (mean (node8 [,5]), 3), "—SD = ", round (sd (node8 [,5]),
  2), "\n")
```
node8：M= 78.857 –SD = 4.45
```
> cat ("node9：M = ", round (mean (node9 [,5]), 3), "—SD = ", round (sd (node9 [,5]),
  2), "\n")
```
node9：M = 93.231 –SD = 2.62
[說明]：五個葉節點中的群組標準差分別為 **3.16**、**4.83**、**3.96**、**4.45**、**2.62**。

範例語法函數為直接根據離均差平方和量數求出葉節點的標準差：

```
> with (node5, {sqrt (sum ((成績-mean (成績))^2)/(length (成績)-1))})
[1] 3.159453
> with (node6, {sqrt (sum ((成績-mean (成績))^2)/(length (成績)-1))})
[1] 4.830459
> with (node7, {sqrt (sum ((成績-mean (成績))^2)/(length (成績)-1))})
[1] 3.958114
> with (node8, {sqrt (sum ((成績-mean (成績))^2)/(length (成績)-1))})
[1] 4.450789
> with (node9, {sqr t(sum ((成績-mean (成績))^2)/(length (成績)-1))})
[1] 2.618964
```

二、分類樹

範例決策樹的效標變數為 RANKA，變數 RANKA 為三分次序變數，水準數值 1 為 A 等、水準數值 2 為 B 等、水準數值 3 為 C 等，分類樹模型建構中，未界定反應變數 RANKA 為「因子」變數。

(一) 反應變數未界定為因子變數

R 主控台語法函數與執行結果如下：

```
> regt3 = evtree (RANKA ~ IQ + INVO + TACT, data = etemp,minbucket = 5, minsplit
  = 20)
> print (regt3)
Model formula:
RANKA ~ IQ + INVO + TACT
Fitted party:
[1] root
|   [2] INVO < 40
|   |   [3] IQ < 121
|   |   |   [4] TACT < 22: 2.933 (n = 15, err = 0.9)
|   |   |   [5] TACT >= 22: 1.857 (n = 7, err = 0.9)
|   |   [6] IQ >= 121: 2.000 (n = 7, err = 0.0)
|   [7] INVO >= 40: 1.000 (n = 13, err = 0.0)
Number of inner nodes:    3
Number of terminal nodes: 4
```
[說明]：決策樹模型輸出的量數為迴歸樹而非分類樹，若是分類樹葉節點不會有誤差值量數 (離均差平方和)。

　　成長的決策樹圖中，內部節點有三個，葉節點 (分類結果) 有四個。葉節點 [4] 預測分類的平均數 = 2.933、符合分割條件的樣本觀察值有 15 位，分割條件為「INVO < 40 且 IQ < 121 且 TACT < 22」；葉節點 [5] 預測分類的平均數 = 1.857、符合分割條件的樣本觀察值有 7 位，分割條件為「INVO < 40 且 IQ < 121 且 TACT ≥ 22」；葉節點 [6] 預測分類的平均數 = 2.000、符合分割條件的樣本觀察值有 7 位，分割條件為「INVO < 40 且 IQ ≥ 121」；葉節點 [7] 預測分類的平均數 = 1.000、符合分割條件的樣本觀察值有 13 位，分割條件為「INVO ≥ 40」，分類樹圖葉節點中的小圈圈為根據分割條件預測分類錯誤的觀察值。

　　由於變數屬性 RANKA、RANKB 的水準群組為數值，變數屬性為整數 (integer)，分割條件後的參數為「平均數」而非是群組類別。如葉節點「[4] TACT < 22: 2.933 (n = 15, err = 0.9)」列顯示的是迴歸樹節點的參數值，葉節點 [4] 的觀察值有 15 位、節點的平均數為 2.933，誤差值 (離均差平方和) 為 0.9，葉節點之預測分類並不是水準群組 (或水準數值類別) 而是樣本觀察值的平均數，誤差值為離均差平方和而非「不純度值」百分比。

　　使用 **class ( )** 函數查看 RANKA、RANKB 變數的屬性為整數 (integer)，而非因子 (factor)，當目標變數的變數屬性不同時，建構的決策樹模型也不同，一為迴歸樹、一為分類樹。

```
> class (temp$RANKA)
[1] "integer"
> class (temp$RANKB)
[1] "integer"
[說明]：原資料框架物件 temp 的變數 RANKA、RANKB 的變數屬性均為整數。
```

　　範例決策樹的效標變數為 RANKB，變數 RANKB 為二分類別變數，水準數值 1 為「通過」、水準數值 2 為「未通過」，變數 RANKB 的變數屬性為「整數」非「因子」(間斷變數)，R 主控台語法函數與執行結果如下：

```
> regt4 = evtree (RANKB ~ IQ + INVO + TACT, data = etemp, minbucket = 5, minsplit
  = 15)
> print (regt4)
Model formula:
RANKB ~ IQ + INVO + TACT
Fitted party:
```

```
[1] root
|   [2] IQ < 123
|   |   [3] TACT < 40
|   |   |   [4] INVO < 26: 1.933 (n = 15, err = 0.9)
|   |   |   [5] INVO >= 26: 1.000 (n = 11, err = 0.0)
|   |   [6] TACT >= 40: 1.000 (n = 10, err = 0.0)
|   [7] IQ >= 123: 2.000 (n = 6, err = 0.0)
Number of inner nodes:    3
Number of terminal nodes: 4
> plot (regt4)
```

　　成長的決策樹圖中，內部節點有三個，葉節點 (分類結果) 有四個。決策樹葉節點中的小圈圈為根據分割條件預測分類錯誤的觀察值。葉節點 [4] 預測分類的平均值為 1.933、符合分割條件的樣本觀察值有 15 位，分割條件為「IQ < 123 且 TACT < 40 且 INVO < 26」；葉節點 [5] 預測分類的平均值為 1.000、符合分割條件的樣本觀察值有 11 位，分割條件為「IQ < 123 且 TACT < 40 且 INVO ≥ 26」；葉節點 [6] 預測分類的平均值為 1.000、符合分割條件的樣本觀察值有 10 位，分割條件為「IQ < 123 且 TACT ≥ 40」；葉節點 [7] 預測分類的平均值為 2.000、符合分割條件的樣本觀察值有 6 位，分割條件為「IQ ≥ 123」，誤差值 (SS) = 0.0，當葉節點的參數值 err 為一般量數而不是百分比值，表示葉節點適配的決策樹模型為迴歸樹而不是分類樹，分類樹的誤差值為葉節點的不純度值 (百分比量數)。

　　上述語法函數建構的決策樹為迴歸樹而非分類樹，葉節點中呈現的參數不是水準群組等第，而是水準數值測量值的平均數 (將水準數值視為分數)。

　　使用套件 {evtree} 函數 evtree ( ) 進行分類樹模型的建構程序中，當效標變數為因子變數 (類別變數) 時，研究者必須使用 as.factor ( ) 函數將變數屬性轉換為因子，未進行變數屬性轉換時，原因子變數的水準如為數值 (水準數值 1、2、3 等)，分類樹建構程序會把目標變數屬性視為計量變數，將觀察值的水準數值編號 1、2、3 視為測量值 (分數)；原因子變數的水準數值如已界定為文字型的群組名稱 (增列水準群組標記)，分類樹建構程序會把目標變數屬性視為文字，無法進行分類樹模型的建構程序。範例資料框架物件變數 RANKA 界定水準數值的群組名稱 (A 等、B 等、C 等)、變數 RANKB 界定水準數值的群組名稱為「通過」、「未通過」，但未界定二個變數屬性為因子變數，執行分類樹模型建構程序會出現錯誤訊息：

```
> temp = read.csv ("test0.csv", header = T)
> temp$RANKA = ifelse (temp$RANKA ==1, "A 等", ifelse (temp$ RANKA ==2, "B
  等", "C 等"))
> temp$RANKB = ifelse (temp$RANKB==1, "通過", "未通過")
> class (temp$RANKA)
[1] "character"
> class (temp$RANKB)
[1] "character"
```

[說明]：三分類別變數 **RANKA**、二分類別變數 **RANKB** 的變數屬性均為文字 **(character)**。

```
> regt3 = evtree (RANKA ~ IQ + INVO + TACT, data = temp, minbucket = 5, minsplit
  = 20)
```

Error in if (var (mf [, nVariables]) <= 0) stop ("variance of the dependent variable is 0") :
  missing value where TRUE/FALSE needed
In addition: Warning message:
In var (mf [, nVariables]) : NAs introduced by coercion

[說明]：由於反應變數 **RANKA** 的變數屬性為文字變數 **(character)**，以三分類別變數 **RANKA** 作為效標變數無法建構分類樹模型。

```
> regt4 = evtree (RANKB ~ IQ + INVO + TACT, data = temp, minbucket = 5, minsplit
  = 15)
```

Error in if (var (mf [, nVariables]) <= 0) stop ("variance of the dependent variable is 0"):
  missing value where TRUE/FALSE needed
In addition: Warning message:
In var (mf [, nVariables]) : NAs introduced by coercion

[說明]：由於反應變數 **RANKB** 的變數屬性為文字變數 **(character)**，以二分類別變數 **RANKB** 作為效標變數無法建構分類樹模型。

(二) 反應變數為因子變數

使用 **as.factor ( )** 函數將類別變數的變數屬性界定為因子變數 (factor)，R 主控台的函數語法與執行結果如下：

```
> temp = read.csv ("test0.csv", header = T)
> temp$RANKA = ifelse (temp$RANKA ==1, "A 等", ifelse (temp$ RANKA ==2, "B
  等", "C 等"))
> temp$RANKB = ifelse (temp$RANKB==1, "通過", "未通過")
> temp$RANKA = as.factor (temp$RANKA)
```

```
> temp$RANKB = as.factor (temp$RANKB)
> ftemp = data.frame (temp)
> regt3 = evtree (RANKA ~ IQ + INVO + TACT, data = ftemp, minbucket = 5, minsplit
   = 20)
> print (regt3)
```

Model formula:

RANKA ~ IQ + INVO + TACT

Fitted party:

[1] root

| [2] TACT < 22

| | [3] IQ < 121: C 等 (n = 15, err = 6.7%)

| | [4] IQ >= 121: B 等 (n = 5, err = 0.0%)

| [5] TACT >= 22

| | [6] INVO < 40: B 等 (n = 9, err = 11.1%)

| | [7] INVO >= 40: A 等 (n = 13, err = 0.0%)

Number of inner nodes: 3

Number of terminal nodes: 4

[說明]：分類樹模型中的內部節點有三個、葉節點個數有四個 (節點 [3]、節點 [4]、節點 [6]、節點 [7])。

```
> plot (regt3)
```

　　分類樹圖如下，內部節點有三個，葉節點 (分類結果) 有四個。葉節點 [3] 預測分類的水準數值群組為「C 等」，符合分割條件的樣本觀察值有 15 位，分割條件為「TACT < 22 且 IQ < 121」，節點的不純度值為 6.7% (err = 6.7%)、純度值為 93.3%；葉節點 [4] 預測分類的水準數值群組為「B 等」、符合分割條件的樣本觀察值有 5 位，分割條件為「TACT < 22 且 IQ ≥ 121」，節點的不純度值為 0.0% (err = 0.0%)、純度值為 100.0%；葉節點 [6] 預測分類的水準數值群組為「B 等」、符合分割條件的樣本觀察值有 9 位，分割條件為「TACT ≥ 22 且 INVO < 40」，節點的不純度值為 11.1% (err = 11.1%)、純度值為 88.9%；葉節點 [7] 預測分類的水準數值群組為「A 等」、符合分割條件的樣本觀察值有 13 位，分割條件為「TACT ≥ 22 且 INVO ≥ 40」，節點的不純度值為 0.0% (err = 0.0%)、純度值為 100.0%。分類樹圖葉節點中的小直方圖 (長條圖) 為根據分割條件預測分類錯誤的觀察值 (愈多的長條圖，節點的不純度值愈大)。

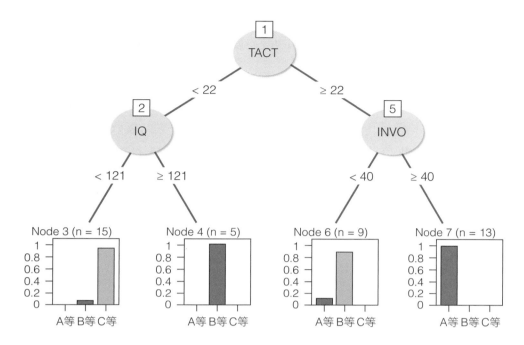

效標變數 RANKA 的水準沒有增列水準群組標記 (A 等、B 等、C 等)，而是直接使用水準數值 (1、2、3)，則分類樹圖中的葉節點的群組標記以水準數值 1、2、3 表示，二種分類樹模型圖相同。以函數 **evtree ( )** 建構決策樹模型時，最好將引數 minbucket 的參數值設定為大一些，以建構較穩定的決策樹分類準則，因為引數 minbucket 的參數值太小，每執行一次程序，可能會出現不同的分割準則，這樣對於結果的整理與檢核較不方便。

將變數 RANKB 的變數以 **as.factor ( )** 函數轉換為因子，使用 **evtree ( )** 函數建構分類樹模型：

```
> regt4 = evtree (RANKB ~ IQ + INVO + TACT, data = ftemp, minbucket = 5, minsplit
   = 15)
> print (regt4)
Model formula:
RANKB ~ IQ + INVO + TACT
Fitted party:
[1] root
|   [2] INVO < 26: 未通過 (n = 23, err = 13.0%)
|   [3] INVO >= 26: 通過 (n = 19, err = 0.0%)
Number of inner nodes:    1
Number of terminal nodes: 2
```

> [說明]：分類樹的內部節點個數為 **1**、葉節點個數為 **2**，葉節點 [2] 的不純度值為
> **13.0%**、純度值為 **87.0%**；葉節點 [3] 的不純度值為 **0.0%**、純度值為 **100.0%**。
> > plot (regt4)

　　分類樹圖形如下，葉節點有二個，葉節點 [2] 分割條件為「INVO < 26」，
符合條件的樣本觀察值有 23 位、葉節點 [2] 被預測分類為證照 B 考試「未通
過」群組；葉節點 [3] 分割條件為「INVO ≥ 26」，符合條件的樣本觀察值有 19
位、葉節點 [3] 被預測分類為證照 B 考試「通過」群組。反應變數為二分類別變
數時，分類樹的葉節點為單一顏色表示節點的純度值為 100.0%，節點內預測分
類的觀察值水準群組與真實水準群組均相同。

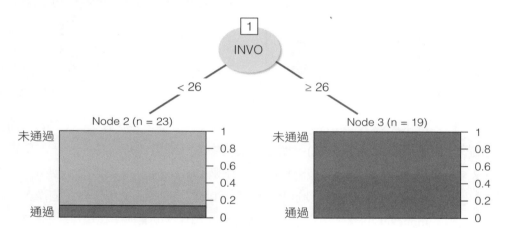

　　效標變數 RANKB 的水準如果沒有增列水準群組標記 (通過、未通過)，而是
直接使用水準數值 (1、2)，則分類樹圖中的葉節點的群組標記以水準數值 1、2
表示，二種分類樹模型圖相同 (水準數值 1 表示觀察值在證照 B 考試為「通過」
組、水準數值 2 表示觀察值在證照 B 考試為「未通過」組)。

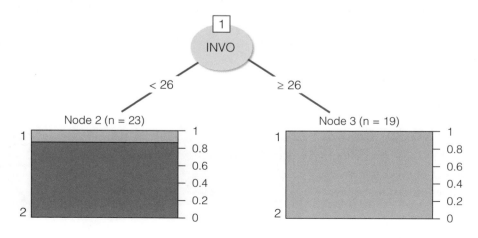

三、反應變數為多分類別變數

教師工作壓力試算表資料檔「press.csv」中，解釋變數為教師服務的學校規模 (scale)、教師擔任職務 (job)，學校規模因子變數三個水準數值標記為「小型學校」、「中型學校」、「大型學校」；教師職務因子變數四個水準數值標記為「主任」、「組長」、「科任」、「級任」，資料框架物件名稱為 pressd，以函數 **evtree ( )** 建構迴歸樹模型：

```
> reg.fit = evtree (工作壓力 ~ 學校規模 + 職務, data = pressd, minbucket = 20, minsplit = 40)
> print (reg.fit)
Model formula:
工作壓力 ~ 學校規模 + 職務
Fitted party:
[1] root
|   [2] 學校規模 in 小型學校, 大型學校
|   |   [3] 學校規模 in 大型學校
|   |   |   [4] 職務 in 組長, 科任: 15.286 (n = 21, err = 238.3)
|   |   |   [5] 職務 in 主任, 級任: 26.000 (n = 30, err = 120.0)
|   |   [6] 學校規模 in 小型學校, 中型學校: 25.462 (n = 39, err = 309.7)
|   [7] 學校規模 in 中型學校
|   |   [8] 職務 in 組長, 級任: 18.556 (n = 27, err = 126.7)
|   |   [9] 職務 in 主任, 科任: 12.222 (n = 27, err = 82.7)
Number of inner nodes:    4
Number of terminal nodes: 5
```
[說明]：迴歸樹模型中，內部節點有四個、終點節點有五個。

使用函數 **plot ( )** 繪製決策樹成長圖：「> plot (reg.fit, type = "simple")」，決策樹成長圖有五個葉節點：

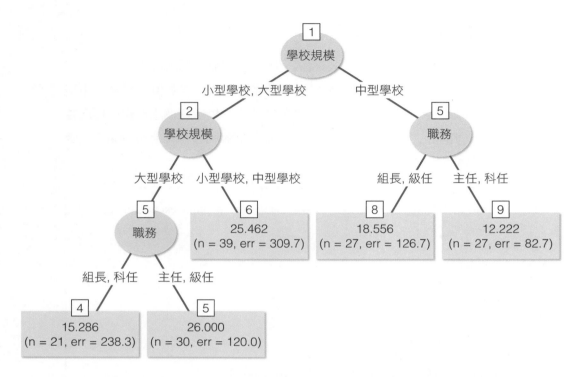

使用函數 **evtree ( )** 建構迴歸樹模型程序，使用相同引數與解釋變數出現第二種分類準則範例：

```
Model formula:
工作壓力 ~ 學校規模 + 職務
Fitted party:
[1] root
|   [2] 學校規模 in 大型學校
|   |   [3] 職務 in 主任, 級任: 26.000 (n = 30, err = 120.0)
|   |   [4] 職務 in 組長, 科任: 15.286 (n = 21, err = 238.3)
|   [5] 學校規模 in 小型學校, 中型學校
|   |   [6] 學校規模 in 中型學校
|   |   |   [7] 職務 in 組長, 級任: 18.556 (n = 27, err = 126.7)
|   |   |   [8] 職務 in 主任, 科任: 12.222 (n = 27, err = 82.7)
|   |   [9] 學校規模 in 小型學校, 大型學校: 25.462 (n = 39, err = 309.7)
Number of inner nodes:    4
Number of terminal nodes: 5
```

使用函數 **plot ( )** 繪製決策樹成長圖，決策樹成長圖有五個葉節點：

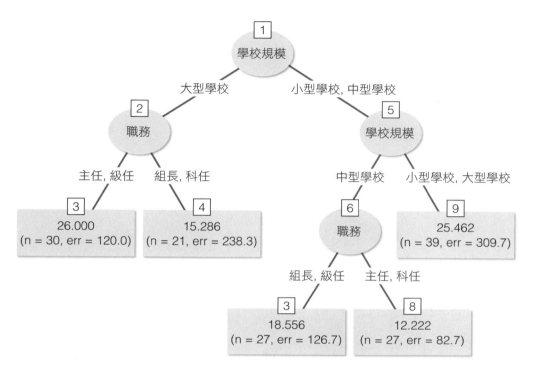

使用函數 evtree ( ) 建構迴歸樹模型程序，使用相同引數與解釋變數出現第三種分類準則範例：

```
Fitted party:
[1] root
|   [2] 學校規模 in 小型學校: 25.462 (n = 39, err = 309.7)
|   [3] 學校規模 in 中型學校, 大型學校
|   |   [4] 學校規模 in 小型學校, 大型學校
|   |   |   [5] 職務 in 組長, 科任: 15.286 (n = 21, err = 238.3)
|   |   |   [6] 職務 in 主任, 級任: 26.000 (n = 30, err = 120.0)
|   |   [7] 學校規模 in 中型學校
|   |   |   [8] 職務 in 組長, 級任: 18.556 (n = 27, err = 126.7)
|   |   |   [9] 職務 in 主任, 科任: 12.222 (n = 27, err = 82.7)
Number of inner nodes:    4
Number of terminal nodes: 5
```

使用函數 plot ( ) 繪製決策樹成長圖，決策樹成長圖有五個葉節點：

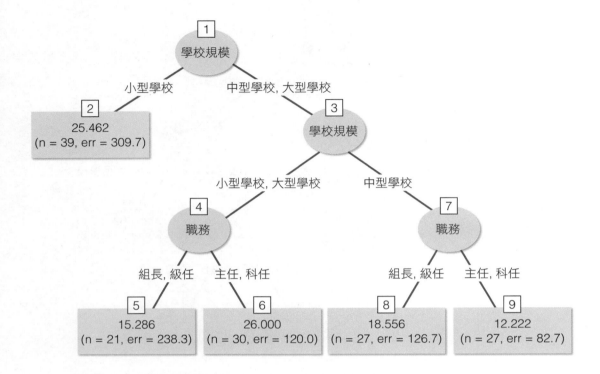

由於二個解釋變數均為三分以上類別變數，在分割條件上會有不同的組合，但決策樹最後分割準則是相同，三種不同分割條件的分割準則相同，決策樹葉節點的參數值均一樣 (包含平均數、觀察值人數、誤差值)：

IF「學校規模 = 小型學校」 THEN 「M = 25.462，n = 39」。

IF「學校規模 = 大型學校 且 職務 = 組長，科任」THEN「M = 15.29，n = 21」。

IF「學校規模 = 大型學校 且 職務 = 主任，級任」THEN「M = 26.00，n = 30」。

IF「學校規模 = 中型學校 且 職務 = 組長，級任」THEN「M = 18.56，n = 27」。

IF「學校規模 = 中型學校 且 職務 = 主任，科任」THEN「M = 12.22，n = 27」。

根據分割準則以 **which ( )** 函數作為篩選條件，五個葉節點對應的函數語法為：

```
> attach(pressd)
```
The following objects are masked from pressd (pos = 4):
    工作壓力, 學校規模, 職務
```
> node1 = pressd[which (學校規模=="小型學校"),]
> node2 = pressd[which (學校規模=="大型學校" & (職務=="組長" | 職務=="科任")),]
> node3 = pressd[which( 學校規模=="大型學校" & (職務=="主任" | 職務=="級任")),]
> node4 = pressd[which (學校規模=="中型學校" & (職務=="組長" | 職務=="級任")),]
> node5 = pressd [which (學校規模=="中型學校" & (職務=="主任" | 職務=="科任")),]
```

上述函數語法中「&」符號為「且」、「|」符號為「或」。

使用套件 {psych} 函數 describe ( ) 求出五個葉節點的描述性統計量：

```
> library (psych)
> describe (node1 [,3], skew = F)
      vars   n   mean   sd   min   max   range   se
X1     1    39   25.46  2.85  20    30    10     0.46
> describe (node2 [,3], skew = F)
      vars   n   mean   sd   min   max   range   se
X1     1    21   15.29  3.45  11    20    9      0.75
> describe (node3 [,3], skew = F)
      vars   n   mean   sd   min   max   range   se
X1     1    30   26     2.03  22    29    7      0.37
> describe (node4 [,3], skew = F)
      vars   n   mean   sd   min   max   range   se
X1     1    27   18.56  2.21  16    24    8      0.42
> describe (node5 [,3], skew = F)
      vars   n   mean   sd   min   max   range   se
X1     1    27   12.22  1.78  10    15    5      0.34
```
[說明]：五個葉節點的觀察值 n 分別為 39、21、30、27、27，工作壓力平均數分別為 25.46、15.29、26.00、18.56、12.22。

根據變異數 (var) 與離均差平方和 (SS) 公式：var = SS ÷ (N − 1)，離均差平方和 SS = var × (N − 1) = sd^2 × (N − 1)，五個葉節點的離均差平方和參數值為：

```
> round (sd (node1 [,3])^2*(nrow (node1) -1), 1)
[1] 309.7
> round (sd (node2 [,3])^2*(nrow (node2) -1),1)
[1] 238.3
> round (sd (node3 [,3])^2*(nrow (node3) -1),1)
[1] 120
> round (sd (node4 [,3])^2*(nrow (node4) -1),1)
[1] 126.7
> round (sd (node5 [,3])^2*(nrow (node5) -1), 1)
[1] 82.7
```
[說明]：五個葉節點的 **err(SS)** 參數值分別為 **309.7、238.3、120.0、126.7、82.7**。

參、套件 {evtree} 函數 predict ( )

套件 **{evtree}** 函數 **party-predict ( )** 或函數 **predict ( )** 可以根據建構的決策樹模型對於資料框架物件進行預測分類，函數基本語法為：

predict (object, newdata = NULL, perm = NULL)

predict_party (party, id, newdata = NULL, type = c ("response", "prob", "quantile", "density", "node"), at = if (type == "quantile") c (0.1, 0.5, 0.9),

物件 object 為 **evtree ( )** 函數建構的模型物件，引數 party 為套件 **{partykit}** 建構的決策樹模型 party 物件。引數 newdata 界定決策樹模型預測分類的標的資料檔 (測試樣本)。引數 perm 界定變數名稱的文字向量。引數 id 界定葉節點識別者向量。

引數 type 以文字串界定預測值回傳的參數，可以設定的選項有五個：

1. 「"response"」：迴歸樹回傳的參數值為數值反應的平均數、分類樹回傳的參數值為預測類別水準群組、存活時間模型回傳的參數值為中位數。

2. 「"prob"」：目標變數為類別變數回傳條件類別機率的矩陣 (simplify = TRUE) 或每個觀察值條件類別機率的列表 (simplify = FALSE)。目標變數為數值變數與檢核反應變數時，回傳經驗累積分配函數與實徵存活函數 (Kaplan-Meier 估計值)。

3. 「"quantile"」：回傳參數值為百分位數。

4.「"density"」：回傳參數值為機率密度。

5.「"node"」：回傳參數值為葉節點的編號。

　　引數at 表示回傳參數值為函數 (如經驗累積分配函數或經驗百分位函數)，可以使用數值評估函數，並回傳數值型參數。

一、分層隨機抽樣

　　使用 **predict ( )** 函數對測試樣本進行預測分類，訓練樣本從原資料檔中參加證照 A 考試等第結果的三個水準群組中各抽取三分之二觀察值，抽取方法為隨機抽樣，以 **sample ( )** 函數配合抽取樣本群組，餘三分之一未被抽取的樣本為測試樣本，R 編輯器完整語法指令如下：

```
[1] library (evtree)
[2] temp = read.csv ("test0.csv", header = T)
[3] temp$RANKA = ifelse (temp$RANKA ==1, "A 等", ifelse (temp$ RANKA ==2,
"B 等", "C 等"))
[4] temp$RANKB = ifelse (temp$RANKB==1, "通過", "未通過")
[5] exam = temp [order (temp$RANKA),]
[6] sub = c (sample (1:14,9), sample (15:28,9), sample (29:42,9))
[7] traindata = exam [sub,]
[8] testdata = exam [-sub,]
[9] traindata$RANKA = as.factor (traindata$RANKA)
[10] testdata$RANKA = as.factor (testdata$RANKA)
[11] regt.m = evtree (RANKA ~ IQ + INVO + TACT, data = traindata, minbucket =
5, minsplit = 15)
[12] class.p = predict (regt.m, testdata, type = "response")
[13] testdata$ 預測分類 = class.p
[14] tab.m = with (testdata, {table (RANKA, 預測分類)})
[15] rate = round(100*sum (diag (tab.m))/sum (tab.m),1)
[16] cat ("測試樣本總數 = ",sum (tab.m),"--預測分類正確樣本數 = ", sum (diag
(tab.m)), "\n")
[17] cat ("預測分類正確百分比 = ",rate, "%\n")
[18] tab.m
```

　　[1] 列使用 **library ( )** 函數載入 **{evtree}** 套件。

　　[2] 列使用 **read.csv ( )** 函數載入試算表資料檔，資料框架物件名稱設定為temp。

[3] 列使用 **ifelse ( )** 函數將三分類別變數 RANKA 的水準數值 1、2、3 分別標記為 A 等、B 等、C 等。

[4] 列使用 **ifelse ( )** 函數將二分類別變數 RANKB 的水準數值 1、2 分別標記為「通過」、「未通過」。

[5] 列使用 **order ( )** 函數將資料框架物件 temp 根據變數 RANKA 遞增排序，排序後的資料框架物件界定為 exam。

[6] 列使用向量配合 **sample ( )** 函數隨取建立 27 個數值向量。

[7] 列以觀察值正索引擷取樣本，樣本觀察值為訓練樣本，資料框架物件名稱為 traindata。

[8] 列以觀察值負索引擷取樣本，樣本觀察值為測試樣本，資料框架物件名稱為 testdata。

[9] 列使用 **as.factor ( )** 將資料框架物件 traindata 中的 RANKA 變數屬性界定為因子。

[10] 列使用 **as.factor ( )** 將資料框架物件 testdata 中的 RANKA 變數屬性界定為因子。

[11] 列使用 **evtree ( )** 函數建構分類樹模型，效標變數為 RANKA，標的資料檔為資料框架物件 traindata (訓練樣本)。

[12] 列使用 **predict ( )** 函數對測試樣本進行預測，標的資料檔為資料框架物件 testdata (測試樣本)，type 引數界定為「"response"」，表示回傳參數為預測分類水準群組。

[13] 列將預測分類的水準群組以變數「預測分類」增列於資料框架物件 testdata (測試樣本) 中。

[14] 列使用 **table ( )** 函數求出資料框架物件 testdata (測試樣本) 的「RANKA」、「預測分類」二個因子變數的交叉表，交叉表物件設定為 tab.m。

[15] 列求出交叉表對角線個數佔交叉表樣本觀察值總數的百分比。

[16] 使用 **cat ( )** 函數輸出測試樣本觀察值個數與預測分類的樣本數。

[17] 使用 **cat ( )** 函數呈現預測分類正確百分比。

[18] 呈現資料框架物件 testdata (測試樣本) 的 RANKA、預測分類二個因子變數的交叉表次數。

R 主控台執行結果如下：

```
<略>
> cat ("測試樣本總數 = ",sum (tab.m),"--預測分類正確樣本數 = ",sum (diag (tab.m)),
  "\n")
測試樣本總數 = 15 --預測分類正確樣本數 = 12
> cat ("預測分類正確百分比 = ",rate, "%\n")
預測分類正確百分比= 80 %
> tab.m
```

		預測分類	
RANKA	A 等	B 等	C 等
A 等	5	0	0
B 等	1	3	1
C 等	0	1	4

[說明]：15 個測試樣本中預測分類正確的觀察值有 12 位、預測分類錯誤的觀察值有 3 位，根據分類樹模型對測試樣本進行預測分類正確的百分比為 80%，預測分類錯誤的百分比為 20%。

查看測試樣本資料框架物件 testdata 資料檔的內容：

```
> testdata
```

	IQ	INVO	TACT	SCORE	RANKA	RANKB	預測分類
10	121	40	50	95	A 等	通過	A 等
11	120	40	52	94	A 等	通過	A 等
17	121	43	51	92	A 等	通過	A 等
39	110	52	25	92	A 等	通過	A 等
41	108	53	24	91	A 等	通過	A 等
6	125	18	14	76	B 等	未通過	B 等
7	120	17	40	85	B 等	通過	B 等
9	122	19	40	84	B 等	通過	B 等
32	114	34	24	86	B 等	通過	A 等 [預測分類錯誤]
34	113	25	26	78	B 等	未通過	C 等 [預測分類錯誤]
19	120	22	7	60	C 等	未通過	B 等 [預測分類錯誤]
21	119	23	9	64	C 等	未通過	C 等
23	119	25	9	62	C 等	未通過	C 等
24	119	23	9	65	C 等	未通過	C 等
25	105	6	12	50	C 等	未通過	C 等

[說明]：15 位測試樣本之觀察值在反應變數「RANKA」之真實水準等第與「預測分類」變數之水準等第不相同者有三位。

函數 **predict ( )** 中引數 type 不同選項設定的比較：

```
> class.re = predict (regt.m, testdata, type = "response")
> class.pr = predict (regt.m, testdata, type = "prob")
> class.no = predict (regt.m, testdata, type = "node")
> class.re
```
  10   **11**   **17**   **39**   **41**   **6**   **7**   **9**   **32**   **34**   **19**   **21**   **23**   **24**   **25**
A 等 A 等 A 等 A 等 A 等 B 等 B 等 B 等 A 等 C 等 B 等 C 等 C 等 C 等 C 等
Levels: A 等 B 等 C 等

[說明]：**"response"** 選項回傳的參數值為觀察值分類之水準數值等第標記。

```
> class.pr
```

	A 等	B 等	C 等
10	0.75	0.25	0.0
11	0.75	0.25	0.0
17	0.75	0.25	0.0
39	0.75	0.25	0.0
41	0.75	0.25	0.0
6	0.00	1.00	0.0
7	0.00	1.00	0.0
9	0.00	1.00	0.0
32	0.75	0.25	0.0
34	0.00	0.10	0.9
19	0.00	1.00	0.0
21	0.00	0.10	0.9
23	0.00	0.10	0.9
24	0.00	0.10	0.9
25	0.00	0.10	0.9

[說明]：回傳參數值為觀察值分類的機率值，機率值最大的等第為預測分類歸類的等第群組，以編號觀察值 **10** 為例，在證照 A 考試中預測分類為「A 等」的機率為 **0.75**、預測分類為「B 等」的機率為 **0.25**、預測分類為「C 等」的機率為 **0.00**，分類樹決策結果將編號觀察值 **10** 預測分類為「A 等」(觀察值 **10** 之樣本在實際證照 A 考試的等第也是為 A 等)。以編號觀察值 **34** 為例，在證照 A 考試中預測分類為「A 等」的機率為 **0.00**、預測分類為「B 等」的機率為 **0.10**、預測分類為「C 等」的機率為 **0.90**，分類樹決策結果將編號觀察值 **34** 預測分類為「C 等」(觀察值 **34** 之樣本在實際證照 A 考試的等第為 B 等而非 C 等)。

```
> class.no
```
  10   **11**   **17**   **39**   **41**   **6**   **7**   **9**   **32**   **34**   **19**   **21**   **23**   **24**   **25**
  5   **5**   **5**   **5**   **5**   **4**   **4**   **4**   **5**   **3**   **4**   **3**   **3**   **3**   **3**

[說明]：回傳參數值為觀察值分類的葉節點編號，編號觀察值 **10** 預測分類在葉節點 [5] 中，編號觀察值 **6** 預測分類在葉節點 [4] 中、編號觀察值 **21** 預測分類在葉

節點 **[3]** 中。

> class.de = predict (regt.m, testdata, type = "quantile")

Error in .predict_party_constparty (node_party (party), fitted = fitted, :
  quantile and density estimation currently only implemented for numeric responses

> class.de = predict (regt.m, testdata, type = "density")

Error in .predict_party_constparty (node_party (party), fitted = fitted, :
  quantile and density estimation currently only implemented for numeric responses

[說明]：引數 **type** 的選項 **quantile** 與 **density** 估計值只適用於反應變數為數值變數 (計量變數)，由於適配分類樹模型的效標變數為因子變數，因而無法估算參數值。

二、系統抽樣 (有排序)

範例的目標變數為二分類別變數 RANKB，使用 **evtree ( )** 函數進行適配分類樹的建構，以建構的模型對測試樣本進行預測分類，樣本抽取前以 RANKB 因子變數為標的變數進行遞增排序，訓練樣本為排序後編號奇數號之樣本觀察值、測試樣本為排序後編號偶數號之樣本觀察值，R 編輯器語法指令如下：

```
[5] exam = temp [order (temp$RANKB),]
[6] sub = c (seq (1, 42, 2))
[7] temp1 = exam [sub,]
[8] temp2 = exam [-sub,]
[9] temp1$RANKB = as.factor (temp1$RANKB)
[10] temp2$RANKB = as.factor (temp2$RANKB)
[11] regt.m = evtree (RANKB ~ IQ + INVO + TACT, data = temp1, minbucket = 5, minsplit = 15)
[12] class.p = predict (regt.m, temp2, type = "response")
[13] temp2$PRANKB = class.p
[14] tab.m = with (temp2, {table (RANKB,PRANKB)})
[15] rate = round (100*sum (diag (tab.m))/sum (tab.m), 1)
[16] cat ("測試樣本總數 =",sum (tab.m),"--預測分類正確樣本數 = ", sum (diag (tab.m)), "\n")
[17] cat ("預測分類正確百分比 =", rate, "%--預測分類錯誤百分比 =", 100-rate, "%\n")
[18] tab.m
```

[5] 列使用 **order ( )** 函數將資料框架物件 temp 根據變數 RANKB 遞增排序，排序後的資料框架物件界定為 exam。

[6] 列使用 **seq ( )** 函數建立奇數系列的向量。

[7] 列以觀察值正索引擷取樣本,樣本觀察值為訓練樣本,資料框架物件名稱為 temp1。

[8] 列以觀察值負索引擷取樣本 (偶數序號的觀察值),樣本觀察值為測試樣本,資料框架物件名稱為 temp2。

[9] 列使用 **as.factor ( )** 將資料框架物件 temp1 中的 RANKB 變數屬性界定為因子。

[10] 列使用 **as.factor ( )** 將資料框架物件 temp2 中的 RANKB 變數屬性界定為因子。

[11] 列使用 **evtree ( )** 函數建構分類樹模型,效標變數為 RANKB,標的資料檔為資料框架物件 temp1 (訓練樣本)。

[12] 列使用 **predict ( )** 函數對測試樣本進行預測分類,標的資料檔為資料框架物件 temp2 (測試樣本),type 引數界定為「 "response" 」,表示回傳參數為預測分類水準群組。

[13] 列將預測分類的水準群組以變數「PRANKB」(預測變數名稱可以自訂)增列於資料框架物件 temp2 (測試樣本) 中。

[14] 列使用 **table ( )** 函數求出資料框架物件 temp2 (測試樣本) 的「RANKB」(實際分類的變數)、「PRANKB」(預測分類的變數) 二個因子變數的交叉表,交叉表物件名稱界定為 tab.m。

[15] 列求出交叉表對角線個數佔交叉表樣本觀察值總數的百分比。

[16] 使用 **cat ( )** 函數輸出測試樣本觀察值個數與預測分類的樣本數。

[17] 使用 **cat ( )** 函數呈現預測分類正確與錯誤的百分比。

[18] 呈現資料框架物件 temp2 (測試樣本) RANKB (實際分類的變數)、PRANKB (預測分類的變數) 二個因子變數的交叉表次數。

R 主控台視窗執行 R 編輯器語法指令結果如下:

```
<略>
> sub = c (seq (1, 42, 2))
<略>
> cat ("測試樣本總數 = ", sum (tab.m), "--預測分類正確樣本數 = ", sum (diag (tab.
  m)), "\n")
測試樣本總數 = 21 --預測分類正確樣本數 = 19
> cat ("預測分類正確百分比 = ", rate, "%--預測分類錯誤百分比 = ", 100-rate, "%\n")
```

預測分類正確百分比 = **90.5%**--預測分類錯誤百分比 = **9.5%**
> tab.m

RANKB	PRANKB 未通過	通過
未通過	9	1
通過	1	10

[說明]：**21** 個測試樣本中預測分類正確的觀察值有 **19** 位、預測分類錯誤的觀察值有 **2** 位，根據分類樹模型對測試樣本進行預測分類正確的百分比為 **90.5%**、預測分類的錯誤百分比 = **9.5%**。

在 R 編輯器語法指令的第五列後面，增列一個排序後編號變數，變數內容由 901 至 942：

---

[5] exam = temp[order (temp$RANKB),]
[6] exam$ 排序後編號 = c (901:942)

在測試樣本之資料框架物件增列一個「序號」變數，觀察值的序號從 1 至 21：

> temp2$ 序號 = c (1:21)
測試樣本增列 **PRANKB** 因子變數之資料框架物件 (**temp2**) 的資料檔如下：
> temp2

	IQ	INVO	TACT	SCORE	RANKA	RANKB	排序後編號	PRANKB	序號	
2	131	18	11	76	B 等	未通過	902	未通過	1	
4	124	18	12	74	B 等	未通過	904	未通過	2	
6	125	18	14	76	B 等	未通過	906	未通過	3	
18	119	21	6	62	C 等	未通過	908	未通過	4	
20	118	23	8	61	C 等	未通過	910	未通過	5	
22	118	24	8	65	C 等	未通過	912	未通過	6	
24	119	23	9	65	C 等	未通過	914	未通過	7	
26	106	8	13	52	C 等	未通過	916	未通過	8	
28	105	9	15	54	C 等	未通過	918	未通過	9	
34	113	25	26	78	B 等	未通過	920	通過	10	[預測分類錯誤]
9	122	19	40	84	B 等	通過	922	通過	11	
11	120	40	52	94	A 等	通過	924	通過	12	
13	121	43	53	93	A 等	通過	926	通過	13	
15	121	45	54	97	A 等	通過	928	通過	14	
17	121	43	51	92	A 等	通過	930	通過	15	
31	114	33	23	88	B 等	通過	932	通過	16	

33 113	38	25	82	B 等	通過	934	通過	17
36 112	26	12	65	C 等	通過	936	未通過	18 [預測分類錯誤]
38 110	50	24	91	A 等	通過	938	通過	19
40 110	52	26	93	A 等	通過	940	通過	20
42 115	32	28	90	A 等	通過	942	通過	21

[說明]：測試樣本為在原資料框架物件根據「證照 B」排序後位於偶數橫列位置的樣本，排序後位於奇數橫列的樣本均為訓練樣本。預測分類錯誤的觀察值為測試樣本中序號第 10 筆、第 18 筆的樣本。

使用 **which ( )** 函數查看測試樣本 temp2 中第幾筆樣本觀察值的預測分類錯誤：

```
> with (temp2, {which (!RANKB==PRANKB)})
[1] 10 18
```
[說明]：排序後的第 **10** 筆 (第一直行編號為 **34**) 與第 **18** 筆 (第一直行編號為 **36**) 樣本觀察值的預測分類錯誤，**RANKB** 因子變數的水準群組標記 (實際參加證照 **B** 考試結果) 與 **PRANKB** 因子變數的水準群組標記 (根據決策樹模型預測參加證照 **B** 考試結果) 不同。**temp2** 資料檔第一列的數值編號為樣本觀察值在原始資料框架物件中的序號，因為根據 **RANKB** 因子變數排序，再從排序後的資料框架物件挑選出排序位置在偶數號者為測試樣本，因而第一列數值有奇數與偶數序號編碼，測試樣本在排序後的位置均在資料框架物件中位於偶數號列的觀察值。

使用 **which ( )** 函數作為篩選條件，完整呈現預測分類錯誤的樣本觀察值資料：

```
> temp2 [with (temp2, {which (!RANKB==PRANKB)}),]
      IQ INVO TACT SCORE RANKA  RANKB   PRANKB
34 113  25   26    78     B 等  未通過    通過 [測試樣本第 10 筆觀察值]
36 112  26   12    65     C 等  通過    未通過 [測試樣本第 18 筆觀察值]
```

上述決策樹模型 [11] 列語法函數的反應變數改為計量變數 SCORE，決策樹模型為迴歸樹，測試樣本變數增列預測分類的分數與觀察值的節點：

```
> regt.model = evtree (SCORE ~ IQ + INVO + TACT, data = temp1, minbucket = 5,
   minsplit = 15)
> temp2$PSCORE = round (predict (regt.model, temp2, type = "response"), 2)
> temp$PNODE = predict (regt.model, temp2, type = "node")
```

測試樣本的資料內容如下，資料框架物件變數「SCORE」為觀察值原始成績分數、變數「PSCORE」為根據迴歸樹模型預測的分數，變數「PNODE」為根據迴歸樹模型預測觀察值分類的葉節點編號：

```
> temp2
     IQ  INVO  TACT  SCORE  RANKA  RANKB  排序後編號  PSCORE  PNODE
2   131   18    11     76    B 等   未通過      902      62.60    2
4   124   18    12     74    B 等   未通過      904      62.60    2
6   125   18    14     76    B 等   未通過      906      62.60    2
<略>
38  110   50    24     91    A 等    通過       938      90.45    3
40  110   52    26     93    A 等    通過       940      90.45    3
42  115   32    28     90    A 等    通過       942      90.45    3
```

求出測試樣本之預測殘差值的變異數與標準差，二個參數值均四捨五入至小數第二位：

```
> round (with (temp2, {var (SCORE-PSCORE)}), 2)
[1] 51.76
> round (with (temp2, {sd (SCORE-PSCORE)}), 2)
[1] 7.19
```

函數 **predict ( )** 引數 type 選項界定為「="quantile"」，輸出的參數值為測試樣本觀察值預測分數的百分位數：

```
> predict (regt.model, temp2, type = "quantile")
      10%     50%     90%
2    52.7     61      78
4    52.7     61      78
<略>
40   86.0     90      96
42   86.0     90      96
```

三、系統抽樣 (未排序)

上述 R 編輯器語法指令的第五列將排序函數 **order ( )** 刪除，修改為直接複

製一個資料框架物件 exam，訓練樣本為原資料框架物件位於奇數列的觀察值、
測試樣本為原資料框架物件位於偶數列的觀察值：

---

[5] exam = temp [order (temp$RANKB),]
[5] exam = temp

R 主控台視窗執行語法函數之部分結果如下：

> cat ("測試樣本總數 =", sum (tab.m),"--預測分類正確樣本數 = ", sum (diag (tab.m)),
  "\n")
測試樣本總數 = 21 --預測分類正確樣本數 = 18
> cat ("預測分類正確百分比 = ",rate,"%--預測分類錯誤百分比 = ",100-rate, "%\n")
預測分類正確百分比 = 85.7 %--預測分類錯誤百分比 = 14.3 %

資料框架物件 temp2 (測試樣本) 的資料檔為：

> temp2

	IQ	INVO	TACT	SCORE	RANKA	RANKB	PRANKB	
2	131	18	11	76	B 等	未通過	未通過	
4	124	18	12	74	B 等	未通過	未通過	
6	125	18	14	76	B 等	未通過	未通過	
8	123	18	40	86	B 等	未通過	通過	[第 4 筆預測分類錯誤]
10	121	40	50	95	A 等	通過	通過	
12	120	42	51	96	A 等	通過	通過	
14	120	46	56	98	A 等	通過	通過	
16	122	46	52	90	A 等	通過	通過	
18	119	21	6	62	C 等	未通過	未通過	
20	118	23	8	61	C 等	未通過	未通過	
22	118	24	8	65	C 等	未通過	未通過	
24	119	23	9	65	C 等	未通過	未通過	
26	106	8	13	52	C 等	未通過	未通過	
28	105	9	15	54	C 等	未通過	未通過	
30	115	34	22	86	B 等	通過	通過	
32	114	34	24	86	B 等	通過	通過	
34	113	25	26	78	B 等	未通過	通過	[第 17 筆預測分類錯誤]
36	112	26	12	65	C 等	通過	未通過	[第 18 筆預測分類錯誤]
38	110	50	24	91	A 等	通過	通過	
40	110	52	26	93	A 等	通過	通過	
42	115	32	28	90	A 等	通過	通過	

[說明]：原資料框架物件未加以排序變動，測試樣本為偶數列的觀察值，從原資料框架物件擷取的樣本觀察值序列數值為 2、4、6……、40、42，訓練樣本為原資料框架物件中位於奇數橫列的觀察值，第一直行觀察值編號為 1、3、5、……、39、41。

使用 **which ( )** 函數查看測試樣本 temp2 中第幾筆樣本觀察值的預測分類錯誤：

```
> with (temp2, {which (!RANKB==PRANKB)})
[1]  4 17 18
```
[說明]：回傳的參數值 **4**、**17**、**18** 數值不是第一直行的偶數號數值，而是觀察值位於測試樣本中的序列位置，預測錯誤的觀察值為測試樣本資料檔中的第 **4** 筆觀察值 (第一直行偶數序列數值為 **8**)、第 **17** 筆觀察值 (第一直行偶數序列數值為 **34**)、第 **18** 筆觀察值 (第一直行偶數序列數值為 **36**)。

使用 **which ( )** 函數查看測試樣本 temp2 中第幾筆樣本觀察值的預測分類正確：

```
> with (temp2, {which (RANKB==PRANKB)})
 [1]  1  2  3  5  6  7  8  9 10 11 12 13 14 15 16 19 20 21
```
[說明]：輸出的數值向量 **4**、**17**、**18** 沒有出現，表示這三筆樣本觀察值為預測錯誤的觀察值，三筆觀察值在測試樣本中對應的序號位置為 **8**、**34**、**36**。

使用 **which ( )** 函數作為篩選條件，完整呈現預測分類錯誤的樣本觀察值資料：

```
> temp2 [with (temp2, {which (!RANKB==PRANKB)}),]
```

	IQ	INVO	TACT	SCORE	RANKA	RANKB	PRANKB
8	123	18	40	86	B 等	未通過	通過
34	113	25	26	78	B 等	未通過	通過
36	112	26	12	65	C 等	通過	未通過

[說明]：預測錯誤的觀察值為測試樣本中序號位置 **8**、**34**、**36** 三筆。

四、大樣本決策樹的應用

240 位觀察值之資料框架物件中，以「學習成就」為反應變數，使用

evtree ( ) 函數建構迴歸樹模型的完整語法函數為：

```
library (evtree)
library (xlsx)
edata = read.xlsx ("pass.xlsx", 1)
names (edata) = c ("編號", "性別", "課堂專注", "讀書時間", "學習動機", "家庭資
本", "學習策略", "學習成就", "入學考試")
edata$ 入學考試 = ifelse (edata$ 入學考試==1, "錄取", "未錄取")
edata$ 性別 = ifelse (edata$ 性別==1 ,"女生", "男生")
edata$ 入學考試 = as.factor (edata$ 入學考試)
edata$ 性別 = as.factor (edata$ 性別)
reg.m = evtree (學習成就 ~ 性別 + 課堂專注 + 讀書時間 + 學習動機 + 家庭資本 +
學習策略, data = edata, minbucket = 15, minsplit = 30)
print (reg.m)
```

R 主控台執行 R 編輯器語法指令主要結果如下，迴歸樹模型的解釋變數為性別、課堂專注、讀書時間、學習動機、家庭資本、學習策略七個：

```
> reg.m = evtree (學習成就 ~ 性別 + 課堂專注 + 讀書時間 + 學習動機 + 家庭資本 +
    學習策略, data = edata, minbucket = 15, minsplit = 30)
> print (reg.m)
Model formula:
學習成就 ~ 性別 + 課堂專注 + 讀書時間 + 學習動機 + 家庭資本 +
    學習策略
Fitted party:
[1] root
|   [2] 學習動機 < 14: 37.824 (n = 34, err = 2806.9)
|   [3] 學習動機 >= 14
|   |   [4] 性別 in 男生
|   |   |   [5] 學習策略 < 17
|   |   |   |   [6] 家庭資本 < 15: 54.735 (n = 34, err = 2086.6)
|   |   |   |   [7] 家庭資本 >= 15: 68.143 (n = 49, err = 1764.0)
|   |   |   [8] 學習策略 >= 17: 88.000 (n = 21, err = 3862.0)
|   |   [9] 性別 in 女生
|   |   |   [10] 家庭資本 < 15: 50.730 (n = 74, err = 2690.6)
|   |   |   [11] 家庭資本 >= 15: 66.786 (n = 28, err = 2412.7)
Number of inner nodes:    5
Number of terminal nodes: 6
```
[說明]：適配迴歸樹成長樹圖中內部節點個數有 **5** 個、終端節點個數有 **6** 個。

以入學考試二分類別變數為反應變數，建立的分類樹模型：

```
> cla.m = evtree (入學考試 ~ 性別 + 課堂專注 + 讀書時間 + 學習動機 + 家庭資本 +
  學習策略, data = edata, minbucket = 15, minsplit = 30)
> print(cla.m)
  Model formula:
入學考試 ~ 性別 + 課堂專注 + 讀書時間 + 學習動機 + 家庭資本 +
  學習策略
Fitted party:
[1] root
|   [2] 家庭資本 < 16
|   |   [3] 家庭資本 < 14: 未錄取 (n = 123, err = 6.5%)
|   |   [4] 家庭資本 >= 14
|   |   |   [5] 性別 in 女生: 未錄取 (n = 22, err = 9.1%)
|   |   |   [6] 性別 in 男生: 錄取 (n = 31, err = 6.5%)
|   [7] 家庭資本 >= 16: 錄取 (n = 64, err = 3.1%)
Number of inner nodes:    3
Number of terminal nodes: 4
```
[說明]：適配分類樹成長圖中內部節點個數有 3 個、終端節點個數有 4 個。

範例採用分層隨機抽樣切割法，將資料框架物件分成訓練樣本 (約佔三分之二)、測試樣本 (約佔三分之一)，決策樹的反應變數為二分類別變數「入學考試」，R 編輯器完整語法指令如下：

```
[ 1] library (evtree)
[ 2] library (xlsx)
[ 3] library (sampling)
[ 4] edata = read.xlsx ("pass.xlsx", 1)
[ 5] names (edata) = c ("序前編號", "性別", "課堂專注", "讀書時間", "學習動機",
"家庭資本", "學習策略", "學習成就", "入學考試")
[ 6] edata$ 入學考試 = ifelse (edata$ 入學考試==1, "錄取", "未錄取")
[ 7] edata$ 性別 = ifelse (edata$ 性別==1, "女生", "男生")
[ 8] edata$ 入學考試 = as.factor (edata$入學考試)
[ 9] edata$ 性別 = as.factor (edata$ 性別)
[10] newdata = edata [order (edata$ 入學考試),]
[11] newdata$ 序後編號 = c (1:240)
[12] subnum = strata (newdata,stratanames = "入學考試", method = "srswor", size
= c (93, 67))
[13] trainda = getdata (newdata, subnum)
```

[14] subn = subnum$ID_unit

[15] traindata = newdata[subn,] #訓練樣本

[16] testdata=newdata[-subn,] #測試樣本

[17] cla.m = evtree (入學考試 ~ 性別 + 課堂專注 + 讀書時間 + 學習動機 + 家庭資本 + 學習策略, data = edata, minbucket = 15, minsplit = 30)

[18] print (cla.m)

[19] class.p = predict (cla.m, testdata, type = "response")

[20] testdata$ 預測入學 = class.p   # 預測分類的變數名稱為「預測入學」

[21] table.m = with (testdata, {table (入學考試, 預測入學)})

[22] print (table.m)

[23] rate = round (100*sum (diag (table.m))/sum (table.m), 1)

[24] cat ("@@測試樣本總數 = ", sum (table.m),"--預測分類正確樣本數 = ", sum (diag (table.m)), "\n")

[25]cat ("@@預測分類正確百分比 = ",rate,"%","--預測分類錯誤百分比 = ", 100-rate, "%\n")

反應變數「入學考試」二個水準群組「未錄取」、「錄取」的次數分別為 139、101，二個參數值 2/3 的四捨五入值分別為 93、67，[12] 列 **strata ( )** 函數引數 size 的數值向量設定為「= c (93, 67)」。[19] 列 **evtree ( )** 函數建構的決策樹模型物件對應的預測分類函數 **predict ( )**，水準群組引數 type 的選項為「="response"」。

```
> table (newdata$ 入學考試)
未錄取  錄取
  139   101
> round (139*2/3,0)
[1] 93
> round (101*2/3,0)
[1] 67
```

R 主控台視窗執行 R 編輯器語法指令的部分結果如下：

```
> print (cla.m)
   Model formula:
入學考試 ~ 性別 + 課堂專注 + 讀書時間 + 學習動機 + 家庭資本 +
   學習策略
Fitted party:
[1] root
```

```
|   [2] 家庭資本 < 14: 未錄取 (n = 123, err = 6.5%)
|   [3] 家庭資本 >= 14
|   |   [4] 家庭資本 < 16
|   |   |   [5] 性別 in 女生: 未錄取 (n = 22, err = 9.1%)
|   |   |   [6] 性別 in 男生: 錄取 (n = 31, err = 6.5%)
|   |   [7] 家庭資本 >= 16: 錄取 (n = 64, err = 3.1%)
Number of inner nodes:    3
Number of terminal nodes: 4
> print (table.m)
              預測入學
 入學考試    未錄取    錄取
   未錄取      44        2
   錄取         5       29
> rate = round (100*sum (diag (table.m))/sum (table.m), 1)
> cat ("@@測試樣本總數 =",sum (table.m),"--預測分類正確樣本數 = ",sum (diag
  (table.m)), "\n")
@@測試樣本總數 = 80 --預測分類正確樣本數 = 73
> cat ("@@預測分類正確百分比 = ",rate, "%", "--預測分類錯誤百分比 =", 100-rate,
  "%\n")
@@預測分類正確百分比 = 91.2% --預測分類錯誤百分比 = 8.8%
```

以 **which ( )** 函數設定條件，查看測試樣本預測分類錯誤的樣本觀察值 (n = 7)、預測分類正確的樣本觀察值 (n = 73)：

```
> testdata [which (testdata$ 入學考試!= testdata$ 預測入學),]
> testdata [which (testdata$ 入學考試!= testdata$ 預測入學),]
```

	序前編號	性別	課堂專注	讀書時間	學習動機	家庭資本	學習策略	學習成就	入學考試	序後編號	預測入學
110	s110	男生	23	14	28	15	12	58	未錄取	77	錄取
130	s130	男生	10	11	11	16	7	41	未錄取	87	錄取
87	s087	女生	13	12	20	12	10	68	錄取	155	未錄取
88	s088	女生	15	9	17	12	11	68	錄取	156	未錄取
90	s090	男生	12	10	20	12	12	68	錄取	158	未錄取
103	s103	女生	11	17	21	15	11	72	錄取	171	未錄取
109	s109	女生	23	13	22	15	11	73	錄取	172	未錄取

```
> testdata [which (testdata$ 入學考試==testdata$ 預測入學),]
```

	序前編號	性別	課堂專注	讀書時間	學習動機	家庭資本	學習策略	學習成就	入學考試	序後編號	預測入學
8	s008	女生	6	9	9	7	6	36	未錄取	8	未錄取
9	s009	男生	6	7	13	11	9	37	未錄取	9	未錄取
11	s011	男生	7	5	11	7	4	38	未錄取	11	未錄取
17	s017	女生	13	11	24	10	12	41	未錄取	17	未錄取

<略>											
216	s216	男生	18	17	30	19	19	73	錄取	216	錄取
221	s221	男生	14	19	25	18	15	74	錄取	221	錄取
228	s228	女生	26	16	25	18	16	76	錄取	228	錄取
230	s230	男生	26	17	31	18	15	61	錄取	230	錄取>

使用 **nrow ( )** 函數配合 **which ( )** 函數設定觀察值條件，查看測試樣本預測分類正確與預測分類錯誤的樣本數 (橫列個數)：

```
> nrow (testdata [which (testdata$ 入學考試==testdata$ 預測入學),])
[1] 73
> nrow (testdata [which (testdata$ 入學考試!=testdata$ 預測入學),])
[1] 7
```

[15] 列 traindata = newdata [subn,] ＃ 訓練樣本

[16] 列 testdata = newdata [-subn,] 語法為以負數值向量索引取出觀察值，觀察值構成的樣本為測試樣本，範例為所有測試樣本在「序後編號」變數的序號，上述預測分類錯誤／正確輸出的樣本觀察值，其「序後編號」的數值均包含在下列數值向量之中：

```
> newdata [-subn,]$ 序後編號
 [1]    8    9   11   17   18   19   21   24   25   26   28   29   30   31   37
       44   49   50   52   54   55   56   61   72   75
[26]   77   80   85   87   88   97   98  105  107  108  111  114  121  122  125
      126  132  133  134  135  139  143  147  149  154
[51]  155  156  158  159  160  163  169  170  171  172  173  175  180  181  184
      186  189  190  193  195  201  203  204  205  213
[76]  214  216  221  228  230
```

[15] 列 traindata = newdata [subn,] 語法為以正數值向量索引取出觀察值，觀察值構成的樣本為訓練樣本，數值向量為訓練樣本在「序後編號」變數的序號，此觀察值序號數值與訓練樣本觀察值序號數值不會重疊，二個樣本數值向量序號整合後剛好為 1、2、……、239、240 (有效樣本數 N = 240)。

```
> newdata [subn,]$ 序後編號
 [1]    1    2    3    4    5    6    7   10   12   13   14   15   16   20   22
       23   27   32   33   34   35   36   38   39   40
<略>
[151] 231  232  233  234  235  236  237  238  239  240
```

Chapter 09

套件 {partykit}
的函數應用

套件 **{partykit}** 使用條件推導程序 (Conditional Inference) 建構決策樹模型與進行預測分類，模型建構函數為 **ctree ( )**。

壹、ctree ( ) 函數

函數 **ctree ( )** 基本語法為：

ctree (formula, data, weights, subset, na.action = na.pass,control = ctree_control (...))

引數 formula 為適配決策樹模型的界定算式。引數 data 為包含模型中所有變數名稱的資料框架物件。引數 subset 為適配歷程中特別界定樣本觀察值的子資料檔向量。引數 weights 為適配歷程中界定的非負值整數數值權重向量。引數 na.action 界定資料檔中有遺漏值觀察值的處理方式，內定選項為 na.pass。引數 control 為控制參數的列表，詳細參數值見 **ctree_control ( )** 函數。

函數 **ctree_control ( )** 參數設定語法為：

ctree_control (teststat = c ("quad", "max"), testtype = c ("Bonferroni", "Univariate", "Teststatistic"), mincriterion = 0.95, minsplit = 20L, minbucket = 7L, minprob = 0.01, stump = FALSE, maxsurrogate = 0L, mtry = Inf, maxdepth = Inf, multiway = FALSE, splittry = 2L)

引數 teststat 界定應用檢定統計型態的文字串，內定選項為「"quad"」(方形型態)，另一個選項為「"max"」 (最大估算值)。

引數 testtype 界定如何計算檢定統計分配方法的文字串，內定選項為「"Bonferroni"」，另二個選項為「"Univariate"」、「"Teststatistic"」。

引數 mincriterion 界定檢定統計的數值或執行分割大於 $1 - p$ 值的參數，內定參數值為 0.95，對應的顯著性 p 值 = 0.05。

引數 minsplit 界定分割節點最小權重的總和 (最小觀察值的個數)，內定節點最少的樣本觀察值個數為 20。

引數 minbucket 界定結束節點 (葉節點) 最小權重的總和 (最小觀察值的個數)，內定葉節點最少的樣本觀察值個數為 7。

引數 minprob 界定建立葉節點觀察值的比例，內定參數值為 0.01。

引數 stump 界定是否需要計算分支 (決策樹只有三個節點時才有作用)，內定邏輯選項為假。

引數 maxsurrogate 界定最大代理分支個數的評估，內定參數值為 0。

引數 mtry 內定選項為 Inf，表示就隨機樹而言，不採用隨機抽取變數插補法作為節點候補者演算法。

引數 maxdepth 界定決策樹的最大深度，內定選項為 Inf，表示決策樹的大小沒有限制。

引數 multiway 為邏輯選項，界定未經排序的因子是否採用多種方法進行所有因子水準的分割，內定選項為假。

引數 splittry 界定最佳分割時無法達到樣本數的限制時，以變數個數檢核可以接受的次分割結果，內定的參數值為 2。

貳、函數應用——迴歸樹

R 主控台之資料框架物件為之前章節試算表資料檔「test0.csv」。

一、決策樹模型建構

使用套件 {partykit} 函數 ctree ( ) 建構迴歸樹模型，配合 **print ( )** 函數輸出迴歸樹模型物件參數，函數 **ctree ( )** 引數 minbucket 界定為 5，表示葉節點的最少樣本觀察值個數為 5 個、引數 minsplit 界定為 10，表示節點分支的最少樣本觀察值個數為 10 個，反應變數為計量變數「成績」：

```
> library (partykit)
> ctr1 = ctree (成績 ~ 智力 + 投入 + 策略, data = temp, minbucket = 5, minsplit = 10)
> print (ctr1)
Model formula:
成績 ~ 智力 + 投入 + 策略
Fitted party:
[1] root
|  [2] 投入 <= 26
|  |  [3] 智力 <= 119
|  |  |  [4] 投入 <= 9: 52.800 (n = 5, err = 14.8)
|  |  |  [5] 投入 > 9: 64.800 (n = 10, err = 309.6)
|  |  [6] 智力 > 119: 77.444 (n = 9, err = 494.2)
|  [7] 投入 > 26
|  |  [8] 策略 <= 25: 88.250 (n = 8, err = 81.5)
```

| | [9] 策略 > 25: 93.800 (n = 10, err = 67.6)

Number of inner nodes:　4

Number of terminal nodes: 5

[說明]：內部節點有四個、葉節點有五個，葉節點的括號內參數值，第一個 **n** 為節點內觀察值個數、第二個 **err** 為差異量數 (誤差值)，括號前的估計值為節點的平均數，以節點 [4] 為例：[4] 投入 <= 9: 52.800 (n = 5, err = 14.8)，子節點 [4] 的父節點為節點 [3] (分割條件為投入 <= 26 且 智力 <= 119)，節點 [4] 的分割條件為「投入 <= 26 且 智力 <= 119 且 投入 <= 9」，節點 [4] 的平均數為 52.800、節點內樣本觀察值個數有 5 個、成績測量值間的差異值為 14.8 (節點之離均差平方和)。迴歸樹成長樹圖中，節點 [1] 為根節點，節點 [1]、節點 [2]、節點 [3]、節點 [7] 為內部節點，節點 [4]、節點 [5]、節點 [6]、節點 [8]、節點 [9] 為葉節點。

範例迴歸樹模型建構中，引數 minbucket 參數值設為 7、引數 minsplit 參數值設為 15：

```
> ctr1_1 = ctree (成績 ~ 智力 + 投入 + 策略, data = temp, minbucket = 7, minsplit =
    15)
> ctr1_1
```

Model formula:

成績 ~ 智力 + 投入 + 策略

Fitted party:

[1] root

| [2] 投入 <= 26

| | [3] 智力 <= 119

| | | [4] 投入 <= 21: 56.571 (n = 7, err = 295.7)

| | | [5] 投入 > 21: 64.500 (n = 8, err = 274.0)

| | [6] 智力 > 119: 77.444 (n = 9, err = 494.2)

| [7] 投入 > 26

| | [8] 策略 <= 25: 88.250 (n = 8, err = 81.5)

| | [9] 策略 > 25: 93.800 (n = 10, err = 67.6)

Number of inner nodes:　4

Number of terminal nodes: 5

[說明]：迴歸樹的內部節點數與葉節點數與之前建構迴歸樹模型物件 **ctr1** 相同，但分割條件準則與葉節點參數有稍許不同，其中主要差別為葉節點 [4]、葉節點 [5] 的節點參數，**ctr1** 分類樹模型物件：

| | | [4] 投入 <= 9: 52.800 (n = 5, err = 14.8)

| | | [5] 投入 > 9: 64.800 (n = 10, err = 309.6)

ctr1_1 分類樹模型物件：

| | | [4] 投入 <= 21: 56.571 (n = 7, err = 295.7)

| | | [5] 投入 > 21: 64.500 (n = 8, err = 274.0)

二個迴歸樹模型對應之葉節點 **[4]** 的節點觀察值個數分別為 **5**、**7**，差異量數值分別為 **14.8**、**295.7**；葉節點 **[5]** 的節點觀察值個數分別為 **10**、**8**，差異量數值分別為 **309.6**、**274.0**。對應的二個適配模型相較之下，以 **ctr1** 迴歸樹模型物件適配度較佳，因為節點 **[4]** 的差異量數值很小，節點 **[5]** 的差異量數值差距不大。

二、分類準則設定

以分割條件為篩選準則從原資料檔中擷取符合分割條件的觀察值，範例葉節點個數有五個，以葉節點編號作為子資料檔之物件名稱，從原始資料框架物件擷取符合分割條件準則的觀察值，使用函數 **which ( )** 設定篩選條件，語法中配合使用 **with ( )** 函數指定變數所在的資料檔：

```
> node4 = with (temp, temp [which (投入<= 26 & 智力 <= 119 & 投入 <= 9),])
> node5 = with (temp, temp [which (投入<= 26 & 智力 <= 119 & 投入 > 9),])
> node6 = with (temp, temp [which (投入<= 26 & 智力 > 119),])
> node8 = with (temp, temp [which (投入 > 26 & 策略 <= 25),])
> node9 = with (temp, temp [which (投入 > 26 & 策略 > 25),])
```

使用 **nrow ( )** 快速查看葉節點物件樣本觀察值人數：

```
> nrow (node4)
[1] 5
> nrow (node5)
[1] 10
> nrow (node6)
[1] 9
> nrow (node8)
[1] 8
> nrow (node9)
[1] 10
葉節點 [4]、葉節點 [9] 的樣本觀察值為：
> node4
```

	智力	投入	策略	成績	證照 A	證照 B
25	105	6	12	50	C 等	未通過
26	106	8	13	52	C 等	未通過
27	107	7	14	53	C 等	未通過
28	105	9	15	54	C 等	未通過
29	108	8	16	55	C 等	未通過

```
> node9
        智力    投入    策略    成績    證照 A    證照 B
10      121     40      50      95      A 等     通過
11      120     40      52      94      A 等     通過
12      120     42      51      96      A 等     通過
13      121     43      53      93      A 等     通過
14      120     46      56      98      A 等     通過
15      121     45      54      97      A等      通過
16      122     46      52      90      A 等     通過
17      121     43      51      92      A 等     通過
40      110     52      26      93      A 等     通過
42      115     32      28      90      A 等     通過
```

　　求出葉節點中每個觀察值「成績」變數分數與算術平均數之差的平方和 (離均差平方和；[SS])，子資料檔中的「成績」變數分數以數值向量 score 表示，以葉節點 [4] 五位觀察值為例，擷取資料框架物件變數名稱「成績」，數值向量 score 的內容分別為 50、52、53、54、55，向量元素為觀察值在「成績」變數的測量值：

```
> score = node4$ 成績
> score
[1] 50 52 53 54 55
```

　　五個葉節點的離均差平方和 (sum of the squared deviation) 如下，葉節點中的離均差平方和數值為迴歸樹模型中葉節點的差異值或誤差值量數 (err 右邊的參數估計值)，根據離均差平方和參數值與元素個數求出各數值向量的標準差：

```
> score = node4$ 成績
> sum ((score-mean (score))^2)
[1] 14.8
> round (sqrt (sum ((score-mean (score))^2)/(length (score)-1)), 2)
[1] 1.92
[說明]：葉節點 [4] 中觀察值在反應變數「成績」的離均差平方和為 14.80、標準
差為 1.92。
> score = node5$ 成績
> sum ((score-mean (score))^2)
[1] 309.6
```

```
> score = node6$ 成績
> sum ((score-mean (score))^2)
```
[1] 494.2222
```
> score = node8$ 成績
> sum ((score-mean (score))^2)
```
[1] 81.5
```
> score = node9$ 成績
> sum ((score-mean (score))^2)
```
[1] 67.6
[說明]：葉節點 **[5]**、葉節點 **[6]**、葉節點 **[8]**、葉節點 **[9]** 中觀察值在反應變數成績的離均差平方和分別為 **309.60**、**494.22**、**81.50**、**67.60**，SS 量數為迴歸樹模型中葉節點列的 **err** 參數值 (迴歸樹葉節點的誤差值內定至小數第一位)。

範例以 **with ( )** 函數指定標的子資料檔物件，以標準差公式求出各葉節點觀察值在「成績」變數的標準差 (標準差的平方為變異數)：

```
> with (node4, {round (sqrt (sum ((成績-mean (成績))^2)/(length (成績) -1)), 2)})
```
[1] 1.92
```
> with (node5, {round (sqrt (sum ((成績-mean (成績))^2)/(length (成績) -1)), 2)})
```
[1] 5.87
```
> with (node6, {round (sqrt (sum ((成績-mean (成績))^2)/(length (成績) -1)), 2)})
```
[1] 7.86
```
> with (node8, {round (sqrt (sum ((成績-mean (成績))^2)/(length (成績) -1)), 2)})
```
[1] 3.41
```
> with (node9, {round (sqrt (sum ((成績-mean (成績))^2)/(length (成績)-1)), 2)})
```
[1] 2.74
[說明]：適配迴歸樹葉節點中群組的標準差 (/變異數) 愈小，表示葉節點中樣本觀察值的同質性愈高；相對的群組的標準差 (/變異數) 愈大，表示葉節點中樣本觀察值的同質性愈低 (分類效度愈差)。

使用套件 **{psych}** 函數 **describe ( )** 求出各葉節點在反應變數「成績」的描述性統計量，函數引數 skew 界定為假，表示省略偏態與峰度等估計值：

```
> library (psych)
> describe (node4 [,4], skew = FALSE)
```

	vars	n	mean	sd	median	trimmed	mad	min	max	range	se
1	1	5	52.8	1.92	53	52.8	1.48	50	55	5	0.86

```
> describe (node5 [,4], skew = FALSE)
```

	vars	n	mean	sd	median	trimmed	mad	min	max	range	se

| 1 | 1 | 10 | 64.8 | 5.87 | 64.5 | 64.25 | 3.71 | 56 | 78 | 22 | 1.85 |

```
> describe (node6 [,4], skew = FALSE)
```

	vars	n	mean	sd	median	trimmed	mad	min	max	range	se
1	1	9	77.44	7.86	78	77.44	5.93	60	86	26	2.62

```
> describe (node8 [,4], skew = FALSE)
```

	vars	n	mean	sd	median	trimmed	mad	min	max	range	se
1	1	8	88.25	3.41	89	88.25	3.71	82	92	10	1.21

```
> describe (node9 [,4], skew = FALSE)
```

	vars	n	mean	sd	median	trimmed	mad	min	max	range	se
1	1	10	93.8	2.74	93.5	93.75	2.97	90	98	8	0.87

迴歸樹的適配模型中，除考量到樹的大小外，葉節點中觀察值在反應變數的平均數、離均差平方和 (可換算為標準差) 也是一個重要判別指標，從平均數的參數值大小可以判別葉節點間觀察值是否有顯著的不同，迴歸樹分類結果希望葉節點間平均數有顯著差異存在，如此，葉節點觀察值與葉節點觀察值的分類才有意義；從離均差平方和大小可以估算葉節點觀察值在反應變數的標準差或變異數，離均差平方和參數值愈大，對應的標準差值也愈大。適配迴歸樹分類結果之葉節點的離均差平方和愈小愈好，因為愈小的 SS 估計值表示葉節點內的標準差或變異數愈小，葉節點內觀察值的同質性愈高。葉節點中觀察值在反應變數的差異值也可以從描述性統計量的全距判斷，全距參數值愈大，表示葉節點中觀察值在反應變數測量值的差異愈明顯。

三、葉節點的差異比較

增列各節點的水準數值，變數名稱為「node」，葉節點 [4] 之觀察值的水準數值為 4、葉節點 [5] 之觀察值的水準數值為 5、葉節點 [6] 之觀察值的水準數值為 6、葉節點 [8] 之觀察值的水準數值為 8、葉節點 [9] 之觀察值的水準數值為 9：

```
> node4$node = 4
> node5$node = 5
> node6$node = 6
> node8$node = 8
> node9$node = 9
```

由於葉節點五個子資料檔的變數名稱均相同，變數個數也一樣，使用函

數 **rbind ( )** 將五個子資料檔合併為一個新的資料框架物件，資料框架物件名稱為 nodeall，新資料框架物件 nodeall 之變數名稱「成績」的變數屬性為整數 (integer)、「node」變數名稱 (節點水準數值) 的變數屬性為數值 (numeric)：

```
> nodeall = rbind (node4, node5, node6, node8, node9)
> class (nodeall [,4])
[1] "integer"
> class (nodeall[,7])
[1] "numeric"
```

以 **as.factor ( )** 函數將「node」變數之變數屬性改為因子 (factor)：

```
> nodeall$node = as.factor(nodeall$node)
> class(nodeall$node)
[1] "factor"
```

使用函數 **aov ( )** 與 **anova ( )** 求出各節點水準群組在反應變數「成績」差異的單因子變異數分析 (ANOVA)，因子變數為 node (五個葉節點水準數值)：

```
> nodeano = aov (成績 ~ node, data = nodeall)
> anova (nodeano)
```
Analysis of Variance Table
Response: 成績

	Df	Sum Sq	Mean Sq	F value	Pr(> F)
node	4	2112.3	528.07	73.814	< 2.2e-16 ***
Residuals	37	264.7	7.15		

Signif. codes: 0 '*' 0.001'**' 0.01 '*' 0.05 '.' 0.1 ' ' 1**
[說明]：變異數分析摘要中，組間整體差異的 F 值統計量 = **73.814**，顯著性**p** < **.001**，達到統計顯著水準，拒絕虛無假設，五個節點群組在「成績」變數的平均數有顯著不同。

使用基本套件 **TukeyHSD ( )** 函數進行單因子變異數分析的事後比較：

```
> TukeyHSD (nodeano)
 Tukey multiple comparisons of means
   95% family-wise confidence level
Fit: aov (formula = 成績 ~ node, data = nodedata)
$node
```

	diff	lwr	upr	p adj
5-4	7.200000	3.0000917	11.399908	0.0001704
6-4	11.666667	7.3896894	15.943644	0.0000000
8-4	17.250000	12.8785968	21.621403	0.0000000
9-4	21.800000	17.6000917	25.999908	0.0000000
6-5	4.466667	0.9434875	7.989846	0.0070750
8-5	10.050000	6.4127727	13.687227	0.0000000
9-5	14.600000	11.1707892	18.029211	0.0000000
8-6	5.583333	1.8573801	9.309287	0.0010836
9-6	10.133333	6.6101542	13.656512	0.0000000
9-8	4.550000	0.9127727	8.187227	0.0080666

[說明]：從配對組事後比較發現：節點 [5]、節點 [6]、節點 [8]、節點 [9] 在成績反應變數的平均數均顯著高於節點 [4] 的平均數；節點 [6]、節點 [8]、節點 [9] 在成績反應變數的平均數均顯著高於節點 [5] 的平均數；節點 [8]、節點 [9] 在成績反應變數的平均數均顯著高於節點 [6] 的平均數；節點 [9] 在成績反應變數的平均數均顯著高於節點 [8] 的平均數，五個節點平均數間均有顯著不同：節點 [9](M = 93.80) > 節點 [8] (M = 88.25) > 節點 [6] (M = 77.44) > 節點 [5] (M = 64.80) > 節點 [4] (M = 52.80)。

參、繪製決策樹圖函數 plot ( )

　　函數 **plot ( )** 可以繪製 **ctree ( )** 函數建構的決策樹物件 ("constparty" "party")，內定的引數 type 為 = "extended" (迴歸樹的葉節點以盒形圖表示，盒形圖中間粗線為中位數)，葉節點中出現的估計值圖為盒形圖，葉節點上面出現節點編號與節點內樣本觀察值個數，所有葉節點置於決策樹的底部。範例引數 drop_terminal 選項設定為假 (= FALSE)，表示葉節點位置根據節點分割位置呈現；引數 type 選項設定為「= "simple"」，表示以簡單型呈現決策樹，葉節點內的估計值為平均數，平均數下的括號為觀察值個數與分類誤差值：

```
> plot (ctr1, drop_terminal = FALSE, type = "simple")
```

迴歸樹圖如下：

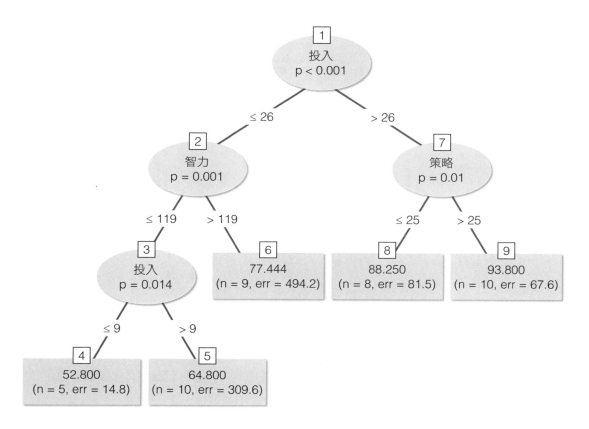

範例引數 drop_terminal 選項設定為真 (= TRUE)，表示葉節點位置全部在決策樹的底部；引數 type 選項設定為「= "simple"」，表示以簡單型呈現決策樹：

```
> plot (ctr1, drop_terminal = TRUE, type = "simple")
```

迴歸樹圖形如下：

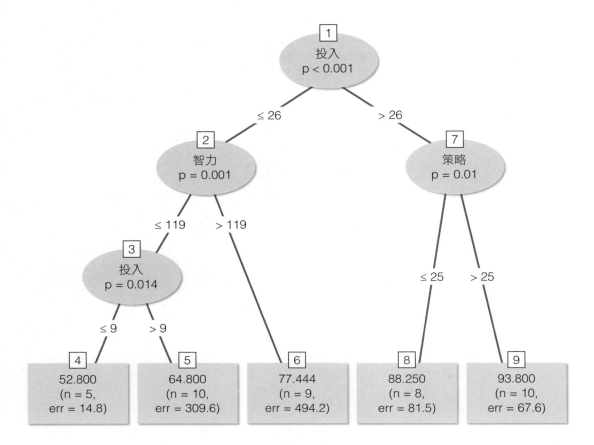

函數 **plot ( )** 之引數 inner_panel 可以設定內部節點的型態。

引數 tnex 的參數值為數值，內定的數值為 1，表示對應於內部節點的葉節點之延伸型態。內部節點盒形圖的內定引數選項與基本法語法為：

node_boxplot (obj, col = "black", fill = "lightgray", bg = "white", width = 0.5, cex = 0.5)

引數 obj 為適配「constparty」或「party」物件，引數 col 界定盒形圖邊框線顏色，引數 fill 界定盒形圖內部顏色 (填滿顏色)，引數 bg 設定節點的背景顏色，範例採用內定的白色 (= "white")，引數 width 界定盒形圖的寬度，內定參數值為 0.5，引數 cex 界定分類錯誤觀察值的大小，內定參數值為 0.5。

範例函數語法繪製的迴歸樹圖形之內部節點以盒形圖表示，引數 col 設定邊框線為藍色 (= "blue")、引數 fill 設定盒形圖內顏色為綠色 (= "green")，引數 bg 採用內定的白色 (= "white")：

```
> class (ctr1)
[1] "constparty" "party"
> plot (ctr1,inner_panel = node_boxplot (ctr1, col = "blue", fill = "green", bg = "white",
  cex = 0.7), tnex = 1)
```

　　內部節點以盒形圖表示的迴歸樹圖形如下，內部節點中盒形圖的顏色為綠色、盒形圖的線條為藍色，節點背景為白色：

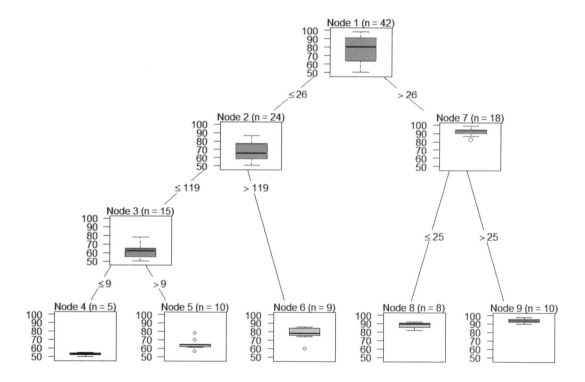

　　範例函數語法繪製的迴歸樹圖形之內部節點以長條圖表示，函數 **node_barplot ( )** 基本語法與選項設定為：

node_barplot (obj, col = "black", fill = NULL, bg = "white", widths = 1)

　　引數 widths 為直方條的寬度，內定參數值為 1：

```
> plot (ctr1, inner_panel = node_barplot (ctr1, col = "red", bg = "white", widths = 1.2),
  tnex = 1, type = "simple")
```

內部節點以長條圖顯示的迴歸樹圖形如下：

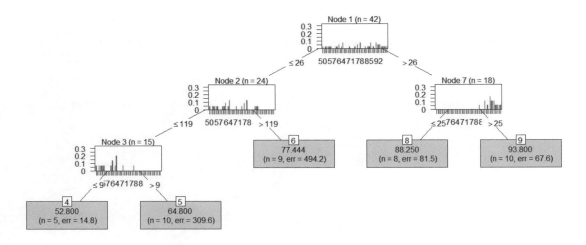

範例函數語法繪製的迴歸樹圖形之內部節點以經驗累積密度函數值表示 (Empirical Cumulative Distribution Function；[ECDF])，內部節點的背景顏色為黃色 (數值碼為 7，或設定為 "yellow")，經驗累積密度函數線為紅色，引數 ylines 設定縱軸的間隔值大小，範例參數值設為 1，葉節點型態為簡單型，引數 type 選項界定為「= "simple"」：

```
> plot (ctr1,inner_panel = node_ecdf (ctr1,col = "red", bg = 7, ylines = 1), tnex = 1,
  drop_terminal = FALSE, type = "simple")
```

內部節點以經驗累積密度函數值表示的迴歸線如下：

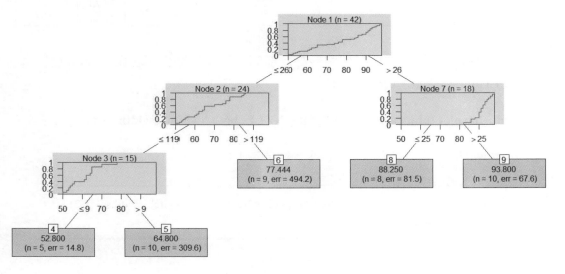

相關迴歸樹的深度與寬度函數有 **width ( )**、**length ( )**、**depth ( )**：

```
> width (ctr1)
[1] 5
[說明]：迴歸樹的寬度，參數值為 5 表示有五個葉節點。
> length (ctr1)
[1] 9
[說明]：迴歸樹的長度 (節點的個數)，迴歸樹共有 9 個節點，包含 4 個內部節點
(分割節點)、5 個葉節點 (終端節點)。
> depth (ctr1, root = TRUE)
[1] 4
[說明]：迴歸樹的深度 (包含根節點)，參數值為 4 表示有四個層次的節點。
> depth (ctr1, root = FALSE)
[1] 3
[說明]：迴歸樹的深度 (不包含根節點)，參數值為 3 表示有三個層次的節點。
```

肆、函數 lmtree ( ) 與 glmtree ( )

套件 **{partykit}** 函數 **lmtree ( )** 與函數 **glmtree ( )** 可以建構線性模型樹 (linear model trees)，前者根據最小平方迴歸之遞迴分割法建構決策樹模型，後者根據一般線性模型迴歸之遞迴分割法建構決策樹模型。

一、函數 lmtree ( ) 的應用

套件 **{partykit}** 函數 **lmtree ( )** 則根據最小平方迴歸法 (least squares regression) 進行遞迴分割程序建構迴歸樹模型：

```
> lmtr1 = lmtree (成績 ~ 智力+投入+策略, data = temp, minbucket = 5, minsplit = 10)
> print (lmtr1)
Linear model tree
Model formula:
成績 ~ 1 | 智力 + 投入 + 策略
Fitted party:
[1] root
|   [2] 策略 <= 16: n = 20
|       (Intercept)
|           63.8
```

```
|  [3] 策略 > 16
|  |  [4] 投入 <= 40: n = 11
|  |      (Intercept)
|  |         86.72727
|  |  [5] 投入 > 40: n = 11
|  |      (Intercept)
|  |            93
Number of inner nodes:    2 [內部節點的個數]
Number of terminal nodes: 3 [葉節點的個數]
Number of parameters per node: 1 [每個節點參數值的個數]
Objective function (residual sum of squares): 1879.382 [殘差平方和估計值]
```

使用函數 **plot ( )** 繪製迴歸樹圖形：

```
> plot (lmtr1, drop_terminal = FALSE, type = "simple")
```

迴歸樹圖形如下，內部節點數有二個 (節點 [1]、節點 [3])、葉節點個數有三個。

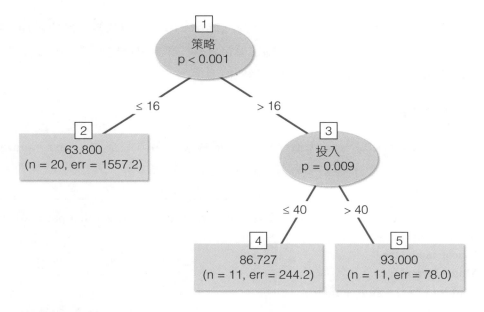

相關參數函數如下：

```
> coef (lmtr1)
     2           4          5
 63.80000     86.72727    93.00000
```
[說明]：函數 **coef ( )** 輸出的參數值為葉節點樣本觀察值的平均數。
```
> coef (lmtr1)[2]
       4
 86.72727
```
[說明]：函數 **coef ( )** 增列索引輸出第二個位置葉節點 (節點 **[4]**) 的參數值 (平均數)。
```
> deviance (lmtr1)
```
[1] 1879.382
[說明]：使用 **deviance ( )** 函數輸出的參數為差異值統計量。

使用 **summary ( )** 函數輸出完整的葉節點參數值：

```
> summary (lmtr1)
$`2`
Call:
lm(formula = 成績 ~ 1)
Residuals:
   Min     1Q    Median    3Q     Max
 -13.80  -8.05    -0.80    7.20   14.20
```
[說明]：葉節點 **[2]** 20 位樣本觀察值之殘差描述性統計量，包含最小值、第一個四分位數、中位數、第三個四分位數、最大值。
```
Coefficients:
            Estimate Std. Error t value Pr (> |t|)
(Intercept)  63.800     2.024    31.52   <2e-16 ***
---
Signif. codes:  0 '***' 0.001 '**' 0.01 '*' 0.05 '.' 0.1 ' ' 1
Residual standard error: 9.053 on 19 degrees of freedom
```
[說明]：葉節點 **[2]** 20 位樣本觀察值的估計值為 63.80 (估計值為平均數)、估計標準誤為 2.02、t 值統計量 = 31.52 (p < .001)，達到統計顯著水準，估計值顯著不等於 **0**，殘差標準誤為 9.053、自由度 = 19。
```
$`4`
Call:
lm (formula = 成績 ~ 1)
Residuals:
   Min      1Q    Median    3Q     Max
 -8.7273  -2.2273  -0.7273  2.2727  8.2727
```

Coefficients:

	Estimate	Std. Error	t value	Pr (>|t|)
(Intercept)	86.73	1.49	58.21	5.44e-14 ***

Signif. codes: 0 '*' 0.001 '**' 0.01 '*' 0.05 '.' 0.1 ' ' 1**

Residual standard error: 4.941 on 10 degrees of freedom

[說明]：葉節點 [4] 11 位樣本觀察值的估計值為 86.73 (估計值為平均數)、估計標準誤為 1.49、t 值統計量 = 58.21 (p <.001)，達到統計顯著水準，估計值顯著不等於 0，殘差標準誤為 4.941、自由度 = 10，殘差全距為 [-8.73、8.27]。

$`5`

Call:

lm (formula = 成績 ~ 1)

Residuals:

Min	1Q	Median	3Q	Max
-3.0	-2.0	-1.0	1.5	5.0

Coefficients:

	Estimate	Std. Error	t value	Pr (>|t|)
(Intercept)	93.0000	0.8421	110.4	<2e-16 ***

Signif. codes: 0 '*' 0.001 '**' 0.01 '*' 0.05 '.' 0.1 ' ' 1**

Residual standard error: 2.793 on 10 degrees of freedom

[說明]：葉節點 [5] 11 位樣本觀察值的估計值為 93.00 (估計值為平均數)、估計標準誤為 0.84、t 值統計量 = 110.40 (p < .001)，達到統計顯著水準，估計值顯著不等於 0，殘差標準誤為 2.793、自由度 = 10，殘差全距為 [-3.00、5.00]。

二、函數 glmtree ( ) 的應用

套件 {partykit} 函數 **glmtree** ( ) 採用一般線性模式法 (generalized linear models) 進行遞迴分割程序建構迴歸樹模型：

```
> glmt1 = glmtree (成績 ~ 智力 + 投入 + 策略, data = temp, minbucket = 5, minsplit = 10)
> print (glmt1)
Generalized linear model tree (family: gaussian)
Model formula:
成績 ~ 1 | 智力 + 投入 + 策略
Fitted party:
[1] root
|  [2] 策略 <= 16: n = 20
|      (Intercept)
```

```
|       63.8
| [3] 策略 > 16
| | [4] 投入 <= 40: n = 11
| |    (Intercept)
| |       86.72727
| | [5] 投入 > 40: n = 11
| |    (Intercept)
| |          93
Number of inner nodes:    2
Number of terminal nodes: 3
Number of parameters per node: 1
Objective function (negative log-likelihood): 130.9681
```
[說明]：內部節點數為 **2**、葉節點的個數為 **3**、每個節點的參數個數為 **1**、負對數概似值 **(-LL)** 為 **130.97**。

　　使用 **plot ( )** 函數繪製迴歸樹圖，引數 terminal_panel 界定為「 = NULL」，表示直接輸出估計值參數：

```
> plot (glmt1, terminal_panel = NULL)
```

　　迴歸樹葉節點的估計值參數 (截距項) 為節點的平均數，節點 [2] 的平均數為 63.80、節點 [4] 的平均數為 86.73、節點 [5] 的平均數為 93.00，節點分割變數為策略、投入。

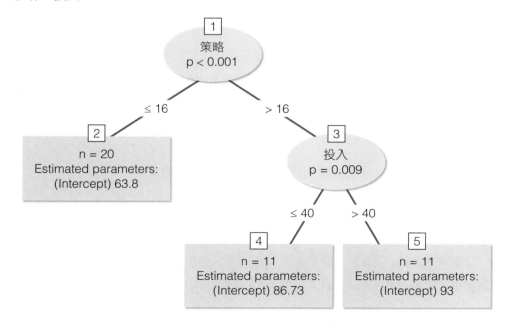

上述函數 **lmtree ( )** 與函數 **glmtree ( )** 迴歸樹建構的模型相同,但迴歸樹成長樹圖中葉節點內參數呈現方式不一樣。分割準則為:

IF「策略 ≤ 16」THEN「M = 63.80 (n = 20)」

IF「策略 > 16 且 投入 ≤ 40」THEN「M = 86.73 (n = 11)」

IF「策略 > 16且 投入> 40」THEN「M = 93.00 (n = 11)」

伍、分類樹的應用

一、適配分類樹模型 I 建構

範例效標變數為證照 A (三分類別變數),變數屬性為因子:

```
> ctr2 = ctree (證照 A ~ 智力+投入+策略, data = temp, minbucket = 5, minsplit = 10)
> print (ctr2)
Model formula:
證照 A ~ 智力 + 投入 + 策略
Fitted party:
[1] root
|   [2] 投入 <= 38
|   |   [3] 策略 <= 16
|   |   |   [4] 智力 <= 120: C 等 (n = 15, err = 6.7%)
|   |   |   [5] 智力 > 120: B 等 (n = 5, err = 0.0%)
|   |   [6] 策略 > 16: B 等 (n = 9, err = 11.1%)
|   [7] 投入 > 38: A 等 (n = 13, err = 0.0%)
Number of inner nodes:    3
Number of terminal nodes: 4
[說明]:內部節點的個數有三個、葉節點的個數有四個。
```

二、繪製適配分類樹圖

使用函數 **plot ( )** 繪製分類樹圖,引數採用內定選項:

```
> plot (ctr2)
```

分類樹繪製圖形如下,節點 [1] 為根節點,節點 [1]、節點 [2]、節點 [3] 為內部節點,節點 [4]、節點 [5]、節點 [6]、節點 [7] 為葉節點,葉節點 [4] 預測分類樣本觀察值在「證照 A」等第為「C 等」(符合分支條件之觀察值有 15 位)；
葉節點 [5] 預測分類樣本觀察值在「證照 A」等第為「B 等」(符合分支條件之觀
察值有 5 位)，葉節點 [5] 預測分類結果沒有錯誤觀察值；葉節點 [6] 預測分類樣
本觀察值在「證照 A」等第為「B 等」(符合分支條件之觀察值有 9 位)；葉節點
[7] 預測分類樣本觀察值在「證照 A」等第為「A 等」(符合分支條件之觀察值有
13 位)，葉節點 [7] 預測分類結果沒有錯誤觀察值。

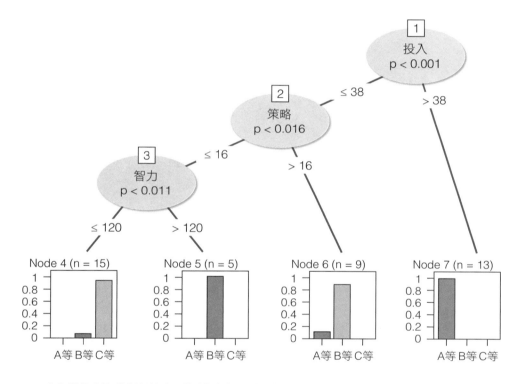

分類樹圖的葉節點圖示為樣本觀察值在因子變數的長條圖，如果葉節點只出
現單一水準群組長條圖圖示，表示葉節點的純度值為 100.0% (如葉節點 [5]、葉
節點 [7])。

函數 **plot ( )** 增列內部節點引數 inner_panel，引數選項設定為 node_barplot
(節點_長條圖)：

```
> plot (ctr2, inner_panel = node_barplot, drop_terminal = FALSE, tnex = 1)
```

內部節點以長條圖表示的分類樹圖形如下：

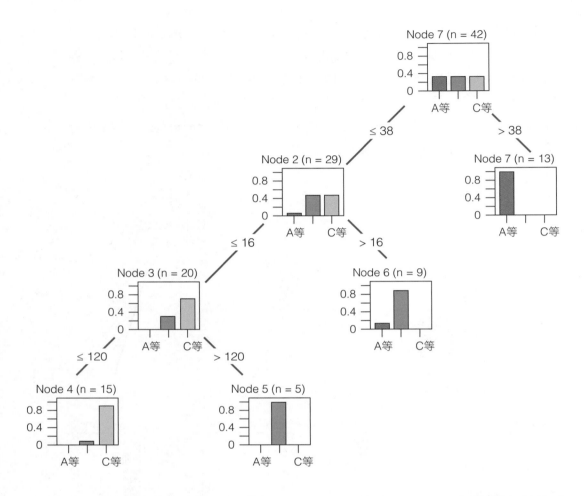

範例引數 drop_terminal 選項設定為假 (= FALSE)，表示葉節點位置根據節點分割位置呈現 (選項如設定為真，葉節點均呈現在分類樹的最底部)；引數 type 選項設定為「= "simple"」，分類樹圖以簡單型呈現決策樹，葉節點內水準數值或水準群組為分類的群組 (A 等／B 等／C 等)，分類水準數值或等第群組下的括號為觀察值個數與分類錯誤值 (分類錯誤值為葉節點內的不純度值)：

```
> plot (ctr2, drop_terminal = FALSE, type = "simple")
```

分類樹圖形如下，葉節點 [4] 被分類為 C 等，節點的不純度值為 6.7%；葉節點 [5] 被分類為 B 等，節點的不純度值為 0.0%；葉節點 [6] 被分類為 B 等，節點的不純度值為 11.1%；葉節點 [7] 被分類為 A 等，節點的不純度值為 0.0%。

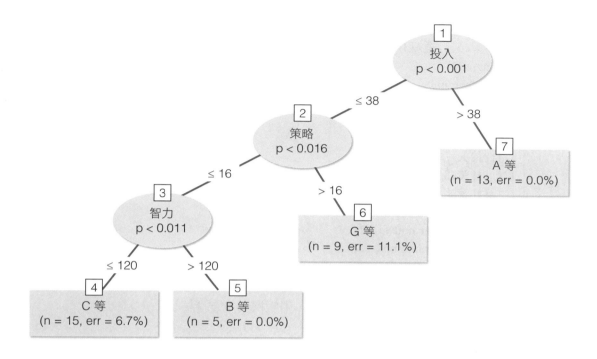

分類樹寬度、長度、深度的節點參數：

```
> width (ctr2)
[1] 4
[說明]：分類樹的寬度，參數值為 4 表示有四個葉節點。
> length (ctr2)
[1] 7
[說明]：分類樹的長度 (節點的個數)，參數值 7 表示有七個節點，包含 3 個內部節
點、4 個葉節點。
> depth (ctr2, root = TRUE)
[1] 4
[說明]：分類樹的深度 (包含根節點)，參數值為 4 表示有四個層次的節點。
```

三、適配分類樹模型 II 建構與繪製

範例決策樹的效標變數為證照 B，變數證照 B 為二分類別變數，水準數值 1
為「通過」、水準數值 2 為「未通過」，變數 RANKB 的變數屬性為因子，R 主
控台語法函數與執行結果如下：

```
> ctr3 = ctree (證照 B ~ 智力+投入+策略, data = temp, minbucket = 5, minsplit = 10)
> print (ctr3)
Model formula:
證照 B ~ 智力 + 投入 + 策略
Fitted party:
[1] root
|   [2] 投入 <= 25
|   |   [3] 策略 <= 15: 未通過 (n = 18, err = 5.6%)
|   |   [4] 策略 > 15: 未通過 (n = 5, err = 40.0%)
|   [5] 投入 > 25: 通過 (n = 19, err = 0.0%)
Number of inner nodes:    2
Number of terminal nodes: 3
[說明]：適配決策樹模型中有二個內部節點 (分割節點)、三個終點節點。
```

使用函數 **plot ( )** 繪製分類樹圖，引數採用內定選項：

```
> plot (ctr3)
```

分類樹圖形如下，葉節點有三個，葉節點 [3] 分割條件為「投入 ≤ 25 且 策略 ≤ 15」，符合條件的樣本觀察值有 18 位，葉節點 [3] 被預測分類為證照 B 考試「未通過」群組；葉節點 [4] 分割條件為「投入 ≤ 25 且 策略 > 15」，符合條件的樣本觀察值有 5 位，葉節點 [4] 被預測分類為證照 B 考試「未通過」群組；葉節點 [5] 分割條件為「投入 > 25」，符合條件的樣本觀察值有 19 位，葉節點 [5] 被預測分類為證照 B 考試「通過」群組。

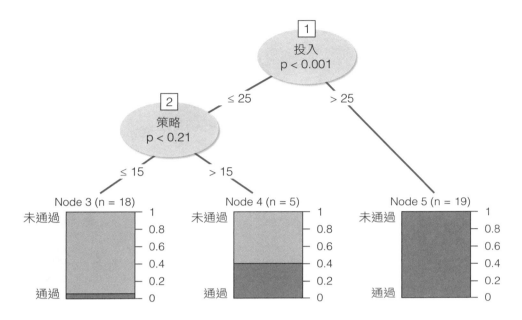

上述分類樹葉節點之內部顏色如果為單一顏色 (全為黑色或全為灰色)，表示葉節點分類的純度值為 100.0%，節點內二種顏色的面積差異愈大，葉節點分類的純度值愈大。

使用 **depth ( )** 函數求出樹的深度 (不包含根節點層次)：

```
> depth (ctr3, root = FALSE)
[1] 2
[說明]：分類樹的深度 (不包含根節點)，參數值為 2 表示有二個層次的節點。
```

使用 **class ( )** 函數查看分類樹模型的物件名稱：

```
> class (ctr3)
[1] "constparty" "party"
```

函數 **plot ( )** 增列引數 inner_panel，選項設定為「= node_barplot」：

```
> plot (ctr3, inner_panel = node_barplot, drop_terminal = FALSE, tnex = 1)
```

更改內部節點型態的分類樹圖形如下：

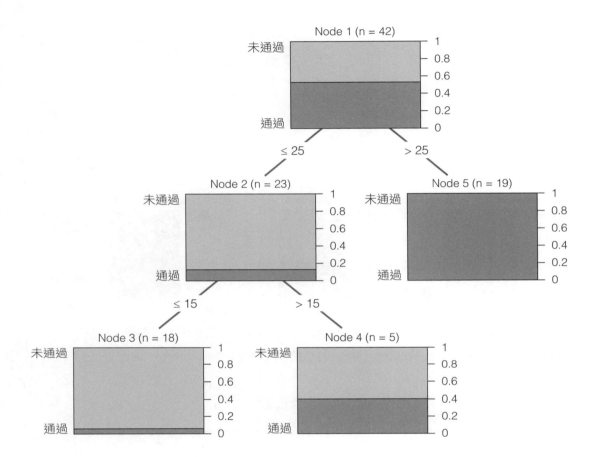

分類樹之內部節點選項不能設定為 node_boxplot (盒形圖) 或 ecdf (經驗累積函數圖)，因為反應變數為類別變數不是計量變數，數值估計值無法計算：

> plot (ctr3, inner_panel = node_boxplot, drop_terminal = FALSE, tnex = 1)
Error: is.numeric (y) is not TRUE
> plot (ctr3,inner_panel = ecdf,drop_terminal = FALSE, tnex = 1)
Error: length(i) == 1 & is.numeric (i) is not TRUE
[說明]：由於決策樹圖為分類樹，內部節點無法以盒形圖表示，也無法以經驗累積函數圖顯示，以函數 **plot ( )** 繪製決策樹圖中時會出現錯誤訊息：反應變數 **y** 不是數值變數。

陸、大樣本的應用

範例為 240 位學生在學習成就表現的相關資料，資料檔的變數包括性別、課堂專注、讀書時間、學習動機、家庭資本、學習策略、學習成就、等第，其中等第乃根據樣本觀察值在學習成就的分數加以分級，平均數以下 0.5 個標準差者為「待加強」群組、平均數以上 0.5 個標準差者為「精熟」群組、介於二者間為「基礎」組，試算表的資料檔為「regt1.csv」。

一、適配迴歸樹模型

使用套件 {partykit} 函數 **ctree ( )** 建構迴歸樹模型，反應變數 (依變數) 為學習成就，葉節點最少觀察值個數設定為 15，分割節點最少觀察值個數設定為 30：

```
>library (partykit)
> ctr_m1 = ctree (學習成就~性別 + 課堂專注 + 讀書時間 + 學習動機 + 家庭資本 +
    學習策略, data = temp, minbucket = 15, minsplit = 30)
> print(ctr_m1)
Model formula:
學習成就 ~ 性別 + 課堂專注 + 讀書時間 + 學習動機 + 家庭資本 + 學習策略
Fitted party:
[1] root
|  [2] 家庭資本 <= 13
|  |  [3] 學習動機 <= 13
|  |  |  [4] 課堂專注 <= 8: 34.267 (n = 15, err = 758.9)
|  |  |  [5] 課堂專注 > 8: 39.867 (n = 15, err = 589.7)
|  |  [6] 學習動機 > 13
|  |  |  [7] 讀書時間 <= 15
|  |  |  |  [8] 家庭資本 <= 11
|  |  |  |  |  [9] 家庭資本 <= 8: 46.706 (n = 17, err = 15.5)
|  |  |  |  |  [10] 家庭資本 > 8
|  |  |  |  |  |  [11] 讀書時間 <= 13: 48.188 (n = 16, err = 208.4)
|  |  |  |  |  |  [12] 讀書時間 > 13: 50.059 (n = 17, err = 38.9)
|  |  |  |  [13] 家庭資本 > 11: 56.923 (n = 26, err = 1247.8)
|  |  |  [14] 讀書時間 > 15: 56.882 (n = 17, err = 4215.8)
|  [15] 家庭資本 > 13
|  |  [16] 學習策略 <= 16
```

| | | [17] 家庭資本 <= 14: 55.941 (n = 17, err = 1868.9)
| | | [18] 家庭資本 > 14
| | | | [19] 學習動機 <= 19: 60.375 (n = 16, err = 3521.8)
| | | | [20] 學習動機 > 19
| | | | | [21] 家庭資本 <= 17: 66.182 (n = 44, err = 2272.5)
| | | | | [22] 家庭資本 > 17: 72.400 (n = 20, err = 318.8)
| | [23] 學習策略 > 16: 85.300 (n = 20, err = 4408.2)
Number of inner nodes:　11
Number of terminal nodes: 12
[說明]：迴歸樹模型中，內部節點的個數有 **11** 個，葉節點的個數有 **12** 個。

　　範例迴歸樹增列引數 maxdepth，引數參數設定為 4，表示迴歸樹的深度為 4，以對迴歸樹進行修剪：

```
> ctr_m11 = ctree (學習成就~性別 + 課堂專注 + 讀書時間 + 學習動機 + 家庭資本 +
    學習策略, data = temp, minbucket = 15, minsplit = 30, maxdepth = 4)
> print (ctr_m11)
    Model formula:
```

學習成就 ~ 性別 + 課堂專注 + 讀書時間 + 學習動機 + 家庭資本 + 學習策略
Fitted party:
[1] root
| [2] 家庭資本 <= 13
| | [3] 學習動機 <= 13
| | | [4] 課堂專注 <= 8: 34.267 (n = 15, err = 758.9)
| | | [5] 課堂專注 > 8: 39.867 (n = 15, err = 589.7)
| | [6] 學習動機 > 13
| | | [7] 讀書時間 <= 15
| | | | [8] 家庭資本 <= 11: 48.320 (n = 50, err = 358.9)
| | | | [9] 家庭資本 > 11: 56.923 (n = 26, err = 1247.8)
| | | [10] 讀書時間 > 15: 56.882 (n = 17, err = 4215.8)
| [11] 家庭資本 > 13
| | [12] 學習策略 <= 16
| | | [13] 家庭資本 <= 14: 55.941 (n = 17, err = 1868.9)
| | | [14] 家庭資本 > 14
| | | | [15] 學習動機 <= 19: 60.375 (n = 16, err = 3521.8)
| | | | [16] 學習動機 > 19: 68.125 (n = 64, err = 3123.0)
| | [17] 學習策略 > 16: 85.300 (n = 20, err = 4408.2)
Number of inner nodes:　8
Number of terminal nodes: 9
[說明]：迴歸樹模型中，內部節點的個數有 **8** 個，葉節點的個數有 **9** 個。在其他

引數參數相同的情況下，成長樹深度引數 **maxdepth** 的參數值愈小，表示成長樹圖愈精簡。

範例迴歸樹模型建構中，葉節點最少觀察值個數設定為 20，分割節點最少觀察值個數設定為 40：

> ctr_m12 = ctree (學習成就~性別 + 課堂專注 + 讀書時間 + 學習動機 + 家庭資本 + 學習策略, data = temp, minbucket = 20, minsplit = 40)
> print(ctr_m12)
Model formula:
學習成就 ~ 性別 + 課堂專注 + 讀書時間 + 學習動機 + 家庭資本 + 學習策略
Fitted party:
[1] root
| **[2]** 家庭資本 <= **13**
| | **[3]** 學習動機 <= **13: 37.067 (n = 30, err = 1583.9)**
| | **[4]** 學習動機 > **13**
| | | **[5]** 讀書時間 <= **14**
| | | | **[6]** 家庭資本 <= **11: 47.833 (n = 42, err = 275.8)**
| | | | **[7]** 家庭資本 > **11: 57.292 (n = 24, err = 1201.0)**
| | | **[8]** 讀書時間 > **14: 54.778 (n = 27, err = 4448.7)**
| **[9]** 家庭資本 > **13**
| | **[10]** 學習策略 <= **16**
| | | **[11]** 家庭資本 <= **16**
| | | | **[12]** 學習動機 <= **20: 57.750 (n = 20, err = 4895.8)**
| | | | **[13]** 學習動機 > **20: 63.860 (n = 43, err = 3021.2)**
| | | **[14]** 家庭資本 > **16: 69.882 (n = 34, err = 1041.5)**
| | **[15]** 學習策略 > **16: 85.300 (n = 20, err = 4408.2)**
Number of inner nodes: 7
Number of terminal nodes: 8
[說明]：迴歸樹模型中，內部節點的個數有 **7** 個，葉節點的個數有 **8** 個。

使用 **class** ( ) 函數查看迴歸樹模型的物件類型：

> class (ctr_m12)
[1] "constparty" "party"
[說明]：函數 **ctree** ( ) 建構的迴歸樹模型物件為 **"constparty"**、**"party"**。

使用 **plot** ( ) 繪製迴歸樹圖：

> plot (ctr_m12, drop_terminal = FALSE, type = "simple")

迴歸樹圖形如下：

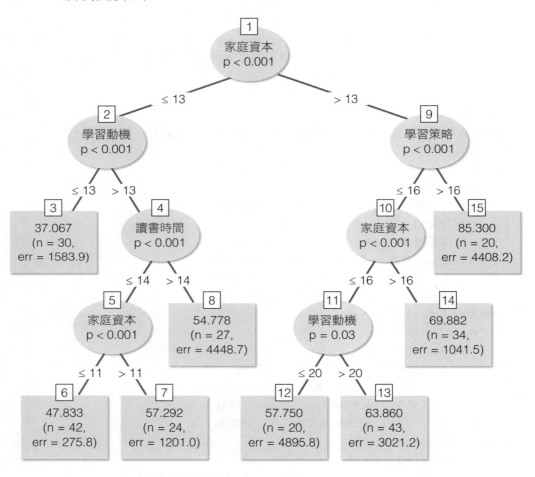

建構之迴歸樹模型的分類規則摘要表如下：

	分類規則 1	分類規則 2	分類規則 3
葉節點編號	葉節點 [3]	葉節點 [6]	葉節點 [7]
分割條件	家庭資本 ≤ 13 學習動機 ≤ 13	家庭資本 ≤ 13 學習動機 > 13 讀書時間 ≤ 14 家庭資本 ≤ 11	家庭資本 ≤ 13 學習動機 > 13 讀書時間 ≤ 14 家庭資本 > 11
觀察值個數 n	30	42	24
平均數	37.067	47.833	57.292
差異值 (SS)	1583.9	275.8	1201.0

	分類規則 4	分類規則 5	分類規則 6
葉節點編號	葉節點 [8]	葉節點 [12]	葉節點 [13]
分割條件	家庭資本 ≤ 13 學習動機 > 13 讀書時間 > 14	家庭資本 > 13 學習策略 ≤ 16 家庭資本 ≤ 16 學習動機 ≤ 20	家庭資本 > 13 學習策略 ≤ 16 家庭資本 ≤ 16 學習動機 > 20
觀察值個數 n	27	20	43
平均數	54.778	57.750	63.860
差異值 (SS)	4448.7	4895.8	3021.2

	分類規則 7	分類規則 8
葉節點編號	葉節點 [14]	葉節點 [15]
分割條件	家庭資本 > 13 學習策略 ≤ 16 家庭資本 > 16	家庭資本 > 13 學習策略 > 16
觀察值個數 n	34	20
平均數	69.882	85.300
差異值 (SS)	1041.5	4408.2

二、適配分類樹模型

範例分類樹模型中，反應變數為三分類別變數「等第」，葉節點最少觀察值
個數設定為 15，分割節點最少觀察值個數設定為 30：

```
> ctr_m2 = ctree (等第~ 性別 + 課堂專注 + 讀書時間 + 學習動機 + 家庭資本 + 學習
    策略, data = temp, minbucket = 15, minsplit = 30)
> print (ctr_m2)
```

Model formula:

等第 ~ 性別 + 課堂專注 + 讀書時間 + 學習動機 + 家庭資本 + 學習策略

Fitted party:

[1] root
| [2] 家庭資本 <= 11
| | [3] 讀書時間 <= 14: 待加強 (n = 62, err = 8.1%)
| | [4] 讀書時間 > 14: 待加強 (n = 18, err = 44.4%)
| [5] 家庭資本 > 11
| | [6] 學習動機 <= 15: 待加強 (n = 18, err = 22.2%)
| | [7] 學習動機 > 15
| | | [8] 家庭資本 <= 14: 基礎 (n = 51, err = 23.5%)
| | | [9] 家庭資本 > 14
| | | | [10] 家庭資本 <= 17: 精熟 (n = 60, err = 40.0%)
| | | | [11] 家庭資本 > 17: 精熟 (n = 31, err = 6.5%)

Number of inner nodes: 5

Number of terminal nodes: 6

[說明]：分類樹模型中，內部節點的個數有 5 個，葉節點的個數有 6 個，葉節點列的誤差值為節點的不純度值，如葉節點 [3]：「[3] 讀書時間 <= 14: 待加強 (n = 62, err = 8.1%)」，表示節點內的觀察值有 62 位，分類結果為「待加強」群組，分類結果的不純度值為 8.1%，分類結果的純度值為 91.9%。

建構之分類樹模型的分類規則摘要表如下：

	分類規則 1	分類規則 2	分類規則 3
葉節點編號	葉節點 [3]	葉節點 [4]	葉節點 [6]
分割條件	家庭資本 ≤ 11 讀書時間 ≤ 14	家庭資本 ≤ 11 讀書時間 > 14	家庭資本 > 11 學習動機 ≤ 15
觀察值個數 n	62	18	18
分類群組	待加強	待加強	待加強
不純度值	8.1%	44.4%	22.2%
純度值	91.9%	55.6%	77.8%

	分類規則 4	分類規則 5	分類規則 6
葉節點編號	葉節點 [8]	葉節點 [10]	葉節點 [11]
分割條件	家庭資本 > 11 學習動機 > 15 家庭資本 ≤ 14	家庭資本 > 11 學習動機 > 15 家庭資本 > 14 家庭資本 ≤ 17	家庭資本 > 11 學習動機 > 15 家庭資本 > 14 家庭資本 > 17
觀察值個數 n	51	60	31
分類群組	基礎	精熟	精熟
不純度值	23.5%	40.0%	6.5%
純度值	76.5%	60.0%	93.5%

使用函數 **plot ( )** 繪製分類樹圖形：

```
> plot (ctr_m2, drop_terminal = FALSE, type = "simple")
```

分類樹圖形如下：

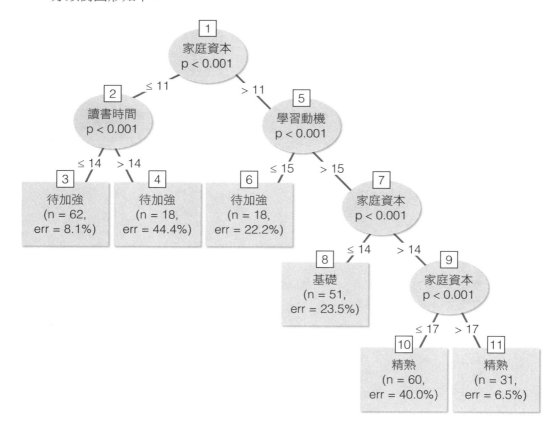

葉節點樣本觀察值的擷取使用 **which ( )** 函數設定資料框架物件的條件，範例葉節點 [4] 的分割條件為「家庭資本 ≤ 11 且 讀書時間 > 14」，符合分割條件準則的觀察值有 18 位：

```
> node4 = with (temp, temp [which (家庭資本 <= 11 & 讀書時間 > 14),])
> node4
       性別  課堂專注  讀書時間  學習動機  家庭資本  學習策略  學習成就    等第
26  女生     14       16       18       8        14       46     待加強
33  女生     17       15       14       8        13       47     待加強
51  男生     13       15       24       10       13       50     待加強
53  女生     10       15       19       10       10       51      基礎
    <略>
153 女生     20       18       17       11       16       50     待加強
154 女生     16       17       18       11       15       50     待加強
```

節點 [4] 觀察值中「等第」變數水準群組為「待加強」者樣本，使用「節點資料框架子資料檔物件 [which (等第=="待加強"),]」函數語法可以篩選觀察值在「等第」為「待加強」的樣本；「節點框架子資料檔物件 [which (!等第=="待加強"),]」函數語法可以篩選觀察值在「等第」非「待加強」的樣本 (預測分類錯誤的觀察值)：

```
> with (node4, {node4 [which (等第=="待加強"),]})
       性別  課堂專注  讀書時間  學習動機  家庭資本  學習策略  學習成就    等第
26  女生     14       16       18       8        14       46     待加強
33  女生     17       15       14       8        13       47     待加強
    <略>
153 女生     20       18       17       11       16       50     待加強
154 女生     16       17       18       11       15       50     待加強
> with (node4, {node4 [which (!等第=="待加強"),]})
       性別  課堂專注  讀書時間  學習動機  家庭資本  學習策略  學習成就    等第
53  女生     10       15       19       10       10       51      基礎
54  女生     17       15       22       10       13       51      基礎
55  女生      8       15       18       10       11       52      基礎
56  女生      9       15       17       10       10       52      基礎
57  女生     12       15       22       11        9       52      基礎
58  女生     12       16       22       11        9       52      基礎
59  女生     11       15       24       11       10       52      基礎
120 男生     17       35       32       10       19       98      精熟
```

使用 **table ( )** 函數輸出節點 [4] 子資料檔中「等第」三分類別變數水準群組的次數分配，其中「待加強」群組樣本有 10 位、「基礎」群組樣本有 7 位、精熟群組樣本有 1 位：

```
> with (node4, {table (等第)})
等第
待加強    基礎    精熟
  10       7       1
```

使用 **length ( )** 函數輸出節點 [4] 子資料檔的樣本觀察值個數與子資料檔中「等第」變數水準群組不是「待加強」的觀察值個數：

```
> length (node4$ 等第)
[1] 18
> length (with (node4, {node4 [which (!等第=="待加強"),]}))
[1] 8
```
[說明]：葉節點 [4] 的樣本觀察值共有 18 位，水準群組等第被預測分類為「待加強」，其中有 **8** 位觀察值在「等第」的水準群組並不是為「待加強」(7 位為「基礎」、1 位為「精熟」)，純度值為 **(18-8)/18 = 55.6%**。

求出分類節點的不純度量測值：

```
> node4num = length (node4$ 等第)
> node4no = length (with (node4, {node4 [which (!等第=="待加強"),]}))
> round (node4no/node4num, 3)
[1] 0.444
```
[說明]：原分類樹摘要表中的「待加強 (n = 18, err = 44.4%)」中的 **err** 參數值為葉節點 [4] 的不純度量測值 **(impurity measure)**，不純度值愈大表示節點內的觀察值的同質性愈低。

範例語法函數擷取節點 [6] 子資料檔，分割條件準則為「家庭資本 >11 且 學習動機 ≤ 15」，節點分類為「待加強 (n = 18, err = 22.2%)」：

```
> node6 = with (temp, temp [which (家庭資本 >11 & 學習動機 <= 15),])
> length (node6$ 等第)
[1] 18
> with (node6, {table (等第)})
```

```
等第
待加強    基礎    精熟
  14      2       2
```
[說明]：節點 [6] 子資料檔「等第」三分類別變數水準群組的次數分配，「待加強」群組樣本有 14 位、「基礎」群組樣本有 2 位、精熟群組樣本有 2 位。

使用函數語法 **{node6 [which (等第=="待加強"),]}**、**{node6 [which (!等第=="待加強"),]}** 分別界定「等第」變數之水準群組為「待加強」與非「待加強」的樣本：

```
> node6yes = with (node6, {node6 [which (等第=="待加強"),]})
> node6no = with (node6, {node6 [which (!等第=="待加強"),]})
> node6no
```

	性別	課堂專注	讀書時間	學習動機	家庭資本	學習策略	學習成就	等第
83	男生	7	13	14	14	8	65	基礎
100	男生	10	16	12	15	9	71	精熟
161	女生	8	17	14	13	12	51	基礎
220	男生	13	19	15	18	12	74	精熟

```
> node6yes
```

	性別	課堂專注	讀書時間	學習動機	家庭資本	學習策略	學習成就	等第
3	女生	9	10	7	12	13	27	待加強
4	女生	5	14	8	12	4	29	待加強
<略>								
136	男生	14	14	13	13	19	43	待加強
138	女生	14	14	13	13	7	45	待加強

使用 **cat ( )** 函數輸出節點 [6] 的純度量測值與不純度量測值：

```
> cat ("純度量測值 =", round (length (node6yes$ 等第)/length (node6$ 等第), 3),"\n")
```
純度量測值 = 0.778
```
> cat ("不純度量數值 =", round (length (node6no$ 等第)/length (node6$ 等第), 3),"\n")
```
不純度量測值 = 0.222

範例語法函數擷取節點 [11] 子資料檔，分割條件準則為「家庭資本 > 11 且學習動機 > 15 且 家庭資本 > 14 且 家庭資本 > 17，節點分類為「精熟 (n = 31, err = 6.5%)」：

```
> node11 = with (temp, temp [which (家庭資本 > 11 & 學習動機 > 15 & 家庭資本 >
  14 & 家庭資本 > 17),])
> node11
```

	性別	課堂專注	讀書時間	學習動機	家庭資本	學習策略	學習成就	等第
143	女生	20	19	18	18	10	49	待加強
199	男生	13	15	28	18	13	67	精熟
<略>								
238	男生	17	38	30	18	22	99	精熟
239	男生	19	30	33	19	21	99	精熟

使用函數語法 **{node11 [which (等第=="精熟"),]}**、**{node11 [which (!等第=="精熟"),]}** 分別界定「等第」變數之水準群組為「精熟」與「非精熟」的樣本觀察值：

```
> node11yes = with (node11, {node11 [which (等第=="精熟"),]})
> node11no = with (node11, {node11 [which (!等第=="精熟"),]})
> node11no
```

	性別	課堂專注	讀書時間	學習動機	家庭資本	學習策略	學習成就	等第
143	女生	20	19	18	18	10	49	待加強
230	男生	26	17	31	18	15	61	基礎

```
> with (node11, {table (等第)})
等第
待加強    基礎    精熟
  1       1      29
```
[說明]：葉節點 [11] 31 位觀察值中，「等第」水準群組評定為待加強、基礎、精熟的樣本數為 1、1、29，不純度量測值為 2 ÷ 31 = 0.065 = 6.5%。
```
> round (2/31, 3)
[1] 0.065
```

求出節點 [11] 分類的不純度量測值與純度量測值：

```
> round (length (node11no$ 等第)/length (node11$ 等第), 3)
[1] 0.065
> round (length (node11yes$ 等第)/length (node11$ 等第), 3)
[1] 0.935
```

柒、預測函數 predict ( )

套件 **{partykit}** 函數 **predict ( )** 根據建構模型對資料檔進行預測分類，引數 type 的型態為「= "node"」，回傳觀察值所屬葉節點編號。引數 type 的型態為「= "response"」，回傳的參數值為觀察值預測分類的平均數，如果目標變數為因子變數，回傳的參數值為觀察值被預測分類的主要水準群組，目標變數為存活分析變數，回傳的參數值為觀察值存活時間的中位數。引數 type 的型態為「= "prob"」，回傳的參數值為觀察值的 ECDF 值，如果目標變數為因子變數，回傳的參數值為觀察值預測分類水準群組的機率，目標變數為存活分析變數，回傳的參數值為觀察值 Kaplan-Meier 估計值。

使用 **table ( )** 函數求出資料框架物件「等第」因子變數三個水準群組的觀察值個數，並計算每個水準群組三分之二的樣本數值：

```
> table (temp$ 等第)
  待加強   基礎   精熟
    86      78     76
> round (table (temp$ 等第)*2/3, 0)
  待加強   基礎   精熟
    57      52     51
```

資料檔依「等第」因子變數排序，使用套件 **{sampling}** 函數 **strata ( )** 進行分層隨機抽樣，「待加強」、「基礎」、「精熟」三個水準群組各抽取 57、52、51 位觀察值 (共抽取 160 位樣本觀察值)。被抽取的樣本為建構決策樹模型的標的子資料檔 (訓練樣本)，未被抽取的樣本作為決策樹模型效度檢定的標的子資料檔 (測試樣本)，預測分類結果以變數「預測等第」增列於測試樣本資料框架物件 testdata 中，R 編輯器語法指令為：

```
library (sampling)
newdata = temp [order (temp$ 等第),]# 根據等第變數排序
newdata$ 序後編號 = c (1:240)
subnum = strata (newdata, stratanames = "等第", method = "srswor", size= c (57, 52, 51))
trainda = getdata (newdata,subnum)
```

```
subn = subnum$ID_unit
traindata = newdata [subn,]  #訓練樣本
testdata = newdata [-subn,]  #測試樣本
ctree.m = ctree (等第~ 性別 + 課堂專注 + 讀書時間 + 學習動機 + 家庭資本 + 學習
策略, data = temp, minbucket = 15, minsplit = 30)
print (ctree.m)
class.p = predict (ctree.m, testdata, type = "response") # 預測分類模型物件
testdata$ 預測等第 = class.p # 預測分類結果增列變數儲存於測試樣本中
table.m = with (testdata, {table (等第, 預測等第)}) # 預測分類交叉表
print (table.m)
rate = round (100*sum (diag (table.m))/sum (table.m),1)
cat ("@@測試樣本總數 = ", sum (table.m),"--預測分類正確樣本數 = ", sum (diag
(table.m)), "\n")
cat ("@@預測分類正確百分比 = ", rate, "%", "--預測分類錯誤百分比 = ", 100-
rate, "%\n")
```

R 主控台執行 R 編輯語法指令部分結果如下：

```
> print (ctree.m)
Model formula:
等第 ~ 性別 + 課堂專注 + 讀書時間 + 學習動機 + 家庭資本 + 學習策略
Fitted party:
[1] root
|   [2] 家庭資本 <= 11
|   |   [3] 讀書時間 <= 14: 待加強 (n = 62, err = 8.1%)
|   |   [4] 讀書時間 > 14: 待加強 (n = 18, err = 44.4%)
|   [5] 家庭資本 > 11
|   |   [6] 學習動機 <= 15: 待加強 (n = 18, err = 22.2%)
|   |   [7] 學習動機 > 15
|   |   |   [8] 家庭資本 <= 14: 基礎 (n = 51, err = 23.5%)
|   |   |   [9] 家庭資本 > 14
|   |   |   |   [10] 家庭資本 <= 17: 精熟 (n = 60, err = 40.0%)
|   |   |   |   [11] 家庭資本 > 17: 精熟 (n = 31, err = 6.5%)
Number of inner nodes:    5
Number of terminal nodes: 6
```

[說明]：決策樹模型的內部節點個數有五個，葉節點的個數有六個。

```
> print (table.m)
              預測等第
等第      待加強    基礎    精熟
  待加強     27       2       0
```

```
    基礎        7       12       7
    精熟        1        3       21
> rate = round (100*sum (diag (table.m))/sum (table.m), 1)
> cat ("@@測試樣本總數 = ", sum (table.m),"--預測分類正確樣本數 = ", sum (diag
  (table.m)), "\n")
@@測試樣本總數= 80 --預測分類正確樣本數= 60
> cat ("@@預測分類正確百分比 = ", rate, "%", "--預測分類錯誤百分比 = ", 100-rate,
  "%\n")
@@預測分類正確百分比 = 75% --預測分類錯誤百分比 = 25%
```

數值索引 subn 為訓練樣本觀察值的排序後的序號，未出現於數值向量中的數值索引為測試樣本觀察值的樣本，如第 6 筆、第 7 筆、第 8 筆、第 11 筆、第 14 筆、第 17 筆、……等。

```
> subn
 [1]  1   2   3   4   5   9  10  12  13  15  16  18  20  23  24  25  27  28
<略>
[145] 218 219 222 224 225 227 228 230 231 232 233 234 235 236 239 240
```

以 **which ( )** 函數設定篩選條件 (觀察值在「等第」變數水準群組與在「預測等第」變數水準群組不相同者)，查看預測分類錯誤的所有觀察值：

```
> testdata [which (testdata$ 等第! = testdata$ 預測等第),]
```

	性別	課堂專注	讀書時間	學習動機	家庭資本	學習策略	學習成就	等第	序後編號	預測等第
46	男生	7	14	20	12	9	49	待加強	46	基礎
129	男生	9	10	16	14	12	40	待加強	60	基礎
53	女生	10	15	19	10	10	51	基礎	88	待加強
<略>										
90	男生	12	10	20	12	12	68	精熟	169	基礎
115	男生	11	13	25	14	18	94	精熟	192	基礎
220	男生	13	19	15	18	12	74	精熟	221	待加強

以 **which ( )** 函數設定篩選條件 (觀察值在「等第」變數水準群組與在「預測等第」變數水準群組相同者)，查看預測分類正確的所有觀察值：

```
> testdata [which (testdata$ 等第 ==testdata$ 預測等第),]
      性別 課堂專注 讀書時間 學習動機 家庭資本 學習策略 學習成就   等第 序後編號 預測等第
6    女生      5       9       9       5      10      35  待加強     6  待加強
7    女生      6       5       9       7       5      36  待加強     7  待加強
8    女生      6       9       9       7       6      36  待加強     8  待加強
<略>
228  女生     26      16      25      18      16      76    精熟   229    精熟
237  男生     17      19      30      18      22      97    精熟   237    精熟
238  男生     17      38      30      18      22      99    精熟   238    精熟
```

以 **nrow ( )** 函數配合 **which ( )** 函數的條件篩選，分別求出預測分類錯誤與預測分類正確的觀察值個數：

```
> nrow (testdata [which (testdata$ 等第 !=testdata$ 預測等第),])
[1] 20
> nrow (testdata [which (testdata$ 等第 ==testdata$ 預測等第),])
[1] 60
[說明]：測試樣本 80 位樣本觀察值中，預測分類正確的觀察值有 60 位、預測分類錯誤的觀察值有 20 位。
```

Chapter 10

套件 {RWeka} 與 套件 {tree} 的函 數應用

套件 {RWeka} 提供迴歸樹與分類樹模型建構的函數為 **J48 ( )**，套件 **{tree}** 函數 **tree ( )** 使用二元遞迴式分割法建構決策樹模型。

壹、套件 {RWeka} 函數 J48 ( ) 函數

一、函數 J48 ( ) 語法

迴歸樹與分類樹模型建構語法函數為：

J48 (formula, data, subset, na.action, control = Weka_control ( ))
LMT (formula, data, subset, na.action, control = Weka_control ( ))(Logistic 模型樹)

引數 formula 以符號公式界定適配模型函數。

引數 data 為選擇性資料框架物件，資料框架需包含模型公式中的所有變數。

引數 subset 為選擇性向量，向量指定適配歷程中要使用的觀察值子資料集。

引數 na.action 界定當資料框架物件中有遺漏值時，遺漏值的處理方法。

引數 control 界定模型複雜度參數，語法範例：control = Weka_control (U = TRUE)、control = Weka_control (R = TRUE, M = 5)

參數名稱 U 表示不對決策樹進行修剪，引數 R 為採用降低錯誤率方法對樹進行修剪，引數 M 表示葉節點最少樣本觀察值的個數為 5。詳細的引數說明，可使用 **WOW ( )** 函數求出：

```
> library (RWeka)
> WOW ("J48")
-U    Use unpruned tree.
-O    Do not collapse tree.
-C <pruning confidence>
    Set confidence threshold for pruning.  (default 0.25)
<略>
```

函數 WOW ("J48") 輸出對應的引數功能如下：

-U：不對樹進行修剪，預設值為真 (= TRUE)。

-O：不進行決策樹的分解，預設值為真。

-C：對決策樹進行修剪，內定修剪的門檻值為 0.25。

-M：設定葉節點最少觀察值個數，內定預設值為 2。

-R：使用降低錯誤率的方法對決策樹進行修剪。

-N：使用降低錯誤率方法進行樹修剪時，界定疊次 (folds) 的個數，內定的參數值為 3。

-B：使用二元分支的節點分割法。

-S：不執行子決策樹成長的運算程序。

-L：決策樹建構完成不再進行清理修剪程序。

-J：對於資訊獲利數值資料不使用 MDL 校正。

-Q：隨機資料種子數值的設定值，內定數值為 1。

範例資料檔為試算表「test0.xlsx」檔案，使用套件 {readxl} 函數 **read_excel ( )** 匯入工作表檔案：

```
> library (readxl)
> temp = read_excel ("test0.xlsx", 1)
> names (temp)
[1] "NUM"  "IQ"   "INVO" "TACT" "SCORE" "RANKA" "RANKB"
> temp$RANKA = factor (temp$RANKA, levels = 1:3, labels = c ("AR", "BR", "CR"))
> temp$RANKB = factor (temp$RANKB, levels = 1:2, labels = c ("pass", "nopass"))
```

資料框架物件 RANKA (證照 A) 為因子變數，三個等第分別為 A、B、C，水準數值標記為 AR、BR、CR；RANKB (證照 B) 為因子變數，觀察值考試結果的評定有二種情況：通過 (pass)、未通過 (nopass)。

二、函數應用

使用套件 {RWeka} 函數 **J48 ( )** 建構分類樹模型，引數 R 設定為真，表示使用降低錯誤率法對決策樹進行修剪、引數 M 參數設為 5，表示葉節點最少樣本觀察值個數為 5：

```
> fit.m1 = J48 (RANKA~IQ + INVO + TACT, data = temp, control = Weka_control (R
  = TRUE, M = 5))
> print (fit.m1)
J48 pruned tree
------------------
```

```
INVO <= 38
|   TACT <= 16
|   |   IQ <= 119: CR (8.0)
|   |   IQ > 119: BR (5.0/1.0)
|   TACT > 16: BR (7.0/1.0)
INVO > 38: AR (8.0)
Number of Leaves :    4
Size of the tree :    7
```
[說明]：分類樹的大小為 7 (內部節點加葉節點數共有 7 個節點)、葉節點個數有 4 個，內部節點個數有 3 個。

使用 **summary ( )** 函數輸出額外統計量參數：

```
> summary (fit.m1)
=== Summary ===
Correctly Classified Instances        39            92.8571%
Incorrectly Classified Instances      3             7.1429%
```
[說明]：預測分類正確的觀察值有 **39** 位 (測試樣本為原始資料框架物件)、預測分類正確的百分比為 **92.86%**；預測分類錯誤的觀察值有 **3** 位、預測分類錯誤的百分比為 **7.14% (N = 42)**。

```
Kappa statistic                      0.8929      [Kappa 統計量]
Mean absolute error                  0.0762      [平均絕對錯誤值]
Root mean squared error              0.2085      [MSR 根值]
Relative absolute error              17.1429%    [相對絕對錯誤值]
Root relative squared error          44.2231%    [相對均方錯誤根值]
Total Number of Instances            42          [觀察值總數]
=== Confusion Matrix ===
  a     b      c   <-- classified as
 13     1      0 | a = AR
  0    13      1 | b = BR
  0     1     13 | c = CR
```
[說明]：混淆矩陣中的對角線數值為預測分類正確的樣本觀察值個數，預測分類正確的個數 = 13 + 13 + 13 = 39，預錯分類錯誤的觀察值有 **3** 位。

函數 **summary ( )** 可以使用套件內函數 **evaluate_Weka_classifier ( )** 取代，函數 **evaluate_Weka_classifier ( )** 基本語法為：

evaluate_Weka_classifier (object, newdata = NULL, numFolds = 0, complexity = FALSE, class = FALSE)

　　引數 object 為 Rweka 建立的分類樹物件，引數 numFolds 界定跨效度疊次的個數，內定參數值為 0；引數 complexity 界定是否包熵 (entropy) 統計量，內定選項為假；引數 class 界定是否包含類別統計量，內定選項為假。

　　函數 **evaluate_Weka_classifier** ( ) 採用內定選項輸出分類樹摘要表：

```
> evaluate_Weka_classifier (fit.m1, newdata = temp)
=== Summary ===
Correctly Classified Instances        39          92.8571%
Incorrectly Classified Instances      3           7.1429%
Kappa statistic                       0.8929
Mean absolute error                   0.0762
Root mean squared error               0.2085
Relative absolute error               17.1429%
Root relative squared error           44.2231%
Total Number of Instances             42
=== Confusion Matrix ===
  a    b     c  <-- classified as
 13    1     0 | a = AR
  0   13     1 | b = BR
  0    1    13 | c = CR
```
[說明]：混淆矩陣中的對角線數值為預測分類正確的樣本觀察值個數，預測分類正確的個數 = 13 + 13 + 13 = 39，預錯分類錯誤的觀察值有 3 位。

　　函數 **evaluate_Weka_classifier** ( ) 之引數 complexity 選項設為真、引數 class 選項也設為真，執行程序之輸出摘要結果如下：

```
> evaluate_Weka_classifier (fit.m1, newdata = temp, complexity = TRUE, class =
  TRUE)
=== Summary ===
Correctly Classified Instances        39            92.8571%
Incorrectly Classified Instances      3             7.1429%
Kappa statistic                       0.8929
K&B Relative Info Score               3609.813%
K&B Information Score                 57.2142 bits         1.3622 bits/instance
Class complexity | order 0            66.5684 bits         1.585   bits/instance
Class complexity | scheme             1082.5181 bits       25.7742 bits/instance
Complexity improvement     (Sf)       -1015.9496 bits      -24.1893 bits/instance
Mean absolute error                   0.0762
```

	Root mean squared error	0.2085
	Relative absolute error	17.1429%
	Root relative squared error	44.2231%
	Total Number of Instances	42

=== Detailed Accuracy By Class ===

	TP Rate	FP Rate	Precision	Recall	F-Measure	MCC	ROC Area	PRC Area	Class
	0.929	0.000	1.000	0.929	0.963	0.947	0.990	0.974	AR
	0.929	0.071	0.867	0.929	0.897	0.843	0.932	0.841	BR
	0.929	0.036	0.929	0.929	0.929	0.893	0.974	0.912	CR
Weighted Avg.	0.929	0.036	0.932	0.929	0.929	0.894	0.966	0.909	

[說明]：「**TP Rate**」欄為混淆矩陣橫列正確樣本佔橫列觀察值的百分比，如第一橫列 **A** 等第的 **14** 位樣本觀察值，被分類正確的樣本觀察值有 **13** 位，預測分類錯誤的樣本數有 **1** 位，「> round (13/(13 + 1 + 0), 3)」，參數值為「[1] 0.929」，「**Precision**」欄為精確度估計值，參數值為混淆矩陣直行正確樣本佔直行觀察值總樣本數的百分比，如第二直行水準群組 **b**，預測分類正確的觀察值有 **13** 位，直行觀察值總數為「1 + 13 + 1 = 15」，「> round (13/(1 + 13 + 1), 3)」，參數值為「[1] 0.867」。

=== Confusion Matrix ===

```
 a    b    c   <-- classified as
13    1    0 | a = AR
 0   13    1 | b = BR
 0    1   13 | c = CR
```

[說明]：混淆矩陣橫列為預測分類結果，**14** 位在「證照 **A**」考試為 **A** 等第的觀察值被預測分類為 **A** 等第 **(AR)** 者有 **13** 位、被預測分類為 **B** 等第 **(BR)** 者有 **1** 位；**14** 位在「證照 **A**」考試為 **B** 等第的觀察值被預測分類為 **B** 等第者有 **13** 位、被預測分類為 **C** 等第 **(CR)** 者有 **1** 位；**14** 位在「證照 **A**」考試為 **C** 等第的觀察值被預測分類為 **C** 等第者有 **13** 位、被預測分類為 **B** 等第者有 **1** 位。

　　套件 **{Rweka}** 函數 **GainRatioAttributeEval ( )** 可以於評估個別解釋變數對決策樹模型 (多用於迴歸樹模型) 貢獻的獲利比值 (gain ratio)；函數 **InfoGainAttributeEval ( )** 可以於評估個別解釋變數對決策樹模型 (多用於分類樹模型) 貢獻的「資訊獲利」(information gain) 值。

　　以函數 **GainRatioAttributeEval ( )** 求出解釋變數的獲利比值：

```
> GR = GainRatioAttributeEval (RANKA~IQ + INVO + TACT, data = temp, control =
  Weka_control (R = TRUE, M = 5))
> round (GR, 3)
   IQ    INVO    TACT
0.445   0.861   0.560
```

以 **InfoGainAttributeEval ( )** 函數求出解釋變數的資訊獲利值：

> IG = InfoGainAttributeEval (RANKA~IQ + INVO + TACT, data = temp, control = Weka_control (R = TRUE, M = 5))
> round (IG, 3)
   IQ   **INVO**   **TACT**
0.263   **0.769**   **0.837**
[說明]：從資訊獲利參數值大小可以得知：解釋變數對分類樹模型貢獻程度的大小依序 **TACT**、**INVO**、**IQ**，依照資訊獲利值較大的解釋變數對反應變數進行預測分類，預測分類的純度較佳。

函數 **J48 ( )** 建構的分類樹模型可以使用套件 **{partykit}** 函數 **as.party ( )** 轉為「party」物件：

>library (partykit)
> party.m1 = as.party (fit.m1)
> print (party.m1)
Model formula:
RANKA ~ IQ + INVO + TACT
Fitted party:
[1] root
| [2] INVO <= 38
| | [3] TACT <= 16
| | | [4] IQ <= 119: CR (n = 14, err = 7.1%)
| | | [5] IQ > 119: BR (n = 6, err = 16.7%)
| | [6] TACT > 16: BR (n = 9, err = 11.1%)
| [7] INVO > 38: AR (n = 13, err = 0.0%)
Number of inner nodes: 3
Number of terminal nodes: 4
[說明]：決策樹圖中內部節點有 **3** 個、葉節點個數有 **4** 個，節點 **[4]**、節點 **[5]**、節點 **[6]**、節點 **[7]** 為葉節點，預測分類的等第分別為 **CR (n = 14)**、**BR (n = 6)**、**BR BR (n = 9)**、**AR (n = 13)**。

範例分類樹的反應變數為二分因子變數「證照 B」(RANKB)：

> fit.m2 = J48(RANKB~IQ + INVO + TACT, data = temp, control = Weka_control (R = TRUE, M = 5))
> party.m2 = as.party (fit.m2)

```
> summary (fit.m2)
=== Summary ===
Correctly Classified Instances        38            90.4762 %
Incorrectly Classified Instances      4             9.5238 %
```
[說明]：預測分類正確的觀察值有 **38** 位 (測試樣本為原始資料框架物件)、預測分類正確的百分比為 **90.48**%；預測分類錯誤的觀察值有 **4** 位、預測分類錯誤的百分比為 **9.52**% (N = **42**)。
```
Kappa statistic                       0.8108
Mean absolute error                   0.1625
Root mean squared error               0.2818
Relative absolute error               32.5635%
Root relative squared error           56.427%
Total Number of Instances             42
=== Confusion Matrix ===
  a     b  <-- classified as
 18     4  | a = pass
  0    20  | b = nopass
```
[說明]：**22** 位在證照 **B** 考試通過的樣本觀察值，根據分類樹模型預測分類錯誤的觀察值有 **4** 位，**20**位在證照 **B** 考試「未通過」的樣本觀察值，根據分類樹模型預測分類結果均為未通過，群組預測分類錯誤的樣本個數為 **0** 個。
```
> print (party.m2)
Model formula:
RANKB ~ IQ + INVO + TACT
Fitted party:
[1] root
|   [2] INVO <= 26: nopass (n = 24, err = 16.7%)
|   [3] INVO > 26: pass (n = 18, err = 0.0%)
Number of inner nodes:    1
Number of terminal nodes: 2
```
[說明]：內部節點有 **1** 個，葉節點的個數有 **2** 個。分類樹的分類準則有二：
節點 **[2]**：IF「INVO <= 26」THEN「未通過」(n = **24**，純度值 **83.3**%)
節點 **[3]**：IF「INVO > 26」THEN「通過」(n = **18**，純度值 **100.0**%)

使用 **GainRatioAttributeEva ( )** 函數、**InfoGainAttributeEva ( )** 函數分別求出適配決策樹模型中解釋變數的獲利比值與資訊獲利值：

```
> round (GainRatioAttributeEval (fit.m2), 3)
   IQ       INVO      TACT
 0.291     0.697     0.546
> round (InfoGainAttributeEval (fit.m2), 3)
```

IQ	INVO	TACT
0.172	0.692	0.545

三、效度檢定

以 Weka_classifier 建構的決策樹物件，也可以使用 **predict ( )** 函數求出預測分類觀察值的水準群組，函數 **predict ( )** 基本語法為：

predict (object, newdata = NULL, type = c ("class", "probability"))

引數 newdata 界定測試樣本，如果省略直接使用原始建構決策樹模型的訓練樣本。引數 type 以文字串設定回傳的參數值，選項設定為「= "class"」回傳決策樹的數值或分類的因子 (水準群組)、選項設定為「= "probability"」回傳分類樹類別的機率值。

範例分類樹效度檢定的訓練樣本為根據 RANKA 排序後的分層群組的前三分之二的觀察值，AR 水準群組的排序為 1 至 14、BR 水準群組的排序為 15 至 28、CR 水準群組的排序為 29 至 42 (排序後觀察值在資料框架的橫列位置)：

AR	1	2	3	4	5	6	7	8	9	10	11	12	13	14
分割樣本	訓練樣本									測試樣本				
BR	15	16	17	18	19	20	21	22	23	24	25	26	27	28
分割樣本	訓練樣本									測試樣本				
CR	29	30	31	32	33	34	35	36	37	38	39	40	41	42
分割樣本	訓練樣本									測試樣本				

建構分類樹模型的訓練樣本共有 27 位觀察值、效度檢定的測試樣本有 15 位觀察值。R 編輯器語法指令如下：

```
[1] sortdata = temp [order (temp$RANKA),]
[2] subn = c (1:9, 15:23, 29:37)
[3] traindata = sortdata [subn,]
[4] testdata = sortdata [-subn,]
[5] fit.m = J48 (RANKA~IQ + INVO + TACT, data = traindata, control = Weka_
control (R = TRUE, M = 5))
[6] print (fit.m)
```

[7] class.p = predict (fit.m, newdata = testdata, type = "class")

[8] testdata$PRANKA = class.p

[9] table.m = with (testdata, {table (RANKA, PRANKA)})

[10] print (table.m)

[11] rate = round (100*sum (diag (table.m))/sum (table.m), 1)

[12] cat ("@@測試樣本總數 =", sum (table.m), "--預測分類正確樣本數 = ", sum (diag (table.m)), "\n")

[13] cat ("@@預測分類正確百分比 =", rate, "%", "--預測分類錯誤百分比 = ", 100-rate, "%\n")

R 主控台執行 R 編輯器語法指令部分結果摘錄如下：

> fit.m = J48 (RANKA~IQ + INVO + TACT, data = traindata, control = Weka_control (R = TRUE, M = 5))

> print (fit.m)

J48 pruned tree

INVO <= 25

|　IQ <= 119: CR (5.0)

|　IQ > 119: BR (7.0/1.0)

INVO > 25: AR (6.0)

Number of Leaves　:　3

Size of the tree :　　5

[說明]：分類樹的葉節點個數有 **3** 個、內部節點有 **2** 個，分類樹的節點共有 **5** 個。

> print (table.m)

		PRANKA	
RANKA	AR	BR	CR
AR	5	0	0
BR	4	0	1
CR	1	0	4

> rate = round (100*sum (diag (table.m))/sum (table.m), 1)

> cat ("@@測試樣本總數=", sum (table.m), "--預測分類正確樣本數 = ", sum (diag (table.m)), "\n")

@@測試樣本總數 = **15** --預測分類正確樣本數 = **9**

> cat ("@@預測分類正確百分比 = ", rate, "%", "--預測分類錯誤百分比 =", 100-rate, "%\n")

@@預測分類正確百分比 = **60％** --預測分類錯誤百分比 = **40％**

查看測試樣本 testdata 的內容，隱藏資料框架物件第 7 個變數 RANKB (變數索引值為 7)：

```
> testdata [,-7]
       NUM    IQ    INVO   TACT   SCORE   RANKA   PRANKA
38     s38    110   50     24     91      AR      AR
39     s39    110   52     25     92      AR      AR
40     s40    110   52     26     93      AR      AR
41     s41    108   53     24     91      AR      AR
42     s42    115   32     28     90      AR      AR
30     s30    115   34     22     86      BR      AR      [預測分類錯誤]
31     s31    114   33     23     88      BR      AR      [預測分類錯誤]
32     s32    114   34     24     86      BR      AR      [預測分類錯誤]
33     s33    113   38     25     82      BR      AR      [預測分類錯誤]
34     s34    113   25     26     78      BR      CR      [預測分類錯誤]
27     s27    107   7      14     53      CR      CR
28     s28    105   9      15     54      CR      CR
29     s29    108   8      16     55      CR      CR
35     s35    112   24     12     56      CR      CR
36     s36    112   26     12     65      CR      AR      [預測分類錯誤]
```

使用套件 {ggplot2} 繪製測試樣本在 RANKA、PRANKA 二個因子變數的散佈圖：

```
> library (ggplot2)
> ggplot (testdata, aes (x = NUM, y = RANKA)) + geom_point (size = 6, colour =
  "red",) + geom_point (aes (x = NUM, y = PRANKA), shape = 6, colour = "blue", size
  = 6)
```

觀察值在「證照 A」(RANKA，實際考試等第) 的圖示形狀為 △ (shape = 2，顏色為黑色)、根據分類樹模型預測分類結果的水準群組形狀為 ▽ (shape = 6，顏色為藍色)，二個三角形位置相同的觀察值表示預測分類結果正確，預測分類正確的樣本觀察值共有 9 位：

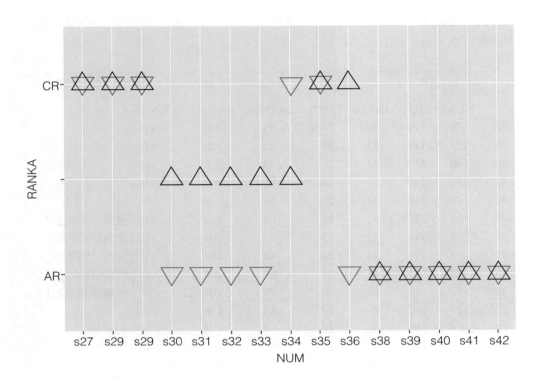

　　範例分類樹效度檢定的訓練樣本為根據 RANKB 排序後的分層群組的前三分之二的觀察值，pass 水準群組的排序為 1 至 15、nopass 水準群組的排序為 23 至 35 (排序後觀察值在資料框架的橫列位置)：

pass	1	2	3	4	5	6	7	8	9	10	11	12	13	14	15	16	17	18	19	20	21	22
分割樣本	訓練樣本															測試樣本						
nopass	23	24	25	26	27	28	29	30	31	32	33	34	35	36	37	38	39	40	41	42	--	--
分割樣本	訓練樣本														測試樣本							

　　建構分類樹模型的訓練樣本共有 28 位觀察值、效度檢定的測試樣本有 14 位觀察值。R 編輯器語法指令如下：

```
[1] sortdata = temp [order(temp$RANKB),]
[2] sortdata$snum = c (1:42)
[3] subn = c (1:15, 23:35)
[4] traindata = sortdata [subn,]
[5] testdata = sortdata [-subn,]
[6] fit.m = J48 (RANKB~IQ + INVO + TACT, data = traindata, control = Weka_
```

---

control (R = TRUE, M = 5))

[7] print (fit.m)

[8] class.p = predict (fit.m, newdata = testdata, type = "class")

[9] testdata$PRANKB = class.p

[10] table.m = with (testdata, {table (RANKB, PRANKB)})

[11] print (table.m)

[12] rate = round (100*sum (diag (table.m))/sum (table.m), 1)

[13] cat ("@@測試樣本總數 = ", sum (table.m),"--預測分類正確樣本數 = ", sum (diag (table.m)), "\n")

[14] cat ("@@預測分類正確百分比 = ",rate, "%", "--預測分類錯誤百分比 = ", 100-rate, "%\n")

R 主控台執行 R 編輯器語法指令部分結果摘錄如下：

> fit.m = J48 (RANKB~IQ + INVO + TACT, data = traindata, control = Weka_control (R = TRUE, M = 5))

> print (fit.m)

J48 pruned tree

TACT <= 14: nopass (8.0)

TACT > 14: pass (11.0/1.0)

Number of Leaves :   2

Size of the tree :   3

> print (table.m)

         PRANKB

RANKB	pass	nopass
pass	6	1
nopass	3	4

> rate = round (100*sum (diag (table.m))/sum (table.m), 1)

> cat ("@@測試樣本總數 = ", sum (table.m),"--預測分類正確樣本數 = ", sum (diag (table.m)),"\n")

@@測試樣本總數 = 14 --預測分類正確樣本數 = 10

> cat ("@@預測分類正確百分比 = ", rate, "%", "--預測分類錯誤百分比 = ", 100-rate, "%\n")

@@預測分類正確百分比 = 71.4% --預測分類錯誤百分比 = 28.6%

[說明]：測試樣本 7 個通過 (pass) 證照 B 考試的觀察值中，根據訓練樣本建構的分類樹模型預測分類結果：6 個觀察值預測分類為「通過」群組、1 個觀察值預測分類為「未通過」群組；7 個未通過 (nopass) 證照 B 考試的觀察值中，根據訓練樣本建構的分類樹預測分類結果：4 個觀察值預測分類為「未通過」、3 個觀察值預測分類為「通過」，預測錯誤的樣本觀察值共有 4 個。

　　查看測試樣本 testdata 的內容，隱藏資料框架物件第 6 個變數 RANKA (變數索引值為 6)：

```
> testdata [,-6]
      NUM   IQ   INVO  TACT  SCORE  RANKB  snum  PRANKB
36    s36   112   26    12     65    pass   16    nopass [預測分類錯誤]
37    s37   110   50    23     90    pass   17    pass
38    s38   110   50    24     91    pass   18    pass
39    s39   110   52    25     92    pass   19    pass
40    s40   110   52    26     93    pass   20    pass
41    s41   108   53    24     91    pass   21    pass
42    s42   115   32    28     90    pass   22    pass
24    s24   119   23     9     65    nopass 36    nopass
25    s25   105    6    12     50    nopass 37    nopass
26    s26   106    8    13     52    nopass 38    nopass
27    s27   107    7    14     53    nopass 39    nopass
28    s28   105    9    15     54    nopass 40    pass [預測分類錯誤]
29    s29   108    8    16     55    nopass 41    pass [預測分類錯誤]
34    s34   113   25    26     78    nopass 42    pass [預測分類錯誤]
```

　　使用套件 **{ggplot2}** 繪製測試樣本在 RANKB、PRANKB 二個因子變數的散佈圖：

```
> ggplot (testdata, aes (x = NUM, y = RANKB)) + geom_point (size = 6, colour =
  "black", shape = 2) + geom_point (aes (x = NUM, y = PRANKB), shape = 6, colour =
  "blue", size = 6)
```

　　觀察值在「證照 B」(RANKB，實際考試結果) 的圖示形狀為△ (shape = 2，顏色為黑色)、根據分類樹模型預測分類結果的水準群組形狀為▽ (shape = 6，顏色為藍色)，二個三角形位置相同的觀察值表示預測分類結果正確，預測分類正確的樣本觀察值有 10 位，預測分類錯誤的樣本觀察值有 4 位：

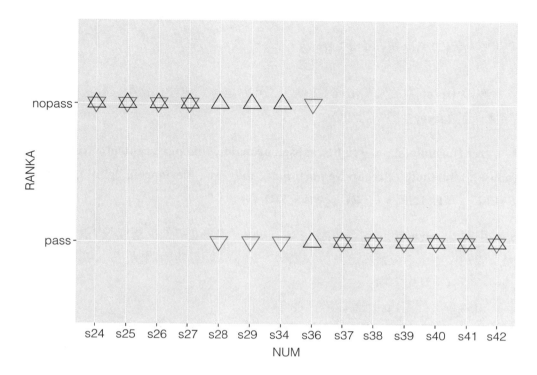

函數 **predict ( )** 引數 type 改設定為「 = "probability"」，回傳的參數值為觀察值被預測分類的機率值：

```
> prob.p = predict (fit.m, newdata = testdata, type = "probability")
> round (prob.p, 3)
    pass    nopass
36 0.000  1.000
37 0.909  0.091
38 0.909  0.091
<略>
29 0.909  0.091
34 0.909  0.091
```
[說明]：觀察值在二個水準數值群組機率值較大者，為預測分類的結果群組，以序號 **36** 之觀察值為例，根據決策樹模型預測分類為「通過」群組的機率為 **0.00**、預測分類為「未通過」群組的機率為 **1.00**，預測分類的結果為「未通過」**(nopass)**。

貳、套件 {tree} 函數 tree ( )

套件 **{tree}** 中的函數 **tree ( )** 使用二元遞迴分割法建構適配迴歸樹或分類樹模型，函數 **tree ( )** 基本語法為：

tree (formula, data, weights, subset, na.action = na.pass, control = tree.control (nobs, ...), method = "recursive.partition", split = c ("deviance", "gini"), model = FALSE, x = FALSE, y = TRUE, wts = TRUE,)

引數 formula 界定決策樹模型公式，「~」符號左邊為反應變數 (數值向量或因子變數)、「~」符號右邊為解釋變數，一系列解釋變數間以「＋」號連結，公式中不能有交互作用項。

引數 data 界定資料框架物件 (標的資料檔)。

引數 weights 界定觀察加權值向量，向量元素可以為小數，但不能為負值。

引數 subset 界定觀察值的子資料檔。

引數 na.action 界定資料框架物件中遺漏值的處理方法，內定選項為「na.pass」，表示對於有遺漏值的觀察值不納入運算程序中。

引數 control 界定 **tree.control ( )** 函數列表的參數設定。

引數 method 以文字串界定決策樹模型的分析方法，內定選項為「= "recursive.partition"」(遞迴分割法)。

引數 split 界定分割的使用準則，內定選項為「= "deviance"」，另一選項為「= "gini"」。

引數 model 內定選項為假，表示模型框架內容不輸出在結果參數之元素模式中。

引數 x 內定選項為假，表示不回傳每個觀察值變數矩陣資料在輸出結果中。

引數 y 內定選項為真，表示反應變數回傳在輸出結果中。

引數 wts 內定選項為真，表示函數如有界定加權值，會回傳加權參數值在輸出結果中。

決策樹參數設定函數為 **tree.control ( )**，基本參數值設定為：

tree.control (nobs, mincut = 5, minsize = 10, mindev = 0.01)

引數 nobs 為訓練樣本觀察值的個數。

引數 mincut 界定加權後子節點中最少觀察值的個數 (葉節點的引數)，內定參數值為 5。引數 minsize 設定加權後內部節點最少觀察值的大小 (分割節點的引數)，內定的參數值為 10。引數 mindev 設定節點內差異量數為分割節點的最小比值，內定參數值為 0.01。為了成長最適配的決策樹，最好將引數 mindev 的參數值設定 0 (= 0)。

函數 **tree** ( ) 於決策樹的應用範例資料檔為 240 位學生的學習成就資料 (上一章節範例資料檔)，其中次序變數「等第」為根據觀察值學習成就分數加以轉換，三個水準群組為「待加強」、「基礎」、「精熟」。

使用套件 **{ggplot2}** 函數 **ggplot** ( ) 繪製「等第」群組在「家庭資本」計量變數的密度圖：

```
> library (ggplot2)
> ggplot (temp, aes (家庭資本, fill = 等第, colour = 等第)) + geom_density (alpha = 0.5)
   + xlim (4, 25)
```

原始圖形中，「待加強」等第的顏色為粉紅色、「基礎」等第的顏色為綠色、「精熟」等第的顏色為淡青色：

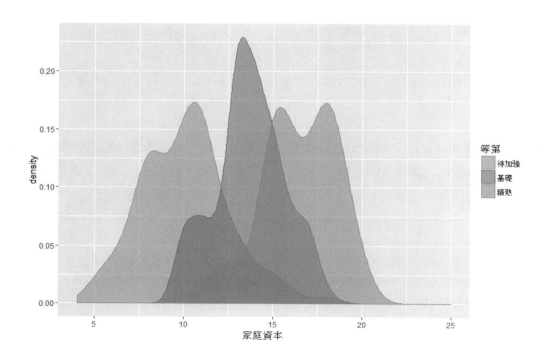

使用套件 **{ggplot2}** 函數 **ggplot ( )** 繪製等第群組在「學習動機」計量變數的
密度圖：

> ggplot (temp, aes (學習動機, fill = 等第, colour = 等第)) + geom_density (alpha = 0.1)
> + xlim (5, 40)

引數 alpha 參數值愈小，密度愈淡：

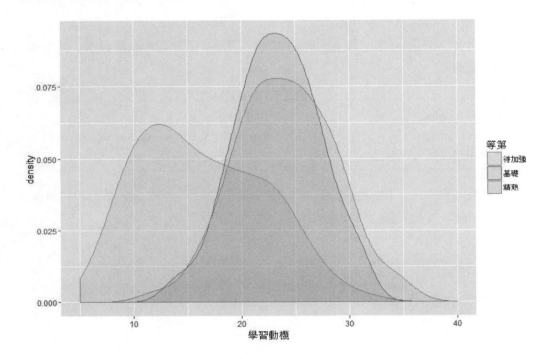

範例迴歸樹的分割節點最少觀察值個數為 40、葉節點最少觀察值個數為
20，反應變數為觀察值的「學習成就」，解釋變數為「性別」、「課堂專注」、
「讀書時間」、「學習動機」、「家庭資本」、「學習策略」等六個：

>library (tree)
> regt1 = tree (學習成就~性別 + 課堂專注 + 讀書時間 + 學習動機 + 家庭資本 +
    學習策略, data = temp, split = "deviance", control = tree.control (240, mincut = 20,
    minsize = 40))
> print (regt1)
node), split, n, deviance, yval
    * denotes terminal node

```
  1) root 240 59830 58.16
   2) 家庭資本 < 13.5 123 14370 48.58
    4) 學習動機 < 13.5 30  1584 37.07 *
    5) 學習動機 > 13.5 93  7527 52.29
     10) 家庭資本 < 11.5 59  2799 49.31 *
     11) 家庭資本 > 11.5 34  3290 57.47 *
   3) 家庭資本 > 13.5 117 22300 68.23
    6) 學習策略 < 16.5 97 10870 64.71
     12) 家庭資本 < 16.5 63  8427 61.92 *
     13) 家庭資本 > 16.5 34  1042 69.88 *
    7) 學習策略 > 16.5 20  4408 85.30 *
```
[說明]：迴歸樹的終端節點 (終點節點) 有 **6** 個：葉節點 **[4]**、葉節點 **[10]**、葉節點 **[11]**、葉節點 **[12]**、葉節點 **[13]**、葉節點 **[7]**。

使用 **summary ( )** 函數輸出相關殘差值統計量：

```
> summary (regt1)
Regression tree:
tree (formula = 學習成就 ~ 性別 + 課堂專注 + 讀書時間 + 學習動機 +
   家庭資本 + 學習策略, data = temp, control = tree.control (240,
   mincut = 20, minsize = 40), split = "deviance")
Variables actually used in tree construction:
[1] "家庭資本" "學習動機" "學習策略"
```
[說明]：建構迴歸樹圖的解釋變數有家庭資本、學習動機、學習策略，至於性別、讀書時間、課堂專注三個解解變數的分割均未達統計顯著水準。
```
Number of terminal nodes:  6          [終端節點的個數為 6]
Residual mean deviance:  92.09 = 21550 / 234 [殘差平均差異值為 92.09]
Distribution of residuals:
  Min.    1st Qu.  Median    Mean    3rd Qu.    Max.
-38.9200  -3.5740  0.6949    0.0000   5.1180   48.6900
```
[說明]：殘差值分配的最小值、第一個四分位數、中位數、平均數 (M = 0.00)、第三個四分位數、最大值。

範例反應變數為三分類別變數「等第」，分割準則為「gini」，葉節點最小觀察值個數為 35：

```
> treeg = tree (等第~性別 + 課堂專注 + 讀書時間 + 學習動機 + 家庭資本 + 學習策
   略, data = temp, split = "gini", control = tree.control (240, mincut = 35))
> print (treeg)
```

node), split, n, deviance, yval, (yprob)
    * denotes terminal node
1) root 240 526.60 待加強 (0.35833 0.32500 0.31667)
  2) 課堂專注 < 10.5 57 93.89 待加強 (0.64912 0.28070 0.07018) *
  3) 課堂專注 > 10.5 183 397.70 精熟 (0.26776 0.33880 0.39344)
   6) 課堂專注 < 12.5 45 96.44 基礎 (0.28889 0.44444 0.26667) *
   7) 課堂專注 > 12.5 138 296.60 精熟 (0.26087 0.30435 0.43478)
    14) 讀書時間 < 14.5 57 123.10 待加強 (0.42105 0.26316 0.31579) *
    15) 讀書時間 > 14.5 81 160.30 精熟 (0.14815 0.33333 0.51852)
     30) 課堂專注 < 15.5 37 71.65 精熟 (0.13514 0.32432 0.54054) *
     31) 課堂專注 > 15.5 44 88.52 精熟 (0.15909 0.34091 0.50000) *
[說明]：葉節點個數有 5 個。

    範例反應變數為三分類別變數「等第」（ＲＡＮＫ），分割準則為「deviance」，葉節點最小觀察值個數為 35：

```
> treed = tree (等第~性別 + 課堂專注 + 讀書時間 + 學習動機 + 家庭資本 + 學習策略, data = temp, split = "deviance", control = tree.control (240, mincut = 35))
> print (treed)
```
node), split, n, deviance, yval, (yprob)
    * denotes terminal node
1) root 240 526.600 待加強 (0.35833 0.32500 0.31667)
  2) 家庭資本 < 11.5 80 78.060 待加強 (0.83750 0.15000 0.01250)
   4) 學習動機 < 17.5 36   9.139 待加強 (0.97222 0.02778 0.00000) *
   5) 學習動機 > 17.5 44 58.450 待加強 (0.72727 0.25000 0.02273) *
  3) 家庭資本 > 11.5 160 311.500 精熟 (0.11875 0.41250 0.46875)
   6) 家庭資本 < 14.5 63 110.400 基礎 (0.22222 0.65079 0.12698) *
   7) 家庭資本 > 14.5 97 147.000 精熟 (0.05155 0.25773 0.69072)
    14) 學習策略 < 12.5 44 81.860 精熟 (0.09091 0.40909 0.50000) *
    15) 學習策略 > 12.5 53 51.010 精熟 (0.01887 0.13208 0.84906) *
[說明]：葉節點個數有 5 個。

    使用 **summary ( )** 函數求出分類樹的摘要表：

```
> summary (treeg)
Classification tree:
tree (formula = 等第 ~ 性別 + 課堂專注 + 讀書時間 + 學習動機 + 家庭資本 + 學習策略, data = temp, control = tree.control (240, mincut = 35), split = "gini")
```

Variables actually used in tree construction:
[1] "課堂專注" "讀書時間"
Number of terminal nodes: 5
Residual mean deviance: 2.015 = 473.6 / 235
Misclassification error rate: 0.4875 = 117 / 240
[說明]：引數 split 選項設定為「= "gini"」時，建構之分類樹模型具有顯著預測力的解釋變數為「課堂專注」、「讀書時間」，葉節點個數有 5 個，殘差平均差異值為 2.015、預測分類錯誤比率為 0.4875。
> summary (treed)
Classification tree:
tree (formula = 等第 ~ 性別 + 課堂專注 + 讀書時間 + 學習動機 +
   家庭資本 + 學習策略, data = temp, control = tree.control (240,
   mincut = 35), split = "deviance")
Variables actually used in tree construction:
[1] "家庭資本" "學習動機" "學習策略"
Number of terminal nodes: 5
Residual mean deviance: 1.323 = 310.8 / 235
Misclassification error rate: 0.2708 = 65 / 240
[說明]：引數 split 選項設定為「= "deviance"」時，建構之分類樹模型具有顯著預測力的解釋變數為「家庭資本」、「學習動機」、「學習策略」，葉節點個數有 5 個，殘差平均差異值為 1.323、預測分類錯誤比率為 0.2708。

使用套件 {tree} 函數 misclass.tree ( ) 求出預測分類錯誤的個數，引數 detail 設定為假，回傳的參數值為預測分類錯誤的總個數：

> misclass.tree (treeg, detail = FALSE)
[1] 117
> misclass.tree (treed, detail = FALSE)
[1] 65
[說明]：引數 split 選項設定為「= "gini"」時，適配分類樹模型預測分類錯誤的觀察值有 117 個；引數 split 選項設定為「= "deviance"」時，適配分類樹模型預測分類錯誤的觀察值有 65 個。

以建立的分類樹模型預測原始資料框架物件，將預測分類等第的水準群組存於變數 ptreeg、ptreed 之中，使用 table ( ) 函數輸出原始水準群組等第與預測分類水準群組等第的交叉表：

```
> temp$ = predict (treeg, type = "class")
> temp$ptreed = predict (treed, type = "class")
> with (temp, {table (等第, ptreeg)})
                 ptreeg
等第        待加強    基礎    精熟
 待加強       61       13      12
 基礎        31       20      27
 精熟        22       12      42
> with (temp, {table (等第, ptreed)})
                 ptreed
等第        待加強    基礎    精熟
 待加強       67       14       5
 基礎        12       41      25
 精熟         1        8      67
[說明]：交叉表對角線以外的數值為預測錯誤的觀察值個數。
```

函數 **misclass.tree** ( ) 引數 detail 設定為真，列出所有節點分類錯誤的觀察值個數，

```
> misclass.tree (treeg, detail = TRUE)
   1     2     3     6     7    14    15    30    31
 154   20   111    25    78    33    39    17    22
[說明]：分類樹圖中屬於終端節點的編號為節點 [2]、節點 [6]、節點 [14]、節點
[30]、節點 [31]，節點分類錯誤的觀察值為 20 + 25 + 33 + 17 + 22 = 117。
> misclass.tree (treed, detail = TRUE)
   1     2     4     5     3     6     7    14    15
 154   13     1    12    85    22    30    22     8
[說明]：分類樹節點中屬於葉節點的為節點 [4]、節點 [5]、節點 [6]、節點 [14]、
節點 [15]，五個葉節點分類錯誤的個數分別為 1、12、22、22、8，預測分類錯誤
的總數為 65 (1 + 12 + 22 + 22 + 8)。
```

範例決策樹的引數 mincut 參數設為 15、引數 mindev 的參數設為 0：

```
> treedv = tree (等第~性別 + 課堂專注 + 讀書時間 + 學習動機 + 家庭資本 + 學習策
  略, temp, split = "deviance", control = tree.control (240, mincut = 15, mindev = 0))
> summary (treedv)
Classification tree:
tree (formula = 等第 ~ 性別 + 課堂專注 + 讀書時間 + 學習動機 +
```

家庭資本 + 學習策略, data = temp, control = tree.control (240,
mincut = 15, mindev = 0), split = "deviance")
Variables actually used in tree construction:
[1] "家庭資本" "課堂專注" "學習動機" "讀書時間" "學習策略"
Number of terminal nodes: 10
Residual mean deviance: 1.012 = 232.8 / 230
Misclassification error rate: 0.2167 = 52 / 240
[說明]：分類樹模型中具有顯著預測力的解釋變數為「hcc」(家庭資本)、「atte」
(課堂專注)、「moti」(學習動機)、「time」(讀書時間)、「tact」(學習策略)。葉
節點個數有 10 個 (表示分類樹較為繁雜)，殘差平均差異值為 **1.012**、預測分類錯
誤比率為 **0.2167**。

參、顯著性與決策樹關係

範例為國中學生學習壓力四個向度與學習動機的資料框架物件內容，有效樣
本數 N = 400，家庭結構為二分類別變數，水準數值 1、2 分別表示為「完整家
庭」、「單親家庭」群組；社經地位為三分類別變數，水準數值 1、2、3 分別表
示為「高社經家庭」、「中社經家庭」、「低社經家庭」群組。試算表資料檔為
「motive.csv」，第一列為變數名稱，以 **read.csv ( )** 函數匯入 R 主控台之資料框
架物件名稱設定為 motived：

```
> motived = read.csv ("motive.csv", header = T)
> motived$home = with (motived, {factor (home, levels = 1:2, labels = c ("完整家庭", "
    單親家庭"))})
> motived$ses = with (motived, {factor (ses, levels = 1:3, labels = c ("高社經", "中社經
    ", "低社經"))})
> names (motived) = c ("家庭結構", "社經地位", "課堂壓力", "考試壓力", "期望壓力
    ", "同儕壓力", "英文動機", "數學動機")
```

一、相關與迴歸樹

使用套件 {psych} 函數 **corr.test ( )** 建構計量變數積差相關物件，配合物件元
素「$r」輸出相關矩陣：

```
> library (psych)
> cor.data = corr.test (motived [,3:8])
> round (cor.data$r, 2)
           課堂壓力   考試壓力   期望壓力   同儕壓力   英文動機   數學動機
課堂壓力      1.00      0.48      0.55      0.53     -0.02     -0.01
考試壓力      0.48      1.00      0.54      0.57     -0.22     -0.13
期望壓力      0.55      0.54      1.00      0.64     -0.01      0.01
同儕壓力      0.53      0.57      0.64      1.00     -0.14     -0.15
英文動機     -0.02     -0.22     -0.01     -0.14      1.00      0.54
數學動機     -0.01     -0.13      0.01     -0.15      0.54      1.00
```
使用物件元素「$p」輸出相關係數統計量對應的顯著性 p 值至小數第三位：
```
> round (cor.data$p, 3)
           課堂壓力   考試壓力   期望壓力   同儕壓力   英文動機   數學動機
課堂壓力     0.000     0.000     0.000     0.000     1.000     1.000
考試壓力     0.000     0.000     0.000     0.000     0.000     0.040
期望壓力     0.000     0.000     0.000     0.000     1.000     1.000
同儕壓力     0.000     0.000     0.000     0.000     0.025     0.025
英文動機     0.722     0.000     0.767     0.004     0.000     0.000
數學動機     0.792     0.008     0.878     0.004     0.000     0.000
```
[說明]：英文學習動機與考試壓力、同儕壓力二個向度的相關係數達到統計顯著水準，相關係數分別為 -0.22、-0.14，關聯程度為低度負相關；數學學習動機與考試壓力、同儕壓力二個向度的相關係數達到統計顯著水準，相關係數分別為 -0.13、 -0.15，相關程度為低度負相關。

　　以英文學習動機為反應變數、四個學習壓力向度：課堂壓力、考試壓力、期望壓力、同儕壓力為解釋變數建構迴歸樹模型，葉節點最少觀察值個數界定為有效樣本數的八分之一，引數 mincut 的參數值設為 50：

```
> tree.m1 = tree (英文動機~課堂壓力 + 考試壓力 + 期望壓力 + 同儕壓力, data =
  motived, split = "deviance", control = tree.control (400, mincut = 50, minsize = 100))
> print (tree.m1)
node), split, n, deviance, yval
    * denotes terminal node
1) root 400 3887.0  9.002
  2) 考試壓力 < 24.5 277 2181.0  9.509
   4) 期望壓力 < 20.5 207 1515.0  9.217
     8) 考試壓力 < 19.5 64  421.8 10.190 *
     9) 考試壓力 > 19.5 143 1006.0  8.783 *
```

5) 期望壓力 > 20.5 70 596.3 10.370 *
3) 考試壓力 > 24.5 123 1475.0 7.862 *

[說明]：迴歸樹模型的葉節點有四個，葉節點 **[8]** 的 SS 值 = **421.8**、葉節點 **[9]** 的 SS 值 = **1006.0**、葉節點 **[5]** 的 SS 值 = **596.3**、葉節點 **[3]** 的 SS 值 = **1475.0**。葉節點 **[9]**、葉節點 **[3]** 的差異量數均大於 **1000**，表示節點內觀察值測量分數的變異程度很大，對應的同質性較低。分割準則較具預測力的變數為「考試壓力」，這與積差相關結果符合，在積差相關程序中，與學生英文學習動機相關較為密切者為考試壓力 (r = -0.22)。

範例以數學學習動機為反應變數、四個學習壓力向度：課堂壓力、考試壓力、期望壓力、同儕壓力為解釋變數建構迴歸樹模型，葉節點最少觀察值個數界定為有效樣本數 (N = 400) 的八分之一，引數 mincut 的參數值設為 50：

```
> tree.m2 = tree (數學動機~課堂壓力 + 考試壓力 + 期望壓力 + 同儕壓力, data =
   motived, split = "deviance", control = tree.control (400, mincut = 50, minsize = 100))
> print (tree.m2)
node), split, n, deviance, yval
   * denotes terminal node
1) root 400 17410 14.94
 2) 同儕壓力 < 15.5 60  2740 17.65 *
 3) 同儕壓力 > 15.5 340 14160 14.47 *
```

[說明]：迴歸樹模型的葉節點有二個，葉節點 **[2]** 的 SS 值 = **2740**、葉節點 **[3]** 的 SS 值 = **14160**。二個葉節點的差異量參數值甚大，表示節點內觀察值測量分數的變異程度很大，對應的同質性較低。分割準則較具預測力的變數為「同儕壓力」，在積差相關程序中，與學生英文學習動機相關較為密切者為同儕壓力 (r = -0.15)，但決定係數值只有 **0.0225**，表示同儕壓力向度變數可以解釋數學學習動機的變異量只有 **2.25%**。

二、差異與分類樹

家庭結構因子變數在課堂壓力、考試壓力、期望壓力、同儕壓力四個向度平均數差異檢定的 R 編輯器語法指令為：

```
[1] group2 = motived$ 家庭結構
[2] for (i in 3:6)
[3] {
[4] cat ("[檢定依變數] = ", names (motived [i]), "--[因子變數] = ", names (motived
[1]), "\n")
```

```
[5]  var.m = var.test (motived [,i]~ group2, data = motived)
[6]  if (var.m$p.value >= 0.05) {
[7]   test.m = t.test (motived [,i]~ group2, data = motived, var.equal = T)
[8]    cat ("變異數檢定 F 值顯著性 = ", round (var.m$p.value, 3),"--假設二個群體
變異數相等","\n")
[9]  } else {test.m = t.test (motived [,i]~group2, data = motived, var.equal = F)
[10]  cat ("變異數檢定 F 值顯著性 = ", round (var.m$p.value, 3), "--假設二個群體
變異數不相等 ","\n")}
[11] cat ("t 值統計量 = ", round (test.m$statistic, 3), "--顯著性 p 值 = ", round (test.
m$p.value, 3), "\n")
[12] cat ("群組平均數 = ", round (test.m$estimate, 2), "\n")
[13] cat ("----------------------------------------", "\n")
[14] }
```

語法橫列 [1] 界定因子變數 group2 為「家庭結構」。

橫列 [2] 以函數 **for** ( ) 界定變數索引第 3 個至第 6 個，四個索引值對應的變數為課堂壓力、考試壓力、期望壓力、同儕壓力四個。

橫列 [3] 為函數 **for** ( ) 迴圈的執行起始。

橫列 [4] 使用函數 **cat** ( ) 輸出檢定變數與因子變數的變數名稱。

橫列 [5] 使用函數 **var.test** ( ) 建構變異數檢定物件。

橫列 [6] 以函數 **if** ( ) 進行邏輯判斷，若是變異數檢定統計量的 p 值大於等於 0.05，表示二個群組變異數相等，執行橫列 [7] 與橫列 [8] 程序，函數 **t.test** ( ) 的引數 var.equal 的選項設為真 (= T)。

列 [6] 的邏輯判斷如果為假 (p 值小於 0.05，二個群體的變異數不相等)，執行橫列 [9] 與橫列 [10] 程序，函數 **t.test** ( ) 的引數 var.equal 的選項設為假 (= F)。

列 [11] 至 [13] 使用函數 **cat** ( ) 輸出標記文字與統計量數。

列 [14] 為函數 **for** ( ) 迴圈執行的結束。

R 主控台執行 R 編輯器語法指令結果如下：

```
> group2 = motived$ 家庭結構
> for (i in 3:6)
+ {
<略>
+ }
[檢定依變數] = 課堂壓力 --[因子變數] = 家庭結構
變異數檢定 F 值顯著性 = 0.708 --假設二個群體變異數相等
```

t 值統計量 = **0.61** --顯著性 **p** 值 = **0.542**

群組平均數 = **24.31 24.05**

[檢定依變數] = 考試壓力 --[因子變數] = 家庭結構

變異數檢定 **F** 值顯著性 = **0.347** --假設二個群體變異數相等

t 值統計量 = **-0.381** --顯著性 **p** 值 = **0.703**

群組平均數 = **21.49 21.62**

[檢定依變數] = 期望壓力 --[因子變數] = 家庭結構

變異數檢定 **F** 值顯著性 = **0.94** --假設二個群體變異數相等

t 值統計量 = **0.019** --顯著性 **p** 值 = **0.985**

群組平均數 = **19.65 19.64**

[檢定依變數] = 同儕壓力 --[因子變數] = 家庭結構

變異數檢定 **F** 值顯著性 = **0.91** --假設二個群體變異數相等

t 值統計量 = **0.315** --顯著性 **p** 值 = **0.753**

群組平均數 = **19.78 19.64**

[說明]：不同家庭結構的學生群組 (完整家庭組、單親家庭組) 在四個壓力向度的平均數差異檢定均未達統計顯著水準 (p > .05)。當二個群組之類別變數在計量變數的平均數差異未達顯著時，多數情況無法建構適配良好的分類樹模型，即使建構分類樹模型，成長樹圖中之葉節點的純度值也不高或預測分類的效度不佳。

不同社經地位受試者群組在課堂壓力、考試壓力、期望壓力、同儕壓力四個向度平均數差異檢定的 R 編輯器語法指令為如下，範例使用「motived [,i]」界定檢定變數，i 參數值從 3 至 6，使用函數 **aov ( )** 建構獨立樣本變異數分析模型，配合函數 **anova ( )** 輸出完整的變異數分析摘要表：

```
attach (motived)
for (i in 3:6)
{
cat ("[檢定依變數] = ", names (motived [i]), "--[因子變數] = ", names (motived [2]), "\n")
anova.m = anova (aov (motived [,i]~factor (社經地位)))
print (anova.m)
cat ("-------------------------------------------------","\n")
}
```

R 主控台執行 R 編輯器語法指令結果之變異數分析摘要表如下：

```
> for (i in 3:6)
+ {
+ cat ("[檢定依變數] = ", names (motived [i]), "--[因子變數] = ", names (motived
[1]), "\n")
+ anova.m = anova (aov (motived [,i]~factor (社經地位)))
+ print (anova.m)
+ cat ("-------------------------------------------------", "\n")
+ }
```

[檢定依變數] = 課堂壓力 --[因子變數] = 社經地位
Analysis of Variance Table
Response: motived [, i]

	Df	Sum Sq	Mean Sq	F value	Pr (> F)
factor (社經地位)	2	44.3	22.148	1.5137	0.2214
Residuals	397	5808.7	14.632		

[檢定依變數] = 考試壓力 --[因子變數] = 社經地位
Analysis of Variance Table
Response: motived [, i]

	Df	Sum Sq	Mean Sq	F value	Pr (> F)
factor (社經地位)	2	46.9	23.4587	2.4861	0.08453 .
Residuals	397	3746.0	9.4358		

[檢定依變數] = 期望壓力 --[因子變數] = 社經地位
Analysis of Variance Table
Response: motived[, i]

	Df	Sum Sq	Mean Sq	F value	Pr (> F)
factor (社經地位)	2	27.1	13.555	1.0145	0.3635
Residuals	397	5304.8	13.362		

[檢定依變數] = 同儕壓力 --[因子變數] = 社經地位
Analysis of Variance Table
Response: motived[, i]

	Df	Sum Sq	Mean Sq	F value	Pr (> F)
factor (社經地位)	2	21.3	10.664	0.6773	0.5086
Residuals	397	6250.4	15.744		

[說明]：不同社經地位的學生群體在四個壓力向度平均數整體差異檢定之 **F** 值統計量均未達顯著水準 **(p > .05)**。當三個群組之類別變數在計量變數的平均數差異未達顯著時，對應的分類樹適配模型中，此計量解釋變數在分類預測力可能也會未達顯著水準。

　　以四個向度壓力變數為解釋變數、家庭結構因子變數為反應變數，建構適配的分類樹模型程序中，葉節點最少觀察值個數設定為有效樣本數的八分之一，引數 mincut 的參數值設為 50：

```
> tree.m3 = tree (factor (家庭結構)~課堂壓力 + 考試壓力 + 期望壓力 + 同儕壓力,
  data = motived, split = "gini", control = tree.control (400, mincut = 50, minsize = 100))
> print (tree.m3)
node), split, n, deviance, yval, (yprob)
    * denotes terminal node
 1) root 400 466.60 單親家庭 ( 0.2700 0.7300 )
  2) 期望壓力 < 24.5 345 393.90 單親家庭 ( 0.2580 0.7420 )
   4) 期望壓力 < 21.5 285 340.20 單親家庭 ( 0.2842 0.7158 )
    8) 同儕壓力 < 16.5 77  83.74 單親家庭 ( 0.2338 0.7662 ) *
    9) 同儕壓力 > 16.5 208 255.10 單親家庭 ( 0.3029 0.6971 )
     18) 考試壓力 < 20.5 112 132.10 單親家庭 ( 0.2768 0.7232 )
      36) 期望壓力 < 19.5 60  73.30 單親家庭 ( 0.3000 0.7000 ) *
      37) 期望壓力 > 19.5 52  58.48 單親家庭 ( 0.2500 0.7500 ) *
     19) 考試壓力 > 20.5 96 122.20 單親家庭 ( 0.3333 0.6667 ) *
   5) 期望壓力 > 21.5 60  47.12 單親家庭 ( 0.1333 0.8667 ) *
  3) 期望壓力 > 24.5 55  70.90 單親家庭 ( 0.3455 0.6545 ) *
```
[說明]：適配分類樹模型的葉節點個數有六個，葉節點 [8] 的純度值為 **76.6%**、葉節點 [36] 的純度值為 **70.0%**、葉節點 [37] 的純度值為 **75.0%**、葉節點 [19] 的純度值為 **66.7%**、葉節點 [5] 的純度值為 **86.7%**、葉節點 [3] 的純度值為**65.5%**。

　　以四個向度壓力變數為解釋變數、社經地位因子變數為反應變數 (三分類別變數)，建構適配的分類樹模型中，葉節點最少觀察值個數設定為有效樣本數的八分之一，引數 mincut 的參數值設為 50：

```
> tree.m4 = tree (factor (社經地位)~課堂壓力 + 考試壓力 + 期望壓力 + 同儕壓力,
  data = motived, split = "gini", control = tree.control (400, mincut = 50, minsize = 100))
> print (tree.m4)
   node), split, n, deviance, yval, (yprob)
    * denotes terminal node
 1) root 400 878.6 高社經 ( 0.3450 0.3225 0.3325 )
  2) 考試壓力 < 19.5 68 146.8 低社經 ( 0.2794 0.2941 0.4265 ) *
  3) 考試壓力 > 19.5 332 728.4 高社經 ( 0.3584 0.3283 0.3133 )
   6) 考試壓力 < 20.5 115 249.3 高社經 ( 0.4000 0.2609 0.3391 )
    12) 同儕壓力 < 19.5 60 127.1 高社經 ( 0.4667 0.2833 0.2500 ) *
```

13) 同儕壓力 > 19.5 55 117.5 低社經 (0.3273 0.2364 0.4364) *
7) 考試壓力 > 20.5 217 475.4 中社經 (0.3364 0.3641 0.2995)
14) 考試壓力 < 23.5 72 158.0 中社經 (0.3194 0.3611 0.3194) *
15) 考試壓力 > 23.5 145 317.2 中社經 (0.3448 0.3655 0.2897)
30) 期望壓力 < 20.5 61 130.4 中社經 (0.3115 0.4426 0.2459) *
31) 期望壓力 > 20.5 84 184.1 高社經 (0.3690 0.3095 0.3214) *

[說明]：適配分類樹模型的葉節點個數有六個，葉節點 [2] 的純度值為 42.7%、葉節點 [12] 的純度值為 46.7%、葉節點 [13] 的純度值為 43.6%、葉節點 [14] 的純度值為 36.1%、葉節點 [30] 的純度值為 44.3%、葉節點 [31] 的純度值為36.9%，六個葉節點的純度值均低於 50.0%，表示建構的分類樹模型之預測分類的效度不佳。

　　二個分類樹模型的建構改使用套件 **{Rweka}** 函數 **J48 ( )**，R 主控台輸出結果如下，其中匯入的資料框架物件之變數名稱不標記為中文，模型函數之反應變數直接使用函數 **factor ( )** 界定為因子變數：

> unmotived = read.csv（"motive.csv"，header = T)
> library (RWeka)
> library (partykit)
Loading required package: grid
> rweka.m1 = J48 (factor (home)~claroom + exam + expect + peer, data = unmotived, control = Weka_control (R = TRUE, M = 50))
> print (as.party (rweka.m1))
Model formula:
factor (home) ~ claroom + exam + expect + peer
Fitted party:
[1] root: 2 (n = 400, err = 27.0%)
Number of inner nodes:　0
Number of terminal nodes: 1
[說明]：以「家庭結構」二分類別變數為反應變數，適配分類樹模型只有一個葉節點，純度參數值為 73.0%，模型中投入的四個解釋變數對反應變數「家庭結構」均沒有顯著分類預測力。
> rweka.m2 = J48 (factor (ses)~claroom + exam + expect + peer, data = unmotived, control = Weka_control (R = TRUE, M = 50))
> print (as.party (rweka.m2))
Model formula:
factor(ses) ~ claroom + exam + expect + peer
Fitted party:
[1] root
|　[2] claroom <= 21: 3 (n = 87, err = 57.5%)

```
|   [3] claroom > 21: 1 (n = 313, err = 64.2%)
Number of inner nodes:    1
Number of terminal nodes: 2
```

[說明]：以「社經地位」三分類別變數為反應變數，適配分類樹模型有二個葉節點，葉節點 [2] 的純度值為 **42.5%**、葉節點 [3] 的純度值為 **35.8%**，模型中投入的四個解釋變數對反應變數「社經地位」建構之適配分類樹模型的預測分類效度不佳。

使用 **summary ( )** 函數查看分類樹模型物件 rweka.m2 整體預測分類的百分比與混淆矩陣：

```
> summary (rweka.m2)
=== Summary ===
Correctly Classified Instances          149        37.25  %
Incorrectly Classified Instances        251        62.75  %
=== Confusion Matrix ===
  a     b     c    <-- classified as
112     0    26   |  a = 1
105     0    24   |  b = 2
 96     0    37   |  c = 3
```

[說明]：**400** 位有效觀察值樣本中，根據分類樹模型預測分類結果，正確分類的觀察值為 149 位，預測分類正確百分比為 **37.27%**。

範例以套件 **{partykit}** 函數 **ctree ( )** 建構決策樹模型，四個模型的反應變數分別為英文學習動機、數學學習動機、家庭結構 (因子變數)、社經地位 (因子變數) 資料框架物件為標記中文變數的 **motived**，函數引數界定與函數 **tree ( )** 相同：

```
> library (partykit)
> ctr.m1 = ctree (英文動機~課堂壓力 + 考試壓力 + 期望壓力 + 同儕壓力, data =
  motived, minbucket = 50, minsplit = 100)
> ctr.m2 = ctree (數學動機~課堂壓力 + 考試壓力 + 期望壓力 + 同儕壓力, data =
  motived, minbucket = 50, minsplit = 100)
> ctr.m3 = ctree (factor (家庭結構)~課堂壓力 + 考試壓力 + 期望壓力 + 同儕壓力,
  data = motived, minbucket = 50, minsplit = 100)
> ctr.m4 = ctree (factor (社經地位)~課堂壓力 + 考試壓力 + 期望壓力 + 同儕壓力,
  data = motived, minbucket = 50, minsplit = 100)
```

使用函數 **print ( )** 輸出四個模型的分支準則：

```
> print (ctr.m1)
Model formula:
英文動機 ~ 課堂壓力 + 考試壓力 + 期望壓力 + 同儕壓力
Fitted party:
[1] root
|  [2] 考試壓力 <= 24: 9.509 (n = 277, err = 2181.2)
|  [3] 考試壓力 > 24: 7.862 (n = 123, err = 1474.7)
Number of inner nodes:    1
Number of terminal nodes: 2
```

[說明]：**ctr.m1** 迴歸樹模型有二個葉節點，葉節點 [2] 的 SS 參數值 = 2181.2、葉節點 [3] 的 SS 參數值 = 1474.7，二個葉節點預測分類的差異值很大，表示對應觀察值測量值的變異程度也很大，葉節點的同質性不高，分支條件顯著的解釋變數為「考試壓力」。

```
> print (ctr.m2)
Model formula:
數學動機 ~ 課堂壓力 + 考試壓力 + 期望壓力 + 同儕壓力
Fitted party:
[1] root
|  [2] 同儕壓力 <= 15: 17.650 (n = 60, err = 2739.7)
|  [3] 同儕壓力 > 15: 14.468 (n = 340, err = 14158.6)
Number of inner nodes:    1
Number of terminal nodes: 2
```

[說明]：**ctr.m2** 迴歸樹模型有二個葉節點，葉節點 [2] 的 SS 參數值 = 2739.7、葉節點 [3] 的 SS 參數值 = 14158.6，二個葉節點預測分類的差異值很大，表示對應觀察值測量值的變異程度也很大，葉節點的同質性不高，分支條件顯著的解釋變數為「同儕壓力」。

```
> print (ctr.m3)
Model formula:
factor (家庭結構) ~ 課堂壓力 + 考試壓力 + 期望壓力 + 同儕壓力
Fitted party:
[1] root: 單親家庭 (n = 400, err = 27.0%)
Number of inner nodes:    0
Number of terminal nodes: 1
```

[說明]：**ctr.m3** 分類樹模型除根節點外，沒有再進行分支，表示四個解釋變數均沒有顯著的分類預測力。

```
> print (ctr.m4)
Model formula:
factor (社經地位) ~ 課堂壓力 + 考試壓力 + 期望壓力 + 同儕壓力
```

Fitted party:

[1] root: 高社經 (n = 400, err = 65.5%)

Number of inner nodes: 0

Number of terminal nodes: 1

[說明]：**ctr.m4** 分類樹模型除根節點外，沒有再進行分支，表示四個解釋變數均沒有顯著的分類預測力。

Chapter **11**

複迴歸與迴歸樹

複迴歸分析或稱多元迴歸分析，迴歸方程式模型中包括一個計量反應變數 (效標變數)、二個以上的預測變數 (自變數)，學習動機、家庭資本、學習策略三個自變數預測學習成就反應變數的模型架圖如下列圖左；圖右迴歸模型有六個預測變數 (性別、課堂專注、讀書時間、學習動機、家庭資本、學習策略等六個，反應變數為學習成就)：

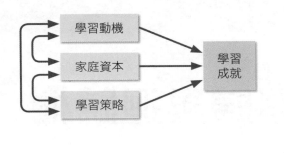
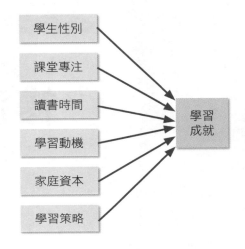

壹、基本套件 lm ( ) 的函數應用

使用基本套件 **lm ( )** 函數建構線性迴歸模型 (複迴歸或多元迴歸模型)，模型中的依變數 (效標變數) 為學習成就、自變數 (預測變數/解釋變數) 為性別 (水準數值編碼為 1、0)、課堂專注、讀書時間、學習動機、家庭資本、學習策略等六個。

```
> edata = read.csv ("regt1.csv", header = T)
> names (edata) = c ("性別", "課堂專注", "讀書時間", "學習動機", "家庭資本", "學習策略", "學習成就")
> reg.m = lm (學習成就~性別 + 課堂專注 + 讀書時間 + 學習動機 + 家庭資本 + 學習策略, data = edata)
> summary (reg.m)
Call:
lm (formula = 學習成就 ~ 性別 + 課堂專注 + 讀書時間 + 學習動機 + 家庭資本 + 學習策略, data = edata)
Residuals:
```

Min	1Q	Median	3Q	Max
-25.701	-6.278	-0.005	5.234	28.645

[說明]：殘差的描述性統計量，包括最小值、第一個四分位數、中位數、第三個四分位數、最大值。

Coefficients:

	Estimate	Std. Error	t value	Pr (>|t|)
(Intercept)	9.5144	3.3732	2.821	0.005206 **
性別	-4.9657	1.4277	-3.478	0.000603 ***
課堂專注	0.1477	0.1959	0.754	0.451496
讀書時間	0.7205	0.1678	4.294	2.58e-05 ***
學習動機	0.6408	0.1406	4.557	8.38e-06 ***
家庭資本	1.5515	0.2483	6.250	1.94e-09 ***
學習策略	0.3949	0.2228	1.772	0.077691 .

Signif. codes: 0 '*' 0.001 '**' 0.01 '*' 0.05 '.' 0.1 ' ' 1**

[說明]：六個預測變數中達到統計顯著水準 ($p < .05$) 的自變數有「性別」、「讀書時間」、「學習動機」、「家庭資本」四個，四個預測變數的迴歸係數分別為 **-4.97、0.72、0.64、1.55**，三個有解釋力的計量變數，其迴歸係數均為正，表示三個預測變數對學習成就依變數的影響均為正向。

Residual standard error: 9.537 on 233 degrees of freedom

Multiple R-squared: 0.6458, Adjusted R-squared: 0.6367

F-statistic: 70.82 on 6 and 233 DF, p-value: < 2.2e-16

[說明]：殘差標準誤為 **9.54** (自由度 = 233)，整體迴歸係數顯著性檢定的 F 值統計量 = **70.82** ($p < .001$)，分子自由度、分母自由度分別為 **6、233**，R^2 = **0.646**、調整後 R^2 = **0.637**。

{ggplot2} 套件 **fortify ( )** 函數可以回傳 **lm ( )** 函數建構之迴歸模型物件預測的適配值參數與殘差值，其中直欄 (直行) 變數「.fitted」為適配模型的預測值 (預測的分數 y)、直行變數「.resid」為預測殘差值、直行變數「.stdresid」為標準化殘差值：

```
>library (ggplot2)
> round (fortify (reg.m), 2)
```

	學習成就	性別	課堂專注	讀書時間	學習動機	家庭資本	學習策略	.hat	.sigma	.cooksd	.fitted	.resid
1	20	1	7	8	7	10	6	0.03	9.51	0.01	33.72	-13.72
2	20	1	6	10	11	11	4	0.03	9.48	0.02	38.34	-18.34
3	27	1	9	10	7	12	13	0.05	9.51	0.02	41.32	-14.32
4	29	1	5	14	8	12	4	0.05	9.52	0.01	40.70	-11.70
5	29	1	5	13	7	5	14	0.06	9.55	0.00	32.43	-3.43

6	35	1	5	9	9	5	10	0.04	9.55	0.00	29.25	5.75

```
  .stdresid
1   -1.46
2   -1.95
3   -1.54
4   -1.26
5   -0.37
6    0.62
```

　　將函數 **fortify ( )** 回傳的各參數以資料框架物件名稱物件 pre.m 命名，以函數 **summary ( )** 求出預測適配分數、預測殘差值、預測標準化殘差值等描述性統計量摘要表：

```
> pre.m = round (fortify (reg.m), 2)
> summary (pre.m$.fitted)
    Min.      1st Qu.     Median      Mean      3rd Qu.      Max.
    27.64      49.18       58.13      58.16      66.26       95.24
> summary(pre.m$.resid)
    Min.      1st Qu.     Median        Mean        3rd Qu.       Max.
 -25.700000  -6.282000  -0.005000   -0.000167     5.232000   28.650000
> summary (pre.m$.stdresid)
    Min.      1st Qu.     Median      Mean      3rd Qu.      Max.
  -2.7300    -0.6650    -0.0050     0.0010     0.5525      3.0600
```

　　範例以套件 **{ggplot2}** 函數 **geom_histogram ( )** 繪製預測殘差值直方圖，引數 bins 界定組距個數、引數 fill 界定直方圖內部顏色、引數 color 界定直方圖邊框顏色、引數 lwd 界定邊框粗細；函數 **geom_freqpoly ( )** 繪製次數多邊圖。範例 x 軸為殘差值的直方圖與次數多邊圖：

```
> library (ggplot2)
> ggplot (reg.m, aes (x = .resid)) + geom_histogram (bins = 11, fill = 7, color = 4,  lwd =
   1) + geom_freqpoly (bins = 11, color = 4, lwd = 2)
```

　　殘差值的直方圖及次數多邊圖如下：

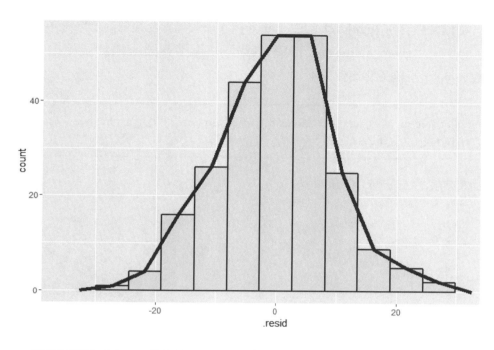

組距個數設定為 10 的標準化殘差值直方圖函數語法為：

```
>> ggplot (reg.m, aes (x = .stdresid)) + geom_histogram (bins = 10, fill = "green",
    color = 4, lwd = 1) + geom_freqpoly (bins = 10, color = 4, lwd = 1)
```

標準化殘差值的直方圖及次數多邊圖如下：

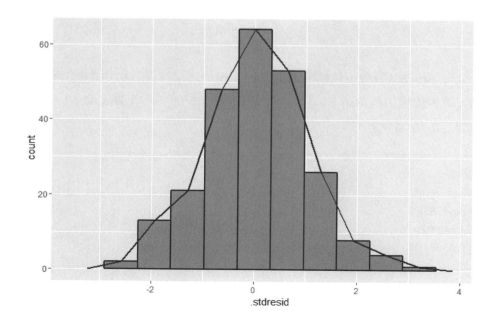

範例使用套件 **{ggplot2}** 函數 **stat_qq ( )** 繪製標準化殘值對常態分布分位數 QQ 圖，配合 **geom_abline ( )** 函數繪常態分布理論直線圖，直線的顏色為藍色、寬度為 0.8、直線型態參數為 4：

```
> ggplot (reg.m, aes (sample = .stdresid)) + stat_qq (size = 2) + geom_abline (color =
    "red", lwd = 0.8, lty =4 )
```

標準化殘差值的 QQ 圖如下：

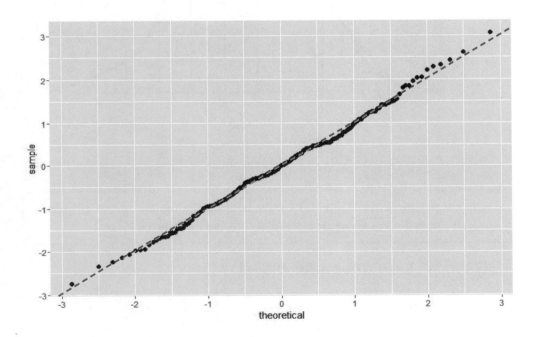

套件 **{qpcR}** 函數可以輸出函數 **lm ( )** 建構之迴歸模型物件適配與預測相關參數，範例使用函數 **Rsq ( )** 求出適配迴歸模型的 R^2；函數 **Rsq.ad ( )** 求出適配迴歸模型調整後的 R^2：

```
> library (qpcR)
> Rsq (reg.m)
[1] 0.6458389
> Rsq.ad (reg.m)
[1] 0.6367188
```

以套件 **{qpcR}** 函數 **RSS ( )** 求出適配模型殘差平方和 (Residual sum-of-squares; [SS])；函數 **RMSE ( )** 求出適配模型誤差均方根 (Root-mean-squared-error) 參數：

```
> RSS (reg.m)
[1] 21190.87
> round (RMSE (reg.m), 3)
[1] 9.397
```

以套件 **{qpcR}** 函數 **PRESS ( )** 求出適配模型 Allen's PRESS (Prediction Sum-Of-Squares) 統計量與 P 平方值 (P-square)，PRESS 統計量是小樣本跨效度之代理測量值，或是適配模型內在效度 (internal validity) 的估計值，估計值小表示適配模型對較為穩定，函數回傳的 P 平方值屬性與 R 平方值參數相似。

```
> PRESS (reg.m)
$stat
[1] 22775.5
$residuals
[1] -14.15549398 -18.94111437 -15.13072992 -12.37167998  -3.65474193
<略>
[239] 6.46053879  11.40421404
$P.square
[1] 0.6193551
[說明]：適配模型的 PRESS 參數值 = 22775.5、P 平方值 = 0.6194。
```

以套件 **{qpcR}** 函數 **pcrGOF ( )** 求出適配迴歸模型各種適配統計量：

```
> pcrGOF (reg.m, PRESS = TRUE)
$Rsq
[1] 0.6458389
$Rsq.ad
[1] 0.6367188
$AIC
[1] 1772.455
$AICc
[1] 1772.938
$BIC
```

```
[1] 1800.3
$resVar
[1] 90.94795
$RMSE
[1] 9.396558
$P.square
[1] 0.6193551
```

[說明]：回傳的參數值包括多元相關係數平方、調整後多元相關係數平方、模型適配度的 **AIC**、**AICc**、**BIC** 值 (統計量數值愈小模型適配度愈精簡)、誤差變異數、誤差均方根、**P** 平方值。

套件 {MPV} 函數 **PRESS ( )** 的功能與套件 {qpcR} 函數 **PRESS ( )** 功能相同，均可以求出適配模型 Allen's PRESS 統計量：

```
> library (MPV)
> PRESS (reg.m)
[1] 22775.5
```

貳、套件 {Blossom} 函數 ols ( ) 與 lad ( ) 的應用

套件 {Blossom} 函數 **ols ( )** 與函數 **lad ( )** 均可以執行一般最小平方迴歸分析 (ordinary least squares regression; [OLS])。

一、函數 ols ( )

```
> library (Blossom)
> ols.m = ols (學習成就~性別 + 課堂專注 + 讀書時間 + 學習動機 + 家庭資本 + 學習
  策略, data = edata)
> summary (ols.m)
      Ordinary Least Squares Regression
Call:
ols (formula = 學習成就 ~ 性別 + 課堂專注 + 讀書時間 + 學習動機 +
    家庭資本 + 學習策略, data = edata)
Specification of Analysis:
    Number of Observations: 240
    Response Variable    :學習成就
    Independent variables    Regression coefficients
```

(Intercept)	9.5144310
性別	-4.9657200
課堂專注	0.1477491
讀書時間	0.7205144
學習動機	0.6407830
家庭資本	1.5515170
學習策略	0.3948592

Sum of squares of the residuals: 21190.87

[說明]：非標準化迴歸方程式為：

學習成就 = **9.51** + 性別 × **(-4.97)** + 課堂專注 × **0.15** + 讀書時間 × **0.72** + 學習動機 × **0.64** + 家庭資本 × **1.55** + 學習策略 × **0.39**。

迴歸模式的殘差平方和 = **21190.87**，與執行套件 **{qpcR}** 函數 **RSS ( )** 回傳的參數值相同。

套件 **{caret}** 函數 **varImp ( )** 可以輸出迴歸與分類模型 (regression and classification models) 中預測變數對效標變數影響之重要性：

```
> library (caret)
Loading required package: lattice
Loading required package: ggplot2
> varImp (reg.m)
              Overall
性別      3.4780264
課堂專注  0.7541915
讀書時間  4.2936683
學習動機  4.5568445
家庭資本  6.2495053
學習策略  1.7720621
```

[說明]：參數值為影響重要性統計量數的大小，參數值愈大表示對應解釋變數的重要性愈高 (線性迴歸模型之解釋變異量愈大或標準化迴歸係數絕對值愈大)，迴歸模型中對效標變數「學習成就」影響較重要的前三個解釋變數 (預測變數) 為「家庭資本」、「學習動機」、「讀書時間」，重要性較低的二個解釋變數為「課堂專注」、「學習策略」。

二、函數 lad ( )

套件 **{Blossom}** 函數 **lad ( )** 可以同時執行最小絕對差異迴歸 (least absolute deviation; [LAD]) 與一般最小平方迴歸法 (OLS) 程序。函數 **lad ( )** 基本語法為：

lad (formula, data, number.perms = 5000,t est = FALSE, all.quants = FALSE, OLS = FASE)

引數 data 為資料框架物件。引數 number.perms 為蒙地卡羅 (Monte Carlo) 再製抽樣程序交換次數，內定數值為 5000。引數 test 為邏輯選項，界定所有斜率參數是否顯著等於 0 的檢定。引數 all.quants 為邏輯選項，界定是否回傳所有可能的位數迴歸估計值 (quantile regression estimates)。引數 OLS 界定是否採用一般最小迴歸分析法。

範例以套件 **{Blossom}** 函數 **lad ( )** 執行一般最小平方迴歸分析 (OLS)，函數引數 OLS 邏輯選項設為真：

> library(Blossom)
> lad.m = lad (學習成就~性別 + 課堂專注 + 讀書時間 + 學習動機 + 家庭資本 + 學習策略, data = edata, OLS = TRUE, test = TRUE)
> summary (lad.m)

    Ordinary Least Squares Regression
Call:
lad(formula = 學習成就 ~ 性別 + 課堂專注 + 讀書時間 + 學習動機 + 家庭資本 + 學習策略, **data** = edata, **test** = TRUE, **OLS** = TRUE)
Specification of Analysis:
    Number of Observations: 240 [觀察值個數]
    Response Variable :學習成就 [反應變數]

Independent variables	**Regression coefficients** [迴歸係數]
(Intercept)	**9.5144310**
性別	**-4.9657200**
課堂專注	**0.1477491**
讀書時間	**0.7205144**
學習動機	**0.6407830**
家庭資本	**1.5515170**
學習策略	**0.3948592**

    Sum of squares of the residuals: 21190.87
[說明]：非標準化迴歸方程式為：
學習成就 = **9.51** + 性別 × **(-4.97)** + 課堂專注 × **0.15** + 讀書時間 × **0.72** + 學習動機 × **0.64** + 家庭資本 × **1.55** + 學習策略 × **0.39**。
迴歸模式的殘差平方和 = **21190.87**。
Regression Evaluation:
    Ordinary Least Squares: 學習成就 ~**(Intercept)** + 性別 + 課堂專注 + 讀書時間 + 學習動機 + 家庭資本 + 學習策略

Test Summary:
    Number of permutations   : 5000
    P-value of Full Model   : 2e-04***

Signif. codes: 0 '***' 0.001 '**' 0.01 '*' 0.05 '.' 0.1 ' ' 1

[說明]：完全模型 p 值 < .001，達到統計顯著水準，表示六個斜率參數值至少有一個斜率參數估計值顯著不等於0。完全模型 (full model) 的虛無假設為：

$\beta_1 = \beta_2 = \beta_3 = \beta_4 = \beta_5 = \beta_6 = 0$，若是完全模型顯著性 p 值 > .05，假設檢定接受虛無假設，六個預測變數之斜率係數估計值均顯著等於 0。

套件 {Blossom} 函數 hypothesis.test ( ) 使用蒙地卡羅再製抽樣之交換排列法進行完全模型與部分模型參數是否顯著等於 0 的檢定，函數 hypothesis.test ( ) 基本語法為：

hypothesis.test (object1, object2, number.perms = 5000, save.test = TRUE, double.permutation = FALSE)

引數 object1、object2 為 LAD 適配迴歸模型物。

引數 number.perms 界定蒙地卡羅再製抽樣的參數值，內定數值為 5000。引數 save.test 內定選項為真，表示允許蒙地卡羅再製抽樣檢定統計量置放在單一直行變數中。

引數 double.permutation 為邏輯選項，選項設為真 (TRUE) 表示提供完整參數。

範例完全模型中，自變數投入六個預測變數，部分模型投入五個預測變數 (第六個預測變數學習策略從模型中移除)，完全模型物件名稱設定為 lad.m0、部分模型物件名稱設定為 lad.m6，使用函數 hypothesis.test ( ) 進行二個模型差異性檢定：

```
##(一) 從完全模型中排除「學習策略」自變數
> lad.m0 = lad (學習成就~性別 + 課堂專注 + 讀書時間 + 學習動機 + 家庭資本 + 學習策略, data = edata, OLS = TRUE)
> lad.m6 = lad (學習成就~性別 + 課堂專注 + 讀書時間 + 學習動機 + 家庭資本, data = edata, OLS = TRUE)
> test.06 = hypothesis.test (lad.m0, lad.m6, double.permutation = TRUE)
> summary (test.06)
    Ordinary Least Squares Regression
      Hypothesis Test with double permutation
```

Call:

hypothesis.test (object1 = lad.m0, object2 = lad.m6,
    double.permutation = TRUE)

Specification of Analysis:
    Number of Observations: 240
    Response Variable   ：學習成就

Independent variables	**Regression coefficients**
(Intercept)	**10.4921000**
性別	**-5.1988810**
課堂專注	**0.2394059**
讀書時間	**0.8638649**
學習動機	**0.6947879**
家庭資本	**1.5084930**

    Sum of squares of the residuals: 0

[說明]：界定分析格式模型 (非完全模型) 的觀察值 **N** = 240、反應變數 (依變數) 為學習成就、投入迴歸模式的自變數為性別、課堂專注、讀書時間、學習動機、家庭資本等五個。

Regression Evaluation: [迴歸評估]

Ordinary Least Squares: [一般最小平方法]

學習成就 ~(Intercept) + 性別 + 課堂專注 + 讀書時間 + 學習動機 + 家庭資本 + 學習策略

 Versus Hypothesis Model: [與假設模型比較]

 學習成就 ~(Intercept) + 性別 + 課堂專注 + 讀書時間 + 學習動機 + 家庭資本

[說明]：完全模型為迴歸評定模型，假設模型為部分模型。

Test Summary:
Number of permutations	: 5000
Observed Test Statistic	: 0.01347727
P-value of variables in full model but	
not reduced model	: 0.077.

Signif. codes: 0 '***' 0.001 '**' 0.01 '*' 0.05 '.' 0.1 ' ' 1

[說明]：完全模型與部分模型差異檢定的顯著性 **p** 值 = 0.077 > .05，未達統計顯著水準，二個模型沒有顯著不同。完全模型：「學習成就 ~截距項 + 性別 + 課堂專注 + 讀書時間 + 學習動機 + 家庭資本 + 學習策略」與部分模型：「學習成就 ~截距項 + 性別 + 課堂專注 + 讀書時間 + 學習動機 + 家庭資本」二個迴歸模型是相同的，迴歸模型中是否納入「學習策略」自變數對反應變數「學習成就」的解釋變量沒有差異，表示完全模型中可以排除「學習策略」預測變數，因為完全模型中學習策略預測變數對效標變數學習成就的解釋變異未達統計顯著性。

##(二) 從完全模型中排除「家庭資本」自變數

> lad.m5 = lad (學習成就~性別 + 課堂專注 + 讀書時間 + 學習動機 + 學習策略, data = edata, OLS = TRUE)

> test.05 = hypothesis.test (lad.m0, lad.m5, double.permutation = TRUE)
> summary (test.05)
<略>
  Versus Hypothesis Model:
  學習成就 ~(Intercept) + 性別 + 課堂專注 + 讀書時間 + 學習動機 + 學習策略
Test Summary:
    Number of permutations   : **5000**
    Observed Test Statistic   : **0.1676237**
    P-value of variables in full model but
    not reduced model   : **2e-04*****

Signif. codes: 0 '***' 0.001 '**' 0.01 '*' 0.05 '.' 0.1 ' ' 1

[說明]：完全模型與部分模型差異檢定的顯著性 p 值 < .001，二個模型有顯著不同。預測變數增列投入「家庭資本」的完全模型與沒有投入「家庭資本」的部分模型，二個模型對依變數學習成就的解釋變異量有顯著不同，表示完全模型中「家庭資本」預測變數對效標變數學習成就有顯著的預測力 (或解釋力)。

(三) 從完全模型中排除「學習動機」自變數

> lad.m4 = lad (學習成就~性別 + 課堂專注 + 讀書時間 + 家庭資本 + 學習策略, data = edata, OLS = TRUE)
> test.04 = hypothesis.test (lad.m0, lad.m4, double.permutation = TRUE)
> summary (test.04)
<略>
  Versus Hypothesis Model:
  學習成就 ~(Intercept) + 性別 + 課堂專注 + 讀書時間 + 家庭資本 + 學習策略
Test Summary:
    Number of permutations   : **5000**
    Observed Test Statistic   : **0.08911945**
    P-value of variables in full model but
    not reduced model   : **2e-04*****

Signif. codes: 0 '***' 0.001 '**' 0.01 '*' 0.05 '.' 0.1 ' ' 1

[說明]：完全模型與部分模型差異檢定的顯著性 p 值 < .001，二個模型有顯著不同 (二個模型對依變數解釋變異量的差異值顯著不等於 0)。預測變數投入「學習動機」的完全模型與沒有投入「學習動機」的部分模型，二個模型對依變數學習成就的解釋變異量有顯著不同，表示完全模型中「學習動機」預測變數對效標變數學習成就有顯著的預測力 (或解釋力)。

(四) 從完全模型中排除「讀書時間」自變數

> lad.m3 = lad (學習成就~性別 + 課堂專注 + 學習動機 + 家庭資本 + 學習策略, data = edata, OLS = TRUE)
> test.03 = hypothesis.test (lad.m0, lad.m3, double.permutation = TRUE)
> summary (test.03)

<略>
Versus Hypothesis Model:
學習成就 ~(Intercept) + 性別 + 課堂專注 + 學習動機 + 家庭資本 + 學習策略
Test Summary:

    Number of permutations   : 5000

    Observed Test Statistic   : 0.07912269

    P-value of variables in full model but

    not reduced model   : 2e-04***

Signif. codes: 0 '***' 0.001 '**' 0.01 '*' 0.05 '.' 0.1 ' ' 1
[說明]：完全模型與部分模型差異檢定的顯著性 p 值 < .001，二個模型有顯著不同。預測變數增列投入「讀書時間」的完全模型與沒有投入「讀書時間」的部分模型，二個模型對依變數「學習成就」的解釋變異量有顯著不同 (二個模型之 R^2 的差異值顯著不等於 0)，表示完全模型中「讀書時間」預測變數對效標變數學習成就有顯著的預測力 (或解釋力)。
##(五) 從完全模型中排除「課堂專注」自變數
> lad.m2 = lad (學習成就~性別 + 讀書時間 + 學習動機 + 家庭資本 + 學習策略, data = edata, OLS = TRUE)
> test.02 = hypothesis.test (lad.m0, lad.m2, double.permutation = TRUE)
> summary (test.02)
<略>
Versus Hypothesis Model:
學習成就 ~(Intercept) + 性別 + 讀書時間 + 學習動機 + 家庭資本 + 學習策略
Test Summary:

    Number of permutations   : 5000

    Observed Test Statistic   : 0.002441222

    P-value of variables in full model but

    not reduced model   : 0.4566

Signif. codes: 0 '***' 0.001 '**' 0.01 '*' 0.05 '.' 0.1 ' ' 1
[說明]：完全模型與部分模型差異檢定的顯著性 p 值 = 0.457 > .05，未達統計顯著水準，二個模型沒有顯著不同。完全模型六個預測變數對效標變數學習成就解釋變異量與部分模型五個預測變數對效標變數學習成就解釋變異量沒有差異 (二個模型之 R^2 的差異值顯著等於 0)。部分模型中排除「課堂專注」預測變數，表示完全模型中「課堂專注」預測變數對效標變數「學習成就」的解釋變異未達顯著。
##(六) 從完全模型中排除「性別」自變數
> ad.m1 = lad (學習成就~ + 課堂專注 + 讀書時間 + 學習動機 + 家庭資本 + 學習策略, data = edata, OLS = TRUE)
> test.01 = hypothesis.test (lad.m0, lad.m1, double.permutation = TRUE)
> summary (test.01)
<略>

Versus Hypothesis Model:
學習成就 ~ (Intercept) + 課堂專注 + 讀書時間 + 學習動機 + 家庭資本 + 學習策略
Test Summary:

    Number of permutations   : 5000
    Observed Test Statistic   : 0.05191703
    P-value of variables in full model but
    not reduced model   : 0.0014**

Signif. codes: 0 '*' 0.001 '**' 0.01 '*' 0.05 '.' 0.1 ' ' 1**
[說明]：完全模型與部分模型差異檢定的顯著性 **p** 值 < .001，二個模型有顯著不同。部分模型中排除「性別」預測變數，表示完全模型中性別預測變數對效標變數學習成就的解釋變異達到統計顯著性。

範例迴歸分析法使用函數 **lad ( )** 執行最小絕對差異迴歸分析：

> lad.m = lad (學習成就~性別 + 課堂專注 + 讀書時間 + 學習動機 + 家庭資本 + 學習策略, data = edata, test = TRUE)
> summary (lad.m)
      Least Absolute Deviation Regression (LAD)
Call:
lad(formula = 學習成就 ~ 性別 + 課堂專注 + 讀書時間 + 學習動機 + 家庭資本 + 學習策略**, data = edata, test = TRUE)**
Specification of Analysis:
    Number of Observations: 240
    Response Variable   : 學習成就

Independent variables	Regression coefficients
(Intercept)	18.002300000
性別	-4.308952000
課堂專注	0.006797511
讀書時間	0.727908100
學習動機	0.334418400
家庭資本	1.783724000
學習策略	0.036476780

    Number of iterations: 35
    Sum of absolute values of the residuals: 1734.881
    Solution: Successful
[說明]：**LAD** 迴歸法與 **OLS** 迴歸法估計所得的迴歸係數不一樣，因為二種迴歸程序演算法不同。
Regression Evaluation:
    LAD Model: 學習成就 ~(Intercept) + 性別 + 課堂專注 + 讀書時間 + 學習動機

＋家庭資本＋學習策略
Test Summary:
    Number of permutations   : 5000
    P-value of Full Model   : 2e-04***

Signif. codes: 0 '***' 0.001 '**' 0.01 '*' 0.05 '.' 0.1 ' ' 1
[說明]：完全模型的顯著性 p 值＜.001，達到統計顯著水準，表示六個斜率係數估計值至少有一個顯著不等於 0。

使用函數 **predict ( )** 預測每位觀察值在效標變數學習成就的分數：

```
> round (predict (lad.m), 2)
  [1] 39.96 44.46 45.25 48.14 34.96 32.57 33.05 36.00 47.44 49.88 38.00 37.94
 [13] 43.42 46.49 47.62 47.85 48.09 43.10 37.76 36.18 37.57 38.99 57.48 42.86
<略>
[217] 73.61 75.02 76.37 69.48 72.94 71.94 68.99 64.17 68.92 63.34 69.34 66.57
[229] 66.49 73.57 77.82 71.00 84.64 75.83 70.20 74.23 74.89 88.72 85.66 81.49
```

使用 **residuals ( )** 函數求出觀察值原始學習成就分數與迴歸模型預測分數間之差異值 (原始 y 值與預測 ŷ 值間的差異量)，就第一筆觀察值而言，其原始學習成就分數為 20、迴歸預測分數為 39.96，預測殘差值 = y − ŷ = 20 − 39.96 = −19.96：

```
> round (residuals (lad.m), 2)
   [1]  -19.96  -24.46  -18.25  -19.14   -5.96    2.43    2.95    0.00  -10.44  -11.88
  [11]    0.00    0.06   -3.42   -6.49   -7.62   -7.85   -7.09   -1.10    6.24    7.82
<略>
 [221]    1.06    3.06    6.01   10.83    6.08   12.66    6.66    9.43    9.51  -12.57
 [231]   -9.82    0.00    7.36   19.17   26.80   23.77   22.11   10.28   13.34   19.51
```

使用 **coefficients ( )** 函數直接輸出迴歸模型的截距與斜率係數估計值：

```
> round (coefficients (lad.m), 2)
[1]     18.00   -4.31    0.01    0.73    0.33    1.78    0.04
```

參、套件 {psych} 函數 setCor ( ) 的應用

套件 {psych} 函數 **setCor ( )** 根據矩陣或資料框架物件執行複迴歸程序 (multiple regression)，函數 **setCor ( )** 基本語法如下：

setCor (y, x, data, z = NULL, n.obs = NULL, use = "pairwise", std = TRUE, square = FALSE,

　　　　main = "Regression Models", plot = TRUE)

　　setCor.diagram (sc, main = "Regression model", digits = 2, show = TRUE)

　　mat.regress (y, x, data, z = NULL, n.obs = NULL, use = "pairwise", square = FALSE)

引數 y 為效標變數，可以直接設定效標變數的變數直行索引數值，如 c (2, 4, 5)，或直接以文字向量界定變數名稱，如 c ("score", "motivation")。

引數 x 為預測變數，界定方法與效標變數 y 相同，可以用數值向量或變數名稱之文字向量表示。

引數 data 為資料框架物件、相關矩陣或變異數共變數矩陣。

引數 z 為共變數，界定共變數引數時，預測變數與效標變數間的相關為淨相關，複迴歸分析程序不用界定引數 z。

引數 n.obs 為有效觀察值個數，若是界定此引數會增列估算信賴區間參數，如果直接使用資料框架物件作為標的資料，不用界定觀察值個數。

引數 use 界定估算的相關係數，內定選項為「"pairwise"」(配對變數相關)，另一個選項為「"complete"」(完全觀察值，引數一般在 **lm ( )** 函數中使用)。

引數 std 為邏輯選項，界定是否估算標準化迴歸係數 (standardized betas)，內定選項為真，如果選項為假，輸出的參數值為非標準化迴歸係數。

引數 main 界定 **setCor.diagram ( )** 函數迴歸圖的標題。

引數 square 內定選項為假 (FALSE)，表示以方形矩陣作為相關矩陣，選項界定為真表示以觀察值矩陣作為分析矩陣 (很少使用此情況)。

引數 sc 為函數 **setCor ( )** 建構的迴歸模型物件。

引數 digits 界定繪製迴歸圖時小數位數的個數。

引數 plot 為邏輯選項，內定選項為真，表示進行複迴歸程序同時繪製迴歸圖形。

函數 **setCor ( )** 物件回傳的主要元素名稱為：

元素 beta 為 beta 權重值 (標準化迴歸係數或非標準化迴歸係數)。

元素 R 為多元相關係數 (預測變數改變一個單位量，效標變數的變化量)。

元素 R2 為多元相關係數平方 (預測變數解釋變異量)。

元素 se 為迴歸係數標準誤 (standard errors of beta weights)。

元素 t 為迴歸係數是否顯著等於 0 檢定的 t 值統計量。

元素 Probability 為迴歸係數 t 值統計量對應的機率值 (顯著性 p 值)。

元素 shrunkenR2 為估計縮減的多元相關係數平方值 (調整後的 R 平方值)。

元素 ruw 為單位加權多元相關係數。

元素 Ruw 為單位加權組相關係數。

範例以套件 **{psych}** 函數 **setCor ( )** 進行複迴歸分析程序，採用內定引數求出標準化迴歸係數估計值，引數 y 界定依變數在資料框架物件中的變數索引、引數 x 界定自變數在資料框架物件中的變數索引：

> library (psych)
> setCor (y = 7, x = 1:6, data = edata)
Call: setCor (y = 7, x = 1:6, data = edata)
Multiple Regression from raw data
Beta weights
　　　學習成就
性別　　　-0.16
課堂專注　0.04
讀書時間　0.22
學習動機　0.24
家庭資本　0.34
學習策略　0.10
[說明]：**Beta** 權重係數值為標準化迴歸係數值。
Multiple R
　　　學習成就
學習成就　0.8
multiple R2
　　　學習成就
學習成就　0.65
[說明]：複迴歸模型的多元相關係數 **R = 0.80**、多元相關係數平方值 **(R^2) = 0.65**，性別、課堂專注、讀書時間、學習動機、家庭資本、學習策略六個預測變數可以解釋學習成就效標變數 **65.0%** 的變異量。
 Unweighted multiple R

學習成就
   0.79

Unweighted multiple R2
學習成就
   0.62

[說明]：複迴歸模型中未加權的多元相關係數 R = 0.79、未加權多元相關係數平方值 (R^2) = 0.62。

SE of Beta weights
     學習成就

性別	**0.05**
課堂專注	**0.05**
讀書時間	**0.05**
學習動機	**0.05**
家庭資本	**0.05**
學習策略	**0.06**

[說明]：參數為迴歸係數估計值的標準誤。

t of Beta Weights
     學習成就

性別	**-3.48**
課堂專注	**0.75**
讀書時間	**4.29**
學習動機	**4.56**
家庭資本	**6.25**
學習策略	**1.77**

[說明]：迴歸係數 (斜率係數) 是否顯著等於 0 之顯著性檢定的 t 值統計量，t 值統計量絕對值小於 **1.96**，對應的顯著性 p 值一般會大於 **0.05** (t 值統計量絕對值愈小，對應的顯著性 p 值愈大)。

Probability of t <
     學習成就

性別	**6.0e-04**
課堂專注	**4.5e-01**
讀書時間	**2.6e-05**
學習動機	**8.4e-06**
家庭資本	**1.9e-09**
學習策略	**7.8e-02**

[說明]：「課堂專注」顯著性機率值 p = 4.5e - 01 = $\frac{4.5}{10}$ = 0.45、「學習策略」顯著性機率值 p = 7.8e - 02 = $\frac{7.8}{100}$ = 0.078。複迴歸模型物件名稱如界定為 **reg.m**：「**>** **reg.m = setCor (y = 7, x = 1:6, data = edata)**」，模型物件元素 **Probability** 為迴歸係數顯著性機率值 (p 值)，配合 **round ( )** 函數輸出至小數第三位「**> round (reg. m$Probability, 3)**」，元素參數應用為：

```
          學習成就
性別        0.001
課堂專注     0.451
讀書時間     0.000
學習動機     0.000
家庭資本     0.000
學習策略     0.078
```

[說明]：六個預測變數 t 值統計量對應的顯著性 p 值分別為性別 = 0.001、課堂專注 = 0.451 (p > .05)、讀書時間 = 0.000、學習動機 = 0.000、家庭資本 = 0.000、學習策略 = 0.078 (p > .05)，其中課堂專注、學習策略二個預測變數的解釋力未達統計顯著水準。

Shrunken R2
```
          學習成就
學習成就     0.64
```
Standard Error of R2
```
          學習成就
學習成就     0.035
```
[說明]：縮減的 R^2 值為 0.64 (調整後的多元相關係數平方值)、縮減 R^2 值的標準誤估計值為 0.035。

F
```
          學習成就
學習成就     70.82
```
Probability of F <
```
          學習成就
學習成就       0
```
degrees of freedom of regression
```
[1]   6 233
```
[說明]：迴歸平方和的自由度為 6、殘差平方和的自由度為 233，整體迴歸係數是否等於 0 檢定的 F 值統計量 = 70.82、顯著性機率值 p < .001，達到統計顯著水準，表示六個預測變數之迴歸係數至少有一個顯著不等於 0。

　　使用 **round ( )** 函數輸出標準化估計值 (β) 至小數第三位：

```
> reg.m = setCor (y = 7, x = 1:6, data = edata)
> round (reg.m$beta, 3)
          學習成就
性別        -0.157
課堂專注      0.040
讀書時間      0.225
學習動機      0.242
```

```
家庭資本    0.336
學習策略    0.098
```

範例效標變數、預測變數直接以變數名稱之文字向量界定，迴歸模型物件名稱設為 reg.m.1：

```
> reg.m.1 = setCor (y = c ("學習成就"), x = c ("性別", "課堂專注", "讀書時間", "學習動機", "家庭資本", "學習策略"), data = edata)
> print (reg.m.1)
Call: setCor (y = c ("學習成就"), x = c ("性別", "課堂專注", "讀書時間",
  "學習動機", "家庭資本", "學習策略"), data = edata)
Multiple Regression from raw data
Beta weights
        學習成就
性別          -0.16
課堂專注      0.04
讀書時間      0.22
學習動機      0.24
家庭資本      0.34
學習策略      0.10
Multiple R
        學習成就
學習成就      0.8
multiple R2
        學習成就
學習成就      0.65
<略>
```

函數 **setCor ( )** 也可以使用 **mat.regress ( )** 替換，但新套件建議直接使用 setCor ( ) 函數：

```
> reg.m.2 = mat.regress (y = c ("學習成就"), x = c ("性別", "課堂專注", "讀書時間", "
  學習動機", "家庭資本", "學習策略"), data = edata)
mat.regress has been replaced by setCor, please change your call
> reg.m.2
Call: setCor (y = y, x = x, data = data, z = NULL, n.obs = NULL, use = "pairwise",
square = FALSE)
Multiple Regression from raw data
Beta weights
```

```
          學習成就
性別        -0.16
課堂專注      0.04
讀書時間      0.22
學習動機      0.24
家庭資本      0.34
學習策略      0.10
Multiple R
          學習成就
學習成就      0.8
multiple R2
          學習成就
學習成就      0.65
<略>
```

函數 **setCor ( )** 內定引數 std 的選項為真 (TRUE)，表示輸出的斜率係數為標準化迴歸係數，範例選項改為假 (FALSE)，輸出的斜率係數為非標準化迴歸係數。

```
> reg.m1 = setCor (y = 7, x = 1:6, data = edata, std = FALSE)
> names (reg.m1)
 [1] "beta"       "se"          "t"            "Probability"  "R"
 [6] "R2"         "shrunkenR2"  "seR2"         "F"            "probF"
[11] "df"         "Rset"        "Rset.shrunk"  "Rset.F"       "Rsetu"
[16] "Rsetv"      "T"           "cancor"       "cancor2"      "Chisq"
[21] "raw"        "residual"    "ruw"          "Ruw"          "x.matrix"
[26] "y.matrix"   "Call"
[說明]：setCor ( ) 函數物件回傳的元素名稱，以「物件名稱 $ 元素參數」語法可
以只輸出對應的元素估計值。
```

使用模型物件元素「$beta」輸出迴歸係數 (原始迴歸加權係數) 至小數第三位：

```
> round (reg.m1$beta,3)
          學習成就
性別        -4.966
課堂專注      0.148
讀書時間      0.721
```

```
學習動機    0.641
家庭資本    1.552
學習策略    0.395
```

使用模型物件元素「$se」輸出迴歸係數標準誤估計值至小數第三位：

```
> round (reg.m1$se, 3)
      學習成就
性別        1.428
課堂專注    0.196
讀書時間    0.168
學習動機    0.141
家庭資本    0.248
學習策略    0.223
```
[說明]：迴歸係數 (斜率係數) 的標準誤估計值。

使用模型物件元素「$Probability」輸出迴歸係數 (原始迴歸加權係數) 是否顯著等於 0 檢定的機率值 (顯著性 p 值)；模型物件元素「$t」輸出迴歸係數 (原始迴歸加權係數) 是否顯著等於 0 檢定之 t 值統計量：

```
> round (reg.m1$Probability, 3)
      學習成就
性別        0.001
課堂專注    0.451
讀書時間    0.000
學習動機    0.000
家庭資本    0.000
學習策略    0.078
> round (reg.m1$t, 3)
      學習成就
性別        -3.478
課堂專注    0.754
讀書時間    4.294
學習動機    4.557
家庭資本    6.250
學習策略    1.772
```

使用模型物件元素「$R2」、模型物件元素「$shrunkenR2」語法輸出 R^2 與

調整後 R^2 至小數第三位：

```
> round (reg.m1$R2, 3)
      學習成就
學習成就    0.646
> round (reg.m1$shrunkenR2, 3)
      學習成就
學習成就    0.637
```

　　範例語法函數直接使用變數名稱文字向量界定效標變數與預測變數，引數 std 界定為假：

```
> reg.m2 = setCor (y = c ("學習成就"), x = c ("性別", "課堂專注", "讀書時間", "學習
    動機", "家庭資本", "學習策略"), data = edata, std = FALSE)
```

　　使用 **print ( )** 函數輸出詳細的參數估計值或於主控台中直接鍵入迴歸物件名稱「> reg.m2」：

```
> print (reg.m2)
Call: setCor (y = c ("學習成就"), x = c ("性別", "課堂專注", "讀書時間",
    "學習動機", "家庭資本", "學習策略"), data = edata, std = FALSE)
Multiple Regression from raw data
Beta weights
      學習成就
性別       -4.97
課堂專注    0.15
讀書時間    0.72
學習動機    0.64
家庭資本    1.55
學習策略    0.39
[說明]：參數為非標準化迴歸係數，內定輸出的小數位數至小數第二位。
<略>
```

　　函數 **setCor ( )** 內定引數 plot 選項為真 (= TRUE)，執行複迴歸程序時會直接繪製迴歸模型圖，內定輸出的小數位數為 2 位，若要更改小數位數與圖的標題名稱，可使用 **setCor.diagram ( )** 函數，函數 **setCor.diagram ( )** 基本語法為：

setCor.diagram (sc,main = "Regression model", digits = 2, show = TRUE)

以函數 **setCor.diagram ( )** 繪製適配迴歸模型圖：

> setCor.diagram (reg.m,digits = 2)

函數 **setCor ( )** 引數 std 選項設定為真，圖中影響路徑參數為標準化迴歸係數，預測變數間的關係為相關係數：

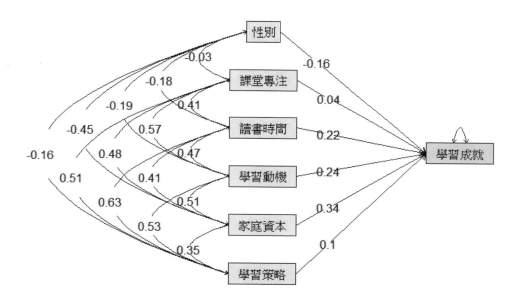

unweighted matrix correlation = 0.79

函數 **setCor ( )** 引數 std 選項設定為假，圖中影響路徑參數為非標準化迴歸係數 (迴歸係數加權值)，預測變數間的關係為共變數估計值：

> round (cov (edata), 2)

	性別	課堂專注	讀書時間	學習動機	家庭資本	學習策略	學習成就
性別	0.25	-0.06	-0.45	-0.58	-0.76	-0.32	-3.26
課堂專注	-0.06	18.52	8.66	14.63	7.11	8.70	33.11
讀書時間	-0.45	8.66	24.41	13.93	6.97	12.28	45.70
學習動機	-0.58	14.63	13.93	35.71	10.34	12.55	58.98
家庭資本	-0.76	7.11	6.97	10.34	11.72	4.77	36.55
學習策略	-0.32	8.70	12.28	12.55	4.77	15.53	33.31
學習成就	-3.26	33.11	45.70	58.98	36.55	33.31	250.35

非標準化迴歸係數估計值模型圖如下：

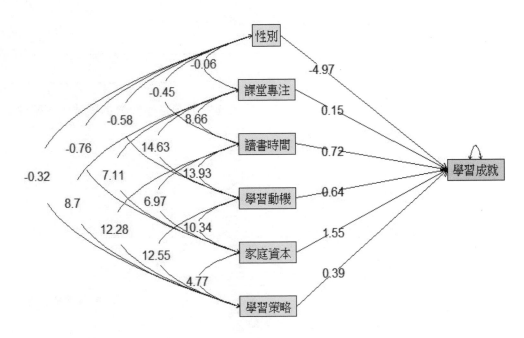

上述複迴歸分析結果摘要表統整如下：

複迴歸分析結果摘要表

預測變數	未標準化係數		標準化係數	t	顯著性
	B 之估計值	標準誤	Beta 分配		
(常數)	9.514	3.373		2.821	0.005
性別	-4.966	1.428	-0.157	-3.478	0.001
課堂專注	0.148	0.196	0.040	0.754	0.451
讀書時間	0.721	0.168	0.225	4.294	0.000
學習動機	0.641	0.141	0.242	4.557	0.000
家庭資本	1.552	0.248	0.336	6.250	0.000
學習策略	0.395	0.223	.0980	1.772	0.078
$R = 0.804$、$R^2 = 0.646$、調整後 $R^2 = 0.637$、$F_{(6,233)} = 70.815$***					

*** $p < 0.001$

肆、套件 {rms} 函數 ols ( ) 的應用

套件 **{rms}** 函數 **ols ( )** 使用一般最小平方方法進行線性模型估計，範例函數中的引數 x 界定為真，表示迴歸模型估計殘差值：

```
> library (rms)
> out = ols (學習成就~性別 + 課堂專注 + 讀書時間 + 學習動機 + 家庭資本 + 學習策略, data = edata, x = TRUE)
> print (out)
```

Linear Regression Model
ols (formula = 學習成就 ~ 性別 + 課堂專注 + 讀書時間 + 學習動機 + 家庭資本 + 學習策略, data = edata, x = TRUE)

		Model Likelihood Ratio Test		Discrimination Indexes	
Obs	240	**LR chi2**	249.12	**R2**	0.646
sigma	9.5367	**d.f.**	6	**R2 adj**	0.637
d.f.	233	**Pr (> chi2)**	0.0000	**g**	14.398

[說明]：觀察值個數 N = 240、**sigma** 統計量 = 9.537 (殘差估計值標準誤)、殘差自由度 = 233；模型概似比檢定卡方值統計量 = 249.12、R^2 = 0.646、調整後 R^2 = 0.637。

Residuals

Min	1Q	Median	3Q	Max
-25.70135	-6.27799	-0.00503	5.23427	28.64537

[說明]：預測殘差值 (真實效標變數測量值與根據模型預測效標變數分數間的差異) 描述性統計量。

	Coef	S.E.	t	Pr(>|t|)
Intercept	9.5144	3.3732	2.82	0.0052
性別	-4.9657	1.4277	-3.48	0.0006
課堂專注	0.1477	0.1959	0.75	0.4515
讀書時間	0.7205	0.1678	4.29	< 0.0001
學習動機	0.6408	0.1406	4.56	< 0.0001
家庭資本	1.5515	0.2483	6.25	< 0.0001
學習策略	0.3949	0.2228	1.77	0.0777

[說明]：參數值為迴歸加權係數的估計值、估計標準誤、t 值統計量、顯著性機率值。

使用套件 **{rms}** 函數 **summary.lm ( )** 輸出結果：

```
> summary.lm (out)
```
Call:
ols (formula = 學習成就 ~ 性別 + 課堂專注 + 讀書時間 + 學習動機 +
　家庭資本 + 學習策略, **data** = edata, **x** = TRUE)
Residuals:

Min	1Q	Median	3Q	Max
-25.701	-6.278	-0.005	5.234	28.645

[說明]：預測殘差值 (真實效標變數測量值與根據模型預測效標變數分數間的差異)
描述性統計量。

Coefficients:

	Estimate	Std. Error	t value	Pr (>|t|)
Intercept	9.5144	3.3732	2.821	0.005206 **
性別	-4.9657	1.4277	-3.478	0.000603 ***
課堂專注	0.1477	0.1959	0.754	0.451496
讀書時間	0.7205	0.1678	4.294	2.58e-05 ***
學習動機	0.6408	0.1406	4.557	8.38e-06 ***
家庭資本	1.5515	0.2483	6.250	1.94e-09 ***
學習策略	0.3949	0.2228	1.772	0.077691 .

Signif. codes: 0 '*' 0.001 '**' 0.01 '*' 0.05 '.' 0.1 ' ' 1**
[說明]：參數值為迴歸加權係數的估計值、估計標準誤、t 值統計量、顯著性機率
值。
Residual standard error: 9.537 on 233 degrees of freedom
Multiple R-squared: 0.6458, Adjusted R-squared: 0.6367
F-statistic: 70.82 on 6 and 233 DF, p-value: < 2.2e-16
[說明]：
1. 殘差估計值標準誤 = 9.537 (殘差自由度為 233)。
2. 多元相關係數平方為 0.646、調整後多元相關係數平方為 0.637。
3. 迴歸係數是否等於 0 檢定之整體考驗的 F 值統計量 = 70.82 (迴歸列自由度為
6、殘差列自由度為 233)，顯著性機率值 p < .001，達到統計顯著水準，表示六個
自變數對學習成就效標變數的預測力中至少有一個自變數的預測力達到顯著。

使用套件 {rms} 函數 anova ( ) 輸出變異數分析摘要表：

```
> anova (out)
```
Analysis of Variance　　Response: 學習成就

Factor	d.f.	Partial SS	MS	F	P
性別	1	1100.16713	1100.16713	12.10	0.0006
課堂專注	1	51.73163	51.73163	0.57	0.4515

讀書時間	1	1676.67885	1676.67885	18.44	< .0001
學習動機	1	1888.51885	1888.51885	20.76	< .0001
家庭資本	1	3552.09187	3552.09187	39.06	< .0001
學習策略	1	285.59511	285.59511	3.14	0.0777
REGRESSION	**6**	**38643.11133**	**6440.51855**	**70.82**	**< .0001**
ERROR	**233**	**21190.87200**	**90.94795**		

[說明]：迴歸加權值整體檢定之變異數分析摘要表中，迴歸列的自由度為 **6**、SS 值 = **38643.11**、MS 值 = **6440.52**；殘差列的自由度為 **233**、SS 值 = **21190.87**、MS 值 = **90.95**，F 值統計量 = **70.82**，顯著性 p < **.001**，達到統計顯著水準。個別解釋變數列參數值為解釋變數迴歸係數是否等於 **0** 的檢定統計量。

　　套件 **{rms}** 函數 **which.influence ( )** 可以查看適配迴歸模型中，那些觀察值對因素成分有「過度影響性」(overly influential)，引數 cutoff 內定參數值為「= 0.2」：

```
> which.influence (out)
$ 性別
[1] 116 120 122 123 124
$ 課堂專注
 [1] 104 106 108 109 110 115 116 224 226 230 231 235
$ 讀書時間
[1] 113 115 118 120 124 235 240
$ 學習動機
[1]   3 106 121 123 124 136
$ 家庭資本
[1] 120 121 122 123 124 240
$ 學習策略
[1]   3 104 115 116 117 123 136 235 237
```

　　套件 **{rms}** 函數 **fitted ( )** 輸出適配模型預測觀察值在學習成就效標變數的測量值：

```
> round (fitted (out), 2)
      1     2     3     4     5     6     7     8     9    10    11    12    13    14    15
  33.72 38.34 41.32 40.70 32.43 29.25 27.64 30.92 44.40 43.19 33.64 34.20 38.26 43.17 44.79
<略>
    226   227   228   229   230   231   232   233   234   235   236   237   238   239   240
  64.50 72.20 70.18 69.39 79.32 84.38 70.57 89.75 80.38 75.72 80.76 81.55 95.24 92.85 91.13
```

套件 {rms} 函數 **predict ( )** 根據適配迴歸模型預測觀察值在反應變數的分
數：

```
> pre.y = round (predict (out), 2)
> pre.y
    1     2     3     4     5     6     7     8     9    10    11    12    13    14    15
33.72 38.34 41.32 40.70 32.43 29.25 27.64 30.92 44.40 43.19 33.64 34.20 38.26 43.17 44.79
<略>
  226   227   228   229   230   231   232   233   234   235   236   237   238   239   240
64.50 72.20 70.18 69.39 79.32 84.38 70.57 89.75 80.38 75.72 80.76 81.55 95.24 92.85 91.13
```

資料框架物件中觀察值學習成就真實的分數為：

```
> edata [,7]
  [1]   20  20  27  29  29  35  36  36  37  38  38  38  40  40  40  40  41  42
 [19]   44  44  46  46  46  46  46  46  46  47  47  47  47  47  47  47  47  48
<略>
[217]   74  74  74  74  74  75  75  75  75  76  76  76  76  61  68  71  92  95
[235]   97  98  97  99  99 101
```

套件 {rms} 函數 **residuals ( )** 輸出適配模型預測的殘差值，殘差值為負數表
示預測分數大於真實測量值，殘差值為正數表示預測分數小於真實測量值：

```
> round (residuals (out), 2)
      1       2       3       4       5       6       7       8       9      10      11      12
 -13.72  -18.34  -14.32  -11.70   -3.43    5.75    8.36    5.08   -7.40   -5.19    4.36    3.80
<略>
    229     230     231     232     233     234     235     236     237     238     239     240
   6.61  -18.32  -16.38    0.43    2.25   14.62   21.28   17.24   15.45    3.76    6.15    9.87
```

真實反應變數 y 值與適配迴歸模型預測反應變數 ŷ 值間的差異值為預測殘
差，真實分數 y 值與迴歸預測分數 ŷ 間的差異值與直接使用函數 **residuals ( )** 回
傳的參數值是相同的：

```
> pre.y = round (predict (out), 2)
> tre.y = edata [,7]
> error = tre.y-pre.y
```

```
> error
     1       2      3      4      5      6      7      8      9     10     11     12
-13.72 -18.34 -14.32 -11.70  -3.43   5.75   8.36   5.08  -7.40  -5.19   4.36   3.80
<略>
   229    230    231    232    233    234    235    236    237    238    239    240
  6.61 -18.32 -16.38   0.43   2.25  14.62  21.28  17.24  15.45   3.76   6.15   9.87
```

將預測值與殘差值 (預測誤差值) 的分數以變數名稱增列於原資料框架物件中：

```
> edata$ 誤差值 = round (residuals (out), 2)
> head (edata)
  性別 課堂專注 讀書時間 學習動機 家庭資本 學習策略 學習成就 預測值  誤差值
1  1       7        8        7       10       6       20    33.72  -13.72
2  1       6       10       11       11       4       20    38.34  -18.34
3  1       9       10        7       12      13       27    41.32  -14.32
4  1       5       14        8       12       4       29    40.70  -11.70
5  1       5       13        7        5      14       29    32.43   -3.43
6  1       5        9        9        5      10       35    29.25    5.75
```

使用套件 **{ggplot2}** 函數 **ggplot ( )** 繪製殘差值直方圖，引數 bins 設定為 11，表示直方圖分為 11 個組距、直方圖內顏色為灰色、直方圖邊框顏色為藍色 (引數為 color)、線條型態為實線 (引數 lty)、線條寬度為 1 (引數為 lwd)：

```
> library (ggplot2)
> ggplot (edata, aes (x = 誤差值)) + geom_histogram (bins = 11, fill = "gray", color =
   "blue", lty = 1, lwd = 1)
```

迴歸模型的殘差值直方圖如下：

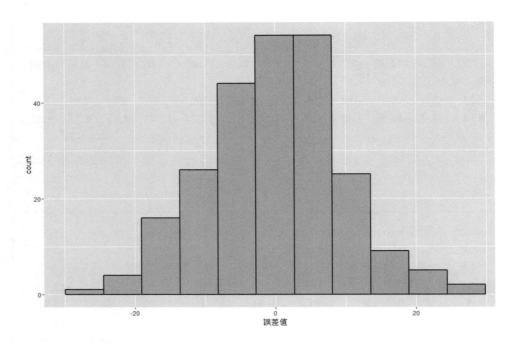

函數 **ggplot ( )** 不同引數設定繪製的殘差圖：

> ggplot (edata, aes (x = 誤差值)) + geom_histogram (bins = 15, fill = "yellow", color = "blue", lty = 2, lwd = 1)

迴歸模型的殘差值直方圖如下：

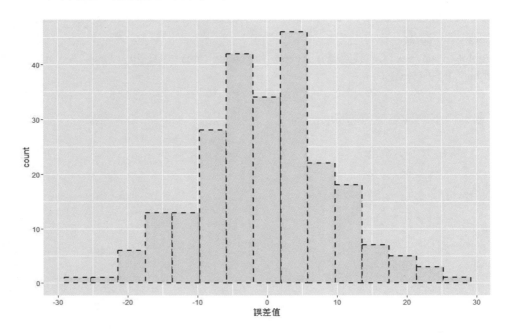

套件 {rms} 函數 **vif ( )** 可以根據資料框架物件之自變數的共變異數矩陣估算迴歸模型中的變異數膨脹因子 (variance inflation factors)，以判別是否有多元共線性問題：

```
> round (vif (out), 3)
     性別     課堂專注     讀書時間     學習動機     家庭資本     學習策略
    1.344      1.868       1.806        1.856        1.898        2.026
```
[說明]：六個自變數的 **VIF** 參數值均小於 **10**，表示複迴歸分析程序中沒有多元共線性問題。

伍、迴歸樹

反應變數為計量變數之預測模型，除可採用複迴歸分析程序外，也可以使用決策樹分析程序。

預測變數為學生「性別」、「課堂專注」、「讀書時間」、「學習動機」、「家庭資本」、「學習策略」等六個 (變數索引 1 至 6)，依變數 (效標變數或目標變數) 為「學習成就」(變數索引 7)，「性別」變數為二分類別變數，水準數值 0 為男生群組、水準數值 1 為女生群組，其餘變數均為計量變數，試算表資料檔為「regt1.csv」，資料框架物件名稱為 temp。

使用基本套件函數 **cor ( )** 求出計量變數間的相關矩陣，相關矩陣對角線數值為 1.000：

```
> round (cor (temp [,c (2:7)]), 3)
```

	課堂專注	讀書時間	學習動機	家庭資本	學習策略	學習成就
課堂專注	1.000	0.407	0.569	0.483	0.513	0.486
讀書時間	0.407	1.000	0.472	0.412	0.631	0.585
學習動機	0.569	0.472	1.000	0.506	0.533	0.624
家庭資本	0.483	0.412	0.506	1.000	0.354	0.675
學習策略	0.513	0.631	0.533	0.354	1.000	0.534
學習成就	0.486	0.585	0.624	0.675	0.534	1.000

一、套件 {GGally} 相關矩陣圖函數

套件 {GGally} 函數 **ggpairs ( )** 可以根據標的資料框架物件求出相關矩陣

圖，函數 **ggpairs ( )** 基本語法為：

ggpairs (data, title = "", upper = list (continuous = "cor", combo = "box", discrete = "facetbar", na = "na"), lower = list (continuous = "points", combo = "facethist", discrete = "facetbar", na = "na"), diag = list (continuous = "densityDiag", discrete = "barDiag", na = "naDiag"), axisLabels = c ("show", "internal", "none"), legends = FALSE, verbose = NULL))

引數 data 為標的資料檔，變數資料內容可以為數值與類別。

引數 title 界定圖形的標題。

引數 upper 界定上三角矩陣的輸出內容，內定選項為 upper = list (continuous = "cor")，表示計量變數輸出相關係數。

引數 lower 界定下三角矩陣的輸出內容，內定選項為 lower = list (continuous = "points")，表示計量變數輸出配對變數間的散佈圖。

引數 diag 界定矩陣對角線的輸出內容，內定選項為 diag = list (continuous = "densityDiag")，表示對角線輸出變數本身的密度變化圖。

引數 axisLabels 界定軸的標記，選項 "show" 顯示軸標記、選項 "internal" 界定在圖的對角線顯示標記、選項 "none" 不顯示軸標記。

引數 legends 為邏輯選項，界定是否在圖中顯示圖例，內定選項為假。

範例變數只擷取變數索引第 4 個至第 7 個 (學習動機、家庭資本、學習策略、學習成就)：

```
> sdata = temp [,c (4:7)]
> names (sdata)
[1] "學習動機" "家庭資本" "學習策略" "學習成就"
```

使用套件 **{GGally}** 函數 **ggpair ( )** 繪製相關矩陣圖，引數採用內定選項，上三角形矩陣為配對變數的相關係數、下三角形矩陣為配對變數的散佈圖，上三角矩陣相關係數使用次函數 **wrap ( )** 設定相關係數值的大小、係數值的顏色 (藍色)：

```
> library (GGally)
> ggpairs (sdata, upper = list (continuous = wrap ("cor", size = 5, color = "blue")))
```

相關矩陣圖如下：

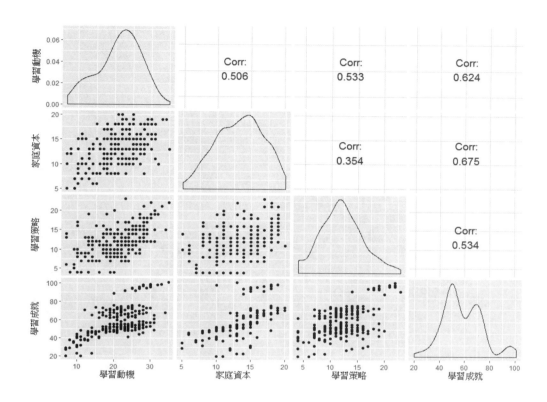

　　範例相關矩陣圖，上三角形矩陣為配對變數的密度圖、顏色為黑色、alpha 值的參數設為 1 (alpha 值的範圍介於 0 至 1 之間，數值愈接近 1，密度線愈清楚)，引數 axisLabels 設定為「="none"」，表示軸的標記隱藏：

```
> ggpairs (sdata, upper = list (continuous = wrap ("density", alpha = 1.0,col = "black"),
  combo = "box"), axisLabels = "none")
```

　　相關矩陣圖如下：

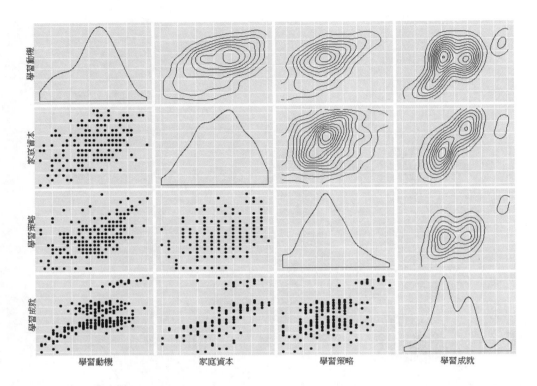

範例的相關矩陣圖中，上三角形矩陣採用內定選項，下三角形矩陣的散佈圖以相關係數估計值取代，參數值的大小為8、顏色為藍色：

```
> ggpairs (sdata, lower = list (continuous = wrap ("cor", size = 8, col = "blue")),
  axisLabels = "none")
```

相關矩陣圖如下 (內定的上三角形矩陣的相關係數值顏色為灰色，比較淡)：

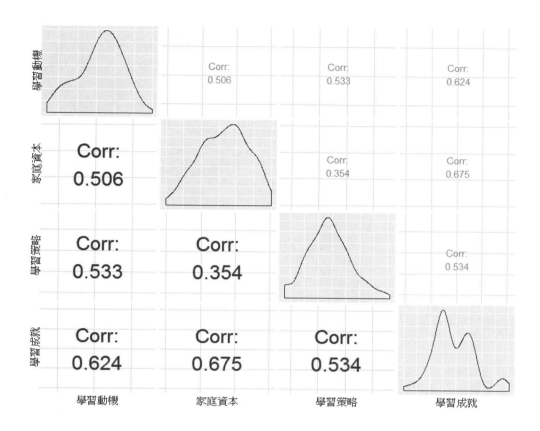

　　範例下三角形矩陣為空白，上三角形矩陣為相關係數，相關係數估計值數值顏色為紅色、字形大小為 7，下三角形矩陣引數 lower 設為「"blank"」，計量變數共有六個：

```
> ggpairs (temp [,2:7], upper = list (continuous = wrap ("cor", col = "red", size = 7),
  combo = "box"), axisLabels = "none", lower = "blank")
```

　　相關矩陣圖如下：

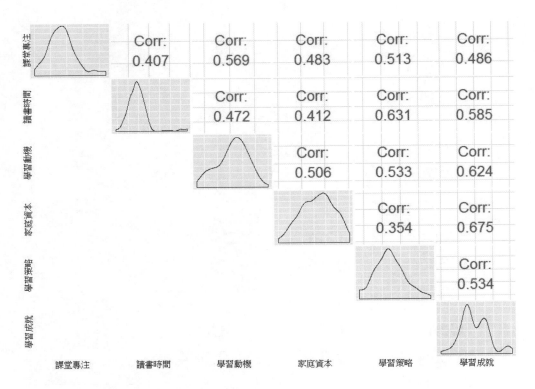

　　套件 {GGally} 函數 ggcorr ( ) 可以求出相關矩陣幾何圖，函數 ggcorr ( ) 基本語法為：

　　ggcorr (data, method = c ("pairwise", "pearson"), digits = 2, low = "#3B9AB2", mid = "#EEEEEE", high = "#F21A00", midpoint = 0, geom = "tile", min_size = 2, max_size = 6, label = FALSE, label_alpha = FALSE, label_color = "grey75", label_round = 1, label_size = 4, legend.position = "right", legend.size = 9)

　　引數 data 為資料框架物件或包含計量變數的矩陣。

　　引數 method 為二個文字串向量，第一個文字串界定遺漏值的處理、第二個文字串界定相關係數的型態，內定選項為「"pearson"」，另二個選項為「"kendall"」、「"spearman"」。

　　引數 digits 顯示相關係數斷開的位數個數，內定的參數值為 2。

　　引數 low 界定相關係數連續尺度下方顏色，內定選項為「"#3B9AB2"」(藍色)。

　　引數 mid 界定相關係數連續尺度中間點顏色，內定選項為「"#EEEEEE"」(淡灰色)。

引數 high 界定相關係數連續尺度上方顏色，內定選項為「"#F21A00"」(紅色)。

引數 midpoint 界定相關係數連續尺度中間數值參數，內定參數值為 0。

引數 geom 界定幾何圖物件，內定選項為「"tile"」(瓦磚圖案)，其餘選項包括「"circle"」(圓形圖案)、「"text"」(文字)、「"blank"」(空白)。

引數 min_size 為幾何圖形狀設定圓形時最小圓的大小，內定選項參數值為 2。

引數 max_size 為幾何圖形狀設定圓形時最大圓的大小，內定選項參數值為 6。

引數 label 界定是否增列相關係數值在幾何圖中，內定選項為假。

引數 label_alpha 界定相關係數估計值接近 0 時，是否採用漸進透明方式呈現，內定選項為假。

引數 label_color 界定相關係數值的顏色，內定選項為「"grey75"」。

引數 label_round 界定相關係數小數點的位數，內定參數值為 1，表示四捨五入至小數第一位。

引數 label_size 界定相關係數估計值字形的大小，內定參數值為 4。

引數 legend.position 設定相關係數圖例位置，內定選項為「"right"」。

引數 legend.size 設定標記與圖例標題的大小，內定參數值為 9。

範例的資料框架物件包含變數索引第 2 個至第 7 個 (第一個索引變數性別為因子變數，不是計量變數)，函數 **ggcorr ( )** 的引數 label 設定為真，表示幾何圖中輸出相關係數，引數 label_round 的參數值設定等於 3，表示相關係數值四捨五入至小數第三位、引數 label_size 的參數值為 6，表示相關係數字級的大小為 6 (參數值愈大，字級愈大)：

```
> sdata = temp [,c (2:7)]
> ggcorr (sdata, label = TRUE, label_round = 3, label_size = 6)
```

相關係數幾何圖如下：

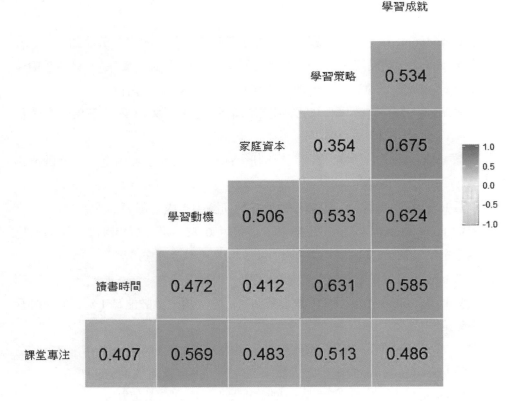

　　範例的資料框架物件包含變數索引第 2 個至第 7 個，函數 **ggcorr ( )** 增列引數 nbreak，參數值設為 4，表示相關係數分為四個階層，引數 palette 設為「"RdGy"」，幾何圖顏色為自訂調色板，取代原始上、中、下三層顏色，相關係數估計值顏色為白色：

```
> ggcorr (sdata, nbreak = 4, palette = "RdGy", label = TRUE, label_size = 6, label_color
  = "white", label_round = 3)
```

　　相關係數幾何圖如下，四個相關係數組距為 -1.00～-0.50 (圖形顏色為紅色)、-0.50 (未包含)～0.00、0.00 (未包含)～0.50 (0.01-0.50，圖形顏色為灰色)、0.50 (未包含)~1.00 (0.51-1.00，圖形顏色為黑色)，矩陣階層圖參數值標記符號中「[」表示包含該參數值大小、「(」不包含該參數值大小，如 (0,0.5] 組距為相關係數大於 0.00 至 0.5 間。

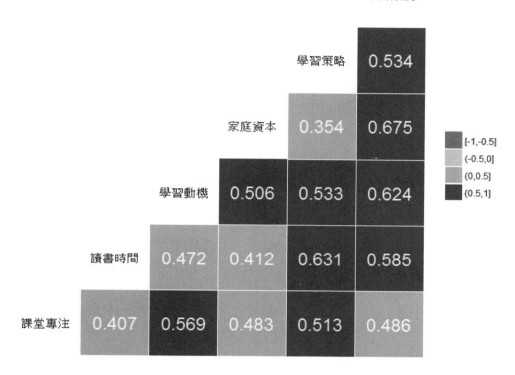

範例引數 geom 選項設為「"circle"」(圓形)，表示幾何圖形為圓形，引數 nbreak 的參數值設為 5，表示相關係數分為五個組距、最小圓形的大小為 1、最大圓形的大小為 10、下層顏色為藍色、中間層顏色為綠色、下層顏色為黑色：

```
> ggcorr (sdata, geom = "circle", nbreak = 5, min_size = 1, max_size = 10, low = "blue",
  mid = "green", high = "black")
```

相關矩陣幾何圖形如下，圖示中圓形愈大對應的相關係數絕對值也愈大，其中家庭資本與學習成就 (r = 0.675)、學習動機與與學習成就 (r = 0.624)、讀書時間與學習策略 (r = 0.631) 配對變數間的相關係數值較大：

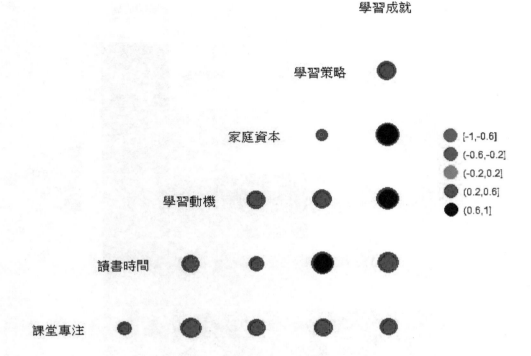

範例 **ggcorr ( )** 函數之引數 geom 選項設為「"text"」(文字)，表示幾何圖直接輸出相關係數估計值：

```
> ggcorr (sdata, geom = "text", label = TRUE, label_size = 6, label_color = "blue",
  label_round = 3)
```

相關矩陣幾何圖如下：

學習成就

學習策略　0.534

家庭資本　0.354　0.675

學習動機　0.506　0.533　0.624

讀書時間　0.472　0.412　0.631　0.585

課堂專注　0.407　0.569　0.483　0.513　0.486

二、迴歸樹模型

使用套件 **{rpart}** 函數 **rpart ( )** 建構迴歸樹模型，模型物件名稱設定為 regt1，引數採用內定選項：

```
> regt1 = rpart(學習成就~性別 + 課堂專注 + 讀書時間 + 學習動機 + 家庭資本 + 學習策略, data = temp, method = "anova")
> summary (regt1)
```

Variable importance

家庭資本	學習動機	學習策略	讀書時間	課堂專注	性別
29	18	16	15	12	10

[說明]：依照解釋變數對反應變數學習成就預測分類的高低，其重要性依序為家庭資本、學習動機、學習策略、讀書時間、課堂專注、性別，最重要的預測分類變數為家庭資本，最不重要的預測分類變數為學生性別。

Node number 1: 240 observations,　complexity param = 0.387091

　mean = 58.15833, MSE = 249.3083

　left son = 2 (123 obs) right son = 3 (117 obs)

　Primary splits:

　　家庭資本 < **13.5 to the left, improve = 0.3870910, (0 missing)**

　　學習動機 < **14.5 to the left, improve = 0.3015209, (0 missing)**

> 讀書時間 < **18.5 to the left, improve = 0.2376465, (0 missing)**
> 學習策略 < **17.5 to the left, improve = 0.2372731, (0 missing)**
> 課堂專注 < **10.5 to the left, improve = 0.1971486, (0 missing)**

[說明]：第一次主要分割，六個解釋變數預測分類達到統計顯著的變數有五個 (參與競爭的解釋變數個數)，依改進值估計量高低依序為：家庭資本 (改進值 = **0.387**)、學習動機 (改進值 = **0.302**)、讀書時間 (改進值 = **0.238**)、學習策略 (改進值 = **0.237**)、課堂專注 (改進值 = **0.197**)。第一次主要分割中「家庭資本 < **13.5**」分割準則之改進值為 **0.387**，在五個分割準則中改進值最大，因而以家庭資本變數作為分割解釋變數，左子節點的分割條件為「家庭資本」「家庭資本 < **13.5**」、右子節點的分割條件為「家庭資本 ≥ **13.5**」。

<略>

函數內定最大代理分割引數 maxsurrogate 的參數值為 5、使用代理分割引數 usesurrogate 的參數值為 2，範例函數語法取消代理分割程序，二個引數的參數均設定為 0；引數最大競爭分割變數 maxcompete 內定值為 4，範例設定為 1，界定主要分割時除改進值最大的解釋變數外，最多再出現一個競爭分割的解釋變數，複雜度 cp 值內定參數為 0.01：

```
> regt11 = rpart (學習成就~性別 + 課堂專注 + 讀書時間 + 學習動機 + 家庭資本
  + 學習策略, data = temp, method = "anova", maxsurrogate = 0, usesurrogate = 0,
  maxcompete = 1)
> print (regt11)
n = 240
node), split, n, deviance, yval
    * denotes terminal node
 1) root 240 59833.9800 58.15833
  2) 家庭資本 < 13.5 123 14368.0200 48.57724
    4) 學習動機 < 13.5 30  1583.8670 37.06667 *
    5) 學習動機 >= 13.5 93  7527.1610 52.29032
     10) 家庭資本 < 11.5 59  2798.5080 49.30508 *
     11) 家庭資本 >=  11.5 34  3290.4710 57.47059 *
  3) 家庭資本 >= 13.5 117 22304.7700 68.23077
    6) 學習策略 < 16.5 97 10867.9200 64.71134
     12) 學習動機 < 16.5 10  3010.4000 48.40000 *
     13) 學習動機 >= 16.5 87  4891.1030 66.58621
       26) 家庭資本 < 14.5 13   323.2308 58.53846 *
       27) 家庭資本 >= 14.5 74  3578.0000 68.00000 *
    7) 學習策略 >= 16.5 20  4408.2000 85.30000
     14) 讀書時間 < 18.5 10  2545.6000 77.20000 *
```

15) 讀書時間 >= 18.5 10　550.4000 93.40000 *

[說明]：迴歸樹葉節點的個數有 **8** 個，依分割條件分支，樣本觀察值可以分類為八個群組。節點編號 **4**、**10**、**11**、**12**、**14**、**15**、**26**、**27** 為葉節點。

使用函數 **summary ( )** 輸出各項參數估計值：

```
> summary (regt11)
```
Call:
rpart (formula = 學習成就 ~ 性別 + 課堂專注 + 讀書時間 + 學習動機 +
　　家庭資本 + 學習策略, data = temp, method = "anova", maxsurrogate = 0,
　　usesurrogate = 0, maxcompete = 1)
　n = 240

	CP nsplit	rel error	xerror	xstd
1	0.38709102	0 1.0000000	1.0109699	0.10007240
2	0.11746923	1 0.6129090	0.6752238	0.10003321
3	0.08785957	2 0.4954398	0.6482724	0.09775596
4	0.04957741	3 0.4075802	0.5351221	0.08532937
5	0.02403621	4 0.3580028	0.5297075	0.08227186
6	0.02193068	5 0.3339666	0.5233765	0.08218004
7	0.01654365	6 0.3120359	0.5197360	0.08224096
8	0.01000000	7 0.2954922	0.4642346	0.07646046

[說明]：迴歸樹模型有 **7** 個分割節點，葉節點的個數為 **7 + 1 = 8** 個。

Variable importance
家庭資本　學習動機　學習策略　讀書時間
　　61　　　　**20**　　　　**17**　　　　**3**

[說明]：依照解釋變數對反應變數學習成就預測分類的高低，其重要性依序為家庭資本、學習動機、 學習策略、讀書時間，最重要的預測分類變數為家庭資本。

Node number 1: 240 observations,　complexity param = 0.387091
　mean = 58.15833, MSE = 249.3083
　left son = 2 (123 obs) right son = 3 (117 obs)
　Primary splits:
　　家庭資本 **< 13.5 to the left, improve = 0.3870910, (0 missing)**
　　學習策略 **< 17.5 to the left, improve = 0.2372731, (0 missing)**

[說明]：主要分割變數為家庭資本，分割條件的左子節點為「家庭資本 < 13.5」、分割條件的右子節點為「家庭資本 ≥ 13.5」，改進值為 **0.387**。

Node number 2: 123 observations,　complexity param = 0.08785957
　mean = 48.57724, MSE = 116.8131
　left son = 4 (30 obs) right son = 5 (93 obs)
　Primary splits:
　　學習動機 **< 13.5 to the left, improve = 0.3658813, (0 missing)**

學習策略 < **6.5** to the left, improve = **0.1463986, (0 missing)**
[說明]：主要分割變數為學習動機，分割條件的左子節點為「學習動機 < **13.5**」、
分割條件的右子節點為「學習動機 ≥ **13.5**」，改進值為 **0.366**。

Node number 3: 117 observations, complexity param = 0.1174692
 mean = **68.23077, MSE = 190.6391**
 left son = 6 (97 obs) right son = 7 (20 obs)
 Primary splits:
  學習策略 < **16.5** to the left, improve = **0.3151188, (0 missing)**
[說明]：主要分割變數為學習策略，分割條件的左子節點為「學習策略 < **16.5**」、
分割條件的右子節點為「學習策略 ≥ **16.5**」，改進值為 **0.315**。

Node number 4: 30 observations
 mean = **37.06667, MSE = 52.79556**

Node number 5: 93 observations, complexity param = 0.02403621
 mean = **52.29032, MSE = 80.93722**
 left son = 10 (59 obs) right son = 11 (34 obs)
 Primary splits:
  家庭資本 < **11.5** to the left, improve = **0.1910657, (0 missing)**
  學習策略 < **16.5** to the left, improve = **0.1184442, (0 missing)**
[說明]：主要分割變數為家庭資本，分割條件的左子節點為「家庭資本< **11.5**」、
分割條件的右子節點為「家庭資本 ≥ **11.5**」，改進值為 **0.191**。

Node number 6: 97 observations, complexity param=0.04957741
 mean = **64.71134, MSE = 112.0404**
 left son = 12 (10 obs) right son = 13 (87 obs)
 Primary splits:
  學習動機 < **16.5** to the left, improve = **0.2729515, (0 missing)**
  學習策略 < **7.5** to the left, improve = **0.1474918, (0 missing)**
[說明]：主要分割變數為學習動機，分割條件的左子節點為「學習動機 < **16.5**」、
分割條件的右子節點為「學習動機 ≥ **16.5**」，改進值為 **0.273**。

Node number 7: 20 observations, complexity param = 0.02193068
 mean = **85.3, MSE = 220.41**
 left son = 14 (10 obs) right son = 15 (10 obs)
 Primary splits:
  讀書時間 < **18.5** to the left, improve = **0.2976725, (0 missing)**
  學習策略 < **19.5** to the left, improve = **0.2722803, (0 missing)**
[說明]：主要分割變數為讀書時間，分割條件的左子節點為「讀書時間 < **18.5**」、
分割條件的右子節點為「讀書時間 ≥ **18.5**」，改進值為 **0.298**。

Node number 10: 59 observations
 mean = **49.30508, MSE = 47.43235**
[說明]：葉節點 [10]：觀察值有 59 個，節點平均數為 **49.31**。

Node number 11: 34 observations
 mean = **57.47059, MSE = 96.77855**

[說明]：葉節點 [11]：觀察值有 **34** 個，節點平均數為 **57.47**。

Node number 12: 10 observations

  mean = 48.4, MSE = 301.04

[說明]：葉節點 [12]：觀察值有 **10** 個，節點平均數為 **48.40**。

Node number 13: 87 observations,   complexity param = 0.01654365

  mean = 66.58621, MSE = 56.21958

  left son = 26 (13 obs) right son = 27 (74 obs)

  Primary splits:

    家庭資本 **< 14.5 to the left, improve=0.20238230, (0 missing)**

    學習策略 **< 13.5 to the left, improve=0.09632921, (0 missing)**

[說明]：主要分割變數為家庭資本，分割條件的左子節點為「家庭資本 < 14.5」、分割條件的右子節點為「家庭資本 ≥ 14.5」，改進值為 0.202。

Node number 14: 10 observations

  mean = 77.2, MSE = 254.56

[說明]：葉節點 [14]：觀察值有 **10** 個，節點平均數為 **77.20**。

Node number 15: 10 observations

  mean = 93.4, MSE = 55.04

[說明]：葉節點 [15]：觀察值有 **10** 個，節點平均數為 **93.40**。

Node number 26: 13 observations

  mean = 58.53846, MSE = 24.86391

[說明]：葉節點 [26]：觀察值有 **13** 個，節點平均數為 **58.54**。

Node number 27: 74 observations

  mean = 68, MSE = 48.35135

[說明]：葉節點 [27]：觀察值有 **74** 個，節點平均數為 **68.00**。

使用套件 {rpar} 函數 **path.rpart ( )** 輸出葉節點 (終端節點) 完整的分割路徑，引數 node 界定的數值向量為葉節點編號：

```
> path.rpart (regt11, node = c (4, 10, 11, 12, 14, 15, 26, 27))
 node number: 4
  root
  家庭資本 < 13.5
  學習動機 < 13.5
 node number: 10
  root
  家庭資本 < 13.5
  學習動機 >= 13.5
  家庭資本 < 11.5
 node number: 11
  root
```

家庭資本 < 13.5
學習動機 >= 13.5
家庭資本 >= 11.5
node number: 12
  root
  家庭資本 >= 13.5
  學習策略 < 16.5
  學習動機 < 16.5
node number: 14
  root
  家庭資本 >= 13.5
  學習策略 >= 16.5
  讀書時間 < 18.5
node number: 15
  root
  家庭資本 >= 13.5
  學習策略 >= 16.5
  讀書時間 >= 18.5
node number: 26
  root
  家庭資本 >= 13.5
  學習策略 < 16.5
  學習動機 >= 16.5
  家庭資本 < 14.5
node number: 27
  root
  家庭資本 >= 13.5
  學習策略 < 16.5
  學習動機 >= 16.5
  家庭資本 >= 14.5

上述迴歸樹模型整理如下表:

	規則 1 (葉節點 4)	規則 2 (葉節點 10)	規則 3 (葉節點 11)	規則 4 (葉節點 12)
分類條件	家庭資本 < 13.5 (IP = 0.387) 學習動機 < 13.5 (0.366)	家庭資本 < 13.5 (IP = 0.387) 學習動機 ≥ 13.5 家庭資本 < 11.5 (IP = 0.191)	家庭資本 < 13.5 (IP = 0.387) 學習動機 ≥ 13.5 家庭資本 ≥ 11.5	家庭資本 ≥ 13.5 學習策略 < 16.5 (IP = 0.315) 學習動機 < 16.5 (IP = 0.273)
節點內觀察值個數	30	59	34	10
節點內平均數	37.07	49.31	57.47	48.4
節點離均差平方和	1583.87	2798.51	3290.47	3010.40
	規則 5 (葉節點 26)	規則 6 (葉節點 27)	規則 7 (葉節點 14)	規則 8 (葉節點 15)
分類條件	家庭資本 ≥ 13.5 學習策略 < 16.5 (IP = 0.315) 學習動機 ≥ 16.5 家庭資本 < 14.5 (IP = 0.202)	家庭資本 ≥ 13.5 學習策略 < 16.5 (IP = 0.273) 學習動機 ≥ 16.5 家庭資本 ≥ 14.5	家庭資本 ≥ 13.5 學習策略 ≥ 16.5 讀書時間 < 18.5 (IP = 0.298)	家庭資本 ≥ 13.5 學習策略 ≥ 16.5 讀書時間 ≥ 18.5
節點內觀察值個數	13	74	10	10
節點內平均數	58.54	68.00	77.20	93.40
節點離均差平方和	323.23	3578.00	2545.60	550.40

註：IP 為改進值 (improve)，參數值為節點主要分割之改進值。

使用套件 **{rpart.plot}** 之函數 **prp ( )** 繪製迴歸樹圖形，引數 branch 參數值設定為 1：

```
> library (rpart.plot)
> prp (regt11, type = 4, extra = 1, box.col = 5, branch.lwd = 3, digits = 4, branch = 1,
  leaf.round = 0, cex = 0.9)
```

函數 **prp ( )** 繪製之迴歸樹圖形如下，成長決策樹圖中，葉節點的形狀為矩形 (圓滑度參數為 0)：

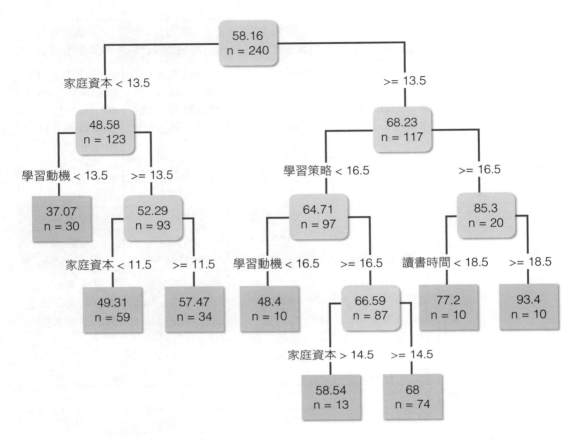

使用套件 {rpart} 函數 residuals ( ) 求出預測分類的殘差值描述性統計量：

```
> summary (residuals (regt11), 2)
     Min.        1st Qu.       Median         Mean        3rd Qu.          Max.
 -26.20000     -3.47100      -0.03333      0.00000       3.11500       48.69000
> round (sd (residuals (regt11)), 3)
[1] 8.601
```
[說明]：預測分類殘差值的標準差為 **8.601**、全距為 **[-26.20，48.69]**，平均數為
0.00。

三、解釋變數重要性檢核

　　使用套件 {caret} 函數 **varImp ( )** 檢核適配迴歸樹模型中解釋變數對反應
變數影響較重要的變數，以函數 **rpart ( )** 建構的決策樹模型為標的物件，函數
varImp ( ) 引數 surrogates 內定選項為假、引數 competes 內定選項為真：

```
> library (caret)
> varImp (regt11, surrogates = FALSE, competes = TRUE)
                Overall
家庭資本 0.7805390
學習動機 0.6388328
學習策略 1.3333359
讀書時間 0.2976725
性別      0.0000000
課堂專注 0.0000000
```
[說明]：函數 **varImp ( )** 引數 **surrogates** 選項設為假、引數 **competes** 選項設為真的條件下，適配迴歸樹模型中解釋變數重要性程度依序為學習策略、家庭資本、學習動機、讀書時間，性別與課堂專注二個解釋變數的影響程度為 **0**，表示適配迴歸樹分割準則中，性別與課堂專注二個解釋變數沒有被納入，重要性影響程度參數值與適配迴歸樹分支條件相同。

　　範例函數 **varImp ( )** 引數 surrogates 與 competes 邏輯選項設為不同情況下的結果：

```
> varImp (regt11, surrogates = TRUE, competes = TRUE)
                Overall
性別      1.262500
家庭資本 2.219157
課堂專注 3.046376
學習動機 3.494206
學習策略 4.436691
讀書時間 3.337883
```
[說明]：函數 **varImp ( )** 引數 **surrogates** 選項設為真、引數 **competes** 選項也設為真的條件下，適配迴歸樹模型中較重要的解釋變數為學習策略、學習動機、讀書時間、課堂專注。
```
> varImp (regt11, surrogates =TRUE, competes = FALSE)
                Overall
性別      1.262500
家庭資本 2.219157
課堂專注 3.046376
學習動機 3.494206
學習策略 3.418473
讀書時間 3.337883
```
[說明]：函數 **varImp ( )** 引數 **surrogates** 選項設為真、引數 **competes** 選項設為假的條件下，適配迴歸樹模型中較重要的解釋變數為學習動機、學習策略、讀書時

間、課堂專注。

```
> varImp (regt11, surrogates = FALSE, competes = FALSE)
              Overall
家庭資本  0.7805390
學習動機  0.6388328
學習策略  0.3151188
讀書時間  0.2976725
性別      0.0000000
課堂專注  0.0000000
```

[說明]：函數 **varImp ( )** 引數 **surrogates** 選項設為假、引數 **competes** 選項也設為假的條件下，適配迴歸樹模型中較重要的解釋變數為家庭資本、學習動機、學習策略、讀書時間。性別與課堂專注的重要性參數值為 **0.000**，表示決策樹成長圖中，這二個解釋變數沒有被納入分支條件中。

四、迴歸樹預測效度

(一) 套件 {rpart}

　　R 軟體迴歸樹分析程序，在模型建構與預測分類效度檢定可使用不同的資料檔 (資料框架物件)，上述迴歸樹模型建構的訓練樣本與預測分類效度檢定的測試樣本為相同的資料框架物件，範例採用系統抽樣法，觀察值序號為 3 的倍數者為測試樣本，其餘觀察值為訓練樣本，引數 minbucket 參數值設為 25、引數 minsplit 參數值設為 50：

```
> alldata = temp
> sub = seq (1, 240, 3)
> testdata = alldata [sub,]
> traindata = alldata [-sub,]
> rpa.fit = rpart (學習成就~性別 + 課堂專注 + 讀書時間 + 學習動機 + 家庭資本 + 學
    習策略, data = traindata, minsplit = 50, minbucket = 25, method = "anova")
> prescore = predict (rpa.fit, testdata, type = "vector")
> testdata$ 預測分數 = round (prescore, 2)
> testdata$ 預測殘差 = round (with (testdata, {學習成就-預測分數}), 2)
> round (summary (testdata [,9]), 2)
   Min.    1st Qu.   Median    Mean    3rd Qu.    Max.
  -33.29    -4.83    -0.68    -0.94     2.83     35.17
> round (sd (testdata [,9]), 3)
[1] 9.829
```

[說明]：預測分類殘差值的標準差為 **9.829**、全距為 **[-33.29, 35.17]**，預測殘差值平均數為 **-0.94**。

輸出迴歸樹分支條件：

```
> print (rpa.fit)
n = 160
node), split, n, deviance, yval
    * denotes terminal node
 1) root 160 40637.770 58.46250
  2) 家庭資本< 14.5 97 14544.190 50.47423
   4) 學習動機 < 15.5 28  2209.714 40.28571 *
   5) 學習動機 >= 15.5 69  8248.435 54.60870
    10) 家庭資本 < 11.5 34  2572.618 50.26471 *
    11) 家庭資本 >= 11.5 35  4410.971 58.82857 *
  3) 家庭資本 >= 14.5 63 10373.430 70.76190
   6) 學習策略 < 13.5 31  1920.387 65.29032 *
   7) 學習策略 >= 13.5 32  6625.875 76.06250 *
```
[說明]：迴歸樹有五個葉節點，四個內部節點，節點編號 **4**、**10**、**11**、**6**、**7** 為葉節點。

使用套件 **{caret}** 函數 **varImp ( )** 檢核以訓練樣本為標的資料檔建構的適配迴歸樹模型中解釋變數影響的重要性程度，函數 **varImp ( )** 引數採用內定選項：

```
> summary (rpa.fit)
Variable importance
 家庭資本   學習動機   讀書時間   課堂專注   學習策略   性別
   41       18        12        12        10       6
> varImp (rpa.fit, surrogates = FALSE, competes = TRUE)
           Overall
性別     0.3804969
家庭資本 0.7579661
課堂專注 0.3422050
學習動機 0.7272676
學習策略 0.1863535
讀書時間 0.3412094
```
[說明]：函數 **varImp ( )** 採用內定選項，以訓練樣本為標的資料檔建構的適配迴歸樹模型中，解釋變數較重要性者為「家庭資本」、「學習動機」，「課堂專注」

與「讀書時間」二個變數影響重要性差不多,計量解釋變數「學習策略」的影響重要性不大。

使用套件 {rpart.plot} 之函數 prp ( ) 繪製迴歸樹圖形,引數 branch 參數值設定為 1:

```
> prp (rpa.fit, type = 4, extra = 1, box.col = 5, branch.lwd = 3, digits = 4, branch = 1,
    leaf.round = 0, cex = 0.9, shadow.col = 1)
```

函數 prp ( ) 繪製之迴歸樹圖形如下,成長決策樹圖中葉節點的形狀為矩形 (圓滑度參數為 0):

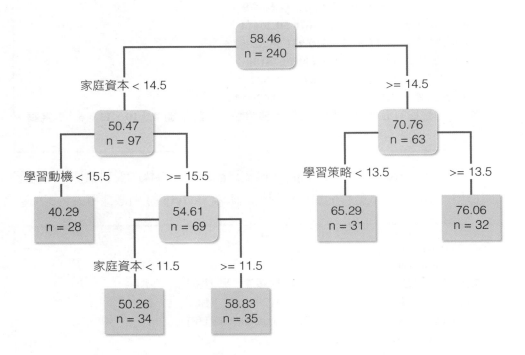

以基本繪圖套件函數 plot ( ) 繪製預測分類殘差的分布圖:

```
> rpa.testdata = testdata
> plot (rpa.testdata$ 預測殘差, type = "l", col = "red")
> grid (col = "black", lwd = 1)
```

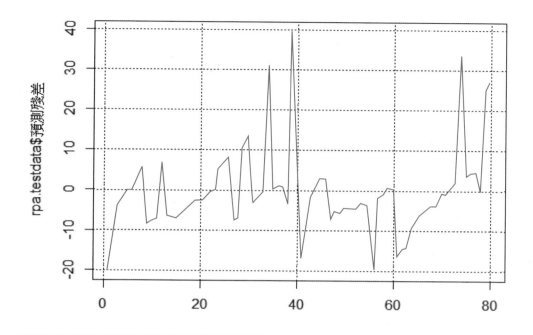

```
> ctr.testdata = testdata
> plot (ctr.testdata$ 預測殘差, type = "l", col = "blue")
> grid (col = "black", lwd = 1)
```

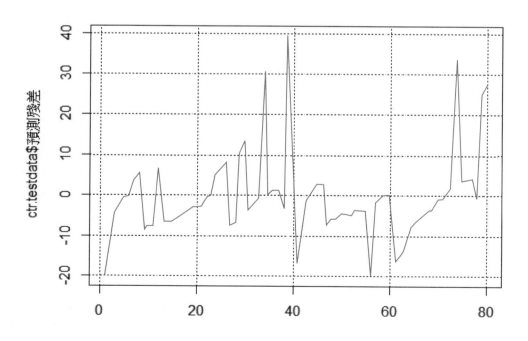

```
> evt.testdata = testdata
> plot (evt.testdata$ 預測殘差, type = "l", col = "black")
> grid (col = "black", lwd = 1)
```

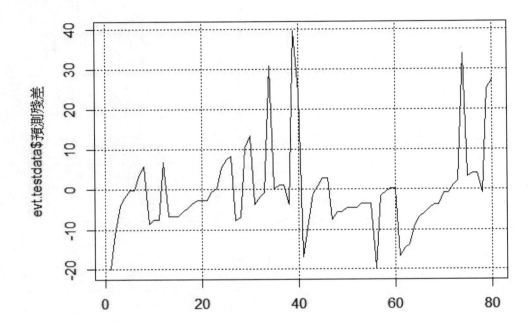

(二) 套件 {partykit}

　　範例使用套件 **{partykit}** 函數 **ctree** ( ) 建構迴歸樹成長圖，引數設定與函數 **rpart** ( ) 相同：

```
> library (partykit)
> alldata = temp
> sub = seq (1, 240, 3)
> testdata = alldata [sub,]
> traindata = alldata [-sub,]
> traindata = as.data.frame (traindata)
> ctr.fit = ctree (學習成就~factor (性別) + 課堂專注 + 讀書時間 + 學習動機 + 家庭資
　　本 + 學習策略, data = traindata, minprob = 0.01, minsplit = 50, minbucket = 25)
> prescore = predict (ctr.fit, testdata, type = "response")
> testdata$ 預測分數 = round (prescore,2)
> testdata$ 預測殘差 = round (with (testdata, {學習成就-預測分數}), 2)
```

```
> round (summary (testdata [,9]), 2)
```

Min.	1st Qu.	Median	Mean	3rd Qu.	Max.
-33.29	-5.21	-1.47	-0.76	4.61	40.71

```
> round (sd (testdata [,9]), 3)
```
[1] 10.433

[說明]：預測分類殘差值的標準差為 **10.433**、全距為 **[-33.29, 40.71]**，預測殘差值平均數 為**-0.76**。

輸出迴歸樹分支條件：

```
> print (ctr.fit)
```
Model formula:
學習成就 ~ **factor** (性別) + 課堂專注 + 讀書時間 + 學習動機 + 家庭資本 +
  學習策略
Fitted party:
[1] root
| [2] 家庭資本 <= 14
| | [3] 讀書時間 <= 14
| | | [4] 學習動機 <= 16: 41.643 (n = 28, err = 3162.4)
| | | [5] 學習動機 > 16: 53.293 (n = 41, err = 2036.5)
| | [6] 讀書時間 > 14: 55.179 (n = 28, err = 6216.1)
| [7] 家庭資本 > 14
| | [8] 學習策略 <= 13: 65.290 (n = 31, err = 1920.4)
| | [9] 學習策略 > 13: 76.062 (n = 32, err = 6625.9)
Number of inner nodes: 4
Number of terminal nodes: 5

[說明]：迴歸樹有五個葉節點，四個內部節點，節點編號 **4、5、6、8、9** 為葉節點。

(三) 套件 {evtree}

範例使用套件 **{evtree}** 函數 **evtree ( )** 建構迴歸樹成長圖，引數設定與函數 **rpart ( )** 相同：

```
> library (evtree)
> alldata = temp
> sub = seq (1, 240, 3)
> testdata = alldata [sub,]
> traindata = alldata [-sub,]
```

```
> evt.fit = evtree (學習成就~factor( 性別) + 課堂專注 + 讀書時間 + 學習動機 + 家庭
    資本 + 學習策略, data = traindata, minsplit = 50, minbucket = 25)
> prescore = predict (evt.fit, testdata, type = "response")
> testdata$ 預測分數 = round (prescore, 2)
> testdata$ 預測殘差 = round (with (testdata, {學習成就-預測分數}), 2)
> round (summary (testdata [,9]), 2)
```
Min.	1st Qu.	Median	Mean	3rd Qu.	Max.
-20.13	-5.67	-2.37	-0.44	1.41	39.39
```
> round (sd (testdata [,9]), 3)
```
[1] 10.786
[說明]：預測分類殘差值的標準差為 **10.786**、全距為 **[-20.13, 39.39]**，預測殘差值
平均數為 **-0.44**。

輸出迴歸樹分支條件：

```
> print (evt.fit)
```
Model formula:
學習成就 ~ **factor** (性別) + 課堂專注 + 讀書時間 + 學習動機 + 家庭資本 +
    學習策略
Fitted party:
[1] root
| **[2]** 學習動機 < 16: **40.133 (n = 30, err = 2347.5)**
| **[3]** 學習動機 >= 16
| | **[4]** 家庭資本 < 15: **54.609 (n = 69, err = 8248.4)**
| | **[5]** 家庭資本 >= 15: **71.836 (n = 61, err = 8028.4)**
Number of inner nodes: 2
Number of terminal nodes: 3
[說明]：迴歸樹有三個葉節點，二個內部節點，節點編號 **2**、**4**、**5** 為葉節點。

以基本繪圖套件函數 **plot** ( ) 繪製函數 **rpart** ( ) 建構模型對測試樣本預測分
類殘差值的變化圖：

```
> rpa.testdata = testdata
> plot (rpa.testdata$ 預測殘差, type = "l", col = "red")
> grid (col = "black", lwd = 1)
```

圖形中線條引數顏色為紅色：

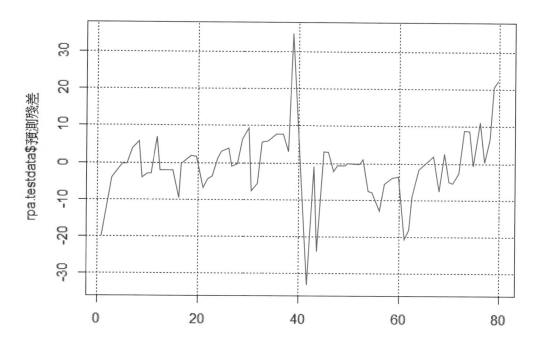

以基本繪圖套件函數 **plot ( )** 繪製函數 **ctree ( )** 建構模型對測試樣本預測分類殘差值的變化圖：

```
> ctr.testdata = testdata
> plot (ctr.testdata$ 預測殘差, type = "l", col = "blue")
> grid (col = "black", lwd = 1)
```

圖形中線條引數顏色為灰色：

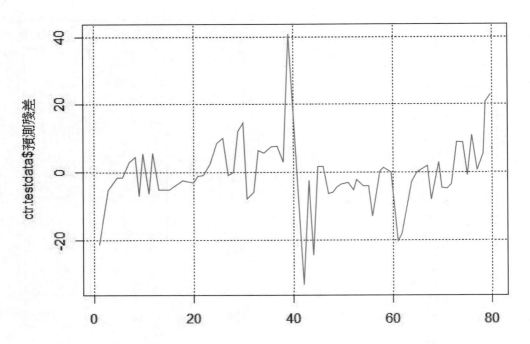

　　以基本繪圖套件函數 **plot ( )** 繪製函數 **evtree ( )** 建構模型對測試樣本預測分類殘差值的變化圖：

```
> evt.testdata = testdata
> plot (evt.testdata$ 預測殘差, type = "l", col = "black")
> grid (col = "black", lwd = 1)
```

　　圖形中線條引數顏色為黑色：

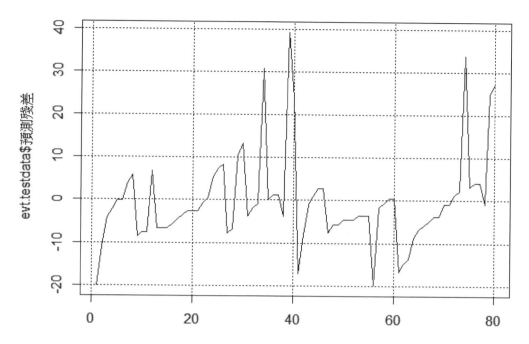

將三種不同套件函數建構的迴歸樹模型對測試樣本預測分類的殘差值，分別以「預測殘差 1」、「預測殘差 2」、「預測殘差 3」變數同時增列於資料框架物件中：

```
> errordata = alldata [sub,]
> errordata$ 預測殘差 1 = rpa.testdata$ 預測殘差
> errordata$ 預測殘差 2 = ctr.testdata$ 預測殘差
> errordata$ 預測殘差 3 = evt.testdata$ 預測殘差
> errordata$NUM = c (1:80)
> head (errordata)
   性別 課堂專注 讀書時間 學習動機 家庭資本 學習策略 學習成就 預測殘差 1 預測殘差 2 預測殘差 3 NUM
1  女生    7      8       7      10      6      20    -20.29    -21.64    -20.13  1
4  女生    5      14      8      12      4      29    -11.29    -12.64    -11.13  2
7  女生    6      5       9      7       5      36    -4.29     -5.64     -4.13   3
10 男生    7      8       8      13      4      38    -2.29     -3.64     -2.13   4
13 男生    7      8       10     9       4      40    -0.29     -1.64     -0.13   5
16 男生    11     11      10     10      16     40    -0.29     -1.64     -0.13   6
```

三個預測殘差值使用套件 {ggplot2} 函數 ggplot ( ) 與函數 geom_line ( ) 可以同時繪製在圖形視窗中：

```
> library (ggplot2)
> ggplot (errordata, aes (NUM, 預測殘差 1)) + geom_line (color = "red") + geom_line
  (aes (NUM, 預測殘差 2), color = "blue") + geom_line (aes (NUM, 預測殘差 3), color
  = "black")
```

殘差分布圖中，「預測殘差 1」線條顏色為藍色、「預測殘差 2」線條顏色為灰色、「預測殘差 3」線條顏色為黑色：

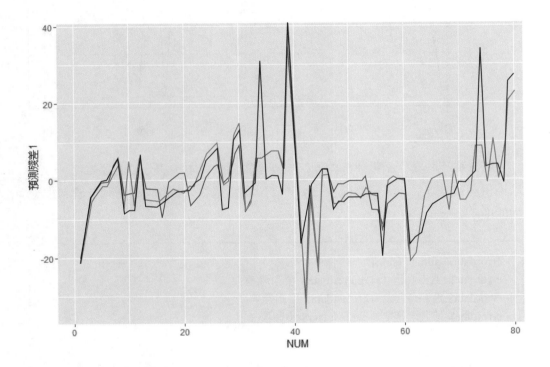

Chapter 12

邏輯斯迴歸分析與分類樹

邏輯斯迴歸程序與複迴歸程序的差別在反應變數的變數屬性，複迴歸模型中的反應變數為計量變數、邏輯斯迴歸模型 (logistic regression models) 中的反應變數為二分類別變數，水準數值分為二個群組，邏輯斯迴歸分析程序一般採最大概似估計法 (maximum likelihood estimation)。邏輯斯迴歸分析模型圖如下，左邊圖示有三個預測變數，右邊圖示有六個預測變數：家庭型態、家人支持、學習動機、家庭資本、學習成就、投入程度。

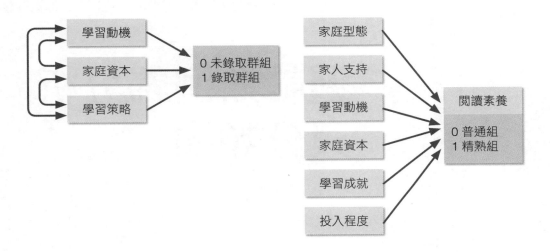

壹、邏輯斯迴歸分析

一、資料框架物件解析

　　範例邏輯斯迴歸分析的資料檔為試算表類型，檔名為「read.xlsx」，資料檔內有八個變數，使用套件 **{xlsx}** 函數 **read.xlsx ( )** 匯入資料檔，資料框架物件名稱設定為 dread，以文字向量標記變數名稱為中文，使用 **sample ( )** 函數從 240 位觀察值中隨機抽取 6 位樣本觀察值 (N = 240)：

```
> library (xlsx)
> dread = read.xlsx ("read.xlsx", 1)
> names (dread)
[1] "home" "supp" "moti" "hocc" "score" "invo" "read2" "read3"
> names (dread) = c ("家庭型態", "家人支持", "學習動機", "家庭資本", "學習成就", "投入程度", "閱讀素養 A", "閱讀素養 B")
> dread [sample (1:240, 6),]
```

	家庭型態	家人支持	學習動機	家庭資本	學習成就	投入程度	閱讀素養 A	閱讀素養 B
23	1	17	15	15	46	16	0	0
238	0	17	30	18	99	40	1	2
191	1	18	27	16	58	30	1	2
122	1	10	24	13	54	14	0	1
66	1	15	26	13	54	13	0	0
119	0	14	25	13	53	14	0	1

使用套件 **{readxl}** 函數 **read_excel ( )** 也可以匯入原始試算表資料檔,如果先執行功能表「檔案」/「變更現行目錄」程序,指定匯入的路徑,則函數中不用指定路徑:

函數 **read_excel ( )** 基本語法為:

read_excel (path, sheet = 1, col_names = TRUE, skip = 0)

引數 path 界定 xls/xlsx 類型檔案的路徑與資料檔名稱。引數 sheet 界定資料檔建置在第幾個工作表,選項可以輸入工作表名稱或工作表次序的整數值,內定的數值為 1,表示資料檔存在第一個工作表內。引數 col_names 為邏輯選項,內定選項為真 (TRUE),表示使用工作表中的第一列作為變數名稱,選項界定為假,資料檔匯入主控台後,變數名稱內定為 X0、X1、……、Xn。引數 skip 設定讀取試算表工作表時,跳過前幾個橫列的資料列,內定的參數值為 0。

```
> library (readxl)
> testdata = read_excel ("D:/RDATA/read.xlsx", 1)
> names (testdata)
[1] "home" "supp" "moti" "hocc" "score" "invo" "read2" "read3"
```

範例資料檔試算表檔案存放的路徑為「D:/RDATA/」如果要省略路徑參數,可以執行功能表列「檔案」/「變更現行目錄」程序,點選 D 磁碟機資料夾 RDATA (試算表資料檔存放的位置資料夾)。

省略指定路徑的語法函數為:

```
> testdata = read_excel ("read.xlsx", 1)
> head (testdata)
    home  supp  moti  hocc  score  invo  read2  read3
1   1     7     7     10    20     8     0      0
```

2	1	6	11	11	20	10	1	0
3	1	9	7	12	27	10	0	0
4	1	5	8	12	29	14	0	0
5	1	5	7	5	29	13	0	0
6	1	5	9	5	35	9	0	0

以獨立樣本 t 檢定探究不同「閱讀素養 A」二個水準數值群組 (水準數值編碼 0、1) 在計量解釋變數的差異比較，R 編輯器視窗的語法指令為：

```
[1] eread = read.csv ("read.csv", header = T)
[2] names (eread) = c ("家庭型態", "家人支持", "學習動機", "家庭資本", "學習成就", "投入程度", "閱讀素養 A", "閱讀素養 B")
[3] for (i in 2:6)
[4] {
[5]   cat ("[檢定依變數] = ", names (eread [i]), "\n")
[6]   var.m =var.test (eread [,i]~ eread [,7], data = eread)
[7]   if (var.m$p.value >= 0.05) {
[8]     test.m = t.test (eread [,i]~ eread [,7],data = eread, var.equal = T)
[9]     cat ("變異數檢定 F 值顯著性 = ",round (var.m$p.value, 3),"--假設二個群體變異數相等", "\n")
[10]} else {test.m = t.test (eread [,i]~ eread [,7], data = eread, var.equal = F)
[11] cat ("變異數檢定 F 值顯著性 = ",round (var.m$p.value, 3),"--假設二個群體變異數不相等", "\n")}
[12] cat ("t 值統計量 = ",round (test.m$statistic, 3),"--顯著性 p 值 = ",round (test.m$p.value, 3), "\n")
[13] cat ("群組平均數=",round(test.m$estimate,2),"\n")
[14] cat ("-------------------------------------------","\n")
```

語法指令 [6] 列使用 **var.test ( )** 函數執行二個群組變異數差異檢定程序，[7] 列以邏輯判別程序物件 F 值統計量的顯著性 p 值是大於等於 0.05，結果如果為真，則函數 **t.test ( )** 引數 var.equal 選項設定為真「= T」，因子變數二個水準群組的變異數相等；當 [7] 列邏輯結果為假時 (變異數檢定 F 值統計量的顯著性 p 值小於 0.05)，[10] 列函數 **t.test ( )** 引數 var.equal 選項設定為假「= F」，因子變數二個水準群組的變異數不相等。

R 主控台執行 R 編輯器語法指令結果如下：

```
> for (i in 2:6)
+ {
<略>
+ }
[檢定依變數] = 家人支持
變異數檢定 F 值顯著性 = 0.269 --假設二個群體變異數相等
t 值統計量 = -2.723 --顯著性 p 值 = 0.007
群組平均數 = 12.9 14.4
[說明]:「閱讀素養 A」二個水準數值 0 (普通程度)、1 (精熟程度) 群組,在家
人支持計量變數的平均數分別為 12.90、14.40,平均數差異檢定統計量 t 值=
-2.723,顯著性 p = 0.007 < .05,達到統計顯著水準,「精熟程度」組在家人支持
的平均數顯著高於「普通程度」組的平均數。
-------------------------------------------
[檢定依變數]= 學習動機
變異數檢定 F 值顯著性 = 0.072 --假設二個群體變異數相等
t 值統計量 = -5.939 --顯著性 p 值 = 0
群組平均數 = 19.18 23.5
-------------------------------------------
[檢定依變數] = 家庭資本
變異數檢定 F 值顯著性 = 0.487 --假設二個群體變異數相等
t 值統計量 = -13.58 --顯著性 p 值 = 0
群組平均數 = 10.65 16.23
-------------------------------------------
[檢定依變數] = 學習成就
變異數檢定 F 值顯著性 = 0.002 --假設二個群體變異數不相等
t 值統計量 = -12.107 --顯著性 p 值 = 0
群組平均數 = 49.44 69.55
-------------------------------------------
[檢定依變數] = 投入程度
變異數檢定 F 值顯著性 = 0 --假設二個群體變異數不相等
t 值統計量 = -9.322 --顯著性 p 值 = 0
群組平均數 = 11.9 22.1
-------------------------------------------
```

範例探討不同家庭型態受試者在計量解釋變數的平均數差異檢定,因子變數家庭型態的水準數值編碼為 0、1,二個水準數值標記為「完整家庭」「單親家庭」群組,R 編輯器語法指令的因子變數以數值向量物件 group2 表示:

```
eread = read.csv ("read.csv",header = T)
names (eread) = c ("家庭型態", "家人支持", "學習動機", "家庭資本", "學習成就
", "投入程度", "閱讀素養 A", "閱讀素養 B")
group2 = eread$ 家庭型態
for (i in 2:6)
{
cat ("[檢定依變數] = ",names (eread [i]),"--[因子變數] = ",names (eread [1]), "\n")
var.m = var.test (eread [,i]~ group2, data = eread)
if (var.m$p.value >= 0.05) {
 test.m = t.test (eread [,i]~ group2, data = eread, var.equal = T)
cat ("變異數檢定 F 值顯著性 = ",round (var.m$p.value, 3),"--假設二個群體變異數
相等", "\n")
 } else {test.m = t.test (eread [,i]~group2, data = eread, var.equal = F)
cat ("變異數檢定 F 值顯著性=",round (var.m$p.value, 3),"--假設二個群體變異數
不相等", "\n")}
cat ("t 值統計量 = ",round (test.m$statistic, 3),"--顯著性 p 值 = ",round (test.m$p.
value, 3), "\n")
cat ("群組平均數 = ",round (test.m$estimate, 2), "\n")
cat ("------------------------------------------", "\n")
```

R 主控台執行 R 編輯器語法指令結果如下：

```
> group2 = eread$ 家庭型態
> for (i in 2:6)
+ {
<略>
+ }
[檢定依變數] = 家人支持 --[因子變數] = 家庭型態
變異數檢定 F 值顯著性 = 0.023 --假設二個群體變異數不相等
t 值統計量 = 0.424 --顯著性 p 值= 0.672
群組平均數 = 13.67 13.43
[說明]：「家庭型態」二個水準數值 0 (完整家庭組)、1 (單親家庭組) 群組，在
「家人支持」計量變數的平均數分別為 13.67、13.43，平均數差異檢定統計量 t 值
= 0.424，顯著性 p = 0.672 > .05，未達統計顯著水準，表示「精熟程度」組在家人
支持的平均數與「普通程度」組平均數沒有顯著不同。
------------------------------------------
[檢定依變數] = 學習動機 --[因子變數] = 家庭型態
變異數檢定 F 值顯著性 = 0.891 --假設二個群體變異數相等
t 值統計量 = 3.057 --顯著性 p 值 = 0.002
```

群組平均數 = **22.23 19.91**

[說明]:「家庭型態」二個水準數值 **0** (完整家庭組)、**1** (單親家庭組) 群組,在「學習動機」計量變數的平均數分別為 **22.23**、**19.91**,平均數差異檢定統計量t 值 = **3.057**,顯著性 **p = 0.002 < .05**,達到統計顯著水準,表示「完整家庭」組在學習動機的平均數顯著高於「單親家庭」組的平均數,二個群組平均數差異值顯著不等於 **0**

\-

[檢定依變數] = 家庭資本 --[因子變數] = 家庭型態

變異數檢定 **F** 值顯著性 = **0.811** --假設二個群體變異數相等

t 值統計量 = **9.476** --顯著性 **p** 值 = **0**

群組平均數 = **15.3 10.92**

\-

[檢定依變數] = 學習成就 --[因子變數] = 家庭型態

變異數檢定 **F** 值顯著性 = **0.004** --假設二個群體變異數不相等

t 值統計量 = **6.944** --顯著性 **p** 值 = **0**

群組平均數 = **64.76 51.76**

\-

[檢定依變數] = 投入程度 --[因子變數] = 家庭型態

變異數檢定 **F** 值顯著性 = **0** --假設二個群體變異數不相等

t 值統計量 = **6.033** --顯著性 **p** 值= **0**

群組平均數 = **19.73 13.02**

\-

使用 **chisq.test** ( ) 函數求出「家庭型態」二分類別變數與「閱讀素養 A」二分類別變數間的百分比同質性檢定:

> with (eread, {chisq.test (家庭型態, 閱讀素養 A)})

Pearson's Chi-squared test with Yates' continuity correction

data: 家庭型態 **and** 閱讀素養 A

X-squared = 84.92, df = 1, p-value < 2.2e-16

[說明]:百分比同質性檢定統計量 χ^2 = **84.92**、自由度 = **1**、顯著性 **p = .000 < .05**,達到統計顯著水準,不同家庭型態的群組在 A 類型閱讀素養之「普通程度」、「精熟程度」的百分比有顯著不同,「家庭型態」類別變數與反應變數間有顯著關聯。

> with (eread, {table (家庭型態, 閱讀素養 A)})

家庭型態	閱讀素養 A	
	0	**1**
0	31	87
1	105	17

　　增列因子變數的水準數值標記，變數「家庭型態」(home) 為二分類別變數，水準數值 0 為「完整家庭」、水準數值 1 為「單親家庭」。「閱讀素養A」(read2) 為觀察值在 A 類型閱讀素養測驗成就表現，依測量分數結果高低分為「普通程度」(水準數值編碼為 0)、「精熟程度」(水準數值編碼為 1) 二個群組。「閱讀素養 B」(read3) 為觀察值在 B 類型閱讀素養測驗測驗成就結果，依測量值成就高低分為「加強」(水準數值編碼為 0)、「普通」(水準數值編碼為 1)、「精熟」(水準數值編碼為 2) 三個程度群組。

　　函數 **factor ( )** 語法函數如下：

```
> testdata$home = with (testdata, {factor (home, levels = 0:1, labels = c ("完整家庭", "單親家庭"))})
> testdata$read2 = with (testdata, {factor (read2, levels = 0:1, labels = c ("普通程度", "精熟程度"))})
> testdata$read3 = with (testdata, {factor (read3, levels = 0:2, labels = c ("加強組", "普通組", "精熟組"))})
> head (testdata)
    home    supp   moti   hocc   score   invo    read2      read3
1  單親家庭    7      7     10     20      8    普通程度    加強組
2  單親家庭    6     11     11     20     10    精熟程度    加強組
3  單親家庭    9      7     12     27     10    普通程度    加強組
4  單親家庭    5      8     12     29     14    普通程度    加強組
5  單親家庭    5      7      5     29     13    普通程度    加強組
6  單親家庭    5      9      5     35      9    普通程度    加強組
```

　　範例函數 **read_excel ( )** 讀取工作表資料檔時，不讀入原工作表第一橫列變數名稱、資料檔跳過工作表第一橫列資料，引數 col_names 設定為假 (= FALSE)、引數 skip 的參數值設定為「= 1」：

```
> tempdata = read_excel ("read.xlsx", 1, col_names = FALSE, skip = 1)
> head (tempdata, 4)
    X0    X1    X2    X3    X4    X5    X6    X7
1   1     7     7    10    20     8     0     0
2   1     6    11    11    20    10     1     0
3   1     9     7    12    27    10     0     0
4   1     5     8    12    29    14     0     0
```

[說明]：未以原工作表的第一橫列作為資料框架物件的變數名稱時，**R** 軟體採用函數內定的命名 **X0**、**X1**、**X2**、**X3**、**X4**、**X5**、**X6**、**X7** 作為各直欄測量值的變數

名稱，八個直欄變數名稱對應的設定名稱為 **home**、**supp**、**moti**、**hocc**、**score**、**invo**、**read2**、**read3**。

　　範例函數語法將引數 col_names 設定為「= FALSE」，但資料檔未跳過第一橫列變數名稱列，引數 skip 的參數值設定為「= 0」，匯入 R 主控台之資料框架物件的觀察值第一筆資料為原試算表工作表第一橫列變數名稱：

```
> errordata = read_excel ("read.xlsx", 1, col_names = FALSE, skip = 0)
> head (errordata)
      X0     X1     X2     X3     X4     X5     X6     X7
   home   supp   moti   hocc  score   invo  read2  read3
1
2     1      7      7     10     20      8      0      0
3     1      6     11     11     20     10      1      0
4     1      9      7     12     27     10      0      0
5     1      5      8     12     29     14      0      0
6     1      5      7      5     29     13      0      0
```

　　資料框架物件 tempdata 各變數的測量值由於是數值，變數屬性均為「numeric」，資料框架物件 errordata 各變數的第一筆資料為文字，變數屬性均為「character」，使用函數 **str ( )** 查看資料框架物件變數的變數屬性：

```
> str (tempdata)
Classes 'tbl_df' , 'tbl' and 'data.frame':      240 obs. of 8 variables:
 $ X0: num  1 1 1 1 1 1 1 1 0 0 ...
 $ X1: num  7 6 9 5 5 5 6 6 6 7 ...
 $ X2: num  7 11 7 8 7 9 9 9 13 8 ...
 $ X3: num  10 11 12 12 5 5 7 7 11 13 ...
 $ X4: num  20 20 27 29 29 35 36 36 37 38 ...
 $ X5: num  8 10 10 14 13 9 5 9 7 8 ...
 $ X6: num  0 1 0 0 0 0 1 0 0 0 ...
 $ X7: num  0 0 0 0 0 0 0 0 0 0 ...
> str (errordata)
Classes 'tbl_df', 'tbl' and 'data.frame':      241 obs. of 8 variables:
 $ X0: chr  "home" "1" "1" "1" ...
 $ X1: chr  "supp" "7" "6" "9" ...
 $ X2: chr  "moti" "7" "11" "7" ...
 $ X3: chr  "hocc" "10" "11" "12" ...
 $ X4: chr  "score" "20" "20" "27" ...
```

```
$ X5: chr  "invo" "8" "10" "10" ...
$ X6: chr  "read2" "0" "1" "0" ...
$ X7: chr  "read3" "0" "0" "0" ...
```
[說明]：資料框架物件 errordata 八個變數的變數屬性均為文字 (character)。

　　資料框架物件 errordata 第一筆資料是錯誤的，匯入 R 主控台後，可以使用觀察值數值索引 (數值向量) 方法將第一筆資料刪除，函數語法為「資料框架物件 [-1,]」；並將變數屬性以函數 as.numeric ( )、as.factor ( ) 改為數值變數、因子變數，資料框架物件變數屬性的轉換一次只能變更一個變數，不能進行一次程序轉換：

```
> cordata = errordata [-1,]
> head (cordata)
    X0    X1    X2    X3    X4    X5    X6    X7
2   1     7     7     10    20    8     0     0
3   1     6     11    11    20    10    1     0
4   1     9     7     12    27    10    0     0
5   1     5     8     12    29    14    0     0
> length (errordata$X0)
[1] 241
> length (cordata$X0)
[1] 240
```
[說明]：資料框架物件 errordata 第一列觀察值為文字，有效樣本數為 240 + 1 = 241，資料框架物件 cordata 有效樣本觀察值 N = 240。
```
> class (cordata$X1)
[1] "character"
> class (cordata$X6)
[1] "character"
```

　　將資料框架物件 cordata 變數 X1 (supp) 至 X5 (invo) 的變數屬性設定為數值，直欄變數 X0、X6 變數 (read2)、X7 變數 (read3) 的屬性設定為因子變數：

```
> cordata$X0 = as.factor (cordata$X0)
> cordata$X1 = as.numeric (cordata$X1)
> cordata$X2 = as.numeric (cordata$X2)
> cordata$X3 = as.numeric (cordata$X3)
> cordata$X4 = as.numeric (cordata$X4)
> cordata$X5 = as.numeric (cordata$X5)
```

```
> cordata$X6 = as.factor (cordata$X6)
> cordata$X7 = as.factor (cordata$X7)
> str (cordata)
Classes 'tbl_df', 'tbl' and 'data.frame':     240 obs. of  8 variables:
 $ X0: Factor w/ 2 levels "0", "1": 2 2 2 2 2 2 2 2 1 1 ...
 $ X1: num  7 6 9 5 5 5 6 6 6 7 ...
 $ X2: num  7 11 7 8 7 9 9 9 13 8 ...
 $ X3: num  10 11 12 12 5 5 7 7 11 13 ...
 $ X4: num  20 20 27 29 29 35 36 36 37 38 ...
 $ X5: num  8 10 10 14 13 9 5 9 7 8 ...
 $ X6: Factor w/ 2 levels "0", "1": 1 2 1 1 1 1 2 1 1 1 ...
 $ X7: Factor w/ 3 levels "0", "1", "2": 1 1 1 1 1 1 1 1 1 1 ...
```

資料框架物件中只使用到觀察值在前六個變數的資料，語法函數為「資料框架物件名稱 [,變數索引數值向量]」，範例語法函數為「> testdata [,c (1:6)]」或「testdata [,1:6]」([ ] 符號中的逗號不能省略)：

```
> testdata [,1:6]
          home      supp    moti    hocc    score    invo
1         單親家庭     7       7       10      20       8
2         單親家庭     6       11      11      20       10
3         單親家庭     9       7       12      27       10
<略>
239       完整家庭     19      33      19      99       38
240       完整家庭     20      35      13      100      38
```

上述語法函數如採用負值向量排除第 7 個索引變數 (read2)、第 8 個索引變數 (read3)，語法函數為「> testdata [,-c (7:8)]」。

資料框架物件類似陣列，索引值為「列, 行」，資料框架物件列的數值為橫列觀察值的編號、行的數值為索引變數 (第幾個變數)，語法函數若改為「> testdata [c (1:6),]」，表示輸出編號 1 至編號 6 樣本觀察值在所有變數欄的資料：

```
> testdata [c (1:6),]
          home      supp    moti    hocc    score    invo    read2       read3
1         單親家庭     7       7       10      20       8      普通程度      加強組
2         單親家庭     6       11      11      20       10     精熟程度      加強組
3         單親家庭     9       7       12      27       10     普通程度      加強組
```

4	單親家庭	5	8	12	29	14	普通程度	加強組
5	單親家庭	5	7	5	29	13	普通程度	加強組
6	單親家庭	5	9	5	35	9	普通程度	加強組

　　語法函數「> testdata [-c (1:6),]」為排除前六個觀察值的資料，觀察值從原資料框架物件序號第 7 個開始：

```
> testdata [-c (1:6),]
        home    supp    moti    hocc    score   invo    read2       read3
7       單親家庭   6       9       7       36      5      精熟程度      加強組
8       單親家庭   6       9       7       36      9      普通程度      加強組
9       完整家庭   6       13      11      37      7      普通程度      加強組
<略>
238     完整家庭   17      30      18      99      40     精熟程度      精熟組
239     完整家庭   19      33      19      99      38     精熟程度      精熟組
240     完整家庭   20      35      13      100     38     精熟程度      精熟組
```

　　資料框架物件的橫列、直欄若配合數值向量索引，可以擷取指定的樣本觀察值與變數直欄測量值，範例為擷取第 10 筆至第 15 筆樣本觀察值資料，變數直欄為第 1 個至第 7 個：

```
> testdata [c (10:15), c (1:7)]
        home    supp    moti    hocc    score   invo    read2
10      完整家庭   7       8       13      38      8      普通程度
11      完整家庭   7       11      7       38      5      普通程度
12      完整家庭   7       13      7       38      4      普通程度
13      完整家庭   7       10      9       40      8      精熟程度
14      完整家庭   10      10      9       40      12     普通程度
15      完整家庭   10      10      10      40      11     普通程度
```

　　範例子資料檔為擷取編號第 101 筆至第 105 筆樣本觀察值資料，變數直欄為第 1 個至第 6 個，第 7 個變數與第 8 個變數排除：

```
> subdata = testdata [c(101:105), -c (7:8)]
> subdata
        home    supp    moti    hocc    score   invo
101     單親家庭   16      21      11      49      11
```

102	單親家庭	17	21	11	49	19
103	單親家庭	22	31	11	49	16
104	單親家庭	13	19	11	50	12
105	單親家庭	13	24	11	50	14

二、套件 {radiant} 函數 logistic ( ) 的應用

基本套件 {stats} 函數 glm ( )、套件 {spatialEco} 函數 logistic.regression ( ) 均可以執行邏輯斯迴歸分析 (參見吳明隆編著《R 軟體統計應用分析實務》)，套件 {radiant} 函數 logistic ( )、套件 {rms} 函數 lrm ( ) 也可執行邏輯斯迴歸分析程序。

以套件 {radiant} 函數 logistic ( ) 建構邏輯斯迴歸分析模型時，反應變數與解釋變數最好使用英文作為變數名稱，函數 logistic ( ) 語法函數為：

logistic (dataset, rvar, evar, lev = "", int = "", wts = "None", check = "")

引數 dataset 界定資料檔名稱，以文字串表示。引數 rvar 界定邏輯斯模型 (機率模型) 中的反應變數 (依變數)。引數 evar 界定邏輯斯模型中的解釋變數 (自變數)，以文字向量表示。引數 lev 界定反應變數中的成功結果的事件 (如數值 1 或成功水準數值群組名稱)。引數 int 界定模型中的交互作用項，內定選項為無。引數 wts 界定估計值的加權值，內定參數值為無。引數 check 界定輸出估計值參數，選項「"standardize"」輸出標準化係數估計值、選項「"stepwise"」輸出逐步選取變數的估計值。

套件 {radiant} 函數 summary ( ) 可以輸出函數 logistic ( ) 建構的模型物件完整元素參數值，函數 summary ( ) 基本語法函數為：

summary (object, sum_check = "", conf_lev = 0.95, test_var = "", dec = 3)

引數 object 為函數 logistic ( ) 適配邏輯斯迴歸模型物件。引數 sum_check 設定輸出參數估計值 (選項以文字向量表示)，選項「= "vif"」顯示多元共線性診斷係數 (multicollinearity diagnostics)、選項「= "confint"」顯示信賴區間估計值係數、選項「= "odds"」顯示勝算比 (odds ratios) 與勝算比信賴區間估計值。引數 conf_lev 設定係數值與勝算比係數信賴區間參數，內定的參數值為 0.95。引數 test_var 界定模型比較評估的標的變數 (競爭模型卡方值檢定)。引數 dec 設定係數值顯示的小數位數，內定的小數位數為 3。

範例邏輯斯迴歸分析以套件 {radiant} 函數 logistic ( ) 進行模型建構，反應變數「閱讀素養 A」的水準數值 1 為成功事件 (標記為精熟程度)，失敗事件的水準數值為 0 (普通程度)。訓練樣本為 testdata，資料框架物件的變數名稱直接使用英文，解釋變數文字向量對應的中文變數向量為 c「"家庭型態", "家人支持", "學習動機", "家庭資本", "學習成就", "投入程度"」，邏輯斯迴歸模型物件名稱設定為 out：

```
>library (radiant)
> out = logistic ("testdata", "read2", c ("home", "supp", "moti", "hocc", "score", "invo"),
   lev = "精熟程度")
```

直接鍵入建構的模型物件名稱「> out」，或使用 print ( ) 函數輸出邏輯斯迴歸模型參數內容：

```
> print (out)
$isFct
```

home	supp	moti	hocc	score	invo
FALSE	FALSE	FALSE	FALSE	FALSE	FALSE

[說明]：解釋變數是否為因子變數，輸出結果為假 (FALSE)，表示解釋變數屬性非因子變數。邏輯斯迴歸與複迴歸程序相同，解釋變數 (自變數) 如為因子變數要轉換為虛擬變數 (水準數值編碼為 0、1)。

```
$coeff
```

	OR	coefficient	std.error	z.value	p.value
1 (Intercept)	0.0001241184	-8.994274268	1.48776857	-6.0454794	0.000000001489664 ***
2 home	0.1700329333	-1.771763135	0.49823808	-3.5560572	0.000376462091492 ***
3 supp	0.8215544050	-0.196557117	0.06642046	-2.9592859	0.003083528955679 **
4 moti	1.0064350144	0.006414398	0.05277580	0.1215405	0.903262927175107
5 hocc	1.3833872646	0.324535031	0.11198411	2.8980454	0.003754962201861 **
6 score	1.1075692641	0.102167762	0.02917604	3.5017691	0.000462179905994 ***
7 invo	1.1366956893	0.128125535	0.04478560	2.8608648	0.004224871390474 **

[說明]：係數值中「OR」直欄為勝算比值、「coefficient」直欄為加權迴歸係數值、「std.error」直欄為估計值標準誤、「z.value」直欄為勝算比值是否等於 1 之檢定統計量 z 值 (虛無假設為解釋變數的勝算比值 = 1、對立假設為解釋變數的勝算比值 ≠ 1)，統計量 z 值 = 迴歸係數加權值 (coefficient) ÷ 係數估計值標準誤 (std.error)，如 home 解釋變數列的統計量 z 值 = -1.771763135/0.49823808 = -3.556057，z 值的平方為 SPSS 統計軟體輸出表格中的 Wald 統計量。「p.value」直欄為 z 值統計量對應的顯著性機率值 p。對反應變數具有顯著預測分類的解釋變數為 home、supp、hocc、score、invo 五個。

$model

Call: glm (formula = form, family = binomial (link = "logit"), data = dat,
   weights = wts)

Coefficients:

(Intercept)	home	supp	moti	hocc	score	invo
-8.994274	-1.771763	-0.196557	0.006414	0.324535	0.102168	0.128126

[說明]：係數值為原始迴歸係數估計值，根據此估計值可以求出各解釋變數的勝算比。

Degrees of Freedom: 239 Total (i.e. Null); 233 Residual

Null Deviance: 328.4

Residual Deviance: 120.7   AIC: 134.7

[說明]：整體模型的自由度為 **239**、殘差自由度為 **233**、虛無模型的差異量數為 **328.4**、殘差差異量數為 **120.7**、模型的 **AIC** 值 = **134.7**。

$form

read2 ~ home + supp + moti + hocc + score + invo
<environment: 0x000000000f3ae250>

$rv

[1]	普通程度	精熟程度	普通程度	普通程度	普通程度	普通程度	精熟程度	普通程度	普通程度
[10]	普通程度	普通程度	普通程度	精熟程度	普通程度	普通程度	普通程度	普通程度	普通程度

<略>

| [226] | 普通程度 | 精熟程度 | 普通程度 | 普通程度 | 精熟程度 | 精熟程度 | 精熟程度 | 精熟程度 | 精熟程度 |
| [235] | 精熟程度 | 精熟程度 | 精熟程度 | 精熟程度 | 精熟程度 | 精熟程度 | | | |

Levels: 普通程度   精熟程度

[說明]：元素 **$rv** 為訓練樣本中觀察值在反應變數 **read2** 中水準數值群組的標記，如果反應變數界定水準數值為 **0**、**1**，沒有標記水準數值的群組名稱，則元素輸出參數值為 **0**、**1**。利用 **table (out$rv)** 函數求出二個水準群組的次數分配表，「普通程度」觀察值共有 **136** 位、「精熟程度」觀察值共有 **104** 位。

> table (out$rv)

```
普通程度　精熟程度
   136         104
```

$vars

[1] "home" "supp" "moti" "hocc" "score" "invo"

$dataset

[1] "testdata"

$rvar

[1] "read2"

$evar

[1] "home" "supp" "moti" "hocc" "score" "invo"

[說明]：元素 **$vars** 與元素 **$evar** 輸出的變數為模型界定的解釋變數 (自變數)，元素 **$rvar** 輸出的變數為模型界定的反應變數 (依變數)，元素 **$dataset** 輸出資料框架物件為標的資料檔。

```
$lev
[1] "精熟程度"
[說明]：模型中成功事件界定的水準群組。
$int
[1] ""
$wts
NULL
$check
[1] ""
$data_filter
[1] ""
attr(,"class")
[1] "logistic" "list"
```

以套件 {radiant} 函數 **summary** ( ) 輸出參數摘要表，引數 sum_check 選項界定 "vif"、"confint"、"odds" 三個 (採用文字向量格式)，表示同時輸出變異數膨脹因素、信賴區間、勝算比參數值：

```
> summary (out, sum_check = c ("vif", "confint", "odds"))
```
Logistic regression (GLM)
Data　　　　　　: **testdata**
Response variable　: **read2**
Level　　　　　: **精熟程度 in read2**
Explanatory variables: home, supp, moti, hocc, score, invo
Null hyp.: there is no effect of x on read2
Alt. hyp.: there is an effect of x on read2

	OR	coefficient	std.error	z.value	p.value
(Intercept)		-8.994	1.488	-6.045	< .001 ***
home	0.170	-1.772	0.498	3.556	< .001 ***
supp	0.822	-0.197	0.066	-2.959	0.003 **
moti	1.006	0.006	0.053	0.122	0.903
hocc	1.383	0.325	0.112	2.898	0.004 **
score	1.108	0.102	0.029	3.502	< .001 ***
invo	1.137	0.128	0.045	2.861	0.004 **

Signif. codes: 0 '*' 0.001 '**' 0.01 '*' 0.05 '.' 0.1 ' ' 1**

[說明]：係數值中「**OR**」直欄為勝算比值、「**coefficient**」直欄為加權迴歸係數值、「**std.error**」直欄為估計值標準誤、「**z.value**」直欄為勝算比值是否等於 1 檢定統計量之 **Wald z** 值 (虛無假設為解釋變數的勝算比值 = 1、對立假設為解釋變數的勝算比值 ≠ 1)，「**p.value**」直欄為 z 值統計量對應的顯著性機率值 **p**，若顯著性機率值 **p** > **.05**，表示未達統計顯著水準，接受虛無假設，解釋變數對反應變

數預測分類的勝算比為 1 (成功事件與失敗事件機率比相等)，預測分類未達統計顯著水準的變數為 moti (z = 0.122，p = 0.903 > .05)；對反應變數具有顯著預測分類的解釋變數為 home、supp、hocc、score、invo 五個。

Pseudo R-squared: 0.633

Log-likelihood: -60.343, AIC: 134.685, BIC: 159.05

Chi-squared: 207.746 df(6), p.value < .001

Nr obs: 240

[說明]：模型中虛擬 R^2 = 0.633、對數概似值 = -60.343，對應的-2 對數概似值 (-2LL) = 120.686、AIC 值 = 134.685、BIC 值 = 159.05；模式係數的 Omnibus 檢定統計量卡方值 = 207.746、自由度 = 6，顯著性 p 值 < .001，表示投入的六個預測變數中，至少有一個解釋變數可以有效預測分類反應變數，即至少有一個以上的自變數可以預測分類觀察值 (N = 240) 在 A 類型閱讀素養是「普通程度」或「精熟程度」。

Variance Inflation Factors

	supp	hocc	score	moti	invo	home
VIF	1.962	1.854	1.812	1.540	1.314	.118
Rsq	0.490	0.461	0.448	0.351	0.239	0.105

[說明]：六個解釋變數的變異數膨脹因素估計值 (VIF) 介於 1.118 至 1.962 間，VIF 值小於 10，表示自變數間沒有多元共線性問題。

	coefficient	2.5%	.5%	+/-
(Intercept)	-8.994	-11.910	-6.078	2.916
home	-1.772	-2.748	-0.795	0.977
supp	-0.197	-0.327	-0.066	0.130
moti	0.006	-0.097	0.110	0.103
hocc	0.325	0.105	0.544	0.219
score	0.102	0.045	0.159	0.057
invo	0.128	0.040	0.216	0.088

[說明]：參數值為迴歸係數估計值 95% 信賴區間值，預測變數 moti (學習動機) 的迴歸係數估計值為 0.006、估計值 95% 信賴區間為 [-0.097, 0.110]，區間值包含 0，表示迴歸係數估計值顯著等於 0，對應的勝算比值等於 1。

> exp (0)

[1] 1

	odds ratio	2.5%	97.5%
home	0.170	0.064	0.451
supp	0.822	0.721	0.936
moti	1.006	0.908	1.116
hocc	1.383	1.111	1.723
score	1.108	1.046	1.173
invo	1.137	1.041	1.241

[說明]：勝算比 95% 信賴區間值包含 1 估計值的解釋變數只有 moti，信賴區間值為 [0.908, 1.116]，表示勝算比為 1 的可能性很高，沒有足夠證據拒絕虛無假設；

其餘五個解釋變數勝算比的信賴區間均未包含 **1**，表示勝算比估計值等於 **1** 的機率值很低，有足夠證據可以拒絕虛無假設，五個解釋變數均可以有效預測分類觀察值在反應變數的水準群組 (機率值)。

邏輯斯迴歸分析結果摘要表統整如下：

預測變數	迴歸係數值	估計標準誤	Wald 值 (z 值平方)	自由度	顯著性	勝算比
home (家庭型態)	-1.772	0.498	12.644	1	.000	0.170
supp (家人支持)	-0.197	0.066	8.757	1	.003	0.822
moti (學習動機)	0.006	0.053	0.015	1	.903	1.006
hocc (家庭資本)	0.325	0.112	8.398	1	.004	1.383
score (學習成就)	0.102	0.029	12.261	1	.000	1.108
invo (投入程度)	0.128	0.045	8.183	1	.004	1.137
常數 (截距項)	-8.994	1.488	36.544	1	.000	0.000

$\chi^2 = 207.746$ (df = 6)、AIC 值 = 134.685、虛擬 $R^2 = 0.633$

以套件 **{radiant}** 函數 **predict ( )** 建構預測物件，引數 pred_data 界定測試樣本／訓練樣本資料框架物件名稱，範例預測分類的資料框架為原來的訓練樣本：

```
> pred.m = predict (out, pred_data = "testdata")
> print (pred.m)
Logistic regression (GLM)
Data              : testdata
Response variable    : read2
Explanatory variables: home, supp, moti, hocc, score, invo
Prediction dataset   : testdata
Rows shown        : 10
  home    supp    moti    hocc    score    invo    Prediction
  1.000   7.000   7.000   10.000  20.000   8.000   0.003
  1.000   6.000   11.000  11.000  20.000   10.000  0.007
  1.000   9.000   7.000   12.000  27.000   10.000  0.010
  1.000   5.000   8.000   12.000  29.000   14.000  0.045
  1.000   5.000   7.000   5.000   29.000   13.000  0.004
  1.000   5.000   9.000   5.000   35.000   9.000   0.005
  1.000   6.000   9.000   7.000   36.000   5.000   0.005
  1.000   6.000   9.000   7.000   36.000   9.000   0.008
```

0.000	6.000	13.000	11.000	37.000	7.000	0.137
0.000	7.000	8.000	13.000	38.000	8.000	0.233

[說明]：預測物件只輸出前十個觀察值的被預測的機率 (前十筆橫列資料)，前六個直欄為解釋變數的測量值、第七個直欄 (元素 $Prediction)為觀察值被邏輯斯迴歸模型預測分類的機率值，內定的小數位數為三位，引數界定為 **dec = 3**，如果將引數界定為 **dec = 0**，則第七直欄輸出的預測值為 0、1，水準數值 0 為樣本觀察值被預測為「普通程度」群組，水準數值 1 為樣本觀察值被預測為「精熟程度」群組。

> **predict (out, pred_data = "testdata", dec = 0)**
Rows shown   : 10

home	supp	moti	hocc	score	invo	Prediction
1	7	7	10	20	8	0
1	6	11	11	20	10	0
1	9	7	12	27	10	0
1	5	8	12	29	14	0
1	5	7	5	29	13	0
1	5	9	5	35	9	0
1	6	9	7	36	5	0
1	6	9	7	36	9	0
0	6	13	11	37	7	0
0	7	8	13	38	8	0

　　將上述預測分類結果 (元素 $Prediction) 存於數值向量變數 pred.obs 中，預測機率值四捨五入到整數位，與界定小數位數參數為 0 的結果相同：

```
> pred.obs = round (pred.m$Prediction, 0)
[1] 0 0 0 0 0 0 0 0 0 0 0 0 0 0 0 0 0 0 0 0 0 0 0 0 0 0 0 0 0 0 0 0 0 0 0 0 0 0 0
0 0 0 0 0 0 0 0 0 0 0 0 0 0 0 0 0 0 0 0 0 0 0 1 1 1 0 0 0 0 0 0 0 0 0 0 0 0 0 0 0 0 0 0 0 0
<略>
[195] 1 1 1 1 1 1 1 1 1 1 1 1 1 1 1 1 1 1 1 1 1 1 1 1 1 1 1 1 1 1 0 1 0 1 0 0 1 1 1 1 1 1 1 1 1
1 1
```

　　預測分類結果 (元素 $Prediction) 存於數值向量變數 pred.obs.2 中，預測機率值四捨五入到小數第二位，數值為觀察值被預測分類的機率值 (參數值四捨五入到整數位時，數值只有 0、1 二個水準)：

```
> pred.obs.2 = round (pred.m$Prediction, 2)
> pred.obs.2
```

```
<略>
[40] 0.04 0.06 0.05 0.09 0.18 0.10 0.36 0.11 0.03 0.22 0.23 0.25 0.11 0.10 0.03 0.15
0.12 0.10 0.11 0.12 0.05 0.05 0.07 0.13 0.14 0.20 0.10 0.11 0.17 0.58 0.65 0.54 0.14
0.41 0.07 0.26 0.10 0.15 0.00
[196] 0.99 1.00 0.96 0.97 0.97 0.98 0.99 0.99 0.99 0.99 0.99 0.81 0.85 0.78 0.88 0.96
0.99 1.00 0.99 0.98 0.97 0.99 0.99 0.99 0.99 0.99 0.97 0.94 0.32 0.91 0.37 0.85 0.49
0.49 0.59 0.81 0.97 1.00 1.00
<略>
```

增列數值向量變數 pred.obs 的水準數值標記，水準數值 0 標記為「普通程度」、水準數值 1 標記為「精熟程度」：

```
> pred.obs.m = factor (pred.obs, levels = 0:1, labels = c ("普通程度", "精熟程度"))
```

以 **table ( )** 函數求出原始觀察值在 read2 變數與預測分類變數的交叉表：

```
> table (testdata$read2, pred.obs.m)
        pred.obs.m
           普通程度      精熟程度
 普通程度     131            5
 精熟程度      13           91
```
[說明]：邏輯斯迴歸分析結果預測分類正確百分比為 **92.5%**，**136** 位在 **A** 類型閱讀素養測驗為「普通程度」的觀察值，根據解釋變數建構的邏輯斯迴歸模型，被預測分類為「普通程度」者有 **131** 位、被預測分類為「精熟程度」者有 **5** 位；**104** 位在 **A** 類型閱讀素養測驗為「精熟程度」的觀察值，依據解釋變數建構的邏輯斯迴歸模型，被預測分類為「普通程度」者有 **13** 位、被預測分類為「精熟程度」者有 **91** 位。有效樣本觀察值 **(N = 240)** 中被預測分類正確的個數有 **222** 位、預測分類錯誤的個數有 **18** 位，預測分類錯誤的百分比為 **18 ÷ 240 = 0.075 = 7.5%**。

三、套件 {rms} 函數 lrm ( ) 的應用

使用套件 **{rms}** 函數 **lrm ( )** 建構邏輯斯迴歸模型，引數 x、引數 y 的邏輯選項均設定為真，表示回傳預測變數與反應變數的相關參數，函數 **lrm ( )** 語法與一般線性迴歸模式界定相同，資料框架物件 dread 的變數名稱以 **names ( )** 函數標記為中文變數：

```
> log.m = lrm (閱讀素養 A~家庭型態 + 家人支持 + 學習動機 + 家庭資本 + 學習成
  就 + 投入程度, data = dread, x = TRUE, y= TRUE)
> print (log.m)
```

Logistic Regression Model

lrm (formula = 閱讀素養A ~ 家庭型態 + 家人支持 + 學習動機 + 家庭資本 +
  學習成就 + 投入程度**, data = dread, x = TRUE, y = TRUE)**

		Model Likelihood Ratio Test		Discrimination Indexes		Rank Discrim. Indexes	
Obs	240	LR chi2	207.75	R2	0.777	C	0.952
0	136	d.f.	6	g	4.245	Dxy	0.904
1	104	Pr (> chi2)	< 0.0001	gr	69.774	gamma	0.905
max |deriv|	2e-04			gp	0.452	tau-a	0.446
				Brier	0.065		

[說明]：模式係數的 **Omnibus** 檢定統計量 χ^2 = **207.75** (*df* = **6**)，顯著性機率值 **p** < **.001**，達到統計顯著水準，六個預測變數中至少有一個預測變數的迴歸加權值不等於 **0**。資料框架物件有效觀察值 **N = 240**，反應變數的水準數值編碼為 **0**、**1**，水準數值為 **0** 的觀察值有 **136** 位 (閱讀素養普通程度)、水準數值為 **1** 的觀察值有 **104** 位 (閱讀素養精熟程度)。**Nagelkerke R** 平方值 (虛擬 **R** 平方值) = **0.777**，等級區別指標估計值中，**C** 值 = **0.952**、**Dxy** 值 = **0.904**、**gamma** 值 = **0.905**、**tau-a** = **0.446**。

	Coef	S.E.	Wald Z	Pr (>|Z|)
Intercept	-8.9943	1.4879	-6.05	<0.0001
家庭型態	-1.7718	0.4983	-3.56	0.0004
家人支持	-0.1966	0.0664	-2.96	0.0031
學習動機	0.0064	0.0528	0.12	0.9033
家庭資本	0.3245	0.1120	2.90	0.0038
學習成就	0.1022	0.0292	3.50	0.0005
投入程度	0.1281	0.0448	2.86	0.0042

[說明]：參數值分別為迴歸加權估計值、估計值標準誤、**Wald** 檢定統計量 **Z** 值、**Z** 值對應的顯著性機率值 **p**。

　　套件 **{rms}** 函數 **lrm. fit ( )** 也可以建構邏輯斯迴歸模型，預測變數間以 **cbind ( )** 函數組合，基本語法為 lrm.fit (x, y)，引數 x 為解釋變數、引數 y 為反應向量：

```
> log.m1 = with (dread, {lrm.fit (cbind (家庭型態, 家人支持, 學習動機, 家庭資本, 學
  習成就, 投入程度), 閱讀素養 A)})
> log.m1
```

Logistic Regression Model

lrm.fit (x = cbind (家庭型態, 家人支持, 學習動機, 家庭資本, 學習成就, 投入程度), y = 閱讀素養 A)

		Model Likelihood Ratio Test		Discrimination Indexes		Rank Discrim. Indexes	
Obs	240	LR chi2	207.75	R2	0.777	C	0.952
0	136	d.f.	6	g	4.245	Dxy	0.904
1	104	Pr (> chi2)	< 0.0001	gr	69.774	gamma	0.905
max |deriv|	2e-04	gp	0.452	tau-a	0.446		
				Brier	0.065		

	Coef	S.E.	Wald Z	Pr (>|Z|)
Intercept	-8.9943	1.4879	-6.05	<0.0001
家庭型態	-1.7718	0.4983	-3.56	0.0004
家人支持	-0.1966	0.0664	-2.96	0.0031
學習動機	0.0064	0.0528	0.12	0.9033
家庭資本	0.3245	0.1120	2.90	0.0038
學習成就	0.1022	0.0292	3.50	0.0005
投入程度	0.1281	0.0448	2.86	0.0042

[說明]：使用 **lrm.fit ( )** 函數建構的邏輯斯適配模型與 **lrm ( )** 函數建構的邏輯斯適配模型相同。

以 **names ( )** 函數查看模型元素名稱：

```
> names (log.m)
 [1] "freq"          "sumwty"        "stats"              "fail"
 [5] "coefficients"  "var"           "u"                  "deviance"
 [9] "est"           "non.slopes"    "linear.predictors"  "penalty.matrix"
[13] "info.matrix"   "weights"       "x"                  "y"
[17] "call"          "Design"        "scale.pred"         "terms"
[21] "assign"        "na.action"     "fail"               "interceptRef"
[25] "nstrata"       "sformula"
```

　　元素 $freq 回傳參數為反應變數二個水準數值群組的個數、元素 $stats 回傳參數為模型概似比檢定統計量、區別指標值、等級區別指標值。元素 $u 為對數概似第一個衍生向量。元素 $deviance 為 –2 對數概似值 (log likelihoods)，包括只有截距項模型、截距項加偏移值 (intercepts + offset) 模型、截距項加偏移值加預測變數模型，若是沒有偏移變數 (offset variable)，–2 對數概似值包含截距項、截距項 ＋ 預測變數二個向量。引數 $est 為 x 適配直行變數向量 (沒有包括截距項)。元素 $coefficients 為估計參數。元素 $var 回傳變異數共變數矩陣 (資訊矩陣的反矩陣)。

　　元素名稱「$coefficients」回傳參數為原始迴歸係數，使用函數 **exp ( )** 轉換後的參數值為預測變數的勝算比值：

```
> round (log.m$coefficients, 3)
```
Intercept	家庭型態	家人支持	學習動機	家庭資本	學習成就	投入程度
-8.994	**-1.772**	**-0.197**	**0.006**	**0.325**	**0.102**	**0.128**

```
> round (exp (log.m$coefficients), 3)
```
Intercept	家庭型態	家人支持	學習動機	家庭資本	學習成就	投入程度
0.000	**0.170**	**0.822**	**1.006**	**1.383**	**1.108**	**1.137**

　　其他適配模型物件元素回傳的參數值舉例：

```
> round (log.m$deviance, 3)
[1] 328.431  120.685
> log.m$freq
 0   1
136  104
> log.m$scale.pred
[1] "log odds"  "Odds Ratio"
> round (log.m$stats, 3)
```
Obs	Max Deriv	Model L.R.	d.f.	P	C
240.000	**0.000**	**207.746**	**6.000**	**0.000**	**0.952**
Dxy	**Gamma**	**Tau-a**	**R2**	**Brier**	**g**
0.904	**0.905**	**0.446**	**0.777**	**0.065**	**4.245**
gr	**gp**				
69.774	**0.452**				

　　邏輯斯迴歸分析結果摘要表統整如下：

預測變數	迴歸係數估計值	S.E.	Wald Z	df	顯著性	勝算比
家庭型態	-1.772	0.498	-3.56	1	.000	0.170
家人支持	-0.197	0.066	-2.96	1	.003	0.822
學習動機	0.006	0.053	0.12	1	.903	1.006
家庭資本	0.325	0.112	2.90	1	.004	1.383
學習成就	0.102	0.029	3.50	1	.001	1.108
投入程度	0.128	0.045	2.86	1	.004	1.137
常數 (截距項)	-8.994	1.488	-6.05	1	.000	0.000

$\chi^2 = 207.75$ (df = 6)　　Nagelkerke $R^2 = .777$

套件 {rms} 函數 **predict ( )** 可以根據邏輯斯模型預測分類觀察值的水準數值機率值，引數 type 界定為「"lp"」，表示根據線性模型預測觀察值的數值：

```
> round (predict (log.m, type = "lp"), 2)
    1     2     3     4     5     6     7     8     9    10    11    12    13    14
-5.78 -4.98 -4.56 -3.05 -5.45 -5.34 -5.30 -4.78 -1.84 -1.19 -3.50 -3.62 -2.27 -2.35
   15    16    17    18    19    20    21    22    23    24    25    26    27    28
-2.15 -2.35 -4.32 -3.92 -5.18 -5.80 -4.98 -4.72 -2.39 -4.61 -4.88 -5.21 -6.26 -4.59
<略>
  225   226   227   228   229   230   231   232   233   234   235   236   237   238
 2.28 -0.54  1.71 -0.06 -0.06  0.35  1.46  3.61  7.40  8.52  8.73  7.13  8.73  8.94
  239   240
 8.63  6.60
```

函數 **predict ( )** 引數 type 界定「"fitted"」選項，回傳參數為觀察值被邏輯斯適配模型預測的水準數值組別 (水準數值機率值)，範例資料檔觀察值編號 10 預測分類為「普通程度」組 (水準數值為 0)、觀察值編號 211 預測分類為「精熟程度」組 (水準數值為 1)：

```
> round (predict (log.m, type = "fitted"), 0)
 1  2  3  4  5  6  7  8  9 10 11 12 13 14 15 16 17 18 19 20 21
 0  0  0  0  0  0  0  0  0  0  0  0  0  0  0  0  0  0  0  0  0
22 23 24 25 26 27 28 29 30 31 32 33 34 35 36 37 38 39 40 41 42
 0  0  0  0  0  0  0  0  0  0  0  0  0  0  0  0  0  0  0  0  0
```

```
<略>
211 212 213 214 215 216 217 218 219 220 221 222 223 224 225 226 227 228 229 230 231
  1   1   1   1   1   1   1   1   1   1   1   1   1   1   0   1   0   1   0   0   1   1
232 233 234 235 236 237 238 239 240
  1   1   1   1   1   1   1   1   1
```

函數 **predict** ( ) 引數 type 界定「"fitted.ind"」選項，回傳參數值為觀察值被
邏輯斯適配模型預測的水準數值機率值，機率值四捨五入到整數位，水準數值為
0、1 (水準數值 0、1 分別為普通程度組、精熟程度組)：

```
> round (predict (log.m, type = "fitted.ind"), 0)
  1   2   3   4   5   6   7   8   9  10  11  12  13  14  15  16  17  18  19  20  21
  0   0   0   0   0   0   0   0   0   0   0   0   0   0   0   0   0   0   0   0   0
<略>
211 212 213 214 215 216 217 218 219 220 221 222 223 224 225 226 227 228 229 230 231
  1   1   1   1   1   1   1   1   1   1   1   1   1   1   0   1   0   1   0   0   1   1
232 233 234 235 236 237 238 239 240
  1   1   1   1   1   1   1   1   1
```

函數 **predict** ( ) 引數 type 界定「"fitted.ind"」選項，機率值四捨五入到小數
第二位：

```
> round (predict (log.m, type = "fitted.ind"), 2)
   1    2    3    4    5    6    7    8    9   10   11   12   13   14   15   16   17   18   19   20   21
0.00 0.01 0.01 0.05 0.00 0.00 0.00 0.01 0.14 0.23 0.03 0.03 0.09 0.09 0.10 0.09 0.01 0.02 0.01 0.00 0.01
<略>
 211  212  213  214  215  216  217  218  219  220  221  222  223  224  225  226  227  228  229  230  231
0.96 0.99 1.00 0.99 0.98 0.97 0.99 0.99 0.99 0.99 0.99 0.97 0.94 0.32 0.91 0.37 0.85 0.49 0.49 0.59 0.81
 232  233  234  235  236  237  238  239  240
0.97 1.00 1.00 1.00 1.00 1.00 1.00 1.00 1.00
```

函數 **predict** ( ) 引數 type 界定「= "fitted"」選項與界定「= "fitted.ind"」選
項的預測分類結果相同，以 **table** ( ) 函數求出預測分類的次數分配表，240 位觀
察值閱讀素養 A 被預測分類為普通程度者有 144 位 (水準數值 0)、被預測分類為
精熟程度者有 96 位 (水準數值 1)，每位觀察值被預測分類的情況以變數名稱「A
預測組別」增列於資料框架物件之中。

```
> dread$A 預測組別 = round (predict (log.m, type = "fitted"), 0)
> table (round (predict (log.m, type = "fitted"), 0))
  0   1
144  96
> table (round (predict (log.m, type = "fitted.ind"), 0))
  0   1
144  96
>dread$ 閱讀素養 A = ifelse (dread$ 閱讀素養 A==0, "普通組", "精熟組")
>dread$A 預測組別 = ifelse (dread$A 預測組別==0, "普通組", "精熟組")
```

以 **table ( )** 函數配合變數索引或變數名稱輸出「閱讀素養 A」、「A 預測組別」二個變數的次數分配表：

```
> with (dread, {table (dread [,7])})
普通組 精熟組
  136     104
> with (dread, {table (dread [,9])})
普通組 精熟組
  144   96
> with (dread, {table (閱讀素養 A)})
閱讀素養 A
普通組 精熟組
  136     104
> with (dread, {table (A 預測組別)})
A 預測組別
普通組 精熟組
  144      96
```

以基本套件 **xtabs ( )** 函數輸出「閱讀素養 A」、「A 預測組別」二個二分類別變數的交叉表：

```
> class.t = xtabs (~閱讀素養 A + A 預測組別, data = dread)
> class.t
              A 預測組別
閱讀素養 A    普通組   精熟組
  普通組        131        5
  精熟組         13       91
```

[說明]：原始「閱讀素養 A」136 位普通程度的觀察值中，根據邏輯斯迴歸模型預測分類為普通程度者有 131 位、預測分類為精熟程度者有 5 位 (預測錯誤)；原始「閱讀素養 A」104 位精熟程度的觀察值中，根據邏輯斯迴歸模型預測分類為精熟程度者有 91 位、預測分類為普通程度者有 13 位 (預測錯誤)，全部預測分類錯誤的觀察值個數有 18 位。

邏輯斯迴歸分析預測分類交叉表如下：

真實觀察次數		預測觀察次數		
		A 預測組別		預測正確百分比
		普通 (0)	精熟 (1)	
閱讀素養 A	普通 (0)	131	5	96.3%
	精熟 (1)	13	91	87.5%
預測正確百分比		(144)	(96)	92.5%

套件 {rms} 函數 residuals ( ) 輸出預測分類的殘差值，回傳的數值為 0，表示預測組別 (預測水準數值) 與真實組別 (真實水準數值) 相同者，回傳的數值為 1、−1，表示預測組別 (預測水準數值) 與真實組別 (真實水準數值) 不相同者：

```
> round (residuals (log.m), 0)
  [1]  0 1 0 0 0 0 1 0 0 0 0 0 1 0 0 0 0 0 0 0 0 0 0 0 0 0 0
 [28]  0 0 0 0 0 0 0 0 0 0 0 0 0 0 0 0 0 0 0 0 0 0 0 0 0 0 0
 [55]  0 0 1 0 0 1 0 0 0 0 0 0 0 0 -1 -1 -1 0 1 1 0 0 0 0 0 0 0
 [82]  0 0 0 0 0 0 0 0 0 0 0 0 0 0 0 0 0 0 0 0 0 0 0 0 0 0 0
[109]  0 0 0 0 0 0 0 0 0 0 1 1 0 0 0 0 0 0 0 0 0 0 0 0 0 0 0
[136]  0 0 0 0 0 0 0 0 0 0 0 0 0 0 0 0 0 0 1 1 1 0 0 0 0 0 0
[163]  0 0 0 0 0 0 0 0 0 0 0 0 0 0 0 0 0 0 0 1 0 0 0 0 0 0 0
[190]  0 0 0 -1 0 0 0 0 0 0 0 0 0 0 0 0 0 0 0 0 0 0 0 0 0 0 0
[217]  0 0 0 0 0 0 0 0 -1 0 0 0 0 0 0 0 0 0 0 0 0 0 0 0
> table (round (residuals (log.m), 0))

 -1    0    1
  5  222   13
```
[說明]：回傳參數值的次數分配表中，-1 的個數有 5 個、+ 1 的個數有 13 個，表示預測分類錯誤的觀察值個數共有 18 位；0 的個數為 222，表示預測分類正確的觀察值個數共有 222 位，預測分類正確的百分比為 222 ÷ 240 = 92.5%。

殘差函數配合 which ( ) 函數條件設定，可以分別輸出預測正確觀察值的個數：

```
> pre.m = round (resid (log.m), 0)
> pre.m [which (pre.m==0)]
  [1] 0 0 0 0 0 0 0 0 0 0 0 0 0 0 0 0 0 0 0 0 0 0 0 0 0 0 0 0 0 0 0 0 0 0 0 0
<略>
[181] 0 0 0 0 0 0 0 0 0 0 0 0 0 0 0 0 0 0 0 0 0 0 0 0 0 0 0 0 0 0 0 0 0 0 0 0
[217] 0 0 0 0 0 0
> pre.m [which (!pre.m==0)]
 [1] 1 1 1 1 1 -1 -1 -1 1 1 1 1 1 1 1 1 1 -1 -1
```

以基本套件 **length ( )** 函數分別求出預測錯誤次數、預測正確次數、有效觀察值 N 數值：

```
> length (pre.m [which (!pre.m==0)])
[1] 18
> length (pre.m [which (pre.m==0)])
[1] 222
> length (pre.m)
[1] 240
```

直接以殘差 **resid ( )** 函數求出預測分類正確與預測分類錯誤的次數、百分比，R 主控台的語法函數為：

```
> pre.m = round (resid (log.m), 0)
> total = length (pre.m)
> corr = length (pre.m [which (pre.m==0)])
> error = length (pre.m [which (!pre.m==0)])
> cat ("@有效樣本觀察值 = ",total, "\n")
@有效樣本觀察值 = 240
> cat ("@預測正確個數 = ",corr,"--預測正確百分比 = ",round (corr/total, 3)*100, "%\
  n")
@預測正確個數 = 222 --預測正確百分比= 92.5 %
> cat ("@預測錯誤個數 = ",error,"--預測錯誤百分比 = ",round (error/total, 3)*100,
  "%\n")
@預測錯誤個數 = 18 --預測錯誤百分比 = 7.5 %
```

以 [which (!閱讀素養 A==A 預測組別),] 界定篩選條件，輸出預測錯誤的 18

位觀察值資料，其中原資料框架物件第八個變數欄不呈現：

```
> with (dread, {dread [,-8][which (!閱讀素養 A==A 預測組別),]})
```

	家庭型態	家人支持	學習動機	家庭資本	學習成就	投入程度	閱讀素養 A	A 預測組別
2	1	6	11	11	20	10	精熟組	普通組
7	1	6	9	7	36	5	精熟組	普通組
13	0	7	10	9	40	8	精熟組	普通組
57	1	12	22	11	52	15	精熟組	普通組
60	1	10	25	10	52	9	精熟組	普通組
69	0	13	19	13	65	7	普通組	精熟組
70	0	12	17	13	65	8	普通組	精熟組
71	1	9	16	13	68	11	普通組	精熟組
73	1	12	25	15	72	3	精熟組	普通組
74	1	24	17	15	73	4	精熟組	普通組
120	0	14	30	13	53	14	精熟組	普通組
121	0	16	27	13	53	18	精熟組	普通組
155	1	13	20	12	68	12	精熟組	普通組
156	1	15	17	12	68	9	精熟組	普通組
157	1	11	25	12	68	14	精熟組	普通組
183	1	20	18	18	49	19	精熟組	普通組
193	0	13	24	16	63	32	普通組	精熟組
225	1	15	28	18	75	18	普通組	精熟組

[說明]：符合篩選條件的 **18** 位觀察值，在「閱讀素養 **A**」因子變數的水準數值組別與在「**A** 預測組別」因子變數的水準數值組別均不相同，樣本為根據邏輯斯迴歸模型對訓練樣本預測分類錯誤的觀察值。

貳、分類樹

「閱讀素養 A」反應變數為間斷變數，界定水準數值 0 為普通程度、水準數值 1 為精熟程度；預測變數「家庭型態」變數水準數值 0 為完整家庭、水準數值 1 為單親家庭，二個變數使用 **as.factor ( )** 函數界定為因子變數。

一、套件 {rpart} 函數 rpart ( )

以套件 **{rpart}** 函數 **rpart ( )** 建構分類樹模型，引數 cp 參數設定為 0.01、引數 minsplit 參數設定為 25、引數 minbucket 設定為 10：

```
> dread$home = ifelse (dread$home==0, "完整家庭", "單親家庭")
> dread$read2 = ifelse (dread$read2==0, "普通", "精熟")
> names (dread) = c ("家庭型態", "家人支持", "學習動機", "家庭資本", "學習成就", "
  投入程度", "閱讀素養 A", "閱讀素養 B")
> dread$ 家庭型態 = as.factor (dread$ 家庭型態)
> dread$ 閱讀素養 A = as.factor (dread$ 閱讀素養 A)
> library (rpart)
> cla.m1 = rpart (閱讀素養 A~家庭型態 + 家人支持 + 學習動機 + 家庭資本 + 學習
  成就 + 投入程度, data = dread, method = "class", maxcompete = 1, maxsurrogate = 0,
  usesurrogate = 0, cp = 0.01, minsplit = 25, minbucket = 10)
> print (cla.m1)
n = 240
node), split, n, loss, yval, (yprob)
    * denotes terminal node
1) root 240 104 普通 (0.56666667 0.43333333)
  2) 學習成就 < 59 137  16 普通 (0.88321168 0.11678832)
    4) 投入程度 < 18.5 126   7 普通 (0.94444444 0.05555556) *
    5) 投入程度 >= 18.5 11   2 精熟 (0.18181818 0.81818182) *
  3) 學習成就 >= 59 103  15 精熟 (0.14563107 0.85436893)
    6) 家庭型態 = 單親家庭 22  10 普通 (0.54545455 0.45454545) *
    7) 家庭型態 = 完整家庭 81   3 精熟 (0.03703704 0.96296296) *
[說明]：分類樹的葉節點 (終點節點) 個數有四個。
```

分類規則摘要表統整如下：

項目	規則 1：節點 [4]	規則 2：節點 [5]	規則 3：節點 [6]	規則 4：節點 [7]
分類條件	學習成就 < 59 投入程度 < 18.5	學習成就 < 59 投入程度 ≥ 18.5	學習成就 ≥ 59 家庭型態 = 單親家庭	學習成就 ≥ 59 家庭型態 = 完整家庭
分類結果	普通程度	精熟程度	普通程度	精熟程度
葉節點觀察值個數	126	11	22	81
純度值	94.4%	81.8%	54.5%	96.3%

　　使用套件 {caret} 函數 varImp ( ) 檢核以訓練樣本為標的資料檔建構的適配
分類樹模型中解釋變數影響的重要性程度，函數 varImp ( ) 二個引數選項均設定為假：

```
> summary (cla.m1)
Variable importance
學習成就  投入程度  家庭型態
    76        14        11
> varImp (cla.m1, surrogates = FALSE, competes = FALSE)
            Overall
投入程度  11.767824
家庭型態   8.944199
學習成就  63.972825
家人支持   0.000000
學習動機   0.000000
家庭資本   0.000000
```
[說明]：函數 **varImp** ( ) 引數 **surrogates** 選項設為假、引數 **competes** 選項設為假的條件下，適配分類樹模型中較重要的解釋變數為「學習成就」、「投入程度」、「家庭型態」，至於「家人支持」、「學習動機」、「家庭資本」三個解釋變數的整體重要性參數值均為 **0.000**，表示三個解釋變數沒有被納入決策樹成長樹圖中的分支條件中。

使用套件 {**rpart.plot**} 函數 **prp** ( ) 繪製分類樹圖形，引數 shadow.col 設定節點的陰影顏色、引數 branch.lwd 界定分支線條的寬度，引數 faclen 界定分支線標記字元為 8 (八個中文字)：

```
> library (rpart.plot)
> prp (cla.m1, type = 4, extra = 1, box.col = 5, digits = 4, faclen = 8, shadow.col = 1,
  branch.lwd = 3)
```

函數 **prp** ( ) 繪製分類樹圖形如下，節點中的二個參數分別為普通程度群組、精熟程度群組的個數：

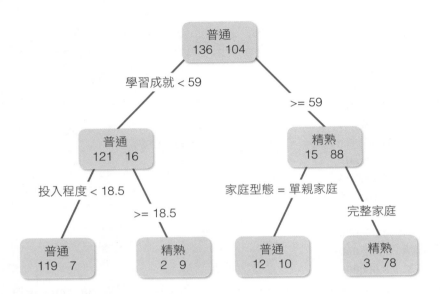

　　使用套件 **{rpart}** 函數 **residuals ( )** 直接求出分類樹模型預測資料框架物件的結果，內定引數 type 選項為「= "usual"」，回傳的參數是錯誤分類「損失 L 矩陣」(實際值，預測值)，矩陣的參數值為 0、1，參數值 0 表示預測分類正確的觀察值、參數值 1 表示預測分類錯誤 (incorrect classification) 的觀察值：

```
> pcla.m1 = residuals (cla.m1)
> pcla.m1
  [1] 0 1 0 0 0 0 1 0 0 0 0 0 1 0 0 0 0 0 0 0 0 0 0 0 0 0 0 0 0 0 0 0 0 0 0 0
 [37] 0 0 0 0 0 0 0 0 0 0 0 0 0 0 0 0 0 0 0 0 0 1 0 0 1 0 0 0 0 0 0 0 0 1 1 0 0
 [73] 1 1 0 0 0 0 0 0 0 0 0 0 0 0 0 0 0 0 0 0 0 0 0 0 0 0 0 0 0 1 0 0 0 0 0 0 0
[109] 0 0 0 0 0 0 0 0 0 1 1 0 0 0 0 0 0 1 0 0 0 0 0 0 0 0 0 0 0 0 0 0 0 0 0 0
[145] 0 0 0 0 0 0 0 0 0 0 1 1 1 0 0 0 0 0 0 0 0 0 0 0 0 0 1 1 0 0 0 0 0 0 0 0
[181] 0 0 0 0 0 0 0 0 0 0 0 1 0 0 0 0 0 0 0 0 0 0 0 0 0 0 1 0 0 0 0 0 0 0 0 0
[217] 0 0 0 0 0 0 1 0 0 0 1 0 0 0 0 0 0 0 0 0 0 0 0 0
```
[說明]：損失 L 矩陣回傳的參數值為 0、1，參數值 1 表示預測分類錯誤的觀察值。
```
> errorn = length (pcla.m1 [which (pcla.m1==1)])
> errorn
[1] 22
```
[說明]：預測分類錯誤的觀察值個數 n = 22 (回傳值為 1 的個數)。
```
> corn = length (pcla.m1 [which (pcla.m1==0)])
> corn
[1] 218
```
[說明]：預測分類正確的觀察值個數 n = 218 (回傳值為 0 的個數)。

```
> testn = length (pcla.m1)
> testn
[1] 240
```
[說明]：資料框架物件的總個數 N = 240。

以基本套件函數 **cat ( )** 求出預測分類正確的百分比與預測分類錯誤的百分比：

```
> cat ("@預測分類正確百分比 = ",round (corn/testn, 3)*100, "%\n")
@預測分類正確百分比 = 90.8%
> cat ("@預測分類錯誤百分比 = ",roun d(errorn/testn, 3)*100, "%\n")
@預測分類錯誤百分比 = 9.2%
```

使用套件 **{rpart}** 函數 **predict ( )** 將預測分類情形以變數「預測 A.1」增列於資料框架物件中，使用基本套件函數 **table ( )** 求出「閱讀素養 A」(實際程度)、「預測 A.1」(預測程度) 的交叉表與預測分類情況百分比：

```
> dread$ 預測 A.1 = predict (cla.m1, dread, type = "class")
> tab.m = with (dread, {table (閱讀素養 A, 預測 A.1)})
> tab.m
       預測 A.1
閱讀素養 A    普通    精熟
   普通       131      5
   精熟        17     87
> rate = round (100*sum (diag (tab.m))/sum (tab.m), 1)
> cat ("@測試樣本總數 = ",sum (tab.m),"--預測分類正確樣本數 = ", sum (diag (tab.
  m)), "\n")
@測試樣本總數 = 240 --預測分類正確樣本數 = 218
> cat ("@預測分類正確百分比 = ",rate, "%","--預測分類錯誤百分比 = ",100-rate, "%\
  n")
@預測分類正確百分比 = 90.8% --預測分類錯誤百分比 = 9.2%
```

使用套件 **{rpart}** 函數建構的分類樹模型，對原始資料檔進行預測分類 (效度檢定的測試樣本為原始模型建構的訓練樣本)，240 位有效觀察值樣本，預測正確的觀察值個數為 218、預測分類正確的百分比為 90.8%；預測錯誤的觀察值個數為 22、預測分類錯誤的百分比為 9.2%。

二、套件 {partykit} 函數 ctree ( )

範例使用套件 {partykit} 函數 **ctree** ( ) 建構分類樹模型，引數設定的參數值
與 **rpart** ( ) 函數相同：

```
> library (partykit)
> cla.m2 = ctree (閱讀素養 A~家庭型態 + 家人支持 + 學習動機 + 家庭資本 + 學習
    成就 + 投入程度, data = dread, minprob = 0.01, minsplit = 25, minbucket = 10)
> print (cla.m2)
Model formula:
閱讀素養 A ~ 家庭型態 + 家人支持 + 學習動機 + 家庭資本 + 學習成就 +
    投入程度
Fitted party:
[1] root
|  [2] 家庭資本 <= 13
|  |  [3] 學習成就 <= 65: 普通 (n = 118, err = 5.9%)
|  |  [4] 學習成就 > 65: 精熟 (n = 10, err = 40.0%)
|  [5] 家庭資本 > 13
|  |  [6] 家庭型態 in 完整家庭
|  |  |  [7] 學習成就 <= 60: 精熟 (n = 11, err = 27.3%)
|  |  |  [8] 學習成就 > 60: 精熟 (n = 74, err = 1.4%)
|  |  [9] 家庭型態 in 單親家庭: 普通 (n = 27, err = 37.0%)
Number of inner nodes:    4
Number of terminal nodes: 5
```

[說明]：分類樹模型內部節點有 4 個、葉節點的個數有 5 個。

分類規則摘要表統整如下：

項目	規則 1：節點 [3]	規則 2：節點 [4]	規則 3：節點 [7]
分類條件	家庭資本 ≤ 13 學習成就 ≤ 65	家庭資本 ≤ 13 學習成就 > 65	家庭資本 > 13 家庭型態 = 完整家庭 學習成就 ≤ 60
分類結果	普通程度	精熟程度	精熟程度
葉節點觀察值個數	118	10	11
誤差值	5.9%	40.0%	27.3%
純度值	94.1%	60.0%	72.7%

項目	規則 4：節點 [8]	規則 5：節點 [9]
分類條件	家庭資本 > 13 家庭型態 = 完整家庭 學習成就 > 60	家庭資本 > 13 家庭型態 = 單親家庭
分類結果	精熟程度	普通程度
葉節點觀察值個數	74	27
誤差值	1.4%	37.0%
純度值	98.6%	63.0%

使用套件 {partykit} 函數 **plot ( )** 繪製分類樹圖形，葉節點的位置不統一置於最底部，引數 type 選項界定為「 = "simple"」：

```
> plot (cla.m2, drop_terminal = FALSE, type = "simple")
```

函數 **plot ( )** 繪製分類樹圖形如下：

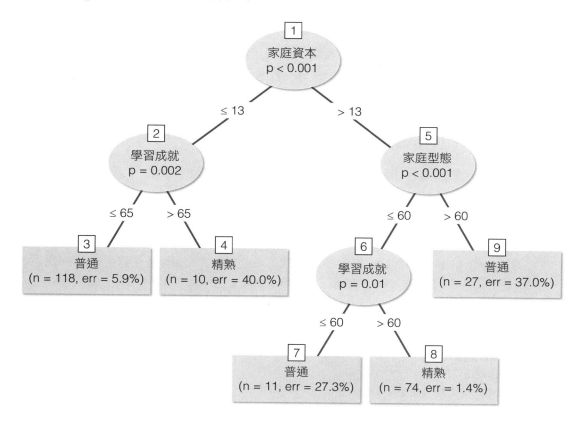

使用套件 **{partykit}** 函數 **predict ( )** 將預測分類情形以變數「預測 A.2」增列於資料框架物件中，使用基本套件函數 **table ( )** 求出「閱讀素養 A」(實際程度)、「預測 A.2」(預測程度) 的交叉表與預測分類情況百分比：

```
> dread$ 預測 A.2 = predict (cla.m2, dread, type = "response")
> tab.m = with (dread, {table (閱讀素養 A, 預測 A.2)})
> tab.m
                  預測 A.2
閱讀素養 A  普通    精熟
    普通      128      8
    精熟       17     87
> rate = round (100*sum (diag (tab.m))/sum (tab.m), 1)
> cat ("@測試樣本總數 = ",sum (tab.m),"--預測分類正確樣本數 = ",sum (diag (tab.
  m)), "\n")
@測試樣本總數 = 240 --預測分類正確樣本數 = 215
> cat ("@預測分類正確百分比 = ",rate, "%", "--預測分類錯誤百分比 = ",100-rate,
  "%\n")
@預測分類正確百分比 = 89.6% --預測分類錯誤百分比 = 10.4%
```

使用套件 **{partykit}** 函數 **ctree ( )** 建構的分類樹模型，對原始資料檔進行預測分類，240 位有效觀察值樣本，預測正確的觀察值個數為 215、預測分類正確的百分比為 89.6%；預測錯誤的觀察值個數為 25、預測分類錯誤的百分比為 10.4%。

三、套件 {evtree} 函數 evtree ( )

範例使用套件 **{evtree}** 函數 **evtree ( )** 建構分類樹模型，引數設定的參數值與 **rpart ( )** 函數相同：

```
> library (evtree)
> cla.m3 = evtree (閱讀素養 A~家庭型態 + 家人支持 + 學習動機 + 家庭資本 + 學習
  成就 + 投入程度, data = dread, minsplit = 25L, minbucket = 10L)
> print (cla.m3)
Model formula:
閱讀素養 A ~ 家庭型態 + 家人支持 + 學習動機 + 家庭資本 + 學習成就 + 投入程度
Fitted party:
[1] root
|   [2] 投入程度 < 19
```

｜ ｜ **[3]** 家庭型態 **in** 完整家庭
｜ ｜ ｜ **[4]** 學習成就 **< 51:** 普通 **(n = 27, err = 3.7%)**
｜ ｜ ｜ **[5]** 學習成就 **>= 51:** 精熟 **(n = 38, err = 10.5%)**
｜ ｜ **[6]** 家庭型態 **in** 單親家庭: 普通 **(n = 113, err = 8.8%)**
｜ **[7]** 投入程度 **>= 19:** 精熟 **(n = 62, err = 4.8%)**
Number of inner nodes: 3
Number of terminal nodes: 4
[說明]：分類樹內部節點的個數有 **3** 個、葉節點的個數有 **4** 個。

分類規則摘要表統整如下：

項目	規則 1： 節點 [4]	規則 2： 節點 [5]	規則 3： 節點 [6]	規則 4： 節點 [7]
分類條件	投入程度 < 19 家庭型態 = 完整家庭 學習成就 < 51	投入程度 < 19 家庭型態 = 完整家庭 學習成就 ≥51	投入程度 < 19 家庭型態 = 單親家庭	投入程度 ≥ 19
分類結果	普通	精熟	普通	精熟
葉節點觀察值個數	27	38	113	62
誤差值	3.7%	10.5%	8.8%	4.8%
純度值	96.3%	89.5%	91.2%	95.2%

使用 **plot ( )** 函數繪製分類樹圖：

```
> plot (cla.m3, type = "simple")
```

適配分類樹模型圖形如下：

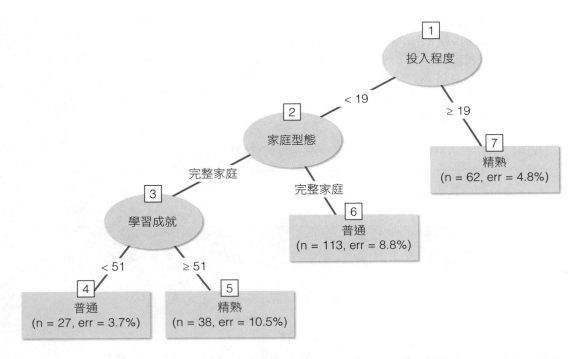

使用套件 {evtree} 函數 **predict**（）將預測分類情形以變數「預測 A.3」增列於資料框架物件中，使用基本套件函數 **table**（）求出「閱讀素養 A」(實際程度)、「預測 A.3」(預測程度) 的交叉表與預測分類情況百分比：

```
> dread$ 預測 A.3 = predict (cla.m3, dread, type = "response")
> tab.m = with (dread, {table (閱讀素養 A, 預測 A.3)})
> tab.m
                 預測 A.3
閱讀素養 A    普通    精熟
    普通       129      7
    精熟        11     93
> rate = round (100*sum (diag (tab.m))/sum (tab.m), 1)
> cat ("@測試樣本總數 = ",sum (tab.m)," --預測分類正確樣本數 = ",sum (diag (tab.
    m)), "\n")
@測試樣本總數 = 240 --預測分類正確樣本數 = 222
> cat ("@預測分類正確百分比 = ",rate, "%", "--預測分類錯誤百分比 = ",100-rate,
    "%\n")
@預測分類正確百分比 = 92.5% --預測分類錯誤百分比 = 7.5%
```

使用套件 {evtree} 函數 **evtree**（）建構的分類樹模型，對原始資料檔進行預測分類時，240 位有效觀察值樣本，預測正確的觀察值個數為 222、預測分類正確的百分比為 92.5%；預測錯誤的觀察值個數為 18、預測分類錯誤的百分比為 7.5%。

上述邏輯斯迴歸模型與分類樹效度檢定的樣本均為原始訓練樣本，讀者可以參考之前章節的介紹，將原始資料框架物件觀察值切割成訓練樣本與測試樣本，效度檢定除可以使用訓練樣本為標的資料檔外，也可以以測試樣本作為效度檢定的標的資料檔。

參、套件 {C50} 函數 C5.0 ( ) 的應用

決策樹演算法中的C5.0 為之前 C4.5 的改良版，在 R 軟體中對應的套件為 **{C50}**，函數為 **C5.0 ( )**。套件 **{C50}** 函數 **C5.0 ( )** 基本語法為：

C5.0 (formula, data, weights)

控制函數 **C5.0 ( )** 適配模型設定參數的次函數為 **C5.0Control ( )**，函數基本語法為：

C5.0Control (subset = FALSE, bands = 0, winnow = FALSE, CF = 0.25, minCases = 2, fuzzyThreshold = FALSE, sample = 0, label = "outcome")

引數 subset 為邏輯選項，內定選項為假，表示不使用子資料作為分析的標的樣本。引數 bands 的參數值為介於 2 至 1000 的整數，引數界定 2 以上參數值時，另一引數 rules 要設為真 (TRUE)，以輸出模型規則對錯誤率的影響，及群組規則對特定帶狀的個數。引數 winnow 內定選項為假，表示不特別挑選預測變數。引數 CF 界定信心因子 (confidence factor) 的數值，數值範圍 0 至 1 中間，內定的參數值為 0.25。引數 minCases 界定葉節點最小觀察值個數，參數值至少為分割節點的 2 倍，內定參數值為2。

引數 fuzzyThreshold 為邏輯選項，內定選項為假，表示不使用模糊門檻之套住程序評估資料可能的進階分割。引數 sample 的數值介於 0 至 0.999，內定參數值為 0，參數值功能在於從資料檔隨機抽取比例值的觀察值作為訓練樣本，內定參數值為 0，表示使用所有資料框架物件觀察值作為模型建構的分析樣本。引數 label 界定輸出結果增列反應變數的水準標記。

範例使用套件 {C50} 函數 C5.0 ( ) 建構分類樹模型，引數 minCases 的參數值

設為 10，引數 rules 設為假，表示建構決策樹物件：

> c5.ma1 = C5.0 (閱讀素養 A~家庭型態 + 家人支持 + 學習動機 + 家庭資本 + 學習
> 成就 + 投入程度, data = dread, rules = FALSE, control = C5.0Control (minCases =
> 10))

使用函數 **summary ( )** 輸出完整決策樹 C5.0 物件參數：

> class (c5.ma1)
[1] "C5.0"
> summary (c5.ma1)
Call:
C5.0.formula (formula = 閱讀素養 A ~ 家庭型態 + 家人支持 + 學習動機 + 家庭
資本 + 學習成就 + 投入程度, data = dread, rules = FALSE, control = C5.0Control
(minCases = 10))
C5.0 [Release 2.07 GPL Edition]   Mon Dec 19 19:48:52 2016

Class specified by attribute `outcome'
Read 240 cases (7 attributes) from undefined.data
Decision tree:
學習成就 <= 58:
:...投入程度 <= 18: 普通 (126/7)
: 投入程度 > 18: 精熟 (11/2)
學習成就 > 58:
:...家庭型態 = 完整家庭: 精熟 (81/3)
  家庭型態 = 單親家庭: 普通 (22/10)
[說明]：決策樹的葉節點有四個，葉節點括號內的第一個數值為節點內觀察值的
個數、第二個量數為分類錯誤的個數，四個葉節點分類錯誤值 (不純度值) 分別為
5.6% (= 7/126)、18.2%、3.7%、45.5%。
分類準則為：
分類準則 1：**IF**「學習成就 <= 58 且 投入程度 <= 18」**THEN**「普通(126/7)」。
分類準則 2：**IF**「學習成就 <= 58 且 投入程度 > 18」**THEN**「普通 (11/2)」。
分類準則 3：**IF**「學習成就 > 58 且 家庭型態 = 完整家庭」**THEN**「精熟
(81/3)」。
分類準則 4：**IF**「學習成就 >58 且 家庭型態 = 單親家庭」**THEN** 普通 (22/10)」。
Evaluation on training data (240 cases):
    Decision Tree

    Size   Errors
     4   22(9.2%) <<

[說明]：根據訓練樣本建構適配分類樹模型對原訓練樣本進行預測分類，預測分類錯誤的觀察值有 **22** 位，預測分類錯誤的百分比為 **9.2%**。

(a)	**(b)**	**<-classified as**
----	----	
131	**5**	**(a): class** 普通
17	**87**	**(b): class** 精熟

[說明]：預測分類交叉表的測試樣本為原建構決策樹模型的訓練樣本 ，預測分類正確的觀察值有 **218** 位、預測分類錯誤的觀察值有 **22** 位，有效樣本觀察值 **N = 240**。

Attribute usage:
100.00% 學習成就
57.08% 投入程度
42.92% 家庭型態

[說明]：參數值為解釋變數對適配分類樹模型重要性程度量數，六個解釋變數中對反應變數具顯著分類預測力的變數為學習成就、投入程度、家庭型態三個，最重要的解釋變數為學習成就。

使用 **print ( )** 函數輸出適配分類樹模型中的基本量數：

```
> print (c5.ma1)
```
Call:
C5.0.formula (formula = 閱讀素養 **A ~** 家庭型態 **+** 家人支持 **+** 學習動機 **+** 家庭資本 **+** 學習成就 **+** 投入程度**, data = dread, rules = FALSE, control = C5.0Control (minCases = 10))**
Classification Tree
Number of samples: 240
Number of predictors: 6
Tree size: 4
[說明]：適配分類樹模型中，有效觀察值個數為 **240**、預測變數的個數有六個，分類樹的大小為 **4**。
Non-standard options: attempt to group attributes, minimum number of cases: 10
[說明]：葉節點最少觀察值個數為 **10**。

使用 **plot ( )** 函數繪製 C5.0 決策樹物件成長樹圖：

```
> plot (c5.ma1, type = "simple")
```

反應變數為因子變數，決策樹圖為分類樹：

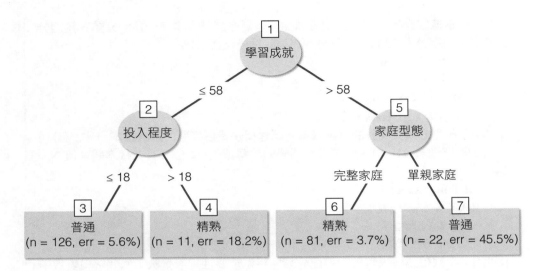

函數 **C5.0 ( )** 規則引數 rules 若設為真，建構的模型不是決策樹，為基本化規則模型 (Rule-Based Models)，模型物件無法繪製決策樹成長圖：

```
> c5.ma2 = C5.0 (閱讀素養 A~家庭型態 + 家人支持 + 學習動機 + 家庭資本 + 學習
   成就 + 投入程度, data = dread,rules =TRUE,control = C5.0Control (minCases = 10))
> summary (c5.ma2)
Call:
C5.0.formula(formula = 閱讀素養A ~ 家庭型態 + 家人支持 + 學習動機 + 家庭
資本 + 學習成就 + 投入程度, data = dread, rules = TRUE, control = C5.0Control
(minCases = 10))
C5.0 [Release 2.07 GPL Edition]        Mon Dec 19 19:51:55 2016
--------------------------------
Class specified by attribute `outcome'
Read 240 cases (7 attributes) from undefined.data
Rules:
Rule 1: (126/7, lift 1.7)
     學習成就 <= 58
     投入程度 <= 18
     -> class 普通 [0.938]
Rule 2: (122/17, lift 1.5)
     家庭型態 = 單親家庭
     -> class 普通 [0.855]
Rule 3: (81/3, lift 2.2)
     家庭型態 = 完整家庭
     學習成就 > 58
     -> class 精熟 [0.952]
```

Rule 4: (62/3, lift 2.2)
投入程度 > 18
-> **class 精熟 [0.938]**
Default class: 普通
Evaluation on training data (240 cases):

     Rules

  No   Errors

  4 18(7.5%) <<

  (a) (b) <-classified as

  ---- ----

  131   5   **(a): class 普通**

  13 91   **(b): class 精熟**

[說明]：預測分類交叉表的測試樣本為原建構決策樹模型的訓練樣本，預測分類正確的觀察值有 **222** 位、預測分類錯誤的觀察值有 **18** 位，預測分類錯誤的百分比為 **7.5%**，有效樣本觀察值 N = 240。基本化規則模型與決策樹模型分類準則與預測分類結果不同。

    Attribute usage:
    86.25% 學習成就
    84.58% 家庭型態
    78.33% 投入程度

[說明]：對基本化規則模型建構之解釋變數的權重值與決策樹模型不同，解釋變數影響之重要性排序也不相同。

由於函數 **C5.0 ( )** 規則引數 rules 設為真的情況下，建構分類規則的物件不是決策樹，因而無法繪製決策樹成長樹圖：

```
> plot (c5.ma2, type = "simple")
Error in plot.C5.0 (c5.ma2, type = "simple") : tree models only
```

使用套件 **{C50}** 函數 **predict ( )** 對訓練樣本進行預測分類，引數 type 界定為「= "class"」：

```
> pread2 = predict (c5.ma1, newdata = dread, type = "class")
> table (dread$ 閱讀素養 A, pread2)
     pread2
      普通    精熟
普通   131      5
精熟    17     87
```

[說明]：根據訓練樣本建構適配分類樹模型對測試樣本 (為原訓練樣本資料框架物件) 進行預測分類，預測分類錯誤的觀察值有 **22** 位，預測分類錯誤的百分比為 **9.2%**。

訓練測試法之子資料檔測試樣本為觀察值序號 3 的倍數 (n2 = 80)，其餘觀察值為訓練樣本 (n1 = 160)，套件 **{C50}** 函數 **C5.0 ( )** 之引數 minCases 參數值設為 10：

```
> alldata = dread
> sub = seq (1,240,3)
> testdata = alldata [sub,]
> traindata = alldata [-sub,]
> c5.ma = C5.0 (閱讀素養 A~家庭型態＋家人支持＋學習動機＋家庭資本＋學習成
  就＋投入程度, data = traindata, rules = FALSE, control = C5.0Control (minCases =
  10))
> summary (c5.ma)
```
Call:
C5.0.formula (formula = 閱讀素養A ~ 家庭型態＋家人支持＋學習動機＋家庭資本＋學習成就＋投入程度, data = traindata, rules = FALSE, control = C5.0Control (minCases = 10))

C5.0 [Release 2.07 GPL Edition]   Tue Dec 20 09:43:46 2016

Class specified by attribute `outcome'
Read 160 cases (7 attributes) from undefined.data
Decision tree:
學習成就 <= 57: 普通 (89/9)
學習成就 > 57: 精熟 (71/10)
Evaluation on training data (160 cases):

         Decision Tree

      Size   Errors
       2   19(11.9%) <<

      (a)   (b)   <-classified as
      ---- ----
       80   10   **(a): class 普通**
       9   61   **(b): class 精熟**
     Attribute usage:
     100.00% 學習成就

[說明]：根據訓練樣本建構適配分類樹模型對原訓練樣本進行預測分類，預測分

類錯誤的觀察值有 **19** 位，預測分類錯誤的百分比為 **11.9%**；預測分類正確的觀察值有 **141** 位，預測分類錯誤的百分比為 **88.1%**。

使用套件 **{C50}** 函數 **predict ( )** 對測試樣本進行預測分類，引數 type 界定為「= "class"」：

```
> pread2 = predict (c5.ma, testdata, type = "class")
> table (testdata$ 閱讀素養 A, pread2)
      pread2
        普通    精熟
  普通   39      7
  精熟    6     28
```
[說明]：根據訓練樣本建構適配分類樹模型對測試樣本進行預測分類，預測分類錯誤的觀察值有 **13** 位，預測分類錯誤的百分比為 **16.2%**；預測分類正確的觀察值有 **67** 位，預測分類錯誤的百分比為 **83.8%**。

肆、拔靴法分類樹

套件 **{ipred}** 函數 **bagging ( )** 使用拔靴法 (bootstrap) 執行入袋分類樹與迴歸樹 (Bagging Classification and Regression Trees) 模型建構。函數 **bagging ( )** 採用的引數設定與函數 **rpart.control ( )** 相同，內定拔靴再製的個數為 25，參數值設定的引數為 nbagg，引數 coob 為邏輯選項，內定選項為假 (FALSE)，選項若設為真，表示回傳預測分類結果的錯誤比量數 (分類錯誤比值、均方根差異值)。

套件預測分類函數為 **predict ( )**，函數 **predict ( )** 基本語法為：

predict (object, newdata = NULL, type = c ("class", "prob"), aggregation = c ("majority", "average", "weighted"))

型態引數 type 的文字串選項分別回傳分類樹的水準數值類別與水準數值群組的機率；聚合引數 aggregation 的文字串選項分別回傳最多次數的類別、最大平均類別機率、新觀察值 Kaplan-Meier 估計值曲線 (存活分析樹)。

範例 nbagg 引數參數值採用內定值 25，輸出的 25 個分類樹模型只呈現前二個與後二個：元素 $mtrees [[1]]、元素 $mtrees [[2]]、元素 $mtrees [[24]]、元素 $mtrees [[25]]。函數 **bagging ( )** 建構的決策樹物件配合函數 **summary ( )** 可以輸出完整的參數值：

> library (rpart)

> library (ipred)

> bag.m1 = bagging (factor (閱讀素養 A)~家庭型態 + 家人支持 + 學習動機 +家庭資本 + 學習成就 + 投入程度, data = dread, method = "class", control = rpart.control (cp = 0.01, minsplit = 25, minbucket = 10), coob = TRUE, nbagg = 25)

> summary (bag.m1)

Bagging classification trees with 25 bootstrap replications

Call: bagging.data.frame (formula = factor (閱讀素養 A) ~ 家庭型態 + 家人支持 + 學習動機 + 家庭資本 + 學習成就 + 投入程度, data = dread, method = "class", control = rpart.control (cp = 0.01, minsplit = 25, minbucket = 10), coob = TRUE, nbagg = 25)

Out-of-bag estimate of misclassification error: 0.1292

$y

[1] 普通 精熟 普通 普通 普通 普通 精熟 普通 普通 普通 普通 普通 精熟普通

<略>

[225] 普通 普通 精熟 普通 普通 精熟 精熟 精熟 精熟 精熟 精熟 精熟 精熟 精熟

[239]精熟 精熟

Levels: 普通 精熟

$X

	家庭型態	家人支持	學習動機	家庭資本	學習成就	投入程度
1	單親家庭	7	7	10	20	8
2	單親家庭	6	11	11	20	10

<略>

$mtrees

$mtrees [[1]]

$bindx

[1] 224 35   6 201 230 126 200 109 225 151 238 170 156 87 77 131 86 119

<略>

[235] 104 46 120 65 110 172

$btree

n= 240

node), split, n, loss, yval, (yprob)

    * denotes terminal node

1) root 240 97 普通 (0.5958333 0.4041667)

 2) 學習成就 < 59 150 16 普通 (0.8933333 0.1066667) *

 3) 學習成就 >=59 90 9 精熟 (0.1000000 0.9000000) *

$mtrees [[2]]

$bindx

[1] 49 231 175 112 16 32 209 77 233 97 188 68 37 36 189 229 37 204
<略>
 [235] 74   6 106 11 126 109
$btree
n = 240
node), split, n, loss, yval, (yprob)
    * denotes terminal node
 1) root 240 91 普通 (0.62083333 0.37916667)
   2) 家庭資本 < 13.5 135 6 普通 (0.95555556 0.04444444) *
   3) 家庭資本 >= 13.5 105 20 精熟 (0.19047619 0.80952381)
     6) 家庭型態 = 單親家庭 30 13 普通 (0.56666667 0.43333333)
      12) 投入程度 < 18.5 20 3 普通 (0.85000000 0.15000000) *
      13) 投入程度 >= 18.5 10 0 精熟 (0.00000000 1.00000000) *
     7) 家庭型態 = 完整家庭 75 3 精熟 (0.04000000 0.96000000) *
<略>
$mtrees [[24]]
$bindx
[1] 207 178 208 11 231   1 26 36 207 83 195 54 217 26 81 19 225 86
<略>
[235] 136 103 142 197 11 224
$btree
n = 240
node), split, n, loss, yval, (yprob)
    * denotes terminal node
1) root 240 103 普通 (0.57083333 0.42916667)
  2) 學習成就 < 59 130 8 普通 (0.93846154 0.06153846) *
  3) 學習成就 >= 59 110 15 精熟 (0.13636364 0.86363636)
    6) 家庭型態 = 單親家庭 17 4 普通 (0.76470588 0.23529412) *
    7) 家庭型態 = 完整家庭 93 2 精熟 (0.02150538 0.97849462) *
$mtrees [[25]]
$bindx
[1] 141 165 85 225 145 230 129 125 131 139 77 182 15 144 44 23 71 99
<略>
[235] 238 82 192 63 121 104
$btree
n= 240
node), split, n, loss, yval, (yprob)
    * denotes terminal node
1) root 240 105 普通 (0.56250000 0.43750000)
  2) 學習成就 < 59 147 20 普通 (0.86394558 0.13605442) *
  3) 學習成就 >= 59 93   8 精熟 (0.08602151 0.91397849) *

```
$OOB
[1] TRUE
$comb
[1] FALSE
$err
[1] 0.1291667
```
[說明]：整體預測分類的錯誤率為 **12.92%**。
```
$call
bagging.data.frame (formula = factor (閱讀素養 A) ~ 家庭型態 + 家人支持 +
學習動機 + 家庭資本 + 學習成就 + 投入程度, data = dread, method = "class",
control = rpart.contro l(cp = 0.01, minsplit = 25,minbucket = 10), coob = TRUE,
nbagg = 25)
attr (,"class")
[1] "summary.bagging"
```

使用套件函數 **predict ( )** 對「 "classbagg" 」類型之適配決策樹模型物件進行預測分類：

```
> pred.m = predict (bag.m1, dread, type = "class")
> table (dread [,7], pred.m)
      pred.m
        普通    精熟
普通    132      4
精熟     15     89
```
[說明]：預測分類錯誤的觀察值有 **19** 位、預測分類正確的觀察值有 **221** 位。

由於函數 **bagging ( )** 是採用拔靴法產製樣本，每執行一次函數語法，決策樹 25 個適配模型不會完全相同，整體預測分類錯誤率比值也會有所差異：

```
> print (bag.m1)
Bagging classification trees with 25 bootstrap replications
Call:<略>
Out-of-bag estimate of misclassification error:  0.1333
```
[說明]：整體預測分類的錯誤率為 **13.33%**。
```
> pred.m = predict (bag.m1, dread, type = "class")
> table (dread [,7], pred.m)
      pred.m
        普通    精熟
普通    132      4
```

精熟　　**17**　　**87**

[說明]：預測分類錯誤的觀察值有 **21** 位、預測分類正確的觀察值有 **219** 位。

> ##

> print (bag.m1)

Bagging classification trees with 25 bootstrap replications

Call:<略>

Out-of-bag estimate of misclassification error: 0.1167

[說明]：整體預測分類的錯誤率為 **11.67%**。

> pred.m = predict (bag.m1, dread, type = "class")

> table (dread [,7], pred.m)

```
    pred.m
        普通    精熟
普通    134      2
精熟     14     90
```

[說明]：預測分類錯誤的觀察值有 **16** 位、預測分類正確的觀察值有 **224** 位。

因為函數 **bagging ( )** 執行程序是是採用拔靴法產製樣本，拔靴法產製的參數值不能設定太小，否則執行程序出現錯誤。範例引數 nbagg 由內定參數值 25 改為 5，函數 **bagging ( )** 執行程序出現錯誤訊息：

> bag.m2 = bagging (factor (閱讀素養 A)~家庭型態 + 家人支持 + 學習動機 + 家庭資本 + 學習成就 + 投入程度, data = dread, method = "class", control = rpart.control (cp = 0.01, minsplit = 25, minbucket = 10), coob = TRUE, nbagg = 5)

Error in predict.classbagg (RET) :

  cannot compute out-of-bag predictions for small number of trees

伍、套件 {rpartScore} 函數 rpartScore ( ) 的應用

與函數 **rpart ( )** 功能相似的函數為 **rpartScore ( )**。套件 **{rpartScore}** 函數 **rpartScore ( )** 使用 CART 架構對次序反應變數建構分類樹，分類樹的成長採用一般吉尼不純度函數 (generalized Gini impurity function)，根據錯誤分類效益值之絕對差異量或平方差異量進行預測分類，剪裁引數依據整體錯誤分類比例值或整體錯誤分類效益值。套件 **{rpartScore}** 函數 **rpartScore ( )** 基本語法為：

rpartScore (formula, data, na.action = na.rpart, split = "abs", prune = "mc", model = FALSE, x = FALSE, y = TRUE, control)

引數 na.action 內定選項為 na.rpart，表示反應變數為遺漏值時，排除橫列觀察值的資料，若是解釋變數 (預測變數) 為遺漏值時，只排除有遺漏值的直行變數。引數 split 二個選項為「= "abs"」或「= "quad"」，選項在於界定一般吉尼不純度函數之錯誤分類效益等於絕對差異量或為差異量分數的平方值。

引數 prune 二個選項為「= "mc"」或「= "mr"」，界定選取預測執行測量值是根據整體錯誤分類比值或整體錯誤分類效益值。引數 x、引數 y、引數 model 為邏輯選項，分別界定是否回傳解釋變數矩陣、反應變數的數據、建構的分類樹模型。引數 control 選項的界定與函數 **rpart ( )** 選項相同。

函數 **rpartScore ( )** 建構的適配分類樹模型也可以使用套件 **{rpart.plot}** 繪圖函數，繪製各種不同型態的分類樹成長樹圖。

使用套件 **{rpartScore}** 函數 **rpartScore ( )** 建構分類樹模型時，反應變數不能設定為因子變數，反應變數的水準數值也不能標記為中文群組，否則會出現錯誤。

標的資料框架物件三個觀察值的資料如下：

```
> head (eread [c (1, 100, 240),])
      家庭型態 家人支持 學習動機 家庭資本 學習成就 投入程度 閱讀素養 A 閱讀素養 B
1     單親家庭      7        7       10       20       8          0          0
100   單親家庭     16       24       11       49      13          0          1
240   完整家庭     20       35       13      100      38          1          2
> class (eread$ 閱讀素養 A)
[1] "numeric"
```
範例以函數 **rpartScore ( )** 建構分類樹模型，引數採用內定選項，**rpart ( )** 引數 **cp** 設為 **0.01**、引數 **minsplit** 設為 **25**、引數 **minbucket** 設為 **10**：
```
> library (rpartScore)
> cla.rs1 = rpartScore (閱讀素養 A~家庭型態 + 家人支持 + 學習動機 + 家庭資本 +
  學習成就 + 投入程度, data = dread +, split = "abs", prune = "mc", cp = 0.01, minsplit
  = 25, minbucket = 10)
> print (cla.rs1)
n = 240
node), split, n, deviance, yval
    * denotes terminal node
1) root 240 104 0
 2) 學習成就 < 59 137  16 0
  4) 投入程度 < 18.5 126   7 0 *
  5) 投入程度 >= 18.5 11   2 1 *
 3) 學習成就 >= 59 103  15 1
```

6) 家庭型態 = 完整家庭 **81　3 1** *
7) 家庭型態 = 單親家庭 **22　10 0** *

[說明]：葉節點的個數有 **4** 個，葉節點四個參數分別為分支條件、葉節點內觀察值的個數、葉節點中分類錯誤的個數、預測分類的水準數值 (群組)。以葉節點 **[4]** 為例，父節點為節點 **[2]** (分支條件為學習成就 **< 59**)，根據父節點的子分支條件為「投入程度 **< 18.5**」，節點內的觀察值有 **126** 位、**7** 位預測分類錯誤，水準群組預測分類為 **0** (閱讀素養 **A** 為普通程度群組)。
根據適配分類樹模型對訓練樣本進行預測分類，預測分類錯誤的觀察值有 **22** 位 (**= 7 + 2 + 3 + 10 = 22**)。

使用函數 **predict** ( ) 求出預測分類交叉表 (測試樣本為原資料框架物件)：

```
> table (eread [,7], predict (cla.rs1))
       0    1
0 131    5
1  17   87
```

[說明]：根據適配分類樹模型對訓練樣本進行預測分類，預測分類錯誤的觀察值有 **22** 位、預測分類正確的觀察值有 **218** 位。

將反應變數「閱讀素養 A」的變數屬性由數值變數改為因子變數，建構分類樹模型程序出現錯誤訊息：

```
> cla.rs0 = rpartScore (factor (閱讀素養 A)~家庭型態 + 家人支持 + 學習動機 + 家庭
  資本 + 學習成就 + 投入程度, data = dread +, split = "abs", prune = "mc", cp = 0.01,
  minsplit =25, minbucket = 10)
Error in xpred.rpart (c, xval = xgroups) :
  invalid to change the storage mode of a factor (變更因子的儲存體模式無效)
```

增列反應變數「閱讀素養 A」二個水準數值的中文標記，反應變數「閱讀素養 A」的變數屬性為文字，由於反應變數非數值型向量，以 **rpartScore** ( ) 函數無法建構分類樹模型：

```
> class (dread$ 閱讀素養 A)
[1] "character"
> cla.rs0 = rpartScore (閱讀素養 A~家庭型態 + 家人支持 + 學習動機 + 家庭資本 +
  學習成就 + 投入程度, data = dread, split = "abs", prune = "mc", cp = 0.01, minsplit =
  25, minbucket = 10)
```

> Error in xpred.cross - Y：二元運算子中有非數值引數
> 此外: There were 35 warnings (use warnings ( ) to see them)

範例以函數 **rpartScore ( )** 建構分類樹模型，引數 split 設為「= "quad"」、引數 prune 設為「= "mr"」：

> cla.rs2 = rpartScore (閱讀素養 A~家庭型態 + 家人支持 + 學習動機 + 家庭資本 +
>   學習成就 + 投入程度, data = dread, split = "quad", prune = "mr", cp = 0.01, minsplit
>   = 25, minbucket = 10)
> print (cla.rs2)
> **n = 240**
> **node), split, n, deviance, yval**
>   *** denotes terminal node**
> 1) root 240 104 0
> 2) 學習成就 < 59 137 16 0
>   4) 投入程度 < 18.5 126   7 0 *
>   5) 投入程度 >= 18.5 11   2 1 *
> 3) 學習成就 >= 59 103 15 1
>   6) 家庭型態 = 單親家庭 22 10 0 *
>   7) 家庭型態 = 完整家庭 81   3 1 *
> [說明]：適配分類樹模型物件 **cla.rs2** 與適配分類樹模型物件 **cla.rs1** 相同。

使用 **summary ( )** 函數輸出完整分類樹模型參數：

> summary (cla.rs2)
> **Call:**
> **rpartScore (formula = 閱讀素養 A ~ 家庭型態 + 家人支持 + 學習動機 +**
>   **家庭資本 + 學習成就 + 投入程度, data = dread, split = "quad",**
>   **prune = "mr", cp = 0.01, minsplit = 25, minbucket = 10)**
> **n = 240**

	CP	nsplit	rel error	xerror	xstd
1	0.70192308	0	1.0000000	1.0000000	0.07595545
2	0.06730769	1	0.2980769	0.3173077	0.04912323
3	0.01923077	2	0.2307692	0.2980769	0.05344978
4	0.01000000	3	0.2115385	0.3557692	0.05777238

> **Variable importance**

學習成就	家庭資本	投入程度	家庭型態	學習動機	家人支持
31	23	19	18	5	4

[說明]：參數為六個解釋變數對適配分類樹模型建構影響的重要性量數，權重最

大的解釋變數為「學習成就」。

<略>

Node number 4: 126 observations
  predicted score = 0   expected loss = 0.05555556
Node number 5: 11 observations
  predicted score = 1   expected loss = 0.18181818
Node number 6: 22 observations
  predicted score = 0   expected loss = 0.45454545
Node number 7: 81 observations
  predicted score = 1   expected loss = 0.03703704

[說明]：終點節點的編號為 **4**、**5**、**6**、**7**，四個節點為葉節點，預測分數 (**predicted score**) 的數值為反應變數的水準數值群組，數值 **0** 為「普通程度」群組、數值 **1** 為「精熟程度」群組；期望遺失值 (**expected loss**) 參數為預測分類錯誤的比值，以葉節點 **[4]** 而言，節點內的觀察值有 **126** 位、預測分類錯誤的觀察值有 **7** 位，預測分類錯誤的比值為 **0.056 (5.6%)**。

範例採用訓練測試法將資料框架物件分割成訓練樣本與測試樣本，反應變數為「閱讀素養 A」，函數 **rpartScore ( )** 引數採用內定選項：

```
> eread = read.csv ("read.csv", header = T)
> eread$home = ifelse (eread$home==0, "完整家庭", "單親家庭")
> names (eread) = c ("家庭型態", "家人支持", "學習動機", "家庭資本", "學習成就", "
  投入程度", "閱讀素養 A", "閱讀素養 B")
> library (rpartScore)
> sub = seq (1,240,3)
> testdata = eread [sub,]
> traindata = eread [-sub,]
> cla.rsm = rpartScore (閱讀素養 A~factor (家庭型態) + 家人支持 + 學習動機 + 家庭
  資本 + 學習成就 + 投入程度, data = traindata ,split = "abs", prune = "mc", cp = 0.01,
  minsplit = 25, minbucket = 10)
> print (cla.rsm)
n = 160
node), split, n, deviance, yval
    * denotes terminal node
1) root 160 70 0
 2) 學習成就 < 57.5 89  9 0 *
 3) 學習成就 >=57.5 71 10 1
   6) factor (家庭型態) = 完整家庭 56  2 1 *
   7) factor (家庭型態) = 單親家庭 15  7 0 *
```

[說明]：適配分類樹模型的葉節點有三個，預測分類錯誤的樣本觀察值有 **18** 位、

預測分類正確的樣本觀察值有 **142** 位，預測分類錯誤的百分比為 **11.2%** **(n1 = 80)**。

使用函數 **predict ( )** 對測試樣本進行預測分類，引數設定「method = "class"」可以省略：

```
> pread2 = predict (cla.rsm, testdata)
> table (testdata$ 閱讀素養 A, pread2)
   pread2
          0        1
  0      44        2
  1      10       24
```
[說明]：根據適配分類樹模型對測試樣本 **(n2 = 80)** 進行預測分類，預測分類錯誤的樣本觀察值有 **12** 位、預測分類錯誤的百分比為 **15.0%**；預測分類正確的樣本觀察值有 **68** 位、預測分類正確的百分比為 **85.0%**。

Chapter **13**

區別分析與分類樹

範例資料檔為試算表檔案類型「read.xlsx」，檔案以套件 **{readxl}** 函數 **read_ excel ( )** 匯入，反應變數「閱讀素養 B」的變數索引為 8、原變數索引 7 為「閱讀素養 A」(二分類別變數)，「閱讀素養 A」(read2) 在模型建構中沒有使用到，先將變數暫時從資料框架物件中排除 (變數索引值為 7)。反應變數「閱讀素養 B」(read3) 的水準數值 0 表示觀察值在 B 類型閱讀素養的能力為「加強程度」、水準數值 1 表示觀察值在 B 類型閱讀素養的能力為「普通程度」、水準數值 2 表示觀察值在 B 類型閱讀素養的能力為「精熟程度」；預測變數「家庭型態」為二分類別變數，水準數值 0 為完整家庭群組、水準數值 1 為單親家庭群組。

壹、區別分析

區別分析的解釋變數的家庭型態 (home) 原為類別變數，投入模型中作為自變數要轉為虛擬變數，原水準數值 0、1 不要標記為群組名稱，反應變數「閱讀素養 B」的水準數值為 0、1、2，**factor ( )** 函數中增列引數 labels，標記水準群組的名稱：

```
> library (readxl)
> temp = read_excel ("read.xlsx", 1)
> dread = temp [,-7]   ##變數為閱讀素養 A (read2)
> names (dread) = c ("家庭型態", "家人支持", "學習動機", "家庭資本", "學習成就", "投入程度", "閱讀素養 B")
> dread$ 閱讀素養 B = factor (dread$ 閱讀素養 B, levels = 0:2, labels = c ("加強", "普通", "精熟"))
```

一、套件 {DiscriMiner} 函數應用

(一) 基本函數應用

套件 **{DiscriMiner}** 函數 **groupMeans ( )** 求出群組的平均數，函數 **groupMeans ( )** 基本語法為：

groupMeans (variables, group, na.rm = FALSE)

引數 variables 為解釋變數的資料框架或矩陣，引數 group 為群組向量或群組

因子，引數 na.rm 為邏輯選項，界定資料檔中若有遺漏值是否將觀察值列排除，內定選項為假。

相似語法函數如求出群組的變異數函數 **groupVars ( )**、群組的標準差函數 **groupStds ( )**、群組的中位數函數 **groupMedians ( )**、群組的分位數函數 **groupQuants (variables, group, prob)**，引數 prob 為機率值 (probability value)，數值介於 0 至 1 之間。

範例以 **groupMeans ( )** 函數求出群組在解釋變數的平均數，參數值輸出至小數第三位：

```
> library (DiscriMiner)
> round (groupMeans (dread [,1:6], dread [,7]), 3)
           加強      普通      精熟
家庭型態    0.792     0.557     0.160
家人支持    11.364    13.284    16.107
學習動機    17.701    20.750    24.840
家庭資本    9.390     12.761    17.213
學習成就    47.584    54.386    73.427
投入程度    9.870     13.057    26.760
```

範例以 **groupStds ( )** 函數求出群組在解釋變數的標準差，參數值輸出至小數第三位：

```
> round (groupStds (dread [,1:6], dread [,7]), 3)
           加強      普通      精熟
家庭型態    0.408     0.500     0.369
家人支持    3.910     3.356     4.382
學習動機    5.925     5.296     4.469
家庭資本    2.884     2.936     2.538
學習成就    11.556    10.059    13.483
投入程度    4.118     2.874     8.775
```

範例以 **groupMedians ( )** 函數求出群組在解釋變數的中位數，參數值輸出至小數第一位：

```
> round (groupMedians (dread [,1:6], dread [,7]), 1)
               加強      普通      精熟
家庭型態         1       1.0        0
家人支持        11      13.0       15
學習動機        19      21.0       25
家庭資本        10      13.0       17
學習成就        48      53.0       71
投入程度        10      13.5       27
```

套件 {DiscriMiner} 函數 FRatio ( ) 可以計算群組變數在計量解釋變數平均數間差異檢定的 F 統計量 (F-statistic)。函數 FRatio ( ) 基本語法為：

FRatio (variable, group)

引數為單一計量變數(quantitative variable)、引數 group 為因子變數 (質的變數)(qualitative variable)。

使用套件 {DiscriMiner} 函數 FRatio ( ) 求出「閱讀素養 B」三個水準群組在解釋變數平均數差異單變量檢定的 F 值統計量：

```
> round (FRatio (dread [,1], dread$ 閱讀素養 B), 3)
    F p_value
 41.334  0.000
> round (FRatio (dread [,2], dread$ 閱讀素養 B), 3)
    F p_value
 28.754  0.000
> round (FRatio(dread[,3], dread$ 閱讀素養 B), 3)
    F p_value
 35.058  0.000
> round (FRatio (dread [,4], dread$ 閱讀素養 B), 3)
    F p_value
 149.1    0.0
> round (FRatio(dread [,5], dread$ 閱讀素養 B), 3)
    F p_value
100.001  0.000
> round (FRatio (dread [,6], dread$ 閱讀素養 B), 3)
    F p_value
189.395  0.000
```

套件 **{DiscriMiner}** 函數 **corRatio** ( ) 可以計算計量變數與因子變數 (質性變數)(qualitative variable) 間的相關比 (correlation ratio)，相關比的平方類似迴歸分析程序的決定係數，為因子變數可以解釋計量變數的解釋變異量。函數 **corRatio** ( ) 基本語法為：

corRatio (variable, group)

引數為單一計量變數 (quantitative variable)、引數 group 為因子變數 (質的變數)(qualitative variable)。

六個解釋變數：家庭型態、家人支持、學習動機、家庭資本、學習成就、投入程度與反應變數「閱讀素養 B」(三分因子變數) 間的相關比值如下，相關比值愈接近 1，表示解釋變數與反應變數間的關聯愈密切：

```
> round (corRatio (dread [,1], dread$ 閱讀素養 B), 3)
[1] 0.259
> round (corRatio (dread [,2], dread$ 閱讀素養 B), 3)
[1] 0.195
> round (corRatio (dread [,3], dread$ 閱讀素養 B), 3)
[1] 0.228
> round (corRatio (dread [,4], dread$ 閱讀素養 B), 3)
[1] 0.557
> round (corRatio (dread [,5], dread$ 閱讀素養 B), 3)
[1] 0.458
> round (corRatio (dread [,6], dread$ 閱讀素養 B), 3)
[1] 0.615
```

套件 **{DiscriMiner}** 函數 **discPower** ( ) 可以求出解釋變數區別考驗力 (discriminant power) 的測量值，包括相關比、Wilks Lambda 值、單變量單因子 ANOVA 檢定 F 值統計量、F 值統計量的顯著性 p 值。函數 **discPower** ( ) 基本語法為：

discPower (variables, group)

引數 variables 為解釋變數的資料框架或矩陣、引數 group 為因子變數 (類別變數)。

範例使用函數 **discPower** ( ) 求出區別考驗力量數：

```
> round (discPower (dread [,1:6], dread$ 閱讀素養 B), 3)
            correl_ratio    wilks_lambda    F_statistic    p_value
家庭型態      0.259           0.741           41.334         0
家人支持      0.195           0.805           28.754         0
學習動機      0.228           0.772           35.058         0
家庭資本      0.557           0.443           149.100        0
學習成就      0.458           0.542           100.001        0
投入程度      0.615           0.385           189.395        0
```

不同「閱讀素養 B」能力在六個解釋變數之單變量 ANOVA 檢定結果統整如下 (群組個數為 3，分子自由度 = 3 − 1 = 2)，分子自由度為組間自由度、分母自由度為組內 (誤差項) 自由度 = N − G = 240 − 3 = 237：

不同「閱讀素養 B」能力在解釋變數之單變量 ANOVA 檢定摘要表

檢定變數	相關比	Wilks Lambda 值	F 檢定	分子 自由度	分母 自由度	顯著性
家庭型態	0.259	0.741	41.334	2	237	.000
家人支持	0.195	0.805	28.754	2	237	.000
學習動機	0.228	0.772	35.058	2	237	.000
家庭資本	0.557	0.443	149.100	2	237	.000
學習成就	0.458	0.542	100.001	2	237	.000
投入程度	0.615	0.385	189.395	2	237	.000

加強程度組、普通程度組、精熟程度組三個群組樣本在六個解釋變數之平均數差異檢定的單變量檢定 F 值均達統計顯著水準，表示不同「閱讀素養 B」程度的觀察值在家庭型態、家人支持、學習動機、家庭資本、學習成就、投入程度等六個變數的平均數有顯著不同，以這六個檢定變數作為區別分析程序的解釋變數是適切的。

套件 {DiscriMiner} 函數 **withinCov ( )** 求出群組內 (within-class) 共變異數矩陣，函數 **withinCov ( )** 基本語法為：

withinCov (variables, group, div_by_n = FALSE)

引數 variables 為解釋變數的資料框架或矩陣、引數 group 為群組向量或群組因子。引數 div_by_n 內定選項為假，表示參數值除以的分母為 N–1 (樣本統計量)，div_by_n 選項為真，表示參數值除以的分母為 N (母群體母數)。

　　範例反應變數為「閱讀素養 B」因子變數、解釋變數為家庭型態、家人支持、學習動機、家庭資本、學習成就、投入程度。以函數 **withinCov**（）求出群組內 (within-class) 共變異數矩陣，div_by_n 選項界定為真 (分母為 N)：

```
> round (withinCov (dread [,1:6], dread [,7], div_by_n = TRUE), 3)
```

	家庭型態	家人支持	學習動機	家庭資本	學習成就	投入程度
家庭型態	0.185	0.423	0.143	-0.303	-0.557	0.104
家人支持	0.423	14.845	9.158	0.314	12.957	-1.054
學習動機	0.143	9.158	27.445	0.780	28.813	3.656
家庭資本	-0.303	0.314	0.780	7.745	4.286	-6.171
學習成就	-0.557	12.957	28.813	4.286	135.016	17.532
投入程度	0.104	-1.054	3.656	-6.171	17.532	32.105

　　以函數 **withinCov**（）求出群組內共變異數矩陣，div_by_n 選項界定為假 (分母為 N–1)：

```
> round (withinCov (dread [,1:6], dread [,7], div_by_n = FALSE), 3)
```

	家庭型態	家人支持	學習動機	家庭資本	學習成就	投入程度
家庭型態	0.186	0.425	0.144	-0.304	-0.559	0.105
家人支持	0.425	14.907	9.196	0.315	13.011	-1.058
學習動機	0.144	9.196	27.559	0.784	28.933	3.671
家庭資本	-0.304	0.315	0.784	7.778	4.304	-6.197
學習成就	-0.559	13.011	28.933	4.304	135.581	17.605
投入程度	0.105	-1.058	3.671	-6.197	17.605	32.239

　　套件 **{DiscriMiner}** 函數 **betweenCov**（）求出群組間共變異數矩陣 (between-class covariance matrix)，引數 div_by_n = FALSE 表示分母除以 N–1，引數 div_by_n = TRUE 表示分母除以 N (= 240)：

```
> round (betweenCov (dread [,1:6], dread [,7], div_by_n = FALSE), 3)
```

	家庭型態	家人支持	學習動機	家庭資本	學習成就	投入程度
家庭型態	0.065	-0.484	-0.726	-0.795	-2.703	-1.789
家人支持	-0.484	3.617	5.429	5.947	20.067	13.239
學習動機	-0.726	5.429	8.154	8.933	29.984	19.736
家庭資本	-0.795	5.947	8.933	9.786	32.819	21.593

學習成就	-2.703	20.067	29.984	32.819	114.416	76.526
投入程度	-1.789	13.239	19.736	21.593	76.526	51.527

```
> round (betweenCov (dread [,1:6], dread [,7], div_by_n = TRUE), 3)
```

	家庭型態	家人支持	學習動機	家庭資本	學習成就	投入程度
家庭型態	0.065	-0.482	-0.723	-0.792	-2.692	-1.782
家人支持	-0.482	3.602	5.406	5.922	19.984	13.184
學習動機	-0.723	5.406	8.120	8.895	29.859	19.653
家庭資本	-0.792	5.922	8.895	9.745	32.682	21.503
學習成就	-2.692	19.984	29.859	32.682	113.939	76.207
投入程度	-1.782	13.184	19.653	21.503	76.207	51.312

套件 {DiscriMiner} 函數 totalCov ( ) 求出總體共變異數矩陣 (total covariance matrix)，函數語法與函數 withinCov ( ) 相同：

```
> round (totalCov (dread [,1:6], div_by_n = TRUE), 3)
```

	家庭型態	家人支持	學習動機	家庭資本	學習成就	投入程度
家庭型態	0.250	-0.059	-0.580	-1.094	-3.249	-1.678
家人支持	-0.059	18.447	14.564	6.236	32.940	12.130
學習動機	-0.580	14.564	35.564	9.676	58.671	23.309
家庭資本	-1.094	6.236	9.676	17.491	36.968	15.332
學習成就	-3.249	32.940	58.671	36.968	248.955	93.739
投入程度	-1.678	12.130	23.309	15.332	93.739	83.416

```
> round (totalCov (dread [,1:6], div_by_n = FALSE), 3)
```

	家庭型態	家人支持	學習動機	家庭資本	學習成就	投入程度
家庭型態	0.251	-0.059	-0.582	-1.099	-3.263	-1.685
家人支持	-0.059	18.525	14.625	6.262	33.078	12.181
學習動機	-0.582	14.625	35.713	9.716	58.917	23.407
家庭資本	-1.099	6.262	9.716	17.564	37.123	15.396
學習成就	-3.263	33.078	58.917	37.123	249.997	94.131
投入程度	-1.685	12.181	23.407	15.396	94.131	83.765

總體共變異數矩陣 (總體共變數矩陣) 為合併組內共變異數矩陣與群組間共變異數矩陣相對應元素的加總，根據組內共變異數矩陣與群組間共變異數矩陣數值可以計算出區別分析的區別方程 (區別函數)。

套件 {DiscriMiner} 函數 withinSS( ) 求出群組內平方和矩陣 (within-class sum of squares matrix)：

```
> round (withinSS (dread [,1:6], dread [,7]), 3)
```

	家庭型態	家人支持	學習動機	家庭資本	學習成就	投入程度
家庭型態	44.471	101.618	34.391	-72.633	-133.701	25.018
家人支持	101.618	3562.863	2197.894	75.350	3109.564	-252.864
學習動機	34.391	2197.894	6586.710	187.271	6915.062	877.383
家庭資本	-72.633	75.350	187.271	1858.887	1028.755	-1481.071
學習成就	-133.701	3109.564	6915.062	1028.755	32403.912	4207.592
投入程度	25.018	-252.864	877.383	-1481.071	4207.592	7705.097

套件 {DiscriMiner} 函數 **betweenSS ( )** 求出群組間平方和矩陣 (between-class sum of squares matrix)：

```
> round (betweenSS (dread [,1:6], dread [,7]), 3)
```

	家庭型態	家人支持	學習動機	家庭資本	學習成就	投入程度
家庭型態	15.512	-115.718	-173.491	-190.009	-646.107	-427.651
家人支持	-115.718	864.537	1297.506	1421.300	4796.086	3164.064
學習動機	-173.491	1297.506	1948.690	2134.879	7166.088	4716.817
家庭資本	-190.009	1421.300	2134.879	2338.909	7843.625	5160.687
學習成就	-646.107	4796.086	7166.088	7843.625	27345.384	18289.691
投入程度	-427.651	3164.064	4716.817	5160.687	18289.691	12314.836

套件 {DiscriMiner} 函數 **totalSS ( )** 求出總體平方和矩陣 (total sum of squares matrix)，總體均方和矩陣為組內平方和矩陣與組間平方和矩陣的加總：

```
> round (totalSS (dread [,1:6]), 3)
```

	家庭型態	家人支持	學習動機	家庭資本	學習成就	投入程度
家庭型態	59.983	-14.10	-139.10	-262.642	-779.808	-402.633
家人支持	-14.100	4427.40	3495.40	1496.650	7905.650	2911.200
學習動機	-139.100	3495.40	8535.40	2322.150	14081.150	5594.200
家庭資本	-262.642	1496.65	2322.15	4197.796	8872.379	3679.617
學習成就	-779.808	7905.65	14081.15	8872.379	59749.296	22497.283
投入程度	-402.633	2911.20	5594.20	3679.617	22497.283	20019.933

(二) 區別分析函數 linDA ( ) 應用

以套件 {DiscriMiner} 函數 **linDA ( )** 執行線性區別分析 (Linear Discriminant Analysis) 程序，函數 **linDA ( )** 基本語法為：

linDA (variables, group, validation = NULL)

引數 variables 為解釋變數 (explanatory variables) 的資料框架物件或矩陣。

引數 group 為群組的向量或群組因子變數。

引數 validation 界定是否進行跨效度驗證，二個選項為「"crossval"」(次數 n = 10) 或「"learntest"」，內定選項為無。

反應變數的變數索引值為 7、六個解釋變數的變數索引值從 1 至 6：

```
> library (DiscriMiner)
> dis.m1 = linDA (dread [,1:6], dread [,7])
> print (dis.m1)
```

Linear Discriminant Analysis

$functions	**discrimination functions**
$confusion	**confusion matrix**
$scores	**discriminant scores**
$classification	**assigned class**
$error_rate	**error rate**

$functions

	加強	普通	精熟
constant	**-22.002**	**-31.679**	**-62.195**
家庭型態	**6.495**	**5.599**	**4.185**
家人支持	**0.285**	**0.438**	**0.721**
學習動機	**0.197**	**0.241**	**0.183**
家庭資本	**1.712**	**2.291**	**3.300**
學習成就	**0.187**	**0.161**	**0.165**
投入程度	**0.497**	**0.723**	**1.356**

[說明]：參數為 **Fisher's** 線性區別函數。

$confusion

      predicted

original	加強	普通	精熟
加強	**61**	**16**	**0**
普通	**13**	**75**	**0**
精熟	**0**	**1**	**74**

[說明]：表格為混淆矩陣，對角線的參數值預測分類正確的個數。

$error_rate

[1] 0.125

[說明]：參數為預測誤差比率值，預測分類錯誤的百分比 = **(13 + 16 + 1) ÷ 240 = 30**

÷ **240** = **12.5%**，預測正確的百分比為 **87.5%**。

$scores

	加強	普通	精熟
1	12.693532	10.577317	-4.525224
2	15.902023	14.839995	1.500161
3	18.986990	18.605726	7.385339
4	20.402638	20.308812	10.439554
5	7.725332	3.310413	-14.199506
6	7.252452	1.866343	-18.268265

[說明]：參數為區別分析的分數值。

$classification

[1] 加強 加強 加強 加強 加強 加強

Levels: 加強 普通 精熟

[說明]：參數為排序的群組類別。

以 **summary ( )** 函數查看 **linDA ( )** 函數物件元素名稱：

```
> summary (dis.m1)
```

	Length	Class	Mode
functions	21	-none-	numeric
confusion	9	table	numeric
scores	720	-none-	numeric
classification	240	factor	numeric
error_rate	1	-none-	numeric
specs	6	-none-	list

物件元素「$specs」輸出區別分析程序基本統計量：

dis.m1$specs
$n
[1] 240
$p
[1] 6
$ng
[1] 3
$glevs
[1] "加強" "普通" "精熟"
$nobs_group
[1] 77 88 75

```
$validation
[1] "none"
```
[說明]：訓練樣本有效觀察值 N = 240、預測變數個數 p = 6、反應變數水準數值群組 ng = 3、水準數值標記為加強、普通、精熟，三個群組的真實樣本觀察值個數分別為 77、88、75，效度檢定選項為「none」。

套件 {DiscriMiner} 函數 classify ( ) 根據函數 linDA ( ) 建構的模型物件對測試樣本進行觀察值的預測分類，函數 classify ( ) 基本語法為：

classify (DA_object, newdata)

引數 newdata 為包含適配區別分析物件之解釋變數的資料框架，反應變數不能納入預測分類效度檢定資料檔中。

函數 classify ( ) 建構的分類物件元素有二個：$scores、$pred_class。

```
> cla.m1 = classify (dis.m1, dread [,1:6])
> cla.m1
$scores
            加強             普通             精熟
1        12.693532      10.5773170      -4.5252238
2        15.902023      14.8399946       1.5001614
3        18.986990      18.6057260       7.3853393
4        20.402638      20.3088117      10.4395544
5         7.725332       3.3104131     -14.1995064
<略>
237      57.536749      68.7407907      85.2363208
238      57.909844      69.0625058      85.5663920
239      59.790518      71.5060785      88.1463265
240      50.385016      58.8428334      69.6003576
```
[說明]：根據分類函數求出觀察值在反應變數三個水準群組分類的分數，分類分數值最大的水準群組，為觀察值被預測分類的水準組別。
```
$pred_class
  [1] 加強 加強 加強 加強 加強 加強 加強 加強 加強 普通 加強 加強 加強 加強
 [15] 加強 加強 加強 加強 加強 加強 加強 加強 普通 加強 加強 加強 加強 加強
<略>
[225] 精熟 精熟 精熟 精熟 精熟 精熟 精熟 精熟 精熟 精熟 精熟 精熟 精熟
[239] 精熟 精熟
Levels: 加強 普通 精熟
```
[說明]：240 位觀察值被預測分類的水準群組。

使用 **table ( )** 函數求出觀察值在閱讀素養 B 的實際程度組別與預測組別的交叉表，預測正確的樣本數 = 61 + 75 + 74 = 210，預測分類正確百分比為 87.5%。

```
> table (dread [,7], cla.m1$pred_class)
          加強    普通    精熟
   加強     61     16      0
   普通     13     75      0
   精熟      0      1     74
```

將預測分類物件元素 $pred_class 水準群組的資料以變數「預測 .1」增列於資料框架物件 dread 中，使用 **with ( )** 函數指定資料框架物件，配合 **table ( )** 函數求出三分類別變數「閱讀素養 B」、「預測 .1」的交叉表：

```
> dread$ 預測 .1 = factor (cla.m1$pred_class)
> with (dread, {table (閱讀素養 B, 預測 .1)})
                      預測 .1
閱讀素養 B      加強    普通    精熟
   加強          61     16      0
   普通          13     75      0
   精熟           0      1     74
```

使用 **which ( )** 函數設定條件，輸出「閱讀素養 B」、「預測 .1」二個變數組別不同的觀察值(預測分類錯誤的觀察值)，區別分析模型對訓練樣本預測分類錯誤的觀察值有 30 位：

```
> dread [which (dread$ 閱讀素養 B! = dread$ 預測 .1),]
       家庭型態  家人支持  學習動機  家庭資本  學習成就  投入程度  閱讀素養 B  預測 .1
10         0        7         8        13        38        8      加強       普通
23         1       17        15        15        46       16      加強       普通
42         0       16        23        11        48        5      加強       普通
<略>
126        1       12        20         4        55       18      普通       加強
138        1       18        20         5        71       12      普通       加強
161        0       12        26        16        70       13      精熟       普通
```

使用函數 **which ( )** 設定條件，輸出資料框架物件「閱讀素養 B」變數與預測變數「預測 .1」水準群組不同的觀察值資料：

```
> error.obs = dread [which (dread$ 閱讀素養 B! = dread$ 預測 .1) ,]
> length (error.obs [,1])
[1] 30
```
[說明]：以 **length ( )** 函數求出預測分類錯誤的樣本觀察值個數，函數可以直接使用 **nrow ( )** 輸出資料框架物件中橫列觀察值的個數：
```
> nrow (error.obs)
[1] 30
```

(三) 區別分析函數 desDA ( ) 應用

套件 **{DiscriMiner}** 函數 **desDA ( )** 執行描述性區別分析 (descriptive discriminant analysis) 程序，函數 **desDA ( )** 基本語法為：

desDA (variables, group, covar = "within")

引數 variables 為解釋變數的資料框架或矩陣、引數 group 為群組變數、引數covar 界定使用分析程序的共變異數矩陣是組內或整體，內定選項為「"within"」，總體共變異數矩陣選項為「"total"」。

以函數 **desDA ( )** 求出描述性區別分析的參數值：

```
> desd.m1 = desDA (dread [,1:6], dread [,7])
> desd.m1
```
Descriptive Discriminant Analysis

$power	**discriminant power** [區別考驗力]
$values	**table of eigenvalues** [特徵值]
$discrivar	**discriminant variables** [區別變數]
$discor	**correlations** [相關]
$scores	**discriminant scores** [區別分數]

$power

	cor_ratio	wilks_lamb
家庭型態	0.2586068280149969589	0.7413931719850029856
家人支持	0.1952697800610796453	0.8047302199389203547
學習動機	0.2283068315333939280	0.7716931684666061830
家庭資本	0.5571754641849961942	0.4428245358150040278
學習成就	0.4576687281450117495	0.5423312718549879730
投入程度	0.6151287279781714190	0.3848712720218286365

	F_statistic	**p_values**
家庭型態	41.3342208665458628047	0.0000000000000004441
家人支持	28.7543183590076196765	0.0000000000066002759
學習動機	35.0584411553954566898	0.0000000000000459632
家庭資本	149.1003482551043930471	0.0000000000000000000
學習成就	100.0011378648385544921	0.0000000000000000000
投入程度	189.3951551189798294672	0.0000000000000000000

[說明]：元素 $power 的參數內容包括相關比、Wilks_Lambda 值、平均數差異檢定之單變量 F 值統計量、F 值統計量對應的顯著性 p 值。

$values

	value	**proportion**	**accumulated**
DF1	4.8859	99.0184	99.0184
DF2	0.0484	0.9816	100.0000

[說明]：元素 $values 參數值為二條區別方程的特徵值、解釋變異量、累積解釋變異量。

$discrivar

	DF1	**DF2**
constant	6.938496	-1.10787
家庭型態	0.417015	-0.36846
家人支持	-0.079279	0.03568
學習動機	0.004116	0.09767
家庭資本	-0.287926	0.17757
學習成就	0.003303	-0.03864
投入程度	-0.158828	-0.08079

[說明]：元素 $values 參數值為二條線性區別函數的分數。

$discor

	DF1	**DF2**
家庭型態	0.5559	-0.1647
家人支持	-0.4815	0.2183
學習動機	-0.5190	0.2917
家庭資本	-0.8104	0.4709
學習成就	-0.7394	-0.1569
投入程度	-0.8499	-0.4626

[說明]：元素 $discor 參數值為二條線性區別函數 (區別軸) 與解釋變數間的相關，相關係數絕對值愈大，表示解釋變數對區別方程的影響愈大，第一條區別方程中，與區別軸相關較密切的解釋變數為投入程度、家庭資本、學習成就等三個。

$scores

	z1	**z2**
1	2.746	-0.1863
2	2.236	0.1847
3	1.717	-0.1918

```
4    1.409    -0.6373
5    3.579    -1.8972
6    4.243    -1.6105
```
[說明]：元素 **$discor** 參數值為觀察值在二條區別函數的分數，結果只輸出前六個觀察值在二條區別方程的分數值。

　　將元素 $discor 參數值 (觀察值在區別方程的區別分數) 以變數名稱 dsc1、dsc2 增於資料框架物件中：

```
> dread$dsc1 = round (desd.m1$scores [,1], 3)
> dread$dsc2 = round (desd.m1$scores [,2], 3)
> head (dread, 10)
```

	家庭型態	家人支持	學習動機	家庭資本	學習成就	投入程度	閱讀素養 B	dsc1	dsc2
1	1	7	7	10	20	8	加強	2.746	-0.186
2	1	6	11	11	20	10	加強	2.236	0.185
3	1	9	7	12	27	10	加強	1.717	-0.192
4	1	5	8	12	29	14	加強	1.409	-0.637
5	1	5	7	5	29	13	加強	3.579	-1.897
6	1	5	9	5	35	9	加強	4.243	-1.611
7	1	6	9	7	36	5	加強	4.226	-0.935
8	1	6	9	7	36	9	加強	3.591	-1.258
9	0	6	13	11	37	7	加強	2.360	0.334
10	0	7	8	13	38	8	加強	1.528	0.117

　　使用函數 **cor ( )** 求出六個解釋變數與二條區別方程的相關矩陣：

```
> round (cor (dread [,-7]), 3)
```

	家庭型態	家人支持	學習動機	家庭資本	學習成就	投入程度	dsc1	dsc2
家庭型態	1.000	-0.027	-0.194	-0.523	-0.412	-0.367	0.556	-0.165
家人支持	-0.027	1.000	0.569	0.347	0.486	0.309	-0.481	0.218
學習動機	-0.194	0.569	1.000	0.388	0.624	0.428	-0.519	0.292
家庭資本	-0.523	0.347	0.388	1.000	0.560	0.401	-0.810	0.471
學習成就	-0.412	0.486	0.624	0.560	1.000	0.650	-0.739	-0.157
投入程度	-0.367	0.309	0.428	0.401	0.650	1.000	-0.850	-0.463
dsc1	0.556	-0.481	-0.519	-0.810	-0.739	-0.850	1.000	-0.002
dsc2	-0.165	0.218	0.292	0.471	-0.157	-0.463	-0.002	1.000

[說明]：與第一條區別方程關聯較為密切的解釋變數為投入程度、家庭資本、學習成就等三個，表示就反應變數的區別分類而言，以這三個解釋變數的預測分類率較佳。

二、套件 {mda} 函數 fda ( )

套件 **{mda}** 函數 **fda ( )** 執行變動區別分析 (Flexible Discriminant Analysis) 的程序，線性區別分析語法函數為：

fda (formula, data, method = polyreg)

引數 method 選項也可界定 mars (多變量適合迴歸曲線區別分析)、bruto (適配曲線式區別分析)，若是進行懲罰式的區別分析 (Penalized Discriminant analysis)，選項為 gen.ridge。

函數物件回傳的元素內容：

元素 percent.explained 為組間變異量可以被每條區別函數 (每個向度) 解釋的變異。

元素 values 為每條區別函數 (每個向度) 最適切尺度化迴歸平方和數值。區別分析的特徵值 = 參數數值 ÷ (1 − 參數數值)。

元素 means 為區別空間的類別平均數 (形心)。

元素 theta.mod 為類別分數化矩陣，矩陣內容可以預測觀察值的水準群組。

元素 dimension 為區別空間的向度 (區別函數的個數)。

元素 prior 為訓練資料 (training data) 的類別機率 (驗證效度的資料檔為測試樣本)。

元素 fit 回傳區別分析方法適配物件。

元素 call 回傳建立函數物件的模式。

元素 confusion 回傳直接以訓練樣本作為標的資料檔之混淆分類矩陣。

範例的反應變數為「閱讀素養 B」，以函數 **fda ( )** 建立區別分析模型物件：

```
> library (mda)
> fda.m = fda (閱讀素養 B~家庭型態 + 家人支持 + 學習動機 + 家庭資本 + 學習成
  就 + 投入程度, data = dread, method = polyreg)
> fda.m
Call:
fda (formula = 閱讀素養 B ~ 家庭型態 + 家人支持 + 學習動機 + 家庭資本 +學習成
就 + 投入程度, data = dread, method = polyreg)
Dimension: 2
Percent Between-Group Variance Explained:
```

	v1	v2
	98.93	100.00

Degrees of Freedom (per dimension): 7
Training Misclassification Error: 0.125 (N = 240)
[說明]：區別方程 (區別函數) 有二個，向度數值為 2，第一條區別函數可以解釋的變異量為 98.93%、第二條區別函數可以解釋的變異量為 1.07%。預測向度的自由度 = 7 (六個預測變數加截距項)，以訓練樣本為標的資料檔進行預測的錯誤率為 12.5% (N = 240)。

以 **summary ( )** 函數查看函數物件的元素名稱：

```
> summary (fda.m)
```

	Length	Class	Mode
percent.explained	2	-none-	numeric
values	2	-none-	numeric
means	6	-none-	numeric
theta.mod	4	-none-	numeric
dimension	1	-none-	numeric
prior	3	table	numeric
fit	5	polyreg	list
call	4	-none-	call
terms	3	terms	call
confusion	9	table	numeric

輸出函數物件各元素的內容：

```
> fda.m$percent.explained
     v1              v2
 98.92769       100.00000
```
[說明]：參數值為二條區別函數的解釋變異量，第一條區別函數可以解釋的變異量為 98.93%、第二條區別函數可以解釋的變異量為 1.07%，二條區別函數 (/區別方程) 累積解釋變異量為 100.0%。
```
> fda.m$values
     v1              v2
0.83376586     0.05156249
```
[說明]：根據參數值可以求出二條區別方程的特徵值，第一條區別方程的特徵值 = $0.83376586 \div (1 - 0.83376586) = 5.015611$，第二條區別方程的特徵值 = $0.05156249 \div (1 - 0.05156249) = 0.05436572$。
```
> fda.m$means
```

	v1	**v2**
加強	-2.3399741	0.2360837
普通	-0.6405083	-0.2990946
精熟	3.1539031	0.1085584

attr (,"scaled:scale")

[1] 0.4465171 4.2888161

[說明]：參數值為各組樣本在二條區別方程的形心 (centroid)。

> fda.m$theta.mod

	[,1]	**[,2]**
[1,]	-0.2782417	0.9605111
[2,]	0.9605111	0.2782417

> fda.m$dimension

[1] 2

[說明]：參數值為向度，向度為區別方程，當自變數個數多於群組個數，區別分析方程個數為群組個數 -1，範例群組個數為 3，區別方程個數等於 $3 - 1 = 2$。

> fda.m$prior

fg

加強	普通	精熟
0.3208333	0.3666667	0.3125000

[說明]：參數值為反應變數三個群組事前機率值。

> fda.m$fit

$fitted.values

	[,1]	**[,2]**
1	0.3260081231	-0.975973317
1	0.1937981150	-0.816382652
1	0.2198871755	-0.605359545
<略>		
2	-0.0078086551	-0.674023015
2	0.0241869403	-0.348859435
<略>		
3	-0.4299884833	2.065934790
3	-0.0708920349	1.524837156

[說明]：觀察值在適配二條線性區別方程的數值。

$coefficients

[,1] [,2]

Intercept	0.9596220427	-2.425471837
家庭型態	0.1219896035	-0.126352360
家人支持	-0.0158698388	0.026232139
學習動機	-0.0203798678	-0.007765381
家庭資本	-0.0678582106	0.092182750
學習成就	0.0085767595	0.001297488

```
投入程度        0.0006489174        0.062350790
$degree
[1] 1
$monomial
[1] FALSE
$df
[1] 7
attr (,"class")
[1] "polyreg"
```
[說明]：類別屬性引數 polyreg 表示執行線性區別函數程序，自由度為 7，表示截距項外有六個預測變數。
```
> fda.m$terms
閱讀素養 B ~ 家庭型態 + 家人支持 + 學習動機 + 家庭資本 + 學習成就 +
    投入程度
attr (,"variables")
list (閱讀素養 B, 家庭型態, 家人支持, 學習動機, 家庭資本, 學習成就,
    投入程度)
<略>
attr (,"dataClasses")
閱讀素養 B    家庭型態   家人支持   學習動機   家庭資本   學習成就   投入程度
  "factor"   "numeric" "numeric" "numeric" "numeric" "numeric" "numeric"
```
[說明]：元素 $terms 回傳的內容為建構的區別分析模型，模型中使用的變數名稱、變數的屬性等。
```
> fda.m$confusion
          true
predicted    加強     普通     精熟
    加強      61      13       0
    普通      16      75       1
    精熟       0       0      74
```
[說明]：元素 $confusion 以訓練樣本作為測試樣本，混淆矩陣為真實反應變數組別與預測變數組別的交叉表，對角線的數值為預測分類正確的樣本個數。

predict ( ) 函數對訓練樣本進行預測分類，引數 type 內定選項為「= "class"」，表示回傳適配的因子水準群組 (組別)。引數 type 選項設定為「= "variates"」，回傳區別 (典型) 變數的矩陣。引數 type 選項設定為「"posterior"」，回傳事後機率矩陣 (根據高斯假定程序)。引數 type 選項設定為「"hierarchical"」，回傳系列模型中所有向度的預測類別。

範例引數 type 採用內定選項「= "class"」：

```
> predict (fda.m, type = "class")
 [1] 加強 加強 加強 加強 加強 加強 加強 加強 加強 普通 加強 加強 加強 加強
[15] 加強 加強 加強 加強 加強 加強 加強 加強 普通 加強 加強 加強 加強 加強
<略>
[225] 精熟 精熟 精熟 精熟 精熟 精熟 精熟 精熟 精熟 精熟 精熟 精熟 精熟 精熟
[239] 精熟 精熟
Levels: 加強 普通 精熟
```

範例引數 type 選項設定為「= "variates"」，參數值輸出至小數第三位：

```
> round (predict (fda.m, type = "variates"), 3)
          [,1]         [,2]
1       -2.762       0.188
1       -2.251      -0.185
1       -1.726       0.193
1       -1.414       0.642
<略>
3        5.545       1.362
3        5.539       1.440
3        5.651       0.732
3        3.987       1.611
attr (,"scaled:scale")
      v1            v2
 0.3722907     0.2211420
```

範例引數 type 選項設定為「= "posterior"」，參數值輸出至小數第三位：

```
> round (predict (fda.m, type = "posterior"), 3)
        加強        普通        精熟
1      0.895       0.105       0.000
1      0.746       0.254       0.000
1      0.596       0.404       0.000
1      0.524       0.476       0.000
<略>
3      0.000       0.000       1.000
3      0.000       0.000       1.000
3      0.000       0.000       1.000
3      0.000       0.000       1.000
```

> [說明]：觀察值在三個水準群組被預測的機率值，根據機率值的大小將觀察值加以預測分類，觀察值在水準群組最大機率值者為被預測分類的水準群組。

將預測分類物件元素 $class 水準群組的資料以變數「預測.2」增列於資料框架物件 dread 中，使用 **with ( )** 函數指定資料框架物件，配合 **table ( )** 函數求出三分類別變數「閱讀素養 B」、「預測.2」的交叉表：

```
> dread$ 預測 .2 = predict (fda.m, type = "class")
> with (dread, {table (閱讀素養 B, 預測 .2)})
                    預測 .2
閱讀素養 B      加強    普通    精熟
   加強         61      16      0
   普通         13      75      0
   精熟          0       1     74
> (61 + 75 + 74)/240
[1] 0.875
> (16 + 13 + 1)/240
[1] 0.125
```
[說明]：預測分類正確百分比為 **87.5%**、預測分類錯誤百分比為 **12.5%**。

以 which 函數界定篩選條件，條件為觀察值在因子變數「閱讀素養 B」水準群組與「預測.1」水準群組不同且觀察值在因子變數「預測.1」水準群組與「預測.2」水準群組相同的樣本：

```
> predata = dread [which ((dread$ 閱讀素養 B! = dread$ 預測.1) & (dread$ 預測 .1 ==
   dread$ 預測.2)) ,]
> predata
```

	家庭型態	家人支持	學習動機	家庭資本	學習成就	投入程度	閱讀素養 B	預測.1	預測.2
10	0	7	8	13	38	8	加強	普通	普通
23	1	17	15	15	46	16	加強	普通	普通
42	0	16	23	11	48	5	加強	普通	普通
43	0	15	25	11	48	8	加強	普通	普通
45	0	14	26	11	49	6	加強	普通	普通
47	0	14	18	12	49	5	加強	普通	普通
<略>									
124	1	20	25	6	54	18	普通	加強	加強
126	1	12	20	4	55	18	普通	加強	加強
138	1	18	20	5	71	12	普通	加強	加強
161	0	12	26	16	70	13	精熟	普通	普通

符合上述條件的樣本觀察值共有 30 位，表示進行區別分析時，使用函數 **fda ( )** 與函數 **linDA ( )** 預測分類的結果是相同的 :

```
> length (predata [,9])
[1] 30
```

三、套件 {MASS} 函數 lda ( )

使用套件 **{MASS}** 函數 **lda ( )** 進行線性區別方程程序時，模型建構語法與上述函數類似：

lda (x, grouping, prior = proportions, method, CV = FALSE, nu)

引數 x 為只包含解釋變數的矩陣或只有解釋變數的資料框架物件、引數 grouping 為因子變數 (反應變數)，解釋變數與因子變數間的關係也可以直接使用傳統引數 formula 方式界定: groups ~ x1 + x2 + ……。引數 data 界定資料框架物件 (全部資料檔或只包含訓練樣本的資料框架物件)。

引數 prior 界定水準群組的事前機率值，如果沒有界定，水準群組的機率值採用訓練樣本水準群組的次數百分比。界定事前機率值時，要依照水準數值的排序依序設定，如三個水準數值為 0、1、2，事前機率設定為相等值，引數設定為 prior = c (1,1,1)/3；四個水準數值為 0、1、2、3，事前機率設定為相等值，引數設定為 prior = c (1,1,1,1)/4 ，或 prior = c (.25, .25, .25, .25)。

引數 method 內定選項為 "moment"，表示使用平均數與變異數估算標準估計值。引數選項為 "mle"，表示以最大概似估計法計算強韌性估計值。

引數 CV 為邏輯選項，選項界定為真 (true)，參數值回傳觀察值預測分類的類別與後驗機率值，引數 nu 界定使用 method 設定為 = "t" 時的自由度。

範例以套件 **{MASS}** 函數 **lda ( )** 進行線性區別方程，引數方法 method 設定為「= "moment"」：

```
> library (MASS)
> lda.m = lda (閱讀素養 B~家庭型態 + 家人支持 + 學習動機 + 家庭資本 + 學習成就
   + 投入程度, data = dread, method = "moment")
> summary (lda.m)
        Length    Class    Mode
```

prior	3	-none-	numeric
counts	3	-none-	numeric
means	18	-none-	numeric
scaling	12	-none-	numeric
lev	3	-none-	character
svd	2	-none-	numeric
N	1	-none-	numeric
call	4	-none-	call
terms	3	terms	call
xlevels	0	-none-	list

函數 **lda ( )** 回傳的元素內容為：

元素 prior 回傳事前機率值，如果設定事前機率不相等，且要另外界定，可以使用數值向量方式，如 prior = c (.30,.30,.40)，水準數值群組的機率值加總要等於 1 (100.0%)。

元素 means 回傳群組平均數。

元素 scaling 回傳觀察值轉換為區別函數矩陣值 (組內群組共變異數矩陣為球形假定)。

元素 svd 回傳奇異數值，參數為線性區別變數之組間與組內標準差比值，比值平方是典型 F 值統計量。

元素 N 回傳觀察值個數。

元素 call 回傳配對函數資料。

```
> lda.m [1]
$prior
     加強          普通          精熟
 0.3208333     0.3666667     0.3125000
```
[說明]：反應變數三個水準群組的事前機率值。
```
> lda.m [2]
$counts
  加強    普通    精熟
  77      88      75
```
[說明]：反應變數三個水準群組的次數。
```
> round (lda.m$means, 2)
```

	家庭型態	家人支持	學習動機	家庭資本	學習成就	投入程度
加強	0.79	11.36	17.70	9.39	47.58	9.87
普通	0.56	13.28	20.75	12.76	54.39	13.06

精熟	0.16	16.11	24.84	17.21	73.43	26.76

[說明]：反應變數三個水準群組在解釋變數的平均數。

```
> round (lda.m$scaling, 3)
```

	LD1	LD2
家庭型態	-0.415	0.369
家人支持	0.079	-0.036
學習動機	-0.005	-0.098
家庭資本	0.287	-0.178
學習成就	-0.003	0.039
投入程度	0.159	0.081

[說明]：二條區別方程之線性區別係數值。

```
> lda.m$lev
```

[1] "加強" "普通" "精熟"

[說明]：反應變數三個水準群組的標記名稱。

```
> round (lda.m$svd, 3)
```

[1] 24.379 2.538

```
> lda.m$N
```

[1] 240

[說明]：訓練樣本觀察值個數，如果函數語法界定子樣本，除原始資料框架物件外，函數增列引數「**subset** = 子樣本資料框架物件」。

```
> lda.m$call
```

lda (formula = 閱讀素養B ~ 家庭型態 + 家人支持 + 學習動機 + 家庭資本 + 學習成就 + 投入程度, data = dread, method = "moment")

套件 {MASS} 函數 **predict ( )** 的功能在於對函數 **lda ( )** 建構的物件進行預測分類，函數 **predict ( )** 基本語法為：

predict (object, newdata, prior = object\$prior, method = c ("plug-in", "predictive", "debiased")

引數 object 為 lda 分類物件、引數 newdata 為測試樣本，省略時以原函數語法建構的資料框架物件為標的樣本。引數 prior 為分類時的事前機率值。引數 method 決定預測分類參數的估算方法，內定選項為「"plug-in"」，使用一般無偏差參數估計值為正確值，選項設定為「"debiased"」使用對數後驗機率值估計分類參數。選項設定為「"predictive"」不使用明確的事前機率值作為參數估計值 (機率值會平均化)。

以套件 {MASS} 函數 **predict ( )** 對 **lda ( )** 函數建構的適配區別分析模型物件進行預測，標的樣本為原始訓練樣本：

```
> prelda = predict (lda.m)
> summary (prelda)
                Length      Class       Mode
class           240         factor      numeric
posterior       720         -none-      numeric
x               480         -none-      numeric
```
[說明]：元素 **class** 回傳參數為分類的因子群組或水準數值，元素 **posterior** 回傳預測分類的後驗機率 (觀察值被預測分類為該水準群組的機率值)，元素 **x** 回傳的參數值為觀察值在區別方程 (區別向度) 的分數值。

　　函數 **predict ( )** 元素 $class 回傳的參數為觀察值預測的組別：

```
> prelda$class
  [1] 加強 加強 加強 加強 加強 加強 加強 加強 加強 普通 加強 加強 加強 加強
 [15] 加強 加強 加強 加強 加強 加強 加強 加強 普通 加強 加強 加強 加強 加強
<略>
[225] 精熟 精熟 精熟 精熟 精熟 精熟 精熟 精熟 精熟 精熟 精熟 精熟 精熟 精熟
[239] 精熟 精熟
Levels: 加強 普通 精熟
```

　　函數 **predict ( )** 元素 $posterior 回傳的參數為觀察值被預測的組別機率值，後驗機率值最大的水準群組為預測的組別 (或水準數值)：

```
> round (prelda$posterior, 3)
          加強      普通      精熟
1         0.892     0.108     0.000
2         0.743     0.257     0.000
3         0.594     0.406     0.000
<略>
117       0.211     0.788     0.001
118       0.159     0.841     0.000
119       0.053     0.944     0.003
<略>
238       0.000     0.000     1.000
239       0.000     0.000     1.000
240       0.000     0.000     1.000
```

函數 **predict ( )** 元素 $x 回傳的參數值為觀察值在二條區別方程的分數：

```
> round (prelda$x, 3)
            LD1        LD2
1          -2.744      0.187
2          -2.237     -0.184
3          -1.715      0.192
<略>
117        -0.498      0.859
118        -0.793     -0.733
119        -0.146     -0.963
<略>
238         5.504      1.431
239         5.616      0.727
240         3.962      1.601
```

　　將函數 **predict ( )** 元素 $x 回傳的區別方程分數以變數 ld1、ld2 增列於資料框架物件中，新增的資料框架物件 cordata 排除反應變數「閱讀素養 B」的變數索引 (索引值 = 7)，以 **cor ( )** 函數求出計量變數與二條區別方程間的相關：

```
> dread$ld1 = prelda$x [,1]
> dread$ld2 = prelda$x [,2]
> cordata = dread [,-7]
> round (cor (cordata [,c (2:8)]), 3)
```

	家人支持	學習動機	家庭資本	學習成就	投入程度	ld1	ld2
家人支持	1.000	0.569	0.347	0.486	0.309	0.481	-0.219
學習動機	0.569	1.000	0.388	0.624	0.428	0.518	-0.292
家庭資本	0.347	0.388	1.000	0.560	0.401	0.809	-0.471
學習成就	0.486	0.624	0.560	1.000	0.650	0.740	0.156
投入程度	0.309	0.428	0.401	0.650	1.000	0.851	0.462
ld1	0.481	0.518	0.809	0.740	0.851	1.000	0.000
ld2	-0.219	-0.292	-0.471	0.156	0.462	0.000	1.000

[說明]：從相關係數摘要表可以看出，與第一條區別方程關係較為密切 (高度相關) 的解釋變數為投入程度、家庭資本、學習成就；由於第二條區別方程的解釋變異量很低，即使解釋變量與區別方程有高度的相關，對於整體模型的影響也不大。

　　將預測分類物件元素 $class 水準群組的資料以變數「預測 .3」增列於資料框架物件 dread 中，使用 **table ( )** 函數求出「閱讀素養 B」、「預測 .3」二個因子變數的交叉表：

```
> dread$ 預測 .3 = prelda$class
> table.m = with (dread, {table (閱讀素養 B, 預測 .3)})
> table.m
                        預測 .3
閱讀素養 B        加強      普通      精熟
    加強            61       16       0
    普通            13       75       0
    精熟             0        1      74
> rate = round (100*sum (diag (table.m))/sum (table.m), 1)
> cat ("@測試樣本總數 = ",sum (table.m),"--預測分類正確樣本數 = ",sum (diag
    (table.m)), "\n")
@測試樣本總數 = 240 --預測分類正確樣本數 = 210
> cat ("@預測分類正確百分比 = ",rate, "%", "--預測分類錯誤百分比 = ",100-rate,
    "%\n")
@預測分類正確百分比 = 87.5% --預測分類錯誤百分比 = 12.5%
```

使用 **which ( )** 函數求出 **lda ( )** 函數建構的區別方程對資料框架物件預測分類錯誤的觀察值編號：

```
> which (dread$ 閱讀素養 B! = dread$ 預測 .3)
 [1] 10  23  42  43  45  47  54   58   61   62   64   68  74  75  76  79  82  83
[19] 84  85  88  89  96  97  98  112  124  126  138  161
```

使用 **which ( )** 函數求出 **linDA ( )** 函數建構的區別方程對資料框架物件預測分類錯誤的觀察值編號：

```
> which (dread$ 閱讀素養 B! = dread$ 預測 .1)
 [1] 10  23  42  43  45  47  54   58   61   62   64   68  74  75  76  79  82  83
[19] 84  85  88  89  96  97  98  112  124  126  138  161
```

以邏輯判斷式 (==) 求出二個預測向量元素內容的差異情況：

```
> pre.num3 = which (dread$ 閱讀素養 B!=dread$ 預測 .3)
> pre.num1 = which (dread$ 閱讀素養 B!=dread$ 預測 .1)
> pre.num 1== pre.num3
```

> **[1] TRUE TRUE TRUE TRUE TRUE TRUE TRUE TRUE TRUE TRUE TRUE TRUE TRUE TRUE**
> **[15] TRUE TRUE TRUE TRUE TRUE TRUE TRUE TRUE TRUE TRUE TRUE TRUE TRUE TRUE**
> **[29] TRUE TRUE**
> [說明]：邏輯判斷式結果為 **TRUE** (真) 表示二個預測向量對應元素數值內容一樣，二個函數建構的線性區別方程對資料框架物件預測分類結果相同。

四、區別分析效度檢定

　　區別分析之訓練樣本與測試樣本為原資料框架物件的子資料檔，訓練樣本佔原資料檔的三分之二、測試樣本佔原資料檔的三分之一，測試樣本以隨機取樣方法，從原資料檔樣本數中抽取 80 位，函數語法為「> sample (1:240, 80)」，抽取的編號為觀察值在原資料檔中的排列位置，抽取後的數值以數值向量 numsub 表示，訓練樣本資料框架物件名稱為 train.data、測試樣本資料框架物件名稱為 test.data。

　　以套件 **{DiscriMiner}** 函數 **linDA ( )** 對訓練樣本建構區別分析模型，再以建構的模型對測試樣本進行預測分類，預測分類的水準群組以因子變數「預測 .1」增列於測試樣本 test.data 中：

```
> numsub = c (106,2,21,211,117,105,199,130,166,189,236,24,234,143,41,115,191,171,
    179,13,174,14,61,8,51,203,20,212,170,109,58,240,70,161,60,138,88,71,43,94,22,
    152,160,209,83,178,29,188,200,100,223,227,101,32,148,112,120,167,108,79,164,
    33,85,68,45,184,215,213,168,204,127,181,66,231,225,196,62,39,25,169)
> train.data = dread [-numsub,]
> test.data = dread [numsub,]
> library (DiscriMiner)
> lin.model = linDA (train.data [,1:6], train.data [,7])
> prelin = classify (lin.model, test.data [,1:6])
> test.data$ 預測 .1 = prelin$pred_class
> table.m = with (test.data, {table (閱讀素養 B, 預測 .1)})
> print (table.m)
```

	預測 .1		
閱讀素養 B	加強	普通	精熟
加強	18	6	0
普通	5	20	0
精熟	0	2	29

```
> rate = round (100*sum (diag (table.m))/sum (table.m), 1)
> cat ("@測試樣本總數 = ",sum (table.m),"--預測分類正確樣本數 = ",sum (diag
```

```
(table.m)), "\n")
@測試樣本總數 = 80 --預測分類正確樣本數 = 67
> cat ("@預測分類正確百分比 = ",rate,"%","--預測分類錯誤百分比 = ",100-rate, "%\
  n")
@預測分類正確百分比 = 83.8% --預測分類錯誤百分比 = 16.2%
```

以套件 {mda} 函數 fda ( ) 對訓練樣本建構區別分析模型,再以建構的模型對測試樣本進行預測分類,預測分類的水準群組以因子變數「預測 .2」增列於測試樣本 test.data 中:

```
> library (mda)
> fda.model = fda (閱讀素養 B~家庭型態 + 家人支持 + 學習動機 + 家庭資本 + 學習
  成就 + 投入程度, data = train.data, method = polyreg)
> prefda = predict (fda.model, test.data, type = "class")
> test.data$ 預測 .2 = prefda
> table.m = with (test.data, {table (閱讀素養 B, 預測 .2)})
> print (table.m)
                        預測 .2
  閱讀素養 B      加強      普通      精熟
    加強          18        6        0
    普通           5       20        0
    精熟           0        2       29
> rate = round (100*sum (diag (table.m))/sum (table.m), 1)
> cat ("@測試樣本總數 = ",sum (table.m),"--預測分類正確樣本數 = ",sum (diag
  (table.m)), "\n")
@測試樣本總數 = 80 --預測分類正確樣本數 = 67
> cat ("@預測分類正確百分比 = ",rate, "%","--預測分類錯誤百分比 = ",100-rate, "%\
  n")
@預測分類正確百分比 = 83.8% --預測分類錯誤百分比 = 16.2%
```

以套件 {MASS} 函數 lda ( ) 對訓練樣本建構區別分析模型,再以建構的模型對測試樣本進行預測分類,預測分類的水準群組以因子變數「預測 .3」增列於測試樣本 test.data 中:

```
> library (MASS)
> lda.model = lda (閱讀素養 B~家庭型態 + 家人支持 + 學習動機 + 家庭資本 + 學習
  成就 + 投入程度, data = train.data)
> prelda = predict (lda.model, test.data)
```

```
> test.data$ 預測 .3 = prelda$class
> table.m = with (test.data, {table (閱讀素養 B, 預測 .3)})
> print (table.m)
```

		預測 .3	
閱讀素養 B	加強	普通	精熟
加強	18	6	0
普通	5	20	0
精熟	0	2	29

```
> rate = round (100*sum (diag (table.m))/sum (table.m), 1)
> cat ("@測試樣本總數 = ",sum (table.m),"--預測分類正確樣本數 = ",sum (diag
  (table.m)), "\n")
```
@測試樣本總數 = 80 --預測分類正確樣本數 = 67
```
> cat ("@預測分類正確百分比 = ",rate, "%","--預測分類錯誤百分比 = ",100-rate, "%\
  n")
```
@預測分類正確百分比 = 83.8% --預測分類錯誤百分比 = 16.2%

　　三個不同套件函數以相同訓練樣本建構的區別分析方程對測試樣本進行預測分類的結果均相同，24 位「閱讀素養 B」程度為「加強」的觀察值，被預測分類正確者有 18 位，6 位被預測為普通程度；25 位「閱讀素養 B」程度為「普通」的觀察值，被預測分類正確者有 20 位，5 位被預測為加強程度；31 位「閱讀素養 B」程度為「精熟」的觀察值，被預測分類正確者有 29 位，2 位被預測為普通程度。預測分類正確的樣本觀察值共有 67 位、整體預測分類正確的百分比為 83.8%，預測分類錯誤的樣本觀察值共有 13 位、整體預測分類錯誤的百分比為 16.2%。

　　查看測試樣本資料框架物件 test.data 的內容 (N = 80)，變數列增列三個預測分類變數「預測 .1」、「預測 .2」、「預測.3」：

```
> test.data
```

	家庭型態	家人支持	學習動機	家庭資本	學習成就	投入程度	閱讀素養 B	預測 .1	預測 .2	預測 .3
106	1	13	22	11	50	14	普通	普通	普通	普通
2	1	6	11	11	20	10	加強	加強	加強	加強
21	1	12	14	6	46	11	加強	加強	加強	加強
211	0	18	23	19	71	17	精熟	精熟	精熟	精熟
117	1	8	14	13	51	17	普通	普通	普通	普通
<略>										
196	0	14	22	17	65	34	精熟	精熟	精熟	精熟
62	1	15	19	12	52	14	加強	普通	普通	普通

39	1	13	23	10	48	13	加強	加強	加強	加強
25	1	13	18	8	46	8	加強	加強	加強	加強
169	0	11	22	15	71	32	精熟	精熟	精熟	精熟

以測試樣本為資料框架物件，使用函數 **which** ( ) 設定過濾條件，條件為因子變數「閱讀素養 B」水準群組與「預測 .1」水準群組不相同的觀察值，輸出的觀察值為預測分類錯誤的樣本：

```
> test.data [which (test.data$ 閱讀素養 B! = test.data$ 預測 .1),]
```

	家庭型態	家人支持	學習動機	家庭資本	學習成就	投入程度	閱讀素養 B	預測 .1	預測 .2	預測 .3
58	1	12	22	11	52	16	加強	普通	普通	普通
161	0	12	26	16	70	13	精熟	普通	普通	普通
138	1	18	20	5	71	12	普通	加強	加強	加強
88	0	10	14	10	41	8	普通	加強	加強	加強
43	0	15	25	11	48	8	加強	普通	普通	普通
83	1	8	12	8	38	12	普通	加強	加強	加強
112	1	12	23	11	51	11	普通	加強	加強	加強
79	1	9	14	14	23	7	加強	普通	普通	普通
85	1	9	12	10	39	12	普通	加強	加強	加強
68	1	11	19	13	55	11	加強	普通	普通	普通
45	0	14	26	11	49	6	加強	普通	普通	普通
225	1	15	28	18	75	18	精熟	普通	普通	普通
62	1	15	19	12	52	14	加強	普通	普通	普通

以測試樣本為資料框架物件，使用函數 **which** ( ) 設定過濾條件，條件為因子變數「閱讀素養 B」水準群組與「預測 .2」水準群組不相同的觀察值，輸出的觀察值為預測分類錯誤的樣本：

```
> test.data [which (test.data$ 閱讀素養 B! = test.data$ 預測 .2),]
```

	家庭型態	家人支持	學習動機	家庭資本	學習成就	投入程度	閱讀素養 B	預測 .1	預測 .2	預測 .3
58	1	12	22	11	52	16	加強	普通	普通	普通
<略>										
62	1	15	19	12	52	14	加強	普通	普通	普通

以測試樣本為資料框架物件，使用函數 **which** ( ) 設定過濾條件，條件為因子變數「閱讀素養 B」水準群組與「預測 .3」水準群組不相同的觀察值，輸出的觀察值為預測分類錯誤的樣本：

```
> test.data [which (test.data$ 閱讀素養 B! = test.data$ 預測 .3),]
    家庭型態 家人支持 學習動機 家庭資本 學習成就 投入程度 閱讀素養 B 預測.1 預測.2 預測.3
58   1        12       22       11       52       16        加強   普通  普通  普通
<略>
62   1        15       19       12       52       14        加強   普通  普通  普通
```

貳、分類樹

　　有效樣本觀察值 N = 240，觀察值的三分之二 (N1 = 160) 作為訓練樣本，目的在於建構分類樹的模型，觀察值的三分之一 (N2 = 80) 作為測試樣本／效度樣本，以作為分類樹預測分類的標的樣本。使用基本套件函數 **sample ( )** 從 240 位有效觀察值中隨機抽取 80 位樣本，被抽取的樣本作為測試樣本，未被抽取的樣本作為訓練樣本。測試樣本的觀察值編號如下：

```
> numsub = sample (1:240, 80)
> numsub
 [1] 106   2  21 211 117 105 199 130 166 189 236  24 234 143  41 115 191 171
<略>
[73]  66 231 225 196  62  39  25 169
> train.data = dread [-numsub,]
> test.data = dread [numsub,]
[說明]：模型建構之標的樣本 (訓練樣本) 的資料框架物件以負觀察值索引界定，
名稱為 train.data (N1 = 160)；效度驗證測試樣本的資料框架物件以正觀察值索引
界定，名稱為 test.data (N2 = 80)。
```

一、套件 {rpart} 函數 rpart ( )

　　以套件 **{rpart}** 函數 **rpart ( )** 建構分類樹模型，分割節點最少觀察值個數為 25、葉節點最少觀察值個數為 15、複雜度參數值設定為 0.01，分類樹模型建構的資料框架物件名稱為 train.data；之後以建構的分類樹模型對測試樣本 (資料框架物件名稱為 test.data) 進行預測分類，預測分類結果的組別以變數「預測 B.1」增列於資料框架物件 test.data 中。

　　模型的反應變數為「閱讀素養 B」、預測變數為家庭型態、家人支持、學習動機、家庭資本、學習成就、投入程度等六個。R 主控台語法函數與執行結果如下：

```
> library (rpart)
> cla.m1 = rpart (閱讀素養 B~家庭型態 + 家人支持 + 學習動機 + 家庭資本 + 學習
  成就 + 投入程度, data = train.data, method = "class", maxcompete = 1, maxsurrogate
  = 0, usesurrogate = 0, cp = 0.01, minsplit = 25, minbucket = 15)
> print (cla.m1)
n = 160

node), split, n, loss, yval, (yprob)
    * denotes terminal node
 1) root 160 97 普通 (0.33125000 0.39375000 0.27500000)
   2) 投入程度 < 18.5 123 61 普通 (0.42276423 0.50406504 0.07317073)
     4) 家庭資本 < 10.5 45 10 加強 (0.77777778 0.22222222 0.00000000) *
     5) 家庭資本 >= 10.5 78 26 普通 (0.21794872 0.66666667 0.11538462)
      10) 投入程度 < 9.5 16  4 加強 (0.75000000 0.25000000 0.00000000) *
      11) 投入程度 >= 9.5 62 14 普通 (0.08064516 0.77419355 0.14516129) *
   3) 投入程度 >= 18.5 37  2 精熟 (0.02702703 0.02702703 0.94594595) *
> test.data$ 預測 B.1 = predict (cla.m1, test.data, type = "class")
> tab.m = with (test.data, {table (閱讀素養 B, 預測 B.1)})
> print (tab.m)
                    預測 B.1
閱讀素養 B      加強      普通      精熟
   加強          19         5         0
   普通           7        18         0
   精熟           0         6        25
> rate = round (100*sum (diag (tab.m))/sum (tab.m), 1)
> cat ("@測試樣本總數 =",sum (tab.m),"--預測分類正確樣本數 = ",sum (diag (tab.
  m)), "\n")
@測試樣本總數 = 80 --預測分類正確樣本數 = 62
> cat ("@預測分類正確百分比 = ",rate,"%","--預測分類錯誤百分比 = ",100-rate, "%\
  n")
@預測分類正確百分比 = 77.5% --預測分類錯誤百分比 = 22.5%
```

　　套件 {rpart} 函數 rpart ( ) 建構的分類樹模型，模型建構的資料檔為 160 位的訓練樣本，分類樹模型有四個終點節點，以訓練樣本建構的分類樹模型對測試樣本 (N2 = 80) 進行預測分類，80 位有效觀察值樣本，預測分類正確的觀察值個數有 62 個、預測分類正確的百分比為 77.5%；預測分類錯誤的觀察值個數有 18 個、預測分類錯誤的百分比為 22.5%。

使用條件函數 [**which (test.data$ 閱讀素養 B! = test.data$ 預測 B.1),]**，輸出預測分類錯誤的樣本，樣本呈現前八個變數：

```
> test.data [,1:8][which (test.data$ 閱讀素養 B! = test.data$ 預測 B.1),]
```

	家庭型態	家人支持	學習動機	家庭資本	學習成就	投入程度	閱讀素養 B	預測 B.1
2	單親家庭	6	11	11	20	10	加強	普通
211	完整家庭	18	23	19	71	17	精熟	普通
143	完整家庭	9	16	21	62	8	普通	加強
51	完整家庭	13	24	10	50	15	普通	加強
212	完整家庭	14	25	19	73	17	精熟	普通
58	單親家庭	12	22	11	52	16	加強	普通
70	完整家庭	12	17	13	65	8	普通	加強
161	完整家庭	12	26	16	70	13	精熟	普通
138	單親家庭	18	20	5	71	12	普通	加強
88	完整家庭	10	14	10	41	8	普通	加強
71	單親家庭	9	16	13	68	11	加強	普通
83	單親家庭	8	12	8	38	12	普通	加強
85	單親家庭	9	12	10	39	12	普通	加強
68	單親家庭	11	19	13	55	11	加強	普通
215	完整家庭	17	29	22	73	13	精熟	普通
213	完整家庭	15	29	24	73	16	精熟	普通
225	單親家庭	15	28	18	75	18	精熟	普通
62	單親家庭	15	19	12	52	14	加強	普通

使用套件 **{rpartScore}** 函數 **rpartScore ( )** 執行訓練測試法程序，反應變數「閱讀素養 B」三個水準數值 0、1、2 分別表示為加強、普通、精熟群組：

```
> eread = read.csv ("read.csv", header = T)
> eread$home = ifelse (eread$home==0, "完整家庭", "單親家庭")
> names (eread) = c ("家庭型態", "家人支持", "學習動機", "家庭資本", "學習成就", "
  投入程度", "閱讀素養 A", "閱讀素養 B")
> sub = seq (1,240,3)
> testdata = eread [sub,]
> traindata = eread [-sub,]
> library (rpartScore)
> cla.rsm = rpartScore (閱讀素養 B~factor (家庭型態) + 家人支持 + 學習動機 + 家庭
  資本 + 學習成就 + 投入程度, data = traindata ,split = "abs", prune = "mc", cp = 0.01,
  minsplit = 25, minbucket = 15)
> print (cla.rsm)
```

```
n= 160
node), split, n, deviance, yval
    * denotes terminal node
 1) root 160 100 1
  2) 投入程度 < 18.5 118  59 1
   4) 家庭資本 < 15.5 98  48 1
    8) 投入程度 < 11.5  49  13 0 *
    9) 投入程度 >= 11.5 49  12 1
     18) 家庭資本 < 10.5 17   7 0 *
     19) 家庭資本 >= 10.5 32   2 1 *
   5) 家庭資本 >= 15.5 20   9 2 *
  3) 投入程度 >= 18.5 42   3 2 *
```

[說明]：適配分類樹模型有五個葉節點。

> table (traindata$ 閱讀素養 B,predict (cla.rsm, traindata))

	0	1	2
0	46	2	1
1	20	30	10
2	0	0	51

[說明]：以訓練樣本建構的適配分類樹模型對原 **160** 位訓練樣本觀察值進行預測分類，預測分類錯誤的個數有 **33** 位、預測分類錯誤的百分比為 **20.6%**；預測分類正確的個數有 **127** 位，預測分類正確的百分比為 **79.4%**。

> pread3 = predict (cla.rsm, testdata)
> table (testdata$ 閱讀素養 B, pread3)

	pread3		
	0	1	2
0	25	3	0
1	9	15	4
2	0	0	24

[說明]：以訓練樣本建構的適配分類樹模型對 **80** 位測試樣本進行預測分類，預測分類錯誤的個數有 **16** 位、預測分類正確的個數有 **64** 位，預測分類正確的百分比為 **80.0%**。

二、套件 {partykit} 函數 ctree ( )

　　以套件 **{partykit}** 函數 **ctree ( )** 建構分類樹模型，分割節點最少觀察值個數為 25、葉節點最少觀察值個數為 15、複雜度參數值設定為 0.01，分類樹模型建構的資料框架物件名稱為 train.data；之後以建構的分類樹模型對測試樣本 (資料框架物件名稱為 test.data) 進行預測分類，預測分類結果的組別以變數「預測 B.2」增列於資料框架物件 test.data 中。

R 主控台語法函數與執行結果如下：

```
> library (partykit)
> cla.m2 = ctree (閱讀素養 B~家庭型態 + 家人支持 + 學習動機 + 家庭資本 + 學習
  成就 + 投入程度, data = train.data, minprob = 0.01, minsplit = 25, minbucket = 15)
> print(cla.m2)
```
Model formula:
閱讀素養 B ~ 家庭型態 + 家人支持 + 學習動機 + 家庭資本 + 學習成就 +
  投入程度
Fitted party:
[1] root
| **[2]** 投入程度 <= **18**
| | **[3]** 家庭資本 <= **15**
| | | **[4]** 家庭資本 <= **10**: 加強 (**n = 45, err = 22.2%**)
| | | **[5]** 家庭資本 > **10**
| | | | **[6]** 投入程度 <= **9**: 加強 (**n = 16, err = 25.0%**)
| | | | **[7]** 投入程度 > **9**
| | | | | **[8]** 學習成就 <= **51**: 普通 (**n = 17, err = 23.5%**)
| | | | | **[9]** 學習成就 > **51**: 普通 (**n = 27, err = 3.7%**)
| | **[10]** 家庭資本 > **15**: 普通 (**n = 18, err = 50.0%**)
| **[11]** 投入程度 > **18**
| | **[12]** 家庭資本 <= **16**: 精熟 (**n = 16, err = 12.5%**)
| | **[13]** 家庭資本 > **16**: 精熟 (**n = 21, err = 0.0%**)
Number of inner nodes: 6
Number of terminal nodes: 7
```
> test.data$ 預測 B.2 = predict (cla.m2, test.data, type = "response")
> tab.m = with (test.data, {table (閱讀素養 B, 預測 B.2)})
> print (tab.m)
```

	預測 **B.2**		
閱讀素養 **B**	加強	普通	精熟
加強	**19**	**5**	**0**
普通	**6**	**19**	**0**
精熟	**0**	**6**	**25**

```
> rate = round (100*sum (diag (tab.m))/sum (tab.m), 1)
> cat ("@測試樣本總數 = ",sum (tab.m),"--預測分類正確樣本數 = ",sum (diag (tab.
  m)), "\n")
```
@測試樣本總數 = 80 --預測分類正確樣本數 = 63
```
> cat ("@預測分類正確百分比 = ",rate,"%","--預測分類錯誤百分比 = ",100-rate, "%\
  n")
```
@預測分類正確百分比 = 78.8% --預測分類錯誤百分比 = 21.2%

　　套件 **{partykit}** 函數 **ctree ( )** 建構的分類樹模型，模型建構的資料檔為 160 位的訓練樣本，分類樹模型有六個內部節點、七個終點節點，以訓練樣本建構的分類樹模型對測試樣本 (N2 = 80) 進行預測分類，80 位有效觀察值樣本，預測分類正確的觀察值個數有 63 個、預測分類正確的百分比為 78.8%；預測分類錯誤的觀察值個數有 17 個、預測分類錯誤的百分比為 21.2%。

　　使用條件函數 **[which (test.data$ 閱讀素養 B! = test.data$ 預測 B.2),]**，輸出預測分類錯誤的樣本，樣本呈現前七個變數與第九個變數：

```
> test.data [,c (1:7, 9)][which (test.data$ 閱讀素養 B! = test.data$ 預測 B.2),]
```

	家庭型態	家人支持	學習動機	家庭資本	學習成就	投入程度	閱讀素養 B	預測 B.2
2	單親家庭	6	11	11	20	10	加強	普通
211	完整家庭	18	23	19	71	17	精熟	普通
51	完整家庭	13	24	10	50	15	普通	加強
212	完整家庭	14	25	19	73	17	精熟	普通
58	單親家庭	12	22	11	52	16	加強	普通
70	完整家庭	12	17	13	65	8	普通	加強
161	完整家庭	12	26	16	70	13	精熟	普通
138	單親家庭	18	20	5	71	12	普通	加強
88	完整家庭	10	14	10	41	8	普通	加強
71	單親家庭	9	16	13	68	11	加強	普通
83	單親家庭	8	12	8	38	12	普通	加強
85	單親家庭	9	12	10	39	12	普通	加強
68	單親家庭	11	19	13	55	11	加強	普通
215	完整家庭	17	29	22	73	13	精熟	普通
213	完整家庭	15	29	24	73	16	精熟	普通
225	單親家庭	15	28	18	75	18	精熟	普通
62	單親家庭	15	19	12	52	14	加強	普通

三、套件 {evtree} 函數 evtree ( )

　　以套件 **{evtree}** 函數 **evtree ( )** 建構分類樹模型，分割節點最少觀察值個數為30 (函數 **evtree ( )** 分割節點參數值至少要為葉節點數值 2 倍)、葉節點最少觀察值個數為 15，分類樹模型建構的資料框架物件名稱為 train.data；之後以建構的分類樹模型對測試樣本 (資料框架物件名稱為 test.data) 進行預測分類，預測分類結果的組別以變數「預測 B.3」增列於資料框架物件 test.data 中。

　　R 主控台語法函數與執行結果如下：

```
> library (evtree)
> cla.m3 = evtree (閱讀素養 B~家庭型態 + 家人支持 + 學習動機 + 家庭資本 + 學習
  成就 + 投入程度, data = train.data, minsplit = 30L, minbucket = 15L)
> print (cla.m3)
```

Model formula:

閱讀素養 **B** ~ 家庭型態 + 家人支持 + 學習動機 + 家庭資本 + 學習成就 +
  投入程度

Fitted party:

[1] root
| [2] 投入程度 < 22
| | [3] 家庭資本 < 11: 加強 (n = 46, err = 21.7%)
| | [4] 家庭資本 >= 11
| | | [5] 家庭資本 < 17
| | | | [6] 投入程度 < 10: 加強 (n = 16, err = 25.0%)
| | | | [7] 投入程度 >= 10: 普通 (n = 51, err = 9.8%)
| | | [8] 家庭資本 >= 17: 精熟 (n = 21, err = 14.3%)
| [9] 投入程度 >= 22: 精熟 (n = 26, err = 0.0%)

Number of inner nodes: 4

Number of terminal nodes: 5

```
> test.data$ 預測 B.3 = predict (cla.m3, test.data, type = "response")
> tab.m = with (test.data, {table (閱讀素養 B, 預測 B.3)})
> print (tab.m)
```

	預測 **B.3**		
閱讀素養 **B**	加強	普通	精熟
加強	**19**	**5**	**0**
普通	**6**	**18**	**1**
精熟	**0**	**1**	**30**

```
> rate = round (100*sum (diag (tab.m))/sum (tab.m), 1)
> cat ("@測試樣本總數 = ",sum (tab.m),"--預測分類正確樣本數 = ",sum (diag (tab.
  m)), "\n")
```

@測試樣本總數 = 80 --預測分類正確樣本數 = 67

```
> cat ("@預測分類正確百分比 = ",rate,"%","--預測分類錯誤百分比 = ",100-rate, "%\
  n")
```

@預測分類正確百分比 = 83.8% --預測分類錯誤百分比 = 16.2%

　　套件 **{evtree}** 函數 **evtree ( )** 建構的分類樹模型，模型建構的資料檔為 160
位的訓練樣本，分類樹模型有四個內部節點、五個終點節點，以訓練樣本建構的
分類樹模型對測試樣本 (N2 = 80) 進行預測分類，80 位有效觀察值樣本，預測分
類正確的觀察值個數有 67 個、預測分類正確的百分比為 83.8%；預測分類錯誤

的觀察值個數有 13 個、預測分類錯誤的百分比為 16.2%。

使用條件函數 **[which (test.data$ 閱讀素養 B! = test.data$ 預測 B.3),]**，輸出預測分類錯誤的樣本，樣本呈現前七個變數與第十個變數：

```
> test.data [,-c (8:9)][which (test.data$ 閱讀素養B! = test.data$ 預測 B.3),]
     家庭型態 家人支持 學習動機 家庭資本 學習成就 投入程度 閱讀素養 B 預測 B.3
2    單親家庭   6      11      11      20      10      加強      普通
143  完整家庭   9      16      21      62      8       普通      精熟
51   完整家庭   13     24      10      50      15      普通      加強
58   單親家庭   12     22      11      52      16      加強      普通
70   完整家庭   12     17      13      65      8       普通      加強
161  完整家庭   12     26      16      70      13      精熟      普通
138  單親家庭   18     20      5       71      12      普通      加強
88   完整家庭   10     14      10      41      8       普通      加強
71   單親家庭   9      16      13      68      11      加強      普通
83   單親家庭   8      12      8       38      12      普通      加強
85   單親家庭   9      12      10      39      12      普通      加強
68   單親家庭   11     19      13      55      11      加強      普通
62   單親家庭   15     19      12      52      14      加強      普通
```

就分類樹而言，相同的訓練樣本與測試樣本，使用不同套件函數的預測分類結果並未完全相同，範例中以套件 **{evtree}** 函數 **evtree ( )** 建構的分類樹模型預測分類較佳。

四、套件 {Rweka} 函數 J48 ( )

研究者若以套件 **{Rweka}** 函數 **J48 ( )** 進行分類樹程序，最好直接使用原始英文變數名稱與水準數值編碼，分支準則以函數 **as.party ( )** 轉換輸出較易解讀：

```
> library (Rweka)
> edread = dread
> train.data = edread[-numsub,]
> test.data = edread[numsub,]
> cla.m4 = J48 (factor (read3)~ factor (home) + supp + moti + hocc + score + invo, data
  = train.data, control = Weka_control (R = T, M = 15))
> print (as.party (cla.m4))
```
Model formula:

factor (read3) ~ factor (home) + supp + moti + hocc + score + invo
Fitted party:
[1] root
| [2] invo <= 18
| | [3] hocc <= 10: 0 (n = 45, err = 22.2%)
| | [4] hocc > 10: 1 (n = 78, err = 33.3%)
| [5] invo > 18: 2 (n = 37, err = 5.4%)
Number of inner nodes: 2
Number of terminal nodes: 3
> test.data$pread3 = predict (cla.m4, test.data, type = "class")
> tab.m = with (test.data, {table (read3, pread3)})
> print (tab.m)
   pread3
   read3   0   1   2
     0   15   9   0
     1   5   20   0
     2   0   6   25
> rate = round (100*sum (diag (tab.m))/sum (tab.m), 1)
> cat ("@測試樣本總數 = ",sum (tab.m),"--預測分類正確樣本數 = ",sum (diag (tab. m)), "\n")
@測試樣本總數 = **80** --預測分類正確樣本數 = **60**
> cat ("@預測分類正確百分比 = ",rate, "%","--預測分類錯誤百分比 = ",100-rate, "%\ n")
@預測分類正確百分比 = **75%** --預測分類錯誤百分比 = **25%**

　　套件 **{Rweka}** 函數 **J48** ( ) 建構的分類樹模型，模型建構的資料檔為 160 位的訓練樣本，分類樹模型有二個內部節點、三個終點節點，以訓練樣本建構的分類樹模型對測試樣本 (N2 = 80) 進行預測分類，80 位有效觀察值樣本，預測分類正確的觀察值個數有 60 個、預測分類正確的百分比為 75.0%；預測分類錯誤的觀察值個數有 20 個、預測分類錯誤的百分比為 25.0%。

五、套件 {C50} 函數 C5.0 ( )

　　使用套件 **{C50}** 函數 **C5.0** ( ) 建構分類樹模型 (訓練樣本為原資料框架物件所有觀察值)，引數 minCases 的參數值設為 15，引數 rules 設為假，表示建構決策樹物件：

> c5.mb1 = C5.0 (factor (閱讀素養 B)~家庭型態 + 家人支持 + 學習動機 + 家庭資本 + 學習成就 + 投入程度, data = dread, rules = FALSE, control = C5.0Control (minCases = 15))

使用函數 **summary ( )** 輸出完整決策樹 **C5.0** 物件參數：

> summary (c5.mb1)
Call:
C5.0.formula (formula = factor (閱讀素養 B) ~ 家庭型態 + 家人支持 + 學習動機 + 家庭資本 + 學習成就+ 投入程度, data = dread, rules = FALSE, control = C5.0Control (minCases = 15))
C5.0 [Release 2.07 GPL Edition]　　　　Tue Dec 20 08:45:10 2016

Class specified by attribute `outcome'
Read 240 cases (7 attributes) from undefined.data
Decision tree:
投入程度 > **18**: 精熟 **(62/2)**
投入程度 <= **18**:
:...家庭資本 > **15**: 精熟 **(28/13)**
　家庭資本 <= **15**:
　:...投入程度 <= **11**: 加強 **(73/18)**
　　投入程度 > **11**: 普通 **(77/21)**
[說明]：決策樹的葉節點有四個。
分類準則為：
分類準則 **1**：**IF**「投入程度 > **18**」**THEN**「精熟 **(62/2)**」。
分類準則 **2**：**IF**「投入程度 <= **18** 且 家庭資本 > **15**」**THEN**「精熟 **(28/13)**」。
分類準則 **3**：**IF**「投入程度 <= **18** 且 家庭資本 <= **15** 投入程度 <= **11**」**THEN**「加強 **(73/18)**」。
分類準則 **3**：**IF**「投入程度 <= **18** 且 家庭資本 <= **15**且投入程度 > **11**」**THEN**「普通 **(77/21)**」。
Evaluation on training data (240 cases):
　　Decision Tree

　　Size　　Errors
　　　4　　54 (22.5%)　<<
[說明]：根據訓練樣本建構適配分類樹模型對測試樣本 (為原訓練樣本) 進行預測分類，預測分類錯誤的觀察值有 **54** 位，預測分類錯誤的百分比為 **22.5%**。
　(a)　(b)　(c)　<-classified as
　----　----　----

```
    55   21    1   (a): class 加強
    18   56   14   (b): class 普通
         75        (c): class 精熟
```

[說明]：預測分類交叉表的測試樣本為原建構決策樹模型的訓練樣本，預測分類正確的觀察值有 186 位 (= 55 + 56 + 75)、預測分類錯誤的觀察值有 54 位 (= 18 + 21 + 1 + 14)。

```
    Attribute usage:
    100.00% 投入程度
     74.17% 家庭資本
```

[說明]：六個解釋變數對反應變數預測分類重要性的權重量數中，最重要的解釋變數為投入程度，其次為家庭資本。

使用 **print ( )** 函數輸出適配分類樹模型中的基本量數：

```
> print (c5.mb1)
Call:
C5.0.formula (formula = factor (閱讀素養 B) ~ 家庭型態 + 家人支持 + 學習動機 + 家庭資本 + 學習成就 + 投入程度, data = dread, rules = FALSE, control = C5.0Control (minCases = 15))
Classification Tree
Number of samples: 240
Number of predictors: 6
Tree size: 4
```

[說明]：適配分類樹模型中，有效觀察值個數有 240 位、預測變數的個數有六個，分類樹的大小為 4。

```
Non-standard options: attempt to group attributes, minimum number of
 cases: 15
```

[說明]：葉節點最少觀察值個數為 15。

使用 **plot ( )** 函數繪製 **C5.0** 物件決策樹：

```
> plot (c5.mb1, type = "simple")
```

反應變數為因子變數，決策樹圖為分類樹 (若是原先反應變數的水準數值沒有增列群組標記名稱，葉節點中的「加強」、「普通」、「精熟」標記分別會出現 0、1、2 水準數值編碼)，四個葉節點的不純度值分別為 24.7%、27.3%、46.4%、3.2%：

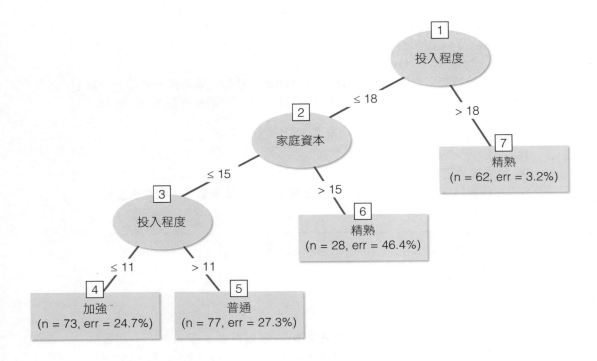

Chapter **14**

函數與流程控制

$\mathcal{R}$ 軟體中的函數與流程控制與一般程式語言類似，其中常用者為自訂函數、迴圈控制與邏輯判斷。決策樹中的葉節點觀察值選取、分類樹平均效度檢定與十次疊代程序分析法均有使用到邏輯判別條件流程與迴圈控制。某些以迴圈控制或自訂函數方法求出的參數在 R 軟體中均對應的簡易數學函數或統計函數，直接使用對應套件函數反而比較簡便，但若是讀者對函數與流程控制語法指令有進一步的理解，可以使輸出結果更符合讀者或研究者所需，或是節省許多運算操作程序。

(註：本章介紹的語法指令範例有些並不完全符合精簡化原則，其目的旨在讓讀者能於最短時間內理解應用，讀者可根據書中提供的語法指令列範例加以修改，以符合個人所需。)

壹、自訂函數

基本套件 **{base}** 自訂函數 **function ( )** 語法：

函數名稱 = function (參數值 1、參數值 2) {
　運算式
return (value)
}

引數 return 回傳函數運算結果，二個以上參數值可採用向量矩陣型態。

自訂函數與程式控制列最好在「R 編輯器」(R-Editor) 視窗編輯，之後，再執行功能表列「編輯」/「執行程式列或選擇項」程序，此種操作程序對於語法列錯誤的更正或修改比較方便。

範例以自訂函數求出圓的面積，R 編輯器語法指令為：

```
area = function (r){
    3.14*r^2
}
```

R 主控台執行結果若是沒有錯誤，會出現下列訊息，原語法列會以「＋」號串連，最後出現 R 主控台函數編輯符號「＞」：

```
> area = function (r){
+    3.14*r^2
+ }
>
```

R 主控台視窗下，於自訂函數名稱中鍵入參數值，即可回傳函數計算結果：

```
> area (5)
[1] 78.5
> area (10)
[1] 314
```

範例增列引數 return，回傳變數 cira 參數值，因為自訂函數程序運算式結果以變數 cira 界定，若是沒有增列回傳引數 return，計算結果不會呈現：

```
> areafun = function (r){
+    cira = 3.14*r^2
+ return (cira)
+ }
> areafun (5)
[1] 78.5
> areafun (10)
[1] 314
> noreturn = function (r) {
+    cira = 3.14*r^2
+ }
> noreturn (5)
```
[說明]：自訂函數 **noreturn** 沒有增列回傳引數 **return**，自訂函數中的變數 **cira** 參數值沒有呈現在 **R** 主控台視窗中。

範例自訂函數有二個參數值，運算結果以運算式符號「%%」求出參數值 1 除以參數值 2 的餘數：

```
> fun = function (x, y) {
+    val = x%%y
+    return (val)
```

```
+ }
> fun (10, 3)
[1] 1
> fun (15, 6)
[1] 3
```

　　範例自訂函數有二個參數值，運算結果以運算式符號「%%」求出參數值 1 除以參數值 2 的餘數，以運算式符號「%/%」求出參數值 1 除以參數值 2 的商數：

```
> fun = function (x, y) {
+    val1 = x%%y
+    val2 = x%/%y
+    return (c (val1, val2))
+ }
> fun (10,3)
[1] 1 3
> fun (15,6)
[1] 3 2
```

　　範例自訂函數中增列函數 **cat ( )**，完整輸出中文註解說明與參數值，由於函數 **cat ( )** 具有立即輸出功能，因而引數 **return ( )** 可以省略：

```
> divfun = function (x, y) {
+    val1 = x%%y
+    val2 = x%/%y
+    cat (x, "除以",y,"的餘數 = ",val1, "\n")
+    cat (x, "除以",y,"的商數 = ",val2, "\n")
+ }
> divfun (10, 3)
10 除以 3 的餘數 = 1
10 除以 3 的商數 = 3
> divfun (15, 6)
15 除以 6 的餘數 = 3
15 除以 6 的商數 = 2
```

　　範例自訂函數為一個參數值，但參數值表示的是一個數值向量，因而自訂函數變數名稱可以鍵入數值向量內容，或數值向量變數，回傳的參數值為數值向量元素的平方根：

```
> fun = function (x) {
+    round (sqrt (c (x)), 2)
+ }
> fun (c (16, 25, 36, 49, 50))
[1] 4.00 5.00 6.00 7.00 7.07
> numv = c (16, 25, 36, 49, 50)
> fun (numv)
[1] 4.00 5.00 6.00 7.00 7.07
```

貳、迴圈 (loop)

迴圈 (loop) 的基本語法函數為：

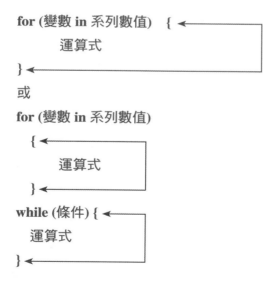

for (變數 in 系列數值) {
      運算式
}
或
for (變數 in 系列數值)
  {
      運算式
  }
while (條件) {
   運算式
}

系列數值可以使用數值向量或文字向量。

範例迴圈求出 1 至 5 數值的平方，如以 R 編輯器視窗鍵入語法指令列，各列前面符號「＋」不用輸入，在 R 主控台視窗中串連符號「＋」會自動出現，表示語法指令列尚未結束：

```
> for (i in 1:5) {
+ print (i^2)
+ }
[1] 1
[1] 4
[1] 9
[1] 16
[1] 25
```

範例迴圈系列數值改以數值向量表示：

```
> for (i in c (1:5))
+ {
+ print (i^2)
+ }
[1] 1
[1] 4
[1] 9
[1] 16
[1] 25
```

R 軟體原始之 R 編輯器視窗界面如下，在 R 編輯器視窗中鍵入語法指令，按功能表列「編輯」/「執行全部」選項，可以執行 R 編輯器視窗中所有語法指令列；按功能表列「編輯」/「執行程式列或選擇項」選項，可以執行 R 編輯器視窗選取的語法指令列：

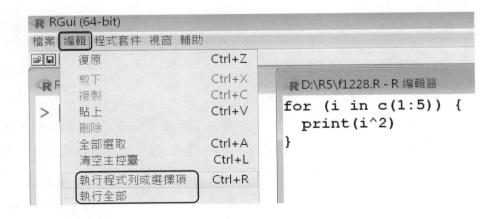

範例單一迴圈程序，增列引數 next，引數 next 表示符合邏輯條件時跳過執行運算式，迴圈系列數值為 1 至 7，當變數 n 的數值等於 3 或 (|) 等於 5 時，不執行輸出運算式程序：

```
> for (n in (1:7)) {
+   if (n == 3 | n == 5) {
+   next
+   }
+   print (n)
+ }
[1] 1
[1] 2
[1] 4
[1] 6
[1] 7
```

範例單一迴圈程序，增列引數 break，引數 break 表示符合邏輯條件時中止執行運算式，迴圈系列數值為 1 至 7，當變數 n 的數值等於 5 時，中止執行輸出運算式程序，結果只輸出數值 1 至 4：

```
> for (n in (1:7)) {
+   if (n == 5) {
+   break
+   }
+   print (n)
+ }
[1] 1
[1] 2
[1] 3
[1] 4
```

邏輯判斷式中的等號為「==」，如果設為單一等號「=」，語法指令會出現錯誤 (單一等號「=」為一般元素內容的設定)：

```
for (n in (1:7)) {
 if (n = 5)  {
  break
```

```
  }
 print (n)
}
```

　　R 編輯器視窗語法指令第二列「if (n == 5) {」改為「if (n = 5) {」後，R 主控台執行結果出現錯誤訊息：

```
> for (n in (1:7)) {
+  if (n = 5) {
錯誤: 未預期的 '=' in:
"for (n in (1:7)) {
  if (n ="
>  break
錯誤: 沒有可中斷/下一個的迴圈，跳到頂層
>  }
錯誤: 未預期的 '}' in " }"
>  print (n)
[1] 5
> }
錯誤: 未預期的 '}' in "}"
```

　　範例迴圈系列數值使用函數 **seq ( )**，界定差數為 2 的奇數值，配合函數 **cat ( )** 輸出計算結果，函數 **cat ( )** 引數 sep 界定串連文字或數值間的符號，引數「\n」表示跳行顯示結果：

```
> for (i in c (seq (1, 9, by = 2))) {
+ cat (i, "的平方值 = ", i^2, "\n", sep = "")
+ }
1 的平方值 = 1
3 的平方值 = 9
5 的平方值 = 25
7 的平方值 = 49
9 的平方值 = 81
```

　　範例迴圈系列數值直接使用數值向量，配合函數 **cat ( )** 輸出計算結果：

```
> for (i in c (1, 3, 5, 7, 9)) {
+ cat (i, "的平方值= ", i^2, "\n", sep = "")
+ }
1 的平方值 = 1
3 的平方值 = 9
5 的平方值 = 25
7 的平方值 = 49
9 的平方值 = 81
```

範例以迴圈求出數值 1 至 100 的總和，初始的總和變數設定為 0，總和變數逐一加上系列數值：

```
> total = 0
> for (n in 1:100) {
+    total = total + n
+ }
> cat ("1 到 100 總和 = ",total,"\n")
1 到 100 總和 = 5050
```

上述迴圈系列數值的加總與使用函數 **sum ( )** 結果相同：

```
> sum (1:100)
[1] 5050
```

範例加總後以總和值除以次數，輸出的參數值為平均數，此運算程序與決策樹中求出 n 次訓練測試法預測分類效度的流程相同：

```
> total = 0
> for (n in 1:100) {
+    total = total + n
+ }
> aveval = total/100
> cat ("1 到 100 平均值 = ",aveval,"\n")
1 到 100 平均值 = 50.5
```

上述迴圈系列數值加總的平均數求法與使用函數 **mean ( )** 結果相同：

```
> mean (c (1:100))
[1] 50.5
```

迴圈函數 **for ( )** 改為 **while ( )** 函數的語法指令如下，迴圈起始數值變數 n 設為 1，每執行加總一次，n 的數值就加 1，程序運算結果直到 n = 100 結束，系列數值 n 的起始數值為 1、結束數值為 100：

```
> total = 0
> n = 1
> while ( n <= 100)
+ {
+ total = total + n
+ n = n + 1
+ }
> cat ("1 到 100 總和 = ",total,"\n")
1 到 100 總和 = 5050
```

迴圈函數 repeat 表示重複進行運算式程序，由於迴圈是重複進行，因而在運算式中一般會加入邏輯判別條件以停止運算式執行，中止迴圈執行程序的引數為 break：

```
> total = 0
> n = 1
> repeat
+ {
+  if (n > 100) break
+ total = total + n
+ n = n + 1
+ }
> cat ("1 到 100 總和 = ",total,"\n")
1 到 100 總和 = 5050
```

迴圈函數 **repeat ( )** 在實際應用上較少研究者使用。

迴圈函數的系列數值中，若以變數名稱界定其彈性較大，範例的起始數值變數界定為 begin_n、結束數值變數界定為 end_n，研究者只要更改二個變數的數值，即可求出總和：

```
> begin_n = 1
> end_n = 10
> total = 0
> for (n in begin_n:end_n) {
+    total = total + n
+ }
> cat (begin_n," 到 ",end_n," 的總和 = ",total,"\n")
1 到 10 的總和 = 55
```

　　將系列數值起始數值與結束數值改以自訂函數方式呈現，即可立即求出數值間的總和，自訂函數語法指令與直接使用函數 **sum ( )** 執行「> sum (c (10:15))」結果相同：

```
> fsum = function (x, y){
+ total = 0
+ for (n in x:y) {
+    total = total + n
+ }
+ cat (x," 到 ",y," 的總和 = ",total,"\n")
+ }
> fsum (1, 10)
1 到 10 的總和 = 55
> fsum (10, 15)
10 到 15 的總和 = 75
```

　　範例以迴圈 (系列數值從 1 到 10) 模擬十次決策樹程序之訓練測試法的平均效度參數值求法語法指令，單一訓練測試法之預測分類正確百分比的變數為 sinval，每次使用隨機函數 **sample ( )** 從 65 至 85 數值中隨機抽取一個整數值，以整數值的百分比作為單一效度的參數值，十次平均效度求法之語法指令為：

```
> avevalbeg = 0
> for (n in 1:10) {
+    sinval = sample (65:85, 1, replace = FALSE)
+    sinval = sinval/100
+    avevalbeg = sinval + avevalbeg
+    print (sinval)
+ }
```

```
[1] 0.72
[1] 0.69
[1] 0.68
[1] 0.75
[1] 0.77
[1] 0.76
[1] 0.83
[1] 0.79
[1] 0.68
[1] 0.81
> avevalend = round (avevalbeg/10, 3)*100
> cat ("決策樹平均正確預測分類百分比 = ",avevalend,"%\n")
決策樹平均正確預測分類百分比 = 74.8%
```

上述語法指令改為以數值向量變數 sinc.p 元素儲存隨機抽取量數百分比值，第 1 次百分比值的數值向量元素序號為 1、第 2 次百分比值的數值向量元素序號為 2，迴圈結束後，直接以函數 **mean ( )** 求出十次的平均值：

```
> sinc.p = 0
> for (n in 1:10) {
+    sinval = sample (65:85, 1, replace = FALSE)
+    sinval = sinval/100
+    sinc.p [n] = sinval
+    }
> avec.p = round (mean (sinc.p), 3)*100
> print (sinc.p)
 [1] 0.81 0.66 0.70 0.65 0.69 0.84 0.66 0.85 0.81 0.75
> cat ("決策樹平均正確預測分類百分比 = ",avec.p,"%\n")
決策樹平均正確預測分類百分比 = 74.2%
```

範例每次迴圈的執行結果以向量元素儲存，數值向量的第 1 個元素內容設為 0、第 2 個元素內容設為 1，執行結果為一個有 12 個數字的費氏數列，語法指令 [4] 改為「varx [[n]] = varx [[n-2]] + varx [[n-1]]」，其輸出結果相同：

```
> varx = c (0, 1)
> n = 3
> while ( n <= 12) {
+ varx [n] = varx [n-2] + varx [n-1]
```

```
+   n = n + 1
+   }
> print (varx)
 [1]  0  1  1  2  3  5  8 13 21 34 55 89
```

若是訓練樣本與測試樣本採用隨機抽樣抽取，則每次訓練測試法的樣本觀察值都會不同，此時，每次的預測分類正確百分比值也會有所差異，相對的平均效度值參數也不會完全相同：

```
> sinc.p = 0
> for (n in 1:10) {
+    sinval = sample (65:85, 1, replace = FALSE)
+    sinval = sinval/100
+    sinc.p [n] = sinval
+    }
> avec.p = round (mean (sinc.p), 3)*100
> print (sinc.p)
 [1] 0.83 0.80 0.76 0.68 0.81 0.77 0.78 0.84 0.77 0.74
> cat ("決策樹平均正確預測分類百分比 = ",avec.p,"%\n")
決策樹平均正確預測分類百分比 = 77.8%
```

範例為雙迴圈的應用，以函數 **matrix ( )** 界定一個五列四行的矩陣，矩陣中的元素回傳二個迴圈數值的乘積，矩陣元素的型態為矩陣物件名稱 [橫列,直行]，函數 **matrix ( )** 內定引數「byrow = FALSE」，表示資料的排列先直行再橫列，引數 byrow 邏輯選項如改為真「= TRUE」，資料的排列先橫列再直行。外迴圈的系列數值 (1 至 5) 為橫列參數、內迴圈的系列數值 (1 至 4) 為直行參數，矩陣元素使用函數 **paste ( )** 將結果以文字型態呈現：

```
> mp1 = matrix (NA, nrow = 5, ncol = 4)
> for (i in 1:5)
+   for (j in 1:4) {
+ mp1 [i, j] = paste (i,"*", j," = ",i*j)
+ }
> print (mp1)
     [,1]       [,2]       [,3]       [,4]
[1,] "1 * 1 = 1" "1 * 2 = 2" "1 * 3 = 3" "1 * 4 = 4"
[2,] "2 * 1 = 2" "2 * 2 = 4" "2 * 3 = 6" "2 * 4 = 8"
```

```
[3,] "3 * 1 = 3"  "3 * 2 = 6"  "3 * 3 = 9"  "3 * 4 = 12"
[4,] "4 * 1 = 4"  "4 * 2 = 8"  "4 * 3 = 12"  "4 * 4 = 16"
[5,] "5 * 1 = 5"  "5 * 2 = 10"  "5 * 3 = 15"  "5 * 4 = 20"
```

使用函數 **colnames ( )** 將直行變數名稱改為 1 至 4、使用函數 **rownames ( )** 將橫列變數名稱改為 1 至 5，使用 **as.data.frame ( )** 將矩陣物件轉換為資料框架物件，物件元素旁的 "" 會消失不見：

```
> colnames (mp1) = c (1:4)
> rownames (mp1) = c (1:5)
> print (as.data.frame (mp1))
> print (as.data.frame (mp1))
   1          2          3           4
1 1 * 1 = 1  1 * 2 = 2  1 * 3 = 3  1 * 4 = 4
2 2 * 1 = 2  2 * 2 = 4  2 * 3 = 6  2 * 4 = 8
3 3 * 1 = 3  3 * 2 = 6  3 * 3 = 9  3 * 4 = 12
4 4 * 1 = 4  4 * 2 = 8  4 * 3 = 12 4 * 4 = 16
5 5 * 1 = 5  5 * 2 = 10 5 * 3 = 15 5 * 4 = 20
```

參、邏輯條件判別

條件判斷式函數 **if ( )** 可以根據設定的條件執行不同的運算式程序，函數 **if ( )** 的基本語法為：

if (設定條件) 運算式

if (設定條件) {
    運算式 **1**
} **else** {
    運算式 **2**
}

函數 **ifelse ( )** 可進行簡單二分邏輯條件判別，基本語法為：

ifelse (test, yes, no)

引數 test 為可以強制界定成邏輯模式的物件、引數 yes 為當 test 物件為真的元素條件下回傳的參數、引數 no 為當 test 物件為假的元素條件下回傳的參數。在因子變數的水準數值標記中，常會使用到 **ifelse ( )** 函數。

範例將數值向量依 60 分為標準，回傳對應元素為「及格」、「不及格」：

```
> varx = c (56, 78, 45, 85, 32)
> ifelse (varx >= 60, "及格", "不及格")
[1] "不及格" "及格"　"不及格" "及格"　"不及格"
```

上述函數語法中的條件可以設定為相反情況，回傳對應元素為「不及格」、「及格」，二種條件執行程序是相同的：

```
> ifelse (varx < 60, "不及格", "及格")
[1] "不及格" "及格"　"不及格" "及格"　"不及格"
```

範例的因子變數為家庭型態，變數名稱為 type，數值向量之水準數值 1、2、3 分別表示單親家庭、隔代教養家庭、雙親家庭。使用二個 **ifelse ( )** 函數進行邏輯判斷，邏輯判斷式的「等於」符號為「==」(如果使用單一等於符號「=」會出現錯誤訊息)，「不等於」符號為「!=」，符號「x%in%y」表示 x 是否包含在 y 之中，小於等於符號為「<=」、大於等於符號為「>=」：

```
> type = c (3, 2, 1, 3, 1, 2, 3, 2)
> ifelse (type == 1, "單親家庭", ifelse (type == 2, "隔代教養", "雙親家庭"))
[1] "雙親家庭" "隔代教養" "單親家庭" "雙親家庭" "單親家庭" "隔代教養" "雙
親家庭" "隔代教養"
```

將數值向量增列中文標記後，變數屬性為文字 (character)，條件執行函數前增列函數 **factor ( )** 可變數屬性界定為因子變數：

```
> typea = ifelse (type == 1, "單親家庭", ifelse (type == 2, "隔代教養", "雙親家庭"))
> typeb = factor (ifelse (type == 1, "單親家庭", ifelse (type == 2, "隔代教養", "雙親家
庭")))
> class (typea)
[1] "character"
> class (typeb)
[1] "factor"
```

範例將三分類別變數依水準數值分成「單親組」、「完整組」二個群體，水準數值編碼 1、2 標記為「單親組」、水準數值編碼 3 標記為「完整組」，條件執行程序之邏輯判斷式分別使用「%in%」、「==」：

```
> ifelse (type%in%c (1, 2), "單親組", "完整組")
[1] "完整組" "單親組" "單親組" "完整組" "單親組" "單親組" "完整組" "單親組"
> ifelse (type%in%c (3),"完整組","單親組")
[1] "完整組" "單親組" "單親組" "完整組" "單親組" "單親組" "完整組" "單親組"
> ifelse ((type == 1 | type == 2), "單親組", "完整組")
[1] "完整組" "單親組" "單親組" "完整組" "單親組" "單親組" "完整組" "單親組"
> ifelse (type == 3, "完整組", "單親組")
[1] "完整組" "單親組" "單親組" "完整組" "單親組" "單親組" "完整組" "單親組"
```

決策樹模型之建構程序中，若是反應變數為計量變數 (連續變數)，建構的決策樹成長樹為迴歸樹，若研究者想要建構分類樹的成長樹必須將計量反應變數依相對分組或絕對分組轉換為間斷變數，其轉換程序即可直接使用函數 **ifelse ( )**。範例為觀察值在自我效能的分數，分數大於等於 3.5 分者標記為「高自我效能」組、分數大於等於 2.5 分且小於 3.5 分者標記為「中自我效能」組，分數小於 2.5 分者標記為「低自我效能」組：

```
> escore = c (2.4, 2.9, 3.8, 4.5, 2.7, 1.6, 3.5, 2.5, 1.6)
> factor (ifelse (escore >= 3.5, "高效能組", ifelse (escore >= 2.5, "中效能組", "低效能組")))
[1] 低效能組 中效能組 高效能組 高效能組 中效能組 低效能組 高效能組 中效能組 低效能組
Levels: 中效能組 低效能組 高效能組
```

語法函數也可以使用下列邏輯判斷式：

```
> factor (ifelse (escore < 2.5, "低效能組", ifelse (escore < 3.5, "中效能組", "高效能組")))
[1] 低效能組 中效能組 高效能組 高效能組 中效能組 低效能組 高效能組 中效能組 低效能組
Levels: 中效能組 低效能組 高效能組
```

範例自訂函數使用 **if ( )** 函數進行邏輯判斷，判斷結果回傳是正數或負數：

```
> fun = function (x) {
+  if (x > 0) {
+    cat (x, "是一個正數", "\n")
+  } else {
+    cat (x, "是一個負數", "\n")}
+ }
> fun (13)
13 是一個正數
> fun (-12)
-12 是一個負數
```

範例 R 編輯器視窗使用「if + else if + else」多個邏輯判斷式建立自訂函數，語法指令列中的「{」符號與「}」符號為配對關係，沒有配對出現，語法指令列執行時會出現錯誤訊息：

```
fun3 = function (x) {
  if (x > 0) {
    cat (x, "是一個正數", "\n")
  } else if (x < 0) {
    cat (x,"是一個負數","\n")
  } else {
    cat ("參數數值是", x, "\n")
  }
}
```

R 主控台執行 R 編輯器語法指令列結果如下：

```
> fun3 = function (x) {
+  if (x > 0) {
+    cat (x, "是一個正數", "\n")
+  } else if (x < 0) {
+    cat (x, "是一個負數", "\n")
+  } else {
+    cat ("參數數值是", x, "\n")
+  }
+ }
> fun3 (0)
```

參數數值是 **0**
> fun3 (-12)
-12 是一個負數
> fun3 (15)
15 是一個正數

範例為使用多個 else if 進行邏輯條件判別,一組符號 { } 的邏輯判別條件式對應不同的運算式:

```
> funrank = function (x) {
+   if (x >= 90)   {
+     cat (x, "分--優等", "\n")
+   } else if (x >= 80) {
+     cat (x, "分--甲等", "\n")
+   } else if (x >= 70) {
+     cat (x, "分--乙等", "\n")
+   } else if (x >= 60) {
+     cat (x, "分--丙等", "\n")
+   } else {
+     cat (x, "分--丁等", "\n")
+   }
+ }
> funrank (74)
74 分--乙等
> funrank (87)
87 分--甲等
> funrank (56)
56 分--丁等
> funrank (65)
65 分--丙等
> funrank (92)
92 分--優等
```

肆、統計分析的應用

學生學習效能資料檔為「fun01.csv」,匯入 R 主控台視窗的資料框架物件界定為 deff,資料框架物件 sex、area、home 三個變數為因子變數,使用函數

factor ( ) 標記水準數值的群組名稱：

```
> deff = read.csv ("fun01.csv", header = T)
> deff$sex = factor (deff$sex, levels =1:2, labels = c ("女生", "男生"))
> deff$area = factor (deff$area, levels = 1:3, labels = c ("東區", "西區", "北區"))
> deff$home = factor (deff$home, levels = 1:3, labels = c ("單親家庭", "隔代教養", "雙
   親家庭"))
> names (deff) = c ("編號", "性別", "就學地區","家庭型態","課堂表現", "一般行為",
   "家庭資本", "同儕關係", "學習動機", "學習策略","學習效能")
```

迴歸樹模型建構中，葉節點的參數包括個數、平均數、誤差值，誤差值為節
點內的離均差平方和量數 (SS)，$SS = \sum(X_i - \overline{X})^2$，使用自訂函數可以快速求出各
葉節點中的離均差平方和量數值：

```
> ssf = function (x) {
+     ssv = sum ((x-mean (x))^2)
+ return (ssv)
+ }
```

範例 R 主控台視窗求出原資料框架物件第 5 個變數至第 8 個變數 (課堂表
現、一般行為、家庭資本、同儕關係) 的 SS：

```
> ssf (deff [,5])
[1] 2944.08
> ssf (deff [,6])
[1] 3387.52
> ssf (deff [,7])
[1] 7031.68
> ssf (deff [,8])
[1] 7229.5
```

範例語法指令以自訂函數求出數值向量 (或計量變數) 的離均差平方和與變
異數量數，計量變數為原資料框架物件第 5 個變數至第 8 個變數 (課堂表現、一
般行為、家庭資本、同儕關係)，自訂函數語法指令列為：

```
> my.ss = function (x) {
+     ssv = round (sum ((x-mean (x))^2), 3)
+     varv = round (ssv/(length (x)-1), 3)
+ cat ("離均差平方和 SS = ",ssv, "\n")
+ cat ("變異數量數 VAR = ",varv, "\n")
+ }
>
```

執行自訂函數 my.ss 程序的結果如下：

```
> my.ss (deff [,5])
離均差平方和 SS = 2944.08
變異數量數 VAR = 14.794
> my.ss (deff [,6])
離均差平方和 SS = 3387.52
變異數量數 VAR = 17.023
> my.ss (deff [,7])
離均差平方和 SS = 7031.68
變異數量數 VAR = 35.335
> my.ss (deff [,8])
離均差平方和 SS = 7229.5
變異數量數 VAR = 36.329
```

求出計量變數變異數的函數為 **var ( )**，函數中若同時包括二個以上計量變數，輸出的結果為變異數共變數矩陣，矩陣中的對角線為變數的變異數量數，課堂表現、一般行為、家庭資本、同儕關係四個變數的變異數分別為 14.794、17.023、35.335、36.329，函數求出的量數與自訂函數求出的參數值相同：

```
> round (var (deff [,5:8]), 3)
             課堂表現      一般行為      家庭資本      同儕關係
課堂表現      14.794        5.543        13.512       11.301
一般行為       5.543       17.023         8.847       11.897
家庭資本      13.512        8.847        35.335       19.089
同儕關係      11.301       11.897        19.089       36.329
```

一、相關矩陣

以變數索引擷取第 5 個變數 (課堂表現) 至第 11 個變數 (學習效能)，語法函數為資料框架物件 [,直行數值向量]，符號 [ ] 中的逗號「,」前橫列數值向量省略，表示子資料檔包含全部的樣本觀察值：

```
> cord = deff [,5:11]
> tail (cord)
      課堂表現   一般行為   家庭資本   同儕關係   學習動機   學習策略   學習效能
195      14        18        26        30        15        14        92
196      14        18        26        30        15        14        92
197      17        35        32        40        10        19        98
198      17        35        32        40        10        19        98
199      15        35        20        31        14        20        89
200      15        35        20        31        14        20        89
```

使用雙迴圈求出矩陣元素的相關係數，以函數 **matrix ( )** 設定一個 7 × 7 的矩陣 (7 個橫列 7 個直行)，矩陣元素為「NA」，元素中的相關係數四捨五入至小數第三位：

```
> cord = deff [,5:11]
> corm = matrix (NA, nrow = 7, ncol = 7)
> for (i in 1:7)
+   for (j in 1:7) {
+     corm [i,j] = round (cor (cord [,i], cord [,j]), 3)
+ }
> print (corm)
       [,1]    [,2]    [,3]    [,4]    [,5]    [,6]    [,7]
[1,]  1.000   0.349   0.591   0.487   0.369   0.392   0.477
[2,]  0.349   1.000   0.361   0.478   0.231   0.408   0.501
[3,]  0.591   0.361   1.000   0.533   0.419   0.365   0.619
[4,]  0.487   0.478   0.533   1.000   0.294   0.532   0.506
[5,]  0.369   0.231   0.419   0.294   1.000   0.116   0.644
[6,]  0.392   0.408   0.365   0.532   0.116   1.000   0.417
[7,]  0.477   0.501   0.619   0.506   0.644   0.417   1.000
```

上述以雙迴圈語法指令求出矩陣元素相關係數值的程序與直接使用函數 cor (資料框架物件) 的輸出結果相同：

```
> round (cor (cord), 3)
```

　　範例 R 編輯器語法指令為雙迴圈程序的擴大應用，功能在於求出計量變數間的下三角相關矩陣，上三角相關矩陣係數值以空白表示，下三角矩陣元素的直行數值索引 (j) 小於等於橫列數值索引 (i)，當元素的橫列數值索引等於直行數值索引 (j = i)，為對角線的相關係數為 1.000：

```
[1] corm = matrix (NA, nrow = 7, ncol = 7)
[2] for (i in 1:7)
[3]  for (j in 1:7) {
[4]    corv = round (cor (cord [,i], cord [,j]), 3)
[5]    if (j <= i) {
[6]      corm [i, j] = corv
[7]    } else  {
[8]      corm [i, j] = ""
[9]    }
[10]  }
[11] colnames (corm) = colnames (cord)
[12] rownames (corm) = colnames (cord)
[13] print (as.data.frame (corm))
```

　　語法指令列的說明如下：

　　列 [1] 使用 **matrix ( )** 函數界定一個七個橫列七個直行的矩陣，矩陣元素為 NA。

　　列 [2] 使用 **for ( )** 函數界定外迴圈，數值變數為 i (橫列)，變數的數值從 1 至 7。

　　列 [3] 使用 **for ( )** 函數界定內迴圈，數值變數為 j (直行)，變數的數值從 1 至 7。

　　列 [4] 使用 **cor ( )** 函數求出變數索引 i 與變數索引 j 間之相關係數，相關係數估計值四捨五入到小數第三位，係數參數變數物件設為 corv。

　　列 [5] 使用 **if ( )** 函數判別 j 數值是否小於等於 i 數值 (直行數值索引 (j) 小於等於橫列數值索引 (i) 條件)，若是邏輯條件為真，則執行列 [6] 指令，否則執行列 [7]、列 [8] 程序。

　　列 [6] 陣列 i 列 j 行元素的內容等於相關係數值。

列 [7] 使用 else 判別當 j 數值大於 i 數值情況下 (j > i)，執行列 [8] 指令。

列 [8] 陣列 i 列 j 行元素的內容等於空白 ("")。

列 [9] 以符號「}」結束列 [5] 邏輯判斷程序。

列 [10] 以符號「}」結束列 [3] 迴圈運算程序。

列 [11] 使用函數 **colnames ( )** 設定矩陣物件直行變數名稱為資料框架物件的變數名稱。

列 [12] 使用函數 **rownames ( )** 設定矩陣物件橫列變數名稱為資料框架物件的變數名稱。

列 [13] 使用 **as.data.frame ( )** 函數將矩陣物件轉換為資料框架物件。

R 主控台視窗執行 R 編輯器語法指令結果如下 (符號 + 號為執行語法指令列程序自動產生的，表示前一個語法指令或函數引數界定尚未完成)：

```
> corm = matrix (NA, nrow = 7, ncol = 7)
> for (i in 1:7)
+  for (j in 1:7) {
+     corv = round (cor (cord [,i], cord [,j]), 3)
+    if (j <= i) {
+    corm [i, j] = corv
+    } else {
+    corm [i, j] = ""
+    }
+ }
> colnames (corm) = colnames (cord)
> rownames (corm) = colnames (cord)
> print (as.data.frame (corm))
```

	課堂表現	一般行為	家庭資本	同儕關係	學習動機	學習策略	學習效能
課堂表現	1						
一般行為	0.349	1					
家庭資本	0.591	0.361	1				
同儕關係	0.487	0.478	0.533	1			
學習動機	0.369	0.231	0.419	0.294	1		
學習策略	0.392	0.408	0.365	0.532	0.116	1	
學習效能	0.477	0.501	0.619	0.506	0.644	0.417	1

上述原矩陣物件 corm 的內容如下，直行 7 個變數名稱為 [,1]、[,2]、[,3]、[,4]、[,5]、[,6]、[,7]；橫列 7 個變數名稱為 [1,]、[2,]、[3,]、[4,]、[5,]、[6,]、[7,]。

```
> print (corm)
          [,1]       [,2]      [,3]     [,4]      [,5]      [,6]      [,7]
[1,]      "1"        ""        ""       ""        ""        ""        ""
[2,]      "0.349"    "1"       ""       ""        ""        ""        ""
[3,]      "0.591"    "0.361"   "1"      ""        ""        ""        ""
[4,]      "0.487"    "0.478"   "0.533"  "1"       ""        ""        ""
[5,]      "0.369"    "0.231"   "0.419"  "0.294"   "1"       ""        ""
[6,]      "0.392"    "0.408"   "0.365"  "0.532"   "0.116"   "1"       ""
[7,]      "0.477"    "0.501"   "0.619"  "0.506"   "0.644"   "0.417"   "1"
```

使用函數 **names ( )** 或函數 **colnames ( )** 均可以查看資料框架物件變數名稱：

```
> names (cord)
[1] "課堂表現" "一般行為" "家庭資本" "同儕關係" "學習動機" "學習策略"
[7] "學習效能"
> colnames (cord)
[1] "課堂表現" "一般行為" "家庭資本" "同儕關係" "學習動機" "學習策略"
[7] "學習效能"
```

R 編輯器語法指令列 [11]「colnames (corm) = colnames (cord)」，界定矩陣物件 corm 的直行變數名稱為資料框架物件的變數名稱，指令列 [12]「rownames (corm) = colnames (cord)」，界定矩陣物件 corm 的橫列變數名稱為資料框架物件的變數名稱 (直行變數)。

其實 R 軟體本身有特定函數可以直接求出計量變數的方形矩陣、下三角矩陣、上三角矩陣，使用迴圈與邏輯條件判別函數不一定更為方便，但讀者若熟知其運算與條件判別流程，在 R 軟體的應用方面會更為得心應手。範例直接使用套件 {psych} 函數 **lowerCor ( )** 求出七個計量變數的下三角矩陣，相關係數四捨五入至小數第三位：

```
> library (psych)
> lowerCor (cord, digits = 3, use = "pairwise", method = "pearson")
           課堂表現 一般行為 家庭資本 同儕關係 學習動機 學習策略 學習效能
課堂表現    1.000
一般行為    0.349    1.000
家庭資本    0.591    0.361    1.000
同儕關係    0.487    0.478    0.533    1.000
```

學習動機	0.369	0.231	0.419	0.294	1.000		
學習策略	0.392	0.408	0.365	0.532	0.116	1.000	
學習效能	0.477	0.501	0.619	0.506	0.644	0.417	1.000

使用套件 {psych} 函數 cor2 ( ) 求出七個計量變數的下三角矩陣，引數只界定第一個引數的資料框架物件 (x)。若同時界定第一個引數的資料框架物件 (x)、第二個引數的資料框架物件 (y)，積差相關矩陣為方形矩陣：

```
> cor2 (cord, digits = 3, use = "pairwise", method ="pearson")
   xi
xi 1.000
   0.349 1.000
   0.591 0.361 1.000
   0.487 0.478 0.533 1.000
   0.369 0.231 0.419 0.294 1.000
   0.392 0.408 0.365 0.532 0.116 1.000
   0.477 0.501 0.619 0.506 0.644 0.417 1.000
> cor2 (cord, cord, digits = 3, use = "pairwise", method = "pearson")
```

	課堂表現	一般行為	家庭資本	同儕關係	學習動機	學習策略	學習效能
課堂表現	1.000	0.349	0.591	0.487	0.369	0.392	0.477
一般行為	0.349	1.000	0.361	0.478	0.231	0.408	0.501
家庭資本	0.591	0.361	1.000	0.533	0.419	0.365	0.619
同儕關係	0.487	0.478	0.533	1.000	0.294	0.532	0.506
學習動機	0.369	0.231	0.419	0.294	1.000	0.116	0.644
學習策略	0.392	0.408	0.365	0.532	0.116	1.000	0.417
學習效能	0.477	0.501	0.619	0.506	0.644	0.417	1.000

範例 R 編輯器視窗語法指令輸出計量變數的下三角矩陣，矩陣元素之相關係數旁增列顯著性 p 值符號，當顯著性 $p < .001$、$p < .01$、$p < .05$ 分別標記「***」、「**」、「*」，當顯著性 $p > .05$，標記「ns」，表示配對變數的相關係數未達統計顯著水準。為讓各種標記符號可以同時呈現，範例資料檔擷取第 1 筆至第 130 筆樣本觀察值 (N = 130)，變數索引為第 5 個至第 11 個：

```
[1] cord = deff [c (1:130), 5:11]
[2] corm = matrix (NA, nrow = 7, ncol = 7)
[3] for (i in 1:7)
[4]  for (j in 1:7) {
```

```
[5]    corv = round (cor (cord [,i], cord [,j]), 2)
[6]    if (j < i) {
[7]      cort = cor.test (cord [,i], cord [,j])
[8]    if (cort$p.value < .001 ) {
[9]       corm [i, j] = paste (corv,"***", sep = "")
[10]    } else if (cort$p.valu e < .01 ) {
[11]      corm [i, j] = paste (corv," **", sep = "")
[12]    } else if (cort$p.value < .05 ) {
[13]      corm [i, j] = paste (corv,"  *", sep = "")
[14]    } else {
[15]      corm [i, j] = paste (corv," ns", sep = "")
[16]    }
[17]    } else {
[18]      corm [i, j] = ""
[19]    }
[20]  }
[21]for (i in 1:7)
[22]  for (j in 1:7){
[23]    if (i == j) {
[24]    corm [i, j] = 1.000 }
[25]  }
[26] colnames (corm) = colnames (cord)
[27] rownames (corm) = colnames (cord)
[28] print (as.data.frame (corm))
```

　　語法指令列 [1] 同時指定資料框架物件的橫列數值量與直行數值向量，橫列數值向量為觀察值的序號、直行數值向量為變數索引。

　　語法指令列 [6] 界定當直行索引數值小於橫列索引數值才執行語法指令 [7] (計算配對變數間的相關係數)。

　　語法指令列 [8] 至語法指令列 [16]，使用邏輯判斷式進行多種條件程序的判別。

　　列 [8] 至列 [9] 邏輯判斷結果為顯著性 $p < .001$ 條件下，相關係數值增列標記「***」符號。查看函數 cor.test ( ) 輸出的物件元素名稱使用 names ( )，元素 $p.value 為顯著性 p 值、元素 $estimate 為積差相關估計值 r。範例以「cor.m$p.value」語法可以擷取界定物件元素的參數值 (顯著性 p 值)，R 編輯器語法指令積差相關顯著性檢定物件名稱為 corv，語法「corv$p.value」表示的量數為顯著性 p 值 (數值類型)：

```
> cor. m = cor.test (cord [,1], cord [,2])
> names (cor.m)
[1] "statistic"  "parameter" "p.value"    "estimate"    "null.value"
[6] "alternative" "method"     "data.name"   "conf.int"
```

列 [10] 至列 [11] 邏輯判斷結果為顯著性 p < .01 條件下，相關係數值增列標記「**」符號 (若要讓符號對齊，「**」前面可空一格半形空格，範例語法指令增列空格)。

列 [12] 至列 [13] 邏輯判斷結果為顯著性 p < .05 條件下，相關係數值增列標記「*」符號 (若要讓符號對齊，「*」前面可空二格半形空格，範例語法指令增列空格)。

列 [14] 至列 [15] 邏輯判斷結果為顯著性 p > .05 條件下，相關係數值增列標記「ns」符號 (若要讓符號對齊，「ns」前面可空一格半形空格，範例語法指令增列空格)。

語法指令列 [21] 至列 [25] 以迴圈及邏輯判斷將矩陣對角線元素指定為常數值 1.000。

R 主控台視窗執行 R 編輯器語法指令結果如下：

```
> cord = deff [c (1:130), 5:11]
> corm = matrix (NA, nrow = 7, ncol = 7)
> for (i in 1:7)
+  for (j in 1:7) {
+   corv = round (cor (cord [,i], cord [,j]), 2)
+   if (j < i) {
+     cort = cor.test (cord [,i], cord[ ,j])
+     if (cort$p.value < .001 ) {
+     corm [i, j] = paste (corv, "***", sep = "")
+     } else if (cort$p.value < .01 ) {
+     corm [i, j] = paste (corv," **", sep = "")
+     } else if (cort$p.value < .05 ) {
+     corm [i, j] = paste (corv,"  *", sep = "")
+     } else {
+     corm [i, j] = paste (corv," ns" ,sep = "")
+     }
+   } else {
+     corm [i, j] =""
```

```
+   }
+ }
> for (i in 1:7)
+   for (j in 1:7){
+     if (i == j) {
+     corm [i, j] = 1.000 }
+ }
> colnames (corm) = colnames (cord)
> rownames (corm) = colnames (cord)
> print (as.data.frame (corm))
```

	課堂表現	一般行為	家庭資本	同儕關係	學習動機	學習策略	學習效能
課堂表現	1						
一般行為	0.27 **	1					
家庭資本	0.57 ***	0.25 **	1				
同儕關係	0.43 ***	0.36 ***	0.49 ***	1			
學習動機	0.28 **	0.24 **	0.41 ***	0.27 **	1		
學習策略	0.28 **	0.17 *	0.26 **	0.49 ***	0.05 ns	1	
學習效能	0.5 ***	0.24 **	0.65 ***	0.46 ***	0.67 ***	0.25 **	1

語法指令係數值旁符號增列空白鍵 (半形空格) 的 R 主控台視窗原始界面如下：

```
R Console
+ }
> colnames(corm)=colnames(cord)
> rownames(corm)=colnames(cord)
> print(as.data.frame(corm))
           課堂表現  一般行為  家庭資本  同儕關係  學習動機  學習策略  學習效能
課堂表現       1
一般行為    0.27 **        1
家庭資本    0.57***   0.25 **        1
同儕關係    0.43***   0.36***   0.49***        1
學習動機    0.28 **   0.24 **   0.41***   0.27 **        1
學習策略    0.28 **   0.17  *   0.26 **   0.49***   0.05 ns        1
學習效能     0.5***   0.24 **   0.65***   0.46***   0.67***   0.25 **        1
```

語法指令係數值旁符號未增列空白鍵 (半形空格) 的 R 主控台視窗原始界面如下：

```
> print(as.data.frame(corm))
          課堂表現 一般行為 家庭資本 同儕關係 學習動機 學習策略 學習效能
課堂表現       1
一般行為    0.27**        1
家庭資本   0.57***    0.25**       1
同儕關係   0.43***   0.36***   0.49***      1
學習動機    0.28**    0.24**   0.41***   0.27**       1
學習策略    0.28**     0.17*    0.26**   0.49***   0.05ns       1
學習效能     0.5***    0.24**   0.65***   0.46***   0.67***   0.25**       1
>
```

上述 R 編輯器語法指令將矩陣對角線數值 1.00 直接使用邏輯判別條件設定，邏輯判別條件使用 if + else if + else if + else if + else if + else 組合形式，邏輯判別條件共有六個：

1. 判別矩陣元素之橫列數值是否等於直行數值，條件為真，元素數值等於 1。
2. 判別矩陣元素之直行數值是否小於橫列數值 (j < i) 且顯著性 p 值是否小於 .001，條件為真，元素內容為積差相關係數加上「***」符號。
3. 判別矩陣元素之直行數值是否小於橫列數值 (j < i) 且顯著性 p 值是否小於 .01，條件為真，元素內容為積差相關係數加上「**」符號。
4. 判別矩陣元素之直行數值是否小於橫列數值 (j < i) 且顯著性 p 值是否小於 .05，條件為真，元素內容為積差相關係數加上「*」符號。
5. 判別矩陣元素之直行數值是否小於橫列數值 (j < i)，條件為真，元素內容為積差相關係數加上「ns」符號。
6. 如果邏輯條件矩陣元素之橫列數值大於直行數值 (j > i)，元素內容為空白。

下三角矩陣之相關係數統計量四捨五入至小數第三位，語法指令列「pval = cort$p.value」，以相關係數顯著性檢定物件元素 $p.value 設定顯著性 p 值：

```
cord = deff [c (1:130), 5:11]
corm = matrix (NA, nrow = 7, ncol = 7)
for (i in 1:7)
 for (j in 1:7) {
    corv = round (cor (cord [,i], cord [,j]), 3)
    cort = cor.test (cord [,i], cord [,j])
    pval = cort$p.value
  if (j == i)  {
     corm [i, j] = 1
```

```
        } else if ( j < i & pval < .001 ) {
         corm [i, j] = paste (corv, "***", sep = "")
        } else if (j < i & pval < .01 ) {
         corm [i, j] = paste (corv, " **", sep = "")
        } else if (j < i & pval < .05 ) {
         corm [i, j] = paste (corv," *", sep = "")
        } else if (j < i) {
         corm [i, j] = paste (corv, " ns",s ep = "")
        } else {
         corm [i, j] = ""
      }
    }
colnames (corm) = colnames (cord)
rownames (corm) = colnames (cord)
print (as.data.frame (corm))
```

R 主控台執行 R 編輯器語法指令結果之視窗界面如下：

```
R Console
> print(as.data.frame(corm))
             課堂表現  一般行為  家庭資本  同儕關係  學習動機  學習策略  學習效能
課堂表現         1
一般行為  0.266 **        1
家庭資本  0.569*** 0.251 **       1
同儕關係  0.426*** 0.364*** 0.487***       1
學習動機  0.279 ** 0.244 ** 0.407*** 0.267 **      1
學習策略  0.276 ** 0.174  * 0.258 ** 0.491*** 0.046 ns      1
學習效能  0.496*** 0.244 ** 0.649*** 0.455*** 0.668*** 0.245 **      1
>
```

範例語法函數的下三角矩陣之元素內容，呈現配對變數的積差相關係數與其顯著性 p 值，若是顯著性 p 值 = 0.000，以數值 < .001 表示，對角線元素的相關係數值為 1，顯著性 p 值省略：

```
> cord = deff [c (1:130), 5:11]
> corm = matrix (NA, nrow = 7, ncol = 7)
> for (i in 1:7)
+   for (j in 1:7) {
+     corv = round (cor (cord [,i], cord [,j]), 2)
+     if (j < i) {
+       cort = cor.test (cord [,i], cord [,j])
+       if (cort$p.value < .001) {
```

```
+        corm [i, j] = paste (round (cort$estimate, 3), "(< .001)", sep = "")
+        } else {
+        corm [i, j] = paste (round (cort$estimate, 3), "(",round (cort$p.value, 3), ")", sep =
"")}
+     } else {
+        corm [i, j] = ""
+     }
+ }
> for (i in 1:7)
+   for (j in 1:7){
+    if (i == j) {
+    corm[i,j] = 1.000 }
+ }
> colnames (corm) = colnames (cord)
> rownames (corm) = colnames (cord)
> print (as.data.frame (corm))
```

	課堂表現	一般行為	家庭資本	同儕關係	學習動機	學習策略	學習效能
課堂表現	1						
一般行為	0.266 (0.002)	1					
家庭資本	0.569 (< .001)	0.251 (0.004)	1				
同儕關係	0.426 (< .001)	0.364 (< .001)	0.487 (< .001)	1			
學習動機	0.279 (0.001)	0.244 (0.005)	0.407 (< .001)	0.267 (0.002)	1		
學習策略	0.276 (0.001)	0.174 (0.048)	0.258 (0.003)	0.491 (< .001)	0.046 (0.603)	1	
學習效能	0.496 (< .001)	0.244 (0.005)	0.649 (< .001)	0.455 (< .001)	0.668 (< .001)	0.245 (0.005)	1

使用套件 **{psych}** 函數 **corr.test ( )** 可以快速求出計量屬性變數矩陣之配對變數的積差相關係數與係數估計值對應的顯著性 p 值，配合使用 **print ( )** 函數可將參數值四捨五入至指定位數：

```
> library (psych)
> cord = deff [c (1:130), 5:11]
> print (corr.test (cord), digits = 3)
```
Call:corr.test (x = cord)
Correlation matrix

	課堂表現	一般行為	家庭資本	同儕關係	學習動機	學習策略	學習效能
課堂表現	1.000	0.266	0.569	0.426	0.279	0.276	0.496
一般行為	0.266	1.000	0.251	0.364	0.244	0.174	0.244
家庭資本	0.569	0.251	1.000	0.487	0.407	0.258	0.649
同儕關係	0.426	0.364	0.487	1.000	0.267	0.491	0.455

	課堂表現	一般行為	家庭資本	同儕關係	學習動機	學習策略	學習效能
學習動機	0.279	0.244	0.407	0.267	1.000	0.046	0.668
學習策略	0.276	0.174	0.258	0.491	0.046	1.000	0.245
學習效能	0.496	0.244	0.649	0.455	0.668	0.245	1.000

Sample Size

[1] 130

Probability values (Entries above the diagonal are adjusted for multiple tests.)

	課堂表現	一般行為	家庭資本	同儕關係	學習動機	學習策略	學習效能
課堂表現	0.000	0.019	0.000	0.000	0.015	0.015	0.000
一般行為	0.002	0.000	0.024	0.000	0.024	0.096	0.024
家庭資本	0.000	0.004	0.000	0.000	0.000	0.021	0.000
同儕關係	0.000	0.000	0.000	0.000	0.019	0.000	0.000
學習動機	0.001	0.005	0.000	0.002	0.000	0.603	0.000
學習策略	0.001	0.048	0.003	0.000	0.603	0.000	0.024
學習效能	0.000	0.005	0.000	0.000	0.000	0.005	0.000

To see confidence intervals of the correlations, print with the short = FALSE option

套件 {psych} 函數 corr.p ( ) 與套件 {psych} 函數 corr.test ( ) 的功能類似，可以求出相關係數與係數估計值對應的顯著性 p 值之方形矩陣，函數 corr.p ( ) 引數 short 界定為假，增列輸出相關係數估計值 95% 信賴區間參數值：

```
> print (corr.p (cor (cord), 130), short = FALSE, digits = 3)
```

Call: corr.p (r = cor (cord), n = 130)

Correlation matrix

	課堂表現	一般行為	家庭資本	同儕關係	學習動機	學習策略	學習效能
課堂表現	1.000	0.266	0.569	0.426	0.279	0.276	0.496
一般行為	0.266	1.000	0.251	0.364	0.244	0.174	0.244
家庭資本	0.569	0.251	1.000	0.487	0.407	0.258	0.649
同儕關係	0.426	0.364	0.487	1.000	0.267	0.491	0.455
學習動機	0.279	0.244	0.407	0.267	1.000	0.046	0.668
學習策略	0.276	0.174	0.258	0.491	0.046	1.000	0.245
學習效能	0.496	0.244	0.649	0.455	0.668	0.245	1.000

Sample Size

[1] 130

Probability values (Entries above the diagonal are adjusted for multiple tests.)

	課堂表現	一般行為	家庭資本	同儕關係	學習動機	學習策略	學習效能
課堂表現	0.000	0.019	0.000	0.000	0.015	0.015	0.000
一般行為	0.002	0.000	0.024	0.000	0.024	0.096	0.024
家庭資本	0.000	0.004	0.000	0.000	0.000	0.021	0.000
同儕關係	0.000	0.000	0.000	0.000	0.019	0.000	0.000
學習動機	0.001	0.005	0.000	0.002	0.000	0.603	0.000

學習策略	0.001	0.048	0.003	0.000	0.603	0.000	0.024
學習效能	0.000	0.005	0.000	0.000	0.000	0.005	0.000

To see confidence intervals of the correlations, print with the short = FALSE option
Confidence intervals based upon normal theory. To get bootstrapped values, try cor.ci

	lower	r	upper	p
課堂表現-一般行為	0.098	0.266	0.419	0.002
課堂表現-家庭資本	0.440	0.569	0.675	0.000
一般行為-家庭資本	0.274	0.426	0.558	0.000
課堂表現-同儕關係	0.112	0.279	0.430	0.001
一般行為-同儕關係	0.109	0.276	0.428	0.001
家庭資本-同儕關係	0.355	0.496	0.616	0.000
課堂表現-學習動機	0.082	0.251	0.406	0.004
一般行為-學習動機	0.205	0.364	0.505	0.000
家庭資本-學習動機	0.075	0.244	0.400	0.005
同儕關係-學習動機	0.002	0.174	0.336	0.048
課堂表現-學習策略	0.075	0.244	0.399	0.005
一般行為-學習策略	0.343	0.487	0.608	0.000
家庭資本-學習策略	0.252	0.407	0.541	0.000
同儕關係-學習策略	0.090	0.258	0.412	0.003
學習動機-學習策略	0.537	0.649	0.739	0.000
課堂表現-學習效能	0.100	0.267	0.420	0.002
一般行為-學習效能	0.349	0.491	0.612	0.000
家庭資本-學習效能	0.307	0.455	0.582	0.000
同儕關係-學習效能	-0.127	0.046	0.217	0.603
學習動機-學習效能	0.561	0.668	0.754	0.000
學習策略-學習效能	0.076	0.245	0.401	0.005

[說明]：引數「short = FALSE」狀態下，增列輸出配對變數間的相關係數統計量、相關係數統計量 95% 信賴區間估計值、顯著性 p 值，lower、r、upper、p 四個直欄參數值分別為 95% 信賴區間下限值、相關係數值、95% 信賴區間上限值、顯著性 p 值。以「同儕關係-學習效能」橫列參數為例，四個參數值 為 -0.127 0.046 0.217 0.603，代表二個變數間的相關係數 r = 0.046、95% 信賴區間估計值為 [-0.127，0.217] (95% 信賴區間估計值包含數值 0)，顯著性 p 值 = 0.603 > .05，未達統計顯著水準，「同儕關係」與「學習效能」二個變數間的相關係數顯著等於 0。

範例使用套件 {Hmisc} 函數 rcorr ( ) 求出數值矩陣資料的相關係數估計值與對應的顯著性 p 值，內定的相關係數估計值輸出至小數第二位、顯著性 p 值輸出至小數第四位：

```
> library (Hmisc)
> rcorr (as.matrix (cord))
```

	課堂表現	一般行為	家庭資本	同儕關係	學習動機	學習策略	學習效能
課堂表現	1.00	0.27	0.57	0.43	0.28	0.28	0.50
一般行為	0.27	1.00	0.25	0.36	0.24	0.17	0.24
家庭資本	0.57	0.25	1.00	0.49	0.41	0.26	0.65
同儕關係	0.43	0.36	0.49	1.00	0.27	0.49	0.46
學習動機	0.28	0.24	0.41	0.27	1.00	0.05	0.67
學習策略	0.28	0.17	0.26	0.49	0.05	1.00	0.25
學習效能	0.50	0.24	0.65	0.46	0.67	0.25	1.00

```
n = 130
P
```

	課堂表現	一般行為	家庭資本	同儕關係	學習動機	學習策略	學習效能
課堂表現		0.0022	0.0000	0.0000	0.0013	0.0015	0.0000
一般行為	0.0022		0.0040	0.0000	0.0051	0.0480	0.0052
家庭資本	0.0000	0.0040		0.0000	0.0000	0.0031	0.0000
同儕關係	0.0000	0.0000	0.0000		0.0021	0.0000	0.0000
學習動機	0.0013	0.0051	0.0000	0.0021		0.6028	0.0000
學習策略	0.0015	0.0480	0.0031	0.0000	0.6028		0.0049
學習效能	0.0000	0.0052	0.0000	0.0000	0.0000	0.0049	

使用函數 **rcorr ( )** 物件元素 \$r、\$P，配合函數 **round ( )** 指定參數估計值四捨五入至固定位數，範例二個參數值均四捨五入至小數第三位：

```
> rcorr.m = rcorr (as.matrix (cord))
> names (rcorr.m)
[1] "r" "n" "P"
> print (round (rcorr.m$r, 3))
```

	課堂表現	一般行為	家庭資本	同儕關係	學習動機	學習策略	學習效能
課堂表現	1.000	0.266	0.569	0.426	0.279	0.276	0.496
一般行為	0.266	1.000	0.251	0.364	0.244	0.174	0.244
家庭資本	0.569	0.251	1.000	0.487	0.407	0.258	0.649
同儕關係	0.426	0.364	0.487	1.000	0.267	0.491	0.455
學習動機	0.279	0.244	0.407	0.267	1.000	0.046	0.668
學習策略	0.276	0.174	0.258	0.491	0.046	1.000	0.245
學習效能	0.496	0.244	0.649	0.455	0.668	0.245	1.000

```
> print (round (rcorr.m$P, 3))
```

	課堂表現	一般行為	家庭資本	同儕關係	學習動機	學習策略	學習效能
課堂表現	NA	0.002	0.000	0.000	0.001	0.001	0.000

一般行為	0.002	NA	0.004	0.000	0.005	0.048	0.005
家庭資本	0.000	0.004	NA	0.000	0.000	0.003	0.000
同儕關係	0.000	0.000	0.000	NA	0.002	0.000	0.000
學習動機	0.001	0.005	0.000	0.002	NA	0.603	0.000
學習策略	0.001	0.048	0.003	0.000	0.603	NA	0.005
學習效能	0.000	0.005	0.000	0.000	0.000	0.005	NA

　　將套件 **{Hmisc}** 函數 **rcorr ( )** 物件元素 $r、$P 建立的相關係數矩陣與顯著性 p 值矩陣參數值組合 (矩陣對應元素組合不是相加)，配合迴圈與邏輯判斷語法可以輸出完整的下三角相關矩陣，R 編輯器視窗語法指令如下：

```
library (Hmisc)
cord = deff [c (1:130), 5:11]
rcorr.m = rcorr (as.matrix (cord))
rm = round (rcorr.m$r, 3)
pm = round (rcorr.m$P, 3)
corm = matrix (NA, nrow = 7, ncol = 7)
for (i in 1:7){
  for (j in 1:7) {
    if (j == i) {
    corm [i, j] = 1
    } else if (j < i & pm [i, j] < .001) {
    corm [i, j] = paste (rm [i, j],"(< .001)", sep = "")
    } else if (j < i){
    corm [i, j] = paste (rm [i, j], "(", pm [i, j], ")", sep = "")
    } else {
    corm [i, j] = "" }
  }
}
colnames (corm) = colnames (cord)
rownames (corm) = colnames (cord)
print (as.data.frame (corm)
```

　　R 主控台執行 R 編輯器語法指令列結果如下：

```
> library (Hmisc)
> cord = deff [c (1:130), 5:11]
<略>……
> print (as.data.frame (corm))
```

	課堂表現	一般行為	家庭資本	同儕關係	學習動機	學習策略	學習效能
課堂表現	1						
一般行為	0.266 (0.002)	1					
家庭資本	0.569 (<.001)	0.251 (0.004)	1				
同儕關係	0.426 (<.001)	0.364 (<.001)	0.487 (<.001)	1			
學習動機	0.279 (0.001)	0.244 (0.005)	0.407 (<.001)	0.267 (0.002)	1		
學習策略	0.276 (0.001)	0.174 (0.048)	0.258 (0.003)	0.491 (<.001)	0.046 (0.603)	1	
學習效能	0.496 (<.001)	0.244 (0.005)	0.649 (<.001)	0.455 (<.001)	0.668 (<.001)	0.245 (0.005)	1

　　套件 {Matrix} 函數 lu ( ) 可將實體矩陣分解 (decompositions of real matrices)，分解後的矩陣物件配合套件 {Matrix} 函數 expand ( ) 可將原分解矩陣元素輸出為下三角形矩陣、上三角矩陣、對角線矩陣三種矩陣型態。

　　範例以函數 expand ( ) 輸出函數 lu ( ) 分解後矩陣物件，物件元素為 $L、$U、$P：

```
> library (Matrix)
> cor.ma = as.matrix (cor (cord))
> print (cor.ma, digits = 3)
```

	課堂表現	一般行為	家庭資本	同儕關係	學習動機	學習策略	學習效能
課堂表現	1.000	0.266	0.569	0.426	0.2785	0.2758	0.496
一般行為	0.266	1.000	0.251	0.364	0.2443	0.1738	0.244
家庭資本	0.569	0.251	1.000	0.487	0.4068	0.2578	0.649
同儕關係	0.426	0.364	0.487	1.000	0.2673	0.4914	0.455
學習動機	0.279	0.244	0.407	0.267	1.0000	0.0461	0.668
學習策略	0.276	0.174	0.258	0.491	0.0461	1.0000	0.245
學習效能	0.496	0.244	0.649	0.455	0.6683	0.2454	1.000

```
> cor.de = expand (lu (cor.ma))
> names (cor.de)
[1] "L" "U" "P"
```

　　分解後的「dtrMatrix」矩陣類型為三角形密度數值矩陣，分解輸出元素 $P 的矩陣類型為稀少矩陣 (pMatrix)，此種矩陣的分解 (/解構) 程序與上三角相關矩陣或下三角相關矩陣抽離程序不同，分解後下三角矩陣元素與原先積差相關方形矩陣下三角矩陣元素只有部分相同：

```
> print (round (cor.de$L, 3))
7 x 7 Matrix of class "dtrMatrix" (unitriangular)
```

	[,1]	[,2]	[,3]	[,4]	[,5]	[,6]	[,7]
[1,]	1.000	.	.	.	.	.	.
[2,]	0.266	1.000	.	.	.	.	.
[3,]	0.569	0.107	1.000	.	.	.	.
[4,]	0.426	0.270	0.327	1.000	.	.	.
[5,]	0.279	0.183	0.346	0.040	1.000	.	.
[6,]	0.276	0.108	0.135	0.466	-0.115	1.000	.
[7,]	0.496	0.121	0.533	0.143	0.472	0.063	1.000

```
> print (round (cor.de$U, 3))
```
7 x 7 Matrix of class "dtrMatrix"

	[,1]	[,2]	[,3]	[,4]	[,5]	[,6]	[,7]
[1,]	1.000	0.266	0.569	0.426	0.279	0.276	0.496
[2,]	.	0.929	0.100	0.251	0.170	0.101	0.112
[3,]	.	.	0.666	0.218	0.230	0.090	0.355
[4,]	.	.	.	0.680	0.027	0.317	0.097
[5,]	.	.	.	.	0.811	-0.093	0.383
[6,]	.	.	.	.	.	0.742	0.046
[7,]	.	.	.	.	.	.	0.354

```
> print (round (cor.de$P, 3))
```
7 x 7 sparse Matrix of class "dgTMatrix"

[1,]	1	.	.	.	.	.	.
[2,]	.	1	.	.	.	.	.
[3,]	.	.	1	.	.	.	.
[4,]	.	.	.	1	.	.	.
[5,]	.	.	.	.	1	.	.
[6,]	.	.	.	.	.	1	.
[7,]	.	.	.	.	.	.	1

套件 **{fBasics}** 函數 **triang ( )** 與函數 **Triang ( )** 可以將方形矩陣 (square matrix) 轉換為下三角矩陣 (lower triangular matrix) 或上三角矩陣 (upper triangular matrix)，對應上 (下) 三角矩陣的元素為 0：

```
> library (fBasics)
> print (triang (cor.ma), 3)
```
	課堂表現	一般行為	家庭資本	同儕關係	學習動機	學習策略	學習效能
課堂表現	1.000	0.000	0.000	0.000	0.0000	0.000	0
一般行為	0.266	1.000	0.000	0.000	0.0000	0.000	0
家庭資本	0.569	0.251	1.000	0.000	0.0000	0.000	0
同儕關係	0.426	0.364	0.487	1.000	0.0000	0.000	0

學習動機	0.279	0.244	0.407	0.267	1.0000	0.000	0
學習策略	0.276	0.174	0.258	0.491	0.0461	1.000	0
學習效能	0.496	0.244	0.649	0.455	0.6683	0.245	1

```
> print (Triang (cor.ma), 3)
```

	課堂表現	一般行為	家庭資本	同儕關係	學習動機	學習策略	學習效能
課堂表現	1	0.266	0.569	0.426	0.279	0.2758	0.496
一般行為	0	1.000	0.251	0.364	0.244	0.1738	0.244
家庭資本	0	0.000	1.000	0.487	0.407	0.2578	0.649
同儕關係	0	0.000	0.000	1.000	0.267	0.4914	0.455
學習動機	0	0.000	0.000	0.000	1.000	0.0461	0.668
學習策略	0	0.000	0.000	0.000	0.000	1.0000	0.245
學習效能	0	0.000	0.000	0.000	0.000	0.0000	1.000

套件 {fBasics} 函數 correlationTest ( ) 的功能可進行二個變數相關係數估計值是否顯著不等於 0 的檢定，correlationTest ( ) 基本語法為：correlationTest (x, y, method = c ("pearson", "kendall", "spearman"))。函數 correlationTest ( ) 輸出物件為 S4 (物件類型為 fHTEST)，無法以元素方式擷取部分統計量，物件增列「@test」可轉換為列表 (list) 型態物件：

```
> obj.c = correlationTest (cord [,1], cord [,2])
> class (obj.c)
[1] "fHTEST"
attr (,"package")
[1] "fBasics"
> obj.cm = obj.c@test
> class (obj.cm)
[1] "list"
```

列表物件 obj.cm 的元素中，「$estimate」為積差相關係數估計值、「$p.value」為雙尾檢定、單尾左側檢定、單尾右側檢定的顯著性機率值 p：

```
> names (obj.cm)
[1] "data.name" "estimate" "parameter" "p.value"  "conf.int" "statistic"
> round (obj.cm$estimate, 3)
Correlation
   0.266
> round (obj.cm$p.value, 3)
Alternative Two-Sided Alternative    Less Alternative    Greater
```

	0.002		0.999	0.001

[說明]：「**obj.cm$p.value**」擷取的元素內容又有三個次元素，要單獨擷取次元素內容，必須再增列次元素的序號 **[X]**。

> round (obj.cm$p.value [1], 3)
Alternative Two-Sided
         0.002

二、t 檢定的應用

　　套件 **{fBasics}** 函數 **basicStats ( )** 功能可以求出基本時間序列統計量 (Basic Time Series Statistics)，標的變數為計量變數的資料框架，輸出的描述性統計量包括觀察值個數 (nobs)、遺漏值個數 (Nas)、最小值 (Minimum)、最大值 (Maximum)、第一個四分位數 (1. Quartile)、第三個四分位數 (3. Quartile)、平均數 (Mean)、中位數 (Median)、總和(Sum)、平均數標準誤 (SE Mean)、平均數信賴區間 95% 下限值 (LCL Mean)、平均數信賴區間 95% 上限值 (UCL Mean)、變異數 (Variance)、標準差 (Stdev)、偏態係數 (Skewness)、峰度係數 (Kurtosis)。

　　200 位樣本觀察值在七個計量變數的描述性統計量如下，資料框架物件為 deff：

> library (fBasics)
> round (basicStats (deff [,5:11]), 2)

	課堂表現	一般行為	家庭資本	同儕關係	學習動機	學習策略	學習效能
nobs	200.00	200.00	200.00	200.00	200.00	200.00	200.00
NAs	0.00	0.00	0.00	0.00	0.00	0.00	0.00
Minimum	5.00	4.00	7.00	9.00	5.00	4.00	20.00
Maximum	24.00	35.00	32.00	40.00	17.00	20.00	98.00
1. Quartile	9.00	11.00	15.00	19.00	8.00	8.00	46.00
3. Quartile	14.00	14.00	23.25	26.00	13.00	13.00	63.00
Mean	11.64	12.68	19.04	22.65	11.04	10.63	53.42
Median	11.00	13.00	20.00	23.00	11.00	10.00	50.00
Sum	2328.00	2536.00	3808.00	4530.00	2208.00	2126.00	10684.00
SE Mean	0.27	0.29	0.42	0.43	0.21	0.25	1.03
LCL Mean	11.10	12.10	18.21	21.81	10.62	10.15	51.38
UCL Mean	12.18	13.26	19.87	23.49	11.46	11.11	55.46
Variance	14.79	17.02	35.34	36.33	9.24	12.01	214.15
Stdev	3.85	4.13	5.94	6.03	3.04	3.47	14.63
Skewness	0.77	2.92	-0.30	-0.14	0.04	0.28	0.72
Kurtosis	1.26	14.68	-0.67	0.12	-0.88	-0.11	1.15

　　以擷取函數 **basicStats ( )** 物件元素 (數值索引向量) 的橫列數值向量方法，輸出有效觀察值個數 (橫列序號為 1)、平均數(橫列序號為 7)、標準差 (橫列序號為 14) 三個參數：

```
> bast.m = round (basicStats (deff [,5:11]), 2)
> bast.m [c (1, 7, 14),]
          課堂表現  一般行為  家庭資本  同儕關係  學習動機  學習策略  學習效能
nobs      200.00    200.00    200.00    200.00    200.00    200.00    200.00
Mean      11.64     12.68     19.04     22.65     11.04     10.63     53.42
Stdev      3.85      4.13      5.94      6.03      3.04      3.47     14.63
```

　　使用 **which ( )** 函數選取符合條件的樣本觀察值，求出間斷變數在七個計量變數的有效樣本觀察值個數、平均數、標準差，範例的因子變數為性別，二個水準數值群組分別為女生、男生：

```
> deffg1 = deff [which (deff$ 性別 == "女生"),]
> deffg2 = deff [which (deff$ 性別 == "男生"),]
> bast.m1 = round (basicStats (deffg1 [,5:11]), 2)
> bast.m2 = round (basicStats (deffg2 [,5:11]), 2)
> bast.m1 [c (1, 7, 14),]
          課堂表現  一般行為  家庭資本  同儕關係  學習動機  學習策略  學習效能
nobs      100.00    100.00    100.00    100.00    100.00    100.00    100.00
Mean      11.84     13.23     20.12     23.68     12.10     11.20     58.68
Stdev      3.59      5.27      5.70      6.35      3.09      3.94     15.92
> bast.m2 [c (1, 7, 14),]
          課堂表現  一般行為  家庭資本  同儕關係  學習動機  學習策略  學習效能
nobs      100.00    100.00    100.00    100.00    100.00    100.00    100.00
Mean      11.44     12.13     17.96     21.62      9.98     10.06     48.16
Stdev      4.09      2.42      6.01      5.53      2.60      2.82     11.01
```

　　分類樹模型建構程序中，若是反應變數為二分類別變數，以反應變數為因子變數，解釋變數為依變數，進行獨立樣本 t 檢定程序，統計分析結果可初步作為檢核解釋變數在因子變數二個群體的差異情況。R 軟體中使用基本統計套件 **{stats}** 函數 **t.test ( )** 進行獨立樣本 t 檢定程序，要先進行二個群體變異數同質性檢定，根據變異數同質性檢定結果，再界定函數 **t.test ( )** 引數 var.equal 是否為「真」(= TRUE) 或「假」(= FALSE)，且每次只能檢定一個依變數，如果研究者採用迴圈與邏輯條件判別函數，可以一次執行多個依變數的獨立樣本 t 檢定程序。

範例的資料檔包含因子變數「性別」(原變數索引 2)、「課堂表現」、「一般行為」、「家庭資本」、「同儕關係」、「學習動機」、「學習策略」、「學習效能」等七個依變數，新資料框架物件界定為 effsex，資料框架物件 [ ] 中半形逗號前的橫列數值沒有界定，表示樣本觀察值 N = 200：

```
> effsex = deff [,c (2, 5:11)]
> names (effsex)
[1] "性別" "課堂表現" "一般行為" "家庭資本" "同儕關係" "學習動機" "學習策略" "學習效能"
> library (car)
```

「性別」因子變數在「課堂表現」、「一般行為」、「家庭資本」、「同儕關係」、「學習動機」、「學習策略」、「學習效能」等七個依變數獨立樣本 t 檢定程序之語法指令如下 (R 編輯器視窗中 [X] 符號不用鍵入)：

```
[1]for (i in 2:8) {
[2]   var.m = leveneTest (effsex [,i], effsex [,1])
[3]if (var.m$Pr [1] >=  0.05) {
[4]   test.m = t.test (effsex [,i] ~ effsex [,1], var.equal = T)
[5]   lab = "假設變異數相等"
[6] } else {
[7]   test.m = t.test (effsex [,i] ~ effsex [,1], var.equal = F)
[8]   lab = "假設變異數不相等"
[9] }
[10]  pval = round (test.m$p.value, 3)
[11] if (pval >= .05) {
[12]    out = "檢定結果未達統計顯著水準，二組平均數差異顯著等於 0"
[13] } else {out = "檢定結果達到統計顯著水準，二組平均數有顯著不同"
[14] }
[15] cat ("檢定依變數：",names (effsex [i]), "因子變數：",names (effsex [1]), "\n")
[16] cat ("變異數同質性檢定 (Levene's Test) F 值統計量 = ",round (var.m$F [1], 3),"；顯著性 p = ",round (var.m$Pr [1], 3), "\n")
[17] cat ("變異數同質性檢定：",lab, "\n")
[18] cat ("t 值統計量 = ",round (test.m$statistic, 3),"；顯著性 p 值 = ",pval, "\n")
[19] cat("群組平均數 = ",round (test.m$estimate, 2),"\n")
```

```
[20] cat ("[檢定結果]：",out, "\n")
[21] cat ("------------------------------------------------------------", "\n")
[22] }
```

　　語法指令列 [1] 設定迴圈系列數值從 2 至 8，數值索引 1 為因子變數「性別」，以符號「{」設定迴圈內容運算式起點處，對應的結束列為列 [22]，符號為「}」。

　　列 [2] 以套件 {car} 函數 leveneTest ( ) 求出檢定變數在因子變數之變異數同質性檢定結果，結果物件界定為 var.m。

　　列 [3] 以邏輯條件判別變異數同質性檢定統計量之顯著性 p 值是否大於 0.05，條件為真，執行列 [4]、列 [5] 程序，列 [4] 函數 t.test ( ) 引數 var.equal 界定為真。

　　列 [6] 表示列 [3] 的邏輯條件為假情況下，執行列 [7]、列 [8] 程序，列 [7] 函數 t.test ( ) 引數 var.equal 界定為假。

　　列 [3] 語法指令 var.m$Pr [1] 表示「變異數檢定物件名稱 $ 元素 [次元素序號]」，以性別因子變數在課堂行為反應變數之變異數同質性檢定為例，物件名稱三個元素為 $Df、$F、$Pr，以元素擷取參數值各有二個估計值，元素 $F 的第一個參數值為 F 值統計量、第二個參數值為「NA」；元素 $Pr 的第一個參數值為顯著性 p 值、第二個參數值為「NA」，若只要擷取 F 值統計量、顯著性 p 值要增列 [次元素序號]，語法指令分別為「> var.m$F [1]」、「var.m$Pr [1]」：

```
> var.m = with (effsex, {leveneTest (課堂表現, 性別)})
> var.m
Levene's Test for Homogeneity of Variance (center = median)
    Df F value Pr (> F)
group  1  1.2235   0.27
    198
> names (var.m)
[1] "Df"      "F value" "Pr (> F)"
> var.m$Df
[1]   1    198
> var.m$F
[1] 1.223455      NA
> var.m$Pr
[1] 0.2700257      NA
> var.m$F [1]
```

```
[1] 1.223455
> var.m$Pr [1]
[1] 0.2700257
```

列 [9] 結束符號對應列 [6] 語法指令。

列 [10] 設定函數 **t.test** ( ) 執行結果之顯著性變數物件為 pval，語法為「物件名稱 $ p.value」。

列 [11] 以邏輯條件判別 t 檢定統計量之顯著性 p 值是否大於 0.05，條件為真，執行列 [12]，否則執行列 [13] 程序。

列 [14] 結束符號對應列 [13] 語法指令列起始符號「{」。

列 [15] 至列 [21] 以 **cat** ( ) 函數輸出相關統計量與註解說明。

R 主控台視窗執行 R 編輯器語法指令結果如下：

```
> for (i in 2:8) {
+   var.m = leveneTest (effsex [,i] ,effsex [,1])
+ if (var.m$Pr [1] >= 0.05) {
+   test.m = t.test (effsex [,i] ~ effsex [,1], var.equal = T)
+   lab = "假設變異數相等"
+ } else {
+   test.m = t.test (effsex [,i] ~ effsex [,1], var.equal = F)
+   lab = "假設變異數不相等"
+ }
+   pval = round (test.m$p.value,3)
+ if (pval >= .05) {
+   out = "檢定結果未達統計顯著水準，二組平均數差異顯著等於 0"
+ } else {out = "檢定結果達到統計顯著水準，二組平均數有顯著不同"
+ }
+ cat ("檢定依變數：",names (effsex [i]),"因子變數：",names (effsex [1]), "\n")
+ cat ("變異數同質性檢定 (Levene's Test) F 值統計量 = ",round (var.m$F [1], 3),"；
顯著性 p = ",round (var.m$Pr [1], 3), "\n")
+ cat ("變異數同質性檢定：",lab, "\n")
+ cat ("t 值統計量 = ",round (test.m$statistic, 3),"；顯著性 p 值 = ",pval, "\n")
+ cat ("群組平均數 = ",round (test.m$estimate, 2), "\n")
+ cat ("[檢定結果]：",out ,"\n")
+ cat ("-------------------------------------------------------------","\n")
+ }
檢定依變數：課堂表現 因子變數：性別
變異數同質性檢定 (Levene's Test) F 值統計量 = 1.223 ；顯著性 p = 0.27
```

變異數同質性檢定： 假設變異數相等
t 值統計量 = 0.735；顯著性 p 值 = 0.464
群組平均數 = 11.84 11.44
[檢定結果]：檢定結果未達統計顯著水準，二組平均數差異顯著等於 0

檢定依變數：一般行為 因子變數：性別
變異數同質性檢定 (Levene's Test) F 值統計量 = 4.466；顯著性 p = 0.036
變異數同質性檢定：假設變異數不相等
t 值統計量 = 1.898；顯著性 p 值 = 0.06
群組平均數 = 13.23 12.13
[檢定結果]：檢定結果未達統計顯著水準，二組平均數差異顯著等於 0

檢定依變數：家庭資本 因子變數：性別
變異數同質性檢定 (Levene's Test) F 值統計量 = 1.274；顯著性 p = 0.26
變異數同質性檢定：假設變異數相等
t 值統計量 = 2.607；顯著性 p 值 = 0.01
群組平均數 = 20.12 17.96
[檢定結果]：檢定結果達到統計顯著水準，二組平均數有顯著不同

檢定依變數：同儕關係 因子變數：性別
變異數同質性檢定 (Levene's Test) F 值統計量 = 1.373；顯著性 p = 0.243
變異數同質性檢定：假設變異數相等
t 值統計量 = 2.447；顯著性 p 值= 0.015
群組平均數 = 23.68 21.62
[檢定結果]：檢定結果達到統計顯著水準，二組平均數有顯著不同

檢定依變數：學習動機 因子變數：性別
變異數同質性檢定 (Levene's Test) F 值統計量 = 8.49；顯著性 p = 0.004
變異數同質性檢定：假設變異數不相等
t 值統計量 = 5.249；顯著性 p 值= 0
群組平均數 = 12.1 9.98
[檢定結果]：檢定結果達到統計顯著水準，二組平均數有顯著不同

檢定依變數：學習策略 因子變數：性別
變異數同質性檢定 (Levene's Test) F 值統計量 = 11.693；顯著性 p = 0.001
變異數同質性檢定：假設變異數不相等
t 值統計量 = 2.352；顯著性 p 值 = 0.02
群組平均數 = 11.2 10.06
[檢定結果]：檢定結果達到統計顯著水準，二組平均數有顯著不同

檢定依變數：學習效能 因子變數：性別

變異數同質性檢定 (Levene's Test) F 值統計量 = 20.681；顯著性 p = 0
變異數同質性檢定：假設變異數不相等
t 值統計量 = 5.436；顯著性 p 值 = 0
群組平均數 = 58.68 48.16
[檢定結果]：檢定結果達到統計顯著水準，二組平均數有顯著不同

範例獨立樣本 t 檢定程序的因子變數為「就學地區」水準數值 1 (東區) 與 3 (北區) 二個群體，群體變異數相等性檢定採用套件 {fBasics} 函數 **varianceTest ( )**。函數 **varianceTest ( )** 基本語法為：

varianceTest (x, y, method = c ("varf", "bartlett", "fligner"))

引數 x、y 均為數值向量變數，引數 x 為二分類別變數 (二個水準數值群組)、引數 y 為依變數。一般 R 軟體函數執行程序回傳的物件類型為「htest」之 S3 物件型態，函數 **varianceTest ( )** 執行結果回傳的物件類型為「fHTEST」之 S4 物件型態，物件型態 S4 無法直接擷取元素內容，必須增列「@test」引數才能回傳包含下列參數列表 (list) 的型態物件：statistic (檢定統計量數值)、p.value (檢定顯著性 p 值)、parameters (參數的數值向量)、estimate (樣本估計值向量)、conf.int (二個橫列向量數值或 95% 信賴區間矩陣)、method (執行二個群體變異數檢定程序的文字串)。

範例因子變數為「就學地區」，二個群組為水準數值 1 與水準數值 3 觀察值群體：

```
> effsub = deff [which (deff$ 就學地區 == 1 | deff$ 就學地區 == 3),]
> library (fBasics)
> var.m1 = with (effsub, {varianceTest (factor (就學地區), 課堂表現, method =
    "varf")})
> class (var.m1)
[1] "fHTEST"
attr (,"package")
[1] "fBasics"
> names (var.m1)
NULL
```

S4 物件型態增列「@test」轉換類型為列表 (list)，使用函數 **names ( )** 查看

列表的元素名稱，語法「列表物件 $ 元素名稱」可輸出對應的元素參數值內容：

```
> var.m = var.m1@test
> class (var.m)
[1] "list"
> names (var.m)
[1] "data.name" "estimate" "parameter" "statistic" "p.value"  "conf.int"
> var.m$p.value
Alternative Two-Sided Alternative    Less Alternative   Greater
      5.442526e-40        2.721263e-40        1.000000e+00
> round (var.m$p.value [1], 3)   ##增列次元素序號擷取雙尾檢定的顯著性 p 值
Alternative Two-Sided
              0
> var.m$statistic  ##回傳變異數檢定的 F 值統計量
      F
0.06923343
> round (var.m$statistic, 3)  ##變異數檢定 F 值統計量四捨五入至小數第三位
   F
0.069
> var.m$estimate  ##回傳變異數檢定的估計值
Ratio of Variances
      0.06923343
> var.m$parameter  ##回傳變異數檢定虛無假設與自由度
Hypothesized Ratio     Numerator df     Denumerator df
            1                124                124
```

　　獨立樣本 t 檢定程序之 **t.test** ( ) 函數引數中的變異數相等性檢定，使用套件 **{fBasics}** 函數 **varianceTest** ( ) 進行檢定程序，當變異數相等性檢定之顯著性 p 值大於等於 0.05，接受虛無假設 ($\sigma_1^2 = \sigma_2^2$)，二個群體的變異數相等，函數 **t.test** ( ) 之引數 var.equal 設定為真「= T」，否則函數 **t.test** ( ) 之引數 var.equal 設定為假「= T」。

　　完整 R 編輯器語法指令如下，就學地區因子變數的水準數值不增列標記群組名稱：

```
deff = read.csv ("fun01.csv", header = T)
names (deff) = c ("編號", "性別", "就學地區", "家庭型態", "課堂表現", "一般行為", "家庭資本", "同儕關係", "學習動機", "學習策略", "學習效能")
effsub = deff [which (deff$ 就學地區 ==1 | deff$ 就學地區 == 3),]
```

```
library (fBasics)
for (i in 5:11) {
    var.m1 = varianceTest (factor (effsub [,3]), effsub [,i], method = "varf")
    var.m = var.m1@test
    varF = round (var.m$statistic, 3)
    var.p = round (var.m$p.value [1], 3)
if (var.p >= 0.05) {
 test.m = t.test (effsub [,i] ~ effsub [,3], var.equal = T)
 lab = "假設變異數相等"
 } else {
 test.m = t.test(effsub [,i] ~ effsub [,3], var.equal = F)
 lab = "假設變異數不相等"
 }
 pval = round (test.m$p.value, 3)
if (pval >= .05) {
    out = "檢定結果未達統計顯著水準，二組平均數差異值顯著等於 0"
 } else {out = "檢定結果達到統計顯著水準，二組平均數有顯著不同"
 }
cat ("-----------檢定依變數：",names (effsub [i]),"--因子變數：",names (effsub [3]),"--
---------\n")
cat ("變異數同質性檢定 F 值統計量 = ",varF,"；顯著性 p = ",var.p, "\n")
cat ("[變異數同質性檢定結果]：",lab, "\n")
cat ("t 值統計量 = ",round (test.m$statistic, 3),"；顯著性 p 值 = ",pval,"\n")
cat ("群組平均數 =" ,round (test.m$estimate, 2), "\n")
cat ("[t_test 檢定結果]：",out, "\n")
}
```

R 主控台執行 R 編輯器語法指令之部分結果如下：

```
> for (i in 5:11) {
+     var.m1 = varianceTest (factor (effsub [,3]), effsub [,i], method = "varf")
<略>……
+ }
-----------檢定依變數：課堂表現 --因子變數：就學地區 -----------
變異數同質性檢定 F 值統計量 = 0.069；顯著性 p = 0
[變異數同質性檢定結果]：假設變異數不相等
t 值統計量 = -2.344 ；顯著性 p 值 = 0.021
群組平均數 = 10.63 12.25
[t_test 檢定結果]：檢定結果達到統計顯著水準，二組平均數有顯著不同
-----------檢定依變數：一般行為 --因子變數：就學地區 -----------
```

變異數同質性檢定 F 值統計量 = 0.069；顯著性 p = 0

[變異數同質性檢定結果]：假設變異數不相等

t 值統計量 = 0.901；顯著性 p 值 = 0.371

群組平均數 = 13.23 12.55

[t_test 檢定結果]：檢定結果未達統計顯著水準，二組平均數差異值顯著等於 0

----------檢定依變數：家庭資本 --因子變數：就學地區 -----------

變異數同質性檢定 F 值統計量 = 0.025；顯著性 p = 0

[變異數同質性檢定結果]：假設變異數不相等

t 值統計量 = -1.556；顯著性 p 值 = 0.123

群組平均數 = 17.73 19.58

[t_test 檢定結果]：檢定結果未達統計顯著水準，二組平均數差異值顯著等於 0

----------檢定依變數：同儕關係 --因子變數：就學地區 -----------

變異數同質性檢定 F 值統計量 = 0.023；顯著性 p = 0

[變異數同質性檢定結果]：假設變異數不相等

t 值統計量 = 0.103；顯著性 p 值= 0.918

群組平均數 = 22.96 22.84

[t_test 檢定結果]：檢定結果未達統計顯著水準，二組平均數差異值顯著等於 0

----------檢定依變數： 學習動機 --因子變數： 就學地區 -----------

變異數同質性檢定 F 值統計量 = 0.096；顯著性 p = 0

[變異數同質性檢定結果]：假設變異數不相等

t 值統計量 = -1.43；顯著性 p 值 = 0.156

群組平均數 = 9.94 10.79

[t_test 檢定結果]：檢定結果未達統計顯著水準，二組平均數差異值顯著等於 0

----------檢定依變數：學習策略 --因子變數：就學地區 -----------

變異數同質性檢定 F 值統計量 = 0.076；顯著性 p = 0

[變異數同質性檢定結果]：假設變異數不相等

t 值統計量 = 0.75；顯著性 p 值 = 0.455

群組平均數 = 11.06 10.55

[t_test 檢定結果]：檢定結果未達統計顯著水準，二組平均數差異值顯著等於 0

----------檢定依變數：學習效能 --因子變數：就學地區 -----------

變異數同質性檢定 F 值統計量 = 0.004；顯著性 p = 0

[變異數同質性檢定結果]：假設變異數不相等

t 值統計量 = -1.496；顯著性 p 值 = 0.138

群組平均數 = 49.08 53.4

[t_test 檢定結果]：檢定結果未達統計顯著水準，二組平均數差異值顯著等於 0

三、單因子變異數分析的應用

單因子變異數分析 (one-way ANOVA) 程序中，群組平均數整體檢定的 F 值統計量如果達到統計顯著水準 ($p < 0.05$)，表示至少有一個配對組群體的平均數

差異值不等於 0，進一步的統計程序為多重比較 (multiple comparisons) 或事後比較；相對的，若是變異數分析 F 值統計量未達統計顯著水準 ($p > 0.05$)，表示所有群體的平均數均相等 (接受虛無假設)，因而以 R 軟體執行單因子變異數分析程序，部分檢定依變數要執行二次操作程序。範例以迴圈及邏輯判斷函數一次執行多個依變數的單因子變異數分析檢定程序，因子變數為「就學地區」，檢定變數為「課堂表現」、「一般行為」、「家庭資本」、「同儕關係」、「學習動機」、「學習策略」、「學習效能」等七個，新資料框架物件界定為 anod。

R 編輯器視窗語法指令如下：

```
[1] anod = deff [,c (3, 5:11)]
[2] for (i in 2:8) {
[3]    aov.m = aov (anod [,i]~anod [,1])
[4]    ano.m = anova (aov.m)
[5]    pval = round (ano.m$Pr [1], 3)
[6]    Fval = round (ano.m$F [1], 3)
[7] if (ano.m$Pr [1] < 0.05) {
[8]       lab = "平均數差異整體檢定 F 值達到統計顯著水準，進一步執行事後比較
程序"
[9]    hsd.m = TukeyHSD (aov.m,ordered = TRUE)
[10]   } else {
[11]      lab = "平均數差異整體檢定的 F 值統計量未達統計顯著水準，群組平均數
沒有顯著不同"
[12]   hsd.m = "事後比較略"
[13]   }
[14] cat ("檢定依變數：",names (anod [i]),"--因子變數：",names (anod [1]), "\n")
[15] print (ano.m)
[16] cat ("變異數分析 F 值統計量 = ",Fval,"；顯著性 p = ",pval ,"\n")
[17] cat ("[變異數分析結果]：",lab, "\n")
[18] print (hsd.m)
[19] cat ("----------------------------------------------------------------", "\n")
[20] }
```

語法指令列 [1] 以直行數值向量擷取檢定因子變數 (原數值索引 3)、七個檢定依變數 (原數值索引 5 至 11)。

語法指令列 [2] 設定迴圈系列數值從 2 至 8，數值索引 1 為因子變數「就學地區」，以符號「{」設定迴圈內容運算式起點處，對應的結束列為列 [20]，符號為「}」。

列 [3] 使用函數 **aov ( )** 建立變異數分析 aov 物件，物件名稱設為 aov.m，aov 物件可以直接使用函數 **TukeyHSD ( )** 進行多重比較程序。

列 [4] 使用函數 **anova ( )** 建構變異數分析摘要表物件，物件名稱設為 ano.m。

列 [5] 使用變異數分析摘要表物件 ano.m$Pr 元素中第一個次元素 [1] 求出 F 值統計量的顯著性 p 值。

列 [6] 使用變異數分析摘要表物件 ano.m$F 元素中第一個次元素 [1] 求出變異數分析的 F 值統計量。

列 [7] 至列 [13] 使用 **if ( )** + else 邏輯判斷條件判別是否進行多重比較，邏輯條件為顯著性 p 值小於 0.05，當邏輯條件符合 (條件為真的情況下)，使用函數 **TukeyHSD ( )** 執行多重比較 (Tukey-Kramer 最實在顯著差異法；[HSD])，事後比較物件名稱設為 hsd.m；若邏輯條件不符合 (條件為假的情況下)(列 [10])，不執行多重比較程序，改執行列 [11] 至列 [12] 指令。

列 [14] 至列 [19] 以 **cat ( )** 函數、**print ( )** 函數輸出相關統計量與註解說明。

列 [20] 為迴圈結束符號，對應的起始列為列 [2]。

R 主控台視窗執行 R 編輯器語法指令結果如下：

```
> anod = deff [,c (3, 5:11)]
> for (i in 2:8) {
+    aov.m = aov(anod [,i]~anod [,1])
+    ano.m = anova (aov.m)
+    pval = round (ano.m$Pr [1], 3)
+    Fval = round (ano.m$F [1], 3)
+ if (ano.m$Pr [1] < 0.05) {
+      lab = "平均數差異整體檢定 F 值達到統計顯著水準，進一步執行事後比較程
序"
+     hsd.m = TukeyHSD (aov.m, ordered = TRUE)
+    } else {
+     lab = "平均數差異整體檢定的 F 值統計量未達統計顯著水準，群組平均數沒有
顯著不同"
+    hsd.m = "事後比較略"
+    }
+ cat ("檢定依變數：",names (anod [i]),"--因子變數：",names (anod [1]), "\n")
+ print (ano.m)
+ cat ("變異數分析 F 值統計量 = ",Fval,"；顯著性 p = ",pval, "\n")
+ cat ("[變異數分析結果]：",lab, "\n")
```

```
+ prin t(hsd.m)
+ cat ("-------------------------------------------------------------", "\n")
+ }
```

檢定依變數：課堂表現 --因子變數：就學地區

Analysis of Variance Table

Response: anod [, i]

	Df	Sum Sq	Mean Sq	F value	Pr (> F)
anod [, 1]	2	80.27	40.137	2.761	0.06568 .
Residuals	197	2863.81	14.537		

變異數分析 F 值統計量 = 2.761；顯著性 p = 0.066

[變異數分析結果]：平均數差異整體檢定的 F 值統計量未達統計顯著水準，群組平均數沒有顯著不同

[1] "事後比較略"

檢定依變數：一般行為 --因子變數：就學地區

Analysis of Variance Table

Response: anod [, i]

	Df	Sum Sq	Mean Sq	F value	Pr (> F)
anod [, 1]	2	21.9	10.930	0.6398	0.5285
Residuals	197	3365.7	17.085		

變異數分析 F 值統計量 = 0.64；顯著性 p = 0.529

[變異數分析結果]：平均數差異整體檢定的 F 值統計量未達統計顯著水準，群組平均數沒有顯著不同

[1] "事後比較略"

檢定依變數：家庭資本 --因子變數：就學地區

Analysis of Variance Table

Response: anod [, i]

	Df	Sum Sq	Mean Sq	F value	Pr (> F)
anod [, 1]	2	121.3	60.633	1.7285	0.1802
Residuals	197	6910.4	35.078		

變異數分析 F 值統計量 = 1.729；顯著性 p = 0.18

[變異數分析結果]：平均數差異整體檢定的 F 值統計量未達統計顯著水準，群組平均數沒有顯著不同

[1] "事後比較略"

檢定依變數：同儕關係 --因子變數：就學地區

Analysis of Variance Table

Response: anod [, i]

	Df	Sum Sq	Mean Sq	F value	Pr (> F)
anod [, 1]	2	19.4	9.681	0.2645	0.7678

Residuals	197	7210.1	36.600

變異數分析 F 值統計量 = 0.265；顯著性 p = 0.768

[變異數分析結果]：平均數差異整體檢定的 F 值統計量未達統計顯著水準，群組平均數沒有顯著不同

[1] "事後比較略"

檢定依變數：學習動機 --因子變數：就學地區

Analysis of Variance Table

Response: anod [, i]

	Df	Sum Sq	Mean Sq	F value	Pr (> F)
anod [, 1]	2	142.06	71.028	8.2424	0.000365 ***
Residuals	197	1697.62	8.617		

Signif. codes: 0 '***' 0.001 '**' 0.01 '*' 0.05 '.' 0.1 ' ' 1

變異數分析 F 值統計量 = 8.242；顯著性 p = 0

[變異數分析結果]：平均數差異整體檢定 F 值達到統計顯著水準，進一步執行事後比較程序

  Tukey multiple comparisons of means
    95% family-wise confidence level
    factor levels have been ordered

Fit: aov (formula = anod [, i] ~ anod [, 1])

$`anod [, 1]`

	diff	lwr	upr	p adj
北區-東區	0.8522129	-0.4057840	2.110210	0.2481295
西區-東區	2.0976923	0.8466926	3.348692	0.0003073
西區-北區	1.2454795	0.1056852	2.385274	0.0284341

檢定依變數：學習策略 --因子變數：就學地區

Analysis of Variance Table

Response: anod [, i]

	Df	Sum Sq	Mean Sq	F value	Pr (> F)
anod [, 1]	2	13.52	6.7621	0.5604	0.5719
Residuals	197	2377.10	12.0665		

變異數分析 F 值統計量 = 0.56；顯著性 p = 0.572

[變異數分析結果]：平均數差異整體檢定的 F 值統計量未達統計顯著水準，群組平均數沒有顯著不同

[1] "事後比較略"

檢定依變數：學習效能 --因子變數：就學地區

Analysis of Variance Table

Response: anod [, i]

	Df	Sum Sq	Mean Sq	F value	Pr (> F)
anod [, 1]	2	1671	835.48	4.0197	0.01945 *
Residuals	197	40946	207.85		

Signif. codes: 0 '***' 0.001 '**' 0.01 '*' 0.05 '.' 0.1 ' ' 1

變異數分析 F 值統計量 = 4.02；顯著性 p = 0.019

[變異數分析結果]：平均數差異整體檢定 F 值達到統計顯著水準，進一步執行事後比較程序

  Tukey multiple comparisons of means

   95% family-wise confidence level

   factor levels have been ordered

Fit: aov (formula = anod [, i] ~ anod [, 1])

$`anod [, 1]`

	diff	lwr	upr	p adj
北區-東區	4.320337	-1.857880	10.498554	0.2267298
西區-東區	7.376410	1.232557	13.520263	0.0139441
西區-北區	3.056073	-2.541633	8.653779	0.4028840

使用套件 {fBasics} 函數 basicStats ( )，配合樣本觀察值選取函數 which ( )，求出就學地區三個水準群組東區、西區、北區之有效觀察值個數、群組平均數、群組標準差參數：

```
> library (fBasics)
> deffa1 = deff [which (deff$ 就學地區 == "東區"),]
> deffa2 = deff [which (deff$ 就學地區 == "西區"),]
> deffa3 = deff [which (deff$ 就學地區 == "北區"),]
> bast.m1 = round (basicStats (deffa1 [,5:11]), 2)
> bast.m2 = round (basicStats (deffa2 [,5:11]), 2)
> bast.m3 = round (basicStats (deffa3 [,5:11]), 2)
> bast.m1 [c (1, 7, 14),]
```

	課堂表現	一般行為	家庭資本	同儕關係	學習動機	學習策略	學習效能
nobs	52.00	52.00	52.00	52.00	52.00	52.00	52.00
Mean	10.63	13.23	17.73	22.96	9.94	11.06	49.08
Stdev	4.02	5.03	7.28	7.07	3.54	4.11	17.62

```
> bast.m2 [c (1, 7, 14),]
```

	課堂表現	一般行為	家庭資本	同儕關係	學習動機	學習策略	學習效能
nobs	75.00	75.00	75.00	75.00	75.00	75.00	75.00
Mean	11.75	12.43	19.43	22.25	12.04	10.41	56.45
Stdev	4.01	4.66	5.42	5.07	2.50	3.28	13.08

> bast.m3 [c (1, 7, 14),]

	課堂表現	一般行為	家庭資本	同儕關係	學習動機	學習策略	學習效能
nobs	73.00	73.00	73.00	73.00	73.00	73.00	73.00
Mean	12.25	12.55	19.58	22.84	10.79	10.55	53.40
Stdev	3.44	2.54	5.31	6.19	2.88	3.16	13.15

　　範例使用原始資料框架物件 deff 為標的資料檔進行「家庭型態」因子變數在七個計量變數的單因子變異數分析檢定程序,「家庭型態」因子變數的變數數值索引為 4,七個檢定依變數的變數數值索引為 5 至 11,事後比較採用 {asbio} 套件函數 scheffeCI ( ),函數 scheffeCI ( ) 使用的多重比較方法為薛氏法 (Scheffe's method),函數 scheffeCI ( ) 基本語法為:scheffeCI (y, x, conf.level = 0.95)。引數 y 為包含反應變數的數值向量、引數 x為包含群組的類別向量,反應變數與因子變數間要以半形逗號隔開:

```
[1] library (asbio)
[2] for (i in 5:11) {
[3]   aov.m = aov (deff [,i]~deff [,4])
[4]   ano.m = anova (aov.m)
[5]   pval = round (ano.m$Pr [1],3)
[6]   Fval = round (ano.m$F [1],3)
[7] if (ano.m$Pr [1] < 0.05) {
[8]     lab = "平均數差異整體檢定 F 值達到統計顯著水準,進一步執行事後比較
程序 (Scheffe 法)"
[9]     sche.m = scheffeCI (deff [,i], deff [,4])
[10]   } else {
[11]     lab = "平均數差異整體檢定的 F 值統計量未達統計顯著水準,群組平均數
沒有顯著不同"
[12]   sche.m = "事後比較略"
[13]   }
[14] cat ("檢定依變數:",names (deff [i]),"--因子變數:",names (deff [4]), "\n")
[15] print (ano.m)
[16] cat ("變異數分析 F 值統計量 = ",Fval," ;顯著性 p = ",pval, "\n")
[17] cat ("[變異數分析結果]:",lab, "\n")
[18] print (sche.m)
[19] cat ("-------------------------------------------------------------", "\n")
[20] }
```

　　語法中因子變數的界定為 deff [,4],表示因子變數為資料框架中的第 4 個直

行變數，迴圈系列數值 i 界定從 5 至 11，表示檢定計量變數為資料框架中的第 5 個直行變數至第 11 個直行變數。橫列語法 [9] 使用函數 scheffeCI 執行多重比較程序，程序執行結果存於物件 sche.m 中。

R 主控台視窗執行 R 編輯器語法指令結果如下：

```
> for (i in 5:11) {
+    aov.m = aov (deff [,i]~deff [,4])
+    ano.m = anova (aov.m)
+    pval = round (ano.m$Pr [1] ,3)
+    Fva l= round (ano.m$F [1], 3)
+ if (ano.m$Pr [1] < 0.05) {
+      lab = "平均數差異整體檢定 F 值達到統計顯著水準，進一步執行事後比較程
序 (Scheffe 法)"
+    hsd.m = TukeyHSD (aov.m, ordered = TRUE)
+    sche.m = scheffeCI (deff [,i], deff [,4])
+    } else {
+      lab = "平均數差異整體檢定的 F 值統計量未達統計顯著水準，群組平均數沒有
顯著不同"
+    sche.m = "事後比較略"
+    }
+ cat ("檢定依變數：",names (deff [i]),"--因子變數：",names (deff [4]), "\n")
+ print (ano.m)
+ cat ("變異數分析 F 值統計量 = ",Fval,"；顯著性 p =",pval, "\n")
+ cat ("[變異數分析結果]：",lab, "\n")
+ print (sche.m)
+ cat ("--------------------------------------------------------------", "\n")
+ }
檢定依變數：課堂表現 --因子變數：家庭型態
Analysis of Variance Table
Response: deff [, i]
```

Analysis of Variance Table
Response: deff [, i]

	Df	Sum Sq	Mean Sq	F value	Pr (> F)	
deff [, 4]	2	27.17	13.586	0.9176	0.4012	
Residuals	197	2916.91	14.807			

變異數分析 F 值統計量 = 0.918；顯著性 p = 0.401
[變異數分析結果]：平均數差異整體檢定的 F 值統計量未達統計顯著水準，群組平均數沒有顯著不同
[1] "事後比較略"

檢定依變數：一般行為 --因子變數：家庭型態
Analysis of Variance Table

Response: deff [, i]

	Df	Sum Sq	Mean Sq	F value	Pr (> F)
deff [, 4]	2	298.77	149.387	9.5279	0.0001123 ***
Residuals	197	3088.75	15.679		

Signif. codes: 0 '***' 0.001 '**' 0.01 '*' 0.05 '.' 0.1 ' ' 1

變異數分析 F 值統計量 = 9.528；顯著性 p = 0

[變異數分析結果]：平均數差異整體檢定 F 值達到統計顯著水準，進一步執行事後比較程序 (Scheffe 法)

95% Scheffe confidence intervals

	Diff	Lower	Upper	Decision Adj.	P-value
mu 單親家庭-mu 隔代教養	-2.49108	-4.04703	-0.93514	Reject H0	0.000551
mu 單親家庭-mu 雙親家庭	-2.46156	-4.31094	-0.61218	Reject H0	0.005266
mu 隔代教養-mu 雙親家庭	0.02952	-1.85271	1.91175	FTR H0	0.999252

檢定依變數：家庭資本 --因子變數：家庭型態

Analysis of Variance Table

Response: deff [, i]

	Df	Sum Sq	Mean Sq	F value	Pr (> F)
deff [, 4]	2	1402.2	701.10	24.535	3.06e-10 ***
Residuals	197	5629.5	28.58		

Signif. codes: 0 '***' 0.001 '**' 0.01 '*' 0.05 '.' 0.1 ' ' 1

變異數分析 F 值統計量 = 24.535；顯著性 p = 0

[變異數分析結果]：平均數差異整體檢定 F 值達到統計顯著水準，進一步執行事後比較程序 (Scheffe 法)

95% Scheffe confidence intervals

	Diff	Lower	Upper	Decision Adj.	P-value
mu 單親家庭-mu 隔代教養	-5.92771	-8.02828	-3.82714	Reject H0	0
mu 單親家庭-mu 雙親家庭	-3.54676	-6.04347	-1.05004	Reject H0	0.002594
mu 隔代教養-mu 雙親家庭	2.38095	-0.16011	4.92201	FTR H0	0.071722

檢定依變數： 同儕關係 --因子變數： 家庭型態

Analysis of Variance Table

Response: deff [, i]

	Df	Sum Sq	Mean Sq	F value	Pr (> F)
deff [, 4]	2	418.5	209.275	6.0531	0.002811 **
Residuals	197	6811.0	34.573		

Signif. codes: 0 '***' 0.001 '**' 0.01 '*' 0.05 '.' 0.1 ' ' 1

變異數分析 F 值統計量 = 6.053；顯著性 p = 0.003

[變異數分析結果]：平均數差異整體檢定 F 值達到統計顯著水準，進一步執行事後比較程序 (Scheffe 法)

95% Scheffe confidence intervals

	Diff	Lower	Upper	Decision Adj.	P-value
mu 單親家庭-mu 隔代教養	-3.11486	-5.42536	-0.80436	Reject H0	0.004614
mu 單親家庭-mu 雙親家庭	-2.52438	-5.27063	0.22186	FTR H0	0.079089
mu 隔代教養-mu 雙親家庭	0.59048	-2.20455	3.3855	FTR H0	0.873138

檢定依變數：學習動機 --因子變數：家庭型態

Analysis of Variance Table

Response: deff [, i]

	Df	Sum Sq	Mean Sq	F value	Pr (> F)
deff [, 4]	2	192.09	96.043	11.484	1.917e-05 ***
Residuals	197	1647.59	8.363		

Signif. codes: 0 '***' 0.001 '**' 0.01 '*' 0.05 '.' 0.1 ' ' 1

變異數分析 F 值統計量 = 11.484；顯著性 p = 0

[變異數分析結果]：平均數差異整體檢定 F 值達到統計顯著水準，進一步執行事後比較程序 (Scheffe 法)

95% Scheffe confidence intervals

	Diff	Lower	Upper	Decision Adj.	P-value
mu 單親家庭-mu 隔代教養	-1.30795	-2.44434	-0.17156	Reject H0	0.019269
mu 單親家庭-mu 雙親家庭	-2.55938	-3.91008	-1.20868	Reject H0	3.2e-05
mu 隔代教養-mu 雙親家庭	-1.25143	-2.62612	0.12327	FTR H0	0.082993

檢定依變數：學習策略 --因子變數：家庭型態

Analysis of Variance Table

Response: deff [, i]

	Df	Sum Sq	Mean Sq	F value	Pr (> F)
deff [, 4]	2	15.62	7.809	0.6477	0.5243
Residuals	197	2375.00	12.056		

變異數分析 F 值統計量 = 0.648 ；顯著性 p = 0.524

[變異數分析結果]：平均數差異整體檢定的 F 值統計量未達統計顯著水準，群組平均數沒有顯著不同

[1] "事後比較略"

檢定依變數：學習效能 --因子變數：家庭型態

Analysis of Variance Table

Response: deff [, i]

	Df	Sum Sq	Mean Sq	F value	Pr (> F)
deff [, 4]	2	6619	3309.6	18.112	6.013e-08 ***

Residuals	197	35997	182.7

Signif. codes: 0 '***' 0.001 '**' 0.01 '*' 0.05 '.' 0.1 ' ' 1

變異數分析 F 值統計量 = 18.112；顯著性 p = 0

[變異數分析結果]：平均數差異整體檢定 F 值達到統計顯著水準，進一步執行事後比較程序 (Scheffe 法)

95% Scheffe confidence intervals

	Diff	Lower	Upper	Decision Adj.	P-value
mu 單親家庭-mu 隔代教養	-8.41799	-13.72975	-3.10623	Reject H0	0.000638
mu 單親家庭-mu 雙親家庭	-14.73609	-21.0496	-8.42258	Reject H0	0
mu 隔代教養-mu 雙親家庭	-6.3181	-12.74375	0.10756	FTR H0	0.055148

　　使用套件 {psych} 函數 describeBy ( ) 求出不同家庭型態群組在七個計量變數的描述性統計量：

```
> library (psych)
> homedes = describeBy (deff [,5:11], deff [,4])
> homedes [1]
$ 單親家庭
```

	vars	n	mean	sd	median	trimmed	mad	min	max	range	skew	kurtosis	se
課堂表現	1	83	11.27	4.31	11	10.84	2.97	5	24	19	0.96	1.02	0.47
一般行為	2	83	11.23	2.90	11	11.28	2.97	4	16	12	-0.09	-0.34	0.32
家庭資本	3	83	16.07	6.00	15	15.69	7.41	7	31	24	0.44	-0.64	0.66
同儕關係	4	83	20.95	6.20	21	20.94	5.93	9	32	23	0.01	-0.76	0.68
學習動機	5	83	10.01	3.27	8	9.79	2.97	5	17	12	0.63	-0.88	0.36
學習策略	6	83	10.31	3.75	11	10.33	4.45	4	18	14	-0.04	-0.85	0.41
學習效能	7	83	47.17	13.78	46	46.27	8.90	20	95	75	1.01	2.01	1.51

```
> homedes [2]
$ 隔代教養
```

	vars	n	mean	sd	median	trimmed	mad	min	max	range	skew	kurtosis	se
課堂表現	1	75	11.72	2.73	12	11.84	2.97	5	17	12	-0.30	-0.42	0.32
一般行為	2	75	13.72	4.13	14	13.34	1.48	8	35	27	3.46	15.97	0.48
家庭資本	3	75	22.00	3.53	22	22.18	2.97	11	28	17	-0.67	0.69	0.41
同儕關係	4	75	24.07	5.32	24	24.20	4.45	9	34	25	-0.30	0.18	0.61
學習動機	5	75	11.32	1.96	11	11.36	1.48	6	16	10	-0.32	0.65	0.23
學習策略	6	75	10.77	3.06	10	10.46	1.48	4	20	16	1.04	1.13	0.35
學習效能	7	75	55.59	11.64	52	52.67	4.45	48	94	46	2.37	4.63	1.34

```
> homedes [3]
$ 雙親家庭
```

	vars	n	mean	sd	median	trimmed	mad	min	max	range	skew	kurtosis	se
課堂表現	1	42	12.24	4.54	12	11.82	4.45	5	24	19	0.74	0.39	0.70
一般行為	2	42	13.69	5.26	13	12.85	2.22	8	35	27	3.05	9.97	0.81
家庭資本	3	42	19.62	6.55	20	19.85	5.93	7	32	25	-0.26	-0.53	1.01
同儕關係	4	42	23.48	6.19	23	23.59	2.97	9	40	31	0.07	1.71	0.95
學習動機	5	42	12.57	3.44	13	12.94	4.45	5	17	12	-0.73	-0.51	0.53
學習策略	6	42	11.00	3.60	11	10.91	4.45	4	19	15	0.22	-0.48	0.55
學習效能	7	42	61.90	15.92	68	63.15	4.45	20	98	78	-0.55	0.72	2.46

使用元素索引方法擷取三個群體之平均數、標準差的參數值，第一個符號 [[X]] 中的數值為水準數值群組，[[1]] 為單親家庭、[[2]] 為隔代教養、[[3]] 為雙親家庭；第二個符號 [[X]] 中的數值為統計量數，[[3]] 參數值為平均數、[[4]] 參數值為標準差：

```
> round (homedes [[1]][[3]], 2)  ##單親家庭群組的平均數
[1] 11.27 11.23 16.07 20.95 10.01 10.31 47.17
> round (homedes [[1]][[4]], 2)  ##單親家庭群組的標準差
[1] 4.31 2.90 6.00 6.20 3.27 3.75 13.78
> round (homedes [[2]][[3]], 2)  ##隔代教養家庭群組的平均數
[1] 11.72 13.72 22.00 24.07 11.32 10.77 55.59
> round (homedes [[2]][[4]], 2)  ##隔代教養家庭群組的標準差
[1] 2.73 4.13 3.53 5.32 1.96 3.06 11.64
> round (homedes [[3]][[3]], 2)  ##雙親家庭群組的平均數
[1] 12.24 13.69 19.62 23.48 12.57 11.00 61.90
> round (homedes [[3]][[4]], 2)  ##雙親家庭群組的標準差
[1] 4.54 5.26 6.55 6.19 3.44 3.60 15.92
```

伍、決策樹的應用

分類樹效度檢定若採用訓練測試法程序，單一效度考驗時，隨機抽樣或系統抽樣的數值索引都可以作為訓練樣本或測試樣本的觀察值序號。以 200 位樣本觀察值的資料框架物件為例，隨機抽取四分之三的觀察值 (n1 = 150) 為訓練樣本，則未被抽取的觀察值為測試樣本 (n2 = 50)；相對的程序，研究者也可從原資料檔中隨機抽取四分之一的觀察值 (n2 = 50) 作為測試樣本，未被抽取的觀察值 (n1 = 150) 作為訓練樣本。以隨機抽取的數值作為資料框架物件之觀察值排列序號，

以正數值序號向量或負數值序號的方法可分別界定訓練樣本與測試樣本，範例 R 編輯器語法指令之測試樣本採用正數值序號向量 (隨機抽取的 50 個數值序號)、訓練樣本採用負數值序號向量 (未被抽取的 150 個數值序號)，分類樹模型建構採用套件 {C50} 函數 C5.0 ( )，測試樣本中預測分類正確／錯誤的樣本觀察值直接以 **which** ( ) 函數界定：

```
[1] library (C50)
[2] alldata = deff
[3] sub = c (sample (1:200, 50))
[4] testdata = alldata [sub,]
[5] traindata = alldata [-sub,]
[6] c5.m = C5.0 (factor (性別)~課堂表現 + 一般行為 + 家庭資本 + 同儕關係 + 學習動機 + 學習策略 + 學習效能, data = traindata, rules = FALSE, control = C5.0Control (minCases = 30))
[7] summary (c5.m)
[8] testdata$ 預測性別 = predict (c5.m, testdata, type = "class")
[9] c.data = testdata [which (testdata$ 性別 == testdata$ 預測性別),]
[10] e.data = testdata [which (testdata$ 性別!= testdata$ 預測性別),]
[11] c.p = round (nrow (c.data)/nrow (testdata), 3)*100
[12] e.p = round (nrow (e.data)/nrow (testdata), 3)*100
[13] cat ("預測分類正確樣本數 = ",nrow (c.data),"--預測分類正確百分比 = ",c.p,"%\n")
[14] cat ("預測分類錯誤樣本數 = ",nrow (e.data),"--預測分類錯誤百分比 = ",e.p,"%\n")
[15] with (testdata, {table (性別, 預測性別)})
```

如果訓練測試法採用的其他套件函數，讀者只要修改指令列 [1] 套件名稱、列 [6] 函數名稱及其引數、列 [8] 套件 **predict** ( ) 函數對應的引數選項 (分類樹預測分類水準群組的選項為「"class"」或「"response"」)。直接從 R 主控台載入套件，可使用函數 **require** (套件名稱) 或函數 **library** (套件名稱)，二個函數均可將外掛安裝的套件載入 R 主控台中，啟動 R 軟體後，外掛安裝的套件只要載入一次後即可重複使用，直到關閉 R 主控台視窗或使用函數 **detach** ( ) 卸載套件，函數 **detach** ( ) 卸載套件語法為：「> detach (package:rpart)」。使用 **library** ( ) 函數或 **require** ( ) 函數載入套件時，如果不要顯示套件載入時顯示的訊息，引數 quietly 的邏輯選項可改為真 (內定選項為假)，範例為載入套件 {C50} 及卸載套件 {C50} 的語法：

```
> require (C50, quietly = TRUE)
> detach (package:C50)
```

外掛套件的安裝，除可執行功能表列「程式套件」/「安裝程式套件」程序外，也可以直接在 R 主控台使用 **install.packages ( )** 函數安裝，二種安裝方法都會出現「設定 CRAN 鏡像」對話視窗，視窗的標題為「HTTPS CRAN mrror」，研究者可以選取安裝 R 軟體時鏡像的伺服器位置：

```
> install.packages ("fBasics")
--- Please select a CRAN mirror for use in this session ---
```

R 主控台執行 R 編輯器語法指令部分結果如下：

```
> cat ("預測分類正確樣本數 = ",nrow (c.data),"--預測分類正確百分比 = ",c.p, "%\n")
預測分類正確樣本數 = 33 --預測分類正確百分比 = 66%
> cat ("預測分類錯誤樣本數 = ",nrow (e.data),"--預測分類正確百分比 = ",e.p, "%\n")
預測分類錯誤樣本數 = 17 --預測錯誤正確百分比 = 34%
> with (testdata, {table (性別, 預測性別)})
            預測性別
性別    女生    男生
女生     23      4
男生     13     10
```

範例 R 編輯器語法指令之測試樣本採用負數值序號向量 (未被抽取的 50 個數值序號)、訓練樣本採用正數值序號向量 (被隨機抽取的 150 個數值序號)，其餘語法指令列相同。不論是正數值序號向量或負數值序號向量，符號 [數值向量,] 中數值向量變數後面的逗號「,」不能省略，逗號「,」前的數值向量表示子資料檔以數值序號向量擷取原資料框架物件橫列觀察值，逗號「,」後省略的數值向量，表示子資料檔包括原資料框架物件所有的直行變數：

```
[1] library (C50)
[2] alldata = deff
[3] sub = c (sample (1:200, 150))
[4] testdata = alldata [-sub,]
```

```
[5] traindata = alldata [sub,]
<略>
```

　　R 主控台執行 R 編輯器語法指令部分結果如下 (由於是採用隨機抽樣方法，因而每次執行程序之預測分類摘要表不會完全相同)：

```
> cat ("預測分類正確樣本數 = ",nrow (c.data),"--預測分類正確百分比 = ",c.p, "%\n")
預測分類正確樣本數 = 31 --預測分類正確百分比 = 62%
> cat ("預測分類錯誤樣本數 = ",nrow (e.data),"--預測分類正確百分比 = ",e.p, "%\n")
預測分類錯誤樣本數 = 19 --預測分類錯誤百分比 = 38%
> with (testdata, {table (性別, 預測性別)})
             預測性別
性別    女生    男生
女生     18       5
男生     14       13
```

　　分類樹平均效度檢驗法採用的函數為迴圈 (loop) 函數 **for ( )**，迴圈的次數 (結束數值) 以變數物件界定，範例之變數物件名稱為 fval，設定 fval 的數值等於 5，表示執行五次迴圈程序。為讓讀者知悉每次訓練測試法的預測分類結果，增列列 [14]「print (table.m)」語法指令輸出每次預測分類交叉表。列 [3] 設定起始預測分類正確的平均值等於 0，列 [15] 計算每次訓練測試法預測分類正確的比值，列 [16] 採用累加的方法計算訓練測試法預測分類正確比值的加總，列 [18] 將加總值除以迴圈次數求出平均值，此種迴圈運算程序與之前計算 1 + 2 + …… + 99 + 100 總和的運算程序相同。

　　採用五次訓練測試法求出預測分類平均效度的 R 編輯器語法指令如下：

```
[1] library (C50)
[2] alldata = deff
[3] correct.p = 0
[4] fval = 5
[5] for (n in 1:fval){
[6] sub = c (sample (1:200, 50))
[7] testdata = alldata [sub,]
[8] traindata = alldata [-sub,]
[9] c5.m = C5.0 (factor (性別)~課堂表現 + 一般行為 + 家庭資本 + 同儕關係 +
學習動機 + 學習策略 + 學習效能, data = traindata, rules = FALSE, control =
C5.0Control (minCases = 30))
```

```
[10] summary (c5.m)
[11] 預測性別 = predict (c5.m, testdata, type = "class")
[12] cat ("-----------第 ",n," 次預測分類交叉表-----------", "\n")
[13] table.m = table (testdata$ 性別, 預測性別)
[14] print (table.m)
[15] c.p = round (sum (diag (table.m))/sum (table.m), 3)
[16] correct.p = correct.p+c.p
[17] }
[18] avc.p =round (correct.p/fval,3)
[19] cat (fval," 次訓練測試法--分類樹效度平均預測分類正確百分比 = ",avc.p*100,
"%\n")
[20] cat (fval, "次訓練測試法--分類樹效度平均預測分類錯誤百分比 = ",(1-avc.
p)*100, "%\n")
```

R 主控台執行 R 編輯器語法指令部分結果如下：

```
-----------第 1 次預測分類交叉表-----------
           預測性別
          女生    男生
  女生      18       6
  男生      13      13
-----------第 2 次預測分類交叉表-----------
           預測性別
          女生    男生
  女生      18      13
  男生       7      12
-----------第 3 次預測分類交叉表-----------
           預測性別
          女生    男生
  女生      10      17
  男生       4      19
-----------第 4 次預測分類交叉表-----------
           預測性別
          女生    男生
  女生      16       3
  男生      16      15
-----------第 5 次預測分類交叉表-----------
           預測性別
          女生    男生
  女生      13      11
```

```
    男生       3      23
> avc.p = round (correct.p/fval, 3)
> cat (fval, "次訓練測試法--分類樹效度平均預測分類正確百分比 = ",avc.p*100, "%\
  n")
5 次訓練測試法--分類樹效度平均預測分類正確百分比 = 62.8 %
> cat (fval, "次訓練測試法--分類樹效度平均預測分類錯誤百分比 = ", (1-avc.p)*100,
  "%\n")
5 次訓練測試法--分類樹效度平均預測分類錯誤百分比 = 37.2 %
```

　　範例以數值向量元素的方法儲存每次訓練測試法預測分類正確的比值，數值
向量物件名稱界定為 listc.p，起始值設為 0，列 [14]「listc.p [n] = c.p」語法指令
功能在於將每次訓練測試法預測分類正確比值以序號數值作為元素，儲存在數值
向量之中。列 [16] 直接使用平均數函數 **mean ( )** 求出數值向量 listc.p 的平均值，
列 [19] 輸出十次預測分類正確的比值以作為檢核用：

```
[1] library (C50)
[2] alldata = deff
[3] listc.p = 0
[4] fval = 10
[5] for (n in 1:fval){
[6] sub = c (sample (1:200, 50))
[7] testdata = alldata [sub,]
[8] traindata = alldata [-sub,]
[9] c5.m = C5.0 (factor (性別)~課堂表現 + 一般行為 + 家庭資本 + 同儕關係 +
學習動機 + 學習策略 + 學習效能, data = traindata, rules = FALSE, control =
C5.0Control (minCases = 30))
[10] summary (c5.m)
[11] 預測性別 = predict (c5.m, testdata, type = "class")
[12] table.m = table (testdata$ 性別, 預測性別)
[13] c.p = round (sum (diag (table.m))/sum (table.m), 3)
[14] listc.p [n] = c.p
[15] }
[16] avc.p = round (mean (listc.p), 3)
[17] cat (fval, "次訓練測試法--分類樹效度平均預測分類正確百分比 = ",avc.p*100,
"%\n")
[18] cat (fval, "次訓練測試法--分類樹效度平均預測分類錯誤百分比 = ",(1-avc.
p)*100, "%\n")
[19] print(listc.p)
```

R 主控台執行 R 編輯器語法指令部分結果如下：

```
> cat (fval, "次訓練測試法--分類樹效度平均預測分類正確百分比 = ",avc.p*100, "%\
n")
10 次訓練測試法--分類樹效度平均預測分類正確百分比 = 64.2%
> cat (fval, "次訓練測試法--分類樹效度平均預測分類錯誤百分比 = ",(1-avc.p)*100,
"%\n")
10 次訓練測試法--分類樹效度平均預測分類錯誤百分比 = 35.8%
> print (listc.p)
 [1] 0.68 0.78 0.66 0.66 0.72 0.62 0.54 0.46 0.60 0.70
```

　　R 編輯器語法指令列 [4]「fval = 10」改為「fval = 15」，表示決策樹執行 15 次訓練測試法程序，15 次訓練測試法程序的平均效度如下：

```
> cat(fval,"次訓練測試法--分類樹效度平均預測分類正確百分比 = ",avc.p*100,"%\
n")
15 次訓練測試法--分類樹效度平均預測分類正確百分比 = 67.9%
> cat (fval, "次訓練測試法--分類樹效度平均預測分類錯誤百分比 = ",(1-avc.p)*100,
"%\n")
15 次訓練測試法--分類樹效度平均預測分類錯誤百分比 = 32.1%
> listc.p
 [1] 0.78 0.72 0.62 0.74 0.64 0.58 0.64 0.76 0.68 0.70 0.62 0.70 0.68 0.60 0.72
```

　　如果原資料檔樣本數夠大，採用單一訓練測試法進行分類樹模型效度檢定，可得到精準的效度指標值；但若是樣本數不夠多，採用平均訓練測試法程序進行分類樹模型效度檢定，得到的效度指標值更為穩定，也更具合理性。

　　分類樹中的 k 疊交互效度驗證法 (cross-validation) 程序，如採用迴圈與陣列方法可以快速將資料檔分成 k 個子資料檔。範例以四十位樣本觀察值之資料檔為例，以隨機函數從 1 至 40 中隨機抽取 40 個數值，40 個數值分配在 10 × 4 矩陣物件，測試樣本的觀察值序號為橫列數值元素，10 疊交互效度驗證法程序的測試樣本如下，函數 **matrix ( )** 引數 nrow 界定橫列個數、引數 ncol 界定直行個數、引數 byrow 為邏輯選項，選項為真，表示資料元素的排序先橫列後直行，範例索引向量直接以語法列「> sub = x.m [i,]」界定為測試樣本組別的觀察值，語法較之前＜第七章＞所介紹的語法指令更為精簡：

```
> x.m = matrix (sample (1:40, 40), nrow = 10, ncol = 4, byrow = TRUE)
> print (x.m)
         [,1]     [,2]     [,3]     [,4]
 [1,]     17       3        2        18
 [2,]     13       8        5        36
 [3,]     37       19       6        10
 [4,]     24       28       15       31
 [5,]     16       34       38       7
 [6,]     30       26       25       39
 [7,]     40       21       9        1
 [8,]     14       27       29       32
 [9,]     20       23       4        22
 [10,]    12       33       11       35
> for (i in 1:10) {
+   sub = x.m [i,]
+ testdata = deff [sub,]
+ traindata = deff [-sub,]
+ cat ("-- 第 ",i," 次測試樣本索引序號：",sub,sep =" ","\n")
+ print (testdata [,c (1:5, 11)])
+ }
```

--第 1 次測試樣本索引序號：**17 3 2 18**

	編號	性別	就學地區	家庭型態	課堂表現	學習效能
17	s017	2	1	1	6	36
3	s003	1	2	1	7	38
2	s002	2	3	1	6	36
18	s018	2	1	1	6	36

--第 2 次測試樣本索引序號：**13 8 5 36**

	編號	性別	就學地區	家庭型態	課堂表現	學習效能
13	s013	1	2	2	9	62
8	s008	2	3	1	9	48
5	s005	1	1	1	7	47
36	s036	2	1	2	8	48

--第 3 次測試樣本索引序號：**37 19 6 10**

<略>……

--第 9 次測試樣本索引序號：**20 23 4 22**

	編號	性別	就學地區	家庭型態	課堂表現	學習效能
20	s020	2	1	1	5	35
23	s023	2	2	2	12	49
4	s004	1	2	1	7	38
22	s022	1	1	1	10	47

```
--第 10 次測試樣本索引序號：12 33 11 35
        編號    性別    就學地區    家庭型態    課堂表現    學習效能
12      s012     1        2          1         7         40
33      s033     2        1          1         9         27
11      s011     1        2          1         7         40
35      s035     2        1          2         8         48
```

範例 5 疊交互效度驗證法程序採用套件 {evtree} 函數 evtree ( )，矩陣大小為 5 個橫列 40 個直行 (N = 200)，每一個橫列元素為一組測試樣本觀察值的位置序號。R 編輯器語法指令如下：

```
[1] x.m = matrix (sample (1:200, 200), nrow = 5, ncol = 40, byrow = TRUE)
[2] library (evtree)
[3] for (i in 1:5) {
[4] sub = x.m [i,]
[5] testdata = deff [sub,]    ##測試樣本為一個橫列序號觀察值
[6] traindata = deff [-sub,]  ##訓練樣本為其餘四個橫列序號觀察值
[7] evt.m = evtree (性別~課堂表現 + 一般行為 + 家庭資本 + 同儕關係 + 學習動機 +
學習策略 + 學習效能, data = traindata, minsplit = 40L, minbucket = 20L)
[8] 預測性別 = predict (evt.m, testdata, type = "response")
[9] table.m = table (testdata$ 性別, 預測性別)
[10] c.p = round (sum (diag (table.m))/sum (table.m), 3)*100
[11] cat ("----------第 ",i," 次測試樣本觀察值個數 = ",length (testdata [,2]),"-----------
---\n")
[12] cat ("預測分類正確百分比 = ",c.p,"%\n")
[13] print (table.m)
[14] print (evt.m)
[15] }
```

R 主控台執行的部分結果如下，輸出內容為五個分類樹模型與預測分類情形，研究者再從五個模型中挑選預測分類效度最佳的模型作為分類樹建構模型：

```
> for (i in 1:5) {
<略>……
+ }
----------第 1 次測試樣本觀察值個數 = 40 -----------
預測分類正確百分比 = 65%
```

```
                預測性別
            女生    男生
女生        17      5
男生        9       9
```

Model formula:

性別 ~ 課堂表現 + 一般行為 + 家庭資本 + 同儕關係 + 學習動機 +
　　學習策略 + 學習效能

Fitted party:

[1] root
| [2] 家庭資本 < 18
| | [3] 同儕關係 < 19: 女生 (n = 21, err = 42.9%)
| | [4] 同儕關係 >= 19: 男生 (n = 27, err = 18.5%)
| [5] 家庭資本 >= 18
| | [6] 學習效能 < 60
| | | [7] 學習效能 < 51
| | | | [8] 同儕關係 < 24: 男生 (n = 20, err = 30.0%)
| | | | [9] 同儕關係 >= 24: 女生 (n = 21, err = 19.0%)
| | | [10] 學習效能 >= 51: 男生 (n = 29, err = 0.0%)
| | [11] 學習效能 >= 60: 女生 (n = 42, err = 9.5%)
```

**Number of inner nodes:    5**
**Number of terminal nodes: 6**

----------第 2 次測試樣本觀察值個數 = 40 ------------

預測分類正確百分比 = 80%

<略>……

----------第 5 次測試樣本觀察值個數 = 40 ------------

預測分類正確百分比 = 70%

```
                預測性別
            女生    男生
女生        14      6
男生        6       14
```

Model formula:

性別 ~ 課堂表現 + 一般行為 + 家庭資本 + 同儕關係 + 學習動機 +
　　學習策略 + 學習效能

Fitted party:

[1] root
| [2] 學習效能 < 51
| | [3] 同儕關係 < 20: 男生 (n = 30, err = 30.0%)
| | [4] 同儕關係 >= 20
| | | [5] 家庭資本 < 17: 男生 (n = 20, err = 25.0%)
| | | [6] 家庭資本 >= 17: 女生 (n = 28, err = 25.0%)
| [7] 學習效能 >= 51
```

```
| | [8] 學習效能 < 60: 男生 (n = 30, err = 0.0%)
| | [9] 學習效能 >= 60: 女生 (n = 52, err = 13.5%)
Number of inner nodes:    4
Number of terminal nodes: 5

>
```

範例 10 疊交互效度驗證法程序採用套件 **{partykit}** 函數 **ctree ( )**，R 編輯器語法指令如下，矩陣為 10 × 20 (N = 200)，迴圈系列數值從 1 至 10：

```
x.m = matrix (sample (1:200, 200), nrow =10, ncol = 20, byrow = TRUE)
library (partykit)
for (i in 1:10) {
 sub = x.m [i,]
 testdata = deff [sub,]
 traindata = deff [-sub,]
 ctr.m = ctree (性別~課堂表現 + 一般行為 + 家庭資本 + 同儕關係 + 學習動機 + 學
習策略 + 學習效能, data = traindata, minsplit = 40L, minbucket = 20L)
 預測性別 = predict (ctr.m, testdata, type = "response")
 table.m = table (testdata$ 性別, 預測性別)
 c.p = round (sum (diag (table.m))/sum (table.m), 3)*100
 cat ("----------第 ",i," 次測試樣本觀察值個數 = ",length (testdata [,2]),"------------\n")
 cat ("預測分類正確百分比 = ",c.p,"%\n")
 print (table.m)
 print (ctr.m)
}
```

R 主控台執行的部分結果如下，輸出內容為十個分類樹模型與預測分類情形，研究者再從十個模型中挑選預測分類效度最佳的模型作為分類樹建構模型：

```
----------第 1 次測試樣本觀察值個數 = 20 ------------
預測分類正確百分比 = 65%
            預測性別
          女生    男生
女生      4       6
男生      1       9
Model formula:
性別 ~ 課堂表現 + 一般行為 + 家庭資本 + 同儕關係 + 學習動機 +
    學習策略 + 學習效能
Fitted party:
```

[1] root
| [2] 學習效能 <= 58: 男生 (n = 123, err = 34.1%)
| [3] 學習效能 > 58
| | [4] 學習動機 <= 14: 女生 (n = 32, err = 21.9%)
| | [5] 學習動機 > 14: 女生 (n = 25, err = 8.0%)
Number of inner nodes: 2
Number of terminal nodes: 3
<略>……
----------第 10 次測試樣本觀察值個數 = 20 ------------
預測分類正確百分比 = 75%
                  預測性別
          女生   男生
    女生   3   4
    男生   1   12
Model formula:
性別 ~ 課堂表現 + 一般行為 + 家庭資本 + 同儕關係 + 學習動機 +
    學習策略 + 學習效能
Fitted party:
[1] root
| [2] 學習效能 <= 58: 男生 (n = 122, err = 36.1%)
| [3] 學習效能 > 58
| | [4] 學習動機 <= 14: 女生 (n = 33, err = 21.2%)
| | [5] 學習動機 > 14: 女生 (n = 25, err = 8.0%)
Number of inner nodes: 2
Number of terminal nodes: 3

10 疊交互效度驗證法程序中，若將每次執行結果之預測分類準確度量數儲存在數值向量元素中，配合使用函數 **which.max ( )** 可以得知預測分類最大準確度的數值指標 (那一個元素)。範例六個元素中最大值的元素序號為 3，若以正數值索引為測試樣本，表示以第 3 組為測試樣本、其餘 9 組為訓練樣本建構的分類樹模型之預測分類準確度最大：

```
> listc.p = c (0.65, 0.74, 0.85, 0.84, 0.79, 0.81)
> which.max (listc.p)
[1] 3
```

範例數值向量有 10 個元素，數值最大的元素為第 6 個與第 8 個，以函數 **which.max ( )** 判別最大值的元素序號時，只回傳序號在前的元素：

```
> varx = c (0.54, 0.65, 0.78, 0.64, 0.74, 0.81, 0.79, 0.81, 0.67, 0.71)
> length (varx)   ##數值向量元素的個數
[1] 10
> which.max (varx) ##數值向量最大值的元素序號
[1] 6
> varx [6]   ##數值向量索引 6 的內容
[1] 0.81
> varx [which.max (varx)] ##數值向量元素中的最大值
[1] 0.81
```

　　範例 R 編輯器語法指令前半段以 10 疊交互效度驗證法程序，將 10 次預測分類正確百分比量數以數值向量 listc.p 儲存，後半段使用函數 **which.max ( )** 判別以那一組樣本觀察值為測試樣本情況下，其餘 9 組樣本觀察值建構的分類樹模型最佳，之後印出最佳模型預測分類正確的百分比值、分類樹的分類準則、預測分類交叉表與測試樣本觀察值在原資料框架物件中的序號：

```
[1] x.m = matrix (sample (1:200, 200), nrow = 5, ncol = 40, byrow = TRUE)
[2] library (partykit)
[3] listc.p = 0
[4] for (i in 1:10) {
[5] sub = x.m [i,]
[6] testdata = deff [sub,]
[7] traindata = deff [-sub,]
[8] cla.m = ctree (性別~課堂表現 + 一般行為 + 家庭資本 + 同儕關係 + 學習動機 +
學習策略 + 學習效能, data = traindata, minsplit = 40L, minbucket = 20L)
[9] 預測性別 = predict (cla.m, testdata, type = "response")
[10] table.m = table (testdata$ 性別, 預測性別)
[11] c.p = round (sum (diag (table.m))/sum (table.m), 3)*100
[12] cat ("----------第 ",i," 次測試樣本預測分類正確百分比 = ",c.p," %-----------\n")
[13] listc.p [i] = c.p/100
[14]}
[15] max.n = which.max (listc.p)
[16] sub = x.m [max.n,]
[17] testdata = deff [sub,]
[18] traindata = deff [-sub,]
[19] cla.m = ctree (性別~課堂表現 + 一般行為 + 家庭資本 + 同儕關係 + 學習動機 +
學習策略 + 學習效能, data = traindata, minsplit = 40L, minbucket = 20L)
[20] 預測性別 = predict (cla.m, testdata, type = "response")
```

```
[21] table.m = table (testdata$ 性別, 預測性別)
[22] c.p = round (sum (diag (table.m))/sum (table.m), 3)*100
[23] cat ("----------第 ",max.n,"次測試樣本觀察值個數 = ",length (testdata [,2]),"---
---------\n")
[24] cat ("預測分類正確百分比 = ",c.p,"%\n")
[25] print (cla.m)
[26] print (table.m)
[27] print (sub)
```

　　列 [2]、列 [8]、列 [9]、列 [19]、列 [20] 為套件 {partykit} 中使用的函數與引數，若是研究者使用不同套件，對應的語法指令列之套件名稱、函數名稱與函數引數要同時修改。列 [16] 界定之樣本觀察值組別的數值索引，正數值索引序號作為測試樣本的觀察值、負數值索引序號作為訓練樣本的觀察值，以訓練測試法程序輸出分類樹預測分類結果。列 [27] 增列輸出測試樣本觀察值在原資料框架物件的序號位置，可供檢核或後續探究之用，若沒有將此數值索引保留，之後再執行隨機抽取函數 sample ( ) 程序，數值序號元素內容會再更動。

　　R 主控台執行 R 編輯器語法指令之部分結果如下：

```
----------第 1 次測試樣本預測分類正確百分比 = 65%------------
----------第 2 次測試樣本預測分類正確百分比 = 70%------------
----------第 3 次測試樣本預測分類正確百分比 = 80%------------
----------第 4 次測試樣本預測分類正確百分比 = 60%------------
----------第 5 次測試樣本預測分類正確百分比 = 65%------------
----------第 6 次測試樣本預測分類正確百分比 = 75%------------
----------第 7 次測試樣本預測分類正確百分比 = 70%------------
----------第 8 次測試樣本預測分類正確百分比 = 60%------------
----------第 9 次測試樣本預測分類正確百分比 = 85%------------[預測分類效度最佳]
----------第 10 次測試樣本預測分類正確百分比 = 75%------------
<略>……
----------第 9 次測試樣本觀察值個數 = 20 ------------
> cat ("預測分類正確百分比 = ",c.p,"%\n")
預測分類正確百分比 = 85%
> print (cla.m)
Model formula:
性別 ~ 課堂表現 + 一般行為 + 家庭資本 + 同儕關係 + 學習動機 +
    學習策略 + 學習效能
Fitted party:
[1] root
```

│ **[2] 學習效能 <= 58: 男生 (n = 126, err = 35.7%)**
│ **[3] 學習效能 > 58**
│ │ **[4] 學習動機 <= 14: 女生 (n = 31, err = 25.8%)**
│ │ **[5] 學習動機 > 14: 女生 (n = 23, err = 8.7%)**
Number of inner nodes: 2
Number of terminal nodes: 3
> print (table.m)

```
        預測性別
      女生    男生
女生    8      3
男生    0      9
```

> print (sub)
[1] 168 58 28 85 20 176 101 126 195 42 73 117 167 135 34 88 109 142
[19] 43 107

範例 10 疊交互效度驗證法程序使用套件 **{C50}** 函數 **C5.0 ( )**，R 編輯器語法指令列增列底線符號者為修改之處，修改的語法指令列包括列 [2]、列 [8]、列 [9]、列 [19]、列 [20]、列 [25]：

[1] x.m = matrix (sample (1:200, 200), nrow = 10, ncol = 20, byrow = TRUE)
[2] library (C50)
[3] listc.p = 0
[4] for (i in 1:10) {
[5] sub = x.m [i,]
[6] testdata = deff [sub,]
[7] traindata = deff [-sub,]
[8] cla.m = C5.0 (性別~課堂表現 + 一般行為 + 家庭資本 + 同儕關係 + 學習動機 + 學習策略 + 學習效能, data = traindata, control = C5.0Control (minCases = 20))
[9] 預測性別 = predict (cla.m, testdata, type = "class")
[10] table.m = table (testdata$ 性別, 預測性別)
[11] c.p = round (sum (diag (table.m))/sum (table.m), 3)*100
[12] cat ("----------第 ",i," 次測試樣本預測分類正確百分比 = ",c.p,"%-----------\n")
[13] listc.p [i] = c.p/100
[14] }
[15] max.n = which.max (listc.p)
[16] sub = x.m [max.n,]
[17] testdata = deff [sub,]
[18] traindata = deff [-sub,]
[19] cla.m = C5.0 (性別~課堂表現 +一般行為 + 家庭資本 + 同儕關係 + 學習動機 + 學習策略 + 學習效能, data = traindata,, control = C5.0Control (minCases = 20))

[20] 預測性別 = predict (cla.m, testdata, type = "class")
[21] table.m = table (testdata$ 性別, 預測性別)
[22] c.p = round (sum (diag (table.m))/sum (table.m), 3)*100
[23] cat ("----------第 ",max.n,"次測試樣本觀察值個數 = ",length (testdata [,2])),"-----------\n")
[24] cat ("預測分類正確百分比 = ",c.p," %\n")
[25] summary (cla.m)
[26] print (table.m)
[27] print (sub)

R 主控台執行 R 編輯器語法指令之部分結果如下：

----------第 1 次測試樣本預測分類正確百分比 = 70%------------
----------第 2 次測試樣本預測分類正確百分比 = 45%------------
----------第 3 次測試樣本預測分類正確百分比 = 80%------------[預測分類效度最佳]
----------第 4 次測試樣本預測分類正確百分比 = 65%------------
----------第 5 次測試樣本預測分類正確百分比 = 65%------------
----------第 6 次測試樣本預測分類正確百分比 = 75%------------
----------第 7 次測試樣本預測分類正確百分比 = 50%------------
----------第 8 次測試樣本預測分類正確百分比 = 60%------------
----------第 9 次測試樣本預測分類正確百分比 = 70%------------
----------第 10 次測試樣本預測分類正確百分比 = 65%------------
> max.n = which.max (listc.p)
<略>……
----------第 3 次測試樣本觀察值個數 = 20 ------------
> cat ("預測分類正確百分比 = ",c.p,"%\n")
預測分類正確百分比 = 80 %
> summary (cla.m)
Call:
C5.0.formula (formula = 性別 ~ 課堂表現 + 一般行為 + 家庭資本 + 同儕關係 + 學習動機 + 學習策略 +
 學習效能, data = traindata, control = C5.0Control (minCases = 20))
C5.0 [Release 2.07 GPL Edition]   Sun Jan 08 07:06:46 2017

Class specified by attribute `outcome'
Read 180 cases (8 attributes) from undefined.data
Decision tree:
學習效能 > 58: 女生 (56/9)
學習效能 <= 58:
:...學習效能 > 50: 男生 (29)

學習效能 <= **50:**
:...同儕關係 <= **16:** 男生 **(24/5)**
  同儕關係 > **16:**
  :...家庭資本 <= **16:** 男生 **(35/13)**
    家庭資本 > **16:** 女生 **(36/11)**

Evaluation on training data (180 cases):

Decision Tree

Size   Errors

  5   38 **(21.1%)** **<<**

  (a) **(b)** **<-classified as**

---- ----

  72   18   **(a): class** 女生
  20   70   **(b): class** 男生

Attribute usage:
100.00% 學習效能
52.78% 同儕關係
39.44% 家庭資本

Time: 0.0 secs

> print (table.m)

```
           預測性別
        女生     男生
女生      8       2
男生      2       8
```

> print (sub)

[1] 158 42 29 169 23 102 157 170 148 153 93 64 20 134 86 192 184 166
[19] 21 66

第三組測試樣本之觀察值位置序號在矩陣元素中為第三橫列的 20 個直行數值，以函數「> x.m [1:5,]」查看第 1 橫列至第 5 橫列的數值元素：

```
> x.m [1:5,]
      [,1]  [,2]  [,3]  [,4]  [,5]  [,6]  [,7]  [,8]  [,9] [,10] [,11] [,12] [,13] [,14]
[1,]  199   179    54    41   164   165     2    26   149   113   133    18   147    27
[2,]  181    49   118    59    36     1    32    88    57    51    45   151   189    79
[3,]  158    42    29   169    23   102   157   170   148   153    93    64    20   134
[4,]   78    38   142   172   144   108    33    98   174   185   130   182   175   162
[5,]   25   115   146    55     8    16   100   176   109   154    87   163    17   119
      [,15] [,16] [,17] [,18] [,19] [,20]
[1,]   143   135    80    68    52    62
```

[2,]	40	129	198	31	4	178
[3,]	86	192	184	166	21	66
[4,]	5	73	89	195	11	139
[5,]	84	101	107	173	125	9

　　範例 10 疊交互效度驗證法分析之標的資料檔為 240 位受試者在「閱讀素養 B」的資料，資料檔共有 8 個變數，分類樹的反應變數為「閱讀素養 B」三分類別變數：

```
> library (xlsx)
> read.d = read.xlsx ("read.xlsx", 1)
> names (read.d) = c ("家庭型態", "家人支持", "學習動機", "家庭資本", "學習成就",
   "投入程度", "閱讀素養 A", "閱讀素養 B")
> read.d$ 家庭型態 = factor (read.d$ 家庭型態, levels = 0:1, labels = c ("完整家庭", "
   單親家庭"))
> read.d$ 閱讀素養 B = factor (read.d$ 閱讀素養 B, levels = 0:2, labels = c ("加強", "
   普通", "精熟"))
> tail (read.d,3)
```

	家庭型態	家人支持	學習動機	家庭資本	學習成就	投入程度	閱讀素養 A	閱讀素養 B
238	完整家庭	17	30	18	99	40	1	精熟
239	完整家庭	19	33	19	99	38	1	精熟
240	完整家庭	20	35	13	100	38	1	精熟

　　10 疊交互效度驗證法分析程序使用套件 {rpart} 函數 **rpart ( )**，R 編輯器語法指令如下，語法指令列增列底線處為修改的地方，修改之語法指令列如下：

　　1.列 [1] 重新界定矩陣的直行數值 (ncol = 24) 與隨機抽取的樣本觀察值個數 (N = 240)。

　　2.列 [2]、列 [8]、列 [9]、列 [19]、列 [20] 指令列功能在於載入套件 **{rpart}**、使用套件函數 **rpart ( )** 建構分類樹模型 (標的資料框架物件為訓練樣本 traindata)、使用套件函數 **predict ( )** 與函數引數對測試樣本進行預測分類。

　　3.列 [10] 與列 [21] 使用函數 **table ( )** 建構分類樹模型對測試樣本 testdata 預測分類之交叉表 (修改交叉表之原始反應變數名稱與預測分類變數名稱)。

　　4.列 [6]、列 [7] 與列 [17]、列 [18] 修改原始資料框架物件名稱，範例的資料框架物件為 read.d，研究者可以於在最前面界定 alldata = 標的資料框架物件名稱，如 alldata = read.d，四個語法指令列改為：

[6] testdata = alldata [sub,]

[7] traindata = alldata [-sub,]

[17] testdata = alldata [sub,]

[18] traindata = alldata [-sub,]

之後再套用時，四個語法指令列不用再個別修改資料框架物件名稱。

如果 10 疊交互效度驗證法分析程序要增列最佳模型之分類樹成長樹圖，可使用決策樹模型建構對應的之繪圖函數，如函數 **plot ( )**、套件 {rpart.plot} 中的函數 **rpart.plot ( )**、函數 **prp ( )** 等：

```
[1] x.m = matrix (sample (1:240, 240), nrow = 10, ncol = 24, byrow = TRUE)
[2] library (rpart)
[3] listc.p = 0
[4] for (i in 1:10) {
[5] sub = x.m [i,]
[6] testdata = read.d [sub,]
[7] traindata = read.d [-sub,]
[8] cla.m = rpart (閱讀素養 B~家庭型態 + 家人支持 + 學習動機 + 家庭資本 + 學習成就 + 投入程度, data = traindata, method = "class", minsplit = 50, minbucket = 25)
[9] 預測閱讀素養 B = predict (cla.m, testdata, type = " class" )
[10] table.m = table (testdata$ 閱讀素養 B, 預測閱讀素養 B)
[11] c.p = round (sum (diag (table.m))/sum (table.m), 3)*100
[12] cat ("----------第 ",i, " 次測試樣本預測分類正確百分比 = ",c.p, "%------------\n")
[13] listc.p [i] = c.p/100
[14] }
[15] max.n = which.max (listc.p)
[16] sub = x.m [max.n,]
[17] testdata = read.d [sub,]
[18] traindata = read.d [-sub,]
[19] cla.m = rpart (閱讀素養 B~家庭型態 + 家人支持 + 學習動機 + 家庭資本 + 學習成就 + 投入程度, data = traindata, method = "class", minsplit = 50, minbucket = 25)
[20] 預測閱讀素養 B = predict (cla.m,testdata, type = "class")
[21] table.m = table (testdata$ 閱讀素養 B, 預測閱讀素養 B)
[22] c.p = round (sum (diag (table.m))/sum (table.m), 3)*100
[23] cat ("----------第 ",max.n, "次測試樣本觀察值個數 = ",length (testdata [,8]),"------------\n")
```

[24] cat（"預測分類正確百分比 = ",c.p," %\n"）
[25] print (cla.m)
[26] print (table.m)
[27] print (sub)

R 主控台執行 R 編輯器語法指令之部分結果如下：

----------第 1 次測試樣本預測分類正確百分比 = **91.7%**------------
----------第 2 次測試樣本預測分類正確百分比 = **66.7%**------------
----------第 3 次測試樣本預測分類正確百分比 = **58.3%**------------
----------第 4 次測試樣本預測分類正確百分比 = **75%**------------
----------第 5 次測試樣本預測分類正確百分比 = **66.7%**------------
----------第 6 次測試樣本預測分類正確百分比 = **83.3%**------------
----------第 7 次測試樣本預測分類正確百分比 = **79.2%**------------
----------第 8 次測試樣本預測分類正確百分比 = **70.8%**------------
----------第 9 次測試樣本預測分類正確百分比 = **66.7%**------------
----------第 10 次測試樣本預測分類正確百分比 = **62.5%**------------

> max.n = which.max (listc.p)

<略>……

----------第 1 次測試樣本觀察值個數 = **24** ------------

> cat ("預測分類正確百分比 = ",c.p,"%\n")

預測分類正確百分比 = **91.7%**

> print (cla.m)

n = 216

node), split, n, loss, yval, (yprob)

　　* denotes terminal node

 1) root 216 139 普通 (0.33333333 0.35648148 0.31018519)
　2) 投入程度 < 18.5 162　86 普通 (0.43827160 0.46913580 0.09259259)
　　4) 家庭資本 < 10.5 58　13 加強 (0.77586207 0.22413793 0.00000000) *
　　5) 家庭資本 >= 10.5 104　41 普通 (0.25000000 0.60576923 0.14423077)
　　　10) 家庭資本 < 15.5 76　26 普通 (0.34210526 0.65789474 0.00000000)
　　　　20) 投入程度 < 10.5 28　 9 加強 (0.67857143 0.32142857 0.00000000) *
　　　　21) 投入程度 >= 10.5 48　 7 普通 (0.14583333 0.85416667 0.00000000) *
　　　11) 家庭資本 >= 15.5 28　13 精熟 (0.00000000 0.46428571 0.53571429) *
　3) 投入程度 >= 18.5 54　2 精熟 (0.01851852 0.01851852 0.96296296) *

> print (table.m)

　　　　　　預測閱讀素養 **B**

	加強	普通	精熟
加強	5	0	0
普通	2	9	0

```
精熟      0      0      8
> print (sub)
[1] 105  21  30  67  57 130 221 177 235 109 180 123  35 118 154 193 217  50 184
[20]  97 108 174  24 133
```

陸、決策樹向度變數

決策樹程序中的解釋變數或反應變數若是層面 (dimension)(/向度/構面/因素)，層面變數的測量值可能為數個測量指標題項的加總值或測量指標加總的平均值，此種以「層面」作為分析之標的變數，測量工具多數採用李克特量表形式。範例資料檔除三個基本人口變數外 (受試者性別、年齡、最高學歷)，二個測量工具為「校長正向領導量表」、「教師正向心理資本」量表，二種量表經因素分析求得的構念效度名稱與包括題項 (測量指標) 如下：

層面名稱	題項編號	題項數	變數名稱
正向溝通	AA1、AA2、AA3、AA4	4	FAA
正向關係	AB5、AB6、AB7、AB8	4	FAB
正向氣氛	AC9、AC10、AC11、AC12	4	FAC
正向意義	AD13、AD14、AD15、AD16	4	FAD
整體校長正向領導 (整體領導)	AA1、AA2、……、AD15、AD16	16	TA
自我效能感	BA1、BA2、BA3	3	FBA
樂觀	BB4、BB5、BB6、BB7	4	FBB
希望	BC8、BC9、BC10、BC11	4	FBC
堅韌性	BD12、BD13、BD14	3	FBD
整體正向心理資本 (整體資本)	BA1、BA2、……、BD13、BD14	14	TB

使用函數 **read.csv ( )** 匯入試算表「data520.csv」檔案，資料框架物件名稱界定為 rawdata，以函數 **colnames ( )** 讀取變數名稱，變數名稱之文字向量為 varname：

```
> rawdata = read.csv ("data520.csv", header = T)
> varname = colnames (rawdata)
> print (varname)
 [1] "sex"  "age"  "edu"  "AA1"  "AA2"  "AA3"  "AA4"  "AB5"  "AB6"  "AB7"
[11] "AB8"  "AC9"  "AC10" "AC11" "AC12" "AD13" "AD14" "AD15" "AD16"
"BA1"
[21] "BA2"  "BA3"  "BB4"  "BB5"  "BB6"  "BB7"  "BC8"  "BC9"  "BC10"
"BC11"
[31] "BD12" "BD13" "BD14"
```

使用迴圈求出變數之直行數值索引,人口變數有 3 題、校長正向領導量表有 16 題、教師正向心理資本有 14 題,直行變數共有 33 個,系列數值界定從 1 至 33,輸出結果中各變數後面增列的 [X] 數值,為直行變數的序號,函數 **cat ( )** 後面如增列引數 "\n",結果會逐列輸出:

```
> for ( I in 1:33) {
+    cat (varname [i],"[",i,"]─", sep = "")
+ }
sex[1]─age[2]─edu[3]─AA1[4]─AA2[5]─AA3[6]─AA4[7]─AB5[8]─AB6[9]─
AB7[10]─AB8[11]─AC9[12]─AC10[13]─AC11[14]─AC12[15]─AD13[16]─
AD14[17]─AD15[18]─AD16[19]─BA1[20]─BA2[21]─BA3[22]─BB4[23]─
BB5[24]─BB6[25]─BB7[26]─BC8[27]─BC9[28]─BC10[29]─BC11[30]─
BD12[31]─BD13[32]─BD14[33]
```

使用套件 **{fBasics}** 函數 **rowAvgs ( )** 求出每位觀察值在層面分數的平均值 (層面題項分數的總和再除以題項數),函數中的直行變數以數值向量形式呈現,觀察值在各層面分數的平均值以不同的變數名稱儲存在原資料框架物件 rawdata 中:

```
> library (fBasics)
> rawdata$FAA = round (rowAvgs (rawdata [,c (4:7)]), 2)
> rawdata$FAB = round (rowAvgs (rawdata [,c (8:11)]), 2)
> rawdata$FAC = round (rowAvgs (rawdata [,c (12:15)]), 2)
> rawdata$FAD = round (rowAvgs (rawdata [,c (16:19)]), 2)
> rawdata$TA = round (rowAvgs (rawdata [,c (4:19)]), 2)
> rawdata$FBA = round (rowAvgs (rawdata [,c (20:22)]), 2)
```

```
> rawdata$FBB = round (rowAvgs (rawdata [,c (23:26)]), 2)
> rawdata$FBC = round (rowAvgs (rawdata [,c (27:30)]), 2)
> rawdata$FBD = round (rowAvgs (rawdata [,c (31:33)]), 2)
> rawdata$TF = round (rowAvgs (rawdata [,c (20:33)]), 2)
```

　　套件 {fBasics} 類似計算橫列統計量 (row statistics) 的函數有：

　　rowStats ( )：計算橫列統計量，增列 FUN 引數設定函數名稱。**rowSds ( )** 計算橫列標準差、**rowVars ( )** 計算橫列變異數、**rowSkewness ( )** 計算橫列偏態係數、**rowKurtosis ( )** 計算橫列峰度係數、**rowMaxs ( )** 計算每個橫列的最大值、**rowMins ( )** 計算每個橫列的最小值、**rowProds ( )** 計算橫列數值的乘積、**rowQuantiles ( )** 計算橫列數值的分位數，內定引數設定「prob = 0.05」(數值介於 0 至 1 之間)。範例觀察值在每個層面分數平均值 (層面分數加總 ÷ 層面題項數) 改使用 **rowStats ( )**，引數 FUN 選項界定為「= mean」：

```
> rawdata$FAA = round (rowStats (rawdata [,c (4:7)], FUN = mean), 2)
> rawdata$TA = round (rowStats (rawdata [,c (4:19)], FUN = mean), 2)
```

　　函數 **rowStats ( )**，引數 FUN 選項界定為「= sum」，表示求出每位觀察值在層面分數的總和 (層面所有題項的加總分數)：

```
> rawdata$FAA2 = rowStats (rawdata [,c (4:7)], FUN = sum)
> rawdata$TA2 = rowStats (rawdata [,c (4:19)], FUN = sum)
```

　　以直行變數索引方法擷取 3 個人口變數、層面平均值變數、整體量表平均值變數，二個量表 30 個測量題項變數暫時排除 (直行變數序號從 4 至 33)，新資料框架物件界定為 md：

```
> md = rawdata [,c (1:3, 34:43)]
> names (md)
 [1] "sex" "age" "edu" "FAA" "FAB" "FAC" "FAD" "TA"  "FBA" "FBB"
"FBC" "FBD"
[13] "TF"
> tail (md, 4)
      sex age edu FAA  FAB  FAC  FAD  TA   FBA  FBB  FBC  FBD  TF
517   2   2   2   3.75 3.00 3.25 3.75 3.44 3.33 2.75 3.75 2.67 3.14
```

518	2	2	1	4.50	2.50	3.50	4.25	3.69	5.00	3.00	2.75	3.67	3.50
519	2	3	2	4.00	3.75	4.25	3.75	3.94	3.67	4.00	3.25	3.33	3.57
520	2	4	2	4.50	4.75	4.25	4.75	4.56	5.00	2.25	2.00	3.00	2.93

使用 **names ( )** 函數標記人口變數、層面變數的中文名稱:

```
> names (md) = c ("性別", "年齡", "學歷", "正向溝通", "正向氣氛", "正向關係", "正向意義", "整體領導", "自我效能感", "樂觀", "希望", "堅韌性", "整體資本")
> tail (md ,4)
```

	性別	年齡	學歷	正向溝通	正向氣氛	正向關係	正向意義	整體領導	自我效能感	樂觀	希望	堅韌性	整體資本
517	2	2	2	3.75	3.00	3.25	3.75	3.44	3.33	2.75	3.75	2.67	3.14
518	2	2	1	4.50	2.50	3.50	4.25	3.69	5.00	3.00	2.75	3.67	3.50
519	2	3	2	4.00	3.75	4.25	3.75	3.94	3.67	4.00	3.25	3.33	3.57
520	2	4	2	4.50	4.75	4.25	4.75	4.56	5.00	2.25	2.00	3.00	2.93

使用套件 **{fBasics}** 函數 **basicStats ( )** 求出校長正向領導、教師正向心理資本二個量表層面變數與整體量表變數的描述性統計量:

```
> round (basicStats (md [,4:8]), 2)
```

	正向溝通	正向氣氛	正向關係	正向意義	整體領導
nobs	520.00	520.00	520.00	520.00	520.00
NAs	0.00	0.00	0.00	0.00	0.00
Minimum	2.25	2.50	2.25	2.00	2.38
Maximum	5.00	5.00	5.00	5.00	5.00
1. Quartile	4.00	3.75	4.00	4.00	3.94
3. Quartile	4.75	4.75	4.81	4.75	4.62
Mean	4.22	4.17	4.32	4.32	4.26
Median	4.25	4.25	4.25	4.50	4.38
Sum	2192.00	2168.50	2248.00	2245.00	2213.27
SE Mean	0.03	0.03	0.03	0.02	0.02
LCL Mean	4.16	4.12	4.27	4.27	4.21
UCL Mean	4.27	4.22	4.37	4.37	4.30
Variance	0.41	0.36	0.34	0.31	0.25
Stdev	0.64	0.60	0.58	0.56	0.50
Skewness	-0.87	-0.64	-0.57	-1.15	-0.93
Kurtosis	0.23	-0.26	-0.36	1.42	0.45

```
> round (basicStats (md [,9:13]), 2)
```

	自我效能感	樂觀	希望	堅韌性	整體資本
nobs	520.00	520.00	520.00	520.00	520.00

NAs	0.00	0.00	0.00	0.00	0.00
Minimum	2.33	2.25	2.00	2.00	2.71
Maximum	5.00	5.00	5.00	5.00	4.93
1. Quartile	3.67	3.50	3.75	3.67	3.64
3. Quartile	5.00	4.50	4.75	4.67	4.64
Mean	4.24	4.03	4.20	4.14	4.15
Median	4.33	4.25	4.25	4.33	4.29
Sum	2206.49	2096.75	2182.25	2153.84	2156.57
SE Mean	0.03	0.03	0.03	0.03	0.02
LCL Mean	4.19	3.98	4.14	4.08	4.10
UCL Mean	4.30	4.09	4.25	4.20	4.19
Variance	0.44	0.41	0.36	0.44	0.30
Stdev	0.66	0.64	0.60	0.66	0.55
Skewness	-0.47	-0.46	-0.63	-0.63	-0.48
Kurtosis	-0.57	-0.65	-0.37	0.03	-0.94

以迴圈函數配合邏輯判別條件，求出校長正向領導四個層面、整體校長正向領導變數與教師正向心理資本四個層面、整體教師正向心理資本變數間的積差相關，橫列變數為校長正向領導、直行變數為教師正向心理資本，矩陣形式為 5 × 5，資料框架物件 cor.d 只保留層面變數與量表加總變數 (共 10 個)：

```
> tail (cor.d, 3)
      正向溝通  正向氣氛  正向關係  正向意義  整體領導  自我效能感  樂觀  希望  堅韌性  整體資本
518   4.5      2.50     3.50     4.25     3.69     5.00      3.00  2.75  3.67   3.50
519   4.0      3.75     4.25     3.75     3.94     3.67      4.00  3.25  3.33   3.57
520   4.5      4.75     4.25     4.75     4.56     5.00      2.25  2.00  3.00   2.93
```

R 主控台語法指令列如下，列 [5] cort = cor.test (cor.d [,i], cor.d [,j + 5]) 界定相關係數檢定的二個變數為數值索引 i 與數值索引 j + 5。由於內迴圈 j 的系列數值從 1 至 5，cor.d [,j + 5] 表示第二個變數索引值從 6 (自我效能層向) 至 11 (整體正向心理資本)；外迴圈 i 的系列數值從 1 至 5，cor.d [,i] 表示第一個變數索引值從 1 (正向溝通層向) 至 5 (整體正向領導)：

```
> cor.d = md [,4:13]
> corm = matrix (NA, nrow = 5, ncol = 5)
> for (i in 1:5)
+    for (j in 1:5) {
```

```
+     cort = cor.test (cor.d [,i], cor.d [,j + 5])
+     rval = round (cort$estimate, 3)
+     pval = round (cort$p.value, 3)
+     if (pval < .001) {
+       corm [i, j] = paste (rval, "(< .001)", sep = "")
+       } else {
+       corm [i,j] = paste (rval," (",pval,")", sep = "")}
+     }
> colnames (corm) = colnames (cor.d [,c (6:10)])
> rownames (corm) = colnames (cor.d [,c (1:5)])
> print (as.data.frame (corm))
```

	自我效能感	樂觀	希望	堅韌性	整體資本
正向溝通	0.444 (< .001)	0.45 (< .001)	0.426 (< .001)	0.441 (< .001)	0.513 (< .001)
正向氣氛	0.506 (< .001)	0.46 (< .001)	0.493 (< .001)	0.519 (< .001)	0.574 (< .001)
正向關係	0.473 (< .001)	0.469 (< .001)	0.503(< .001)	0.505 (< .001)	0.568 (< .001)
正向意義	0.423 (< .001)	0.441 (< .001)	0.502 (< .001)	0.472 (< .001)	0.537 (< .001)
整體領導	0.552 (< .001)	0.544 (< .001)	0.573 (< .001)	0.578 (< .001)	0.654 (< .001)

範例第一列設定樣本觀察值為原資料框架前五十筆:「> cor.d = md [1:50, 4:13]」,R 主控台視窗界面如下 (R 主控台視窗中語法指令列為紅色字,輸出結果為藍色字):

```
R Console
> cor.d=md[1:50,4:13]
> corm=matrix(NA,nrow=5,ncol=5)
> for (i in 1:5) {
+   for (j in 1:5) {
+     cort=cor.test(cor.d[,i],cor.d[,j+5])
+     rval=round(cort$estimate,3)
+     pval=round(cort$p.value,3)
+     if (pval<.001) {
+       corm[i,j]=paste(rval,"(<.001)",sep="")
+       } else {
+       corm[i,j]=paste(rval,"(",pval,")",sep="") }
+     }
> colnames(corm)=colnames(cor.d[,c(6:10)])
> rownames(corm)=colnames(cor.d[,c(1:5)])
> print(as.data.frame(corm))
            自我效能感          樂觀          希望          堅韌性        整體資本
正向溝通  0.378(0.007)   0.263(0.065)  0.345(0.014)  0.247(0.084)  0.429(0.002)
正向氣氛  0.192(0.182)  -0.051(0.723)  0.392(0.005)  0.347(0.014)  0.314(0.026)
正向關係  0.269(0.059)   0.136(0.347)  0.338(0.016)   0.48(<.001)  0.433(0.002)
正向意義  0.399(0.004)   0.133(0.356)  0.634(<.001)  0.572(<.001)  0.621(<.001)
整體領導  0.475(<.001)   0.183(0.203)  0.657(<.001)  0.619(<.001)  0.685(<.001)
```

迴歸樹的分析程序中,可以以校長正向領導四個層面為解釋變數,教師正向心理資本為反應變數進行適配迴歸樹模型的建構;複迴歸分析程序,也可以以校長正向領導四個層面為自變數 (解釋變數)、以教師正向心理資本各層面與整體正向心理資本為依變數 (效標變數)，建構適配複迴歸模型，以探究校長正向領導四個層面對教師正向心理資本的解釋變異程度。

在大樣本分析程序中，研究者如要探究某個特殊群體，配合函數 **which ( )** 設定樣本觀察值條件，即可選取標的樣本群組，如：

```
> md.sex1 = md [which (md$ 性別 == 1),]
> md.sex2 = md [which (md$ 性別 == 2),]
> md.sexedu21 = md [which (md$ 性別 ==2 & md$ 學歷 == 1),]
> md.sexedu22 = md [which (md$ 性別 ==2 & md$ 學歷 == 2),]
> md.sexedu23 = md [which (md$ 性別 ==2 & md$ 學歷 == 3),]
```

範例各層面變數測量值為測量題項的加總分數，使用函數 **rowStats ( )**，層面中指標題項加總之引數 FUN 界定「= sum」，資料框架物件名稱為 rawd：

```
> rawd = rawdata
> rawd$FAA = rowStats (rawd [,c (4:7)], FUN = sum)
> rawd$FAB = rowStats (rawd [,c (8:11)], FUN = sum)
> rawd$FAC = rowStats (rawd [,c (12:15)], FUN = sum)
> rawd$FAD= rowStats (rawd [,c (16:19)], FUN = sum)
> rawd$TA = rowStats (rawd [,c (4:19)], FUN = sum)
> rawd$FBA = rowStats (rawd [,c (20:22)], FUN = sum)
> rawd$FBB = rowStats (rawd [,c (23:26)], FUN = sum)
> rawd$FBC = rowStats (rawd [, c(27:30)], FUN = sum)
> rawd$FBD = rowStats (rawd [,c (31:33)], FUN = sum)
> rawd$TF = rowStats (rawd [,c( 20:33)], FUN = sum)
> mds = rawd [,c (1:3, 34:43)]
> names (mds) = c ("性別", "年齡", "學歷", "正向溝通", "正向氣氛", "正向關係", "正
   向意義", "整體領導", "自我效能感", "樂觀", "希望", "堅韌性", "整體資本")
> tail (mds, 4)
```

	性別	年齡	學歷	正向溝通	正向氣氛	正向關係	正向意義	整體領導	自我效能感	樂觀	希望	堅韌性	整體資本
517	2	2	2	15	12	13	15	55	10	11	15	8	44
518	2	2	1	18	10	14	17	59	15	12	11	11	49
519	2	3	2	16	15	17	15	63	11	16	13	10	50
520	2	4	2	18	19	17	19	73	15	9	8	9	41

決策樹模型建構程序，解釋變數測量值為層面加總分數或層面加總後平均值所建構的適配決策樹模型相同，適配決策樹分類準則一樣，若是反應變數為計量變數，適配迴歸樹成長樹圖的差別在葉節點中的平均數與離均差平方和 SS 量

數。範例使用套件 **{rparp}** 函數 **rparp ( )** 建構迴歸樹模型,二個迴歸樹模型的差異在於訓練樣本引數 data 的界定 (模型建構的資料框架物件),訓練樣本分別為 md (層面變數為平均值) 與mds (層面變數為測量題項的加總值):

```
> library (rpart)
> reg.m1 = rpart (整體資本~正向溝通 + 正向氣氛 + 正向關係 + 正向意義, data = md,
  method = "anova", minsplit = 100, minbucket = 50, cp = .01)
> print (reg.m1)
n = 520
node), split, n, deviance, yval
    * denotes terminal node
1) root 520 155.63780 4.147250
 2) 正向氣氛 < 3.875  143  32.29079  3.668531
   4) 正向溝通 < 3.875  86  12.57732  3.516628 *
   5) 正向溝通 >= 3.875  57  14.73500  3.897719 *
 3) 正向氣氛 >= 3.875  377  78.14489  4.328833
   6) 正向關係 < 4.125  91  18.37627  4.040549 *
   7) 正向關係 >= 4.125  286  49.79951  4.420559 *
> reg.m2 = rpart (整體資本~正向溝通 + 正向氣氛 + 正向關係 + 正向意義, data =
  mds, method = "anova", minsplit = 100, minbucket = 50, cp = .01)
> print (reg.m2)
n = 520
node), split, n, deviance, yval
    * denotes terminal node
1) root 520 30509.510 58.06923
 2) 正向氣氛 < 15.5  143  6329.091  51.36364
   4) 正向溝通 < 15.5  86  2469.349  49.23256 *
   5) 正向溝通 >= 15.5  57  2879.895  54.57895 *
 3) 正向氣氛 >= 15.5  377  15311.460  60.61273
   6) 正向關係 < 16.5  91  3594.132  56.58242 *
   7) 正向關係 >= 16.5  286  9768.853  61.89510 *
```

[說明]:適配迴歸樹模型 **reg.m2** 中層面解釋變數除以層面題項數,分類準則條件與適配迴歸樹模型 **reg.m1** 相同,如節點 **[2]**「正向氣氛 < 15.5」,「正向氣氛」層面有 4 個測量題項,層面平均值 = 15.5 ÷ 4 = 3.875、葉節點 **[6]** 分類準則為「正向關係 < 16.5」,「正向關係」層面有 4 個測量題項,層面平均值 = 16.5 ÷ 4 = 4.125。葉節點 **[4]** 觀察值有 **86** 位,節點平均數 = **49.23256**,節點平均數為整體正向心理資本量表 **14** 個題項的加總值,節點平均數除以題項數 **14** 的平均值為適配迴歸樹模型 **reg.m1** 對應葉節點的平均數 (二個平均數小數點後的差異在於四捨五入程序造成的):

```
> 49.23256/14  ##葉節點 [4]
```

[1] 3.516611
> 61.89510/14　##葉節點 [7]
[1] 4.421079

　　資料框架物件 md 中層面變數是平均值，數值介於 1.00 至 5.00 之間，假定整體教師正向心理資本以 4.00 為臨界點，變數測量值大於 4.00 分之觀察值為「高教師正向心理資本組」(H_PTPC)、測量值小於等於 4.00 分之觀察值為「低教師正向心理資本組」(L_PTPC)；資料框架物件 mds 層面變數是加總值，數值介於 1.00 × 題項數至 5.00 × 題項數之間，整體教師正向心理資本共有 14 題 (14 × 4 = 56)，以 56 分為臨界點，變數測量值大於 56 分之觀察值為「高教師正向心理資本組」(H_PTPC)、測量值小於等於 56 分之觀察值為「低教師正向心理資本組」(L_PTPC)，使用 **ifelse ( )** 函數進行邏輯條件的分組：

> md$PTPC.G = ifelse (md$ 整體資本 > 4, "H_PTPC", "L_PTPC")
> mds$PTPC.G = ifelse (mds$ 整體資本 >56, "H_PTPC", "L_PTPC")

　　範例使用套件 **{rparp}** 函數 **rparp ( )** 建構適配分類樹模型，二個不同資料框架物件建構的分類樹成長樹相同，葉節點中的觀察值個數、不純度值一樣：

```
> cla.m1 = rpart (factor (PTPC.G)~正向溝通 + 正向氣氛 + 正向關係 + 正向意義, data
= md, method = "class", minsplit = 80, minbucket = 30, cp = .01)
> print (cla.m1)
n = 520
node), split, n, loss, yval, (yprob)
    * denotes terminal node
1) root 520 199 H_PTPC (0.6173077 0.3826923)
  2) 正向氣氛 >= 3.875 377  84 H_PTPC (0.7771883 0.2228117)
    4) 正向意義 >= 3.875 337  57 H_PTPC (0.8308605 0.1691395) *
    5) 正向意義 < 3.875 40  13 L_PTPC (0.3250000 0.6750000) *
  3) 正向氣氛 < 3.875 143  28 L_PTPC (0.1958042 0.8041958) *
> cla.m2 = rpart (factor (PTPC.G)~正向溝通 + 正向氣氛 + 正向關係 + 正向意義, data
= mds, method = "class", minsplit = 80, minbucket = 30, cp = .01)
> print (cla.m2)
n = 520
node), split, n, loss, yval, (yprob)
    * denotes terminal node
1) root 520 199 H_PTPC (0.6173077 0.3826923)
```

2) 正向氣氛 >= 15.5 377 84 H_PTPC (0.7771883 0.2228117)
 4) 正向意義 >= 15.5 337 57 H_PTPC (0.8308605 0.1691395) *
 5) 正向意義 < 15.5 40 13 L_PTPC (0.3250000 0.6750000) *
3) 正向氣氛 < 15.5 143 28 L_PTPC (0.1958042 0.8041958) *

　　使用套件函數 **predict ( )** 對原資料框架物件 (測試樣本) 進行預測，二個不同資料框架物件預測結果交叉表相同，預測分類正確百分比為 81.2%、預測分類錯誤百分比為 18.8%：

```
> table (md$PTPC.G, predict (cla.m1, data = md, type = "class"))
             H_PTPC      L_PTPC
 H_PTPC       280          41
 L_PTPC        57         142
> table (md$PTPC.G, predict (cla.m2, data = mds, type = "class"))
             H_PTPC      L_PTPC
 H_PTPC       280          41
 L_PTPC        57         142
> round ((280 + 142)/520, 3)
[1] 0.812
> round ((57 + 41)/520, 3)
[1] 0.188
```

Chapter 15

RStudio 整合發展環境

　　$\mathcal{R}$軟體中的三大視窗界面為主控台視窗 (R Console)、R 編輯器視窗 (R Editor)、R 圖形裝置視窗 (R Graphics Device)，三個視窗是獨立的界面無法並排呈現，只能以滑鼠點選方式切換。執行功能表列「檔案」(File)／「建立新的命令稿」(New script) 程序，可以開啟空白的 R 編輯器視窗，執行功能表列「檔案」(File)／「輸入 R 程式碼」(Source R code) 程序，可以開啟之前在 R 編輯器鍵入存檔的語法指令列 (檔名為 *.R)。R 軟體是一個 GUI 界面，如果讀者對於各項功能使用熟悉，能快速進行各項資料處理與統計分析程序。

　　相對於 R 軟體各視窗界面無法並排呈現的問題，應用軟體 RStudio 是一個更友善的視窗界面。軟體 RStudio 是一套跨平台整合開發環境語言 (Integrated Development Enviroments; [IDE])，系統整合 R 軟體主控台視窗、編輯器視窗、圖形裝置器視窗，採用更簡便的操作界面與自動判讀選取功能讓讀者更能簡易使用各種 R 軟體套件函數、更有效撰寫迴圈與邏輯判別條件指令語法。

　　要安裝 RStudio 之前，電腦要先安裝 R 軟體，R 軟體的官方網站網址為「https//www.r-project.org/」，首頁中點選「CRAN」(鏡像伺服器) 選項：

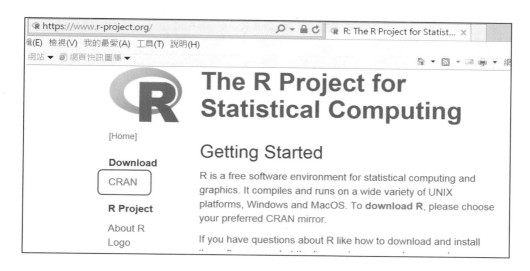

　　「CRAN」(鏡像伺服器) 視窗中點選「http://cran.csie.ntu.edu.tw/」(臺灣大學伺服器)：

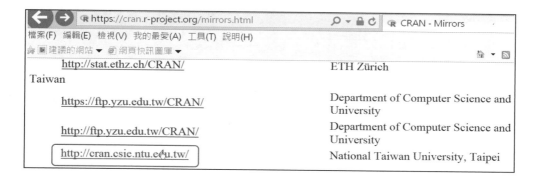

　　使用者根據個人電腦安裝的作業系統選取適合選項，範例選取的選項為「Download R for Windows」(微軟作業系統)：

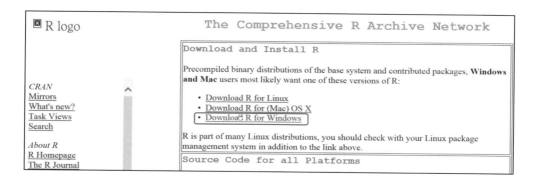

「R for Windows」視窗中點選「install R for the first time.」選項：

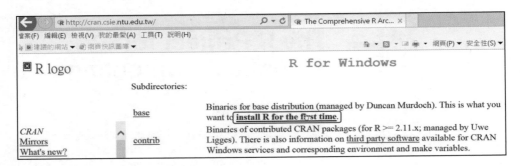

　　「R-3.3.2 for Windows (32/64)」視窗中點選「Download R 3.3.2 for Windows (32/64 bit)」選項，下載的 R 軟體版本為 R 3.3.2，下載後檔案點選二下可直接進行安裝程序 (R 軟體首頁的版本更新速度很快，使用者下載時版本可能已經更新)。

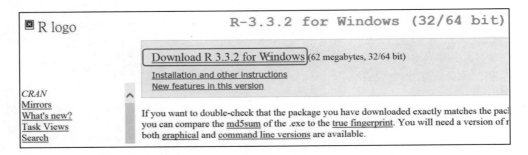

　　RStudio 軟體網站網址為「https//www.rstudio.com/」，首頁中按「Download」選項：

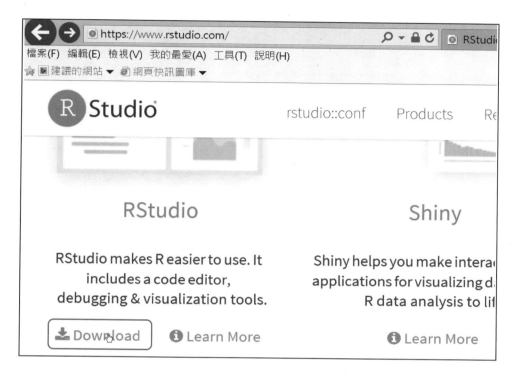

RStudio 下載的檔案類型包括桌上型個人電腦或伺服器二種，二種類型檔案均有免付費與付費二種方式，範例下載的選項為桌上型專用 (RStudio Desktop) 且免付費 (FREE) 選項：

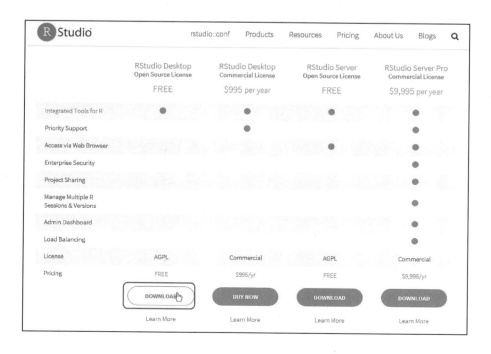

「Installers for Supported Platforms」方盒選項中選取安裝程式支持的作業系統，使用者根據個人電腦的作業系統選取對應的選項：

壹、RStudio 整合開發環境界面與專案

安裝完成後的 RStudio 界面如下 (左邊沒有開啟編輯程式碼視窗)，主控台視窗 (Console) 功能與 R 軟體的 R Console 視窗相同，範例中個人桌上型電腦安裝的 R 軟體版本為 3.3.2 (2016-10-31)；右邊有二個視窗界面，右上角為環境與使用歷程記錄視窗、右下角為輔助操作功能視窗，包括專案 (或資料夾) 內檔案清單子視窗、繪圖器子視窗、外掛套件的安裝與載入及卸載程序子視窗、套件函數的語法查尋子視窗等。

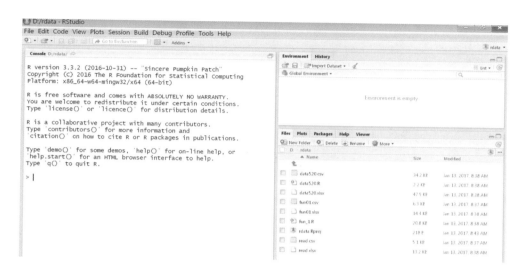

執行「File」(檔案)／「New File」(開新檔案)／「R Script」(R 命令稿)
程序，可以開啟新的編輯器語法視窗，視窗位置在 RStudio 界面的左上角，
RStudio 左上角視窗為 R 編輯器視窗，功能在於編修語法指令列。

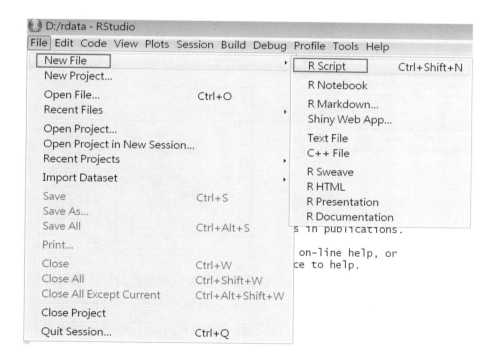

四個分割畫面的 RStudio 視窗界面如下 (分割視窗的粗框線可以移動)：

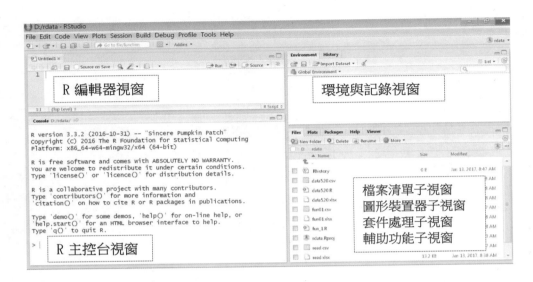

繪製家庭文化資本 (capital) 與學習自我效能 (efficacy) 間的散佈圖,增列平滑條件平均數 (conditional mean) 線,RStudio 整合開發環境的視窗界面為:

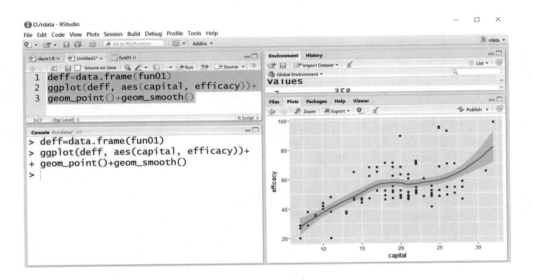

　　Rstudio 四個界面若同時呈現,編輯器視窗與控制視窗的操作空間較小,使用者可按各視窗的右上角的縮放鈕,彈性將各視窗放大至所需要的大小。此外,工具列鈕「Workspace Panes」(工作空間面版鈕) 的功能可以將各視窗或清單子視窗放大,勾選對應的選項,被勾選的選項視窗或子視窗會放大成全螢幕的模式。工作空間面鈕的選單中勾選「Show All Panes」選項同時顯示四個視窗、勾選「Zoom Source」選項放大編輯器視窗、勾選「Zoom Console」選項放大控制台視窗、勾選「Zoom Packages」選項放大套件清單子視窗。

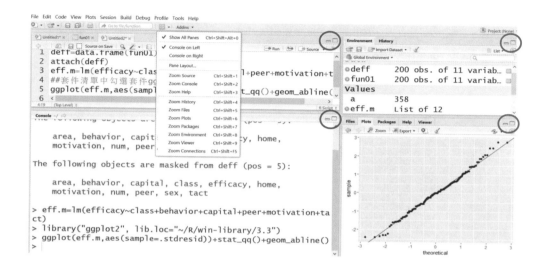

　　專案 (Project) 的建立與開啟是 RStudio 的一個主要特色，專案同時可以儲存資料檔、語法指令列、分析統計結果輸出文件與圖形，專案的功能類似資料夾。執行功能表列「File」(檔案) /「New Project」(新專案) 程序，開啟「New Project」(新專案) 視窗，視窗中有三個選項：「New Directory」(以新的目錄建立專案)、「Existing Directory」(從現存的目錄建立專案)、「Version Control」(從版本控制知識庫建立專案)，範例選取第二個選項「Existing Directory」(從現存的目錄建立專案)，原資料夾目錄檔名為「rdata」，資料夾儲存在 D 磁碟機根目錄下。

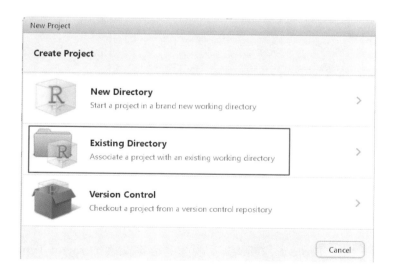

　　點選「Existing Directory」(從已存在的目錄) 圖示鈕選項，開啟下一個「New Project」(新專案) 視窗，按「Browse」(瀏覽) 鈕，選取 D 磁碟機中的「rdata」資料夾，在「Project working directory」(專案作用中的目錄) 訊息下方框出現「D:/ rdata」，按「Create Project」(建立專案) 鈕。

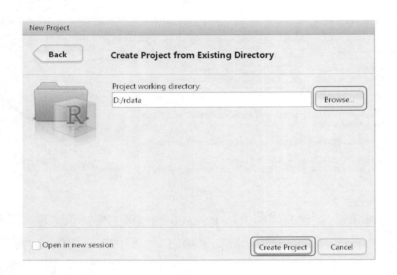

　　執行「File」(檔案) /「New Project」(新專案) 程序，開啟「New Project」(新專案) 視窗，在「Create Project」(建立專案) 方盒中，點選「New Directory」(新目錄) 選單 (此功能與檔案總管中建立新的資料夾程序相似)。

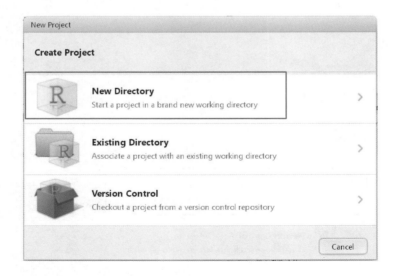

　　第二個「New Project」(新專案) 視窗的專案型態 (Project Type) 方盒中，

按「Empty Project」(空白專案) 選單鈕。專案型態 (Project Type) 方盒共有三個選單鈕：「Empty Project」(空白專案)、「R Package」(R 套件)、「Shiny Web Application」(發亮的網頁應用)。

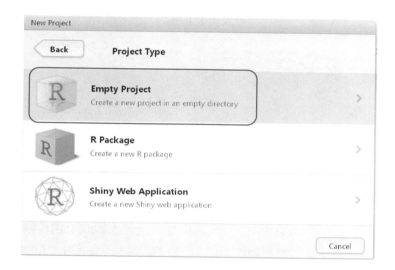

　　第三個「New Project」(新專案) 視窗之「Create New Project」(建立新專案) 方盒中，在「Directory name:」(目錄名稱) 下方格鍵入新專案資料夾名稱，範例鍵入「testdata」；「Create project as subdirectory of:」(專案資料夾作為次目錄) 下方格選取 D 磁碟機資料夾 rdata，按「Create Project」(建立專案) 鈕，表示新的專案名稱資料夾 testdata 置放在資料夾 rdata 目錄中。

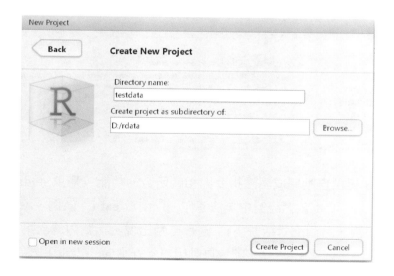

　　右下角視窗「Files」(檔案) 選項的路徑為：「D:>rdata>testdata」，檔案清單目錄的移動類似檔案總管，檔案清單按鈕功能有建立新資料夾 (New Folder)、刪除清單內的檔案 (Delete)、更改清單內檔案名稱 (Rename)。

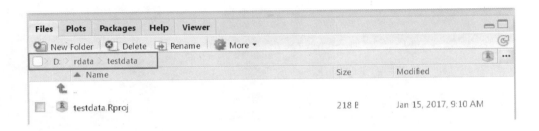

貳、智慧型自動完成指令

　　RStudio 左上角編輯器視窗中程式碼指令列的鍵入與左下角控制台函數語法的輸入，採用的方法是智慧型判斷選取 (自動完成名稱的功能)，此功能與多數視覺化程式語法撰寫類似。以迴圈函數為例，在編輯器視窗列鍵入 for 後，會出現 for* 相關的字元選取方盒，點選字元會出現對應字元的功能與相關語法說明次方盒，使用者可以從方盒中直接選取指令或函數，或是採用傳統方法直接鍵入。

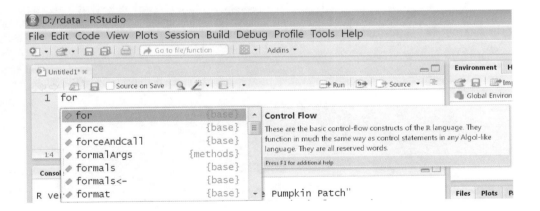

　　RStudio 提供自動完成語法指令與相關函數的功能，是 RStudio 界面的特色之一，此功能在 R 軟體視窗中無法運作。以函數 **cat ( )** 為例，讀者鍵入左側括號「(」號後，右側配對括號「)」號會自動出現，括號內鍵入第一個雙引號「"」號後，第二個雙引號「"」號會自動出現；查詢 as. 起始函數時，只要鍵入

字母 as. 後，相關 as.* 函數均會出現供使用者參考，每個函數最右側方盒會出現
函數語法的相關說明，範例為點選 **as.factor ( )** 函數的界面：

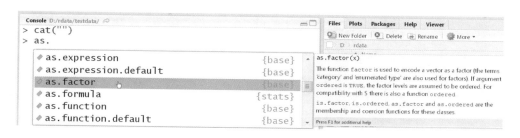

執行單一樣本或雙樣本 t 檢定程序的函數為 **t.test ( )**，主控台視窗鍵入起始
字元 t，智慧型方盒會出現 t* 所有函數，函數列後面的灰色字 **{base}**、**{stats}** 為
函數所屬的套件，使用者點選函數 t.test 選項後，主控台出現「**t.test ( )**」，函數
左右括號一併出現，如此可增快使用者執行的效率。

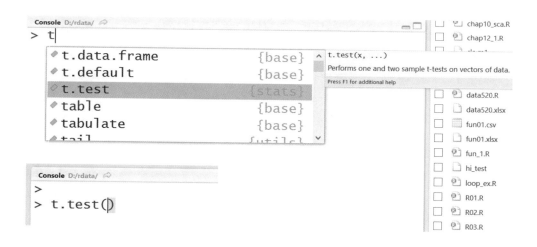

參、編輯器語法指令的執行

左上角編輯器視窗與 R 編輯器操作程序相同，範例為使用迴圈函數 **for ( )**
求出系列數值的平方，程式碼編輯鍵入完成後，選取語法指令列按「Run」(執
行) 鈕，語法指令列執行結果會出現在左下角主控台視窗中：

　　範例之編輯器視窗指令列為自訂函數，編輯器語法指令列尚未存檔，左上角對應的檔名為「Untitled1*」，選取語法指令列按「Run」(執行) 鈕，左下角主控台為對應語法指令列執行結果。編輯器新的命令稿檔案內定的檔名依序為「Untitled1*」、「Untitled2*」、「Untitled3*」、……，執行功能表列「File」/「Save as」程序，可以將語法指令列檔案以新檔名存檔，檔案類型為「*.R」(「*.R」檔案類型為 R 編輯器視窗存檔的檔案型態)。

右下角變數清單中，要快速將編輯器視窗存檔的語法指令列檔案 (*.R) 開啟，只要在標的檔案上，點選檔案 (按一下滑鼠左鍵)，即可開啟相關語法指令列檔案，範例為點選變數清單中 test01.R 檔案的視窗界面：

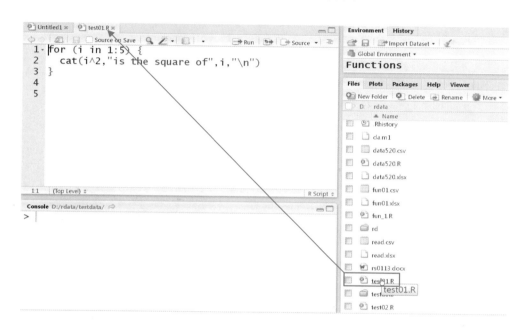

肆、各種選項的設定

執行功能表列「Tools」(工具)／「Global Options」(整體選項) 程序，開啟「Options」(選項) 對話視窗，對話視窗可進行相關選項的設定。

「General」(一般) 選單在於提供使用者選擇所要使用的 R 版本，內定的 R 軟體為安裝在桌上型最新的版本，範例 R 軟體版本為 R-3.3.2。如果要更改安裝在個人電腦的 R 軟體版本，按「Change…」(改變) 鈕，開啟「Choose R Installation」(選擇 R 安裝) 子視窗，點選「⊙Choose a specific version of R」(選取特定的 R 版本) 選項，在下拉式方盒中選取一個 R 版本子選項，按「OK」鈕。

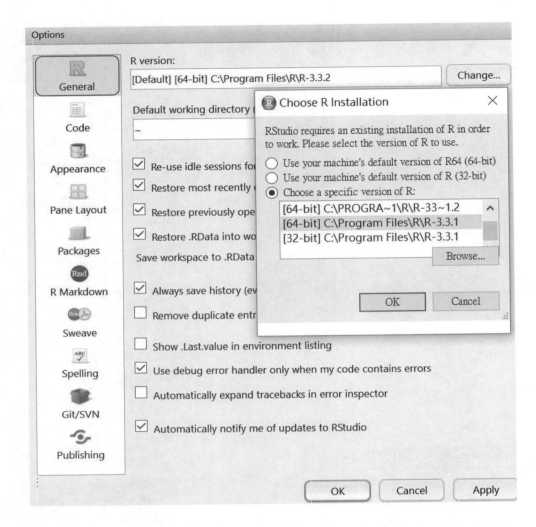

　　「Code」(程式碼) 選單功能可以讓使用者更改、編修、顯示在編輯器視窗的指令列型態，選單有五個選項按鈕：Editing (編輯)、Display (顯示)、Saving (儲存)、Completion (完成)、Diagnostics (診斷)。

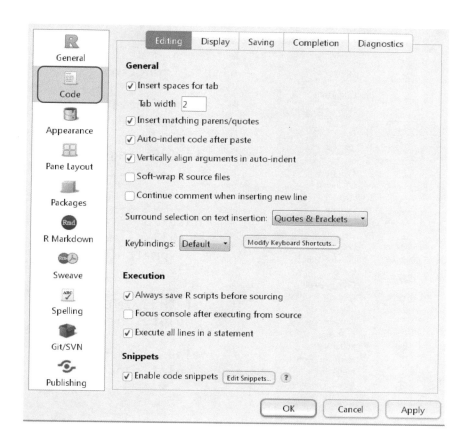

　　「Appearance」(外觀) 圖示鈕選單功能可以讓使用者變更文字的放大倍數、字型類型、字體大小、主題內容 (字的顏色與背景顏色)等。

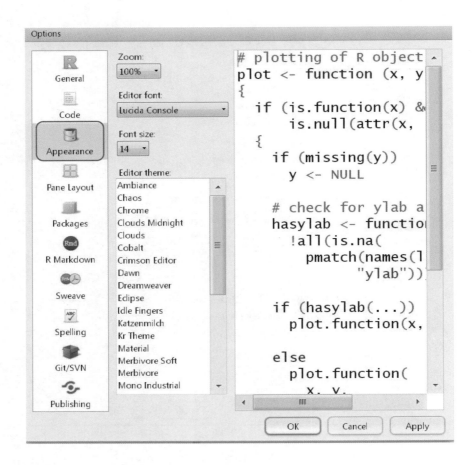

　　「Panel Layout」(視窗面版排列) 選單功能在於調整 RStudio 視窗的排列，四個下拉式方盒選單為分割畫面的四個視窗。

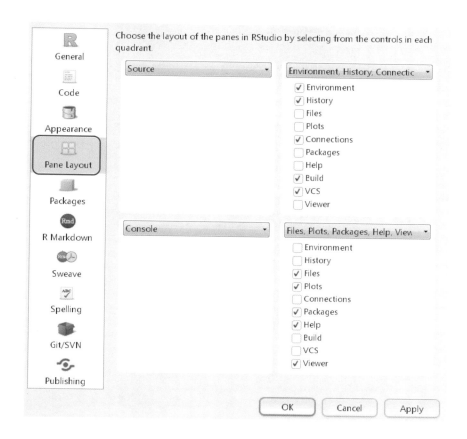

　　「Packages」(套件) 選單功能在於套件管理與套件發展，選單功能可以改變安裝套件時對應的鏡像伺服器位置，按「Change」(改變) 鈕開啟「Choose HTTPS CRAN Mirror」對話盒，對話盒有不同位置之 CRAN 鏡像伺服器 (此功能相當於 R 軟體界面中執行功能表列「程式套件」/「設定 CRAN 鏡像」(Set CRAN mirror) 程序)。

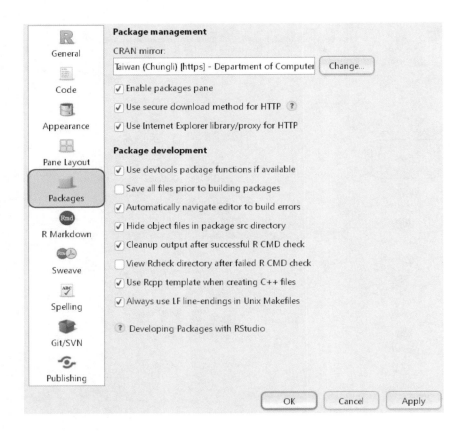

伍、套件安裝與載入

　　RStudio 右下角視窗有五個選單鈕：Files (目前工作目錄或專案內的檔案清單)、Plots (圖形裝置視窗，顯示主控台繪製的圖表)、Packages (目前安裝的套件、套件的載入與卸載、進行新套件的安裝與更新)、Help (查詢套件與函數語法文件)、Viewer (顯示網頁或 html 類型檔案)。點選「Packages」(套件) 鈕 (套件鈕清單中顯示的套件為已經安裝的套件)，再點選「Install」(安裝) 子按鈕，開啟「Install Packages」(安裝套件) 對話視窗，在「Packages (separate multiple with spce or comma):」提示語下空格鍵入「c」後，會出現以 c 起始的套件名稱，範例選取「C50」，按右下方「Install」(安裝) 鈕，可以安裝外掛套件 {C50}。安裝套件鍵入方格中，使用者也可以同時輸入多個套件名稱，套件名稱以空格或逗點隔開，可以一次下載安裝多個套件。

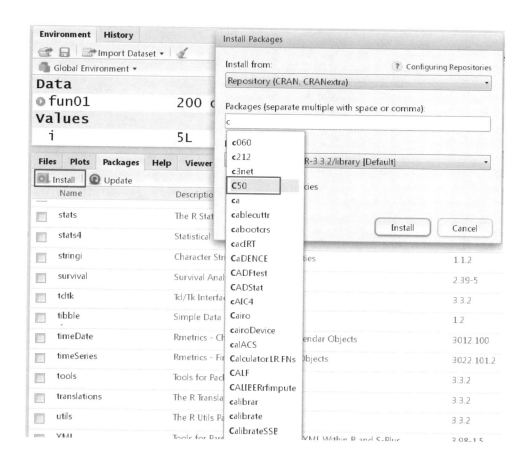

　　Packages (套件) 鈕清單中顯示的套件為已經安裝的套件，清單中可以查
詢到決策樹套件 {C50}。Packages (套件) 鈕清單中如要進行套件的更新，按
「Update」(更新) 鈕，開啟「Update Packages」(更新套件) 方盒，方盒內勾選
要更新的套件選項，按「Install Updates」(安裝更新) 鈕，即可快速進行套件的
更新，原方盒中如要選取所有套件按「Select All」(選擇全部) 鈕；按「Select
None」(一個套件也不選擇) 鈕可以快速將點選的套件取消勾選。

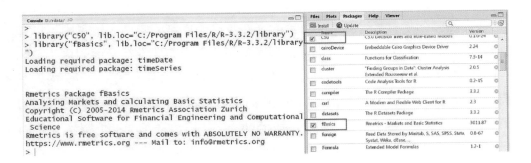

RStudio 整合開發環境中，只要勾選標的套件名稱，即可快速將外掛套件載入至主控台視窗，對應的函數為 **library ( )**，若是要從主控台中卸載已載入的套件，取消勾選的套件名稱，對應的函數為 **detach ( )**，範例視窗為載入套件 **{C50}**、套件 **{fBasics}** 的界面：

勾選套件 **{C50}** 與套件 **{fBasics}** 後，主控台視窗自動出現的函數語法如下，後面二列為取消勾選套件 **{C50}** 與套件 **{fBasics}** 選項的函數指令列，套件清單中取消勾選的套件選項，表示套件從主控台中卸載 (之後要使用套件函數要重新勾選套件名稱)：

```
> library ("C50", lib.loc = " C:/Program Files/R/R-3.3.2/library")
> library ("fBasics", lib.loc = "C:/Program Files/R/R-3.3.2/library")
Loading required package: timeDate
Loading required package: timeSeries

> detach ("package: fBasics", unload = TRUE)
> detach ("package: C50", unload = TRUE)
```

　　使用外掛套件中的函數前要先載入套件，如果套件未載入或已卸載，必須於套件清單中勾選套件名稱，以載入套件至主控台，否則無法使用套件中的函數進行統計分析或繪圖，範例中的套件 **{ggplot2}** 已從主控台中卸載，因而無法使用 **ggplot ( )** 函數：

```
> library ("ggplot2", lib.loc = "~/R/win-library/3.3")
> detach ("package:ggplot2", unload = TRUE)
> ggplot (deff, aes (capital, efficacy)) + geom_point ( ) + geom_smooth ( )
Error: could not find function "ggplot"
```

　　範例為進行決策樹分析程序所需要套件 **{rpart}**、**{rpart.plot}**，套件選單中勾選「 rpart」、「 rpart.plot」二個套件名稱，使用者也可以在控制台直接使用函數 **library ( )** 或函數 **require ( )** 載入套件 (控制台視窗的函數應用與 R 軟體界面之 R 主控台的函數應用與操作程序相同)。

Files	Plots	Packages	Help	Viewer		
Install	**Update**				Q	
	Name		Description			Version
☐	RGtk2		R bindings for GTK 2.8.0 and above			2.20.31
☑	rpart		Recursive Partitioning and Regression Trees			4.1-10
☑	rpart.plot		Plot 'rpart' Models: An Enhanced Version of 'plot.rpart'			2.1.0
☐	rpartScore		Classification trees for ordinal responses			1.0-1
☐	rstudioapi		Safely Access the RStudio API			0.6

　　主控台視窗自動出現的函數 **library ( )** 語法：

```
> library ("rpart", lib.loc = "C:/Program Files/R/R-3.3.2/library")
> library ("rpart.plot", lib.loc = "C:/Program Files/R/R-3.3.2/library")
```

　　如要查詢套件文件或套件函數基本語法，在套件名稱 (Name) 上按一下，超連結的功能會連結到對應套件的網頁，範例點選的套件名稱為 **{rpart.plot}**，此操作程序與在主控台視窗中直接使用函數「**help (package = 套件名稱)**」相同：

> help (package = rpart.plot)

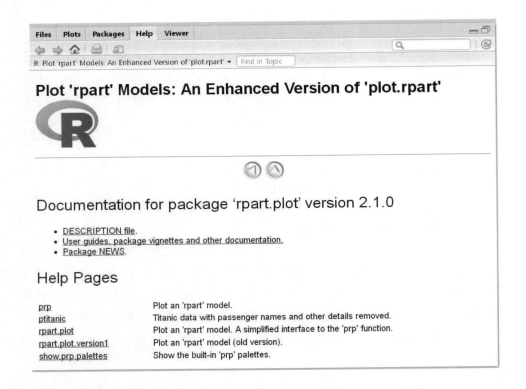

　　套件 **{rpart.plot}** 首頁上點選函數名稱，可快速查詢函數基本語法與函數引數詳細說明文件：

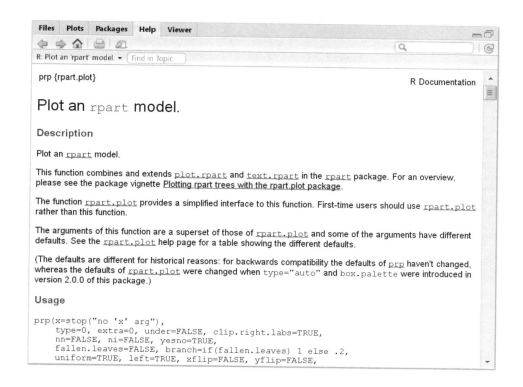

陸、外部資料檔匯入

　　執行功能表列「File」(檔案)／「Import Dataset」(輸入資料集) 程序，可以匯入外部資料檔至 RStudio 整合發展環境界面中。選單有五個選項：「From CSV」、「From Excel」、「From SPSS」、「From SAS」、「From Stata」，範例選單選取「From Excel」選項。在右上角環境與記錄視窗中的「環境」鈕選項中也有「Import Dataset」(輸入資料集) 子選項，二者功能相同，均可以將外部資料檔匯入至主控台視窗。

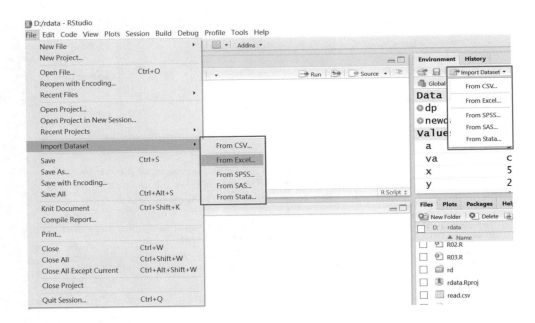

　　R 軟體中要直接匯入試算表原始類型「.xlsx」檔案要更新或外掛對應的套件，若是之前沒有安裝套件，會出現「Install Required Packages」(安裝需要套件) 視窗，視窗內容提示使用者：「要匯入此類型的資料檔要更新 **{readxl}** 套件版本，要立即安裝套件？」按「Yes」(是) 鈕會自動安裝套件或進行套件更新，套件安裝或更新完成，會自動開啟「Import Excel Data」(輸入試算表資料檔) 對話視窗。

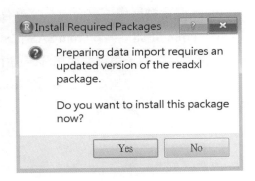

　　在「Import Excel Data」(輸入試算表資料檔) 對話視窗，按「Browse」(瀏覽) 鈕選取資料檔存放的位置與檔案名稱，之後資料檔會出現於中間「資料預覽」(Data Preview) 方盒中，對應主控台的函數語法出現在右下方「程式碼預覽」(Code Preview) 方格內，按「Import」(輸入) 鈕。

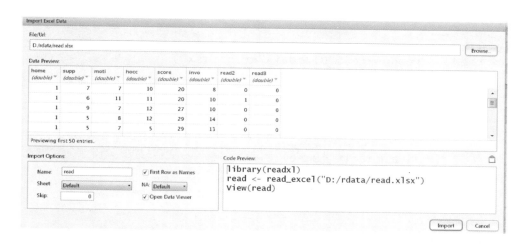

　　試算表資料檔匯入 RStudio 界面後，左上角編輯器視窗出現資料框架物件內容，左下角主控台為對應的函數語法，使用函數 **library ( )** 載入套件 **{readxl}**、使用套件函數 **read_excel ( )** 匯入試算表檔案，使用函數 **View ( )** 查看資料框架物件內容。

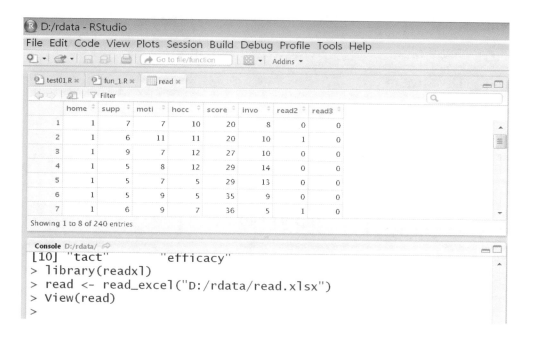

　　試算表「read.xlsx」資料檔輸入至主控台視窗的資料框架物件名稱為原資料檔的檔名「read」，研究者可使用資料框架物件複製方法，複製一個新的資料框架物件名稱作為分析之標的資料框架，如「> dread = data.frame (read)」。

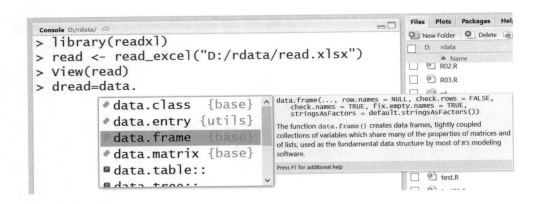

第二種匯入資料檔方法為在「檔案」(Files) 清單中，點選資料檔 (範例點選 data520.csv 資料檔)，快顯功能表方盒內有二個選項：「View File」(檢視檔案)、「Import Dataset…」(輸入資料集)，按「Import Dataset…」(輸入資料集) 選項，開啟「Import Data」(輸入資料) 對話視窗。

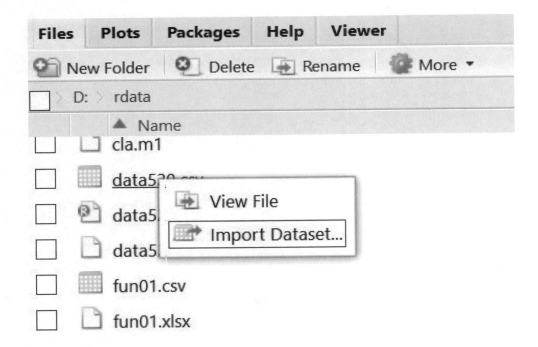

「Import Data」(輸入資料) 視窗中，右下角內定資料檔匯入至主控台視窗的資料框架名稱為原資料檔檔名，範例資料框架物件名稱界定為 data520，按「Import」(輸入) 鈕，即可將試算表檔案匯入至主控台視窗內。

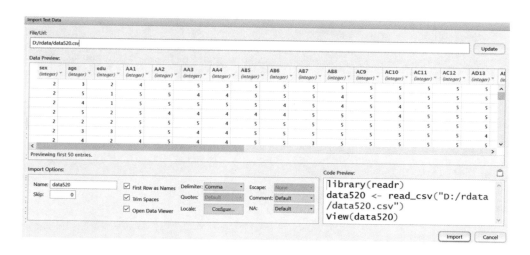

　　使用者可以在主控台視窗中複製一個資料框架物件，範例物件名稱界定為 alldata，使用函數 **dim ( )** 查看資料框架陣列 (520 × 33)、使用函數 **names ( )** 查看變數名稱 (直行變數有 33 個，陣列橫列數值 520，表示樣本觀察值有 520 位)：

```
> alldata = data.frame (data520)
> dim (alldata)
[1] 520  33
> names (alldata)
[1] "sex"  "age"  "edu"  "AA1"  "AA2"  "AA3"  "AA4"  "AB5"  "AB6"  "AB7"
[11] "AB8"  "AC9"  "AC10"  "AC11"  "AC12"  "AD13"  "AD14"  "AD15"  "AD16"  "BA1"
[21] "BA2"  "BA3"  "BB4"  "BB5"  "BB6"  "BB7"  "BC8"  "BC9"  "BC10"  "BC11"
[31] "BD12"  "BD13"  "BD14"
[說明]：RStudio 主控台中的函數指令列內定文字顏色為藍色、輸出結果的參數值為黑色、錯誤提示為紅色。
```

　　範例編輯器視窗為以函數 **rpart ( )** 建構分類樹物件的語法指令列，反應變數為二分類別變數 read2 (閱讀素養 A)，解釋變數為家庭型態 (二分類別變數)、supp (家人支持)、moti (學習動機)、hocc (家庭文化資本)、score (學習成就)。選取語法指令列按執行 (Run) 鈕，語法指令列執行結果會出現在控制台 (Console) 視窗中：

```
1  dread=data.frame(read)
2  cla.m1=rpart(factor(read2)~factor(home)+supp+moti+hocc+score,
3        data=dread,method="class",cp=0.01,minsplit=25,minbucket=10)
4  print(cla.m1)
5
```

```
> dread=data.frame(read)
> cla.m1=rpart(factor(read2)~factor(home)+supp+moti+hocc+score,
+       data=dread,method="class",cp=0.01,minsplit=25,minbucket=10)
> print(cla.m1)
n= 240

node), split, n, loss, yval, (yprob)
      * denotes terminal node

1) root 240 104 0 (0.56666667 0.43333333)
  2) score< 59 137   16 0 (0.88321168 0.11678832) *
  3) score>=59 103   15 1 (0.14563107 0.85436893)
    6) factor(home)=1 22   10 0 (0.54545455 0.45454545) *
    7) factor(home)=0 81    3 1 (0.03703704 0.96296296) *
```

　　主控台視窗使用函數 **prp ( )** 繪製分類樹成長樹圖，圖形輸出在右下方「Plots」選單視窗中，「Plots」選單的選項鈕「Zoom」為圖形放大鈕，功能在於以個別新視窗呈現圖形；選項鈕「Export」(輸出鈕) 有三個子選項，功能在儲存圖形或複製圖形：「save as Image」(將圖形儲存成不同類型圖檔)、「Save as PDF」(將圖形存成 PDF)、「Copy to Clipboard」(圖形複製到剪貼簿)。

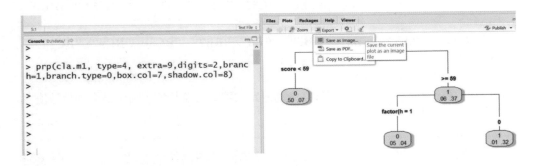

　　範例分類樹模型建構程序中，反應變數為 read3、解釋變數為 home、supp、moti、hocc、score、invo，編輯器語法指令與主控台執行結果的視窗界面如下圖：

```
> cla.m2=rpart(factor(read3)~factor(home)+supp+moti+hocc+score+invo,
+         data=dread,method="class",cp=0.01,minsplit=40,minbucket=20)
> print(cla.m2)
n= 240

node), split, n, loss, yval, (yprob)
      * denotes terminal node

 1) root 240 152 1 (0.32083333 0.36666667 0.31250000)
   2) invo< 18.5 178  91 1 (0.42696629 0.48876404 0.08426966)
     4) hocc< 10.5 65  15 0 (0.76923077 0.23076923 0.00000000) *
```

主控台執行編輯器語法指令的完整內容如下：

> dread = data.frame (read)

> cla.m2 = rpart (factor (read3)~factor (home) + supp + moti + hocc + score + invo, +
  data = dread, method = "class", cp = 0.01, minsplit = 40, minbucket = 20)

> print (cla.m2)

n = 240

node), split, n, loss, yval, (yprob)

   * denotes terminal node

1) root 240 152 1 (0.32083333 0.36666667 0.31250000)

  2) invo < 18.5 178 91 1 (0.42696629 0.48876404 0.08426966)

    4) hocc < 10.5 65 15 0 (0.76923077 0.23076923 0.00000000) *

    5) hocc >= 10.5 113 41 1 (0.23008850 0.63716814 0.13274336)

     10) invo < 9.5 22   6 0 (0.72727273 0.27272727 0.00000000) *

     11) invo >= 9.5 91 25 1 (0.10989011 0.72527473 0.16483516)

      22) hocc < 15.5 64 10 1 (0.15625000 0.84375000 0.00000000) *

      23) hocc >= 15.5 27 12 2 (0.00000000 0.44444444 0.55555556) *

  3) invo >= 18.5 62   2 2 (0.01612903 0.01612903 0.96774194) *

> table (dread$read3, predict (cla.m2, dread, type = "class"))

	0	1	2
0	66	10	1
1	21	54	13
2	0	0	

主控台以隨機均勻分布函數 **runif ( )** 從 0.600 至 0.800 間抽取 10 個數值，數值，以 **which.max ( )** 函數判別第幾個元素最大，使用函數 **cat ( )** 輸出最大的比

值與其出現的次數 (第幾個元素)：

```
> listc.p = round (runif (10, 0.6, 0.8), 3)
> listc.p
 [1] 0.688 0.601 0.617 0.778 0.698 0.689 0.769
 [8] 0.712 0.743 0.763
> which.max (listc.p)
[1] 4
> cat ("第", which.max (listc.p),"次預測分類比值最大 = ",listc.p [which.max (listc.p)])
第 4 次預測分類比值最大 = 0.778
```

語法函數先將函數 **which.max ( )** 與函數 **which.min ( )** 回傳的數值以變數儲存，使用 **cat ( )** 函數輸出標記與參數值可以簡化語法指令：

```
> max.n = which.max (listc.p)
> cat ("第", max.n,"次預測分類比值最大 = ",listc.p [max.n])
第 4 次預測分類比值最大 = 0.778
> min.n = which.min (listc.p)
> cat ("第", min.n,"次預測分類比值最小 = ",listc.p [min.n])
第 2 次預測分類比值最小= 0.601
> round (mean (listc.p), 3)   ##十次百分比值的平均值
[1] 0.706
```

R 編輯器語法指令前半段匯入資料檔 fun01.csv 後，進行水準數值群組的標記與變數名稱的標記，匯入外部資料檔的步驟：執行功能表列「File」(檔案)／「Import Dataset」(輸入資料集)／「From CSV」(從檔案類型 CSV) 程序。後半段採用 10 疊交互效度驗證法程序進行分類樹效度驗證。編輯器視窗語法指令界面圖示如下：

第一列指令在套件清單中勾選套件 **{partykit}** 以載入套件至主控台。第二列複製一個資料框架物件，資料框架物件名稱界定為 deff。

```
  test04.R        fun01
     Source on Save
 1   #勾選套件partykit
 2   deff=data.frame(fun01)
 3   deff$sex=factor(deff$sex,levels=1:2,labels=c("女生","男生"))
 4   deff$area=factor(deff$area,levels=1:3,labels=c("東區","西區","北區"))
 5   deff$home=factor(deff$home,levels=1:3,labels=c("單親家庭","隔代教養","雙親家庭"))
 6   names(deff)=c("編號","性別","就學地區","家庭型態","課堂表現","一般行為","家庭資本","同儕關係
 7   x.m=matrix(sample(1:200,200),nrow =10, ncol =20, byrow = TRUE)
 8   listc.p=0
 9   for (i in 1:10) {
10       sub=x.m[i,]
11       testdata=deff[sub,]
12       traindata=deff[-sub,]
13       cla.m=ctree(性別~課堂表現+一般行為+家庭資本+同儕關係+學習動機+學習策略+學習效能, data=trai
14       預測性別=predict(cla.m,testdata,type="response")
15       table.m=table(testdata$性別,預測性別)
16       c.p=round(sum(diag(table.m))/sum(table.m),3)*100
17       cat("---------第",i,"次測試樣本預測分類正確百分比=",c.p,"%------------\n")
18       listc.p[i]=c.p/100
19   }
```

```
 D:/rdata - RStudio
File Edit Code View Plots Session Build Debug Profile Tools Help
                                          Go to file/function            Addins
  test04.R        fun01                                                                              rdata
     Source on Save
19   }
20   max.n=which.max(listc.p)
21   sub=x.m[max.n,]
22   testdata=deff[sub,]
23   traindata=deff[-sub,]
24   cla.m=ctree(性別~課堂表現+一般行為+家庭資本+同儕關係+學習動機+學習策略+學習效能, data=trainda
25   預測性別=predict(cla.m,testdata,type="response")
26   table.m=table(testdata$性別,預測性別)
27   c.p=round(sum(diag(table.m))/sum(table.m),3)*100
28   cat("---------第",max.n,"次測試樣本觀察值個數=",length(testdata[,2]),"------------\n")
29   cat("預測分類正確百分比=",c.p,"%\n")
30   print(cla.m)
31   print(table.m)
32   print(sub)
```

控制台視窗執行編輯器語法指令列的完整畫面如下：

```
> library (readr)
> fun01 <- read_csv ("D:/rdata/fun01.csv")
Parsed with column specification:
cols (
  num = col_character (),
  sex = col_integer (),
  area = col_integer (),
  home = col_integer (),
  class = col_integer (),
  behavior = col_integer (),
  capital = col_integer (),
  peer = col_integer (),
  motivation = col_integer (),
  tact = col_integer (),
  efficacy = col_integer ()
)
```

```
> View (fun01)
> library ("partykit", lib.loc = "~/R/win-library/3.3")
```

Loading required package: grid

```
> deff = data.frame (fun01)
> deff$sex = factor (deff$sex, levels = 1:2, labels = c ("女生", "男生"))
> deff$area = factor (deff$area, levels = 1:3, labels = c ("東區", "西區", "北區"))
> deff$home = factor (deff$home, levels = 1:3, labels = c ("單親家庭", "隔代教養", "雙
   親家庭"))
> names (deff) = c ("編號", "性別", "就學地區", "家庭型態", "課堂表現", "一般行為",
   "家庭資本", "同儕關係", "學習動機", "學習策略", "學習效能")
> x.m = matrix (sample (1:200, 200), nrow =10, ncol = 20, byrow = TRUE)
> listc.p = 0
> for (i in 1:10) {
+    sub = x.m [i,]
+    testdata = deff [sub,]
+    traindata = deff [-sub,]
+    cla.m = ctree (性別~課堂表現 + 一般行為 + 家庭資本 + 同儕關係 + 學習動機 +
學習策略 + 學習效能, data = traindata, minsplit = 40L, minbucket = 20L)
+    預測性別 = predict (cla.m, testdata, type = "response")
+    table.m = table (testdata$ 性別, 預測性別)
+    c.p = round(sum(diag(table.m))/sum(table.m),3)*100
+    cat ("----------第 ",i," 次測試樣本預測分類正確百分比 = ",c.p,"%------------\n")
+    listc.p [i] = c.p/100
+    }
----------第 1 次測試樣本預測分類正確百分比 = **65%**------------
----------第 2 次測試樣本預測分類正確百分比 = **70%**------------
----------第 3 次測試樣本預測分類正確百分比 = **75%**------------
----------第 4 次測試樣本預測分類正確百分比 = **70%**------------
----------第 5 次測試樣本預測分類正確百分比 = **75%**------------
----------第 6 次測試樣本預測分類正確百分比 = **70%**------------
----------第 7 次測試樣本預測分類正確百分比 = **70%**------------
----------第 8 次測試樣本預測分類正確百分比 = **65%**------------
----------第 9 次測試樣本預測分類正確百分比 = **80%**------------
----------第 10 次測試樣本預測分類正確百分比 = **70%**------------
> max.n = which.max (listc.p)
> sub = x.m [max.n,]
> testdata = deff [sub,]
> traindata = deff [-sub,]
> cla.m = ctree (性別~課堂表現 + 一般行為 + 家庭資本 + 同儕關係 + 學習動機 + 學
   習策略 + 學習效能, data = traindata, minsplit = 40L, minbucket = 20L)
> 預測性別 = predict (cla.m, testdata, type = "response")
```

```
> table.m = table (testdata$ 性別, 預測性別)
> c.p = round (sum (diag (table.m))/sum (table.m), 3)*100
> cat ("----------第",max.n,"次測試樣本觀察值個數 = ",length (testdata [,2]),"-----------
    -\n")
```
----------第 9 次測試樣本觀察值個數 = 20 ------------
```
> cat ("預測分類正確百分比 = ",c.p,"%\n")
```
預測分類正確百分比 = 80%
```
> print (cla.m)
```
Model formula:
性別 ~ 課堂表現 + 一般行為 + 家庭資本 + 同儕關係 + 學習動機 +
    學習策略 + 學習效能

Fitted party:

[1] root

| [2] 學習效能 <= 58: 男生 (n = 126, err = 35.7%)

| [3] 學習效能 > 58

| | [4] 學習動機 <= 14: 女生 (n = 30, err = 23.3%)

| | [5] 學習動機 > 14: 女生 (n = 24, err = 8.3%)

Number of inner nodes: 2

Number of terminal nodes: 3
```
> print (table.m)
           預測性別
        女生 男生
    女生   7    3
    男生   1    9
> print (sub)
```
[1] 161 113 86 20 40 58 94 37 43 136 108 17 75 35 68 84 59 100 173 32

　　RStudio 編輯器視窗語法指令的存檔可存成 R 軟體檔案類型「*.R」，檔案名稱也可儲成為「*.Rmd」檔案類型。編輯器視窗 (或程式碼視窗) 語法指令列執行時，有時「執行鈕」(Run) 會再開啟選單供使用者選擇操作程序，範例選取「執行選取的指令列」(Run Selected Lines) 選項：

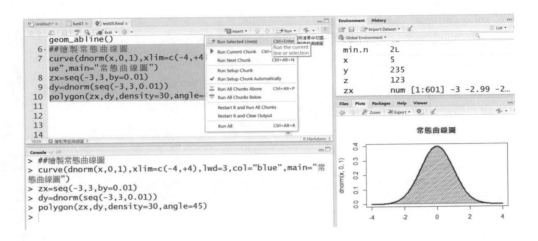

　　檔案清單中，輸出鈕選單選取「Save As Image⋯」(儲存影像) 選項，可將影像圖滙出成使用者所需的獨立圖檔。

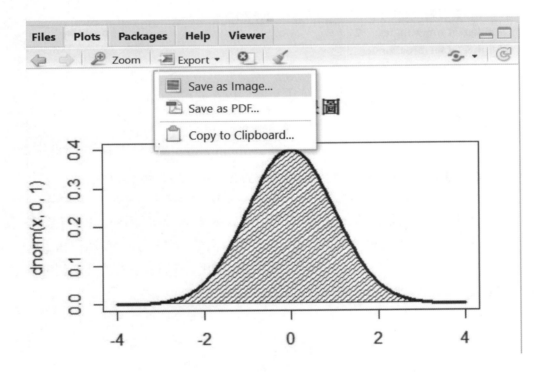

　　「Save Plot As Image」(儲存圖檔成影像檔) 子視窗內定的圖檔類型為「*.PNG」、檔案名稱為「Rplot」，使用者可從「影像型態」(Image format:) 的下拉式選單選取不同類型的圖檔，在「檔案名稱」(File name) 右方框中更改圖檔名稱，設定圖檔的寬度、高度的像素參數值，之後再按儲存鈕 (Save)，即可將影

像視窗圖形儲存。

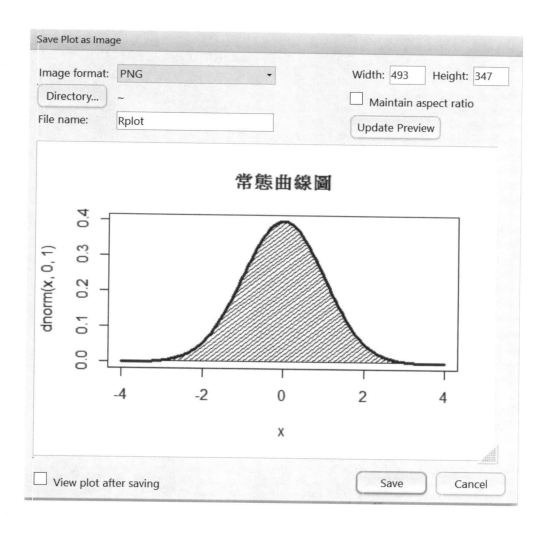

書號：1G89
定價：350元

書號：1G91
定價：320元

書號：1O66
定價：350元

書號：1MCT
定價：350元

書號：1MCX
定價：350元

書號：1FTP
定價：350元

書號：1FRK
定價：350元

書號：1FRM
定價：320元

書號：1FRP
定價：350元

書號：1FS3
定價：350元

書號：1H87
定價：360元

書號：1FTK
定價：320元

書號：1FRN
定價：380元

書號：1FRQ
定價：380元

書號：1FS5
定價：270元

書號：1FTG
定價：380元

書號：1MD2
定價：350元

書號：1FS9
定價：320元

書號：1FRG
定價：350元

書號：1FRZ
定價：320元

書號：1FSB
定價：360元

書號：1FRY
定價：350元

書號：1FW1
定價：380元

書號：1FSA
定價：350元

書號：1FTR
定價：350元

書號：1N61
定價：350元

書號：3M73
定價：380元

書號：3M72
定價：380元

書號：3M67
定價：350元

書號：3M65
定價：350元

書號：3M69
定價：350元

三大誠意

※最有系統的圖解財經工具書。圖文並茂、快速吸收。

※一單元一概念，精簡扼要傳授財經必備知識。

※超越傳統書籍，結合實務與精華理論，提升就業競爭力，與時俱進。

五南文化事業機構
WU-NAN CULTURE ENTERPRISE

地址：106台北市和平東路二段339號4樓
電話：02-27055066 ext 824、889

http://www.wunan.com.tw
傳眞：02-27066 100

職場專門店

五南文化事業機構
WU-NAN CULTURE ENTERPRISE

書泉出版社
SHU-CHUAN PUBLISHING HOUSE

國家圖書館出版品預行編目資料

R軟體在決策樹的實務應用／吳明隆, 張毓仁
著; －－初版. －－臺北市：五南, 2017.05
　面；　公分

ISBN 978-957-11-9149-2（平裝）
1.統計套裝軟體 2.統計分析 3.統計決策
512.4　　　　　　　　　106005096

1H0G
R軟體在決策樹的實務應用

作　　者 ― 吳明隆、張毓仁
發 行 人 ― 楊榮川
總 經 理 ― 楊士清
主　　編 ― 侯家嵐
責任編輯 ― 劉祐融
文字校對 ― 丁文星、鐘秀雲
封面設計 ― 盧盈良
內文排版 ― 張淑貞
出 版 者 ― 五南圖書出版股份有限公司
地　　址：106台北市大安區和平東路二段339號4樓
電　　話：(02)2705-5066　傳　　真：(02)2706-6100
網　　址：http://www.wunan.com.tw
電子郵件：wunan@wunan.com.tw
劃撥帳號：01068953
戶　　名：五南圖書出版股份有限公司
法律顧問：林勝安律師事務所　林勝安律師
出版日期：2017年5月初版一刷
定　　價：新臺幣760元